LA NOUVELLE LÉGISLATION
DE
L'ENSEIGNEMENT PRIMAIRE

EXPOSÉ ET COMMENTAIRE

SUIVIS DU TEXTE DES LOIS, DÉCRETS, ARRÊTÉS

CIRCULAIRES ET PROGRAMMES

(y compris la loi du 19 juillet 1889)

PAR

Pierre CARRIVE

JUGE AU TRIBUNAL D'ÉTAMPES

PARIS
LIBRAIRIE HACHETTE ET Cie
79, BOULEVARD SAINT-GERMAIN, 79

1889

Droits de traduction et de reproduction réservés.

LA NOUVELLE LÉGISLATION

DE

L'ENSEIGNEMENT PRIMAIRE

9838-87. — Corbeil. Imprimerie Crété.

LA NOUVELLE LÉGISLATION

DE

L'ENSEIGNEMENT PRIMAIRE

EXPOSÉ ET COMMENTAIRE

SUIVIS DU TEXTE DES LOIS, DÉCRETS, ARRÊTÉS
CIRCULAIRES ET PROGRAMMES

(y compris la loi du 19 juillet 1889)

PAR

Pierre CARRIVE

JUGE AU TRIBUNAL D'ÉTAMPES

> Une nation n'est pas civilisée tant que tout le monde n'y sait pas lire, écrire et compter. (J.-B. SAY.)
>
> L'instruction primaire universelle est désormais une des garanties de l'ordre et de la stabilité sociales.
> (GUIZOT. — *Circulaire aux instituteurs sur la loi de 1833.*)

PARIS

LIBRAIRIE HACHETTE ET Cie

79, BOULEVARD SAINT-GERMAIN, 79

1889

Droits de traduction et de reproduction réservés.

ERRATA

Page 15, ligne 28, *au lieu de* : Le nombre des membres des Conseils scolaires varie de 6 à 5, *lire :* varie de 5 à 15.

— 37, — 29, *au lieu de :* circulaire du 17 avril 1882; *lire :* 17 août 1882.

— 119, — 35, à la suite des mots « et par les articles 136 à 140 du décret du 18 janvier 1887 » ajouter la phrase suivante : « *Enfin la circulaire ministérielle du 24 mars 1887 a précisé les règles de l'organisation des délégations cantonales et des attributions des délégués cantonaux.* (Voir ces différents textes.)

— 132, — 3 à 11, *au lieu de :* Le règlement scolaire modèle, etc., *lire :* Les règlements scolaires modèles pour servir à la rédaction des règlements départementaux relatifs aux écoles primaires publiques ont été élaborés par le conseil supérieur (Annexes A et B de l'arrêté organique du 18 janvier 1887, pour les écoles maternelles et les écoles primaires élémentaires, — et arrêté ministériel du 29 décembre 1888, pour les écoles primaires supérieures. Ces règlements sont reproduits en fin de volume).

— 138, — 23, *au lieu de :* Les conseils de préfecture ; *lire :* les conseils départementaux.

— 145, — 6, après les mots « en exécution de la loi du 28 mars, » ajouter : *et qui forme aujourd'hui l'annexe B de l'arrêté organique du 18 janvier 1887*, etc.

— 152, — 27, après les mots « annexés à l'arrêté du 27 juillet 1882, » ajouter : *devenu aujourd'hui l'annexe F de l'arrêté organique du 18 janvier 1887*, et à la circulaire, etc.

— 154, — 15, *lire :* Rappelons enfin qu'aux termes de l'art. 19 (n° V, § 4), de l'arrêté organique du 18 janvier 1887, — article qui réglemente la répartition des exercices dans les écoles primaires, l'instruction civique doit être rattachée à l'enseignement de l'histoire et de la géographie.

— 185, dernier alinéa. Enfin d'après, etc. (Cet arrêté a été abrogé).

AVERTISSEMENT

Ce volume était déjà sous presse, lorsque ont été promulguées les nouvelles lois des 15 et 19 juillet 1889, — la première sur le recrutement de l'armée, — et la seconde sur les dépenses ordinaires de l'instruction primaire publique et les traitements des instituteurs et institutrices publics.

Ces deux lois ont complété la refonte générale de la législation de l'enseignement primaire; nous reproduisons donc dans un nouvel appendice, à la fin du volume, les articles de la loi militaire qui concernent les membres de l'enseignement, — et le texte de la loi sur les traitements du personnel.

En ce qui concerne le service militaire, le changement apporté par la nouvelle loi consiste en ce que les membres de l'enseignement public qui contractent l'engagement décennal, au lieu d'être, comme auparavant, dispensés à titre conditionnel de tout service militaire, devront désormais passer un an sous les drapeaux. Mais en vertu de leur engagement décennal, ils sont ensuite, en temps de paix, renvoyés en congé sur leur demande, jusqu'à leur passage dans la réserve de l'armée active.

Quant à la nouvelle loi sur les dépenses et les traitements, nous en avions déjà analysé le projet au cours du volume, et il n'a été apporté à ce projet que de légères modifications.

Le texte définitif n'a pas maintenu les dispositions du projet qui avaient établi l'égalité complète entre les instituteurs et les institutrices, entre les directeurs et les directrices d'écoles normales, et entre les professeurs hommes et les professeurs femmes dans les écoles normales.

Les chiffres du projet ont été aussi un peu modifiés pour le traitement des instituteurs et institutrices adjoints des écoles primaires supérieures.

Mais toute l'économie générale du projet a été maintenue.

AVANT-PROPOS

Il a déjà paru, depuis la publication des nouvelles lois scolaires, de nombreux *Codes* et *Manuels* de la législation de l'enseignement primaire. Dans ces recueils, les administrateurs et les personnes appelées à appliquer quotidiennement ces lois trouveront les textes à consulter, et les solutions données dans la pratique aux difficultés qui se sont posées. Notre intention n'a point été de faire paraître un nouveau recueil de ces textes et décisions plus complet ou mieux ordonné que les précédents. Nous avons particulièrement en vue d'autres besoins et un autre public.

Aujourd'hui, en effet, par la loi de l'obligation, par l'institution des délégués cantonaux et des Commissions scolaires, par le rôle que les Conseils municipaux sont appelés à remplir dans beaucoup d'affaires relatives aux écoles, la nouvelle législation intéresse de nombreuses catégories de personnes peu familières avec le langage administratif et avec l'interprétation des lois. C'est à elles que nous espérons servir de guide en leur offrant une exposition méthodique et pratique de cette législation. Il servirait de peu de leur mettre les textes mêmes entre les mains : leur embarras serait grand de se diriger dans ce vaste ensemble, et d'y trouver les divers éléments d'une question.

Cet embarras s'explique par plus d'une raison.

La première, c'est la dispersion inévitable des textes concernant une même matière, dispersion qui résulte de ce qu'ils sont divisés en lois proprement dites, décrets, règlements, arrêtés, avis du conseil d'État, circulaires, instructions, etc. Toute législation sur un sujet quelconque est nécessairement compliquée, car elle n'a pas pour objet d'édifier systématiquement des théories : elle vise à la réalité, laquelle est toujours infiniment complexe. Le législateur ne peut le plus souvent que poser des règles générales : c'est l'objet propre de la loi. Pour les procédés d'exécution, pour les détails techniques, il délègue à l'administration le pouvoir de faire des décrets et des règlements, qui seront également obligatoires pour tous les citoyens et pour les tribunaux. Enfin, pour ce qui est de l'application des lois et des décrets, pour la manière de les interpréter dans la pratique, l'administration publie des circulaires et des instructions qui s'adressent seulement à ses agents sous les sanctions disciplinaires, mais qui n'en sont pas moins importantes à connaître.

On voit déjà quel premier travail préparatoire il y aura souvent à faire sur les textes pour connaître l'ensemble des dispositions sur un point donné.

A cette première cause de dispersion des documents, qui tient à la nature des choses, s'en ajoute souvent une autre provenant de nécessités accidentelles et de circonstances politiques. Tout en cherchant à faire une œuvre aussi régulière et aussi méthodique que possible, le législateur est avant tout obligé de pourvoir aux besoins du moment, de transiger avec les difficultés pratiques, par suite, de ne procéder parfois que partiellement dans une matière déterminée, de disséminer dans différentes lois, sans égard à l'ordre logique et rationnel, les dispositions relatives à un même sujet. C'est ainsi que dans le nôtre, en particulier, il avait d'abord été élaboré un projet d'ensemble sur la législation de l'enseignement primaire; mais comme la discussion de ce projet dans son entier eût risqué de ne pas aboutir ou qu'il eût entraîné de trop grands retards, le législateur l'a fragmenté en allant au plus pressé. En 1881, la loi sur la gratuité a été détachée du projet général pour être votée séparément; puis est venue, en 1882, la loi sur l'obligation et la laïcité des programmes; en 1886, la loi sur la laïcité du personnel; enfin la loi sur les traitements, du 19 juillet 1889, vient de compléter la refonte générale de la législation de l'enseignement primaire.

Mais ce n'est pas encore tout que de faire cette recherche et ce rapprochement de textes épars. Il y a dans le droit des règles générales, des principes constants, — particulièrement en ce qui concerne l'interprétation des lois, — règles et principes dont un grand nombre, en raison même de leur autorité reconnue de tous, ne sont formulés dans aucun texte; il y en a aussi dont le législateur ne peut faire chaque fois la récapitulation à propos de chaque loi spéciale. Rappeler ces règles nécessaires pour comprendre une loi particulière, c'est le rôle du professeur de droit et du commentateur, non celui du législateur.

De plus, pour comprendre un texte, il ne suffit pas d'en lire des termes : il faut ne pas ignorer l'esprit et le but de la loi, ses précédents historiques, les considérations sociales, morales, politiques et économiques qui ont guidé le législateur. D'où la nécessité d'accompagner le plus souvent les textes soit de quelques explications historiques, soit d'un exposé des travaux préparatoires et des débats législatifs. A quoi il faut ajouter que dans notre époque, où les mêmes questions se posent partout, des rapprochements avec les législations étrangères peuvent aussi offrir un grand intérêt.

Enfin, lorsqu'une loi est mise en pratique, l'expérience en fait bientôt paraître les lacunes, les obscurités, ou les difficultés d'interprétation. Ce sont ces difficultés que la jurisprudence est chargée de résoudre : après les controverses et les diversités du début, après des tâtonnements et des contradictions, l'unité finit par se faire, au moins dans la pratique. Il faut donc encore éclairer les textes par la jurisprudence, dès que celle-ci a eu le temps de se former.

On comprendra, par les considérations qui précèdent, l'utilité d'un exposé d'ensemble tel que nous nous le sommes proposé. Nous avons cherché à présenter la législation scolaire, d'une matière méthodique, aux catégories nombreuses de personnes que cette législation intéresse aujourd'hui, mais qui, le plus souvent, ont besoin d'explications préalables et de direction dans le labyrinthe des textes : tous les membres de l'enseignement primaire d'abord, puis les membres des Commissions scolaires, les maires, les conseillers municipaux, les membres d'un Conseil départemental, enfin, tous ceux, pères de famille ou tuteurs, qui ont charge d'enfants en âge scolaire. Nous nous sommes efforcé de grouper ensemble, dans un ordre rationnel, les diverses dispositions relatives à un même sujet, avec les explications qui s'y réfèrent, mais en renvoyant simplement aux textes pour tous les détails qui ne présentent pas de difficultés. Il va sans dire que l'explication et les commentaires ne peuvent en aucun cas dispenser de la lecture des textes mêmes : ceux-ci sont reproduits à la suite de notre exposé.

Cette indication du point de vue où nous nous sommes placé nous permet peut-être d'aller au devant d'une critique que pourrait suggérer d'abord l'examen de notre ouvrage. On trouvera sans doute une grande inégalité dans le développement des différentes parties, et que certaines règles ne sont exposées que sommairement tandis que nous avons consacré à d'autres d'assez longues explications. On pourra trouver surtout que nous avons donné un commentaire relativement plus étendu de la loi sur l'obligation que des autres lois, quoique dans la pratique ce ne soit pas celle-là qui renferme aujourd'hui le plus de points non encore fixés. Nous sommes prêts à reconnaître le bien fondé de cette critique. La disproportion flagrante entre les développements provient de ce que nous avons cherché à exposer d'une manière aussi complète que possible, dans le cadre restreint de ce volume, les règles qui portent sur des principes fondamentaux et des théories générales. Pour tout développer avec la même ampleur, il aurait fallu plusieurs volumes : nous n'avons pu dès lors consacrer qu'un exposé beaucoup plus succinct aux parties qui nous ont paru particulièrement administratives.

Nous avons cherché surtout à dégager le caractère et l'esprit des nouvelles lois, les considérations supérieures qui les ont inspirées. Notre livre n'a point la prétention d'être un traité complet et détaillé de la matière, où les administrateurs trouveraient la solution précise de toutes les difficultés qui peuvent se présenter à eux. Mais si, dans son cadre restreint, il pouvait contribuer, en quelque mesure, à faire comprendre et apprécier la nouvelle législation, nous serions heureux de nous être associés ainsi à l'œuvre qui nous semble honorer le plus notre république. La pensée qui s'était présentée à tous les esprits clairvoyants au lendemain de nos désastres, — le relèvement politique et moral de notre pays par l'instruction publique, — mérite, à notre avis, de rester toujours la pensée dominante des bons citoyens, ainsi que du gouvernement.

Étampes, 1er août 1859.

I

EXPOSÉ ET COMMENTAIRE

LA NOUVELLE LÉGISLATION

DE

L'ENSEIGNEMENT PRIMAIRE

I. — La tâche entreprise par le gouvernement de la République de réorganiser l'enseignement primaire est à peu près terminée.

Les lois du 16 juin 1881, du 28 mars 1882 et du 30 octobre 1886, constituent une refonte générale de notre législation scolaire; elles seront complétées par la loi déjà discutée et votée par la Chambre des députés (novembre 1887), sur les dépenses ordinaires de l'instruction primaire publique, et les traitements du personnel.

On peut donc présenter dès aujourd'hui le tableau de la nouvelle législation de l'enseignement primaire, — les dispositions des lois antérieures, et particulièrement de la grande loi de 1850, ayant été définitivement remplacées ou abrogées.

Cette nouvelle législation repose sur la triple base de l'obligation, de la laïcité et de la gratuité. La loi du 16 juin 1881 a commencé par établir la gratuité; celle du 28 mars 1882, l'obligation et la laïcité des programmes; celle du 30 octobre 1886, la laïcité du personnel. Seulement le père de famille reste toujours libre de faire donner à ses enfants l'instruction primaire de la manière qu'il lui conviendra. Il peut la leur donner ou la leur faire donner soit dans la famille même, soit dans les écoles privées; il n'est point tenu de les envoyer dans une école publique. C'est l'instruction qui est obligatoire, et non l'école. En organisant l'enseignement public, l'État le met gratuitement à la disposition de ceux qui veulent en profiter : il ne l'impose point, mais il laisse au père de famille le libre choix, tant sur les moyens de faire donner l'instruction à ses enfants, que sur le caractère même de cette instruction.

II. — Bien que la gratuité ait été organisée avant l'obligation, celle-ci n'en reste pas moins le principe fondamental : la laïcité et la gratuité en ont été les corollaires et les conséquences plus ou moins logiques.

La théorie de la gratuité universelle reste encore controversée : l'obligation pour le père de famille de faire donner à son enfant un minimum d'instruction que la loi détermine ne l'est pas; elle forme l'*assiette inébranlable* de notre législation scolaire. Après avoir posé le principe, la loi doit indiquer quelles sont les matières comprises dans cet enseignement obligatoire : c'est par l'énoncé de ces matières que débute la loi de 1882, dont l'article 1er a été ensuite complété par l'article 3 de la loi du 30 octobre 1886, qui introduit le principe d'une subdivision dans ces matières, et par les décrets et les arrêtés ministériels sur les programmes.

III. — Le minimum de l'instruction que doit recevoir tout enfant une fois fixé, comment le principe sera-t-il appliqué? Ce principe doit se combiner, avons-nous dit, avec la liberté laissée au père de famille de faire instruire son enfant comme il l'entend; d'où résulte pour ce père de famille le choix entre trois partis (art. 4 de la loi du 28 mars 1882) :

1º Garder son enfant à la maison, en lui donnant l'instruction dans la famille même ;

2º L'envoyer à l'école publique ;

3º L'envoyer dans une des écoles privées qui peuvent toujours s'établir, sous les conditions déterminées par la loi, à côté de l'enseignement public.

Pour assurer l'instruction obligatoire, la loi a dû par conséquent régler le contrôle de l'instruction reçue dans la famille, l'organisation de l'enseignement public, et la surveillance de l'enseignement privé.

IV. — Nous diviserons notre exposé de la législation de l'enseignement primaire en quatre parties.

1° De l'obligation de l'instruction primaire.
2° Règles générales de l'enseignement primaire communes aux écoles publiques et aux écoles privées. De l'inspection et des Conseils de l'enseignement primaire.
3° Organisation de l'enseignement public.
4° Des écoles privées.

PREMIÈRE PARTIE

DE L'OBLIGATION DE L'INSTRUCTION PRIMAIRE.

Chap. Ier. Du principe de l'obligation. — Chap. II. A quels enfants s'applique la règle de l'obligation. — Chap. III. Matières de l'enseignement primaire. — Chap. IV. Du choix laissé au père de famille. — Chap. V. Du contrôle de l'instruction primaire.

CHAPITRE PREMIER

Du principe de l'obligation.

§ 1. — CONSIDÉRATIONS GÉNÉRALES.

I. — On peut considérer l'obligation de l'instruction primaire comme un corollaire de l'article 203 du Code civil, ainsi conçu : « Les époux contractent ensemble, par le seul fait du mariage, l'obligation de nourrir, entretenir et *élever* leurs enfants. »

Il y a en effet un minimum d'instruction qui doit être considéré aujourd'hui comme indispensable à tout membre de la société pour qu'il puisse sauvegarder son indépendance individuelle, et se procurer des moyens d'existence. Les parents qui n'auraient pas donné cette instruction élémentaire à leurs enfants n'auraient pas manqué moins gravement à leurs devoirs envers eux que s'ils n'avaient pas veillé à leur santé et à leur développement physique, s'ils les avaient rendus infirmes et impotents par de mauvais traitements ou par le manque de soins. L'État n'est-il pas, dans un cas comme dans l'autre, le protecteur naturel du mineur impuissant contre la négligence des parents ou leur brutalité ?

II. — Au point de vue social et politique, l'obligation de l'instruction ne n'impose pas moins impérieusement qu'au point de vue du droit civil.

Et d'abord l'instruction primaire constitue le capital par excellence, celui auquel a droit tout nouveau venu dans la société ; c'est à l'aide de ce capital de l'instruction que chacun peut tirer le meilleur parti possible de ses facultés naturelles, et augmenter ainsi la somme de production et de richesses de la nation.

Ensuite, en mettant entre les mains de tous, par le suffrage universel, les destinées du pays, la démocratie a fait de l'instruction de tous les citoyens une question vitale pour elle. La solidarité qui unit désormais indissolublement tous les membres de la société par les conséquences éventuelles de leurs votes donne à l'État le droit d'imposer les conditions qui seules rendent possible un vote éclairé.

« Dans les affaires qui ne concernent qu'un seul homme,
« cet homme a le droit d'être et de demeurer incapable ; c'est
« sur lui seul que retomberont les conséquences de son inca-
« pacité. Mais il n'en est plus ainsi dans les affaires qui nous
« concernent tous ; il y a des garanties que la société entière
« peut exiger des associés : une certaine maturité non seule-
« ment d'âge, mais d'intelligence et d'instruction. Pour re-
« prendre ici l'antique comparaison du vaisseau, chère à So-
« crate, s'il s'agissait de diriger un navire par voie de scrutin,
« il serait naturel d'exiger de chacun de nous une certaine
« connaissance des points cardinaux, du gouvernail, de la
« manœuvre. Tout au moins l'intérêt et le devoir de l'équipage
« seraient-ils de s'instruire, et le gouvernement aurait le
« droit d'établir comme obligatoire une certaine somme de
« connaissances techniques relatives à la construction du na-
« vire, à ses diverses parties, et au moyen de le diriger (1). »

III. — Il est vrai que l'obligation de l'instruction apporte une restriction à la liberté naturelle, au pouvoir du père de

---

(1) A. Fouillée : *La Propriété sociale et la Démocratie.*

famille. Mais l'obligation du service militaire n'est-elle pas une charge bien plus lourde, une atteinte autrement grave à cette liberté naturelle? Ou bien encore, la raison d'utilité publique n'a-t-elle pas suffi au législateur pour toucher à la propriété, et admettre l'expropriation forcée?

Or, dans la question de l'instruction, la charge est certes bien moindre; et d'autre part il y a une utilité bien supérieure, il y a même nécessité à ce que des enfants reçoivent l'instruction indispensable à toute créature humaine pour qu'elle ne devienne pas nuisible à elle-même et à la société tout entière. L'existence de la patrie et l'état même de société ne sont possibles qu'au prix de limitations et de charges de cette sorte.

IV. — Remarquons que si l'instruction obligatoire se présente tout particulièrement comme une nécessité dans un pays de suffrage universel et dans une démocratie, où le peuple doit être rendu capable d'exercer les fonctions civiles et politiques sans danger pour l'ordre établi et au profit du progrès à venir, les raisons sur lesquelles elle se fonde portent encore plus haut que le point de vue politique ou simplement électoral.

En effet, ce n'est pas seulement le vote éclairé qui est nécessaire. La solidarité qui relie les uns aux autres les membres de la société n'est pas seulement du domaine politique : elle s'étend à toute la vie sociale. Il importe au plus haut point à la société que chacun de ses membres arrive à la plus grande somme possible de raison et de moralité. L'existence régulière de la nation et de la société est subordonnée à une certaine unité morale dans les esprits, à un minimum d'idées et de sentiments communs touchant les obligations des citoyens les uns envers les autres et envers la communauté. La force de cohésion nécessaire pour maintenir les sociétés, pour les empêcher de se dissoudre dans le conflit des intérêts personnels, a d'abord reposé sur une contrainte tout extérieure, sur l'absorption de l'individu dans l'État, aussi bien dans les républiques de la Grèce et de l'Italie anciennes que dans les monarchies absolues de l'Asie. L'un des grands progrès de l'histoire a été de fonder l'autonomie de l'individu, de rompre les liens qui l'enserraient si étroitement. Dès lors la cohésion nécessaire à toute société n'étant plus établie du dehors par la force brutale et par le despotisme de l'État, elle ne peut provenir que d'un acquiescement volontaire et libre. En d'autres termes, sous peine du retour pur et simple à l'état sauvage, l'unité morale doit remplacer de plus en plus et dans une mesure croissante l'unité matérielle qui disparait. Mais cet acquiescement volontaire, cette communauté d'idées et de sentiments, cette unité morale, ne peuvent résulter que d'un certain développement des esprits, d'un ensemble d'idées et d'habitudes que seule l'instruction peut donner.

C'est donc au nom d'une nécessité supérieure aussi bien qu'au nom de ses plus grands intérêts matériels, que l'État, représentant de la société, peut et doit veiller à ce que personne ne soit laissé dans une ignorance qui serait pour la patrie un danger de ruine et de dissolution.

« *L'instruction primaire universelle est désormais une des garan-*
« *ties de l'ordre et de stabilité sociales,* » disait déjà M. Guizot dans la remarquable circulaire aux instituteurs par laquelle il commentait la grande loi de 1833 sur l'instruction primaire.

V. — Enfin, au-dessus de ces considérations juridiques et sociales, c'est sur des raisons morales de l'ordre le plus élevé que se fonde la loi de l'instruction primaire obligatoire. Et bien que nous n'ayons point ici, dans un simple exposé juridique, à faire œuvre de moraliste et de philosophe, il nous sera permis de les indiquer brièvement.

Si, pour l'homme, la vie n'est pas seulement la simple existence physique, si elle consiste essentiellement dans l'activité intellectuelle et morale, si toute notre dignité, selon le mot de Pascal, est dans la pensée, n'est-il pas du devoir de la société d'aider tout être humain à naître à la conscience de lui-même, à cette vie de la pensée sans laquelle il resterait en dehors de la véritable humanité? Et en même temps qu'à la pensée, ne faut-il pas l'appeler à la vie morale, afin qu'il puisse conduire sa vie selon la raison, selon la vérité, selon le bien? En d'autres termes, ne faut-il pas dégager chez lui l'homme de l'animal, le civilisé du sauvage?

On peut dire que la société a le plus grand intérêt à établir dans l'âme de chaque enfant les trois conceptions fondamentales de l'*ordre* physique, de l'*ordre* social, de l'*ordre* moral. Chaque membre de la cité doit avoir quelque notion de ce qu'est cette terre sur laquelle il se trouve, cet univers matériel qui l'entoure, cette patrie et cette humanité dont il est membre, son propre rôle dans la société, les devoirs et les liens qui le relient à ses semblables. Il faut que, pour les plus pauvres et les plus humbles, les mots de famille et de patrie, d'amour et de justice, de devoir et de dignité morale, aient un sens et le même sens que pour nous; que les moins favorisés du sort aient du moins leur part du fonds d'idées et de sentiments dont nous vivons intellectuellement et moralement.

On se reposait autrefois sur la coutume et la religion du soin de faire participer ainsi les foules à la vie de l'âme, à la pensée et à la moralité. Mais dans les transformations sociales qui se sont opérées, l'une et l'autre ont beaucoup perdu de leur empire, auquel du reste un grand nombre d'hommes avaient toujours échappé. C'est à l'État d'entreprendre aujourd'hui directement cette œuvre, sans exclure aucune des autres influences morales, soit Églises, soit sociétés diverses.

Certes il ne s'agit pas de faire parcourir aux enfants du peuple le vaste domaine de la science, de l'histoire, de l'art, de la philosophie, mais uniquement de leur enseigner les idées fondamentales que doivent avoir tous les membres d'une même société et d'une même patrie. Chacun développera plus tard ces conceptions élémentaires selon la puissance de ses facultés, et selon les moyens que les circonstances lui fourniront. Donner à quiconque entre dans la vie, — quelque humble que soit la fonction qui lui est réservée, — la première culture indispensable pour qu'il puisse participer à la vie *sociale*, et réaliser sa destinée particulière, *conforme à sa dignité d'homme*, tel est le rôle, en même temps très limité et très élevé, que doit remplir l'instruction primaire, et ce rôle rehausse et consacre sa légitimité.

§ 2. — APERÇU HISTORIQUE.

I. — La plupart des pays étrangers nous avaient déjà précédés dans la voie de l'obligation scolaire. C'est d'abord dans les pays protestants qu'elle est apparue : on peut dire que l'instruction primaire date en réalité de la Réforme. La raison en est manifeste; elle a été particulièrement mise en lumière par notre illustre Edgar Quinet :

« Portez sur la Réformation le jugement que vous voudrez,
« il demeure incontestable que le protestantisme a besoin que
« le croyant puisse lire. Lire les écritures, les méditer, voilà

« son culte. Il en résulte que l'instruction primaire naît pour
« ainsi dire d'elle-même et naturellement dans les pays pro-
« testants. Une autre conséquence du même principe est
« celle-ci : l'enseignement, étant une des conditions du culte
« national, devient nécessairement obligatoire.

« Luther, en fondant la Réforme, a fondé la première école
« primaire. Dans les démocraties américaines protestantes,
« l'origine de la commune se marquait d'abord par l'école :
« c'était la première pierre qu'on posait en arrivant dans le
« fond des forêts (1). »

A son tour, M. Michel Bréal s'exprime ainsi dans son beau livre : *Quelques mots sur l'instruction publique en France*, qui a exercé une si grande influence sur l'esprit public au lendemain de nos désastres, et mis à l'ordre du jour la plupart des réformes accomplies depuis lors dans l'enseignement :

« La vérité est que l'enseignement primaire, partout où il
« s'est établi avant ce siècle, est fils du protestantisme. Cela
« est si évident, et cela est prouvé par des textes si explicites,
« qu'il est à peine nécessaire d'y insister.

« En 1524, Luther adressait une lettre aux conseils de toutes
« les villes d'Allemagne pour les engager à fonder des écoles :

« Chers messieurs, puisqu'il faut annuellement tant dépenser
« pour arquebuses, routes, escaliers, digues, etc., afin qu'une ville
« ait la paix et la commodité temporelles, à plus forte raison, devons-
« nous dépenser en faveur de la pauvre jeunesse nécessiteuse,
« pour entretenir des maîtres d'écoles. Toute la force et la puissance
« de la chrétienté est dans sa postérité, et si l'on néglige la jeu-
« nesse, il en sera des églises chrétiennes comme d'un jardin qui
« est négligé au printemps. On trouve des gens qui servent Dieu
« par beaucoup de pratiques étranges : ils jeûnent, portent des ci-
« lices, et font mille choses par piété ; mais ils manquent au vrai
« service divin, qui est de bien élever leurs enfants, et ils font
« comme autrefois les Juifs, qui abandonnèrent le temple de Dieu
« pour sacrifier sur les hauteurs.

« Crois-moi, il est bien plus nécessaire que tu prennes soin de
« bien élever tes enfants, que d'obtenir l'absolution, de prier, d'aller
« en pèlerinage et d'exécuter des vœux.

« Mon opinion est que l'autorité est tenue de forcer les sujets
« d'envoyer leurs enfants à l'école... Si elle peut obliger les sujets
« valides à porter la lance et l'arquebuse, à monter sur les rem-

---

(1) EDGAR QUINET : *L'Enseignement du peuple.*

« parts et à faire tout le service de guerre, a plus forte raison peut-
« elle et doit-elle forcer les sujets d'envoyer les enfants à l'école. »

« Le réformateur protestant ne pouvait tenir un autre lan-
« gage. En rendant l'homme responsable de sa foi, et en
« plaçant la source de cette foi dans un livre, la Réforme con-
« tractait l'obligation de mettre chacun en état de se sauver
« par la lecture et par l'intelligence de la Bible. L'instruction
« devint donc le premier des devoirs de charité, et tous ceux
« qui avaient charge d'âmes, depuis le père de famille jus-
« qu'aux magistrats des villes et jusqu'au souverain de l'État,
« furent appelés, au nom de leur propre salut, et chacun dans
« la mesure de sa responsabilité, à favoriser l'enseignement
« populaire. Ainsi le protestantisme, par un enchaînement
« d'idées dont il serait hors de propos de discuter la valeur
« philosophique, mais dont les conséquences pratiques furent
« d'un prix inestimable, mit au service de l'instruction le
« stimulant le plus efficace et l'intérêt le plus puissant qui
« agisse sur les hommes (1). »

II. — En France, il est question pour la première fois de
l'instruction obligatoire dans la réclamation présentée à
François II par les États généraux d'Orléans, en 1560 : « Levée
d'une contribution sur les bénéfices ecclésiastiques pour raisonnablement stipendier des pédagogues et gens lettrés, en
toutes villes et villages, pour l'instruction de la pauvre jeunesse du plat pays, *et soient tenus les pères et mères à peine
d'amende, envoyer lesdits enfants à l'école, et à ce faire soient
contraints par les seigneurs et les juges ordinaires.* »

C'est dans les cahiers de la noblesse, qui pour moitié appartenait à la religion réformée, qu'était exprimée cette demande.
On voit par là que le protestantisme, s'il s'était établi en France,
y aurait porté les mêmes fruits qu'ailleurs ; mais deux ans
plus tard les guerres civiles commençaient, et pendant trois
siècles on ne devait plus entendre une pétition semblable
dans notre pays.

Il appartenait à la Révolution de reprendre et de continuer
l'œuvre de la Réforme. Les projets de Talleyrand et de Condorcet réorganisèrent l'instruction publique, et dans le dé-

---

(1) Michel Bréal : *Quelques mots sur l'instruction publique en France*, p. 13 et
suivantes.

cret du 29 frimaire an II, porté par la Convention, nous voyons apparaître dans nos lois l'obligation catégorique de fréquenter l'école. Cette obligation est sanctionnée par des amendes, et en cas de récidive, par la perte, pour les parents, des droits de citoyen. Mais au-milieu de la tourmente révolutionnaire, elle ne put être appliquée, et elle ne reparut pas dans le décret présenté par Lakanal le 27 brumaire an III. Sous le Consulat, l'Empire et la Restauration, il n'est plus question d'obligation scolaire, ni guère d'instruction primaire. L'obligation se retrouve dans un projet présenté sous la deuxième République, en 1848, mais qui n'eut pas de suites. Le ministre de l'Empire dont tous les amis de l'enseignement saluent toujours le nom avec respect et reconnaissance, M. Victor Duruy, la demanda de nouveau en 1864 dans un rapport à l'empereur. La tentative ne pouvait aboutir à ce moment-là ; mais dès lors le mouvement en faveur de l'instruction obligatoire allait prendre de jour en jour de la force.

Depuis 1870, des vœux avaient été émis en sa faveur, et renouvelés à plusieurs reprises, par 57 conseils généraux. Malgré les vives résistances qu'il a rencontrées dans les discussions préparatoires de la loi de 1882, on peut dire que le principe de l'obligation de l'instruction primaire était réclamé par l'opinion publique lorsque le législateur l'a consacré.

§ 3. — APERÇU SUR LA RÈGLE DE L'OBLIGATION DANS LES PRINCIPALES LÉGISLATIONS ÉTRANGÈRES.

On pouvait d'ailleurs invoquer l'exemple de la plupart des autres pays. Sans faire une énumération complète, voici quelques-unes des principales lois étrangères.

En Prusse, l'obligation de l'instruction primaire existe depuis plus d'un siècle.

C'est le *Règlement général pour les écoles du royaume*, promulgué par Frédéric II en 1763, qui a rendu la fréquentation de l'école obligatoire pour tous les enfants de 5 à 13 et 14 ans, et établi des peines contre les parents et instituteurs qui ne se conformeraient pas à cette prescription. Des ordonnances royales ont successivement étendu cette obligation aux territoires annexés à la Prusse. La peine consiste dans une amende prononcée par l'autorité de police, sur la plainte de l'autorité scolaire locale. Cette amende est de un marck (1 fr. 23) au plus par jour d'absence, et, en cas d'insolvabilité des parents, elle sera remplacée par la prison, sans que la durée de cet emprisonnement puisse en aucun cas dépasser trois jours.

Tous les autres États de l'Allemagne ont successivement établi cette obligation, avec une durée et des sanctions à peu près analogues.

En Angleterre, on peut dire que l'enseignement primaire était resté, jusqu'au commencement du siècle, uniquement entre les mains du clergé anglican. C'est en 1805 seulement, à la suite d'une grande enquête parlementaire, qui avait montré l'insuffisance de cet enseignement, que se constitua pour la fondation de nouvelles écoles, sous la direction de la secte des quakers, une grande association dissidente, dont la rivalité avec les écoles orthodoxes profita beaucoup aux progrès de l'instruction populaire. D'autres associations de toute confession, protestantes, catholiques et israélites, se fondèrent successivement dans le même but.

Toutefois l'État avait continué à abandonner l'enseignement primaire à l'initiative privée des Églises ou des corporations. C'est en 1833, au moment où était votée en France la loi de M. Guizot, que le parlement anglais, sur les réclamations éloquentes de lord Brougham et de lord John Russel, vota le premier budget de l'instruction primaire. Ce budget était de 2 000 livres sterling, destinées à l'entretien de maisons d'école.

De nouveaux progrès sont accomplis en 1839, par l'organisation d'une Commission spéciale du Conseil privé, dont le vice-président est une sorte de ministre de l'Instruction publique. Il a été créé des inspecteurs scolaires, nommés par la couronne, et des subventions sont accordées aux écoles; les allocations budgétaires, successivement augmentées, permettent, à partir de 1846, la création et l'entretien d'Écoles normales pour le recrutement du personnel enseignant.

Jusque-là l'État ne faisait que seconder l'initiative privée : c'est par la grande loi du 9 août 1870 (*Elementary Education Act*), qu'est organisé l'enseignement primaire public en Angleterre, et que le premier pas est fait dans la voie de l'obligation.

Cette loi constitue les bourgs et paroisses en districts scolaires, où des comités locaux électifs (*School boards*), composés de 5 membres au moins et de 15 au plus, sont chargés de la surveillance de l'enseignement primaire. Ces comités, élus par les contribuables, ont le droit de faire des règlements « pour obliger les parents à envoyer à l'école les enfants âgés de plus de 5 ans et de moins de 13 ans, et pour établir des peines et des amendes sanctionnant les dispositions du règlement ». Le pouvoir de faire ces règlements comporte toutefois les restrictions suivantes : les parents ont le droit d'empêcher leurs enfants de prendre part à des pratiques religieuses ou à un enseignement religieux ; l'enfant ne peut être obligé à se rendre à l'école aux jours consacrés au culte par sa religion ; l'amende prononcée par le règlement ne peut dépasser 5 shillings (5^{fr},60).

Mais il ne fut élu de comités scolaires que dans un certain nombre de bourgs et de paroisses ; et, de plus, une grande partie d'entre eux s'abstinrent du droit qui leur était conféré de faire des règlements scolaires pour rendre l'instruction obligatoire. C'est l'*Education Act* du 15 août 1876 qui a établi le principe général de l'obligation ; son article 4 est ainsi conçu : « Les parents sont tenus de faire donner à leurs enfants une instruction élémentaire efficace, en lecture, écriture et arithmétique ; les parents qui manquent à cette obligation sont passibles des mesures et pénalités prévues au présent *Act*. » Et aux termes des articles 11 et 12 de cette loi, la cour de justice peut, sur la poursuite du comité scolaire, condamner le père contrevenant à une amende de 5 shillings après un avertissement, et, au cas de négligence persévérante, enfermer comme vagabond, dans une maison de correction, l'enfant qui n'est pas instruit chez lui et ne fréquente aucune école.

Un nouvel *Education Act* du 26 août 1880 a complété l'œuvre des lois de 1870 et de 1876, en enjoignant à toutes les autorités scolaires locales de rédiger, avant le 1er janvier 1881, ces règlements, dont la confection était jusque-là facultative pour eux. Depuis le 1er janvier 1881, toutes les paroisses dans lesquelles ce règlement n'avait pas encore été fait par le comité local ont reçu d'office un règlement rédigé par le département d'éducation. Le principe de l'obligation se trouvait donc complètement appliqué en Angleterre avant notre loi de 1883.

Les lois dont nous venons de parler ne concernent que l'Angleterre et le pays de Galles. L'instruction primaire a été rendue obligatoire en Écosse par l'*Education Scotland Act* de 1872, complété par un *Act* de 1878. Cette obligation n'existe pas encore pour l'Irlande.

En Autriche, la loi scolaire d'empire du 14 mai 1869 a rendu la fréquentation de l'école obligatoire à partir de l'âge de 7 ans, et a fixé à une période de 8 années la durée de l'âge scolaire. La loi d'empire a laissé aux législatures provinciales le soin de déterminer les mesures nécessaires pour assurer la fréquentation, et toutes les provinces, sauf le Tyrol, ont promulgué des lois à cet effet. Les parents négligents sont punis d'une amende ou d'un emprisonnement qui, en général, pourra s'élever, en cas de récidive, à 20 florins (50 francs) ou à 4 jours de prison.

En Hongrie, la loi de 1868 déclare la fréquentation de l'école primaire obligatoire de l'âge de 6 ans à celui de 12, celle de l'école complémentaire de l'âge de 12 ans à celui de 15. Après un premier avertissement aux parents, la première absence est punie d'une amende de 1/2 florin (1 fr. 25); les trois suivantes, d'amendes de 1, 2 et 4 florins. En cas de contravention ultérieure, l'autorité scolaire locale peut provoquer, de la part du Conseil communal, une décision qui place l'enfant sous l'autorité d'un tuteur spécial.

En Suisse, la législation scolaire est du ressort des cantons. La Constitution fédérale de 1874 exige seulement, dans son article 27, que l'instruction primaire soit suffisante, — qu'elle soit sous la direction de l'autorité civile, — dans les écoles publiques qu'elle soit gratuite, — et que les écoles publiques puissent être fréquentées par les enfants de toutes les confessions religieuses de manière à ce que la liberté de conscience soit toujours respectée.

En exécution de cette disposition de la loi fédérale suisse, l'obligation de l'instruction primaire est établie par toutes les législations cantonales. Dans plusieurs d'entre elles, l'âge scolaire va jusqu'à quinze et seize ans (Fribourg, Valais, Neuchâtel). Les pénalités qui sanctionnent l'obligation sont, en général, assez élevées : dans le canton de Neuchâtel, l'emprisonnement peut aller jusqu'à 30 jours.

Le canton de Soleure offre cette particularité que l'enseignement privé y est interdit, et que tous les enfants sans exception sont astreints à la fréquentation de l'école publique.

Dans l'Union américaine, chacun des États et des Territoires, en matière d'enseignement primaire, a son organisation particulière, placée sous l'autorité absolue du gouvernement de l'État ou du Territoire. L'intervention du gouvernement fédéral, dans les affaires d'éducation, se borne à encourager la fondation des écoles par la concession aux États de terres publiques affectées à cet objet, ainsi qu'à recueillir et à répandre des renseignements utiles, par l'intermédiaire du *Bureau national d'éducation* à Washington, créé par un acte du Congrès du 2 mars 1867 (1).

Mais la plupart des États ont établi l'obligation : le Massachussets dès 1851; Vermont en 1867; Michigan et New-Hampshire en 1871; Nevada et Wisconsin en 1873; Californie, Kansas, New-Jersey, New-York et Maine en 1874, Ohio en 1877, etc.

Ordinairement l'État, après avoir désigné et établi les divers corps qui sont chargés de l'entretien et de la direction des écoles situées sur son territoire, leur impose un minimum d'obligations qui se rattachent à ces fonctions.

La direction effective des écoles est tout entière entre les mains des Conseils scolaires des villes et des communes, dont les pouvoirs et les obligations sont réglés par la loi. Ces Conseils sont généralement élus par le peuple pour deux ou trois ans, excepté dans quelques grandes villes où ce système n'ayant pas réussi, on y a substitué la nomination par le maire, par les juges des cours de justice, ou par le Conseil municipal. Le nombre des membres des Conseils scolaires varie de 5 à 15 (2).

---

(1) Ce bureau n'est nullement une agence administrative ; il n'est revêtu d'aucune autorité sur la direction des écoles dans les divers États.

Ses attributions ont été déterminées dans l'acte constitutif de 1867 de la manière suivante :

« Recueillir les faits et documents statistiques propres à faire connaître la situa-
« tion et les progrès de l'éducation dans les États et Territoires, et répandre dans
« le pays les informations relatives à l'organisation des écoles et aux méthodes
« d'enseignement qui pourront aider le peuple des États-Unis à établir et à main-
« tenir un bon système d'écoles, ou servir autrement à la cause de l'éducation. »

Ajoutons que le bureau de Washington ne publie pas seulement les documents statistiques et renseignements relatifs aux écoles dans l'Union américaine, mais aussi dans les pays étrangers.

(2) Pour comprendre le rôle capital des écoles et de l'enseignement dans la démo-

En Italie, la loi du 25 juillet 1877 a établi l'obligation, et supprimé l'enseignement religieux que la loi du 13 novembre 1859 avait inscrit en tête du programme scolaire.

Le Portugal a adopté le système de l'obligation dès l'année 1844 ; l'enseignement religieux y fait cependant toujours partie du programme,

Citons également parmi les nations qui pratiquent l'enseignement primaire obligatoire : le Danemark, la Suède et la Norwège, le Brésil, le Canada et les colonies anglaises de l'Australie.

L'obligation n'existe pas encore dans les pays suivants : Russie, Belgique, Hollande, Irlande, Roumanie et Serbie.

CHAPITRE II

A qui s'applique la règle de l'obligation.

La règle fondamentale est posée dans l'article 4 de la loi de 1882, en ces termes :

Art. 4. — *L'enseignement primaire est obligatoire pour les enfants des deux sexes âgés de 6 ans révolus à 13 ans révolus.*

Ainsi il n'y a pas de distinction entre les deux sexes : les dispositions de la loi sont les mêmes pour les filles que pour les garçons.

L'obligation commence pour tous les enfants à 6 ans révolus, et dure jusqu'à ce qu'ils aient accompli leur treizième année, soit donc pendant 7 années. Ce minimum de scolarité a paru nécessaire pour procurer une instruction élémentaire suffisante.

Il résulte des termes de la loi que l'enfant pourra quitter l'école du jour où il aura accompli sa treizième année, fût-ce au milieu de l'année scolaire. D'autre part, on pourra faire commencer pour lui l'obligation d'aller à l'école du jour où

cratie des États-Unis, lire le livre de M. Gaufrès sur Horace Mann, le grand pédagogue américain (*Horace Mann, sa vie et ses écrits*, par M.-J. *Gaufrès*, publié dans les mémoires et documents du musée pédagogique, fascicule n. 39, chez Delagrave et chez Hachette, éditeurs).

il aura 6 ans révolus, même au milieu ou à la fin de l'année scolaire. Mais il est facile de voir les difficultés et les inconvénients qui résulteraient en pratique de l'application de cette dernière conséquence. Il vaudra mieux supporter l'inconvénient d'une réduction dans la durée de la scolarité, que de faire entrer de nouveaux élèves dans l'école à toutes les époques de l'année. Il eût été plus simple et plus pratique de dire que la durée de l'obligation était fixée à 7 années scolaires commençant pour chaque enfant à la rentrée des classes de l'année au cours de laquelle il aurait 6 ans révolus.

Sur l'application de la règle générale, nous rencontrons ici deux questions : 1° L'obligation scolaire s'applique-t-elle aux enfants de nationalité étrangère résidant en France ? 2° Quels sont les tempéraments et les exceptions que comporte cette règle ?

§ 1. — DES ENFANTS ÉTRANGERS.

Les prescriptions de la loi de 1882 peuvent-elles être imposées aux enfants de nationalité étrangère qui résident sur notre territoire ?

Il y a d'abord à examiner quelle est pour ces enfants la situation de droit commun, — et, en second lieu, les modifications apportées à cette situation, pour certains d'entre eux, par des traités diplomatiques conclus avec leur pays d'origine.

I. *De la situation de droit commun.* — La question revient à savoir s'il s'agit ici d'une loi d'ordre public ou d'une loi relative au statut personnel. Dans le premier cas, la loi de 1882 oblige toutes les personnes habitant le territoire; dans le second, les Français seulement (1).

On conçoit facilement que le doute soit possible.

Car cette loi, avec ses sanctions pénales, ne présente-t-elle pas le caractère d'une loi de police ? Et ne peut-on pas considérer qu'il y a un intérêt public à ne pas laisser grandir au milieu de nous soit de petits vagabonds, soit en

---

(1) Article 3 du Code civil : « Les lois de police et de sûreté obligent tous ceux qui habitent le territoire. — Les lois concernant l'état et la capacité des personnes régissent les Français même résidant en pays étranger. » Et par réciprocité, les étrangers résidant en France continuent à être régis, quant à leur statut personnel, par la loi de leur pays.

quelque sorte des petits barbares, étrangers à notre civilisation?

Outre l'intérêt social proprement dit, il peut y avoir encore un intérêt national considérable à imposer la fréquentation de l'école française aux enfants étrangers résidant sur notre sol, lorsque leurs parents sont établis parmi nous d'une manière durable. Ces enfants, s'ils sont habitués à l'usage de notre langue, s'ils ont appris notre histoire, s'ils ont reçu enfin notre éducation nationale, et s'ils continuent ensuite à résider sur notre territoire, deviendront vite français par les habitudes et les sentiments. Ils se fondront dans la population française, et on évitera ainsi le danger de voir se constituer au milieu de nous des groupes compactes et permanents de langue et de tendances étrangères. Ce péril existait tout particulièrement pour l'Algérie, où l'on sait que près de la moitié de la population européenne est de nationalité espagnole ou italienne. La question de l'obligation scolaire pour les enfants étrangers avait donc en Algérie une importance et une gravité considérables. Le décret du 13 février 1883, sur l'organisation de l'enseignement primaire en Algérie, a imposé l'instruction primaire aux enfants étrangers comme à nos nationaux. Son article 15 est en effet ainsi conçu :

« Dans les communes de plein exercice et dans les communes mixtes, l'instruction primaire est obligatoire pour les enfants des deux sexes âgés de 6 ans révolus à 13 ans révolus, *quelle que soit la nationalité des parents*. »

La plupart des législations étrangères considèrent la loi scolaire sur l'obligation comme une loi d'ordre public, qui oblige non seulement les nationaux, mais encore toutes les personnes résidant sur le territoire. Elles astreignent les enfants étrangers à suivre les cours de l'école primaire (1).

---

(1) L'article 1er de la loi neuchâteloise du 17 mai 1872, sur l'instruction primaire, porte que cette instruction est « obligatoire pour tous les enfants neuchâtelois, suisses et étrangers ».

La loi du canton de Genève, du 5 juin 1886, dispose dans son article 8 que « tous les enfants *habitant* le canton de Genève doivent recevoir dans les écoles publiques ou privées, ou à domicile, une instruction suffisante ». Et, plus loin : « En cas de seconde récidive, le juge prononce les arrêts de police et, s'il s'agit de parents étrangers à la Suisse, le Conseil d'État peut prononcer l'expulsion du canton. »

Saxe-Meiningen. Loi du 23 mars 1875 : « Tous les enfants *domiciliés* dans le

Aussi M. Jules Ferry avait-il envisagé notre loi de 1882 comme une loi de police; mais ses successeurs abandonnèrent cette interprétation, à laquelle résistait la jurisprudence des tribunaux. Plus tard le conseil d'État, consulté, émit également un avis contraire. M. Goblet, tout en s'inclinant devant l'avis du conseil d'État, déclarait cependant partager en principe l'opinion de M. Jules Ferry, et s'exprimait ainsi, dans la discussion au Sénat de la convention scolaire avec la Suisse, dont il sera parlé plus loin :

« Le conseil d'État, consulté, n'a pas cru que nos lois scolaires puissent être considérées comme des lois de police. Il y a peut-être en cela une juste application des lois existantes; mais, pour ma part, je ne verrais, ni en principe ni en droit, aucun inconvénient à ce que la loi scolaire, en France comme en Suisse, fût considérée désormais comme une loi de police applicable à tous les résidents. »

A l'appui de cette seconde théorie, qui range les lois relatives à l'instruction primaire parmi les lois d'ordre purement civil, on a répondu que l'obligation de donner l'instruction primaire est une réglementation de la puissance paternelle; et tout ce qui se rapporte à l'organisation de la puissance paternelle se rattache au statut personnel. Or leur statut personnel suit nos nationaux dans les pays voisins; par réciprocité, les législations étrangères doivent recevoir chez nous une protection analogue, au moins toutes les fois qu'elles ne compromettent pas des intérêts français. Et des intérêts français seront-ils compromis parce qu'un petit Allemand ou un petit Italien, ayant résidé en France plus ou

duché, qui, jusqu'au 30 juin d'une année, atteignent l'âge de 6 ans, doivent, à partir de Pâques de cette année-là, fréquenter l'école primaire jusqu'à Pâques de l'année où ils atteignent l'âge de 14 ans. »

Serbie. Loi du 31 décembre 1882, art. 34 : « Tout enfant *habitant* la Serbie est obligé de fréquenter l'école pendant 6 ans. »

Cependant quelques autres législations, en beaucoup plus petit nombre du reste, ont adopté la théorie contraire, et n'appliquent les lois scolaires qu'à leurs nationaux.

La constitution du Luxembourg s'exprime ainsi : « L'État veille à ce que *tout Luxembourgeois* reçoive l'instruction primaire. »

L'article 1er de la loi du grand-duché de Bade sur l'instruction primaire, du 8 mars 1868, après avoir énoncé la règle de l'obligation et les pénalités qui la sanctionnent, dit que « ces dispositions peuvent être, *en vertu de traités*, étendues aux étrangers ». Elles ne s'appliquent donc pas aux étrangers d'après le droit commun.

moins longtemps, n'aura pas appris notre grammaire et notre géographie ?

Il ne faudrait pas dire non plus, ajoute-t-on, que l'étranger qui appartient à un pays où l'enseignement primaire est également obligatoire pourra alors être soumis chez nous à la loi de 1882, en vertu de son propre statut personnel. Car, d'un côté, cette obligation n'est jamais organisée de la même manière dans les différents pays ; et, d'autre part, il s'agit d'une instruction nationale, et il serait excessif d'imposer à des étrangers, de notre propre autorité et sans le consentement de leur législation, l'enseignement de notre histoire et de nos règles sur les participes.

La théorie consacrée par la Jurisprudence se trouve très nettement résumée dans les motifs suivants du jugement du tribunal de simple police de Céret, à la date du 2 février 1883, relatif à des enfants espagnols :

« Attendu que les étrangers sont seulement soumis aux lois de police et de sûreté ;

« Attendu qu'ils ne peuvent être obligés, en ce qui concerne « l'état et la capacité des personnes, que par des lois spéciales, ou « s'il existe un traité entre leur pays et la France, comme il en « existe un pour la conscription entre la France et l'Espagne ;

« Attendu qu'il n'en existe pas pour l'enseignement primaire « obligatoire entre la France et l'Espagne ;

« Attendu que la loi du 28 mars 1882 n'est ni une loi de police, « ni une loi de sûreté ;

« Attendu que cette loi ne peut s'appliquer qu'à des Français, « car elle atteint plus ou moins la puissance paternelle ;

« Attendu dès lors qu'elle ne saurait obliger les étrangers, dont « l'état et la capacité des personnes sont respectés par nous. »

La théorie de la Jurisprudence a, du reste, été adoptée en principe par le législateur lui-même, dans la convention conclue avec la Suisse dont nous allons parler ci-après, puisqu'il a jugé nécessaire de faire intervenir une convention diplomatique pour imposer l'obligation scolaire à des enfants étrangers.

Aussi la question ne saurait plus faire de doute dans la pratique, et la solution consacrée pour l'Algérie par le décret du 13 février 1883 n'a pas prévalu pour la France continentale.

La règle ainsi posée, examinons les différents cas qui peuvent se présenter.

1er *Cas.* — Il s'agit d'un enfant étranger né hors du territoire, qui n'est venu résider en France avec ses parents que depuis sa naissance. Aucune difficulté n'est possible : cet enfant est de nationalité étrangère à tous égards, et la loi de 1882 ne saurait lui être applicable.

2e *Cas.* — Il s'agit d'un enfant né en France, d'un père étranger qui était né lui-même hors du territoire et qui est venu se fixer en France. Cet enfant pourra, il est vrai, devenir Français à sa majorité, en remplissant les conditions indiquées par l'article 9 du Code civil. Il est donc Français sous condition suspensive, et si cette condition s'accomplit plus tard, elle aura un effet rétroactif (art. 1179 du Code civil); il sera censé avoir toujours été Français. Mais actuellement il ne l'est pas, et il ne le sera peut-être jamais. Il n'y a pas opposition entre le statut personnel de l'enfant et celui de son père : c'est le même statut étranger qui les régit l'un et l'autre. D'autre part l'ordre public n'est pas intéressé à ce qu'un enfant étranger qui ne se trouve peut-être que momentanément sur notre territoire reçoive l'instruction française. Dès que cet étranger devient une cause de trouble ou d'embarras quelconque, on est toujours armé contre lui du droit d'expulsion, et l'administration peut le faire conduire hors de la frontière, par simple mesure de police. Il faut donc encore décider ici que la loi de 1882 ne saurait être imposée.

3e *Cas.* — Soit maintenant un enfant né en France d'un étranger qui lui-même y est né. Au regard de la loi française (loi du 7 février 1851), cet enfant est Français, sauf la faculté qui lui est laissée à sa majorité, de répudier la nationalité française en réclamant sa nationalité d'origine. En d'autres termes, il est Français sous condition résolutoire. L'enfant se trouve donc avoir un statut personnel différent de celui de son père, qui reste étranger. Il y a alors opposition entre les deux lois, entre la loi française qui régit l'enfant, et la loi étrangère qui est celle du père. Dans ce conflit, c'est la loi française qui doit l'emporter : toutes les prescriptions de la loi sur l'obligation sont applicables.

Ajoutons qu'il est toujours désirable que tous les enfants étrangers résidant sur notre territoire fréquentent nos écoles, car ces enfants élevés avec les nôtres, ayant reçu notre instruction nationale, deviendront à peu près Français par l'éducation et par les sentiments. Aussi dans les deux premiers cas examinés, lorsque l'école ne saurait leur être imposée légalement, elle restera gratuitement ouverte à ces enfants étrangers, pourvu qu'ils se conforment aux règlements et aux prescriptions imposées aux Français, notamment à l'assiduité.

Certaines communes ont protesté, il est vrai, contre cette faveur accordée aux étrangers, objectant que nos écoles publiques ont été instituées pour nos nationaux seuls. Mais si ces réclamations sont peut-être fondées en droit strict, nous estimons qu'elles ne sont conformes ni à nos traditions d'hospitalité, ni à notre intérêt bien entendu. Même les adversaires des principes de notre nouvelle législation scolaire se sont élevés contre cette exclusion et, dans la séance du Sénat du 12 juin 1888, M. Buffet s'exprimait ainsi :

« Si des enfants suisses, dont les parents résident en France, ont été exclus de nos écoles et du bénéfice de la gratuité, je le regrette extrêmement, et il serait très facile de faire disparaître par une disposition de la loi cette exclusion qui me paraît absolument injuste. »

II. *De la situation résultant des conventions diplomatiques.* — La condition juridique des étrangers en France peut être modifiée par des traités particuliers, conclus avec leur pays d'origine. Ces conventions ont pour base le principe de réciprocité, posé par l'article 11 du Code civil, et qui est désormais la règle fondamentale des rapports internationaux. C'est ainsi qu'un grand nombre de traités de cette nature ont été conclus avec la plupart des pays étrangers, notamment pour faire dispenser de la caution *judicatum solvi*, — pour faire admettre à l'assistance judiciaire, — pour faire exécuter les jugements d'un pays dans l'autre, — pour accorder le droit de saisir les tribunaux, — pour l'extradition, — pour la conscription militaire, etc.

Dans la matière qui nous occupe, une convention a été signée, le 14 décembre 1887, entre la France et la Suisse, pour assurer la fréquentation des écoles primaires par les enfants des deux pays résidant sur le territoire de l'autre pays. Cette convention a été ratifiée par le Parlement, et promulguée le 14 juin 1888.

Il résulte des articles 1 et 2 que les enfants de nationalité suisse sont traités en France, en ce qui concerne l'obligation de l'enseignement primaire et la gratuité de l'instruction primaire publique, sur le même pied que les Français, et que les personnes responsables de ces enfants sont, en cas de contravention, passibles des mêmes peines que si l'enfant était de nationalité française (1).

Ajoutons que l'âge d'obligation scolaire, qui, chez nous, se termine à 13 ans, se prolonge davantage dans la plupart des cantons suisses, jusqu'à 14, 15, et même 16 ans (à Fribourg et au Valais jusqu'à 15 ans, à Neuchâtel jusqu'à 16). De là l'article 4 de la convention:

Les enfants suisses âgés de plus de 13 ans qui seraient encore, d'après les lois de leur canton d'origine, astreints à fréquenter une école, sont admis à suivre, en France, aux mêmes conditions que les Français habitant la commune, les écoles ou les cours d'enseignement complémentaire professionnel ou primaire supérieur.

Cette convention avec la Suisse, dont on trouvera le texte à la suite de la loi du 28 mars 1882, est la seule qui ait été conclue jusqu'ici. Elle offre une importance toute particulière en ce qu'elle servira probablement de modèle aux conventions qui pourront être conclues dans la suite avec d'autres pays.

§ 2. — DES EXCEPTIONS AUX RÈGLES DE L'OBLIGATION.

Après avoir posé le principe général de l'obligation, la loi a dû prévoir les cas où tantôt des impossibilités matérielles en suspendaient forcément l'application, et tantôt des circonstances de nécessité ou d'utilité conseillaient d'y apporter des tempéraments.

Ces exceptions sont prévues et réglementées dans les articles 6, 15 et 18 de la loi du 28 mars 1882. On peut les ranger en deux catégories : 1° exceptions générales et de droit, résultant directement de la loi elle-même; 2° dispenses particu-

---

(1) Il y avait, en 1888, 56 300 Français résidant en Suisse, et 66 000 Suisses résidant en France.

lières, accordées individuellement dans certains cas déterminés.

1° *Exceptions générales.*

Elles sont au nombre de deux : 1° l'exception qui résulte de l'insuffisance, et *à fortiori* du manque de locaux scolaires dans certaines communes (art. 18); 2° l'exception accordée au certificat d'études (art. 6).

1re *Exception.* — Il y a malheureusement quelques communes pauvres et reculées qui n'ont point encore de locaux scolaires, et d'autres plus nombreuses où ces locaux sont insuffisants. Il est évident que les prescriptions de la loi se heurtent là à une impossibilité matérielle. Dans ces cas, sur la proposition de l'inspecteur d'académie et du Conseil départemental, un arrêté ministériel établit la dispense de l'obligation scolaire dans ces communes.

L'article 18 ajoute qu'un rapport annuel devra être adressé aux Chambres par le ministre de l'Instruction publique pour donner la liste des communes auxquelles cette dispense aura dû être accordée. Le gouvernement et les Chambres pourront ainsi songer aux mesures à prendre pour porter remède à ces regrettables insuffisances.

Ce rapport n'a jamais été présenté : il offre de très grandes difficultés.

Il n'y a plus, ou presque plus, de communes n'ayant pas de locaux scolaires. (Voir le dernier *Résumé des états de situation de l'enseignement primaire,* — publiés par le ministère de l'Instruction publique.)

Dans les communes, aussi devenues très rares, où les locaux scolaires sont insuffisants, il n'y a pas de dispense générale à proclamer : c'est une liste d'expectants qui entrent à l'école à mesure que les vides s'y font. On a aussi essayé de parer à l'inconvénient par des écoles de demi-temps, les enfants venant les uns le matin, et les autres l'après-midi.

L'exception de l'article 18 n'existe donc déjà à peu près plus. Il ne s'agit que de mesures transitoires appelées à disparaître à très bref délai.

2e *Exception.* — Le but de l'obligation scolaire est d'assurer à chaque enfant le minimum d'instruction reconnu indispensable à tout membre de la société. Dès que ce résultat est atteint, l'obligation d'aller à l'école peut donc cesser. La constatation se fait par l'examen relatif au certificat d'études primaires, et les enfants peuvent se présenter à cet examen dès l'âge de 11 ans.

Les enfants qui ont satisfait à cet examen et obtenu le certificat d'études sont dispensés du temps de scolarité obligatoire qui leur restait à passer. Ils peuvent sans doute continuer à aller à l'école, mais ce n'est plus une obligation pour eux.

Le programme et la réglementation de cet examen, qui comprend des épreuves écrites et des épreuves orales, avait été déjà déterminé par l'arrêté ministériel du 16 juin 1880, maintenant fondu dans le grand arrêté organique du 18 janvier 1887 (Titre IV, chap. II, art. 254 à 262).

Cet examen est public, et doit avoir lieu à la fin de chaque année scolaire. La composition du jury d'examen est arrêtée par le recteur, sur la proposition de l'inspecteur d'académie.

Quant à l'esprit dans lequel sera fait cet examen, il a été indiqué par les discussions de la loi devant les Chambres. Les examinateurs doivent chercher à s'assurer que l'enfant qui se présente devant eux n'a pas seulement emmagasiné dans sa mémoire des réponses plus ou moins comprises, qu'il répète « comme un perroquet, » mais qu'il a retiré de son passage à l'école le développement intellectuel qui doit en résulter.

2° *Dispenses individuelles.*

En dehors de ces cas généraux prévus directement par la loi, il y a bien des situations particulières qui appellent des tempéraments dans l'application du principe de l'obligation scolaire. Dans les campagnes, les enfants sont de bonne heure des auxiliaires précieux et nécessaires pour une foule de travaux. Pour les familles pauvres et nombreuses, leur travail est souvent une ressource indispensable. Appliquer l'obligation scolaire avec une rigueur absolue, eût été risquer de compromettre cette cause même de l'instruction que la République avait à cœur avant toute autre; aussi le législateur s'est-il préoccupé de concilier ces besoins et ces nécessités avec les exigences scolaires.

De là les exceptions énoncées dans l'article 15.

Les dispenses qui peuvent être accordées en vertu de cet article sont toujours individuelles, et doivent être demandées. Il faut qu'elles soient sollicitées par le père ou le tuteur de l'enfant, ou d'une manière plus générale, par celui qui en a la charge.

Elles sont accordées par la Commission municipale scolaire établie dans chaque commune aux termes de l'article 5, et dont nous indiquerons plus loin la composition et les attributions.

Ces dispenses sont de deux sortes : les unes temporaires, les autres permanentes.

1° DISPENSES TEMPORAIRES. — *a*. En premier lieu, lorsque le parent ou le tuteur s'absentent momentanément de la commune, pour un voyage ou pour tout autre motif, il faut bien qu'ils aient la liberté d'emmener leurs enfants avec eux. Dans ce cas, la dispense est de droit. Il suffit au père ou au tuteur de prévenir soit l'instituteur directement, soit le maire ; et pendant tout le temps que durera cette absence de l'enfant, l'obligation scolaire sera suspendue pour lui. Cet avis préalable n'est du reste soumis à aucune forme spéciale, et n'a même pas besoin d'être donné par écrit ; il peut être donné verbalement.

b. La seconde dispense temporaire est celle qui peut être accordée pour des motifs particuliers, soit de nécessité, soit d'utilité, que le législateur ne pouvait préciser et déterminer, et dont il a chargé la Commission scolaire d'apprécier le bien-fondé. La demande doit alors être motivée, et indiquer la justification des motifs invoqués. Elle est adressée au maire de la commune, qui est le président de droit de la Commission scolaire.

La Commission, saisie de ces demandes, peut accorder des dispenses de fréquentation plus ou moins longues, et à plusieurs reprises dans le courant de la même année. Toutefois ces dispenses additionnées ne peuvent jamais dépasser trois mois par année en dehors des vacances.

Le pouvoir d'appréciation de la Commission, sur les motifs qui lui sont présentés, est des plus étendus. Elle accorde ou rejette ces demandes sans qu'on puisse faire appel de ces décisions devant une autorité supérieure.

Tant que chacune de ces demandes n'excède pas 15 jours, la Commission scolaire statue seule et définitivement; toutefois, si la dispense est supérieure à 15 jours, elle doit être soumise à l'inspecteur primaire et approuvée par lui.

Remarquons que ces dispenses ne peuvent être accordées qu'à l'enfant qui habite avec ses parents ou son tuteur : la loi est formelle sur ce point. L'enfant qui se trouve en condition chez un patron ne pourrait donc les obtenir.

De même que pour l'avis préalable en cas d'absence, la loi n'impose encore ici pour la demande aucune forme spéciale : cette demande peut donc être faite verbalement aussi bien que par écrit.

2° DISPENSES PERMANENTES. — Celles-ci ne sont accordées qu'aux enfants employés *hors de leur famille*, dans l'industrie ou dans l'agriculture, à la différence des précédentes, qui ne s'appliquent qu'aux enfants restant dans leur famille.

La loi fait en outre une distinction entre les enfants employés dans l'industrie et ceux qu'occupe l'agriculture.

Pour les premiers, la dispense ne peut être accordée que quand ils sont arrivés à l'âge d'apprentissage, c'est-à-dire à 12 ans (loi du 19 mai 1874) : elle ne s'applique donc qu'à qu'à la dernière année de scolarité obligatoire.

Au contraire pour les enfants qui travaillent à l'agriculture, la dispense peut être accordée quelque soit leur âge.

Ces dispenses diffèrent des précédentes sous deux rapports :

1° Elles ne portent que sur une des deux classes de la journée, soit celle du matin, soit celle du soir, jamais sur les deux à la fois. Rappelons qu'il s'agit ici des enfants employés hors de leur famille : le législateur a pensé qu'il serait moins onéreux pour le patron ou l'agriculteur qui les emploie, de laisser l'enfant à l'école soit la matinée, soit l'après-midi, pendant toute l'année scolaire, que de le voir s'absenter toute la journée pendant 3 mois.

2° Elles sont permanentes, au lieu d'être temporaires; elles sont accordées jusqu'à la fin de la scolarité.

Ajoutons encore que ces dispenses permanentes doivent être approuvées par le Conseil départemental, tandis que les autres ne dépendent que de la Commission scolaire.

Il n'est pas douteux que ces dispenses permanentes ne

puissent être retirées, si les conditions sous lesquelles elles ont été données venaient à cesser; par exemple si l'enfant, qui était d'abord placé hors de sa famille, venait à y rentrer.

Dispenses accordées aux mousses. — Il y a lieu de signaler, au sujet de ces dispenses temporaires, la situation particulière établie pour les mousses. Une circulaire de M. l'amiral Jauréguiberry, ministre de la marine, avait appelé l'attention de son collègue de l'Instruction publique sur les inconvénients qui pouvaient résulter de l'application trop stricte de la nouvelle loi parmi les populations maritimes.

Les mousses commencent souvent à naviguer dès l'âge de 10 ans, et sont portés à partir de cet âge sur les matricules de l'inscription maritime. Pour former des marins, il faut habituer de bonne heure les enfants aux fatigues et aux périls de ce métier; et les familles des marins, ordinairement nombreuses et pauvres, trouvent une ressource dans le placement de leurs enfants à bord des navires et des bateaux de pêche. Ajourner les débuts des mousses jusqu'à l'âge de 13 ans, pourrait donc compromettre l'inscription maritime, et peser lourdement sur les familles des marins. Il y a là une situation particulière et un intérêt national qui méritent des égards exceptionnels.

Mais les dispositions de la loi du 28 mars 1882 permettent de concilier, dans une certaine mesure, pour les mousses, les exigences de la vie maritime avec les règles de l'obligation scolaire.

« L'article 15 permet en effet, disait M. le ministre de la marine, d'accorder des dispenses de fréquentation scolaire d'une durée de 3 mois par année, en dehors des vacances. Ces dispenses s'ajoutant à la durée des vacances donneraient aux mousses la facilité de naviguer, pendant la saison d'été, sur les bateaux affectés à la pêche côtière ou à de courts voyages, s'il était possible d'obtenir qu'elles fussent régulièrement concédées à tous ceux qui trouveraient un embarquement. »

Sur ces observations de son collègue de la marine, le ministre de l'Instruction publique a décidé que des dispenses de fréquentation scolaire devraient être accordées à tous les mousses âgés de 10 à 13 ans, quand ils seraient embarqués. La justification de cet embarquement doit se fixer au moyen d'un certificat délivré par le commissaire de l'inscription maritime.

Il est certain toutefois qu'une circulaire ministérielle ne saurait apporter de dérogation à la loi, ni créer des exceptions que celle-ci n'a point formellement édictées. Ces instructions ne peuvent donc limiter le pouvoir de décision des Commissions scolaires, et n'ont d'autre autorité que celle d'une recommandation ; mais nul doute qu'en fait, les Commissions scolaires ne s'empressent de s'y conformer, et que les dispenses de cette nature ne soient toujours accordées.

CHAPITRE III

Matières de l'enseignement primaire.

Le projet de la commission de la Chambre des députés ne contenait pas l'énumération des matières comprises dans l'enseignement primaire. Il se bornait à exclure l'enseignement religieux du programme obligatoire, et à assurer cet enseignement religieux en dehors des bâtiments scolaires. C'était là une lacune, car lorsqu'on prescrit une obligation, il faut bien déterminer sur quoi elle porte. Le rapporteur de la loi au Sénat, M. Ribière, s'exprimait très justement ainsi dans son premier rapport : « Tout ce qui constitue une obligation doit être nettement déterminé. Il fallait donc savoir, dès que l'enseignement primaire devenait une obligation, quelle en serait l'étendue, et quel serait le caractère de cet enseignement ; en d'autres termes, il était indispensable d'en arrêter le programme. »

Ce programme a donc été introduit au cours de la discussion, et est devenu l'article 1er de la loi, ainsi conçu :

Art. 1er. — *L'enseignement primaire comprend :*
L'instruction morale et civique ;
La lecture et l'écriture ;
La langue et les éléments de la littérature française ;
La géographie, particulièrement celle de la France ;
L'histoire, particulièrement celle de la France jusqu'à nos jours ;
Quelques notions usuelles de droit et d'économie politique ;

Les éléments des sciences naturelles, physiques et mathématiques : leurs applications à l'agriculture, à l'hygiène, aux arts industriels, travaux manuels et usage des outils des principaux métiers ;
Les éléments du dessin, du modelage et de la musique ;
La gymnastique ;
Pour les garçons, les exercices militaires ;
Pour les filles, les travaux à l'aiguille.
L'article 23 de la loi du 15 mars 1850 est abrogé.

Tel est le programme général de l'enseignement primaire. L'article 3 de la loi du 30 octobre 1886, complétant cet article 1ᵉʳ de la loi de 1882, a apporté dans ces matières le principe d'une subdivision :

Des règlements spéciaux, dit cet article, *délibérés en Conseil supérieur de l'instruction publique, détermineront les règles d'après lesquelles seront réparties, entre les diverses sortes d'écoles énumérées à l'article 1ᵉʳ de la loi du 30 octobre 1886, les matières de l'enseignement primaire, telles que les a fixées la loi du 28 mars 1882, ainsi que les conditions d'admission et de sortie des élèves dans chacune de ces écoles.*

Conformément aux prescriptions de cet article 3, l'organisation pédagogique et le plan d'études des écoles publiques ont été fixés par le règlement du 18 janvier 1887, dont on trouvera le texte reproduit en fin du volume.

Nous examinerons seulement ici deux questions générales concernant ce programme.

I. *Du caractère obligatoire du programme.* — En premier lieu, remarquons qu'il n'est imposé qu'aux écoles publiques :

L'enseignement dans les écoles publiques, dit l'article 16 de la loi du 30 octobre 1886, *est donné conformément aux prescriptions de la loi du 28 mars 1882, et d'après un plan d'études délibéré en Conseil supérieur. Pour chaque département, le Conseil départemental arrêtera l'organisation pédagogique des diverses catégories d'établissements par des règlements spéciaux conformes au plan d'études ci-dessus.*

Ce plan d'études est aujourd'hui déterminé par le règlement ci-dessus énoncé du 18 janvier 1887, modifié par les dispositions additionnelles du 24 juillet 1888, qui ont été fondues dans le nouveau texte.

Quant aux écoles privées, elles continuent à jouir de la plus entière liberté pour leur enseignement. Cette liberté leur a été formellement réservée par l'article 35 de la loi du 30 octobre 1886, qui s'exprime ainsi :

Les directeurs et directrices d'écoles primaires privées sont entièrement libres dans le choix des méthodes, des programmes et des livres, réserve faite des livres qui auront été interdits par le Conseil supérieur d'Instruction publique.

Et aux termes de l'article 9 de la loi, l'inspection des écoles privées par les divers agents du contrôle et de la surveillance de l'Etat ne porte que sur la moralité, l'hygiène, la salubrité, et sur les prescriptions qui assurent la fréquentation de l'école.

Elle ne peut porter sur l'enseignement, ajoute cet article, *que pour vérifier s'il n'est pas contraire à la morale, à la Constitution et aux lois.*

C'est l'*instruction* primaire que l'article 4 de la loi de 1882 déclare obligatoire, tandis que l'article 1er détermine le programme de l'*enseignement* primaire public. Pourvu que les années de l'enfance soient occupées à cet objet, la loi a laissé la plus grande liberté sur les procédés. Ce qu'elle veut, c'est que tout membre de la société ait les moyens d'acquérir les connaissances élémentaires indispensables. Sans doute on pourrait appréhender qu'il ne se fondât des écoles privées dont l'enseignement ne se bornât à un programme tout à fait insuffisant. Le législateur semble avoir pensé que les principales garanties à cet égard consistaient dans les nécessités de la concurrence avec les écoles publiques, et dans le droit qui appartient exclusivement à l'Etat de délivrer le certificat d'études. Il s'est donc contenté d'assurer la fréquentation scolaire. En fait, par suite de la consécration que lui donne le certificat d'études, le programme énoncé dans la loi se trouvera adopté par les écoles privées comme par les écoles publiques.

Ajoutons toutefois que la latitude laissée aux écoles privées à l'égard des programmes doit se combiner avec la règle de l'obligation de l'instruction primaire. Il ne suffirait point de donner, à un établissement dans lequel sont reçus et occupés en commun les enfants, le nom d'école, en apprenant simplement à ces enfants des travaux manuels, ou le catéchisme, ou des fables et des récits : il faut qu'ils y reçoivent effectivement l'*instruction primaire*. Ne pourrait-on pas dire du reste qu'il y a lieu de distinguer, d'après les termes de la loi elle-même, *les programmes et les méthodes*, qui restent libres, et les *matières* de l'enseignement, qui sont obligatoires ? La division des divers établissements d'enseignement primaire établie par l'article 1er de la loi de 1886 s'applique aussi bien aux écoles publiques (art. 1er et 39 de cette loi). Bien que la répartition des matières de l'enseignement entre ces divers établissements soit placée dans les décret et arrêté du 18 janvier 1887 sous le titre I, ayant pour rubrique *De l'enseignement public*, elle s'impose pourtant aussi aux écoles privées, car l'article 3 de la loi de 1886 ne fait aucune différence à cet égard.

Quant aux enfants élevés dans leur famille, il est évident qu'à plus forte raison les parents conservent toute liberté concernant les méthodes et les programmes. C'est au moyen des examens indiqués par l'article 16 que l'instruction est assurée. Ces examens, que nous verrons plus loin, portent naturellement sur les matières énumérées dans l'article 1er. La nécessité de se conformer à ce programme est donc plus grande encore pour les enfants instruits dans leur famille que pour les élèves des écoles privées.

II. *De l'étendue du programme*. — Ce programme, qui est obligatoire pour les écoles publiques, est nécessairement pour celles-ci un minimum. En effet la fin de l'article 1er abroge l'article 23 de la loi de 1850, qui déterminait auparavant le programme de l'enseignement primaire. Cette dernière loi divisait l'enseignement primaire en matières obligatoires et matières facultatives : la loi de 1882 efface cette distinction et rend toutes les parties également obligatoires.

En même temps ce programme est un maximum, car l'instituteur ne saurait y ajouter de nouvelles matières. Cela résulte formellement des discussions de la loi dans les Chambres, et notamment des déclarations du gouvernement et du rapporteur de la commission à la Chambre des députés :

« L'article 1er du projet de loi, disait ce rapporteur, M. Paul Bert, contient un programme d'enseignement qui est un maximum, en ce sens qu'on n'y peut rien ajouter, et un minimum en ce sens que dans l'enseignement primaire toutes les matières d'enseignement sont obligatoires. C'est donc le programme de l'enseignement primaire, purement et simplement. »

L'article 2 déclare que l'enseignement religieux est facultatif dans les écoles privées. Cela était inutile à dire, puisque le programme indiqué par la loi ne s'applique qu'aux écoles publiques, et que les directeurs des écoles privées restent toujours maîtres de leurs programmes. Le second paragraphe de l'article s'explique par le premier, qui contient des dispositions particulières relatives à l'instruction religieuse. En ce qui concerne les écoles publiques, l'instruction religieuse doit être séparée des autres parties de l'enseignement : elle ne peut être donnée dans les classes, ni même dans les bâtiments scolaires. Nous verrons les dispositions de la loi relatives à ce sujet lorsque nous étudierons plus loin la question de la laïcité. Par les derniers mots de l'article 2, le législateur a voulu nettement indiquer que ces dispositions ne s'appliquaient pas aux écoles privées, et qu'ici l'instruction religieuse n'avait pas à être nécessairement séparée des autres matières, et pourrait être enseignée avec elles.

CHAPITRE IV

Du choix laissé au père de famille.

Après avoir examiné à qui s'applique la règle de l'obligation et sur quelles matières porte l'enseignement primaire, nous avons à rechercher comment la loi a organisé cette obligation, et par quelles dispositions elle a cherché à en assurer l'accomplissement.

Nous avons déjà dit que la nouvelle législation, en établissant l'instruction primaire comme un devoir légal des parents, leur laissait en même temps le choix des moyens pour s'acquitter de ce devoir. L'article 4 de la loi de 1882 énonce en même temps la règle de l'obligation, et le droit pour le père de famille de choisir le mode d'instruction qu'il lui plaira, soit dans la famille, soit à l'école. Cet article s'exprime ainsi :

L'instruction primaire est obligatoire pour les enfants des deux sexes âgés de six ans révolus à treize ans révolus; elle peut être donnée, soit dans les établissements d'instruction primaire ou secondaire, soit dans les écoles publiques ou libres, soit dans les familles, par le père de famille lui-même, ou par toute autre personne qu'il aura choisie.

L'esprit libéral de cette législation a du reste été bien mis en lumière dans les débats des Chambres, tant par les orateurs du gouvernement que par les rapporteurs des commissions. Citons seulement le passage suivant de l'exposé des motifs présenté par M. Jules Ferry avec le projet de loi :

« Est-il besoin de rappeler que l'instruction obligatoire n'a rien qui ressemble à l'école obligatoire? Que si le but est fixé, les moyens sont libres? Que la seule obligation imposée à l'enfance est d'acquérir le minimum de connaissances que la première loi de 1791 appelait si bien « les parties de l'enseignement indispensables pour tous les hommes? » Et qu'enfin on n'empiète ni sur la liberté du père de famille, ni sur celle de l'enfant, en refusant à celui-là la liberté illimitée de l'exploitation? »

DE L'EXERCICE DU DROIT D'OPTION. — DÉCLARATIONS A FAIRE.

Comment ce droit d'option sera-t-il exercé? Nous rencontrons ici la première des obligations imposées aux parents. Elle consiste dans une déclaration qu'ils doivent faire au maire de la commune.

Art. 7. — Le père, le tuteur, la personne qui a la garde de l'enfant, le patron chez qui l'enfant est placé, devra, quinze jours au moins avant l'époque de la rentrée des classes, faire savoir au maire de la commune s'il entend faire donner à l'enfant l'instruction dans la famille ou dans une école publique ou privée; dans ces deux derniers cas, il indiquera l'école choisie.

Il y a, au sujet de cet article, plusieurs questions à examiner :
Quelles sont les personnes tenues de cette déclaration ?
Dans quelle forme doit-elle être faite ?
A quelle époque ?
Dans quelle commune ?
Quelles sont les conséquences de son omission ?

I. — Les personnes tenues de cette déclaration sont, d'une

manière générale, toutes celles qui ont la charge d'un enfant en âge scolaire.

En premier lieu, le père. A lui appartient en effet, en vertu de la puissance paternelle, le droit de diriger l'éducation de ses enfants; il sera tenu par suite des obligations qui se rattachent à ce droit. Si l'absence du père, son état de maladie, une séparation des époux, ou toute autre circonstance de fait, laissait les enfants sous la direction de la mère, ce serait à celle-ci qu'incomberait la déclaration. De même s'il s'agit d'un enfant naturel reconnu par la mère seulement.

Après le père ou la mère, vient le tuteur. Le plus souvent, ce tuteur est encore le père ou la mère survivant, comme investi de la tutelle légale après la mort de son conjoint. C'est ensuite tout autre tuteur, testamentaire, légitime ou datif.

Lorsque l'enfant est placé hors de sa famille, en qualité d'apprenti ou de domestique, c'est à son patron qu'incombent les devoirs légaux relatifs à l'instruction. Déjà la loi du 19 mai 1874, sur le travail des enfants employés dans l'industrie, portait que jusqu'à l'âge de 12 ans révolus, aucun enfant ne pouvait être employé par son patron qu'autant qu'il était justifié par lui de la fréquentation d'une école. La loi de 1882 n'a donc fait que développer les conséquences du principe déjà admis par la loi de 1874, sur le droit des enfants à l'instruction primaire. Désormais l'instruction est obligatoire non plus seulement pour les enfants employés dans l'industrie, jusqu'à l'âge de 12 ans, et pendant le temps libre du travail, mais jusqu'à l'âge de 13 ans, et aussi bien pour les enfants employés aux travaux agricoles. Nous avons vu seulement les dispenses qui peuvent être accordées, quant à la fréquentation scolaire, aux enfants ainsi placés hors de leur famille comme apprentis, ouvriers ou domestiques.

Enfin, d'une manière générale, la loi impose la déclaration en question à toute personne qui a la charge de l'enfant. Par là il faut entendre la personne chez qui l'enfant demeure, à laquelle il a été confié par ceux qui ont autorité sur lui, ou bien qui l'a recueilli s'il est orphelin ou abandonné.

II. — Quel est le caractère de cette déclaration et dans quelle forme doit-elle être faite?

Constatons d'abord qu'elle est légalement obligatoire. Un arrêt de la Cour de cassation du 21 décembre 1883 a décidé que le juge ne pourrait pas acquitter le père de famille qui s'est abstenu de la faire, parce qu'il serait de notoriété publique que l'enfant du prévenu reçoit dans sa famille les leçons d'un précepteur.

Nous verrons toutefois plus loin les tempéraments qui sont apportés dans la pratique à cette rigueur juridique.

Il résulte ensuite des termes de l'article 7 que cette déclaration doit indiquer explicitement quel est le mode d'instruction qui sera donné à l'enfant. Il ne suffit pas qu'elle énonce que l'enfant n'ira pas dans une école publique; il faut encore qu'elle dise expressément si l'enfant doit recevoir l'instruction dans la famille.

Si le père déclare vouloir faire donner l'instruction à son enfant non plus chez lui, mais dans une école, soit publique, soit privée, il devra indiquer l'école choisie (1).

L'article 4 avait déjà proclamé la latitude laissée au père de famille sur le choix de l'établissement où il se proposait de faire donner l'instruction à son fils.

Il peut d'abord choisir un établissement d'enseignement secondaire aussi bien qu'un établissement d'enseignement primaire. Quand même la loi ne se serait pas formellement expliquée à ce sujet, cette solution n'eût pu faire de doute ; il est évident que qui donne le plus donne le moins.

En second lieu, le père de famille peut faire porter son choix sur une école autre que celles de sa commune, même sur l'école publique d'une commune différente, aussi bien que sur un collège ou un lycée qui ne serait pas le plus voisin.

S'il s'agit d'une école privée, cela va de soi, et l'article 7 n'a pas eu besoin de s'exprimer à ce sujet : le choix est alors absolument libre. Mais la loi a laissé la même latitude à l'égard des écoles publiques. En effet, les deux paragraphes

---

(1) Formule de l'avis donné au maire, conformément à l'article 7 :

A..... le.....

Le soussigné (*nom, prénom, profession et domicile*) déclare que le jeune (*nom et prénoms de l'enfant*), né le..... à..... (*son fils ou pupille*) recevra l'instruction à..... (*dire si l'instruction sera donnée à domicile ou dans une école, puis indiquer le nom et l'adresse de cette école*).

Le père, tuteur ou patron.
(*Signature et adresse*)

suivants ont été ajoutés à l'article 7, au cours de la discussion, sur la proposition de M. Voisins-Lavernière :

Les familles domiciliées à proximité de deux ou plusieurs écoles publiques ont la faculté de faire inscrire leurs enfants à l'une ou à l'autre de ces écoles, qu'elle soit ou non sur le territoire de la commune, à moins qu'elle ne compte déjà le maximum d'élèves autorisé par les règlements.

En cas de contestation, et sur la demande, soit du maire, soit des parents, le Conseil départemental statue en dernier ressort.

Ces deux paragraphes visent d'ailleurs deux situations différentes. Sur celle que concerne le premier, il ne peut pas s'élever de contestation : ce n'est donc pas le cas prévu par le second paragraphe. Lorsque le nombre d'élèves fixé par le règlement se trouve atteint, une école ne peut recevoir d'autres élèves. Le père de famille qui aurait désigné cette école, lorsque le nombre des élèves s'y trouve déjà complet, devra être informé de l'empêchement qui s'élève contre son choix. Un délai lui sera accordé pour prendre ses renseignements en vue du choix d'une autre école, et pour faire une nouvelle désignation.

Mais il se peut que des difficultés soient élevées par des maires, au sujet de l'inscription dans leurs écoles d'enfants appartenant à d'autres communes. La contestation est alors portée devant le Conseil départemental, soit par le maire, soit par les parents, et ce Conseil statue en dernier ressort.

Que faut-il entendre par ces termes de l'article 4, que l'instruction peut être donnée « *dans tout établissement d'instruction primaire* »? — Il résulte de la circulaire du ministre de l'Instruction publique du 17 août 1882, que les divers établissements désignés sous les noms d'ouvroirs, asiles, orphelinats, maisons d'éducation, colonies, refuges, « donnent et doivent donner, aux enfants en âge scolaire, le minimum d'instruction exigé par les lois, et sont soumis à l'application des lois relatives à l'enseignement primaire et privé ». Tous ces établissements peuvent être choisis par le père de famille pour y faire instruire ses enfants.

La déclaration prescrite par l'article 7 n'est soumise à aucune forme particulière. Elle peut être faite par lettre missive, et même oralement. On peut toujours en demander un récépissé au maire.

Ajoutons enfin que la circulaire ministérielle du 7 septembre 1882 admet que la formalité de cette déclaration puisse être remplacée par l'inscription au registre de l'école publique ou libre. Sans doute, si l'administration voulait s'en tenir strictement à la rigueur légale, une circulaire ministérielle ne saurait infirmer les prescriptions de la loi ; mais, dans la pratique, ce tempérament sera admis sans difficulté.

« Quand la famille, dit cette circulaire, envoie ou continue d'envoyer ses enfants à l'école publique, l'inscription au registre de l'école dispense de toute formalité. Si elle les confie à une école privée, l'inscription au registre de cette école, dûment communiquée à la commission scolaire, tient également lieu de déclaration. »

La circulaire du 7 septembre 1882 traite en détail de toutes les questions relatives à la déclaration dont il s'agit. Elle montre clairement combien l'administration entend interpréter toujours la loi dans l'esprit le plus libéral, et combien elle s'est efforcée d'accorder et d'organiser toutes les facilités possibles au sujet de cette déclaration. Nous renvoyons donc à ce document, que nous reproduirons ci-après.

III. — L'article 7 indique encore la date à laquelle cette déclaration doit être faite. Il porte en effet que le maire doit être informé du choix auquel s'est arrêté le père de famille, au moins quinze jours avant la rentrée des classes. Cette rentrée étant ordinairement fixée au 1er octobre, il en résulte que la déclaration doit être faite dans la première quinzaine de septembre.

Il résulte aussi des termes de la loi que cette déclaration doit être renouvelée chaque année. Nous avons vu toutefois que, d'après la circulaire du 7 septembre 1882, cette déclaration n'est plus nécessaire lorsque l'enfant est inscrit à une école, soit publique, soit privée, et continue à en suivre les cours. Son renouvellement ne s'impose donc qu'à l'égard des enfants qui reçoivent l'instruction dans la famille.

Mais ici s'élève une difficulté. Lorsque la loi parle de la rentrée des classes, c'est la rentrée pour les écoles publiques qu'elle considère, et les écoles privées peuvent fixer la leur à une époque toute différente. Qu'arrivera-t-il alors si le père de famille veut envoyer son fils à une école privée dont la rentrée n'a lieu par exemple que le 1er novembre ? Lui suffirat-il de donner avis de son choix au maire avant le 15 octobre? Non évidemment, car nous verrons plus loin que lorsque la déclaration n'a pas été faite dans la quinzaine qui précède la rentrée aux écoles publiques, le maire doit inscrire d'office l'enfant à l'école publique, et notifier cette inscription aux parents avant la rentrée. Mais les parents ne sont pas pour cela déchus de leur droit d'option; il leur suffit de répondre au maire, dès que cette notification leur est faite, qu'ils entendent faire instruire leur enfant chez eux, ou l'envoyer à une autre école. Cette solution a été expressément acceptée au cours des débats, tant par les rapporteurs de la loi que par le ministre de l'Instruction publique.

Dans ce cas, l'inscription d'office est donc un simple contrôle. Remarquons toutefois qu'elle impose à l'enfant l'obligation de fréquenter l'école publique jusqu'au jour où les parents font leur déclaration; mais cette déclaration suffit pour faire cesser l'obligation de fréquenter l'école indiquée, et rendre au père de famille son droit d'option.

Il eût sans doute été préférable, pour éviter ces difficultés, de fixer une date déterminée, comme le 15 septembre, pour le délai terminal de la déclaration; mais, malgré les observations faites à ce sujet au cours des débats législatifs, les Chambres votèrent le texte du projet tel qu'on l'a vu plus haut.

IV. — Il peut encore y avoir des difficultés au sujet de la commune dans laquelle la déclaration doit être faite. Il arrivera par exemple que les parents résident pendant une partie de l'année dans une commune, et pendant une autre partie dans une autre commune. C'est au maire de la commune dans laquelle l'enfant réside lorsque la déclaration est faite, que le père de famille devra adresser sa déclaration. Nous avons vu que dans le cas où l'enfant est inscrit dans une école, le père de famille, au moment où il s'absente, emmenant l'enfant avec lui, doit prévenir le maire. A son retour, l'enfant reprendra nécessairement les cours de l'école sur les registres de laquelle il est inscrit.

Telles sont les principales questions qui se posent au sujet de cet article 7. Ajoutons que le droit d'option du père de famille entre les divers modes d'enseignement n'est pas limité au moment où se fait la déclaration exigée par cet article, et qu'il subsiste à toute époque de l'année. Celui qui a d'abord déclaré vouloir faire instruire son enfant à la maison peut ensuite, à toute époque de l'année, le faire inscrire à une école publique ou privée. Réciproquement, il peut retirer l'enfant de l'école à laquelle il est inscrit, sous la seule condition d'en informer le maire, et de lui faire savoir en même temps à quelle autre école l'enfant sera envoyé, ou bien s'il sera instruit dans sa famille.

Lorsqu'un enfant quitte l'école, dit l'article 9, *les parents ou les personnes responsables doivent en donner immédiatement avis au maire, et indiquer de quelle façon l'enfant recevra l'instruction à l'avenir.*

La première obligation imposée par la loi consiste dans ces déclarations que doivent faire les personnes ayant la charge des enfants. Mais il ne suffit pas qu'une loi énonce le devoir qu'elle prescrit : il faut qu'elle en assure l'exécution, ou du moins qu'elle édicte aussi la sanction à intervenir lorsque ce devoir n'est pas rempli. Qu'arrivera-t-il donc si la déclaration prescrite n'est point faite par ceux qui en sont tenus ?

Nous rencontrons ici deux sortes de dispositions. Les premières sont relatives à l'avertissement préalable qui doit être donné, d'après la loi de 1882, aux personnes intéressées ; les secondes, aux conséquences de la non-déclaration après la mise en demeure résultant de cet avertissement.

I. — **Avertissement préalable.**

Et d'abord la loi de 1882 a voulu qu'avant que ne soit prononcée aucune mesure de sanction, les personnes tenues de la déclaration soient averties et mises en demeure de remplir l'obligation qui leur incombe.

Art. 8. — *Chaque année, le maire dresse, d'accord avec la Commission municipale scolaire, la liste de tous les enfants âgés de 6 à 13 ans, et avise les personnes qui ont charge de ces enfants de l'époque de la rentrée des classes.*

Ce premier paragraphe de l'article 8 comporte deux points à examiner : 1° confection des listes ; 2° règles concernant l'avis préalable.

1° *Confection des listes.* — Il faut donc commencer par établir dans chaque commune la liste des enfants soumis à l'instruction obligatoire : ce sont, avons-nous vu, tous les enfants de nationalité française résidant dans la commune et âgés de 6 à 13 ans.

Le premier travail préparatoire pour cette liste pourra être fait au moyen des registres de l'état civil, et du dernier recensement quinquennal. Il faudra ensuite retrancher les enfants qui ont quitté la commune, et y ajouter ceux qui sont venus y résider. C'est pour ce travail de rectification et de complément que le maire est aidé par les membres de la Commission scolaire, Commission dont nous verrons plus loin la composition et les attributions.

La circulaire ministérielle du 7 septembre 1882 a prévu le cas de négligence ou de mauvaise volonté de la part des commissions scolaires. Le préfet est alors chargé de faire dresser d'office cette liste par le maire seul, et à défaut du maire, par un délégué de l'inspecteur d'académie ou par l'inspecteur primaire.

Cette liste, dit l'article 8, doit être dressée annuellement. On prendra naturellement la liste de l'année précédente, qu'il suffira de réviser, pour y ajouter les enfants qui viennent d'arriver à l'âge scolaire, et les enfants de 6 à 13 ans qui sont venus s'établir dans la commune; — et retrancher d'autre part ceux qui ont dépassé l'âge scolaire, et ceux qui ont quitté la commune.

La loi ne fixe pas l'époque de l'année à laquelle doit être dressée cette liste. Mais comme elle dit que les personnes qui ont charge des enfants doivent recevoir un avis au moins quinze jours avant la rentrée des classes, qui a lieu dans les premiers jours d'octobre, cette liste sera dressée ordinairement au mois d'août.

Ne doit-on porter sur cette liste que les enfants qui auront 6 ans révolus à la rentrée des classes, ou peut-on y mettre tous ceux qui atteindront leur sixième année dans le courant de l'année scolaire? Les termes de l'article 8 semblent indiquer la première solution; mais nous avons vu que l'obligation commençait pour chaque enfant à partir du jour où il avait atteint sa sixième année, à quelque moment de l'année scolaire que tombât ce jour. C'est donc la seconde solution qui est le plus strictement juridique, sauf bien entendu à n'imposer la fréquentation de l'école qu'à partir du moment légal, et à différer même l'obligation jusqu'à la rentrée suivante, si ce moment n'arrivait que vers le milieu ou la fin de l'année scolaire.

2° *Règles concernant l'avis préalable.* — Il y a, à cet égard, trois points à déterminer.

1° A qui l'avis doit-il être envoyé?

C'est, dit l'article 8, aux personnes qui ont la charge des enfants portés sur les listes. Nous avons déjà vu que ces personnes sont celles chez lesquelles demeure l'enfant, et qui ont autorité sur lui ; après les parents et tuteurs, c'est toute personne ayant la garde de l'enfant, avec l'assentiment de ceux qui ont sur lui une autorité légale.

En pratique, le maire pourra se dispenser d'adresser cet avis pour les enfants qui sont déjà inscrits à une école soit publique, soit privée, et pour ceux au sujet desquels il lui aura été fait précédemment la déclaration qu'ils sont instruits dans leur famille.

2° Dans quelle forme doit être donné cet avis?

La question qui se pose est celle de savoir s'il peut être donné à tous les intéressés collectivement et d'une manière générale, par affiches ou publications, ou s'il doit être notifié à chacun d'eux individuellement. La Cour de cassation a décidé que cet avis devait être notifié par lettre individuelle, et que la publication par voie d'affiches de l'époque de la rentrée des classes ne pouvait en tenir lieu (arrêt du 26 mai 1883). Cette solution est en effet la plus conforme aux termes mêmes de la loi, et surtout à son esprit.

Ajoutons que le ministre de l'Instruction publique a adressé aux maires, à la suite de sa circulaire du 7 septembre 1882, un modèle de formule pour ces lettres d'avis. On trouvera cette formule, ainsi que d'autres relatives à la déclaration à faire par le père de famille, reproduites en fin du volume, à la suite de cette circulaire.

3° A quelle époque l'avis doit-il être envoyé?

La loi ne fixe pas expressément cette époque. Mais comme l'article 8 exige de plus une déclaration par le père de famille en réponse à cet avis, et qu'il prescrit que cette déclaration devra être faite au moins 15 jours avant la rentrée des classes, il résulte de là que l'avis devra avoir été remis plus de 15 jours avant la rentrée.

Ajoutons qu'il faut laisser aux intéressés un délai de quelques jours pour faire l'option que la loi leur permet entre l'enseignement dans la famille ou à l'école, et entre les différentes écoles. C'est donc dès le commencement des vacances que les maires auront à faire ces notifications.

Et maintenant qu'arrivera-t-il si, par suite d'un oubli ou d'un retard, l'avis n'a pas été donné au moins quinze jours avant la rentrée des classes, et s'il ne l'a même été qu'après cette rentrée? Faut-il décider que l'article 8 prescrit ce délai à peine de nullité, et que l'enfant ainsi omis ne pourrait plus être tenu de l'obligation scolaire jusqu'à l'année suivante? Ce serait là une conséquence évidemment opposée à l'esprit de la loi, ainsi que la Cour de cassation l'a très bien fait ressortir dans son arrêt du 4 août 1883 :

« Attendu, dit cet arrêt, qu'il serait absolument contraire au but et à l'esprit de la loi, que l'omission à l'époque de la rentrée des formalités qu'elle prescrit fût irréparable pendant toute la durée de l'année scolaire, au risque de laisser dans tout le cours de cette année des enfants abandonnés à eux-mêmes et privés de toute instruction; que le législateur n'a pu vouloir apporter lui-même une entrave aussi dommageable à l'exécution de ses prescriptions. »

Et un autre arrêt de la Cour de cassation, du 21 décembre 1883, a décidé que « la tardivité de la transmission de l'avis a eu seulement pour effet de proroger le délai accordé au père de famille pour se conformer à la loi, de manière à ne faire courir contre lui le devoir scolaire qu'après l'expiration d'un délai complet de quinzaine à partir de cet avis ».

II. — Conséquences de la non-déclaration.

Il est évident que les parents ne sauraient se soustraire, en s'abstenant de la déclaration prescrite sur le choix entre les divers modes d'enseignement, au devoir légal de l'instruction obligatoire. Le deuxième paragraphe de l'article 8 prévoit comment l'instruction sera néanmoins assurée, en l'absence de réponse à l'avis du maire. Les parents sont alors présumés avoir opté pour l'école publique, et l'enfant y est inscrit d'office.

Art 8, § 2. — *En cas de non-déclaration, quinze jours avant l'époque de la rentrée, de la part des parents et autres personnes respon-*

sables, le maire inscrit d'office l'enfant à l'une des écoles publiques, et en avertit la personne responsable.

Il résulte de ce que nous avons déjà dit, que cette inscription d'office ne peut avoir lieu qu'à la suite de l'avis *individuel* donné par le maire à la personne qui a la charge de l'enfant et que si cet avis est resté sans réponse. A défaut de cet avis, l'inscription d'office serait irrégulière et ne saurait produire aucun effet. Elle ne saurait donc faire courir le devoir de fréquentation scolaire, et il ne pourrait être prononcé de peine pour manquement à ce devoir (Cassation, 26 mai 1883).

Nous avons vu d'autre part que cet avis peut être donné à toute époque de l'année, et que par suite l'inscription d'office peut être faite valablement, non seulement au moment indiqué par l'article 8, c'est-à-dire quinze jours avant l'époque de la rentrée, mais encore dans le courant de l'année scolaire, après un délai de quinze jours à partir de l'avis préalable.

C'est seulement dans une des écoles publiques de la commune que peut être faite cette inscription d'office. Il est évident que lorsque l'Etat impose la fréquentation d'une école, il ne peut être question que des écoles placées directement sous son autorité.

Le texte de notre paragraphe donne encore lieu à quelques observations.

En premier lieu, l'inscription d'office est une conséquence forcée de la non-déclaration. Les termes de la loi sont formels et impératifs : le maire n'a pas à apprécier si l'absence de déclaration est ou non justifiable ; il n'a qu'à la constater et à procéder ensuite à l'inscription.

En second lieu, le maire, aussitôt cette inscription opérée, doit en avertir la personne responsable. L'avis de cette inscription d'office est prescrit à peine de nullité : c'est une formalité *substantielle*. S'il n'avait pas été donné dans des termes bien explicites, toute poursuite ultérieure contre le père de famille serait sans base légale. La lettre de rappel par laquelle le maire informe ce dernier que, faute par lui de faire sa déclaration sur la manière dont il entend faire instruire son enfant, il l'inscrira d'office à l'école publique, ne doit pas être considérée comme remplissant le vœu de la loi, qui prescrit l'avis du fait de l'inscription définitivement accompli (Cassation, 28 décembre 1883).

Quels sont le caractère et les conséquences de cette inscription d'office? Il faut bien se garder de croire qu'elle constitue une déchéance du droit d'option pour le père de famille. Il n'y a là en quelque sorte qu'un nouvel avertissement et une mesure provisoire. Il s'agit, avons-nous dit, d'une présomption qui n'est qu'une simple interprétation de volonté, et qui peut être détruite par la manifestation, dans les formes légales, de la volonté contraire. La loi présume que le père de famille, en ne faisant point la déclaration à lui demandée, a voulu ainsi se soumettre simplement au droit commun, c'est-à-dire envoyer son fils à l'école publique.

Tant qu'il n'aura point déclaré faire choix soit d'une autre école, soit de l'enseignement à la maison, le père de famille sera censé avoir accepté l'école indiquée, et l'enfant y sera tenu à la fréquentation scolaire, sous les peines édictées contre les manquements à cette fréquentation. Mais le droit d'option subsiste toujours, nonobstant cette inscription d'office. Le père de famille pourra donc, soit immédiatement après avoir reçu l'avis de l'inscription d'office, soit à toute époque de l'année, se soustraire à l'obligation d'envoyer son enfant à l'école indiquée, sous la seule condition de faire la déclaration prescrite par l'article 7. Et dès lors c'est aux obligations résultant pour lui du choix fait dans cette déclaration qu'il sera soumis. Nous arrivons ainsi aux dispositions de la loi relatives d'une part à l'instruction donnée dans la famille, et d'autre part à l'instruction reçue à l'école.

CHAPITRE V

Du contrôle de l'instruction obligatoire.

Grâce à la déclaration prescrite par l'article 7, et à l'inscription d'office faite par le maire au défaut de cette déclaration, on peut voir que tous les enfants soumis à l'obligation de l'instruction primaire sont inscrits à la mairie, soit comme devant recevoir l'instruction dans leur famille, soit comme élèves d'une école publique ou privée. Par quelles dispositions la loi s'assure-t-elle que l'instruction est en réalité donnée, dans l'un et l'autre cas, conformément au choix qui a été fait? En d'autres termes, quel est le contrôle de l'instruction dans la famille et de l'instruction à l'école?

PREMIÈRE SECTION

DU CONTROLE DE L'INSTRUCTION DANS LA FAMILLE

Lorsque le père de famille a déclaré vouloir faire instruire son enfant à la maison, la loi doit nécessairement indiquer comment on pourra s'assurer que ce devoir légal est rempli. Autrement le principe de l'obligation resterait lettre morte, et on ne l'aurait proclamé que pour laisser chacun libre de ne pas s'y soumettre. Cependant, au cours des débats législatifs, de vives discussions se sont élevées sur ce point. Les adversaires du projet de loi, notamment M. Lorois à la Chambre des députés, MM. Delsol et Paris au Sénat, ont combattu le principe même d'un contrôle. D'après leur thèse, demander au père de famille de justifier qu'il accomplit l'obligation d'instruire son enfant, c'est méconnaître les principes fondamentaux du droit. L'infraction aux prescriptions légales, ont-ils dit, ne se présume pas : ce n'est pas au père de famille à prouver qu'il fait instruire son enfant, mais au ministère public à prouver, le cas échéant, que ce devoir n'a pas été rempli. Dans tout ce qui a rapport à des sanctions pénales, la loi ne peut énoncer que des mesures répressives, et non des mesures préventives. Ainsi, après que l'article 203 du Code civil a imposé aux parents l'obligation de nourrir et d'entretenir leurs enfants, la loi ne leur prescrit point de prouver qu'ils remplissent cette obligation. De même pour les devoirs respectifs de fidélité, de secours et d'assistance imposés aux époux par l'article 212, demande-t-on à ceux-ci de justifier qu'ils s'y sont conformés? — C'est au ministère public de surveiller l'exécution de la loi, de découvrir les infractions et de les poursuivre. Il doit en être de l'instruction comme de la nourriture et de l'entretien, du pain et du vêtement. Au ministère public, de découvrir et de prouver, par les moyens de droit commun, que la loi n'a pas été obéie : mais toute mesure préventive est un renversement des principes juridiques.

Cet argument n'est que spécieux. La différence entre la nourriture physique, l'entretien matériel, d'un côté, et de l'autre côté l'instruction, est trop manifeste. Si je ne donne pas à manger à mon enfant, si je le chasse de la maison, si je le maltraite, cela sera aussitôt apparent. Il y aura un trouble apporté à l'ordre public, et ce trouble arrivera immédiatement à la connaissance du magistrat, qui pourra le réprimer. En est-il ainsi de l'instruction? Comment le magistrat sera-t-il averti que je ne donne à mon enfant qu'un enseignement insuffisant, ou même que je ne lui en donne aucun? — Les adversaires de toute mesure de contrôle n'étaient que les adversaires du principe même de l'obligation. Sans ce contrôle, la loi serait complètement illusoire; et il ne peut consister qu'en des examens.

« La loi qui autorise les parents, disait le rapporteur au Sénat, M. Ribière, à donner ou à faire donner chez eux l'instruction primaire, conformément au programme qu'elle établit, devait prendre des mesures pour assurer à ses prescriptions leur complet et fidèle accomplissement.

« La majorité de votre commission croit bonne et nécessaire la loi d'obligation, ainsi que les mesures qui en garantissent l'exécution sincère et loyale. Ce qu'elle croirait sans précédent, c'est qu'une loi constitutionnellement votée ne fût pas partout et de tous obéie. L'enfant n'est pas une propriété; les liens qui l'attachent à la famille constituent moins des droits que des devoirs. Le premier soin de ces devoirs est son instruction et son éducation. La société n'intervient que pour s'assurer de son accomplissement; et le moyen le plus rationnel qui lui soit offert n'est-il pas un examen dont les formes, le lieu et les conditions seront fixés par un règlement, et qui sera passé en temps utile, devant des hommes dont il est difficile, surtout à l'avance, de suspecter l'esprit de justice et de sagesse?.... Dans les pays où l'instruction obligatoire peut être donnée dans la famille, des mesures sont également prises pour garantir l'exécution de la loi. Le projet qu'on nous propose n'a donc rien que de légitime. »

Ces examens ont donc été organisés par l'article 16 de la loi, ainsi conçu :

ART. 16. — *Les enfants qui reçoivent l'instruction dans la famille doivent, chaque année, à partir de la fin de la deuxième année d'instruction obligatoire, subir un examen qui portera sur les matières de l'enseignement correspondant à leur âge dans les écoles publiques,* dans des formes et suivant des programmes qui seront déterminés par arrêtés ministériels rendus en Conseil supérieur.

Le jury d'examen sera composé de : l'inspecteur primaire ou son délégué, président; un délégué cantonal; une personne munie d'un diplôme universitaire ou d'un brevet de capacité. Les juges seront choisis par l'inspecteur d'académie. Pour l'examen des filles, la personne brevetée devra être une femme.

Si l'examen de l'enfant est jugé insuffisant, et qu'aucune excuse ne soit admise par le jury, les parents sont mis en demeure d'envoyer leur enfant dans une école publique ou privée dans la huitaine de la notification, et de faire savoir au maire quelle école ils ont choisie.

En cas de non-déclaration, l'inscription aura lieu d'office, comme il est dit à l'article 8.

Le règlement des examens prescrits par cet article se trouve aujourd'hui déterminé par l'arrêté organique du 18 janvier 1887, dans lequel ont été fondues les dispositions additionnelles de l'arrêté du 24 juillet 1888 (titre IV, chap. III de cet arrêté, articles 263 à 271).

Il y a lieu, au sujet de ces examens, d'examiner les cinq questions suivantes :

1° Quels sont les enfants qui y sont soumis?
2° Quand doivent-ils être subis?
3° Quels en sont les formes et le programme?
4° Comment est composé le jury?
5° Quelle est la sanction lorsque l'examen est insuffisant?

§ 1. — QUELS SONT LES ENFANTS SOUMIS A CES EXAMENS?

Il résulte du texte de l'article 16 qu'un examen annuel devra être subi par tous les enfants âgés de plus de 8 ans et de moins de 13 ans, qui ne se trouvent inscrits ni à une école privée, ni à une école publique, par suite de la déclaration faite par leurs parents ou tuteur qu'ils seront instruits dans la famille.

La loi ne comporte qu'une seule exception à cette règle générale. C'est celle de l'article 6 :

ART. 6, § 2. — *Ceux qui à partir de cet âge (11 ans) auront obtenu le certificat d'études primaires, seront dispensés du temps de scolarité obligatoire qui leur restait à passer.*

L'enfant qui a obtenu le certificat d'études a justifié par

DU CONTROLE DE L'INSTRUCTION OBLIGATOIRE.

là qu'il a parcouru le programme de l'enseignement primaire, et qu'il a satisfait définitivement au vœu de la loi.

Cette exception à la règle générale énoncée plus haut est la seule vraiment légale. Mais il faut signaler sur ce point les déclarations faites par M. J. Ferry dans le cours de la délibération au Sénat, sur les explications provoquées par M. Bérenger.

« M. BÉRENGER : Il y a certains établissements d'éducation générale embrassant, avec l'instruction primaire, l'instruction secondaire, et quelquefois les éléments de l'instruction supérieure, quelquefois aussi l'instruction supérieure complète ; je parle surtout de l'éducation des filles. Ces établissements se trouvent particulièrement dans les grandes villes, comme Lyon, Marseille, et surtout Paris. Mais ce qui les différencie de ce qu'on appelle en général des écoles libres, c'est qu'elles ne sont pas ouvertes tous les jours. C'est un jour de la semaine seulement qu'on y conduit les enfants, et quelques heures seulement de la journée. En un mot, ce ne sont pas des écoles, mais des cours hebdomadaires. Je demande à M. le ministre s'il considérera ces cours comme des écoles libres.

M. JULES FERRY : Certainement.

M. BÉRENGER : Et si le fait d'envoyer ses enfants dans ces écoles constituera une exemption de l'examen annuel qui doit être passé ?

M. J. FERRY : Il est de toute évidence que les institutions libres dont parle l'honorable M. Bérenger, et qui rendent tant de services à l'enseignement des jeunes filles, sont des écoles privées, des écoles libres dans toute l'acception du terme ; et il ne viendra dans la pensée de personne de considérer que les mères de famille qui donnent cet exemple si noble et si touchant de faire, au moyen de ces cours, par elles-mêmes, l'éducation de leurs petites filles, puissent jamais tomber sous l'application d'une peine quelconque.

M. BUFFET : Sont-elles dispensées de l'examen ?

M. LE MINISTRE : Elles seront dispensées de l'examen, puisqu'elles suivent une école libre. »

Toutefois il faut bien reconnaître que l'interprétation du ministre, si catégoriquement qu'elle ait été formulée, ne concorde point avec les textes de la loi. Il serait impossible en effet d'appliquer à ces cours publics les dispositions qui concernent les écoles. Quel sens aurait par exemple l'article 10, qui prévoit le cas où l'enfant *manque momentanément l'école*, quand il s'agit de cours qui n'ont lieu souvent qu'une fois par semaine ? Ou l'article 12, qui prévoit le cas où l'enfant *s'est absenté quatre fois au moins dans le mois, pendant au moins une demi-journée?* Ou l'article 15, qui permet de *dispenser d'une des deux classes de la journée* les enfants employés dans l'industrie?

Au reste, M. Bérenger reconnaissait lui-même dans sa question que ces cours *ne sont pas des écoles.* Il s'agit ici d'une instruction dirigée en réalité par la mère de famille, *qui fait elle-même l'éducation de ses filles au moyen de ces cours,* selon les propres expressions du ministre. Ces cours ne sont qu'un complément, un accessoire de l'éducation faite dans la famille.

Ces réserves faites, on peut ajouter que la solution donnée par le ministre est tout à fait d'accord avec l'esprit libéral de la loi, si elle n'est point conforme aux textes. Il est certain qu'à l'égard des enfants qui suivent ces cours, le vœu du législateur est rempli, puisque c'est même avec une sollicitude toute particulière que les parents s'acquittent ici de leur devoir légal. Inutile d'ajouter que l'administration, qui a toujours interprété la loi de la manière la plus bienveillante et la plus large, se conforme à cette solution.

On peut donc, au point de vue qui nous occupe, considérer comme des écoles libres les cours publics pour les jeunes filles dans les grandes villes, et les enfants qui les fréquentent sont dispensés de l'examen annuel prescrit par l'article 16.

Ajoutons qu'aux termes de l'article 264 de l'arrêté organique du 18 janvier 1887, la liste des enfants astreints à subir l'examen doit être dressée par le maire et envoyée à l'inspecteur d'académie avant le 1er mai de chaque année.

§ 2. — QUAND CES EXAMENS DOIVENT-ILS ÊTRE SUBIS?

Dans le projet du gouvernement, il n'était question que d'un examen final, que l'enfant aurait subi à la fin de l'âge de scolarité, à sa treizième année. Ainsi réduit, le contrôle eût été bien peu efficace, et les Chambres se sont montrées plus exigeantes.

« Fallait-il attendre pour cet examen, dit le rapporteur du Sénat, la dernière année de scolarité? C'eût été rendre bien facile la fraude à la loi. Des parents négligents, trop intéressés, ou peut-être mal conseillés, pourraient laisser leurs enfants sans instruction aucune après avoir déclaré pour la forme qu'ils leur donneraient chez eux l'instruction primaire..... Les enfants élevés dans leur famille devront donc, pendant l'âge de la scolarité, subir un examen à la fin de chaque année..... »

Aussi, d'après l'article 16, cet examen devra être subi *chaque année, à partir de la fin de la deuxième année d'instruction obligatoire.*

L'obligation de la scolarité commençant pour l'enfant à six ans révolus, il sera par conséquent soumis à cet examen annuel depuis huit ans jusqu'à treize ans.

L'article 265 de l'arrêté organique dit que cet examen annuel sera subi, soit au commencement, soit à la fin de l'année scolaire, c'est-à-dire en septembre ou en octobre. C'est l'inspecteur d'académie qui fixe la date pour chaque commune.

Ainsi prenons un enfant né le 1er février 1880. L'obligation de l'instruction commence pour lui à six ans révolus, à partir du 1er février 1886. Sa deuxième année d'instruction obligatoire prendra fin le 1er février 1888 : il devra donc se présenter pour la première fois à l'examen qui aura lieu au mois de septembre ou d'octobre suivant. Puis il devra se présenter de nouveau en 1889, 1890, 1891 et 1892, soit en tout cinq fois. Mais, en septembre 1893, il aura plus de treize ans révolus ; l'examen ne sera donc plus obligatoire pour lui.

Si l'enfant était né au mois de novembre 1880, il ne serait tenu à son premier examen qu'en 1889, puisqu'au moment des examens de 1888 il n'aurait pas encore huit ans ; mais en revanche l'examen de 1893 resterait obligatoire pour lui.

Il faut signaler ici dans les dispositions de la loi une regrettable lacune. Elles permettent en effet une fraude qui peut déjouer dans une beaucoup trop grande mesure les prévisions du législateur, ainsi qu'on va le voir par un exemple. Supposons en effet un enfant né le 1er août 1880. En 1886, dès qu'il est soumis à l'instruction obligatoire, son père déclare vouloir lui faire donner l'instruction dans la famille. Mais il néglige complètement ce devoir ; et pendant deux ans il n'y a aucun contrôle ni aucune sanction pour cette infraction, puisque l'enfant ne doit se présenter à son premier examen qu'en septembre ou octobre 1888. Peu de jours avant la fin de l'année scolaire, au mois d'août 1888, le père fait inscrire cet enfant à une école. Quand arrivera l'époque de l'examen, quelques jours après cette inscription, l'enfant étant inscrit régulièrement à une école ne sera plus tenu de se présenter à l'examen. Il n'en aura pas moins perdu ainsi deux ans. Puis, à la rentrée des classes de 1892, le père déclare reprendre l'enfant chez lui, en faisant la déclaration prescrite par l'article 9. Aucune instruction n'est plus donnée à l'enfant, et cependant aux examens de 1893 il ne pourra être obligé à se présenter, puisqu'il aura plus de treize ans révolus.

Remarquons encore que pour déjouer ainsi le vœu de la loi, le père n'a pas même besoin de recourir à cette inscription dans une école quelques jours avant l'époque du premier examen. Il envoie simplement à cet examen l'enfant, qui ne peut répondre que d'une manière nulle ou insuffisante; mais la seule sanction de cette insuffisance, ainsi que nous le verrons plus loin, c'est la mise en demeure adressée au père d'envoyer à l'avenir son enfant dans une école. Le résultat est le même.

On voit par là que la période d'instruction obligatoire, que le législateur a entendu fixer à sept ans, se trouverait impunément réduite à quatre. Ajoutons que ces manœuvres frauduleuses ne paraissent pas s'être produites, et que de pareilles résistances à la loi sont tout à fait improbables pour l'avenir, le principe de l'instruction obligatoire étant de plus en plus accepté et pénétrant peu à peu dans les mœurs. Mais si des fraudes de ce genre s'étaient généralisées, le législateur eût dû y remédier par de nouvelles dispositions.

Les enfants soumis à l'examen doivent être convoqués au moins quinze jours à l'avance par les soins de l'inspecteur primaire (art. 266 de l'arrêté organique du 18 janvier 1887, modifié par l'arrêté du 24 juillet 1888). Cette convocation doit toujours être individuelle. Nous ne pensons pas qu'un retard dans cette convocation, par exemple si elle n'avait été faite que huit jours à l'avance, la rendrait nulle de droit et que l'enfant serait ainsi dispensé de se présenter; mais ce retard pourrait être admis par le jury d'examen, qui apprécierait d'après les circonstances, comme une excuse justifiant l'absence de l'enfant, lorsque celui-ci ne se présenterait pas.

§ 3. — FORME, PROGRAMME ET CARACTÈRES DE L'EXAMEN.

L'examen doit avoir lieu soit à la maison commune, soit dans une salle d'école (art. 263 de l'arrêté organique).

Il consiste en épreuves écrites et en épreuves orales ; mais les secondes ne sont que subsidiaires et ne doivent avoir lieu que si les épreuves écrites ont été insuffisantes.

Les épreuves écrites consistent, soit dans des devoirs écrits sous la dictée ou en présence du jury d'examen, soit dans des devoirs faits à domicile et communiqués par le père de famille avec une attestation d'authenticité dont la formule est annexée à l'arrêté organique (1).

Aux termes des articles 267 et 268 de l'arrêté, le jury peut se contenter des devoirs faits à domicile qui lui sont présentés, si ces devoirs lui paraissent satisfaisants. Il déclare alors qu'il a été satisfait à l'examen, et que l'instruction de l'enfant est suffisante.

S'il ne se trouve pas assez éclairé par ce premier moyen de contrôle, le jury fait procéder en sa présence à des épreuves écrites.

Enfin ce n'est que dans le cas où ces nouvelles épreuves écrites paraissent insuffisantes, qu'ont lieu les épreuves orales. Toutes les épreuves doivent avoir lieu le même jour.

Les matières sur lesquelles portent les épreuves écrites et les épreuves orales sont indiquées dans les articles 268 et 269 de l'arrêté. Ce programme est des plus élémentaires et bien au-dessous de celui qui est suivi dans les écoles primaires : il est évident que l'enfant qui ne serait pas en état

---

(1) Modèle de la formule :

Je soussigné *(nom et prénoms)* père *(ou tuteur)* de *(nom et prénoms de l'enfant)*, né le   et que je me suis engagé, par ma déclaration en date du   à faire instruire à domicile, conformément aux prescriptions de la loi du 28 mars 1882, atteste que les cahiers ci-joints sont les cahiers de l'enfant, et contiennent les devoirs écrits par lui seul dans le cours de la présente année.

En foi de quoi, il a signé avec moi la présente déclaration.

Fait à   le

Signature de l'enfant.   *Signature du père.*

d'y répondre ne recevrait dans sa famille qu'une instruction tout à fait insuffisante.

Le caractère que devait avoir cet examen dans la pensée des promoteurs de la loi se trouve clairement indiqué dans le discours de M. Jules Ferry lors de la troisième délibération au Sénat. Le ministre s'exprimait ainsi :

« En quoi consiste cet examen ? Comment le comprenons-nous ? Comment le Conseil supérieur qui sera chargé de l'organiser, comment, dans ma pensée, le comprendra-t-il, l'organisera-t-il ?.... Mais c'est bien moins, permettez-moi de vous le faire remarquer, un examen qu'une enquête. S'agit-il donc ici d'un examen analogue au baccalauréat, même au certificat d'études, où les enfants viendront concourir, où il faudra qu'ils obtiennent un certain nombre de points ? S'ils ne répondent pas, si ces pauvres petits perdent la mémoire, lorsqu'ils se verront en présence de ce petit jury si paternel pourtant, est-ce qu'on leur donnera un zéro, pour qu'ils retombent alors sous le coup des derniers paragraphes de l'article 16, l'examen étant déclaré insuffisant ? Eh, messieurs, vous nous prendriez pour des fous, si vous pensez que nous voulons mettre le pays à un pareil régime ? Il n'y aura aucune analogie entre les procédés, ou si vous aimez mieux, la procédure de cet examen, et celle des examens ordinaires. Ce sera, je le répète, une enquête autant qu'un examen. Et lorsque l'enfant troublé n'aura pas répondu, — ce qui souvent arrive aux enfants de neuf à dix ans qui ne sont pas habitués aux écoles publiques et aux examinateurs — la commission, le jury, s'entourera de tous les renseignements possibles, on lui apportera les devoirs, les cahiers de l'enfant. Que rechercherons-nous en définitive ? La vérité sur le caractère et le sérieux de l'éducation donnée dans la famille. Eh bien, si vous établissez devant le jury, même en lui amenant un enfant à qui sa timidité ferme absolument la bouche, si vous établissez que cet enfant, élevé dans la famille, y reçoit une instruction sérieuse qui n'est pas trop au-dessous des connaissances qu'on est en droit d'attendre d'un enfant de son âge, l'examen sera jugé suffisant, et le dernier paragraphe ne sera pas applicable.

« Je vous marque d'une manière générale le caractère de cet examen : il ne porte pas, comme je le disais, sur des points précis et exclusifs, il n'interdit pas à l'examinateur de se préoccuper des études antérieures ou des preuves qui lui sont fournies d'autre part, soit des cahiers rédigés par l'élève, soit des témoignages établissant que l'instruction est sérieusement donnée dans la famille. Tout cela peut rentrer dans cette sorte d'enquête que nous appelons un examen. »

On voit bien par cette déclaration le caractère de cet examen, qui doit être une constatation toute bienveillante, plutôt que des interrogations précises sur un programme nettement déterminé.

L'article 270 de l'arrêté ajoute que les enfants dont les parents en feront la demande pourront être examinés sur toutes les autres parties du programme des écoles primaires. Cet examen complémentaire peut être pour ces enfants un grand mobile d'émulation, et offre ainsi aux parents le moyen de remplacer dans une certaine mesure le stimulant qui manque à l'éducation dans la famille.

§ 4. — COMPOSITION DU JURY D'EXAMEN.

Nous avons vu comment l'article 16 détermine la composition du jury d'examen. Ce jury se compose de trois membres : 1° l'inspecteur primaire ou son délégué, président de droit ; 2° le délégué cantonal qui a l'inspection des écoles de la commune ; 3° et une personne munie d'un diplôme universitaire ou d'un brevet de capacité, et désignée par l'inspecteur d'académie. Pour l'examen des filles, ce troisième juge doit être une femme.

On voit qu'il s'agit ici d'un jury bien simple, parce que cet examen doit être lui-même aussi simple que possible, et ne comporter aucune solennité. La composition de ce jury offre d'ailleurs toutes les garanties désirables. Le Sénat avait d'abord laissé aux parents le choix du troisième membre du jury d'examen. Le gouvernement et la Chambre des députés ont jugé qu'il devait être réservé à l'inspecteur d'académie, mais rien n'empêchera que celui-ci ne se conforme souvent dans ce choix aux indications des parents. Voici comment s'exprimait à ce sujet M. Jules Ferry au Sénat :

« On a établi un jury restreint, composé de trois personnes, parce que l'examen ne peut avoir ni le caractère, ni les programmes, ni la solennité, ni les conséquences des autres examens. On a pris l'inspecteur primaire, parce que c'est lui et non pas la Commission scolaire, qui doit avoir la direction de cette épreuve. On a pris le délégué cantonal, parce qu'il représente à la fois les familles, l'intérêt et le sentiment local. On a pris un diplômé universitaire, ou une personne munie du certificat de capacité. Assurément, si l'administration n'y voit pas d'inconvénient, il lui arrivera souvent de choisir pour troisième juré le maître, le professeur d'un de ces enfants qui auront à passer l'examen, car les diplômés, les maîtres pourvus du brevet de capacité ne sont pas bien nombreux dans les petites communes, et le recrutement de ces petits jurys ne sera pas toujours chose très facile. D'ailleurs ce seront des instructions bienveillantes qui seront données par l'administration, et je ne verrais, quant à moi, aucun inconvénient à ce que, si l'inspecteur d'académie n'y trouve pas à redire, ce soit, à l'occasion, un des professeurs employés par les familles qui vienne siéger comme troisième membre du jury, en vertu de son diplôme ou de son brevet de capacité. Mais quant à l'inscrire dans la loi comme un droit, c'est chose absolument impossible ! »

§ 5. — DE LA SANCTION, EN CAS D'INSUFFISANCE DE L'EXAMEN.

Si l'examen est déclaré satisfaisant par le jury, aucune question ne se pose : l'enfant pourra continuer à recevoir l'instruction dans la famille, comme par le passé.

Mais, dans l'hypothèse différente, divers cas peuvent se présenter.

Il se peut en effet que, l'instruction de l'enfant n'ayant pas été reconnue suffisante, les parents aient présenté au jury des motifs d'excuse, par exemple une longue maladie que l'enfant viendrait de faire, et qui a interrompu toute étude pendant plusieurs mois, ou un long voyage, ou la faiblesse de son intelligence, etc... Le jury examinera et appréciera les excuses qui lui sont présentées, et s'il reconnaît que l'insuffisance constatée n'est pas imputable à la négligence ou à la faute des parents, on n'appliquera point les sanctions de l'article 16. Lors donc que les excuses seront admises, les parents n'éprouveront aucune déchéance dans leurs droits, et pourront continuer à garder leurs enfants avec eux pour diriger complètement leur instruction.

Maintenant qu'arrivera-t-il s'il n'a pas été présenté d'excuses, ou bien si les excuses alléguées n'ont pas été admises ? Ce cas est prévu par la fin de l'article 16. Les parents sont alors mis en demeure d'envoyer leurs enfants dans une école publique ou privée.

Ainsi le père n'a plus le choix qui lui était laissé jusque-là, entre l'instruction dans la famille et l'instruction à l'école. Puisqu'il y a de la part du père incapacité, négligence ou mauvaise volonté pour faire instruire son enfant, il sera déchu partiellement de cette puissance paternelle dont il n'a

DU CONTROLE DE L'INSTRUCTION OBLIGATOIRE.

pas rempli les devoirs. C'est la loi qui, à sa place, prend la protection de l'enfant et pourvoit à son instruction. Désormais l'enfant devra nécessairement aller à l'école.

Il reste toutefois aux parents le droit de choisir l'école que l'enfant devra suivre, et ce choix peut se porter sur une école privée aussi bien que sur l'école publique. Une notification est adressée par le maire au père, tuteur ou patron, à la suite de l'examen insuffisant de l'enfant; un délai de huit jours lui est accordé à partir de cette notification pour faire son choix et en donner connaissance au maire (1). Huit jours au plus tard après cette notification, l'enfant devra commencer à aller à l'école.

Si dans ce délai de huitaine les parents n'ont pas répondu au maire et ne lui ont point indiqué l'école par eux choisie, le maire doit inscrire d'office l'enfant à l'une des écoles publiques de la commune. Avis de cette inscription sera aussitôt donné aux parents par le maire, et à partir de ce moment, l'enfant sera soumis aux règles de la fréquentation scolaire, que nous allons maintenant étudier.

Remarquons cependant qu'après cette inscription d'office à

---

(1) Formule de la notification en cas d'insuffisance d'examen, et mise en demeure adressée par le maire aux père, mère ou tuteur,

JURY D'EXAMEN
DE LA COMMUNE
DE

LOI DU 28 MARS 1882.

Art. 16, § 3. « Si l'examen de l'enfant est jugé insuffisant, et qu'aucune excuse ne soit admise par le jury, les parents sont mis en demeure d'envoyer leur enfant dans une école publique ou privée dans la huitaine de la notification, et de faire savoir au maire quelle école ils ont choisie.

« En cas de non-déclaration, l'inscription aura lieu d'office, comme il est dit à l'article 8. »

Le maire de la commune de

Vu l'article 16 de la loi du 28 mars 1882,

Considérant que le jury d'examen a jugé que l'examen subi par le jeune (*nom et prénoms de l'enfant*) était insuffisant, et n'a admis aucune excuse,

Notifie cette décision à (*le père, la mère ou le tuteur*),

L'invite en conséquence à envoyer dans la huitaine de la présente notification l'enfant susnommé dans une école publique ou privée, et à lui faire connaître l'école qu'il aura choisie, l'avertissant que faute par lui de faire cette déclaration, il se verrait obligé d'inscrire ledit enfant à l'école publique.

Fait à   le

Le Maire

une école publique, le père de famille conserve toujours son droit de choisir une autre école. Il peut à tout moment faire la déclaration au maire de l'école par lui choisie : il n'est déchu que de son droit de garder l'enfant à la maison.

Il se peut encore que l'enfant n'ait pas répondu à la convocation pour l'examen, et ne se soit pas présenté. Si les parents ont alors adressé au jury une demande d'excuses pour cette non-comparution, le jury appréciera ; et si ces excuses sont admises, le père n'encourra aucune déchéance : l'enfant pourra toujours rester dans la famille. Si les excuses sont rejetées, la sanction sera la même qu'en cas d'examen insuffisant : notification sera adressée au père pour le mettre en demeure d'envoyer son enfant à l'école.

Ce sera toujours la même sanction, lorsque l'enfant ne s'étant pas présenté, les parents n'ont allégué aucun motif d'excuses pour cette absence à l'examen. Ils seront également mis en demeure de choisir une école, et à défaut de ce choix de leur part dans la huitaine, l'enfant sera inscrit d'office à l'école publique.

Ajoutons enfin que la décision du jury d'examen est souveraine et inattaquable, comme pour le baccalauréat ou tout autre examen. On ne saurait se pourvoir contre elle devant une autorité supérieure.

Il reste encore une question. Cette déchéance dont est frappé le père de famille est-elle définitive, et une fois prononcée, porte-t-elle sur toute la période restant à courir de l'âge scolaire, ou seulement sur l'année qui suit l'examen insuffisant?

Supposons un enfant dont le premier examen a été insuffisant, et qui par suite a été inscrit obligatoirement à une école dès l'âge de 9 ans. Sera-t-il obligé d'aller à l'école jusqu'à l'âge de 13 ans? Ou bien pourra-t-il se présenter à l'examen suivant, et s'il y satisfait, être repris dans sa famille? La question est délicate. D'un côté, les déchéances, comme toutes les pénalités, doivent, en cas de doute, être interprétées de la manière la plus étroite, et dans le sens le plus favorable à celui contre qui elles sont prononcées. D'autre part, la seconde solution présente bien des difficultés, et peut énerver singulièrement la règle de l'obligation.

Et d'abord l'examen n'est institué que pour les enfants qui reçoivent l'instruction dans la famille, qui ne sont inscrits à aucune école publique ou privée. L'enfant qui a été inscrit obligatoirement à une école, à la suite d'un examen insuffisant, peut-il exiger qu'on lui permette de se présenter à l'examen suivant, pour recouvrer, en y satisfaisant, la liberté d'être instruit dans sa famille ? Cela est déjà douteux.

De plus, avec ces alternatives de fréquentation de l'école et de déclaration d'instruction dans la famille, un enfant pourrait, de 6 à 13 ans, n'aller à l'école que pendant deux années, et tout le reste du temps demeurer chez lui sans recevoir aucune leçon.

Quelque grave que soit cette conséquence, nous croyons cependant que, d'après les principes généraux d'interprétation en matière pénale, d'après l'esprit si tolérant de la loi de 1882, la déchéance encourue par le père de famille à la suite d'un examen insuffisant n'a de portée que jusqu'à l'examen suivant, c'est-à-dire sur une année.

C'est aux jurys d'examen qu'il appartiendra de limiter dans la pratique les abus qui pourraient résulter de cette solution. Il suffira que le jury porte un contrôle tout particulièrement attentif sur les enfants qui ne se présentent devant lui que pour recouvrer le droit qu'ils avaient perdu de rester dans leur famille. Or il connaîtra ces enfants, puisqu'ils seront en dehors de la liste de ceux pour lesquels l'examen est obligatoire. Il devra bien s'assurer alors, avant de déclarer leur examen satisfaisant, qu'ils ont bien le degré d'instruction correspondant à leur âge. Les conséquences de la fraude indiquée seront alors très atténuées.

DEUXIÈME SECTION

DU CONTROLE DE L'INSTRUCTION A L'ÉCOLE

Ici la loi n'impose plus d'examen, mais simplement la fréquentation régulière de l'école. Du moment qu'ils envoient leur enfant à l'école, les parents font ce qui dépend d'eux pour lui donner l'instruction.

Et remarquons que le législateur n'a établi à ce sujet aucune différence entre les écoles publiques et les écoles privées. Par le seul fait qu'un enfant fréquente assidûment une école privée, il est censé y recevoir un enseignement suffisant.

Voyons comment est assurée cette fréquentation d'une école. Nous avons à examiner successivement quelles sont les personnes ou les autorités auxquelles est confiée l'exécution de la loi, puis les pénalités édictées contre les parents négligents ou récalcitrants.

I. — Prescriptions ayant pour but d'assurer la fréquentation de l'école.

Les prescriptions de la loi à ce sujet concernent : 1° les maires ; 2° les parents ; 3° les instituteurs ; 4° les Commissions scolaires.

1° OBLIGATIONS DES MAIRES.

Nous avons vu que le maire avait la liste de tous les enfants qui doivent recevoir l'instruction dans les écoles, soit par la déclaration de leurs parents, soit par leur inscription d'office à l'école publique. Il sait également, par cette liste, dans quelle école, publique ou privée, chaque enfant est inscrit.

Le maire a ici deux obligations à remplir : vis-à-vis des parents, et vis-à-vis des instituteurs.

(*a*) La première est préalable à la confection des listes : le maire doit aviser toutes les personnes de sa commune ayant charge d'enfants en âge scolaire, de l'époque de la rentrée des classes (art. 8, § 1er). Nous avons déjà vu tout ce qui concerne cet avis : à quelles personnes, dans quelle forme, et à quelle époque il doit être adressé, — ainsi que les conséquences d'un retard ou d'une omission de cet avis.

Quand ces personnes intéressées ont répondu en désignant l'école de leur choix, ou qu'à défaut de cette réponse l'inscription d'office à l'école publique leur a été notifiée, elles sont informées du jour à partir duquel leurs enfants doivent aller à l'école, ainsi que de l'école à laquelle ils doivent se rendre.

(*b*) En second lieu, le maire doit adresser à chaque directeur d'école publique ou privée la liste des enfants de la commune qui doivent suivre son école (art. 8, § 3). Cette liste sera nécessaire aux directeurs d'école pour qu'ils remplissent les obligations qui leur sont imposées, et que nous verrons plus loin.

Lorsque les parents auront choisi pour leurs enfants des écoles situées en dehors de la commune, le maire devra en informer les directeurs de ces écoles, aussi bien que ceux des écoles de sa commune. Chaque instituteur doit en effet savoir quels sont tous les enfants tenus de suivre son école.

La liste adressée par le maire à chaque directeur doit être remise à celui-ci huit jours au moins avant la rentrée des classes. Mais ce n'est point là un délai prescrit à peine de nullité. Les retards dans l'envoi de cette liste, ou les omissions qu'elle contiendrait, peuvent être réparés à toute époque de l'année.

L'article 8 prescrit encore au maire d'adresser un double de ces listes à l'inspecteur primaire, qui doit ensuite exercer sa surveillance sur les obligations des instituteurs.

2° OBLIGATIONS DES PARENTS.

Nous savons déjà quelles déclarations doivent faire les parents sur le mode d'instruction, ou sur l'école dont ils auront fait choix pour leurs enfants.

Dès que l'enfant est inscrit dans une école, soit par le choix des parents, soit d'office, les parents sont tenus d'assurer l'assiduité de l'enfant à cette école. Quelles sont leurs obligations dans les divers cas où cette fréquentation régulière peut se trouver interrompue ?

1° Il se peut d'abord que l'enfant manque momentanément l'école, soit pendant une classe seulement, soit pendant plusieurs classes consécutives, par suite d'une indisposition ou d'une maladie, d'une commission urgente à faire, ou simplement de quelque fête de famille, enfin de mille circonstances impossibles à énumérer. Dans ce cas, les parents doivent faire connaître à l'instituteur les motifs de cette absence (art. 10, § 1).

Il faut remarquer toutefois que cette prescription n'est suivie d'aucune sanction. En effet, les pénalités que nous verrons plus loin ne concernent que les absences mêmes des enfants.

2° Il se peut que les parents s'absentent quelque temps de la commune, pour un voyage, une villégiature, etc., emmenant avec eux leurs enfants. Ils doivent alors avertir le maire ou l'instituteur (art. 15).

Nous savons que dans ces cas d'absences temporaires, l'obligation consiste uniquement pour eux dans cet avis au maire ou à l'instituteur. Ils n'ont pas à donner les motifs de leur absence, et pendant toute sa durée, l'enfant est dispensé de se rendre à l'école.

Mais il ne faudrait pas que cette absence fût de trop longue durée. Si elle devait se prolonger, une demande de dispense serait nécessaire. Après quel laps de temps cette demande devra-t-elle être faite? C'est là une question de fait laissée sagement à l'appréciation de la Commission scolaire. La loi ne peut pas, ne doit pas tout prévoir.

Ajoutons que si l'avis de cette absence a été donné par les parents au maire seulement, celui-ci devra la transmettre au directeur de l'école à laquelle l'enfant était inscrit.

3° Enfin nous savons qu'à toute époque le père de famille ou le tuteur peut retirer son enfant de l'école à laquelle il est inscrit, soit pour le faire inscrire à une autre école, soit pour lui faire donner l'instruction dans la famille. Mais il doit en donner immédiatement avis au maire, en indiquant de quelle façon l'enfant recevra désormais l'instruction à l'avenir (art. 9).

Dans la discussion au Sénat, M. de Ravignan avait demandé la suppression de cette déclaration, comme étant inutile. Le rapporteur, M. Ribière, avait ainsi répondu à ces objections:

« L'article 9 s'applique surtout au cas où l'enfant peut changer d'école en changeant de commune. Dans cette nouvelle commune, le directeur de l'école n'enverra pas d'avis au maire de la commune d'origine; et si le père de famille n'est pas obligé de donner avis au maire du déplacement de son enfant, personne ne serait averti! »

D'après l'arrêt de la Cour de cassation du 19 décembre 1883 (affaire Marchandon), cette déclaration doit être faite par le père ou le tuteur au maire de sa résidence, quand même l'enfant serait inscrit à l'école d'une autre commune. Il ne suffirait pas qu'elle eût été faite au maire de la commune à laquelle appartient l'école que l'enfant fréquentait jusque-là.

La sanction de cette prescription de l'article 9 se trouve édictée à l'article 13, *in fine*. Lorsque la personne responsable n'a pas fait cette déclaration, la Commission scolaire peut ordonner l'affichage de son nom, à la porte de la mairie, pendant quinze jours ou un mois, avec l'indication de la contravention commise.

3° OBLIGATIONS DES DIRECTEURS D'ÉCOLE.

Chaque directeur d'école, publique ou privée, a donc la liste des enfants tenus de fréquenter régulièrement son école. Il lui incombe d'abord deux obligations.

(*a*) La première consiste à tenir un registre d'appel, sur lequel il constatera à chaque classe quels sont les absents (art. 10, § 2). L'administration a fourni un modèle de ce registre.

Sur ce registre d'absences, ne doivent être portés que les enfants pour lesquels la fréquentation de l'école est obligatoire. En effet, il est inutile de constater ces absences pour ceux qui auraient obtenu le certificat d'études, ou qui continueraient à aller à l'école bien qu'ayant dépassé l'âge scolaire.

Lorsqu'un enfant a été absent, soit pendant une seule classe, soit pendant plusieurs classes consécutives, l'instituteur devra s'informer des causes de cette absence. Il pourra questionner l'enfant lui-même, ou s'informer auprès des parents, soit verbalement, soit par lettre. Puis il consignera sur le registre les motifs allégués, s'il en a été fourni, ou l'absence d'explications.

L'instituteur n'a pas d'ailleurs à juger ces motifs : il se contente de les consigner.

(*b*) En second lieu, le directeur de l'école doit, à la fin de chaque mois, adresser au maire ou à l'inspecteur primaire un extrait de ce registre.

Le ministère de l'Instruction publique a donné également

le modèle de ces extraits (1). Chacun de ces extraits doit contenir : 1° les noms et prénoms des enfants qui ont manqué des classes; 2° les noms et demeure des personnes responsables; 3° le nombre d'absences; 4° les motifs invoqués; 5° enfin les observations, s'il y a lieu.

C'est au moyen de ces extraits que le maire pourra déférer les contraventions à l'autorité compétente, c'est-à-dire à la Commission scolaire, et que l'inspecteur primaire pourra exercer sa surveillance.

Mais nous verrons plus loin, avec l'article 12, qu'il n'y a de contravention qu'autant qu'un enfant s'est absenté de l'école plus de quatre fois dans le mois, pendant au moins une demi-journée chaque fois. S'il n'y a eu que moins de quatre absences, aucune pénalité n'est encourue : il est donc inutile de porter sur ces extraits les enfants qui n'ont manqué que trois classes au plus dans le mois.

---

(1) Modèle de l'extrait du registre d'appel tenu par l'instituteur.

COMMUNE DE

EXTRAIT DU REGISTRE D'APPEL.

Du registre d'appel tenu pour le mois de   il résulte que les élèves ci-après nommés ont manqué l'école au moins quatre fois une demi-journée, savoir :

NOM ET PRÉNOMS DES ENFANTS.	NOM ET DEMEURE DES PERSONNES RESPONSABLES.	Nombre d'absences.	MOTIFS INVOQUÉS.	OBSERVATIONS.

La sanction des prescriptions imposées aux instituteurs par l'article 10 se trouve dans l'article suivant :

Art. 11. — *Tout directeur d'école privée, qui ne se sera pas conformé aux prescriptions de l'article précédent, sera, sur le rapport de la commission scolaire et de l'inspecteur primaire, déféré au Conseil départemental. — Le Conseil départemental pourra prononcer les peines suivantes : 1° l'avertissement; 2° la censure; 3° la suspension pour un mois au plus, et en cas de récidive dans l'année scolaire, pour trois mois au plus.*

Cet article donne lieu à diverses explications.

1° Et d'abord remarquons qu'il ne s'applique qu'aux directeurs d'écoles privées. La raison de la différence établie ici entre eux et les directeurs d'écoles publiques est facile à comprendre. Pour l'instituteur public, les peines disciplinaires dont il peut être frappé (art. 30 et 31 de la loi du 30 octobre 1886), sont des garanties suffisantes. Il est sous la surveillance et la direction absolue de l'administration, tandis que vis-à-vis de l'instituteur privé, il fallait bien une disposition spéciale de la loi.

2° Le directeur d'une école privée ne peut être déféré au Conseil départemental que *sur le rapport de la Commission scolaire et de l'inspecteur primaire*. Il résulte des termes de l'article et des discussions préparatoires, que toute poursuite exige l'accord de ces deux autorités, et les conclusions conformes de leurs rapports. C'est là une garantie que l'on a voulu donner aux membres de l'enseignement privé. La poursuite faite contre cette règle constituerait un abus de pouvoir, et en cas de condamnation subséquente, l'instituteur pourrait se pourvoir devant le conseil d'État contre la décision de la Commission scolaire.

On peut remarquer qu'il en est autrement à l'égard des parents, lorsqu'ils se sont mis, par une seconde récidive, dans le cas d'être traduits devant le juge de paix, aux termes de l'article 14. Cet article dit en effet que la plainte devra alors être portée devant le juge de paix par la Commission scolaire, *et à son défaut* par l'inspecteur primaire.

3° La procédure devant le Conseil départemental a été fixée par le décret du 7 décembre 1886. Le rapport de la Commission scolaire et de l'inspecteur primaire est adressé à l'inspecteur d'Académie, qui saisit le Conseil départemental. Le préfet désigne alors, parmi les membres du Conseil, un rapporteur qui procède à l'instruction de l'affaire.

Ce rapporteur appelle devant lui l'inculpé, s'il y a lieu, par une simple lettre, pour entendre ses explications et ses moyens de défense. Quand l'instruction est terminée, l'affaire est inscrite au rôle de la prochaine session. Au jour fixé, le rapporteur expose les faits et les moyens de défense, et donne lecture d'un projet de décision. Le Conseil peut statuer immédiatement sur ce rapport, ou bien faire d'abord appeler devant lui l'inculpé pour entendre ses explications. Mais celui-ci n'a pas à se faire assister d'un défenseur; rappelons aussi que les séances du Conseil départemental ne sont pas publiques.

Le Conseil départemental statue définitivement. Le directeur d'école privée condamné ainsi à l'une des pénalités édictées par l'article 11, ne peut faire appel devant le Conseil supérieur de l'Instruction publique. Nous verrons en effet que l'appel est admis seulement dans le cas où la peine prononcée est l'interdiction.

4° Si le Conseil départemental a rejeté les moyens de défense, il a toute latitude pour la peine à prononcer, entre la plus légère, qui est un simple avertissement, et la plus grave, qui est un mois de suspension. Il peut, bien entendu, ne prononcer qu'une suspension inférieure à un mois, et descendre même à un jour.

Quand il y a récidive dans l'année scolaire, la suspension peut toutefois aller jusqu'à trois mois, le Conseil départemental restant toujours libre de ne prononcer qu'une peine moindre.

4° DES COMMISSIONS SCOLAIRES.

Les Commissions scolaires sont en quelque sorte le rouage principal dans l'organisation de l'instruction obligatoire. Elles ont été instituées par la loi de 1882, à l'imitation des Commissions analogues qui existaient déjà dans plusieurs pays étrangers, notamment en Angleterre et et aux États-Unis, dans le grand-duché de Luxembourg, dans plusieurs cantons suisses, en Portugal, etc...

DU CONTROLE DE L'INSTRUCTION OBLIGATOIRE.

La loi du 30 octobre 1886 a complété les dispositions de l'article 5 de la loi du 28 mars 1882, et cherché à combler les lacunes que l'expérience avait révélées. Ces Commissions scolaires font l'objet du chapitre II, titre IV de la nouvelle loi, articles 54 à 64.

Nous allons examiner : 1° la composition de ces Commissions; 2° leurs attributions et leur fonctionnement.

Composition des Commissions scolaires.

ART. 5 de la loi du 28 mars 1882. — *Une Commission scolaire est instituée dans chaque commune, pour surveiller et encourager la fréquentation des écoles...*

ART. 54 de la loi du 30 octobre 1886. — *La Commission municipale scolaire, instituée par l'article 5 de la loi du 28 mars 1882, est composée du maire ou d'un adjoint délégué par lui, président; d'un des délégués du canton, et dans les communes comprenant plusieurs cantons, d'autant de délégués qu'il y a de cantons, désignés par l'inspecteur d'académie; des membres désignés par le Conseil municipal en nombre égal, au plus, au tiers des membres de ce Conseil.*

Dans le cas où le Conseil municipal refuserait de procéder à la nomination des membres, le préfet les désignerait à son lieu et place.

ART. 55. — *A Paris et à Lyon, il y a une Commission scolaire pour chaque arrondissement municipal; elle est présidée par le maire, ou par un adjoint délégué par lui. Elle est composée d'un des délégués cantonaux désignés par l'inspecteur d'académie, et des membres désignés par le Conseil municipal, au nombre de 3 à 7 par arrondissement.*

ART. 56. — *Le mandat des membres de la Commission scolaire désignés par le Conseil municipal durera jusqu'à l'élection du nouveau Conseil municipal.*

Il sera toujours renouvelable.

L'inspecteur primaire fait partie de droit de toutes les Commissions instituées dans son ressort.

Ainsi chaque Commission scolaire comprend trois sortes de membres : 1° des membres de droit; 2° des membres désignés; 3° des membres élus.

1. MEMBRES DE DROIT. — Il y en a deux : ce sont le maire, ou l'un de ses adjoints délégué par lui, et l'inspecteur primaire.

Le maire, — ou son adjoint, — est président de droit; et en cette qualité, c'est à lui qu'incombent les convocations de la Commission.

A la différence du maire, l'inspecteur primaire ne peut pas déléguer quelqu'un à sa place (art. 152 du décret du 18 janvier 1887). Nous verrons plus loin, avec l'article 58, que les Commissions scolaires doivent se réunir au moins une fois tous les trois mois. Si le maire négligeait alors de faire la convocation, elle serait faite, à son défaut, par l'Inspecteur primaire. Il y avait sur ce point, dans la loi de 1882, une des lacunes auxquelles a remédié la loi de 1886.

En l'absence du maire ou de son délégué, il semble logique d'admettre que la présidence de la séance appartiendra à l'inspecteur primaire, puisque la loi le désigne pour remplacer le maire au sujet des convocations. Enfin, en l'absence du maire et de l'inspecteur primaire, les membres présents éliraient leur président pour la séance, ou bien encore le doyen d'âge présiderait.

2. MEMBRES DÉSIGNÉS. — Ce sont les délégués cantonaux. En règle générale, il n'y en aura qu'un dans chaque Commission scolaire, et ce sera le délégué cantonal chargé de l'inspection des écoles de la commune. Par exception, dans les communes comprenant plusieurs cantons, il y aura autant de délégués que de cantons. C'est l'inspecteur d'académie qui désigne, pour chaque Commission scolaire, le délégué cantonal qui doit en faire partie. Celui-ci reste membre de la Commission scolaire jusqu'à l'expiration de son mandat de délégué cantonal, dont la durée est de trois ans. Toutefois l'inspecteur d'académie reste maître de remplacer le délégué cantonal qu'il avait désigné comme membre d'une Commission scolaire.

Le mandat des commissaires, comme celui des délégués cantonaux, est toujours renouvelable.

Citons les termes de l'article 153 du décret du 18 janvier 1887 :

« Le mandat des membres des Commissions scolaires désignés par l'inspecteur d'académie est indépendant du renouvellement des Conseils municipaux : il ne prend fin que par le décès, la démission ou la révocation des titulaires. Le droit de révocation appartient à l'inspecteur d'académie. »

3. MEMBRES ÉLUS. — Ces membres sont élus par le Conseil municipal. Ils doivent être, dit l'article 54, en nombre égal, au plus, au tiers des membres du Conseil. Ainsi, dans une commune dont le Conseil municipal doit se composer de

12 membres, ce Conseil ne peut élire au plus que 4 commissaires. Il peut en prendre moins, puisque la loi n'a fixé qu'un maximum : il suffira donc qu'il en ait choisi un seul pour que la loi ne soit pas violée.

Il résulte encore du texte qu'un Conseil municipal composé de 14 membres, par exemple, ne pourrait élire que 4 commissaires, puisque, s'il en désignait 5, ce nombre serait supérieur au tiers de ses membres.

Le Conseil municipal n'est nullement astreint à choisir les commissaires parmi ses propres membres. Il peut désigner toute personne qui lui paraît propre à remplir les fonctions de membre du comité scolaire. Seulement, aux termes de l'article 57 de la loi du 30 octobre 1886, les inéligibilités et incompatibilités établies par les articles 32, 33 et 34 de la loi du 5 avril 1884 sur l'organisation municipale, sont applicables aux membres des Commissions scolaires et des délégations cantonales. Ces trois articles énumèrent : 1° les inéligibilités absolues, ou incapacités; 2° les inéligibilités relatives; 3° les incompatibilités.

1° *Inéligibilités absolues, ou incapacités.* — Sont inéligibles d'une manière absolue :

1. Les individus privés du droit électoral;
2. Ceux qui sont pourvus d'un conseil judiciaire;
3. Ceux qui sont dispensés de subvenir aux charges communales, et ceux qui sont secourus par les bureaux de bienfaisance;
4. Les domestiques attachés exclusivement à la personne.

La fonction de membre d'une Commission scolaire est évidemment une fonction publique, un *munus publicum*. Par suite, ne pourront en faire partie que ceux qui ont la jouissance et l'exercice de leurs droits civils et politiques, et seront exclus : les étrangers, les femmes, les interdits, les faillis, etc.

2° *Inéligibilités relatives.* — Ne sont pas éligibles, mais seulement dans le ressort où ils exercent leurs fonctions :

1. Les préfets, sous-préfets, secrétaires généraux, conseillers de préfecture, et tous les employés de préfecture et de sous-préfecture;
2. Les commissaires et agents de police;

3. Les juges de paix et les magistrats des tribunaux de première instance et des Cours d'appel, à l'exception des juges suppléants auxquels l'instruction n'est pas confiée;

4. Les comptables des deniers municipaux, les entrepreneurs de services municipaux et les agents salariés de la commune;

5. Les instituteurs publics, et les ministres en exercice d'un culte légalement reconnu.

A l'égard de ces derniers, la discussion a été fort vive dans les débats législatifs. L'article 3 de la loi de 1882 leur avait retiré le droit de surveillance et d'inspection des écoles, que leur conférait jusque-là la loi de 1850 d'une manière générale, en leur seule qualité de ministres des cultes. Mais il avait été reconnu par les déclarations formelles des rapporteurs de la loi, que le curé de la paroisse, ou le ministre du culte dissident, pouvaient toujours être élus par le Conseil municipal comme membres de la Commission scolaire. Il n'en est plus ainsi depuis la dernière loi. Toutefois le curé peut être élu membre de la Commission scolaire d'une commune voisine, en dehors de sa paroisse. Il ne s'agit ici que d'inéligibilité relative; tous les fonctionnaires auxquels elle s'applique peuvent être élus en dehors du ressort dans lequel ils exercent leurs fonctions.

3° *Incompatibilités*. — Enfin les fonctions de membre d'une Commission scolaire, comme celles de conseiller municipal, sont incompatibles avec celles de:

1. Préfet, sous-préfet et secrétaire général de préfecture;
2. Commissaire et agent de police;
3. Gouverneur, directeur de l'intérieur, et membre du Conseil privé dans les colonies.

Ces fonctionnaires, s'ils sont élus (et ils ne peuvent l'être qu'en dehors de leur ressort), devront opter dans les dix jours entre l'acceptation de ce mandat et la conservation de leur emploi. A défaut de déclaration adressée dans ce délai à leurs supérieurs hiérarchiques, ils seront réputés avoir opté pour la conservation de leur emploi.

Aux termes de l'article 56, le mandat des membres de la Commission scolaire désignés par le Conseil municipal doit durer jusqu'à l'élection du nouveau Conseil municipal. D'après la loi du 5 avril 1884, les Conseils municipaux sont nommés pour une durée de quatre ans. Mais si un Conseil vient à être renouvelé avant ce délai, par suite d'une dissolution, ou d'une démission collective, le mandat des commissaires nommés par lui cessera en même temps. Le nouveau Conseil municipal, ou la Commission municipale qui l'aurait remplacé, devrait nommer les nouveaux commissaires.

Le Conseil municipal peut aussi toujours révoquer et remplacer les commissaires qu'il a élus.

Le mandat des membres de la Commission scolaire est du reste toujours renouvelable.

La loi de 1882 n'avait point prévu le cas où un Conseil municipal refuserait de procéder à l'élection des membres de la Commission scolaire. L'administration n'avait alors d'autre mesure, contre cette résistance, que de prononcer la dissolution du Conseil municipal; et si le nouveau Conseil montrait la même mauvaise volonté, de le remplacer par une Commission municipale. L'article 54 de la loi du 30 octobre 1886 a complété sur ce point la loi de 1882. Le rapporteur de la Commission à la Chambre des députés, M. Steeg, s'exprime ainsi dans son rapport : « Parfois le Conseil municipal refusait de procéder à la nomination des membres de la Commission. Désormais, en pareille occurrence, le Préfet les désignera au lieu et place du Conseil réfractaire, et leurs pouvoirs auront naturellement la même durée que s'ils avaient été élus par le Conseil. » Et l'article 151 du décret du 18 janvier 1887 a réglementé ainsi cette matière :

« Lorsqu'il y a lieu, dit cet article, de procéder à la nomination d'un ou de plusieurs membres d'une Commission scolaire, le préfet invite le maire à saisir de l'affaire le Conseil municipal, et lui fixe à cet effet un délai. Faute par le maire de se conformer à cette invitation, ou sur le refus du Conseil municipal, le préfet met le maire ou le Conseil en demeure de faire les nominations nécessaires dans un délai qui ne peut excéder quinze jours. Si cette mise en demeure reste sans effet, il désigne lui-même les membres de la Commission scolaire, conformément au § 2 de l'article 54 de la loi du 30 octobre 1886. »

La loi de 1886 a encore comblé une autre lacune en ce qui concerne la négligence des membres des Commissions scolaires à assister aux séances. « *Tout membre*, dit l'article 58, *qui, sans motif reconnu légitime par la Commission scolaire, aura* manqué à trois séances consécutives, pourra, après avoir été admis à fournir ses explications devant le Conseil départemental, être déclaré démissionnaire par ce Conseil. Il ne pourra être réélu pendant la durée des pouvoirs de la Commission. »

C'est le maire, président de la Commission, et à son défaut l'inspecteur primaire, qui pourront ainsi déférer au Conseil départemental les commissaires négligents.

DISPOSITIONS SPÉCIALES RELATIVES A PARIS ET A LYON.

Signalons ici les dispositions particulières relatives à Paris et à Lyon, qui, à raison de leur importance, sont divisés en arrondissements. Il est évident qu'une seule Commission scolaire pour chacune de ces villes eût été insuffisante : aussi l'article 5 de la loi de 1882, reproduit sur ce point à peu près textuellement par la loi de 1886, porte qu'il y aura une Commission scolaire par chaque arrondissement municipal, soit 20 à Paris et 6 à Lyon.

Chacune de ces Commissions est présidée par le maire, ou par un adjoint désigné par lui. Elle est composée ensuite d'un des délégués cantonaux, désigné par l'inspecteur d'académie, et des membres désignés par le Conseil municipal, au nombre de 3 à 7 par arrondissement.

Attributions et fonctionnement des Commissions scolaires.

Les Commissions scolaires ont été instituées d'une manière générale pour faire fonctionner la loi sur l'instruction obligatoire. D'abord en concourant aux mesures qui peuvent en faciliter l'application et la faire passer dans les mœurs. Puis, en cas de résistance, en la sanctionnant par des pénalités. De là deux sortes d'attributions : les premières qu'on peut appeler *administratives*, et les secondes, *répressives* ou *contentieuses*. On peut en énumérer trois dans la première catégorie, et quatre dans la seconde (art. 8, 10, 11, 12, 13, 14, 15, et 17 de la loi de 1882).

Première catégorie : ATTRIBUTIONS ADMINISTRATIVES.

1° (Art. 8). La Commission aide le maire à dresser la liste des enfants en âge scolaire. Le maire dresse d'abord la liste préparatoire, au moyen des actes de l'état civil. Chaque membre de la Commission prend ensuite connaissance de cette liste et y apporte ses renseignements personnels pour la compléter ou la rectifier. Il indique ceux des enfants qui, à sa connaissance, résident sur le territoire de la commune sans y être nés.

Il s'agit ici d'un concours tout bénévole. A défaut de ce concours, le maire procède seul à la confection de la liste.

2° (Art. 15). Elle statue sur les demandes en dispense temporaire de fréquentation de l'école. Nous avons vu dans quelles conditions et pour quelle durée ces dispenses pourraient être accordées.

3° (Art. 17). Elle est chargée de répartir les secours provenant de la caisse des écoles. Nous étudierons plus loin, au sujet de la gratuité de l'instruction primaire, le fonctionnement de cette caisse des écoles.

Deuxième catégorie : ATTRIBUTIONS CONTENTIEUSES.

1° (Art. 10). La Commission scolaire apprécie, en cas de plus de quatre classes manquées par un enfant dans le mois, les excuses présentées.

Nous avons vu que l'instituteur, en consignant, sur le registre des absences, les explications ou les excuses fournies par les parents, n'avait pas à les apprécier. C'est à la Commission scolaire seule qu'est dévolu ce droit.

Les motifs d'absence, dit l'article 10, § 3, seront soumis à la Commission scolaire. Les seuls motifs réputés légitimes sont les suivants : maladie de l'enfant, décès d'un membre de la famille, empêchements résultant de la difficulté accidentelle des communications. Les autres circonstances exceptionnellement invoquées seront également appréciées par la Commission.

Il y a donc deux sortes d'excuses. Les premières, celles que l'article 10 appelle *légitimes* et dont elle fait l'énumération, sont au nombre de trois. Lorsqu'il est justifié d'une de ces trois circonstances, la Commission ne peut prononcer aucune pénalité ni simple réprimande.

Mais l'énumération de l'article 10 n'est point limitative, et en dehors de ces trois cas, la Commission scolaire peut admettre tous autres motifs d'excuses qui lui paraissent sincères et fondés. Elle a plénitude d'appréciation pour toutes les causes d'absence qui peuvent être alléguées. Elle peut aussi suppléer d'elle-même aux explications incomplètes ou mal présentées des parents ou tuteurs. Le législateur a voulu lui laisser un pouvoir très étendu, afin qu'elle en use dans l'esprit le plus large, et de manière à ce que l'application de la loi ne présente aucun caractère vexatoire. Les Commissions éviteront avec soin tout ce qui, dans cette application, pourrait paraître trop rigoureux, afin de faire accepter partout le principe de l'instruction, et de le faire pénétrer dans les mœurs. Enfin toutes les fois qu'elles ne rencontreront que l'ignorance ou la pauvreté, les Commissions scolaires s'efforceront d'éclairer et d'assister, et réserveront leur sévérité pour la mauvaise volonté manifeste et pour les adversaires déclarés de l'instruction.

Voici en quels termes s'exprimait, au cours de la discussion, le rapporteur de la loi au Sénat, M. Ribière :

« Il y a, pour les Commissions scolaires, plénitude d'appréciation pour les motifs d'excuse qui peuvent être allégués. Cela résulte des termes mêmes de l'article 10, *in fine*.... Nous donnons le sens le plus large à ce § dernier de l'article 10, et nous pensons que la commission scolaire a toute latitude, tout pouvoir, pour recevoir les explications données par les pères de famille et les déclarer parfaitement excusables. »

C'est au sujet de ce droit d'appréciation des Commissions scolaires que s'était élevée la question, qui donna lieu à des débats retentissants, sur l'usage dans les écoles de certains manuels d'éducation morale et civique. Des pères de famille avaient retiré leurs enfants des écoles où ces manuels étaient adoptés. Cités devant la Commission scolaire au sujet de cette absence de l'école, ils avaient allégué que l'enseignement de ces manuels violait la neutralité religieuse, et portait ainsi atteinte à leur liberté de conscience. La Commission scolaire de Lavaur, qui la première eut à se prononcer, accueillit ce motif d'excuses comme valable. Mais un arrêt du conseil d'Etat, saisi pour excès de pouvoirs, annula cette décision dans les termes suivants :

« Considérant que si les Commissions scolaires statuent sur les cas d'excuses personnelles invoquées par l'enfant ou par sa famille, aucune disposition de loi ne leur donne qualité pour contrôler les méthodes ou les matières de l'enseignement, et ne les autorise à accueillir des demandes d'excuses fondées sur des appréciations de cette nature. — Considérant que l'excuse du sieur D..., telle qu'elle a été formulée devant la Commission, se fondait uniquement sur la nature de l'enseignement donné, et des livres employés dans l'école ; qu'en accueillant cette excuse, la Commission s'est immiscée dans des affaires étrangères à ses attributions ; qu'elle a aussi excédé sa compétence et commis un excès de pouvoir..... » (Conseil d'État, 16 mars 1883.)

La Cour de cassation, saisie de son côté par le pourvoi formé contre un jugement du tribunal correctionnel de Toulon du 23 mai 1883, s'est prononcée dans le même sens. Dans un arrêt du 15 décembre 1883, elle a déclaré que le juge de police, pas plus que la Commission scolaire, ne sont compétents pour justifier l'absence de l'enfant de l'école, sur la prétendue violation de la neutralité par un manuel en usage dans cette école.

« Sur le moyen, dit cet arrêt, tiré de la violation des articles 1 et 2 de la loi du 28 mars 1882, et de la fausse application de l'article 14 de la même loi ;

« Attendu que Martineng, poursuivi devant le tribunal de simple police à raison des absences dûment constatées de son enfant, inscrit sur les registres de l'école publique d'Ollioules, a opposé, comme défense à la poursuite, que la neutralité de l'enseignement, au point de vue confessionnel, était violée dans cette école, par la mise à la disposition des élèves d'un manuel qui méconnaîtrait ce principe ; que par suite son enfant n'était pas obligé à la fréquentation scolaire, et qu'il n'avait, en conséquence, encouru lui-même aucune répression légale, à raison des absences dudit enfant ;

« Attendu que ce prétendu moyen d'excuse ne pouvait être légalement présenté devant le tribunal de simple police ;

« Que les méthodes d'enseignement échappent au contrôle de l'autorité judiciaire, et que leur appréciation relève directement et exclusivement des autorités spéciales chargées de la direction et de la surveillance de l'enseignement public...... »

Le jurisprudence était donc fixée. La loi du 30 octobre 1886 a cru cependant devoir trancher définitivement la question pour éviter toute difficulté à l'avenir : « *La Commission scolaire*, dit l'article 58, *in fine, ne peut, dans aucun cas, s'immiscer dans l'appréciation des matières et des méthodes d'enseignement.* »

Cette Commission ne pourrait donc désormais, sans violer la loi, admettre comme excuse l'usage dans l'école d'un livre que repousserait le père de famille. En admettant cette excuse, elle s'immiscerait dans l'appréciation des méthodes d'enseignement, ce que la loi lui interdit expressément.

Nous verrons plus loin quelles sont les pénalités que peut prononcer la Commission scolaire lorsqu'il ne lui a point été fourni de justification des absences, ou qu'elle a trouvé insuffisantes les excuses consignées sur le registre.

2° (Art. 11). Ainsi que nous l'avons déjà vu, tout directeur d'école privée qui ne s'est point conformé aux prescriptions de l'article 10, sur la tenue des registres d'absences, ne peut être déféré à ce sujet au Conseil départemental que sur le rapport ou l'avis conforme de la Commission scolaire. Celle-ci doit donc délibérer sur les infractions de cette nature.

3° (Art. 12 et 13). La Commission scolaire a le droit d'inviter à comparaître devant elle le père de famille qui n'aurait présenté aucune excuse pour les absences de son enfant, ou dont les excuses n'auraient pas été admises comme valables.

Cette invitation à comparaître doit être donnée au moins trois jours à l'avance. Mais la loi ne prescrit à son égard aucune forme particulière : nous en conclurons qu'il suffit d'une simple lettre missive, ou même d'un avertissement verbal. C'est le maire qui, en sa qualité de président de la Commission, enverra cette invitation à comparaître.

La comparution devant la Commission doit avoir lieu dans la salle des actes de la mairie. Lorsque la personne citée se présente, la Commission l'invite d'abord à fournir ses explications sur les absences de l'enfant à l'école. S'il ne s'agit que d'une première infraction, — ou bien d'une seconde, mais la précédente remontant à plus de douze mois, — il n'y a aucune pénalité à prononcer : la Commission rappelle seulement au père de famille les prescriptions de la loi, et lui explique quel est son devoir, en l'avertissant des conséquences d'une nouvelle infraction. « C'est un tribunal de famille qui exhorte et réprimande, » disait M. J. Ferry dans la discussion au Sénat. Il s'agit donc ici de conseils et d'exhortations, ou d'une admonestation toute bienveillante.

S'il s'agit d'une seconde infraction, commise dans les douze mois qui ont suivi la précédente, la Commission scolaire écoute d'abord les explications présentées par le père de famille, et si elle les trouve fondées, elle pourra encore se contenter de lui faire entendre de nouvelles exhortations. Mais si ces justifications lui paraissent insuffisantes, elle peut prononcer la première des pénalités édictées par la loi en cette matière. Cette pénalité consiste dans l'affichage pendant quinze jours ou un mois, à la porte de la mairie, des nom, prénoms et qualités de la personne responsable, avec l'indication du fait relevé contre elle.

Si la personne citée ne comparaît pas devant la Commission aux jour et heure indiqués, et si elle ne fait point présenter de justification pour cette non-comparution, ou si les motifs allégués sont insuffisants, la Commission doit prononcer la même peine de l'affichage.

Nous avons vu que la Commission scolaire prononçait également cet affichage contre les personnes responsables qui ne s'étaient pas conformées à l'article 9, c'est-à-dire qui avaient retiré l'enfant de l'école où il était inscrit, sans prévenir le maire.

4° (Art. 14). — Enfin, en cas de nouvelle récidive, la Commission scolaire doit adresser une plainte au juge de paix. La peine est alors plus grave et doit être prononcée par le tribunal de simple police : nous donnerons plus loin les explications à ce sujet.

Telles sont les attributions des Commissions scolaires. Remarquons en terminant que leurs membres n'ont pas le droit d'entrée dans les salles de classes. Ce point a été longtemps controversé. En réponse à une interrogation de M. de Carné, dans la discussion au Sénat, le ministre avait fait la réponse suivante :

« La Commission, c'est l'article 5 lui-même qui le dit, a charge de surveiller et d'encourager la fréquentation des écoles ; par conséquent elle n'a l'entrée de l'école que pour accomplir le mandat que la loi lui a donné, c'est-à-dire pour surveiller la fréquentation, et pour constater, par exemple, si les indications fournies par l'instituteur sont conformes à la réalité des choses. »

Cette réponse implique en principe le droit pour les membres de la Commission de pénétrer dans les salles de classes. Mais plus tard la circulaire ministérielle du 13 mai 1882 s'exprimait ainsi :

« Hormis le maire, l'inspecteur primaire, et les délégués cantonaux et communaux, nul n'a qualité pour pénétrer dans les salles de classes. Les membres des Commissions scolaires, autres que les personnes ci-dessus désignées, ne sauraient donc être admises à visiter les écoles. Les Commissions exercent la surveillance spéciale dont elles sont chargées, en consultant l'extrait du registre d'appel que l'instituteur est tenu d'adresser, à la fin de chaque mois, au maire ou à l'inspecteur primaire, extrait où doivent se trouver mentionnés, avec le nombre des absences constatées, les motifs invoqués et soumis à l'appréciation de la Commission. »

La contradiction entre la déclaration du ministre au Sénat et la circulaire est manifeste. Mais l'article 154 du décret du 18 janvier 1887 ne laisse plus de doute :

« Les membres des Commissions scolaires, dit cet article, n'ont pas l'entrée de l'école. Ils n'ont aucun droit d'inspection ou de contrôle ni sur les établissements d'instruction, ni sur les maîtres. »

Il nous reste maintenant à examiner le caractère des Commissions scolaires et leur fonctionnement.

CARACTÈRE DES COMMISSIONS SCOLAIRES.

Au lendemain de la loi de 1882, il s'est élevé sur ce point de grandes controverses doctrinales.

Ce qu'il y a d'abord de certain, c'est que les Commissions scolaires sont ce qu'on appelle en droit public des *autorités*. Elles ont en effet ce qui constitue une *autorité*, à savoir le droit de commandement à l'égard des citoyens, puisqu'elles peuvent faire comparaître devant elles les pères de famille, tuteurs ou patrons, prononcer la pénalité de l'affichage, les déférer au tribunal de simple police. Mais sont-elles des autorités de l'ordre administratif, ou des autorités de l'ordre judiciaire ?

Le législateur ne s'est point expliqué à ce sujet. D'autre part, nous avons vu que la Commission scolaire avait à la fois des attributions d'un caractère purement administratif, et des attributions pénales et répressives. Tantôt ses décisions sont déférées au conseil d'État pour excès de pouvoirs; tantôt les contraventions sur lesquelles elle statue sont déférées ensuite au tribunal de simple police, en appel devant le tribunal correctionnel, et peuvent enfin faire l'objet d'un pourvoi devant la Cour de cassation.

Il y a là un véritable enchevêtrement. Toutefois il faut choisir, et ranger les Commissions scolaires soit dans l'ordre administratif, soit dans l'ordre judiciaire; car, en vertu du principe supérieur de la séparation des pouvoirs, qui domine toute notre législation, les fonctions judiciaires et les attributions administratives ne peuvent être réunies dans les mêmes mains (art. 13 du décret du 16-24 août 1790).

La question n'est pas seulement théorique : elle a un intérêt pratique considérable. En effet, si la Commission scolaire est un tribunal de l'ordre judiciaire, il en résulte que l'on pourra réclamer devant elle toutes les garanties de la procédure ordinaire, principalement la publicité des audiences et le droit de se faire assister par un avocat. On devra écarter, soit pour la procédure, soit pour les voies de recours, les règles spéciales du droit administratif.

Cette doctrine avait été admise par certaines Commissions scolaires; mais elle a été formellement repoussée par l'arrêt ci-dessus relaté du conseil d'État du 16 mars 1883, à la suite des conclusions fort remarquables de M. Marguerie, commissaire du gouvernement. Et c'est bien la théorie adoptée par le conseil d'État qui est seule fondée. Du moment que les Commissions scolaires ont des attributions administratives, il faut déclarer qu'elles appartiennent entièrement à l'ordre administratif, l'exercice de toute fonction administrative étant interdit aux autorités judiciaires, à moins d'une dérogation précise et formelle, énoncée par le législateur.

En vain objecterait-on que la Commission scolaire, puisqu'elle prononce des peines, est un tribunal de l'ordre judiciaire. C'est une erreur de croire que le droit de prononcer des pénalités appartienne exclusivement aux tribunaux judiciaires; car les tribunaux administratifs, comme les Conseils de préfecture, peuvent, dans beaucoup de cas, infliger des amendes : en matière de police des chemins de fer, de grande voierie, de roulage, etc.

La Cour de cassation, dans un arrêt du 14 décembre 1883, s'est prononcée dans le même sens que le conseil d'État :

« Attendu, dit cet arrêt, que ces Commissions sont de simples corps administratifs institués pour surveiller et assurer l'accomplissement du devoir scolaire prescrit par la loi... »

Du reste, sur une des conséquences les plus importantes de la question, la loi du 30 octobre 1886 s'est formellement expliquée : aux termes de l'article 60 de cette loi, les séances de la Commission scolaire ne sont pas publiques.

Ajoutons que les personnes responsables citées à comparaître devant cette Commission ne peuvent se faire assister par un avocat, ni représenter par un mandataire. Ce serait dénaturer le caractère tout paternel et familier que le législateur a entendu donner à cette juridiction. C'était déjà dans ce sens que s'était prononcé le conseil d'État dans son arrêt du 16 mars 1883, mais sa théorie avait été contestée : on objectait principalement que l'intervention d'un défenseur ou d'un mandataire était admise devant les tribunaux administratifs, notamment devant les Conseils de préfecture (art. 12 du décret du 12 juillet 1865). Depuis la discussion de la loi de 1886, il ne saurait plus y avoir de doute. Le dernier paragraphe de l'article 59 de cette loi s'exprime en ces termes : « *Les pères, mères, tuteurs ou tutrices, peuvent se faire assister ou représenter par des mandataires devant le Conseil départemental.* » Un amendement déposé par M. Fairé et soutenu par M. Thellier de Poncheville proposait d'ajouter à ce texte les mots suivants : « *et devant les Commissions scolaires* ». Mais cet amendement a été repoussé par la Chambre, et l'article 157 du décret du 18 janvier 1887, rendu en exécution de la loi, est ainsi conçu :

« Les personnes citées devant les Commissions scolaires doivent comparaître personnellement : elles ne peuvent se faire assister ni représenter par des mandataires. Lorsqu'elles sont empêchées de comparaître, elles peuvent présenter par écrit leurs explications, ou solliciter le remise de l'affaire à une autre séance. »

Si la personne citée se livrait pendant la séance à quelque outrage vis-à-vis de la Commission ou de l'un de ses membres, procès-verbal serait aussitôt dressé et expédié au parquet. La Cour de cassation a décidé que l'article 222 du Code pénal était alors applicable, c'est-à-dire que cet outrage est considéré comme adressé « *à des magistrats de l'ordre administratif* ». (Cassation, 16 novembre 1883.)

La jurisprudence a admis également que les membres des Commissions scolaires étaient « *des citoyens chargés d'un ministère de service public* », et que l'article 224 du Code pénal était applicable à tout outrage par paroles, gestes ou menaces, adressé à l'un d'eux « *dans l'exercice ou à raison de l'exercice de ses fonctions* ». (Tribunal correctionnel de la Seine, 17 juillet 1883.)

FONCTIONNEMENT DES COMMISSIONS SCOLAIRES.

I. — Les Commissions scolaires doivent se réunir au moins une fois tous les trois mois (art. 58 de la loi du 30 octobre 1886). Les termes de la loi indiquent donc que c'est là un minimum. Si le législateur n'a pas voulu imposer formellement des réunions plus fréquentes, c'est pour ne pas rendre trop lourdes les fonctions toutes gratuites des commissaires, dont il invoque surtout la bonne volonté pour l'aider dans son œuvre. C'est encore pour rendre aussi simple et aussi facile que possible le fonctionnement de la nouvelle loi. Mais il est évident que les Commissions qui s'en tiendraient strictement à ces sessions trimestrielles, bien que se conformant à la lettre des textes, ne répondraient pas complètement à l'esprit de la loi et au vœu du législateur. Avec ces quatre seules réunions par an, la loi sur l'obligation risque de ne pas être régulièrement appliquée. Nous avons vu en effet qu'aux termes de l'article 10, tout directeur d'école doit adresser à la fin de chaque mois, au maire et à l'inspecteur primaire, l'extrait du registre des absences; et dès qu'un enfant s'est absenté plus de quatre fois dans le mois, sans excuses valablement admises par la Commission, la personne responsable de cet enfant encourt la première pénalité de la comparution et de la réprimande. Il faudrait que la personne responsable reçût aussitôt cet avertissement ou cette réprimande, car autrement il y a grand risque que, soit par ignorance, soit par mauvais vouloir, elle ne persévérât dans sa négligence. Les absences continueront à se multiplier pendant les deux mois suivants, et ce n'est qu'à la fin du troisième mois que la Commission scolaire sera saisie et aura à statuer sur des infractions trois fois répétées.

Ajoutons donc qu'une Commission scolaire disposée à remplir son mandat avec zèle, et à se conformer non pas seulement aux prescriptions strictes de la loi, mais aux intentions du législateur, pourra se réunir bien plus fréquemment. Du reste, comme c'est au maire que sont transmis les extraits mensuels des registres d'absences, et qu'incombe le soin de convoquer la Commission ainsi que celui de fixer l'ordre du jour de la séance, c'est lui qui *saura* s'il y a des affaires à porter devant la Commission, et qui appréciera s'il y a lieu de la réunir plus souvent qu'*au trimestre*.

II. — Régulièrement, la Commission doit être convoquée par son président, qui est le maire. Mais il peut arriver que celui-ci, soit par négligence, soit par mauvais vouloir, manque à cette obligation et ne convoque même pas nécessairement la réunion trimestrielle obligatoire. La loi donne alors à l'inspecteur primaire le droit de faire la convocation, et l'article 155 du décret du 18 janvier 1887 indique la procédure à suivre.

Quand, depuis la dernière réunion d'une Commission scolaire, trois mois se seront écoulés sans convocation nouvelle, l'inspecteur primaire avisera du fait l'inspecteur d'académie, qui en référera au préfet. Le préfet mettra aussitôt le maire en demeure de réunir la Commission, et lui fixera à cet effet un délai qui ne pourra dépasser quinze jours. Copie de la lettre adressée au maire sera transmise au préfet par l'inspecteur d'académie, qui la fera parvenir à l'inspecteur primaire. Si ce délai accordé par le préfet expire sans que la Commission ait été réunie, l'inspecteur primaire procède lui-même d'office à la convocation.

Le lieu de la réunion est indiqué par l'article 12 de la loi de 1882, c'est « *la salle des actes de la mairie* ».

Il faut d'abord, pour que la Commission puisse délibérer valablement, qu'elle soit régulièrement constituée, c'est-à-dire que tous ses membres aient été désignés ou élus conformément à la loi. Par exemple, elle ne pourrait pas statuer avant que l'inspecteur d'académie n'eût désigné le délégué cantonal (Cassation, 3 août 1883).

En second lieu, la Commission scolaire ne peut délibérer que si la majorité de ses membres est présente. Dans le cas contraire, elle doit s'ajourner à une autre séance. Il ne faut pas cependant que, par suite soit d'empêchements, soit d'un mauvais vouloir systématique de la part des commissaires, le fonctionnement de la Commission soit indéfiniment arrêté.

Aussi, après deux convocations successives, la présence du maire (ou de l'adjoint qui le remplace), celle de l'inspecteur primaire et celle du délégué suffiront pour que la Commission puisse valablement délibérer sur les affaires pour lesquelles elle a été convoquée (art. 58, § 4).

En cas d'absence du maire, président de droit, la séance serait présidée soit par un autre membre à l'élection, soit par le doyen d'âge.

Au début de chaque séance, il sera aussi désigné un secrétaire pour rédiger les procès-verbaux.

Les décisions sont prises à la majorité. En cas de partage égal des voix, celle du président serait prépondérante : c'est la règle ordinaire, et on ne voit pas de raison pour s'en écarter ici.

Nous avons déjà vu que tout membre qui, sans motif reconnu légitime par la Commission, aura manqué à trois séances consécutives, pourra être déclaré démissionnaire par le Conseil départemental. La Commission scolaire est donc juge des motifs d'absence de ceux de ses membres qui ne répondent pas aux convocations : elle a toute latitude pour apprécier les excuses qui lui sont présentées, et statue souverainement à ce sujet, sans avoir à motiver sa décision et son appel. Le Conseil départemental ne peut avoir à statuer qu'autant que la Commission n'a pas excusé les absences.

Toutes les fois qu'une délibération a eu lieu, une expédition doit en être adressée, dans le délai de trois jours, à l'inspecteur primaire. C'est le président, c'est-à-dire le maire, qui est chargé de cette expédition.

Rappelons que l'article 58 interdit formellement aux Commissions scolaires de s'immiscer, en aucun cas, dans l'appréciation des matières et des méthodes d'enseignement, et marque ainsi les limites de compétence qu'elles ne doivent pas franchir.

III. — Ajoutons enfin qu'en dehors de leur rôle officiel et des attributions déterminées qu'il leur a conférées, le législateur a voulu investir les Commissions scolaires d'un mandat général pour veiller à l'exécution de la loi, et d'une haute mission sociale et morale.

« Si d'une part, disait un des rapporteurs de la loi, cette Commission est un tribunal de famille qui exhorte, réprimande, et au besoin défère à une justice plus rigoureuse les parents récalcitrants, c'est en même temps un comité de patronage et d'assistance, qui, informé des besoins et des détresses, a qualité pour y porter remède, autant que le permettent les ressources de la caisse des écoles. »

Voici comment nous résumerions la mission des comités scolaires. Rechercher d'abord, dans la commune, quels sont les enfants qui ne vont point à l'école, ou n'y vont qu'irrégulièrement, et s'enquérir auprès des parents des causes de cette irrégularité ou de ces absences. Si cette cause est la misère, faire obtenir, dans la mesure du possible, les secours de la caisse des écoles ; — si c'est l'ignorance, conseiller et éclairer les parents ; si c'est l'indifférence, stimuler et réprimander ; — enfin si c'est la négligence persistante, le mauvais vouloir, ou l'opposition systématique, appliquer des pénalités. D'une manière générale, chercher à vaincre les préjugés et les résistances que peut rencontrer encore en France la grande réforme de l'instruction primaire, et faire pénétrer dans les idées et dans les mœurs les nouveaux principes dont s'est inspiré le législateur.

IV. — Il faut bien reconnaître, en terminant cet exposé des Commissions scolaires, que l'expérience n'a pas complètement justifié les espérances fondées par le législateur sur cette institution.

Quelquefois ces Commissions se sont montrées nettement hostiles à la nouvelle loi ; et sous l'influence des passions politiques ou religieuses, elles ne se sont réunies que pour absoudre toutes les infractions. Cette résistance ouverte ne s'est pourtant produite que rarement, et n'a pas grande importance : mais ce qui est plus grave, c'est que presque nulle part, excepté dans les villes, ces Commissions ne fonctionnent avec quelque régularité. Le plus souvent elles ne se réunissent pas, et encore moins sévissent-elles contre les pères de famille coupables de négligence ou de mauvaise volonté.

Les raisons de cet état de choses ne sont pas difficiles à découvrir. Les promoteurs de la nouvelle loi sont partis d'une conception très libérale et très généreuse sans doute, mais empreinte de trop d'optimisme. On voulait faire concourir les notables mêmes de la commune au succès de l'éducation populaire ; on pensait aussi qu'ils connaissaient mieux que personne les situations particulières, et le degré d'indulgence ou de sévérité à employer selon les cas ; enfin que cette législation toute paternelle gagnerait mieux les esprits à sa cause que ne le feraient des mesures rigoureuses.

Il y avait là une grande part d'illusions. Pour que les bienfaits de l'instruction fussent sérieusement appréciés, pour qu'on y prît un intérêt actif et persévérant, il la faudrait plus universellement répandue qu'elle ne l'est encore. Ensuite il aurait fallu tenir compte de l'intérêt personnel et des instincts égoïstes. Les membres des Commissions ne voudront pas risquer de s'aliéner leurs voisins en appliquant les dispositions de la loi ; maires et conseillers municipaux songeront avant tout à ménager leurs électeurs.

Aussi, parmi les amis les plus zélés de la cause de l'instruction obligatoire, quelques-uns ont proposé de modifier l'institution des Commissions scolaires en ne leur confiant que le rôle de conseiller et d'éclairer les parents, de les encourager par les secours de la caisse des écoles, de faire valoir les excuses pour les absences qui pourraient être justifiées, tandis que le pouvoir répressif serait réservé à l'administration, à l'inspecteur primaire.

Ce système séduit par sa simplicité, mais c'est sa simplicité même qui nous met en défiance. Répond-il à l'intention supérieure de la loi? Ne perdons pas de vue que le législateur a dû tenir compte des difficultés de notre situation politique. C'est pour éloigner le mécontentement qui proviendrait de l'établissement de l'obligation scolaire, qu'il a cherché dans l'application les mesures les plus douces et les plus conciliantes, et n'a voulu créer qu'une juridiction toute familiale. L'administration, en appliquant les mesures répressives avec sa régularité et sa précision invariables, paraîtrait toujours dure, et les prescriptions de la nouvelle loi risqueraient de se présenter ainsi avec le caractère d'exigence et de rigueur qu'on voulait éviter.

Ce serait d'ailleurs faire à l'inspecteur primaire un dangereux présent, que de le constituer le grand policier à l'égard de toutes les familles de sa circonscription. Cet office judiciaire menacerait d'absorber, ou du moins de compromettre l'office tout *spirituel* et persuasif dont il est chargé présentement. Son autorité, indiscrètement invoquée pour des poursuites incessantes, irait se briser contre l'inertie des populations.

et le gouvernement même, dans la personne de son représentant, essuierait une sorte de défaite morale. On ne peut pas faire du premier coup violence aux mœurs.

Aussi est-il préférable, à notre avis, de prolonger encore l'expérience tentée par la loi de 1882, avant de modifier complètement une institution encore si récente. Le principe légal de l'obligation est établi; la semence est déposée en terre : laissons à des circonstances politiques plus favorables le soin de la faire lever partout.

II. — Sanctions de l'obligation de la fréquentation scolaire.

Toutes les législations qui ont consacré le principe de l'instruction primaire obligatoire ont dû nécessairement édicter des pénalités pour en assurer l'exécution. Indiquons d'abord quelques-unes de ces sanctions dans les législations étrangères. (Voir l'*Annuaire de législation étrangère*, publié par la Société de législation comparée, notamment aux années 1873, 1877, 1878, 1879 et 1882.)

En Angleterre, après un premier avertissement aux parents, si un enfant est rencontré habituellement errant et sans surveillance, il est envoyé d'abord dans une école publique; ensuite le père peut être condamné à une amende n'excédant pas 5 shilings (environ 6 fr.), et l'enfant peut être placé dans une école de correction particulière créée par l'Act de 1876.

En Saxe, le maximum de l'amende est de 10 thalers (37 fr.), et cette amende est convertie en emprisonnement si elle n'est pas acquittée.

Dans le grand-duché de Luxembourg, les peines sont, après l'avertissement, l'inscription au tableau des affiches municipales, et l'amende de 1 à 25 francs, dont le recouvrement est garanti par la contrainte par corps.

A Genève, ce sont les peines de simple police qui sont applicables.

En Italie, nous trouvons l'avertissement, la publication des noms des contrevenants, l'amende de 0 fr. 50 à 10 francs, et la privation des secours publics.

En Portugal, les noms des parents sont affichés à la porte de l'église, l'amende est d'un jour de travail ou l'équivalent en argent, et peut être élevée jusqu'au quadruple.

On voit par ces exemples quel est le caractère général des dispositions législatives en cette matière. Le rapporteur de la commission au Sénat avait fait remarquer que le système répressif de beaucoup de législations étrangères était plus rigoureux que celui qu'on proposait pour la loi française : « Dans toute l'Allemagne, disait-il, la Prusse, la Bavière, le Hanovre, Bade, la Saxe, le Wurtemberg, les amendes s'appliquent le plus souvent pour chaque classe manquée ; elles sont élevées, et peuvent monter, dans le duché de Brunswick, jusqu'à 20 thalers (75 fr.) ; l'emprisonnement est presque partout applicable ; souvent la contrainte par corps peut être prononcée pour le recouvrement de l'amende. »

Arrivons donc maintenant à l'examen de ces dispositions répressives de notre loi pour assurer la fréquentation scolaire. Elles se trouvent énoncées aux articles 12, 13 et 14 de la loi de 1882. Elles sont au nombre de trois et graduées selon les infractions : 1° l'avertissement ; 2° l'affichage ; 3° les peines de simple police.

Première sanction. — AVERTISSEMENT.

A quel moment commence l'infraction légale à l'obligation de la fréquentation scolaire ?

Nous avons vu que c'est lorsque l'enfant s'est absenté de l'école quatre fois dans le mois, pendant au moins une demi-journée chaque fois, et sans justification admise ensuite par la Commission scolaire.

Ainsi lorsque l'enfant aura manqué l'école pour tout autre motif que négligence ou mauvaise volonté, la personne responsable devra faire connaître ces motifs à l'instituteur, qui est tenu lui-même de les consigner sur le registre d'absences. Et si les parents négligent d'adresser ces explications à l'instituteur, celui-ci fera bien d'aller au-devant d'elles et de s'informer soit auprès de l'enfant, soit auprès des parents.

A la fin du mois, l'instituteur adresse au maire et à l'inspecteur primaire l'extrait du registre d'absences, et sur cet extrait sont reproduites les explications fournies. A sa première réunion, la Commission examine ces explications ou excuses. Si les absences constatées pour un enfant sont moins de quatre pendant le mois, la Commission passera outre, quand même il n'y aurait pas d'excuses présentées. S'il y a quatre absences, ou davantage, mais qu'après examen les excuses lui paraissent fondées, la Commission, dans le procès-verbal de la séance, constatera l'admission de ces excuses, et il n'y aura pas d'autre suite.

Mais arrivons au cas où il y aurait plus de quatre absences, et l'extrait du registre ne contient l'indication d'aucune excuse, ou bien les motifs allégués ne paraissent pas admissibles à la Commission. C'est alors seulement que la première pénalité est encourue.

En quoi consiste cette pénalité? — Dans une invitation adressée à la personne responsable de comparaître devant la Commission, et dans l'avertissement qui est donné à la suite de cette comparution.

Nous avons vu que cette invitation à comparaître était adressée à la personne responsable par le maire, comme président de la Commission, et qu'aucune forme particulière n'était prescrite. Elle peut donc être adressée par simple lettre ou même verbalement, et faite alors soit par un des membres de la Commission, soit par tout agent municipal, garde champêtre, mande-commun, etc.

La personne invitée à comparaître doit seulement être prévenue au moins trois jours francs à l'avance, avec indication des jour, heure et lieu. (Nous savons que le lieu est la salle des actes de la mairie.) Et si ce délai de trois jours n'avait pas été observé, elle pourrait s'en prévaloir pour ne pas se présenter, sans encourir la peine attachée au défaut de comparution, et que nous verrons plus loin.

Deux hypothèses peuvent maintenant se présenter : 1° la personne citée se présente devant la Commission; 2° elle ne comparaît pas.

1re *hypothèse*. Lorsque la personne citée défère à l'invitation à comparaître, la Commission écoutera d'abord les nouvelles explications ou excuses qui pourront lui être présentées et dont l'extrait du registre d'absences n'avait point fait mention, ou qui n'étaient qu'insuffisamment indiquées. Et si ces nouvelles explications lui paraissent satisfaisantes, la Commission est encore à temps pour les admettre et décharger le prévenu de toute pénalité : elle consignera simplement dans son procès-verbal l'admission de ces excuses.

Mais arrivons au cas où les nouvelles explications produites devant la Commission, non plus que celles qui étaient indiquées sur l'extrait du registre, n'ont été trouvées suffisantes. L'article 12 dit alors que la Commission « *rappellera au contrevenant le texte de la loi, et lui expliquera son devoir* ».

C'est donc une admonestation et un avertissement qui sont adressés au contrevenant. Certes, ce n'est pas une répression bien sévère ! Remarquons toutefois que cet avertissement, quoique tout paternel en la forme, a légalement le caractère d'une pénalité. Nous allons voir qu'il entraîne en effet des conséquences juridiques : en cas d'une nouvelle infraction, la loi considère qu'il y aura récidive, et qu'une répression un peu plus caractérisée pourra être prononcée. L'article 14, qui prévoit une seconde récidive, c'est-à-dire une troisième infraction relevée après deux condamnations, serait inintelligible si cet avertissement n'avait pas un caractère pénal.

Puisqu'il s'agit d'une sentence, la décision de la Commission scolaire devra être signée par tous les membres qui y ont pris part, et elle devra aussi être motivée. Mais pour la motiver, le simple exposé des faits suffira, en constatant que la contravention est légalement établie.

2º *hypothèse*. Qu'arrivera-t-il si le père de famille cité à comparaître devant la Commission ne défère pas à cette invitation? Dans le cas où il fait connaître à la Commission, soit par lettre, soit par toute autre voie, les motifs qui l'ont empêché de se présenter, la Commission délibère sur ces excuses. Si elle trouve la justification suffisante, elle se contente de renvoyer la comparution à une autre séance. S'il n'est point fourni de justifications, ou s'il n'en est indiqué que d'insuffisantes, il y a lieu à la seconde sanction, à laquelle nous arrivons.

Deuxième sanction. — AFFICHAGE.

La seconde sanction, après cet avertissement, consiste dans l'inscription pendant 15 jours ou un mois, à la porte de la mairie, des nom, prénoms et qualités de la personne responsable, avec l'indication du fait relevé contre elle (art. 13 de la loi de 1882).

Cette mesure est applicable dans trois cas.

1ᵉʳ *Cas.* — Nous venons de le voir : c'est lorsque la personne responsable invitée à comparaître devant la Commission scolaire, à la suite d'une première infraction, ne s'est point présentée, et n'a pas fait excuser sa non-comparution (art. 12, § 2).

2ᵉ *Cas.* — C'est celui d'une récidive dans les 12 mois.

Mais le texte de l'article 13 a donné lieu à des difficultés d'interprétation. Cet article s'exprime ainsi : « *En cas de récidive dans les 12 mois qui suivront la première infraction...* » Il semble résulter de ces termes qu'il suffit, pour que l'affichage soit applicable, que deux infractions aient été commises dans l'espace de douze mois. Plusieurs Commissions scolaires, et aussi des juges de paix, ne considérant que les termes de l'article 13, avaient donc jugé que la réitération suffisait, en cette matière, pour constituer la récidive. Mais cela est tout à fait contraire au principe général de droit pénal, qu'il n'y a légalement de récidive qu'autant que le premier fait punissable a été frappé d'une condamnation. Dans la langue juridique, le mot *récidive* a un sens particulier : il ne désigne pas la simple réitération d'une infraction, mais le fait de renouveler cette infraction après avoir été déjà puni pour l'avoir commise, et de se montrer ainsi insensible aux leçons de la justice. Il faut même, pour servir de premier terme à la récidive, que cette condamnation ait acquis l'autorité de la chose jugée, c'est-à-dire ne soit plus susceptible d'aucun recours. Et cette signification légale du mot *récidive* explique seule l'aggravation de peine infligée à celui qui, frappé une première fois à raison d'un fait dont la culpabilité ne peut plus être contestée, n'a pas craint de violer encore la loi.

Si le législateur avait entendu déroger à ces principes fondamentaux du droit pénal, il aurait dû l'énoncer expressément, et la jurisprudence a décidé que le mot de *récidive* devrait être pris dans son acception juridique (tribunal de La Flèche, 14 février 1883; de Beaune, 17 février; d'Auxerre, du 16 mars; et de Semur, du 22 mars 1883. — Cour de cassation, 15 décembre 1883).

Ainsi donc, tant qu'il n'a pas été prononcé, après une première infraction, soit l'avertissement, soit l'affichage, — selon que le contrevenant s'est ou non présenté devant la Commission, — l'article 13 n'est pas applicable. Mais si dans les 12 mois qui ont suivi la première sentence, il y a eu de nouveau, dans l'espace d'un mois, quatre absences non justifiées d'au moins une demi-journée chacune, alors se trouve établi le cas de récidive prévu par l'article 13.

Ajoutons que puisque la récidive a pour base la condamnation, et non l'infraction, ce point de départ des 12 mois n'est pas le jour de la quatrième absence non justifiée, comme le texte semble l'indiquer, mais celui de la précédente décision relative à l'avertissement ou à l'affichage. En définitive, il faut remplacer dans le texte ces mots : « *dans les douze mois qui suivront la première infraction* », par ceux-ci : « *qui suivront l'avertissement ou l'affichage* ».

On peut remarquer ici que l'article 13 de la loi de 1882 ne fait que reproduire dans cette matière spéciale la règle générale posée par l'article 483 du Code pénal en matière de contravention : « *Il y a récidive dans tous les cas prévus par le présent livre, lorsqu'il a été rendu contre le contrevenant, dans les douze mois précédents, un premier jugement pour contravention de police commis dans le ressort du même tribunal.* »

Deux conditions sont donc nécessaires pour établir la récidive : 1° que la nouvelle infraction ait été commise dans les douze mois qui suivent la première sentence; 2° qu'elle ait été commise dans la même commune, puisque le ressort de la Commission scolaire est la commune.

Pour motiver la décision, il faudra ici une énonciation de plus que lorsqu'il s'agit de l'avertissement : outre l'exposé des faits, il faudra mentionner la décision antérieure, puisqu'elle sert de base à la récidive.

3° *Cas.* — Nous l'avons déjà vu au sujet des obligations imposées aux parents.

Aux termes du second paragraphe de l'article 13, la Commission doit prononcer l'affichage contre les parents ou personnes responsables qui ne se sont pas conformées aux prescriptions de l'article 9, c'est-à-dire qui ont retiré leur enfant de l'école sans en donner immédiatement avis au maire, et sans indiquer de quelle façon il recevrait l'instruction à l'avenir.

Notons en passant que la Commission scolaire a ici une certaine latitude dans l'application de cette seconde sanction : elle peut ordonner l'affichage soit pendant quinze jours, soit pendant une durée un peu plus longue, pourvu que cette durée ne dépasse pas un mois.

Nous avons indiqué précédemment que la première sanction édictée par la loi, l'avertissement, avait le caractère légal d'une pénalité. A plus forte raison en est-il ainsi de l'affichage. La Cour de cassation, dans son arrêt du 14 décembre 1883, a cependant admis une théorie contraire :

« Attendu, dit cet arrêt, que les Commissions scolaires sont de simples corps administratifs institués pour surveiller et assurer l'accomplissement du devoir scolaire prescrit par la loi, et déférer, le cas échéant, les contrevenants à la justice répressive, et que les mesures préalables qu'elles prononcent n'ont pas le caractère de véritables pénalités ;

« Attendu que spécialement l'affichage, bien que qualifié peine par la loi, n'est, dans l'esprit du législateur et dans l'ordre gradué des mesures qu'il prescrit, qu'une mise en demeure plus énergique adressée au père de famille de se conformer à la loi, après que l'avertissement prononcé pour une première infraction est demeuré sans effet ; que, s'il est toujours loisible à la Commission d'entendre, même dans ce cas, le père de famille, aucune disposition légale ne lui en impose l'obligation ;

« Attendu que la loi ne prescrit pas davantage l'accomplissement de cette formalité préalablement à la plainte qui doit être adressée au juge de paix, dans le cas d'une nouvelle infraction..... »

On voit quelles sont les conséquences de la théorie adoptée dans cet arrêt, car elles s'y trouvent formellement déduites. Il en résulte que ni l'article 13, ni l'article 14 de la loi de 1882 n'obligent à donner citation au père de famille de comparaître devant la Commission, en cas d'une seconde ou troisième infraction, et lorsqu'il encourt l'affichage ou la poursuite devant le juge de paix. La Commission prononce l'affichage, ou porte la plainte au tribunal de police, sans entendre et même sans appeler la personne responsable.

Mais, quelle que soit l'autorité qui s'attache aux arrêts de la Cour suprême, cette théorie nous paraît inadmissible. Elle est en contradiction, non seulement, comme l'arrêt le reconnaît lui-même, avec les expressions formelles de la loi (art. 13, § 2 : *la même peine sera appliquée*), mais avec tous les travaux préparatoires et les discussions législatives, aussi bien qu'avec les autres textes. Comment la concilier notamment avec l'article 14, où il est question de *nouvelle récidive* après l'affichage, puisqu'il ne saurait y avoir de récidive sans condamnation préalable ?

Il faut donc reconnaître que ces mesures ordonnées par la Commission scolaire, affichage ou traduction devant le juge de paix, ont bien le caractère d'une pénalité, et que par suite elles ne peuvent être prononcées sans que le contrevenant n'ait été cité à comparaître. Il serait trop contraire à tous les principes du droit qu'une peine pût être prononcée sans que l'inculpé n'eût été au moins averti et admis à présenter sa défense. C'est ce que nous trouvons très bien exprimé dans l'arrêt de la Cour de Dijon du 28 février 1883 :

« S'il est vrai que, dans ses articles 13 et 14, la loi du 28 mars 1882 ne mentionne pas expressément l'obligation pour les Commissions scolaires d'appeler devant elles les prévenus passibles des peines de la récidive, on ne saurait admettre cependant qu'elle ait entendu, par son silence, déroger au principe général et d'ordre public qui, devant toutes les juridictions répressives, assure le respect des droits de la défense ;

« Attendu qu'un texte précis eût au moins été nécessaire pour établir cette exception à l'une des règles les plus constantes et les plus essentielles de notre législation pénale ;

Que non seulement rien, dans le texte de la loi du 28 mars 1882, ne justifie une pareille interprétation, mais qu'on peut conclure des discussions préparatoires, et notamment des déclarations faites au Sénat par le rapporteur de la commission, que, dans la pensée du rédacteur de cette loi, la procédure pour l'application des articles 13 et 14 devait être la même que pour l'application de l'article 12, et que, par conséquent, dans l'un comme dans l'autre cas, le prévenu devait être entendu, ou au moins appelé à comparaître devant ses juges. »

Concluons donc sans hésiter que, malgré l'arrêt de la Cour de cassation, le contrevenant devra toujours être cité devant la Commission, dans le cas des articles 13 et 14 comme dans le cas de l'article 12. Seulement la loi ne distingue plus ici, comme dans l'article 12, entre la comparution et la non-comparution. Mais la Commission pourra graduer la peine de l'affichage selon les circonstances et, en cas de non-comparution, prononcer le maximum de la durée pour l'affichage, c'est-à-dire un mois.

Une autre conséquence du caractère pénal de l'affichage, c'est que si le contrevenant fait défaut, la décision prononcée contre lui devra toujours lui être signifiée. Il faut bien en effet qu'il en ait connaissance, pour pouvoir user des voies de recours ouvertes par la loi. Seulement il n'est point nécessaire que cette signification soit faite par ministère d'huissier :

elle pourra être faite administrativement par tout agent de la force publique.

Troisième sanction. — PEINES DE SIMPLE POLICE.

ART. 14. — *En cas d'une nouvelle récidive, la Commission scolaire, ou à son défaut l'inspecteur primaire, devra adresser une plainte au juge de paix. L'infraction sera considérée comme une contravention, et pourra entraîner condamnation aux peines de police, conformément aux articles 479, 480 et suivants du Code pénal. L'article 463 du même Code est applicable.*

D'après les principes énoncés plus haut, il faut, pour entrer dans ce cas d'application de l'article 14, qu'il y ait eu successivement deux infractions, punies successivement aussi soit de l'avertissement et ensuite de l'affichage (art. 12, § 1, et art. 13, § 1), soit de deux fois l'affichage (art. 12, § 2, et art. 13, § 2); puis qu'une troisième infraction se soit produite dans les douze mois qui ont suivi la deuxième condamnation.

Le père de famille s'est montré insensible aux avertissements répétés qui lui ont été adressés, et il s'obstine à ne tenir aucun compte des prescriptions de la loi. Il convient donc de recourir à une répression sérieuse : cette fois les peines prononcées pourront être l'amende de 12 à 15 francs inclusivement, et l'emprisonnement pendant cinq jours au plus.

Mais quelle est la procédure à suivre ?

La Commission scolaire a constaté une troisième infraction, c'est-à-dire encore quatre absences de l'enfant, d'une demi-journée au moins chacune, pendant l'espace d'un mois, — ou pour la troisième fois la non-déclaration prescrite par l'article 9, — et cela dans les conditions énoncées plus haut. Elle fait encore citer devant elle le contrevenant : mais cette fois, s'il ne comparaît pas, ou si les excuses qu'il présente ne sont pas admises, la Commission *devra* adresser une plainte au juge de paix.

Remarquons qu'ici le texte est impératif : la Commission est liée, et si elle manque à cette prescription de la loi, l'inspecteur primaire est à son tour tenu d'intervenir et de remplir cette prescription. Le temps des simples exhortations ou avertissements, et des atermoiements bienveillants, est passé : il faut que la loi soit sanctionnée.

Maintenant dans quelle forme la plainte doit-elle être faite, et quelles en seront les conséquences?

La loi ne prescrit rien au sujet de cette forme. Elle a fait le moins de réglementation possible, pour qu'on pût suivre le procédé le plus simple. Une lettre suffira donc, pourvu qu'elle contienne les indications nécessaires. Il faudra que cette lettre énonce les décisions antérieures et la nature des nouvelles contraventions, afin que le juge de paix puisse examiner d'abord si la poursuite est recevable.

Répétons en passant que si le contrevenant a fait défaut devant la Commission scolaire, la décision qui conclut à la plainte devant le juge de paix devra lui être notifiée avant que la plainte ne soit transmise. Le contrevenant pourra ainsi former opposition devant la Commission elle-même et obtenir encore, par l'admission de ses excuses, le retrait de la sentence prononcée contre lui.

Dès que la plainte est transmise, les pouvoirs de la Commission scolaire sont épuisés : c'est désormais une autre juridiction, celle du juge de paix, qui seule est compétente.

La première question qu'aura à examiner le juge de paix, c'est de savoir s'il est valablement saisi et si la plainte s'est produite dans les conditions voulues par la loi. Il devra constater s'il y a bien eu les deux sentences antérieures de la Commission scolaire, et si l'infraction qui lui est déférée constitue la double récidive. Mais il n'a pas à examiner le bien-fondé ou la régularité de ces sentences, à les confirmer ou les infirmer : leurs nullités, s'il y en a, sont couvertes par l'autorité de la chose jugée. Le juge de paix ne peut examiner que la régularité de la troisième délibération, celle qui a ordonné la plainte : si cette dernière délibération est viciée par quelque nullité, il pourra se déclarer irrégulièrement saisi, et en conséquence relaxer le contrevenant.

Les discussions préparatoires de la loi et le texte de l'article 14 montrent que le juge de paix, aussi bien que la Commission scolaire, a toute latitude pour apprécier les excuses ou les motifs invoqués par le prévenu. En matière de contravention, la bonne foi ne peut ordinairement être invoquée : dès que le fait matériel est établi, la condamnation est obligatoire pour le juge. Mais le législateur a ici dérogé à cette règle : « l'infraction, dit l'article 14, *pourra* entraîner condamnation..... » Le juge de paix n'est pas lié par la plainte de la Commission : il a tout pouvoir pour examiner à nouveau les faits relevés, admettre les excuses qui auraient été rejetées par la Commission, prononcer l'acquittement, même lorsque les faits de la contravention ont été établis d'une manière indiscutable, mais que la bonne foi du prévenu est manifeste.

On peut voir qu'une grande latitude est laissée, dans l'application de la peine, au juge de paix; puisqu'il faut prononcer jusqu'à 15 francs d'amende et cinq jours d'emprisonnement; tandis que, par l'admission des circonstances atténuantes, conformément à l'article 463 du Code pénal, il peut descendre jusqu'à 1 franc d'amende.

« Nous avons voulu, disait M. Paul Bert, rapporteur de la commission à la Chambre des députés, que le juge de paix eût entre les mains un instrument de répression d'une souplesse singulière, qui lui permette, pour les contraventions qui sont le fait de la misère ou de l'inintelligence, de frapper pour ainsi dire plutôt par la majesté du jugement que par la gravité des peines; ici, la condamnation à 1 franc d'amende suffira et fera réfléchir le père de famille. Mais nous avons voulu, à l'inverse, lorsqu'il se trouvera en présence de ces mauvais vouloirs systématiques qui prennent le caractère d'une rebellion à la loi, rebellion excitée et encouragée d'en haut, qu'il pût frapper vigoureusement ceux qui s'en rendent coupables. »

Nouvelles infractions. — Nous avons vu la graduation des sanctions établies par la loi, selon qu'il s'agit d'une première, d'une seconde, ou d'une troisième infraction. Qu'arrivera-t-il maintenant si le père de famille, condamné aux peines de police après une double récidive, commet encore de nouvelles infractions?

Celles-ci devront être portées *de plano* devant le tribunal de simple police. Il n'est plus nécessaire que la Commission scolaire prononce, à raison de ces nouvelles infractions, la série de peines édictée par la loi. Pour toutes les contraventions postérieures, ce père de famille est désormais justiciable du tribunal de simple police. (Voir l'arrêt de la Cour de cassation du 15 décembre 1883.)

Notons d'autre part que toutes les infractions antérieures au jugement de police doivent être comprises dans la poursuite et déférées en bloc au juge de paix : elles ne pourraient servir de base à une autre poursuite ou condamnation. Voici comment s'exprime à ce sujet l'arrêt de la Cour de cassation du 15 décembre 1883 :

« Attendu qu'il résulte manifestement de l'économie de la loi que, de même que les diverses infractions qui précèdent la première comparution devant la Commission scolaire ne pourront être réprimées que par l'avertissement, et qu'ensuite celles qui précèdent la seconde comparution ne comportent que l'affichage, de même les nouvelles infractions commises en récidive, après l'affichage mais avant la condamnation en simple police, doivent être comprises dans une même poursuite et ne peuvent faire l'objet, quel qu'en soit le nombre, que d'une peine unique. »

VOIES DE RECOURS.

Lorsque la Commission scolaire ou le juge de paix ont prononcé une des pénalités que nous venons de voir, quelles sont les voies de recours ouvertes contre ces sentences ?

On sait que, d'une manière générale, il y a deux sortes de voies de recours contre une décision judiciaire : 1° *l'appel*, qui a pour but de la faire réformer par une juridiction supérieure, comme mal fondée ; 2° et *le pourvoi en cassation*, qui en poursuit l'annulation pour inobservation des formes ou violation de la loi.

Voyons successivement comment s'appliquent ces deux sortes de voies de recours, d'abord contre les sentences des Commissions scolaires, puis contre les sentences des juges de paix.

§ 1. — VOIES DE RECOURS CONTRE LES SENTENCES DES COMMISSIONS SCOLAIRES.

I. — De l'appel.

La loi de 1882 n'avait organisé aucun moyen d'appel à l'égard des sentences des Commissions scolaires. Il ne restait donc que le pourvoi en cassation, et les sentences pouvaient seulement être déférées au conseil d'État pour *excès de pouvoirs*. Il y avait là une grave lacune, que la loi du 30 octobre 1886 est venue combler. Aux termes de l'article 59 de cette loi, il peut être fait appel des décisions des Commissions scolaires devant le Conseil départemental.

Cet appel peut être formé, d'un côté par les parents ou les personnes responsables, contre lesquels ont été prononcés la réprimande ou l'affichage, et d'autre part par l'inspecteur primaire, représentant ici le ministère public, pour assurer l'exécution de la loi.

Le délai pour cet appel est de dix jours. Il peut être fait, dit l'article 59, « *par simple lettre adressée au Préfet et aux personnes intéressées* ». L'article 156 du décret du 18 janvier 1887 a précisé ainsi qu'il suit les formes de cet appel :

Art. 156. L'appel des décisions des Commissions scolaires est formé par simple lettre sur papier libre. S'il émane des parents, la lettre doit être adressée au président du Conseil départemental, au maire de la commune, et à l'inspecteur primaire de la circonscription. Si l'appelant est l'inspecteur primaire, il adresse une lettre au président du Conseil départemental, une autre au maire de la commune, une troisième aux parents, tuteurs ou autres personnes responsables de l'enfant.

L'appel est suspensif : l'article 59 prend soin de le dire expressément. C'est la règle de droit commun (art. 173 du Code d'instruction criminelle); il serait illogique de permettre l'exécution d'un jugement qui peut être réformé. Mais, en ce qui concerne la réprimande, cet effet suspensif ne saurait avoir d'application.

Enfin l'article 59 ajoute que le père de famille (ou la personne responsable) pourra se faire représenter par un mandataire ou un défenseur devant le Conseil départemental. Nous avons vu qu'il n'en était pas ainsi devant la Commission scolaire.

II. — Du pourvoi en cassation.

Le Conseil départemental statue en dernier ressort (art. 59), et la loi de 1886, non plus que celle de 1882, ne contient rien au sujet du pourvoi en cassation. Mais la loi du 24 mai 1872, sur le conseil d'État, établit cette règle générale, que le conseil d'État « *statue souverainement sur les demandes d'annulation pour excès de pouvoir formées contre les actes des diverses autorités administratives.* » Le Conseil départemental, comme la Commission scolaire, étant une autorité administrative, il en résulte que le pourvoi *pour excès de pouvoirs* contre ses décisions doit être recevable devant le conseil d'État.

Rappelons que le pourvoi n'est pas suspensif comme l'appel.

§ 2. — Voies de recours contre les sentences des juges de paix.

Ici les voies de recours étaient déjà organisées. Le législateur n'avait besoin de formuler à nouveau aucune disposition, et nous rentrons dans le droit commun.

L'appel des décisions du juge de paix peut être porté devant le tribunal correctionnel, et le pourvoi pour violation ou fausse application de la loi, devant la Cour de cassation. Rappelons donc seulement les dispositions générales du Code d'instruction criminelle :

Art. 172. Les jugements rendus en matière de police pourront être attaqués par la voie de l'appel, lorsqu'ils prononceront un emprisonnement, ou lorsque les amendes, restitutions et autres réparations civiles excéderont la somme de 5 francs, outre les dépens.

Art. 173. L'appel sera suspensif.

Art. 174. L'appel des jugements rendus par le tribunal de police sera porté au tribunal correctionnel ; cet appel sera interjeté dans les dix jours de la signification de la sentence à personne ou domicile ; il sera suivi et jugé dans la même forme que les appels des sentences des justices de paix.

Art. 177. Le ministère public et les parties pourront, s'il y a lieu, se pourvoir en cassation contre les jugements rendus en dernier ressort par le tribunal de police, ou contre les jugements rendus par le tribunal correctionnel, sur l'appel des jugements de police.

Il résulte de l'article 172 que si l'amende prononcée par le juge de paix est seulement de 5 francs ou au-dessous, la sentence est en dernier ressort, et qu'il ne peut pas en être fait appel.

On peut remarquer que les mêmes faits pourront se trouver soumis successivement à la Commission scolaire, au juge de paix, au tribunal correctionnel et à la Cour de cassation, et que des faits de même nature, dans une infraction précédente, auront peut-être été soumis à la Commission scolaire, au Conseil départemental et au conseil d'État. Ce sont là des singularités juridiques.

Nous avons vu ainsi les règles concernant l'obligation de l'instruction, et la loi du 28 mars 1882. Arrivons maintenant à l'organisation de l'enseignement primaire.

DEUXIÈME PARTIE

DISPOSITIONS COMMUNES AUX ÉCOLES PUBLIQUES ET AUX ÉCOLES PRIVÉES.

Ces dispositions font l'objet des titres I et IV de la loi du 30 octobre 1886. Nous les diviserons en trois chapitres :

Chap. Ier. Des divers ordres d'établissements d'enseignement primaire. — Chap. II. Des conditions pour enseigner dans une école publique ou privée. — Chap. III. Des autorités préposées à l'enseignement primaire.

CHAPITRE PREMIER

Des divers ordres d'établissements d'enseignement primaire.

De même que la loi de 1882, la loi de 1886 débute sur ce point par une énumération suivie d'un principe général. La première de ces lois, après avoir donné les matières de l'enseignement primaire, laisse au père de famille le choix des moyens pour faire donner cet enseignement. La seconde commence également par l'énumération des divers ordres d'établissements dans lesquels peut être donné l'enseignement primaire; elle reconnaît ensuite la liberté de cet enseignement et le droit pour les particuliers ou les associations de fonder ou diriger des écoles sous les conditions générales déterminées par la loi.

§ 1.

Article premier de la loi du 30 octobre 1886. — *L'enseignement primaire est donné :*
1° *Dans les écoles maternelles et les classes enfantines ;*
2° *Dans les écoles primaires élémentaires ;*
3° *Dans les écoles primaires supérieures et dans les classes d'enseignement primaire supérieur annexées aux écoles élémentaires et dites « cours complémentaires » ;*
4°. *Dans les écoles manuelles d'apprentissage, telles que les décrit la loi du 11 décembre 1880.*

Pour compléter l'énumération, il faut rapprocher de cet article 1er l'article 8 de la même loi :

Il peut être créé des classes primaires pour adultes ou pour apprentis ayant satisfait aux obligations des lois du 19 mai 1874 et 28 mars 1882.

Reprenons cette énumération.

I. — Écoles maternelles et classes enfantines.

Les écoles maternelles étaient désignées auparavant sous le nom de *salles d'asile*. L'article 1er du décret du 18 janvier 1887 les définit ainsi :

« Les écoles maternelles sont des établissements de première éducation où les enfants des deux sexes reçoivent en commun les soins que réclame leur développement physique, moral et intellectuel.
« Les enfants peuvent y être admis dès l'âge de deux ans révolus et y rester jusqu'à l'âge de six ans. »

Le chapitre 1er du livre Ier de ce décret détermine les conditions d'admission des enfants, le programme de l'enseignement, les conditions d'âge et de capacité exigées pour les directrices, etc.

Quant aux classes enfantines, il n'en était point fait mention dans le projet primitif adopté par la Chambre des députés : c'est la commission du Sénat qui les a ajoutées. Elles sont, disait le rapport de M. Ferrouillat au Sénat, « l'anneau qui relie l'école maternelle à l'école primaire ».

Les enfants des deux sexes y sont admis depuis l'âge de quatre ans au moins jusqu'à celui de sept ans au plus.

Les classes enfantines, dit l'article 2 du décret du 18 janvier 1887, forment le degré intermédiaire entre l'école maternelle et l'école primaire. Elles ne peuvent exister que comme annexe d'une école primaire élémentaire ou d'une école maternelle (1).

II. — Écoles primaires élémentaires.

Les règles relatives à l'établissement de ces écoles, aux locaux et au matériel scolaire, au personnel, aux matières de l'enseignement, font l'objet du chapitre II, titre Ier, du décret du 18 janvier 1887.

« L'école primaire élémentaire, dit l'article 28 de cet arrêté, est ouverte aux enfants de six à treize ans révolus. Nul élève ne pourra être admis dans une école primaire élémentaire avant l'âge de six ans, s'il existe dans la commune et à proximité une école maternelle publique; avant l'âge de sept ans, s'il existe une classe enfantine publique. »

La règle qui fixe l'âge d'admission tantôt à 6 ans et tantôt à 7 ans, selon les cas, ne s'applique donc rigoureusement que lorsqu'il existe à proximité une école maternelle ou une classe enfantine publiques. Hors ce cas, il est accordé une certaine latitude, qui sera déterminée suivant les circonstances, pour admettre les enfants au-dessous de cet âge.

Ajoutons que les enfants ne sont pas non plus rigoureusement obligés de quitter l'école dès qu'ils ont atteint l'âge de 13 ans. Tout au moins leur laissera-t-on finir l'année scolaire commencée, et souvent il pourra être utile de laisser se prolonger la fréquentation de l'école même au delà de cette limite.

Les élèves qui atteignent dans le courant de l'année scolaire l'âge de 14 ans sont de droit autorisés à continuer leurs études jusqu'à la fin de l'année. Toutefois cette autorisation de droit ne s'étend point aux écoles mixtes.

Même en dehors de ce cas, les enfants qui ont dépassé l'âge de 13 ans peuvent encore être autorisés, du consentement et sur la demande de l'instituteur, à continuer de suivre les cours

---

(1) *Les Classes enfantines*, documents législatifs et administratifs, avec introduction, par F. Buisson, forment le fascicule n° 62 des *Mémoires et documents scolaires publiés par le Musée pédagogique* (Librairies Hachette et Delagrave).

de l'école primaire ; mais il faut alors une autorisation spéciale de l'inspecteur d'académie. — Il est évident qu'il ne s'agit ici que des écoles publiques, et que pour les écoles privées l'instituteur est libre de recevoir chez lui des élèves de tout âge.

D'après les instructions de l'administration, les instituteurs et institutrices qui veulent recevoir dans leurs écoles des enfants n'ayant pas encore atteint ou ayant dépassé l'âge scolaire doivent adresser leurs demandes motivées d'autorisation à l'inspecteur d'académie par l'intermédiaire de l'inspecteur primaire de la circonscription, et les demandes doivent faire connaître :

1° Le nom de l'élève et la date de sa naissance ;
2° Sa conduite et son assiduité pendant l'âge scolaire ;
3° Le nombre d'enfants (garçons ou filles) d'âge scolaire de la commune (6 à 13 ans) ;
4° La superficie de la salle de classe ;
5° La nature de l'école (spéciale ou mixte).

Tandis que dans les écoles maternelles et les classes enfantines, les enfants des deux sexes ne sont point séparés, les écoles primaires sont en général des écoles distinctes de garçons ou de filles ; elles ne sont des écoles mixtes que dans les petites communes.

III. — Écoles primaires supérieures et cours complémentaires.

Les programmes, les conditions d'admission et d'enseignement pour ces écoles ou ces cours, sont déterminés par le chapitre 3 du titre Ier du décret du 18 janvier 1887 (art. 30 et suivants).

L'article 30 de ce décret s'exprime ainsi :

« Les établissements d'enseignement primaire supérieur prennent le nom de « cours complémentaire » s'ils sont annexés à une école primaire élémentaire et placés sous la même direction. Ils prennent le nom « d'école primaire supérieure » s'ils sont installés dans un local distinct et sous une direction différente de celle de l'école élémentaire. Toutefois la réunion, sous une même direction, d'une école primaire supérieure et d'une école primaire élémentaire dans un même groupe scolaire pourra être autorisée par le ministre, sur l'avis motivé du Conseil départemental. »

La durée des études dans les cours complémentaires est de deux ans au maximum.

L'école primaire supérieure comprend au moins deux années d'études : elle est dite *de plein exercice* si elle en comprend trois ou plus.

Pour être admis dans une école primaire supérieure ou un cours complémentaire, il faut avoir obtenu le certificat d'études. On ne peut donc y être admis avant l'âge de 11 ans.

Ces écoles et ces cours constituent l'enseignement primaire supérieur (1). Le rapporteur de la commission à la Chambre des députés, M. Steeg, s'exprimait ainsi à son égard :

« L'enseignement primaire supérieur reçoit pour la première fois la place qui lui revient légitimement. Prévu par la loi de 1833, condamné et étouffé dans son germe par la loi de 1850, il a été organisé par le gouvernement de la République dans une série de décrets et d'arrêtés de 1881 et 1882, auxquels votre loi apporte une consécration définitive. Elle lui conserve le caractère d'enseignement primaire, qui est sa véritable raison d'être, mais elle en fait le couronnement de cet enseignement par la situation qu'elle donne à ses maîtres, le mode spécial de nomination qu'elle leur accorde, le diplôme élevé qu'elle leur impose et qui les met au même rang que les professeurs des écoles normales ; même les maîtres adjoints y sont soumis à de plus hautes exigences que les directeurs des écoles primaires. Il y a lieu d'espérer que ces diverses dispositions contribueront à donner à l'enseignement primaire supérieur l'importance capitale qu'il doit acquérir dans notre démocratie. »

IV. — Écoles manuelles d'apprentissage.

Ces écoles, créées par la loi du 11 décembre 1880, ont pour but de développer l'aptitude professionnelle, et de compléter à un point de vue spécial l'enseignement de l'école primaire élémentaire (art. 55 du décret du 18 janvier 1887). Elles ne reçoivent que les enfants pourvus du certificat d'études primaires, ou bien âgés de 13 ans au moins. Elles sont donc comme une branche spéciale de l'enseignement primaire supérieur.

(1) L'historique et la législation des écoles d'enseignement primaire supérieur sont exposés dans le fascicule n° 16 des *Mémoires et documents scolaires publiés par le Musée pédagogique* (Librairies Hachette et Delagrave).

« Au point de vue de l'enseignement, disait le rapport déjà cité de M. Steeg, notre projet de loi classe définitivement dans les établissements d'enseignement primaire, les écoles manuelles d'apprentissage, les écoles primaires supérieures, les cours d'apprentis et d'adultes, institutions jusqu'ici indécises et flottantes au gré des bonnes volontés, mais auxquelles le caractère légal va imprimer une impulsion vigoureuse. »

Toute l'organisation de ces écoles a été réglementée par le décret du 17 mars 1888, et le décret du 28 juillet suivant a déterminé les programmes généraux des écoles placées sous le régime de la loi du 11 décembre 1880. Voir encore la circulaire ministérielle du 30 juin 1888.

Tous ces textes sont reproduits en fin du volume (1).

V. — Classes d'adultes.

Les règlements relatifs aux classes d'adultes ou apprentis sont fixés par le chapitre VII, titre Ier, du décret du 18 janvier 1887 (art. 98 à 105).

Pour être admis dans ces classes, il faut avoir satisfait aux obligations des lois du 19 mai 1874 et du 28 mars 1882.

La loi du 19 mai 1874 est relative au travail des enfants et des filles employés dans l'industrie. Aux termes de l'article 8 de cette loi, ces enfants doivent, jusqu'à 12 ans, fréquenter une école primaire : ils ne pourront donc être admis dans les classes d'adultes ou d'apprentis qu'après l'âge de 12 ans.

Pour les autres enfants, l'obligation de fréquenter l'école primaire ne cesse qu'à l'âge de 13 ans, à moins qu'ils n'aient obtenu le certificat d'études : ce n'est donc qu'à partir de 13 ans qu'ils pourront entrer dans les cours d'adultes.

Il a été expliqué par le rapporteur de la commission à la Chambre des députés que le mot *apprenti* devait être entendu ici dans le sens le plus large, comme s'appliquant à tous les enfants employés dans l'industrie, et non pas seulement aux enfants ayant un contrat d'apprentissage.

Les classes d'adultes ou d'apprentis ne peuvent recevoir d'élèves des deux sexes.

(1) L'ensemble très complet et très détaillé de la législation relative à ces écoles professionnelles se trouve exposé dans le livre de M. Georges Paulet : *L'Enseignement primaire professionel* (Paris, 1888, chez Berger-Levrault) et qui forme le fascicule n° 83 des *Mémoires et documents scolaires publiés par le Musée pédagogique*.

Elles sont soumises en principe aux mêmes conditions d'ouverture que les écoles privées. Toutefois, aux termes de l'article 4 de la loi, l'instituteur qui demande à ouvrir un cours d'adultes ou d'apprentis peut être dispensé par le Conseil départemental de tout ou partie des formalités à remplir. C'est là une mesure de pure faveur, que le Conseil accorde ou refuse à son gré.

§ 2.

Nous avons dit qu'après avoir classé les différents établissements d'enseignement primaire, la loi de 1886 reconnaissait la liberté de cet enseignement.

Art. 2. — *Les établissements d'enseignement primaire de tout ordre peuvent être publics, c'est-à-dire fondés et entretenus par l'État, les départements ou les communes, ou privés, c'est-à-dire fondés et entretenus par des particuliers ou des associations.*

Cette distinction entre les établissements fondés et entretenus par l'État, les départements ou les communes, et les établissements fondés et entretenus par des particuliers ou des associations, existait déjà dans le loi de 1850 (art. 15). Seulement ces derniers portaient dans cette loi la dénomination d'établissements « libres ». Mais ce changement de dénomination, bien qu'il ait donné lieu à de vifs débats dans les deux Chambres, ne modifie en rien le principe de la liberté de l'enseignement primaire reconnu par le législateur de 1886. Il résulte bien clairement de cet article 2 que tout particulier peut ouvrir et diriger une école, s'il remplit les conditions de capacité voulues, et en se conformant aux prescriptions générales de la loi. Nous arrivons ainsi à l'examen de ces conditions.

Toutefois il faut d'abord signaler une question très importante que soulève l'interprétation de cet article 2.

Si une école est *fondée et entretenue* par la commune, même en dehors des écoles fixées par l'article 13, et dont la création et l'entretien sont obligatoires, il résulte de notre article 2 que cette école est toujours une école publique. Mais que décider si une commune, après avoir satisfait à toutes les dépenses des écoles établies en vertu de l'article 13, accorde une subvention à une école fondée par une association ou par des particuliers? L'article 145 de la loi municipale du 5 avril 1884 est en effet ainsi conçu : « *Lorsque le budget pourvoit à toutes les dépenses obligatoires, et qu'il n'applique aucune recette extraordinaire aux dépenses soit obligatoires, soit facultatives, ordinaires ou extraordinaires, les allocations portées audit budget pour les dépenses facultatives ne peuvent être modifiées par l'autorité supérieure.* » D'où le droit pour la commune, en se conformant aux conditions posées dans cet article 145, de subventionner des œuvres dues à l'initiative privée. Or l'école fondée par des particuliers, et subventionnée ainsi par la commune, continuera-t-elle à rester une école privée, ou ne devra-t-elle pas être classée parmi les écoles publiques, et souscrire désormais à toutes les dispositions du titre II de la loi de 1886?

Il est facile de voir le grand intérêt qu'offre cette question, en considérant à quelles règles différentes sont soumises les écoles publiques et les écoles privées en ce qui concerne le recrutement du personnel, les programmes et les méthodes, l'inspection, le régime intérieur, etc.

De la discussion dans les Chambres et du rejet des amendements proposés, il nous paraît résulter que toute école fondée d'abord par des particuliers ou par une association, si elle vient à profiter d'une subvention de la commune, ne restera plus une école privée et ne sera plus régie par les dispositions du titre III de la loi, mais par celle du titre II. En conséquence elle ne pourra plus avoir qu'un personnel laïque, conformément à l'article 17; et une commune ne saurait jamais subventionner une école congréganiste.

Dans la séance de la Chambre des députés du 21 octobre 1886, M. Thellier de Poncheville avait notamment proposé et soutenu un paragraphe additionnel à l'article 13 ainsi conçu : « *Toute commune qui aura établi des écoles primaires publiques en conformité de la décision prévue au paragraphe qui précède pourra fonder, entretenir ou subventionner une ou plusieurs écoles publiques qui seront régies par la disposition du titre III de la présente loi.* » Le rejet de cet amendement indique bien que le législateur n'a pas voulu laisser aux communes la faculté de subventionner des écoles privées.

C'est du reste en ce sens que s'est prononcé le conseil d'État, auquel la question avait été soumise, et qui a décidé que par suite du rejet des amendements proposés aux Chambres, les communes ne peuvent se prévaloir de l'article 145 de la loi municipale pour subventionner des écoles privées. (Avis du conseil d'État du 29 juillet 1888. Voir *infra*, page 192.)

CHAPITRE II

Des conditions générales pour enseigner dans les écoles primaires.

Elles peuvent se diviser en deux catégories :
1° Conditions de nationalité, d'âge et de sexe, et de moralité.
2° Conditions de capacité et de diplômes.

PREMIÈRE SECTION

I. *Nationalité*. La règle générale, posée au début de l'article 4 de la loi de 1886, est que, pour pouvoir enseigner, soit dans une école publique, soit dans une école privée, il faut être Français.

Mais cette règle n'est absolue qu'en ce qui concerne les écoles publiques : il a été admis des dérogations à l'égard des écoles privées.

D'après le premier projet de la loi, présenté par M. Paul Bert et adopté par la Chambre des députés, la faculté d'enseigner non seulement dans les écoles publiques, mais encore dans les écoles privées, était exclusivement réservée aux Français. C'était là un changement considérable à la législation antérieure, car la loi de 1850 accordait aux étrangers le droit d'ouvrir une école en France, sous la double condition d'avoir été admis à y jouir de leurs droits civils, et d'obtenir une autorisation spéciale du ministre de l'Instruction publique. Le Sénat a modifié le texte voté d'abord par la Chambre des députés, et reconnu aux étrangers, comme par le passé, la faculté d'enseigner dans les écoles privées. Cette faculté, de même que sous la loi de 1850, est subordonnée à deux conditions particulières, en outre des conditions générales que doivent remplir les Français.

La première, c'est d'avoir été admis à jouir de ses droits civils en France, conformément à l'article 13 du Code civil.

La seconde consiste dans l'autorisation accordée par le ministre de l'Instruction publique, après avis du Conseil départemental. Ajoutons que cette autorisation, qui est soumise au pouvoir discrétionnaire du gouvernement, peut toujours être retirée dans les mêmes formes.

C'est en définitive le maintien de la situation établie par la loi de 1850, avec cette différence, que l'avis sur la demande d'autorisation est donné par le Conseil départemental et non plus par le Conseil supérieur de l'Instruction publique, « rouage un peu élevé », a dit le rapporteur au Sénat, et dont l'intervention entraînerait des pertes de temps assez considérables.

Deux difficultés s'étaient élevées au sujet de ces autorisations d'enseigner accordées par le ministre à des étrangers. 1° Cette autorisation est-elle de plein droit générale et applicable à tous les établissements scolaires de France, ou n'est-elle accordée que pour un lieu et un établissement déterminés? 2° Peut-elle s'appliquer à des écoles primaires privées non exclusivement destinées à recevoir des enfants étrangers?

Ces deux questions ont été soumises par le gouvernement au conseil d'État, qui a ainsi décidé dans son Avis du 30 octobre 1888 :

1° L'autorisation d'enseigner prévue par l'article 4, § 2, de la loi du 30 octobre 1886, est une autorisation spéciale accordée en vue d'une fonction déterminée, à remplir dans un établissement nommément désigné. — Il en résulte qu'en cas de changement ultérieur de fonctions ou d'école, une nouvelle autorisation sera nécessaire.

2° Les étrangers admis à jouir des droits civils en France et remplissant les autres conditions imposées par l'article 4 de la loi du 30 octobre 1886, peuvent être autorisés à diriger des établissements d'enseignement primaire privés qui ne sont pas exclusivement destinés à recevoir des enfants étrangers.

Les pièces à produire et la procédure à suivre par l'étranger qui demande aussi l'autorisation d'enseigner en France, sont indiquées par les articles 181 et suivants du décret organique du 18 janvier 1887.

Équivalence des titres de capacité étrangers avec les brevets français. — En outre de ces deux conditions particulières, nous avons dit que les étrangers doivent remplir pour enseigner les mêmes conditions que les Français, et notamment celles qui concernent les brevets. Mais il peut leur être accordé des équivalences lorsqu'ils sont seulement munis de brevets étrangers.

Sous l'empire du décret du 5 décembre 1850, le ministre pouvait, de sa seule autorité, prononcer ces déclarations d'équivalence, après avis du Conseil supérieur : il avait à cet égard toute liberté d'appréciation. Aux termes de l'article 4 de la loi de 1886, c'est maintenant un règlement délibéré en Conseil supérieur de l'Instruction publique qui déterminera les conditions dans lesquelles cette équivalence peut être prononcée. Ce règlement n'a pas été encore élaboré : en attendant, c'est toujours le ministre qui statue, après avis du Comité consultatif de l'enseignement primaire (art. 183 du décret du 18 janvier 1887).

L'étranger qui veut obtenir cette autorisation d'équivalence doit donc adresser sa demande au ministre en y joignant le diplôme étranger qu'il possède. Il faut ajouter deux observations.

1° Cette équivalence n'est accordée qu'autant que le brevet étranger mentionne la connaissance de la langue française et qu'il donne au postulant le droit d'enseigner dans son pays d'origine ; de plus elle ne s'applique jamais qu'au brevet élémentaire et aux certificats spéciaux pour les enseignements accessoires (Voir l'art. 184 du décret du 18 janvier 1887).

2° La loi n'a pas ici d'effet rétroactif, et ses dispositions ne s'appliquent point aux étrangers qui exerçaient déjà les fonctions de l'enseignement avant la promulgation de la loi, lorsqu'ils se trouvent dans les conditions indiquées par l'article 4 de la loi du 16 juin 1881.

Signalons enfin le cas particulier d'écoles exclusivement destinées à des enfants étrangers résidant en France. Pour diriger ces écoles ou pour y enseigner, ce n'est plus seulement une déclaration d'équivalence du brevet étranger avec le brevet français, mais même une dispense de tout brevet, qui peut être accordée par le ministre aux étrangers. Mais il faut toujours que ceux-ci aient été admis à jouir des droits civils en France.

« Nous avons voulu, à dit M. Ferrouillat dans son rapport au Sénat, que ce fût un règlement du Conseil supérieur qui examinât les différentes situations et précisât les conditions de l'équivalence. Ainsi il est bien évident qu'un brevet pris à la suite d'un examen où ne figurerait pas la connaissance du français ne pourrait pas être considéré comme l'équivalence du brevet de capacité élémentaire. Nous avons cependant fait une exception pour le cas où il s'agirait d'une école où l'on ne donnerait l'enseignement qu'à des enfants étrangers résidant en France. Dans ce cas, des dispenses de brevet, dans certaines conditions de garanties inscrites à l'article, peuvent être accordées à des maîtres étrangers dans des écoles où, je le répète, il n'y a que des enfants étrangers. »

II. *Conditions de moralité.* — Il est évident que ceux qui auraient été frappés de condamnations criminelles ou correctionnelles, ou de graves pénalités disciplinaires, doivent être déchus du droit d'enseigner. L'article 5 de la loi de 1886 détermine ces cas d'incapacité.

Sont incapables de tenir une école publique ou privée, ou d'y être employés, ceux qui ont subi une condamnation judiciaire pour crime ou pour délit contraire à la probité ou aux mœurs, ceux qui ont été privés par jugement de tout ou partie des droits mentionnés en l'article 42 du Code pénal, et ceux qui ont été frappés d'interdiction absolue en vertu des articles 32 et 41 de la présente loi.

III. *Conditions d'âge et de sexe.* — L'âge nécessaire pour *enseigner* dans les écoles maternelles ou les écoles primaires est de dix-sept ans révolus pour les institutrices, et de dix-huit ans pour les instituteurs.

Sous la loi de 1850, cet âge était uniformément de dix-huit ans pour les instituteurs et les institutrices. La commission du Sénat avait proposé de l'abaisser jusqu'à seize ans ; mais il fut répondu que des adolescents ne sauraient avoir l'aptitude pédagogique et morale pour enseigner, et le texte de la Chambre a été maintenu.

Pour *diriger* une école, l'âge minimum est fixé à 21 ans, tant pour les institutrices que pour les instituteurs.

Enfin nul ne peut diriger une école primaire supérieure, ou une école recevant des internes, avant l'âge de 25 ans révolus.

Dans les écoles de garçons, l'enseignement ne peut être donné que par des instituteurs.

On voit aussi que le législateur a voulu réserver aux femmes la part la plus large dans l'éducation de l'enfance.

Il ne peut être donné que par des institutrices :

1º Dans les écoles maternelles ;
2º Dans les classes enfantines ;
3º Dans les écoles de filles ;
4º Dans les écoles mixtes.

Mais ces règles comportent quelques exceptions.

1º ART. 6, § 2. — *Dans les écoles de garçons, des femmes peuvent être admises à enseigner à titre d'adjointes, sous la condition d'être épouse, sœur ou parente en ligne directe du directeur de l'école.*

Nous verrons plus loin que les adjoints et adjointes, dans l'enseignement public, se divisent en stagiaires et en titulaires, et sont nommés, suivant les cas, par l'inspecteur d'académie ou par le préfet. On appliquera à ces autorisations le droit commun en matière de nominations : s'il s'agit d'une adjointe stagiaire, l'autorisation émanera de l'inspecteur d'académie ; s'il s'agit d'une adjointe titulaire, l'autorisation émanera du préfet. Pour les écoles publiques, l'autorisation se confond avec la nomination, dont elle résulte. Mais pour les écoles privées, il n'y a plus lieu à cette distinction entre stagiaires et titulaires : il nous semble alors que l'autorisation devra dans tous les cas être donnée par le Conseil départemental, la loi ne s'étant point expliquée à ce sujet.

2º De plus, il peut être dérogé aux restrictions posées par ce § 2 de l'article 6 : aux termes du paragraphe suivant, des femmes peuvent être autorisées à enseigner à titre d'adjointes dans les écoles de garçons, même en dehors du cas de parenté avec le directeur de l'école. Seulement l'autorisation n'est plus alors donnée simplement par l'inspecteur d'académie ou par le préfet : il faut toujours dans ce cas l'intervention du Conseil départemental. Et cette autorisation émanant du Conseil départemental est à titre provisoire et toujours révocable. Ajoutons encore qu'elle n'est accordée qu'autant qu'il n'existe pas de salle d'asile dans la commune.

3º D'après le même § 3 de l'article 6, le Conseil départemental peut de même, à titre provisoire et par une décision toujours révocable, permettre à un instituteur de diriger une école mixte, à la condition qu'il lui soit adjoint une maîtresse de travaux de couture. Cette règle s'applique aux écoles privées comme aux écoles publiques.

Ces maîtresses de travaux de couture doivent être munies du certificat d'aptitude spécial à cet enseignement. (Voir l'arrêté du 18 janvier 1887, chapitre XI, articles 222 et suivants.)

Dans les écoles publiques, elles sont nommées par l'inspecteur d'académie, et le chiffre de leur traitement est posé par le préfet, sur la proposition de l'inspecteur (art. 24 du décret du 18 janvier 1887).

DEUXIÈME SECTION

CONDITIONS DE CAPACITÉ.

Ces conditions sont déterminées par la loi du 16 juin 1881, dite loi relative aux titres de capacité de l'enseignement primaire.

L'article 1er de cette loi est ainsi conçu :

Nul ne peut exercer les fonctions d'instituteur ou d'institutrice titulaire, d'instituteur chargé d'une classe ou d'institutrice adjointe chargée d'une classe, dans une école publique ou libre, sans être pourvu du brevet de capacité pour l'enseignement primaire.

Toutes les équivalences admises par le § 2 de l'article 5 de la loi du 15 mars 1850 sont abolies.

L'article 2 de cette même loi établissait un certificat d'aptitude spécial pour les écoles maternelles. Il se trouve abrogé maintenant par l'article 62 de la loi du 30 octobre 1886, dont voici le texte :

Les directrices d'écoles maternelles publiques seront assimilées aux institutrices publiques.

Il ne sera plus délivré de titre de capacité distinct pour les écoles maternelles. A dater du 1er janvier 1888, le titre requis pour enseigner dans toutes les écoles énumérées aux paragraphes 1 et 2 de l'article 1er de la présente loi, sera le brevet élémentaire. Toutefois les personnes munies du certificat d'aptitude à la direction des salles d'asile, lors de la promulgation de la présente loi, continueront à jouir des droits que leur confère la loi du 16 juin 1881.

Le même brevet de capacité est donc exigé aujourd'hui pour les écoles maternelles et pour les écoles primaires élémentaires. Il porte le nom de brevet de capacité de second ordre, ou de brevet élémentaire.

Au-dessus de ce brevet, toujours indispensable, se trouve le brevet de capacité de premier ordre, ou brevet supérieur.

Puis viennent les certificats d'aptitude professionnelle et les certificats spéciaux pour les enseignements accessoires. Tous ces titres de capacité se trouvent énumérés dans l'article 106 du 18 janvier 1887, qui détermine les conditions à remplir par les candidats à ces titres, les sessions d'examen, et la composition des commissions (art. 106 à 122). La forme et les matières de ces examens sont réglées par l'arrêté ministériel en date du même jour (Titre II, art. 134 à 231).

Nous verrons plus loin, à propos des règles spéciales à l'enseignement public, en quoi consistent ces différents titres de capacité, et dans quels cas ils sont exigés.

La disposition contenue dans le § 2 de l'article 1er de la loi du 16 juin 1881 a apporté une modification très importante à la loi antérieure. Sous la loi de 1850, le brevet de capacité pouvait être suppléé par diverses équivalences, dont la principale était les *lettres d'obédience* pour les institutrices congréganistes. Cette lettre d'obédience consistait simplement dans l'ordre donné à une religieuse par sa supérieure, de se rendre dans une commune pour y prendre la direction de l'école, et elle tenait lieu du brevet de capacité. Déjà lors de la discussion de la loi du 10 avril 1867, MM. Jules Simon et Eugène Pelletan avaient présenté au Corps législatif un amendement pour en demander la suppression : leur amendement fut repoussé. Mais la loi de 1881 a enfin supprimé ce privilège exorbitant, que rien ne justifiait ni n'excusait, et replacé les institutrices congréganistes sous le droit commun. Désormais toutes les équivalences sont abolies, et les preuves de capacité à fournir doivent être les mêmes pour tous sans exception.

Nous renvoyons au texte de la loi pour les mesures transitoires, dont les unes sont déjà sans objet, et dont l'application pour les autres devient de plus en plus rare et ne tardera pas à disparaître complètement.

CHAPITRE III

Des autorités préposées à l'enseignement primaire. De l'inspection et des Conseils de l'enseignement primaire.

PREMIÈRE SECTION

DE L'INSPECTION.

Les règles relatives à l'inspection de l'enseignement primaire forment l'objet du chapitre II du titre Ier de la loi du 30 octobre 1886 (art. 9 et 10). Nous allons examiner successivement :

1° Quelles sont les autorités chargées de l'inspection ;
2° Quels sont les établissements soumis à l'inspection, et le mode de l'inspection.

I. — DES AUTORITÉS CHARGÉES DE L'INSPECTION.

Rappelons d'abord que la loi du 28 mars 1882, dans son article 3, a supprimé le droit d'inspection, de surveillance et de direction dans les écoles primaires publiques et privées, attribué par la loi de 1850 aux ministres des cultes. C'est la conséquence de la laïcité de l'enseignement et de la neutralité de l'école en matière religieuse.

On peut maintenant diviser en deux catégories les autorités chargées de l'inspection :
1° Les autorités universitaires, relevant directement du ministre de l'Instruction publique ;
2° Les autorités élues ou nommées en dehors de l'Université.

Cette division est d'une importance capitale, surtout en ce qui concerne les écoles publiques, car nous verrons que l'étendue des attributions respectives est tout à fait différente : le droit d'inspection est général pour les autorités universitaires ; il est rigoureusement limité pour les autres à des parties spéciales.

1ʳᵉ Catégorie.

Les autorités universitaires sont les suivantes :

1° Les inspecteurs généraux de l'Instruction publique ;
2° Les recteurs ;
3° Les inspecteurs d'académie ;
4° Les inspecteurs primaires ;
5° Les inspectrices générales et départementales des écoles maternelles.

1. *Des inspecteurs généraux* (art. 123 et 124 du décret du 18 janvier 1887 et art. 232 à 235 de l'arrêté ministériel du même jour). Ils sont nommés par le Président de la République, sur la proposition du ministre de l'Instruction publique.

Les inspecteurs généraux de l'enseignement primaire sont actuellement au nombre de six, dont quelques-uns hors cadre et détachés à des fonctions spéciales. Au commencement de chaque année, le ministre assigne à chacun d'eux les départements qu'il devra visiter.

La comptabilité des écoles normales primaires, le chant et la musique, le dessin, les langues vivantes et le travail manuel, dans les écoles normales et les écoles primaires supérieures, sont l'objet d'inspections spéciales.

2. *Des recteurs.* — Chaque recteur est, dans son académie, le chef de l'enseignement primaire aussi bien que de l'enseignement secondaire et supérieur. Il a le droit d'inspection dans tous les établissements d'instruction, quels qu'ils soient.

3. *Des inspecteurs d'académie.* — Il y en a un par département. L'inspecteur d'académie, qui a pour chef hiérarchique le recteur, est nommé par le ministre de l'Instruction publique. Toutefois ses frais de bureau sont à la charge du département. Il est préposé à la fois à l'enseignement secondaire et à l'enseignement primaire. Il a sous ses ordres les inspecteurs primaires.

4. *Des inspecteurs primaires* (art. 125 à 131 du décret du

18 janvier 1887, et 236 et suivants de l'arrêté ministériel du même jour).

Ils sont placés sous l'autorité immédiate de l'inspecteur d'académie. Ils ne reçoivent d'instructions que de lui ou du recteur, des inspecteurs généraux ou du ministre. Leur droit d'inspection porte sur toutes les écoles de leur circonscription, publiques ou privées.

Il y a au moins un inspecteur primaire par arrondissement, et deux dans les arrondissements plus importants : le nombre et l'étendue des circonscriptions d'inspection primaire sont déterminés par des arrêts ministériels.

Art. 10 de la loi de 1886. — *Nul ne peut être nommé inspecteur primaire, s'il n'est pourvu du certificat d'aptitude à l'inspection, obtenu dans les conditions déterminées par les règlements délibérés en conseil supérieur.*

Le mode de nomination, les attributions des inspecteurs primaires, l'examen du certificat d'aptitude, etc., sont déterminés par les articles 125 à 131 du décret du 18 janvier 1887, et par les articles 174 et suivants de l'arrêté ministériel du même jour.

5. *Des inspectrices générales et des inspectrices départementales des écoles maternelles.* — Elles sont nommées par le ministre. Actuellement les inspectrices générales sont au nombre de quatre.

Les articles 132 à 135 du décret du 18 janvier 1887 fixent leurs conditions d'âge et de capacité, leurs attributions, leurs frais de tournée, etc.

Les inspectrices départementales sont placées, comme les inspecteurs primaires, sous l'autorité immédiate de l'inspecteur d'académie. Cette fonction compte encore peu de titulaires.

Inutile d'ajouter que le droit d'inspection des inspectrices générales ou départementales ne concerne que les écoles maternelles, où elles l'exercent concurremment avec les autorités précitées.

2° Catégorie.

Ont en outre un droit d'inspection dans les écoles primaires publiques et privées :

1° Les membres du Conseil départemental désignés à cet effet, conformément à l'article 50 de la loi du 30 octobre 1886 ;

2° Les maires ;

3° Les délégués cantonaux ;

4° Et, au point de vue médical seulement, les médecins inspecteurs communaux ou départementaux.

En comparant l'article 9 de la loi de 1886 à l'article 18 de la loi de 1850, qu'il a remplacé, on voit que le changement apporté par la loi consiste d'un côté dans la suppression du droit d'inspection qu'avaient précédemment les ministres des cultes, et d'autre part dans l'adjonction des membres du Conseil départemental et des médecins inspecteurs aux autorités chargées de l'inspection.

1. *Membres du Conseil départemental.*

Le Conseil départemental, dit l'article 50 de la loi de 1886, *peut déléguer au tiers de ses membres le droit d'entrer dans les établissements d'instruction primaire, publics ou privés, du département. Ces délégués se conformeront aux règles tracées pour l'inspection par l'article 9.*

Il faut rapprocher de cet article la seconde partie du § 4 de l'article 9 :

Toutefois les écoles privées ne pourront être inspectées par les instituteurs et institutrices publics qui font partie du Conseil départemental.

Le nombre des membres du Conseil départemental étant de 14, ainsi que nous le verrons plus loin, ce Conseil pourra déléguer le droit d'entrée dans les écoles à quatre de ses membres.

Cette innovation de l'article 50 nous semble d'une utilité contestable. Était-il bien nécessaire d'augmenter le nombre, déjà assez considérable, des inspecteurs de l'enseignement primaire ? D'autre part, plusieurs membres du Conseil départemental sont déjà inspecteurs de droit : l'inspecteur d'académie pour tout le département ; les deux inspecteurs primaires faisant partie du Conseil, chacun dans son arrondissement ; le préfet, pour les écoles publiques (art. 145 du décret du 18 janvier 1887).

En désignant le préfet comme un des délégués, le Conseil lui confère, il est vrai, le droit d'entrée dans les écoles privées, qu'il n'aurait pas autrement. Mais les nombreux devoirs et attributions de ce haut fonctionnaire ne lui permettront guère de s'occuper de l'inspection des écoles.

Quant aux deux inspecteurs primaires désignés par le ministre comme membres du Conseil, il ne convient guère de leur donner un droit de surveillance dans le ressort de leurs collègues; et le Conseil fera bien de ne pas faire porter son choix sur eux.

Il conviendra peu également de désigner comme délégués les institutrices ou instituteurs élus par leurs collègues, si du moins ils sont encore en exercice, puisqu'on leur conférerait ainsi un droit de surveillance sur leurs égaux. Du reste, à leur égard, la loi établit elle-même une restriction : leur droit d'entrée, s'ils sont choisis comme délégués, ne s'étend pas aux écoles privées : on pourrait soupçonner leur impartialité à l'égard de leurs concurrents.

Remarquons du reste que cette désignation par le Conseil départemental est facultative : il peut déléguer ainsi le tiers de ses membres, mais il n'est pas tenu de le faire.

2. *Maires.* — Chaque maire a, dans sa commune, le droit d'entrée dans les écoles; il peut les inspecter au point de vue de l'état des locaux et de l'hygiène.

3. *Délégués cantonaux.*

Art. 52. — *Le Conseil départemental désigne un ou plusieurs délégués résidant dans chaque canton, pour surveiller les écoles publiques et privées du canton, et il détermine les écoles particulièrement soumises à la surveillance de chacun d'eux.*

Les délégués cantonaux existaient déjà sous la loi de 1850, dont l'article 52 de la loi de 1886 n'a fait que reproduire les dispositions.

Le mode de nomination et les attributions des délégués cantonaux sont déterminés par cet article 52 et par les articles 136 à 140 du décret du 18 janvier 1887.

La nomination des délégués cantonaux est faite par le Conseil départemental dans la forme des votes ordinaires, c'est-à-dire à mains levées; le scrutin secret n'est nécessaire que pour les affaires disciplinaires (art. 150 du décret du 18 janvier 1887).

Les seules conditions exigées pour le délégué cantonal, c'est qu'il soit Français et âgé de 25 ans au moins ; seulement, ne peuvent être désignés à cette fonction les chefs ou professeurs d'un établissement quelconque d'instruction primaire (art. 136 et 137 du décret du 18 janvier 1887). Il ne conviendrait pas en effet de donner à ceux-ci un droit de contrôle et de surveillance sur leurs collègues ou leurs concurrents. Le choix du Conseil se portera naturellement sur les personnes qui se recommandent par leur compétence en matière d'enseignement.

Mais nous avons déjà vu qu'aux termes de l'article 57 de la loi du 30 octobre 1886, les inéligibilités établies par les articles 32, 33 et 34 de la loi du 5 avril 1884 sur l'organisation municipale, sont applicables aux délégués cantonaux comme aux membres des Commissions scolaires. Nous avons examiné ces inéligibilités et incompatibilités au sujet des Commissions scolaires. (Voir ci-dessus, page 69.)

Il y a au moins un délégué par canton : il peut en être désigné davantage si le nombre des écoles du canton le demande, et en fait, il y a toujours plusieurs délégués dans chaque canton. Ajoutons qu'aux termes de l'article 52, le délégué doit résider dans le canton où sont les écoles soumises à sa surveillance.

La durée du mandat des délégués est de trois ans, et ils sont rééligibles. Leur mandat est aussi toujours révocable.

La principale attribution des délégués cantonaux consiste dans la surveillance des écoles publiques ou privées. Mais, en les nommant, le Conseil départemental doit déterminer pour chacun d'eux quelles sont les écoles à inspecter, et le délégué n'a droit d'entrée que dans ces écoles.

Les délégués cantonaux peuvent en outre être consultés par l'administration sur les questions suivantes : convenance des locaux scolaires, — fixation du nombre des écoles à établir dans chaque commune, — demandes de création d'emploi d'instituteur adjoint ou d'institutrice adjointe.

Ils communiquent aux inspecteurs primaires tous les renseignements utiles qu'ils ont pu recueillir. Ils adressent aussi des rapports au Conseil départemental, et correspondent, chacun dans sa circonscription, avec toutes les autorités locales pour tout ce qui concerne l'état et les besoins de l'enseignement primaire dans cette circonscription.

Chaque délégué cantonal, lorsqu'il n'est pas membre du Conseil départemental, peut néanmoins assister à ses séances avec voix consultative pour les affaires intéressant sa circonscription.

Les délégués de chaque canton doivent, aux termes du § 4 de l'article 52, se réunir au moins une fois tous les trois mois au chef-lieu du canton, sous la présidence de celui d'entre eux qu'ils désignent, pour délibérer sur les avis à transmettre au Conseil départemental. Il faut bien reconnaître que cette prescription de la loi est restée jusqu'ici à peu près partout lettre morte.

Ajoutons enfin qu'en vertu d'une décision du ministre des postes du 23 février 1886, les délégués cantonaux jouissent de la franchise postale pour correspondre avec le préfet, le sous-préfet, le recteur, l'inspecteur d'académie, ainsi qu'avec les maires, les instituteurs et les institutrices de la circonscription cantonale.

4. *Inspection médicale.* — Au point de vue médical, l'inspection dans les écoles primaires de toute sorte est exercée par des médecins inspecteurs communaux ou départementaux. Ces inspecteurs sont donc nommés par le maire ou par le préfet. Dans tous les cas, ils doivent être agréés par le préfet (art. 141 du décret du 18 janvier 1887). De même que les délégués cantonaux, ils doivent être Français et âgés d'au moins 25 ans.

Cette inspection médicale, avons-nous dit, est une innovation de la loi de 1886; elle était demandée depuis longtemps. Elle doit être organisée par le Conseil départemental (art. 48 de la loi de 1886), et rester strictement limitée à ce qui concerne la santé des enfants, la salubrité des locaux, et l'observation des règles de l'hygiène scolaire.

II. — DES ÉTABLISSEMENTS SOUMIS A L'INSPECTION ET DU MODE DE L'INSPECTION.

§ 1. — L'inspection s'applique à tous les établissements d'enseignement primaire, publics ou privés : les termes de l'article 9 sont tout à fait généraux et ne comportent pas d'exception.

Sous l'empire du décret du 31 décembre 1853, les directrices d'écoles congréganistes annexées aux couvents refusèrent parfois aux autorités universitaires l'entrée de leurs classes, même de leurs classes d'élèves externes, sous prétexte que le couvent était cloîtré, et que ces classes étaient dans l'intérieur du couvent. C'est pour rendre de pareils refus impossibles à l'avenir, que le décret de 1882 avait abrogé le décret de 1853, et édicté des dispositions claires et formelles qui ont été textuellement reproduites par les deux derniers paragraphes de l'article 9 de la loi de 1886 :

Toutes les classes de jeunes filles, dans les internats comme dans les externats primaires publics et privés, tenus soit par des institutrices laïques, soit par des associations religieuses cloîtrées ou non cloîtrées, sont soumises, quant à l'inspection et à la surveillance de l'enseignement, aux autorités instituées par la loi.

Dans tous les internats de jeunes filles tenus par des institutrices laïques ou par des associations religieuses cloîtrées ou non cloîtrées, l'inspection des locaux affectés aux pensionnaires, et du régime intérieur du pensionnat, est confiée à des dames déléguées par le ministre de l'instruction publique.

La distinction est donc bien nette. D'un côté toutes les classes des internats comme des externats de jeunes filles, sans exception, sont soumises aux règles ordinaires de surveillance et d'inspection des écoles ; d'autre part il est établi, pour les internats de jeunes filles, une inspection spéciale en ce qui concerne les locaux affectés aux pensionnaires et le régime intérieur du pensionnat.

Les attributions des dames déléguées à cette inspection spéciale sont déterminées par les articles 142 et 143 du décret du 18 janvier 1887. Nous renvoyons donc à ces articles.

Il faut mentionner encore la circulaire ministérielle du 12 janvier 1888, relative à l'application de cet article 9. D'après cette circulaire, l'inspection des internats de jeunes filles ne comporte pas de visites régulières donnant lieu à des fonctions permanentes, mais seulement des missions spéciales occasionnées par les circonstances. Il n'y a donc pas lieu d'instituer un personnel nombreux ; il faut faire choix de quelques personnes possédant le tact et l'autorité nécessaires pour mener à bien les missions délicates qui leur seraient confiées.

§ 2. — En ce qui concerne le mode d'inspection des écoles primaires, il y a deux sortes de distinctions à faire. La première, que nous avons déjà mentionnée, est relative aux deux catégories d'inspecteurs ; la seconde, à la division des écoles en écoles publiques et écoles privées.

L'inspection faite par les autorités universitaires (inspecteurs généraux, recteurs, inspecteurs d'Académie, inspecteurs primaires, inspectrices générales et départementales des écoles maternelles) porte, dans les écoles publiques, non seulement sur les locaux scolaires et le matériel, mais encore sur l'enseignement, sur les méthodes, sur la capacité des maîtres.

Dans les écoles privées, elle porte seulement « *sur la moralité, l'hygiène, la salubrité, et sur l'exécution des obligations imposées à ces écoles par la loi du 28 mars 1882. Elle ne peut porter sur l'enseignement que pour vérifier s'il n'est pas contraire à la morale, à la Constitution et aux lois* ».

C'est une conséquence du principe posé par l'article 35 de la loi, qui laisse aux directeurs et directrices des écoles privées toute liberté dans le choix des méthodes, des programmes et des livres.

Nous avons vu plus haut quelles étaient les obligations imposées aux directeurs d'écoles privées par la loi de 1882, obligations qui concernent la tenue des registres de présence.

Quant aux inspecteurs de la seconde catégorie (membres du Conseil départemental, maires et délégués cantonaux), leur inspection ne peut jamais porter sur l'enseignement, même dans les écoles publiques. Aux termes de l'article 140 du décret du 18 janvier 1887, elle est toujours strictement limitée à l'état des locaux et du matériel, à l'hygiène et à la tenue des élèves.

Dispositions générales.

Il est évident que le droit d'entrée dans les écoles n'appartient à chacun des fonctionnaires auxquels il est attribué, que dans l'étendue de son ressort. Rappelons que les délégués cantonaux n'ont ce droit que pour les écoles qui leur ont été spécialement désignées.

Le décret du 18 janvier 1887 détermine les dispositions générales en cette matière.

Art. 144. En dehors des autorités désignées par l'article 9 de la loi du 30 octobre 1886, nul ne peut inspecter ni surveiller aucun établissement d'instruction primaire.

Art. 145. L'entrée des écoles publiques de tout ordre est formellement interdite, à moins d'une autorisation spéciale, à toute personne autre que celles qui sont désignées par la loi pour l'inspection et la surveillance des établissements d'instruction primaire.

Toutefois les préfets et sous-préfets ont entrée dans les écoles publiques de leurs départements ou de leurs arrondissements respectifs.

Ainsi les préfets et les sous-préfets n'ont entrée que dans les écoles publiques, non dans les écoles privées.

Rappelons que les membres des Commissions scolaires n'ont pas le droit d'entrée dans les écoles, ni aucun droit d'inspection ou de contrôle sur les établissements ni sur les maîtres.

DEUXIÈME SECTION

DU CONSEIL DÉPARTEMENTAL.

Nous entrons ici dans l'étude du titre IV de la loi du 16 octobre 1886 (art. 44 à 61), intitulé : *Des Conseils de l'enseignement primaire*. Ces Conseils sont au nombre de deux, le Conseil départemental et la Commission scolaire, et ils forment chacun l'objet de l'un des deux chapitres du titre IV. Mais nous avons étudié les Commissions scolaires au sujet de la loi sur l'obligation ; il nous reste seulement à voir les Conseils départementaux. Nous allons examiner successivement :

1° Leur composition ;
2° Leurs attributions ;
3° Leur fonctionnement.

§ 1. — COMPOSITION DU CONSEIL DÉPARTEMENTAL.

« Il est institué dans chaque département un Conseil de l'enseignement primaire, » dit l'article 44 de la loi de 1886.

Les Conseils départementaux existaient déjà sous la précédente législation, de même que le Conseil supérieur de l'Instruction publique et les Conseils académiques. Mais tandis que la loi du 21 février 1880 avait renouvelé la constitution du Conseil supérieur et des Conseils académiques, les Conseils départementaux n'avaient point alors reçu de modifications, et c'est la loi de 1886 qui est venue mettre leur constitution en harmonie avec celle des autres Conseils, en lui donnant pour base la compétence.

Pour se rendre compte du changement apporté en cette matière par la nouvelle loi, on peut mettre en regard la composition du Conseil départemental tel qu'il était auparavant, et sa composition actuelle.

La loi de 1850, modifiée par le décret du 9 mars 1852 et par la loi du 14 juin 1854, avait organisé le Conseil départemental de la façon suivante :

Le préfet, président ;
L'inspecteur d'académie ;
Un inspecteur primaire, désigné par le Ministre ;
L'évêque ou son délégué ;
Un ecclésiastique, désigné par l'évêque ;
Un ministre de l'une des deux Églises protestantes, désigné par le Ministre de l'Instruction publique ;
Un membre du Consistoire israélite, désigné par le Ministre ;
Le procureur général près la Cour d'appel, ou, à son défaut, le procureur de la République près le tribunal de première instance ;
Un membre de la Cour d'appel ou du tribunal de première instance, désigné par le Ministre ;
Quatre membres désignés par le Ministre, dont deux au moins pris dans le sein du Conseil général.

D'après l'article 44 de la loi de 1886, le Conseil départemental comprend quatorze membres, qui sont :

Le préfet, président ;
L'inspecteur d'académie, vice-président ;
Quatre conseillers généraux élus par leurs collègues ;
Le directeur de l'école normale d'instituteurs ;
La directrice de l'école normale d'institutrices ;
Deux instituteurs et deux institutrices élus respectivement par les instituteurs et institutrices publics titulaires du département ;
Deux inspecteurs primaires désignés par le Ministre.
Pour les affaires contentieuses et disciplinaires intéressant les

membres de l'enseignement privé, deux membres de l'enseignement privé, l'un laïque, l'autre congréganiste, élus par leurs collègues respectifs, seront adjoints au Conseil départemental.

Voici en quels termes s'exprimait le rapport de M. Steeg à la Chambre des députés, sur les modifications introduites par la nouvelle loi.

« Ce Conseil de l'enseignement primaire est formé selon les règles libérales qui ont présidé à la constitution du Conseil supérieur de l'instruction publique et des Conseils académiques (loi du 27 février 1880). Il restitue l'autorité à la compétence, il rend hommage au principe électif, il supprime les éléments étrangers aux choses de l'enseignement, il donne aux représentants naturels de l'instruction primaire la place qui leur revient, il assure la prépondérance aux intérêts scolaires sur les intérêts de secte ou de parti. Désormais, c'est le même mode de constitution vraiment libérale et démocratique qui régnera du haut en bas de la hiérarchie des Conseils de l'instruction publique en France. L'enseignement primaire était encore tenu à l'écart : nous vous proposons de le soumettre au même régime.

« On a critiqué la part qui est faite aux femmes dans le Conseil départemental : la directrice de l'école normale y siégera avec deux institutrices élues. Nous y voyons une raison de plus pour vous recommander la loi. Le rôle des femmes dans l'éducation est assez considérable, leur compétence pédagogique assez reconnue, pour que celles qui représentent la moitié au moins des écoles primaires aient le droit de s'asseoir au Conseil de l'enseignement primaire. C'est pour les mêmes raisons que la loi élargit le plus possible la place qui est faite aux femmes dans l'enseignement, et qu'elle leur attribue non seulement les écoles de filles, mais encore les écoles maternelles, où sont réunis garçons et filles, les classes enfantines, c'est-à-dire la classe initiale des écoles de garçons, et les écoles mixtes quant au sexe. »

Le rapport de M. Steeg signale ainsi nettement les deux innovations capitales de la nouvelle organisation. C'est, d'un côté, la prépondérance décisive accordée aux membres de l'enseignement dans les conseils qui les concernent, et, de l'autre, l'admission des femmes dans ces mêmes conseils.

Il y a lieu de remarquer tout particulièrement la hardiesse de la première de ces deux innovations, — l'autonomie presque complète accordée au corps enseignant des écoles primaires; — il n'y a encore aucun exemple dans les législations étrangères d'une semblable organisation.

Il n'est donc point étonnant qu'elle ait soulevé de nombreuses objections. On lui a reproché de ne plus faire une part suffisante à ce qu'on appelait les grandes influences sociales, et surtout de donner une prépondérance trop exclusive, dans le Conseil départemental, à l'inspecteur d'académie. On fait observer que tous les autres membres du corps enseignant dans ce Conseil étant ses subordonnés, il leur sera difficile de parler ou de voter contre ses propositions : en réalité, l'inspecteur d'académie sera à peu près omnipotent. Les quatre conseillers généraux ne forment plus qu'une trop petite minorité indépendante. — Telle est l'objection, dont on ne saurait méconnaître la force théorique. Toutefois il ne semble pas que le fonctionnement des nouveaux Conseils ait donné lieu aux difficultés ou aux inconvénients que l'on pouvait craindre de ce chef, ni qu'il y ait lieu de revenir sur l'initiative si hardiment libérale de la loi de 1886.

Examinons maintenant plus en détail la composition du Conseil départemental. On peut voir que, de même que la Commission scolaire, il comprend trois sortes de membres : 1° des membres de droit ; 2° des membres désignés ; et 3° des membres élus.

I. — Membres de droit.

Ils sont au nombre de quatre :
1° Le préfet, président ;
2 L'inspecteur d'académie, vice-président ;
3° Le directeur de l'école normale d'instituteurs ;
4° La directrice de l'école normale d'institutrices.

Il est vrai qu'il y a quelques départements qui n'ont pas encore d'école normale d'instituteurs (actuellement quatre), et un plus grand nombre qui n'ont pas d'école normale d'institutrices.

Mais ces écoles doivent être fondées très prochainement, et une si grave lacune dans l'organisation de l'enseignement primaire ne tardera pas à disparaître.

II. — Membres désignés.

Ce sont les deux inspecteurs de l'enseignement primaire désignés par le Ministre.

Dans le cours de la deuxième délibération de la loi au Sénat, MM. Claris et Dide avaient présenté un amendement aux termes duquel tous les inspecteurs primaires eussent fait partie de droit du Conseil départemental. Le rapporteur de la commission répondit qu'il s'agissait ici de la composition d'un tribunal dont il ne fallait pas changer la pondération au point de vue de l'impartialité, en donnant une prépondérance trop grande à l'élément administratif. L'amendement fut donc repoussé.

III. — Membres élus.

Ces membres élus sont de trois sortes :
1° Les quatre conseillers généraux, élus par leurs collègues;
2° Les quatre membres de l'enseignement public, deux instituteurs et deux institutrices, élus par les instituteurs et institutrices publics titulaires du département;
3° Et pour certaines affaires seulement, les deux membres de l'enseignement privé élus par leurs collègues.

§ 1. — Les quatre conseillers généraux appelés à faire partie du Conseil départemental sont élus par leurs collègues au scrutin secret, conformément à la règle générale sur les votes de cette nature dans le Conseil général (art. 30 de la loi du 10 août 1872). Leur fonction de membres du Conseil départemental cesse avec leur qualité de conseillers généraux.

§ 2. — Parmi les membres élus, viennent ensuite quatre membres de l'enseignement public, deux instituteurs et deux institutrices.

ART. 44, § 5. — *Deux instituteurs et deux institutrices élus respectivement par les instituteurs et institutrices publics titulaires du département, et éligibles soit parmi les directeurs et directrices d'écoles à plusieurs classes ou d'écoles annexes à l'école normale, soit parmi les instituteurs et institutrices en retraite.*

On remarquera qu'il y a deux collèges électoraux, formés l'un par les instituteurs titulaires publics, l'autre par les institutrices, votant séparément, et que l'élection peut porter sur les instituteurs et institutrices en retraite, qui restent éligibles, bien qu'ils ne soient plus électeurs.

DES AUTORITÉS PRÉPOSÉES A L'ENSEIGNEMENT.

Le projet primitif, voté par la Chambre des députés, donnait aux membres de l'enseignement public un représentant par chaque circonscription d'inspection primaire élu par un seul collège et pouvant être pris aussi en dehors du personnel enseignant. C'est la commission du Sénat qui modifia ce projet, au sujet duquel le rapporteur, M. Ferrouillat, s'expriment ainsi :

« Au lieu d'un membre nommé par un collège électoral composé des instituteurs et institutrices de chaque circonscription d'inspection primaire, la commission vous propose de faire élire deux membres seulement par département, et par deux collèges électoraux formés, l'un par les instituteurs titulaires publics, l'autre par les institutrices, votant séparément. Aux termes du projet, le membre nommé par les instituteurs et institutrices pouvait être pris en dehors du personnel enseignant. Cette faculté illimitée de choisir n'importe qui et n'importe où pourrait se prêter à des votes de manifestation dont la conséquence serait d'introduire des éléments de trouble dans le Conseil. Nous comprenons qu'il puisse y avoir avantage, pour mieux assurer l'indépendance de l'élu, à permettre aux électeurs de le prendre en dehors des instituteurs ou des institutrices en fonction. Mais nous avons pensé que cet intérêt serait suffisamment sauvegardé par la faculté de choisir parmi les instituteurs et institutrices retraités, dont la situation offre à la fois toutes les garanties d'expérience et d'indépendance désirables. »

A la seconde délibération, la commission du Sénat a présenté le texte définitif, portant à quatre le nombre des membres élus par les instituteurs et les institutrices du département.

Tout ce qui concerne la formation des listes, la convocation des collèges électoraux, les formes du scrutin, les contestations électorales a été déterminé par le décret du 13 novembre 1886, reproduit ci-après.

§ 3. — Enfin, pour les affaires contentieuses et disciplinaires intéressant les membres de l'enseignement privé, deux membres de l'enseignement privé, l'un laïque, l'autre congréganiste, élus par leurs collègues respectifs, seront adjoints au Conseil départemental. Ils ne siègent, bien entendu, que dans ces affaires seulement.

- Les règles de cette élection ont été également déterminées par le décret du 13 novembre 1886 (art. 5 et suivants).

DISPOSITIONS SPÉCIALES AU DÉPARTEMENT DE LA SEINE.

ART. 46. *Dans le département de la Seine, le nombre des conseillers généraux sera de huit, celui des inspecteurs primaires sera de quatre, et celui des membres élus moitié par les instituteurs, moitié par les institutrices, sera de quatorze, à raison de deux pour chacun des quatre arrondissements de Saint-Denis et de Sceaux.*

(Voir également le décret du 13 novembre 1886.)

La loi ne permet plus à aucun membre du Conseil départemental de se faire représenter.

Les membres élus du Conseil départemental le sont pour trois ans, et ils sont toujours rééligibles. Mais pour les conseillers généraux, la durée du mandat peut être moindre que trois ans, s'ils cessent d'être conseillers généraux avant l'expiration de cette période après leur nomination.

L'instituteur public qui cesse, au cours de son mandat, de remplir les conditions d'éligibilité, en passant de la direction d'une école à trois classes ou plus (conf. art. 44, § 5 et art. 23, § 4) à celle d'une école à une ou deux classes, et l'instituteur privé qui quitte l'enseignement, ne peuvent plus dès lors faire partie du Conseil départemental, et doivent être aussitôt remplacés.

Les fonctions de membre du Conseil départemental sont gratuites. Toutefois il est accordé une indemnité de déplacement aux inspecteurs primaires et aux délégués des instituteurs et institutrices, publics et privés, qui résident en dehors du chef-lieu du département. Cette indemnité a été fixée, par l'article 13 du décret précité du 13 novembre 1886, à quatre francs par jour de séance, et à dix centimes par kilomètre pour l'aller et le retour.

§ 2. — ATTRIBUTIONS DU CONSEIL DÉPARTEMENTAL.

Le Conseil départemental appartient à l'ordre des autorités administratives : il n'y a jamais eu de difficulté sur ce point, comme il y en a eu à l'égard des Commissions scolaires. Ses attributions, qui ont été considérablement étendues par la loi du 30 octobre 1886, sont de deux sortes : les attributions administratives et pédagogiques, et les attributions disciplinaires et répressives.

I. — Attributions administratives et pédagogiques.

Elles sont énumérées, pour le plus grand nombre, dans l'article 48 de la loi du 30 octobre 1886; les autres résultent des articles 4, 6, 8, 9, 11, 12, 13, 16, 23, 24, 27 et 36 de la même loi, — des articles 3, § 2 et 5, § 2 de la loi du 19 juillet 1875, — de l'article 15, § 3 de la loi du 28 mars 1882, — et des articles 13, 30 et 46 du décret du 18 janvier 1887. En raison de leur diversité, nous les classerons en quatre catégories.

1° Pouvoirs généraux de surveillance et de réglementation ;
2° Pouvoirs d'administration ;
3° Avis et délibérations ;
4° Autorisations et dispenses.

1° *Surveillance et réglementation.*

1°. Le Conseil départemental a mission de veiller, d'une manière générale, à l'application des programmes et des méthodes, et des règlements édictés par le Conseil supérieur (art. 48).

Mais, pour l'application des méthodes et des programmes, ce contrôle ne concerne que les écoles publiques, puisque, aux termes de l'article 35, les écoles privées, ainsi que nous le verrons, restent maîtresses de leurs programmes et de leurs méthodes. Il en sera généralement de même à l'égard des règlements du Conseil supérieur ; toutefois quelques-uns de ces règlements pourront tenir de la loi elle-même un caractère général, et être applicables à tous les établissements privés et publics.

Cette surveillance du Conseil départemental s'exercera par ceux des membres du Conseil qui ont le droit d'inspecter les écoles, soit qu'ils le tiennent directement de leurs fonctions, soit qu'ils aient été délégués à cet effet par le Conseil lui-même, conformément aux articles 9 et 59. Ces inspecteurs ou ces délégués adressent leurs rapports au Conseil départemental, qui avise aux mesures à prendre, défère les contrevenants aux autorités universitaires, ou les cite à comparaître devant lui.

2° Il organise l'inspection médicale prévue par l'article 9.

3° Il arrête les règlements relatifs au régime intérieur des établissements d'instruction primaire.

Le règlement scolaire modèle pour servir à la rédaction des règlements départementaux relatifs aux écoles primaires publiques a été élaboré par le Conseil supérieur sous forme d'arrêté ministériel du 6 janvier 1881, modifié, afin d'être mis en harmonie avec l'article 3 de la loi du 28 mars 1882, par l'arrêté du 18 juillet 1882. Pour les écoles maternelles, ce règlement modèle est l'arrêté du 2 août 1881, et pour les écoles primaires supérieures, l'arrêté du 29 décembre 1888. On trouvera les textes de tous ces règlements scolaires modèles reproduits dans la seconde partie du volume, à leur date parmi les arrêtés.

Il résulte des termes généraux de l'article 48 que ce pouvoir de réglementation concerne aussi les écoles privées. Un amendement proposé par MM. Lecointre, Crouzé et de La Bâtie, qui le limitait aux écoles publiques, a été repoussé par la Chambre des députés. Mais en même temps il a été reconnu par le rapporteur que ces règlements s'appliquaient aux écoles privées seulement dans les limites indiquées par l'article 9, c'est-à-dire en ce qui concerne « *la moralité, l'hygiène, la salubrité, et l'exécution des obligations imposées à ces écoles par la loi du 28 mars 1882.* »

4° Il fait les plans relatifs à l'organisation pédagogique des diverses catégories d'établissements d'instruction primaire, d'après le plan d'études délibéré par le Conseil supérieur (art. 16).

Ce plan d'études est déterminé par l'arrêté ministériel du 18 janvier 1887 (art. 9 et suivants).

2° *Administration.*

1° C'est le Conseil départemental qui détermine le nombre, la nature et le siège des écoles publiques de tout degré qu'il y a lieu d'établir ou de maintenir dans chaque commune, ainsi que le nombre des maîtres qui y sont attachés (art. 13, § 1er, et décret du 7 avril 1887).

Le Conseil départemental doit d'abord prendre l'avis des Conseils municipaux, mais il n'est point tenu de s'y conformer, et peut passer outre à avis contraire. Seulement ses décisions sont soumises ensuite à l'approbation du ministre. Il est certain aussi qu'il ne saurait sortir des limites tracées par la loi elle-même, notamment par l'article 11, et ordonner par exemple l'établissement d'une école spéciale de filles dans une commune de moins de 500 âmes.

On voit combien est grande la portée de cette attribution du Conseil départemental, et l'importance du rôle qu'il joue ainsi dans l'organisation de l'enseignement primaire public.

2° Le Conseil départemental détermine quelles sont les écoles publiques auxquelles, d'après le nombre des élèves, il doit être attaché un instituteur adjoint (art. 48, § 5) ; — et d'une manière générale, le nombre des adjoints dans les écoles publiques (art. 24).

Il peut paraître d'abord que cette détermination rentre dans les pouvoirs généraux de l'attribution précédente ; mais il faut remarquer qu'ici l'avis du Conseil municipal et l'approbation du ministre ne sont plus nécessaires. Le Conseil départemental statue seul et souverainement.

3° Le Conseil départemental prescrit le rattachement d'un ou de plusieurs hameaux à l'école d'une commune voisine, lorsque les Conseils municipaux des communes intéressées n'ont pu s'entendre à ce sujet (art. 11, § 2 et 3).

4° Il désigne un tiers de ses membres pour l'inspection des écoles publiques et privées (art. 9 et 50).

5° Il désigne les délégués cantonaux (art. 52).

6° Il dresse la liste d'admissibilité aux fonctions de titulaire (art. 27, et décret du 18 janvier 1887, art. 20).

7° Il dresse, chaque année, une liste de mérite pour les instituteurs et les institutrices, qui peuvent, selon leur rang d'inscription dans cette liste, obtenir certains avantages de traitement (loi du 19 juillet 1875, art. 3, § 2).

8° Il dresse encore, tous les cinq ans, un tableau pour les indemnités qui peuvent être attachées à la résidence des institutrices (art. 5, § 2 de la même loi du 19 juillet 1875).

9° Il fixe le nombre maximum d'élèves qui peuvent être admis dans le local affecté à un pensionnat privé, et le nombre des maîtres nécessaires pour la surveillance de ces élèves (art. 173 du décret du 18 janvier 1887).

3° *Avis et délibérations.*

Le Conseil départemental donne son avis :

1° Sur les réformes qu'il juge utile d'introduire dans l'enseignement, sur les secours et les encouragements à donner aux écoles primaires, et sur les récompenses à accorder aux maîtres (art. 48 de la loi du 30 octobre 1886);

2° Sur les dispenses qui peuvent être accordées par le ministre au sujet de la durée du stage nécessaire pour être nommé instituteur titulaire (art. 23);

3° Sur les demandes adressées au ministre par des étrangers pour enseigner en France (art. 4 de la même loi, et décret du 18 janvier 1887, art. 182);

4° Sur la part contributive revenant à chacune de plusieurs communes qui se sont réunies pour la construction et l'entretien d'une école (art. 12 de la loi du 30 octobre 1886);

5° Sur le rapport de l'inspecteur primaire concernant le local que la commune doit fournir aux instituteurs (décret du 18 janvier 1887, art. 13);

6° Sur la réunion, sous la même direction, d'une école primaire élémentaire et d'une école primaire supérieure (art. 30 du même décret);

7° Sur les concessions et déchéances des bourses de l'État dans les établissements d'enseignement primaire supérieur (art. 46, 51 et 52 du même décret);

8° Sur la répartition des boursiers entre les différents établissements du département (arrêté ministériel du 18 janvier 1887, art. 53);

9° Sur les propositions faites en vue d'accorder des médailles et des mentions honorables aux instituteurs et institutrices publics (art. 127 du même arrêté).

En outre, le Conseil départemental délibère sur les rapports et propositions de l'inspecteur d'Académie, des délégués cantonaux et des Commissions scolaires (art. 48 de la loi du 30 octobre 1886).

Enfin il entend et discute tous les ans un rapport général de l'inspecteur d'Académie sur l'état et les besoins des écoles publiques, et sur l'état des écoles privées. Ce rapport et le procès-verbal de cette discussion doivent être ensuite adressés au ministre de l'Instruction publique (même article).

4° *Autorisations et dispenses.*

1° Le Conseil départemental peut autoriser plusieurs communes, sous réserve de l'approbation du ministre, à se réunir pour l'établissement et l'entretien d'une école primaire publique (art. 11, § 1er de la loi du 30 octobre 1886).

2° Il peut autoriser une commune, ou une réunion de plusieurs communes, comptant plus de 500 habitants, à remplacer par une école mixte l'école spéciale de filles établie en principe par la loi (même article 11, § 4).

3° Il peut, après l'avis conforme des Conseils municipaux, permettre aux instituteurs et institutrices publics de recevoir des élèves internes, sous les conditions et dans les proportions numériques qu'il déterminera (art. 13, § 2 de la même loi, et décret du 18 janvier 1887, art. 16).

4° Il peut autoriser une école privée à recevoir des enfants des deux sexes lorsqu'il existe déjà, au même lieu, une école publique ou privée spéciale aux filles (art. 36).

5° Il peut permettre à un instituteur de diriger une école mixte ; et à une femme d'enseigner à titre d'adjointe dans une école de garçons, même quand elle n'est pas l'épouse, la sœur ou la parente directe du directeur de l'école (art. 6, § 3).

6° Il peut autoriser les instituteurs publics à exercer les fonctions de secrétaire de mairie (art. 25).

7° Il peut dispenser de tout ou partie des conditions exigées pour l'ouverture d'un cours privé pour les adultes ou pour les apprentis (art. 8, § 4).

8° Enfin son approbation est nécessaire pour les dispenses accordées par les Commissions scolaires, d'une des deux classes de la journée, aux enfants employés dans l'industrie ou dans l'agriculture (art. 15, § 3 de la loi du 28 mars 1882).

On peut placer, à la suite de cette énumération des attributions administratives du Conseil départemental, l'article 51, qui complète les dispositions établies par la loi du 27 février 1880 sur l'élection des membres du Conseil supérieur de l'instruction publique. C'est dans cette dernière loi que serait la place naturelle de l'article 51.

Art. 51. *Les directeurs et directrices d'écoles supérieures publiques, et les instituteurs et institutrices, nommés membres du Conseil départemental, seront adjoints au corps électoral chargé, aux termes de l'article 1er de la loi du 27 février 1880, d'élire les membres de l'enseignement primaire qui font partie du Conseil supérieur de l'instruction publique.*

II. — Attributions contentieuses et disciplinaires.

Elles résultent des articles 7 et 11 de la loi du 28 mars 1882, des articles 31, 32, 39, 41, 58 et 59 de la loi du 30 octobre 1886, et du décret du 18 janvier 1887.

1° Le Conseil départemental donne son avis motivé sur la censure ou la révocation d'un membre de l'enseignement public. C'est seulement après cet avis que la censure peut être prononcée par l'inspecteur d'Académie, et la révocation par le préfet (art. 31 de la loi de 1886).

2° Il prononce, par jugement, l'interdiction à temps ou l'interdiction absolue contre les fonctionnaires de l'enseignement public (art. 32).

3° Il juge contradictoirement les oppositions faites par l'inspecteur d'Académie à l'ouverture d'une école privée, dans l'intérêt des bonnes mœurs ou de l'hygiène (art. 39, — et décret du 18 janvier 1887, articles 162 à 166).

4° Il prononce contre les directeurs d'écoles privées qui ne se sont pas conformés aux prescriptions de l'article 10 de la loi du 28 mars 1882, relativement aux registres des absences, les peines de l'avertissement, de la censure, ou de la suspension temporaire (art. 11 de la loi de 1882).

5° Il prononce la censure ou l'interdiction soit à temps, soit absolue, contre les membres de l'enseignement privé traduits devant lui par l'inspecteur d'Académie, pour cause de fautes graves dans l'exercice de leurs fonctions, pour inconduite ou pour immoralité (art. 41 de la loi de 1886).

6° Il déclare démissionnaires les membres des Commissions scolaires qui ont manqué sans excuse à trois séances consécutives (art. 58).

7° Il est juge d'appel des décisions des Commissions scolaires (art. 59).

8° Il statue en dernier ressort sur les difficultés qui peuvent être élevées par les maires au sujet de l'inscription, dans les écoles de leur commune, d'enfants appartenant à des communes voisines, d'après les dispositions de l'article 7 de la loi du 28 mars 1882.

9° Il prononce, contre le candidat qui a commis ou tenté de commettre une fraude dans les épreuves d'un examen, l'interdiction de se présenter à ce même examen, ou à tous les examens de l'enseignement primaire, pendant une période de deux ans au maximum (art. 121 du décret du 18 janvier 1887).

10° Il donne son avis sur les déchéances de bourse (art. 51 et 52 du même décret).

TROISIÈME SECTION

FONCTIONNEMENT DU CONSEIL DÉPARTEMENTAL

Les règles du fonctionnement des Conseils départementaux sont déterminées par les articles 48 et 49 de la loi du 30 octobre 1886, les articles 146 à 150 du décret du 18 janvier 1887, et par le décret du 7 décembre 1886 sur la procédure à suivre devant ces Conseils.

Le Conseil départemental siège à la préfecture. Il se réunit de droit au moins une fois par trimestre, et, selon les besoins du service, le Préfet peut le convoquer plus fréquemment, aussi souvent qu'il y aura lieu.

En l'absence du Préfet, la présidence appartient à l'inspecteur d'Académie. Si le Préfet ou l'inspecteur d'Académie sont tous deux empêchés, la séance est présidée par le plus ancien des membres présents.

Le jour de chaque réunion est fixé par le Préfet, en sa qualité de président. Le Préfet envoie en même temps l'ordre du jour à chacun des membres du Conseil.

Les séances ne sont pas publiques; et de plus les procès-verbaux des séances, à moins d'une autorisation du Préfet, ne peuvent être communiqués qu'aux membres du Conseil.

Dans les affaires contentieuses, le service du secrétariat est fait par le greffier du Conseil de préfecture (art. 2 du décret du 7 décembre 1886); pour les autres affaires, le Conseil nomme lui-même son secrétaire (art. 147 du décret du 18 janvier 1887).

La présence de la moitié plus un des membres du Conseil est nécessaire pour la validité des délibérations; et, en cas de partage, la voix du président est prépondérante. Dans les affaires disciplinaires, le vote a lieu au scrutin secret; dans toutes les autres, par mains levées.

Les Conseils de préfecture, dit l'article 49 de la loi de 1886, *peuvent appeler dans leur sein les membres de l'enseignement et toutes les autres personnes dont l'expérience leur paraîtrait devoir être utilement consultée. Les personnes ainsi appelées n'ont pas voix délibérative.*

Malgré la généralité des termes de la loi, il nous semble toutefois que cette présence aux délibérations de personnes étrangères au Conseil, ne doit être admise que dans les affaires administratives. Pour les affaires contentieuses et disciplinaires, le Conseil est un véritable tribunal, et la composition d'un tribunal doit toujours rester rigoureusement déterminée.

L'appel des décisions du Conseil départemental est porté devant le Conseil supérieur de l'instruction publique (art. 32, 39 et 44 de la loi de 1886). Il n'est pas suspensif.

Par tout ce qui précède, on voit que le Conseil est, dans chaque département, la cheville ouvrière de tout l'enseignement primaire, et qu'il a été investi à cette fin des attributions les plus étendues.

TROISIÈME PARTIE

ORGANISATION DE L'ENSEIGNEMENT PUBLIC

Le caractère général de la législation nouvelle, c'est qu'elle procède de la théorie qui fait de l'enseignement primaire un service d'Etat. La loi de 1850 l'avait considéré plutôt comme un service communal : c'était le Conseil municipal qui nommait les instituteurs sur la présentation du Conseil académique ou des supérieurs de congrégations religieuses; il fournissait le local, l'entretenait et payait l'instituteur; il pouvait, si les ressources de la commune le permettaient, établir la gratuité complète des écoles primaires. L'Etat n'intervenait qu'en cas de négligence de la part des communes, ou pour les aider au moyen de subventions.

Cet état de choses avait déjà subi quelques modifications par les lois du 14 juin 1854 et du 10 août 1867, et la nomination des instituteurs avait été restituée à l'Etat, représenté par le Préfet. Les lois postérieures du 16 juin 1881 sur la gratuité, et du 28 mars 1882 sur l'obligation, s'inspiraient encore plus directement de la nouvelle théorie qui a été complètement adoptée par la loi du 30 octobre 1886. C'est aujourd'hui le Conseil départemental, présidé par le Préfet et composé en majeure partie de fonctionnaires de l'enseignement primaire, qui décide de l'établissement des écoles, de leur nombre et de leur nature. « L'enseignement primaire, disait M. Goblet au cours de la discussion, n'est plus maintenant un service communal subventionné par l'Etat, mais un service d'Etat subventionné par les communes. » Et lors de la deuxième délibération au Sénat, M. Le Provost de Launay ayant demandé de soumettre à l'approbation des communes une des dispositions principales de la loi, celle concernant la laïcisation obligatoire des écoles primaires, le même ministre répondait encore : « Les communes ne sont pas compétentes pour trancher cette question. Il ne s'agit pas là, en effet, d'un service municipal, mais d'un service d'Etat; et c'est au Parlement qu'il appartient de réglementer tous les services d'Etat. »

Cette théorie nous paraît fondée. L'Etat, qui représente la nation ou la société, est une personne morale et non pas seulement un mécanisme, dont toute la fonction consisterait à maintenir l'ordre matériel, la sécurité intérieure et extérieure. Sa mission, c'est le progrès social sous toutes ses formes. Il n'y a dans cette doctrine rien de commun avec le despotisme ni avec la théocratie, qui absorbent l'individu et lui enlèvent la direction de lui-même. Non; les limites du pouvoir de l'Etat restent bien déterminées : il doit respecter la liberté et l'initiative individuelles, les encourager même et les soutenir loin de les entraver, tant qu'elles ne portent pas atteinte à l'ordre social. Dans ces limites, l'ingérence de l'Etat dans plusieurs des grandes fonctions de la société est non seulement légitime, mais naturelle et nécessaire. Au premier rang de ces services sociaux est l'instruction publique. Il n'est pas moins nécessaire aujourd'hui pour un pays d'avoir des écoles que d'avoir des routes et des canaux, des postes et des télégraphes. Et il serait vraiment étrange de prétendre borner le rôle de l'Etat à construire ces écoles et à en payer les maîtres : car ce qui importe, c'est l'enseignement même. On ne peut considérer l'État comme une sorte d'être abstrait, neutre entre toutes les doctrines, indifférent à toutes les conceptions sociales : il est l'opinion dominante de la nation, appliquée à la direction des intérêts généraux. Il y a toujours, à un moment donné, un fonds général de croyances et d'idées, âme véritable d'un peuple, qui constituent sa vie et son unité morale, sans laquelle l'unité matérielle ne saurait subsister. C'est de cette unité morale que l'Etat est le gardien, aussi bien que de l'unité politique, car la seconde n'est que la conséquence de la première. A ce titre, l'Etat est légitimement chargé de l'enseignement public, et avant tout de l'enseignement primaire. Abandonner cet enseignement à des initiatives privées, à des associations, à des communes, ce serait de sa part déserter le soin des intérêts les plus élevés que la nation lui ait confiés (1).

Après avoir essayé de dégager ainsi le principe supérieur qui a inspiré la nouvelle législation, arrivons à l'exposé de l'organisation de l'enseignement primaire public.

Deux règles générales, considérées par le législateur comme des conséquences du principe de l'obligation, dominent cet enseignement public : c'est d'abord la laïcité et la neutralité de l'école, ensuite la gratuité.

Nous aurons ensuite à nous occuper de l'établissement des écoles publiques, de la construction des maisons d'école, et enfin du personnel enseignant, et des écoles normales.

Cette troisième partie comprendra ainsi six chapitres.

CHAP. Ier. Laïcité et neutralité. — CHAP. II. De la gratuité. — CHAP. III. De l'établissement des écoles publiques. — CHAP. IV. De la construction des maisons d'école. — CHAP. V. Du personnel enseignant. — CHAP. VI. Des écoles normales.

CHAPITRE PREMIER

Laïcité et neutralité.

Ce sont deux expressions d'une seule et même idée : la séparation de l'école et de l'Église, l'indépendance réciproque du prêtre et de l'instituteur.

I. — Remarquons d'abord que la laïcité n'est que l'application à l'école du principe qui s'est dégagé par degrés suc-

(1) « Il importe à l'État, autant qu'aux individus, que les individus soient instruits, et le soient bien ; puisqu'il y a là un intérêt de premier ordre pour la société, c'est à la société d'y veiller elle-même et de la prendre en main ; elle ne peut ni le livrer au hasard, ni le remettre à la sollicitude des familles, ni s'en décharger sur la charité civile ou religieuse. Tel est le principe nouveau qui se fait jour en 1789 ». (F. Buisson : *l'Instruction primaire en France de 1789 à 1889*)

cessifs, et qui a prévalu dans toutes nos institutions sociales l'une après l'autre. Ce principe, c'est l'autonomie de la société civile et de l'Etat : s'émancipant de la tutelle ecclésiastique qui, dans le cours de notre histoire, a présidé à leur formation et à leurs premiers développements, ils affirment leur droit d'exister par eux-mêmes et de tirer de leur propre sein les éléments et les règles directrices de la vie publique. Sans entrer dans des considérations historiques ou philosophiques dont ce ne serait point ici la place, on nous permettra sur ce point un très bref aperçu.

On sait quelles luttes la société politique, au moyen âge, eut à soutenir contre l'Eglise pour conquérir sa pleine indépendance. La querelle des Investitures, renouvelée durant plusieurs siècles, sous diverses formes, et marquée par des Concordats successifs, n'eut pas d'autre signification.

De même que la société politique s'émancipe de la théocratie, la science et la pensée se dégagent de l'autorité de l'Eglise, le droit civil et pénal du droit canonique, les tribunaux séculiers des juridictions ecclésiastiques. Avec la Révolution de 1789, la société civile affirme son indépendance vis-à-vis de l'Eglise par la création des registres de l'état civil confiés aux officiers municipaux. La qualité de citoyen est désormais indépendante de celle de croyant : chacun peut naître, se marier ou mourir, sans que l'officier de l'état civil ait à intervenir dans ses croyances ou dans la profession extérieure de sa religion. La loi ne connaît plus des croyants ou des hérétiques, mais uniquement des citoyens, tous égaux devant elle. D'ailleurs, en imposant l'état civil laïque comme seul obligatoire, elle laisse chacun libre d'ajouter la consécration religieuse à la consécration légale. Le domaine de la religion est respecté, mais il n'est plus confondu avec celui de la société politique et civile.

Cette distinction entre les deux domaines va toujours en se précisant. Ainsi plus tard ce sera la loi pénale qui cesse de sanctionner la prescription ecclésiastique du repos dominical; un autre jour, le cimetière rendu à l'autorité municipale et commun à tous sans distinction de culte, etc...

Sur le terrain de l'école, la confusion subsistait encore, ou plutôt la subordination de l'Etat à l'Eglise : parmi les matières obligatoires de l'enseignement primaire figurait l'instruction religieuse (art. 23 de la loi de 1850). Tout instituteur, croyant ou incroyant, catholique ou protestant, était tenu d'enseigner en même temps que la grammaire, l'histoire, etc..., le catéchisme et l'histoire sainte. L'autorité ecclésiastique, présente dans les Conseils scolaires du haut en bas de l'échelle, veillait au maintien de la bonne doctrine. C'est cette anomalie que la dernière législation vient de faire disparaître, consacrant une fois de plus la distinction fondamentale entre la commune et la paroisse. Il n'y a donc ici qu'une nouvelle application de principes depuis longtemps reconnus et consacrés. « La loi du 28 mars, dit la circulaire ministérielle du 2 novembre 1882, n'est pas un accident, un fait isolé dans notre législation; en sécularisant l'école, elle ne fait qu'étendre le droit commun, et en quelque sorte les principes mêmes de notre Constitution, à l'organisation de l'instruction nationale, c'est-à-dire au seul des services publics qui jusqu'ici, par une étrange contradiction, eût conservé l'attache confessionnelle. »

Aujourd'hui que cette théorie de l'indépendance de l'école publique vis-à-vis de l'Église et de toute doctrine confessionnelle particulière vient enfin de passer dans la loi, il faut du moins rappeler avec quelle admirable netteté elle avait été proclamée, avant la loi de 1850, par Edgar Quinet. Dans l'Assemblée législative de 1849, l'illustre penseur avait proposé et soutenu un amendement aux termes duquel le caractère pleinement laïque de l'école aurait été déjà reconnu, et le discours qu'il prononça à cette occasion ne doit pas être oublié.

« Pour fonder l'école publique sur sa vraie base, disait
« Edgar Quinet, il faut l'établir sur le principe qui fait vivre
« la société elle-même... Ce principe est contenu dans ces
« mots : *sécullariser la législation, séparer le pouvoir civil et le*
« *pouvoir ecclésiastique, la société laïque et les Églises.*

« Séparation de l'école et de l'Église, de l'instituteur et du
« prêtre, de l'enseignement et du dogme; voilà la solution
« qui se déduit nécessairement de l'esprit de toutes nos ins-
« titutions, appliqué au problème de l'enseignement... C'est
« la seule qui puisse concilier l'unité de la nation et la
« liberté de conscience.

« Puisque la société française subsiste en dépit des contra-
« dictions entre les Églises diverses, il faut bien qu'il y ait
« un lieu où les jeunes générations apprennent que, malgré

« les différences éclatantes de foi et de dogme, tous les mem-
« bres de cette société font une seule famille. Ce lieu de mé-
« diation où doit s'enseigner l'union, la concorde civile, au
« milieu des dissentiments inévitables des croyances et des
« Églises, c'est l'école laïque (1). »

II. — En dehors de cette considération générale, la laïcité s'est présentée au législateur de 1882 et de 1886 comme une conséquence du principe de l'obligation. Dès que tout père de famille est tenu d'envoyer ses enfants à l'école publique lorsqu'il n'a pas les moyens de les faire instruire chez lui ou à l'école privée, il faut que ses croyances et la conscience de ses enfants n'y soient point froissées par l'enseignement de dogmes contraires. L'instruction obligatoire suppose la neutralité confessionnelle de l'école : l'éducation religieuse est réservée à la famille et aux ministres des cultes.

On peut distinguer trois points dans cette neutralité ou laïcité : laïcité de l'école elle-même, laïcité des programmes, laïcité du personnel. A la suite de la laïcisation obligatoire des écoles publiques, on peut placer la disposition transitoire relative aux dons et legs qui ont été faits aux communes pour l'établissement d'écoles ayant un caractère confessionnel.

De là quatre paragraphes distincts :

1° Laïcité de l'école même ;
2° Laïcité des programmes ;
3° Laïcité du personnel ;
4° Des dons et legs faits aux communes pour les écoles confessionnelles.

§ 1. — LAÏCITÉ DE L'ÉCOLE MÊME.

Par ce premier point, le législateur a entendu assurer l'indépendance réciproque de l'école et de l'Eglise.

I. — Dire que l'école elle-même est neutre ou laïque, c'est déclarer qu'elle reçoit sur le pied de la plus complète égalité les enfants de tous les cultes, et aussi ceux qui n'appartiennent à

---

(1) « Le promoteur de l'école laïque en France, c'est Edgar Quinet. »
GAMBETTA.

« Nous ne faisons que reprendre l'héritage d'Edgar Quinet. »
JULES FERRY.

aucun culte, sans s'enquérir de leurs croyances religieuses. Elle ne saurait donc obliger les enfants à fréquenter le catéchisme ou les offices, les fêtes ou les cérémonies religieuses ; l'instituteur n'a pas à les y conduire, ni à leur enseigner les pratiques de leur culte. L'article 5 de l'arrêté du 18 juillet 1882, pris en exécution de la loi du 28 mars, s'exprime ainsi :

« Les enfants ne pourront, sous aucun prétexte, être détournés de leurs études pendant la durée des classes.

Ils ne seront envoyés à l'église pour les catéchismes ou pour les exercices religieux qu'en dehors des heures de classe. L'instituteur n'est pas tenu de les y surveiller. Il n'est pas tenu davantage de les y conduire. »

On remarquera qu'il n'est pas défendu à l'instituteur, *en dehors des heures de classe*, d'accompagner à l'église ou au temple et de les y surveiller, les enfants pour lesquels les parents lui en auront fait la demande. Mais s'il le fait, c'est à titre purement gracieux et comme un acte de complaisance envers les parents : il pourra souvent lui paraître utile de se prêter obligeamment aux demandes de cette nature. Il pourra même servir de répétiteur aux ministres des cultes pour la récitation du catéchisme ou pour l'instruction religieuse, pourvu que ce soit en dehors des heures de classe, et de plus, comme nous le verrons plus loin, en dehors des édifices scolaires. Rien ne l'y oblige, mais rien ne le lui défend, et il reste seul juge de la conduite à tenir à cet égard.

Une seconde conséquence de ce caractère laïque de l'école, c'est qu'elle doit rester fermée aux ministres des cultes, auxquels la loi de 1850 donnait un droit d'entrée et d'inspection. L'article 3 de la loi du 28 mars 1882 en prononce l'abrogation formelle :

Sont abrogées les dispositions des articles 18 et 44 de la loi du 14 mars 1850, en ce qu'elles donnent aux ministres des cultes un droit d'inspection, de surveillance et de direction dans les écoles primaires publiques et privées et dans les salles d'asile.

II. — Mais si l'école ne se charge plus de faire observer aux enfants les pratiques religieuses, elle doit leur permettre de les accomplir à côté d'elle. Nous ne saurions trop le répéter, en séparant l'Eglise, ou plutôt les Eglises, de l'école, la loi n'a voulu manifester à leur égard ni hostilité, ni malveillance, encore moins leur opposer des gênes et des entraves : elle a voulu simplement séparer deux domaines qui doivent rester indépendants, chacun dans sa sphère propre. L'Etat entend respecter les diverses croyances religieuses et leurs conditions d'exercice : il pourvoit à ce qu'elles puissent être enseignées par ceux-là qui ont qualité et mission à cet égard, les familles et les ministres du culte. De là les dispositions de l'article 2 de la loi du 28 mars 1882 :

Les écoles primaires publiques vaqueront un jour par semaine, en outre du dimanche, afin de permettre aux parents de faire donner, s'ils le désirent, à leurs enfants, l'instruction religieuse en dehors des édifices scolaires.

La loi n'a point déterminé le jour de vacances qui doit être réservé à l'enseignement religieux. Ordinairement les écoles publiques vaquent le jeudi; mais le choix de ce jour n'est pas obligatoire, et peut être modifié en raison des convenances particulières.

A cet article 2 de la loi du 28 mars, il faut ajouter le § 3 de l'article 5 de l'arrêté du 18 juillet 1882 :

« Pendant la semaine qui précède la première communion, l'instituteur autorisera les élèves à quitter l'école aux heures où leurs devoirs religieux les appellent à l'église. »

Ainsi sont ménagés les moyens de faire donner l'enseignement religieux; mais il ne se donnera ni pendant les heures des classes, ni dans les locaux scolaires.

III. — Il y a lieu de signaler ici les difficultés qui se sont élevées au sujet des emblèmes religieux dans les écoles : images de la Vierge, crucifix, etc. Nous renvoyons sur ce point à la circulaire ministérielle du 2 novembre 1882, ci-après reproduite, qui indique en même temps d'une manière générale comment doivent être appliquées les règles de la laïcisation.

§ 2. — LAÏCITÉ DES PROGRAMMES.

I. — Cette règle capitale résulte de la simple modification d'un mot, apportée par l'article 1ᵉʳ de la loi de 1882 à l'article 23 de la loi de 1850 :

Loi de 1850, article 23. L'enseignement primaire comprend :
1° L'instruction morale et religieuse...

Loi de 1882, article 1ᵉʳ. *L'enseignement primaire comprend :*
1º *L'instruction morale et civique.....*

L'instruction religieuse, ou pour parler plus exactement, l'enseignement ecclésiastique spécial ou confessionnel, est donc supprimé par prétérition, et remplacé par l'instruction civique. Le caractère de la nouvelle disposition se trouve clairement exposé et commenté dans les rapports présentés à la Chambre des députés et au Sénat.

« Il ne nous a pas paru possible, disait M. Paul Bert, rapporteur à la Chambre des députés, de laisser plus longtemps en vigueur des dispositions qui, rendant obligatoire l'instruction religieuse catholique dans toutes les écoles de France pour les enfants des protestants, des juifs et des libres-penseurs, sont un outrage à la liberté de conscience du père et de l'enfant, et restent comme la dernière trace, dans notre législation, de la religion d'État ; — qui, lorsqu'elles consentent à créer, dans des conditions rarement réalisées, des écoles pour les diverses religions reconnues, ne tiennent pas davantage compte des incroyants, et créent d'ailleurs, dès les bancs de l'école, entre les enfants des différentes confessions, un antagonisme des plus fâcheux et même des plus redoutables, — et qui, en astreignant l'instituteur à donner un enseignement religieux souvent contraire à sa foi ou à sa raison, font violence aux plus respectables sentiments, et le contraignent à la révolte ou à l'hypocrisie ; — qui imposent ces programmes, ces obligations confessionnelles, non seulement aux écoles publiques, mais aux écoles libres, et interdisent aux libres-penseurs de faire instruire à leur gré leurs enfants ; qui, pour les écoles publiques, avaient logiquement abouti à la rédaction de décrets, de règlements, d'arrêtés, transformant l'école en succursale de l'église, l'instituteur en suppléant et répétiteur, sinon plus, du curé.

« Et combien la nécessité de faire une telle loi apparaît plus évidente et plus urgente, lorsqu'il s'agit de rendre l'instruction obligatoire pour tous les enfants ! Dans l'immense majorité des cas, c'est la scolarité obligatoire dans une école publique ou privée. Qui se refuserait à comprendre combien il est indispensable, pour que la loi puisse, sans froisser la conscience du père de famille, l'obliger d'envoyer son enfant à l'école, qu'elle proclame en même temps que toute liberté leur sera laissée dans le domaine religieux ?

« Nous n'avons pas cru qu'il fût possible d'ajourner plus longtemps l'acceptation immédiate du principe de la laïcité du programme, et après avoir cédé sur tant de points, abandonné tant de positions d'une importance secondaire, nous nous sommes cantonnés obstinément sur le terrain de la liberté de conscience.

Et le rapporteur de la commission du Sénat, M. Ribière, s'exprimait à son tour ainsi :

« La laïcisation du programme apparaît d'abord comme une conséquence forcée du système de l'obligation. Sous l'empire de la loi de 1850, le père de famille, libre de donner ou de ne pas donner à ses enfants l'instruction primaire, pourrait, à la rigueur, les soustraire à un enseignement confessionnel et dogmatique en opposition avec ses idées religieuses ou ses sentiments intimes ; avec la loi projetée, un très grand nombre de pères de famille devront, en fait, envoyer leurs enfants à l'école publique ; il est donc nécessaire que cette école n'ait à aucun degré le caractère d'école confessionnelle. Autrement, que deviendraient la liberté et le respect qui sont dus à toutes les opinions, philosophiques et religieuses,... à celles des instituteurs pour lesquels, comme pour tous, le choix d'une fonction ou d'un état doit rester indépendant d'une doctrine ou d'un culte religieux?

« La loi, qui déclare expressément que l'instruction primaire est obligatoire, doit, par respect pour la liberté de conscience, séparer complètement l'enseignement laïque de l'enseignement religieux. A chacun d'eux sa place et son domaine respectifs. »

Ce qui résulte de ces déclarations formelles, de ces commentaires répétés, c'est que le principe sur lequel repose la laïcité des programmes et de l'enseignement n'est autre que le respect de la liberté de conscience. L'enseignement direct et officiel d'une religion positive ne peut plus trouver place dans l'école publique ; mais la loi nouvelle n'est pas pour cela une loi athée et antireligieuse. La neutralité de l'État n'est point de l'hostilité, ni même une déclaration tacite de scepticisme. L'État reconnaît seulement que la religion positive dépasse la portée de sa compétence. On ne cherche point à bannir Dieu de l'éducation, comme le disent les adversaires de la nouvelle loi, mais on ne veut pas davantage l'y introduire de force. Cela est si vrai, que le programme prescrit par le Conseil supérieur et par les instructions ministérielles fait expressément une place à l'idée de Dieu, sans toutefois lier sur ce point la conscience de l'instituteur à aucune interprétation orthodoxe. Ce qui disparaît de l'école, ce n'est donc pas la religion : c'est le dernier vestige d'une religion d'État.

« Les hommes sincèrement religieux penseront toujours qu'on ne peut pas rendre un plus grand service à la religion que de la laisser se produire et s'exercer librement ; de même qu'on ne peut pas lui faire tort plus grave ni plus cruelle

injure que de confier au pouvoir temporel le soin de la propager et de la défendre. Comme toutes les choses vraiment naturelles et humaines, la religion ne demande à l'État que de lui assurer la liberté ; et c'est ce que l'État moderne ne saurait lui refuser. Tel est le rôle de l'État dans l'instruction primaire : créer partout des écoles, ouvertes indistinctement aux enfants de tous les cultes ; laisser le soin de l'éducation losophique ou religieuse aux Églises et aux familles. Dans les pays où la religion est le plus respectée, on veut que l'enseignement religieux soit donné au foyer domestique ou à l'autel : on n'aime pas à en faire la cinquième partie d'un programme, à la suite de la grammaire, du calcul, etc. »
(Félix Pécaut : *L'Éducation nationale*.)

II. — Le principe de l'enseignement laïque ne saurait être sérieusement contesté, mais il faut reconnaître que l'application sera souvent très délicate. S'il ne s'agissait que de lecture et d'écriture, d'arithmétique et de grammaire, de géographie et de chronologie, de mécanique et de dessin, il n'y aurait pas de difficulté. Mais ces premières et indispensables connaissances ne sont que le point de départ et en quelque sorte l'instrument pour l'instruction : elles ne sont point l'instruction elle-même, quelque élémentaire qu'on la suppose ; et elles ne sauraient constituer un programme d'éducation nationale. La littérature et l'histoire, l'instruction morale et civique, sont les bases de tout programme d'éducation.

Ce n'est pas sans intention que le législateur a placé l'instruction morale et civique au premier rang, avant toute autre matière, comme le législateur de 1850 y avait placé l'instruction morale et religieuse.

Dès que l'on arrive à l'histoire, il faut bien se résoudre à juger le passé ; or, pour formuler des jugements, il faut s'appuyer sur des croyances et des principes. Mais comment enseigner la littérature ou l'histoire la plus élémentaire sans toucher aux questions religieuses et philosophiques ? Et que sera-ce s'il s'agit de l'enseignement moral et civique ? La neutralité *absolue* entre toutes les opinions est chose impossible : ce serait la négation de tout enseignement. Peut-on ne pas prendre parti entre la morale du devoir et celle de l'intérêt, entre la vertu et le plaisir, entre la responsabilité personnelle et la négation de la liberté, entre le patriotisme et la négation de la patrie, entre les libertés publiques et la dictature, entre le respect de la loi et la révolution, etc...? Comment oser dire, sous prétexte de neutralité, que l'État ne saurait avoir de principes philosophiques, sociaux ou politiques?

« On répète incessamment que la société laïque n'a aucun principe et par conséquent rien à enseigner. Il faut du moins reconnaître qu'elle peut, mieux qu'aucun autre, s'enseigner elle-même, et voilà précisément de quoi il est question dans l'enseignement laïque (1). »

Oui : la société est qualifiée pour s'enseigner elle-même, c'est-à-dire pour apprendre à tous ses membres les principes fondamentaux sur lesquels elle est fondée : respect de la personne humaine en elle-même et dans les manifestations de son activité, respect de la propriété, liberté de conscience, liberté de manifester ses opinions dans les limites de l'égale liberté d'autrui et de l'ordre public, liberté du travail, respect de la loi et en premier lieu de la Constitution, obligations diverses envers l'État, devoirs de justice et devoirs de charité, devoirs envers la patrie, etc., enfin tout ce que nos pères de 89 ont voulu enfermer dans la devise : Liberté, Égalité, Fraternité.

« Voulez-vous, ajoute Edgar Quinet, affranchir l'enseignement laïque? Osez affirmer ce que trois siècles ont affirmé avant vous, qu'il se suffit à lui-même, qu'il existe par lui-même, qu'il est lui-même croyance et science. »

Ainsi l'enseignement laïque a ses principes propres. Quand on parle de neutralité, ce mot ne saurait s'entendre d'une neutralité philosophique absolue (un tel état d'esprit est même impossible à concevoir), mais seulement d'une neutralité entre les diverses religions positives et entre les partis politiques, dans ce qu'ils ont d'exclusif les uns vis-à-vis des autres. C'est dire que l'on ne saurait ici marquer avec une parfaite rigueur les limites : elles restent à quelques égards flottantes, comme on peut s'en assurer en lisant le programme du 27 juillet 1882 et les instructions qui l'accompagnent, où le Conseil supérieur et les ministres ont fait preuve à la fois d'un haut sens moral et pédagogique, et d'un esprit libéral. Ce qui fait la principale difficulté, ce sont les points de contact et d'opposition qui se rencontrent à chaque pas entre les principes avérés et ceux des Églises particulières et des

---

(1) Edgard Quinet, *L'Enseignement du peuple*, p. 125.

partis politiques. Il ne sera pas inutile d'entrer ici dans quelques explications : nous les empruntons aux rapports qui ont accompagné et commenté le projet de loi, et aux déclarations du gouvernement.

1° *De l'instruction morale.* — Cet enseignement doit être distinct des dogmes religieux; il faut qu'il évite avec soin tout caractère confessionnel et se tienne sur le terrain qui peut être accepté par les différentes Églises. « L'instituteur doit parler des devoirs qui rapprochent les hommes et non des dogmes qui les divisent ; toute discussion théologique et philosophique lui est interdite. »

Voici dans quels termes s'exprime le rapport présenté au Sénat :

« La question doit être précisée. En dehors de l'école, les parents et les ministres des cultes donneront aux enfants, suivant leurs désirs et leurs convictions, une instruction qui pourra être à la fois morale, religieuse et confessionelle. Par conséquent cette instruction se fondera, autant qu'ils le jugeront nécessaire, sur l'étude, sur la connaissance, sur les affirmations et les dogmes de la religion positive à laquelle ils auront donné toute leur foi et tout leur respect. Mais, quel que soit le dogme qu'ils aient adopté et dont ils proposent, nous ne dirons pas dont ils imposent, l'adoption à l'esprit encore si tendre de l'écolier, il est absolument vrai de dire que les uns et les autres, quoique ayant suivi des courants divers, ont puisé les éléments de leurs croyances et de leurs convictions à une source commune à tous, qui est l'intelligence, la raison, la conscience, les sentiments intimes du libre arbitre et de la responsabilité personnelle. Eh bien! n'est-ce pas de là que découle tout naturellement un cours, à la portée des enfants, d'instruction morale et civique ?

« Les devoirs envers soi-même, envers la famille, envers la société et la patrie; les notions des droits et des devoirs du citoyen ; les idées de liberté, de justice et de fraternité ; le sentiment du vrai, du bien et du beau ; l'étude des facultés de l'esprit si souvent dominées par les faiblesses du caractère et du cœur ; les préoccupations invincibles du sort réservé à l'homme ; cette espérance philosophique ou religieuse que l'homme s'achemine ou monte vers des destinées meilleures en raison du bien qu'il accomplit ; les devoirs envers Dieu ; voilà les traits principaux de la morale que l'Etat se propose d'enseigner dans ses écoles, morale qu'on appelle laïque, parce qu'elle ne doit être ni ecclésiastique ni confessionnelle. Avec ces notions fondamentales, qu'un programme réglementaire précisera et développera, que la leçon de chaque jour, la leçon d'histoire surtout, pourra rendre saisissantes, l'Etat, qui assure a tous la liberté de conscience et qui garde la neutralité, se réserve d'enseigner ces millions d'enfants fréquentant ses écoles, en tout ce qui peut les unir, en rien de ce qui peut les diviser. Il est dans son rôle. Certainement ce n'est pas chose impie de croire qu'il y a une morale commune à tous les peuples, basée sur la raison naturelle; immuable dans ses solutions, ni servante ni ennemie des religions positives, et qui n'a pas besoin de s'appeler une science pour être, au milieu des hommes de bonne volonté, une lumière et un bienfait. N'est-ce pas à mesure que la notion de cette morale se propageait et s'affermissait que les hommes, devenant et se sentant plus maîtres d'eux-mêmes, cherchant et trouvant dans leur conscience la règle, la direction dont ils avaient besoin pour toutes les affaires de la vie, ont apporté moins d'acharnement et moins de violence à défendre, à propager, à imposer aux dissidents leurs croyances dogmatiques? Et c'est alors que les horribles luttes de religion se sont peu à peu apaisées, c'est alors qu'on a entendu ce cri, si profondément humain, de tolérance et de liberté. » (Sénat, premier rapport de M. Ribière.)

Pour compléter cette explication sur l'instruction morale, nous renvoyons aux programmes annexés à l'arrêté du 27 juillet 1882 et à la circulaire ministérielle du 17 novembre 1883.

(Nous signalerons à ce sujet la petite brochure qui forme le fascicule n° 33 des Mémoires et documents scolaires publiés par le Musée pédagogique: *Deux ministres pédagogues, M. Guizot et M. Ferry : lettres aux instituteurs, avec une introduction par M. Félix Pécaut.*)

2° *De l'instruction civique.* — Si l'instruction morale touche à la religion, si elle a pu causer des inquiétudes par rapport aux convictions religieuses, il en est de même de l'enseignement civique à l'égard des idées politiques. De là l'intérêt qu'il y a à déterminer aussi ce que doit être cette instruction civique. Rappelons d'abord à ce sujet les explications données par les rapporteurs de la loi et par le gouvernement dans les débats préparatoires.

Voici comment s'est exprimé M. Paul Bert, rapporteur à la Chambre des députés:

« Cet enseignement civique doit être composé de deux parties distinctes.

« La première est un enseignement de fait en quelque sorte: c'est le simple exposé devant l'enfant des conditions dans lesquelles fonctionne le pays ; elle est l'indication de ses droits et de ses devoirs politiques et sociaux.

« La deuxième partie est autre chose, elle est davantage… elle doit enseigner à l'enfant à aimer cet état de choses. Il faut que cet enfant sache que cette liberté du vote qu'il aura et qu'a déjà son père, que l'égalité devant l'impôt, que la liberté de conscience, il les doit à la Révolution française.

« Je ne comprendrais pas que nous, représentants de la Révolution française, nous ne demandions pas que l'enseignement civique soit introduit dans les écoles et forme l'esprit des jeunes citoyens. Je pense que personne ici ne pourra s'élever contre la réalité de ces paroles, et que personne ne niera que la souveraineté nationale, l'égalité devant la loi et devant l'impôt, la liberté de conscience, datent de la Révolution française.

« Voilà l'enseignement civique : cela est bien simple. »

De son côté M. Jules Ferry, ministre de l'instruction publique, répondait en ces termes aux questions posées par M. Keller :

« Qu'est-ce qu'on nous demande ? La définition de l'instruction civique ? Comme si c'était une nouveauté ! J'ai déjà montré au Sénat qu'il ne s'agit là d'aucune entreprise contre la conscience politique des familles, mais d'une tentative, qu'on peut trouver bien tardive, dans notre pays de suffrage universel, en vue de commencer dès le jeune âge l'éducation du futur électeur, ou du futur citoyen, c'est la même chose ; et je trouve d'une politique essentiellement conservatrice de ne pas laisser cette masse d'enfants, de jeunes intelligences pour lesquelles toute l'alimentation intellectuelle est restreinte à la période scolaire, sans notions sur la Patrie, sans notions sur le gouvernement, sans notions sur la Constitution, sans notions sur la société.

« Le gouvernement entend par instruction civique un ensemble de notions descriptives de nos institutions. Il croit que dans un pays de suffrage universel, les principes du droit civique donnés sous cette forme élémentaire font partie des notions obligatoires de l'enseignement primaire. Mais le gouvernement s'opposera toujours à ce que, sous prétexte d'enseignement civique, cet enseignement dégénère dans l'école en polémiques de partis. Les écoles ne doivent servir d'abri ni de refuge à l'esprit de parti ; elles doivent, dès l'enfance, préparer l'accord des citoyens sous le régime de la Révolution française, dont on ne saurait porter trop haut le respect, et de la République qui en est le couronnement définitif et nécessaire. »

Il résulte de ces déclarations que l'enseignement civique doit se tenir en dehors des partis politiques, de même que l'enseignement moral en dehors des dogmes confessionnels, et l'instituteur évitera avec soin tout ce qui pourrait froisser les opinions des parents de ses élèves.

Ainsi cet enseignement civique sera d'abord un exposé des institutions qui nous régissent et des premières notions du droit politique dans ce qu'il a de plus général. Et d'autre part il devra toujours faire ressortir les progrès que nos institutions ont consacrés sur le régime ancien, les garanties et les bienfaits dont nous leur sommes redevables, mais en se gardant avec soin de la controverse et des thèses diverses des partis politiques, et en s'inspirant des principes de justice, de tolérance et de liberté qu'aucun parti en France n'oserait aujourd'hui désavouer.

Signalons ici la circulaire ministérielle du 18 novembre 1884, interdisant formellement aux instituteurs ou institutrices publics de conduire leurs élèves aux réunions ou conférences ayant un caractère politique, quel que soit d'ailleurs l'orateur qui doit prendre la parole.

§ 3. — LAÏCITÉ DU PERSONNEL.

1. — ART. 17 de la loi du 30 octobre 1886. *Dans les écoles publiques de tout ordre, l'enseignement est exclusivement confié à un personnel laïque.*

Nous n'entrerons pas dans l'exposé des longs débats auxquels a donné lieu cet article à la Chambre et au Sénat : ils ont offert surtout un caractère politique. L'ardeur déployée de part et d'autre s'explique par l'importance de l'article 17, que le rapporteur à la Chambre, M. Steeg, appelait « le centre et l'intérêt capital de la loi ».

Rappelons seulement que cette règle a été déterminée par deux considérations qui ont paru décisives.

1° La première, longuement développée au cours de la discussion, c'est que la laïcité du personnel était une conséquence de la neutralité des programmes et de l'école. Il y a incompatibilité entre l'enseignement laïque, la neutralité en matière confessionnelle que doit observer l'instituteur, — et les vœux prononcés par les congréganistes.

« La mission que les religieux se croient appelés à remplir, les vœux solennels qu'ils ont contractés, leur font un devoir de donner le premier rang à l'enseignement des dogmes de la religion à laquelle ils appartiennent. En faire des instituteurs publics, et leur interdire en même temps de donner l'instruction religieuse à tous leurs élèves, ce serait les placer entre deux devoirs, avec l'obligation de manquer à l'un d'eux : faute la plus grave qu'un législateur puisse commettre (1). » (Rapport de M. Paul Bert à la Chambre des députés.)

Il y a également contradiction entre l'obéissance absolue que doivent à leur supérieur les congréganistes, et leur subordination aux autorités universitaires. M. Paul Bert ajoutait dans ce même rapport :

« Obligés par leurs vœux à l'obéissance passive envers leurs supérieurs religieux, les instituteurs congréganistes n'hésitent jamais, et ne doivent pas hésiter, lorsque ceux-ci l'ordonnent, à désobéir aux prescriptions administratives. »

Et le rapporteur de 1886, M. Steeg, s'exprimait ainsi à son tour :

« L'administration a le droit et le devoir de ne pas conserver, dans le personnel de ses fonctionnaires, des hommes qui ont, au dehors, des supérieurs auxquels ils sont soumis, des hommes qui font partie d'une hiérarchie étrangère à l'administration, qui ne sont pas leurs propres maîtres, qui sont tenus d'obéir à leurs chefs religieux avant d'obéir à leurs chefs civils. L'État ne peut admettre de tels serviteurs ni dans l'administration civile, ni dans l'armée, ni dans l'enseignement. »

2° Le second argument contre le maintien des congréganistes dans les écoles publiques (et celui-là nous paraît sans réplique possible), c'est qu'ils n'y peuvent être nommés qu'en dehors du droit commun, dans des conditions inconciliables de tous points avec les règles de notre droit public, lequel

---

(1) Ne suffit-il pas de lire les articles ci-après des statuts de l'Institut des frères de la doctrine chrétienne :
« Les frères enseignent tous leurs écoliers selon la méthode qui leur est prescrite « et qui est universellement pratiquée dans l'Institut ; ils n'y changeront et n'y « institueront rien de nouveau.
« Ils feront, tous les jours, le catéchisme pendant une demi-heure ; les veilles « de congé de tout le jour pendant une heure ; et les dimanches et fêtes pendant « une heure et demie.
« Ils ne recevront et ne conserveront aucun écolier dans l'école qu'il n'assiste au « catéchisme, aussi bien les dimanches et fêtes que les autres jours auxquels on « tiendra l'école. »

exclut tout privilège, — avec les prérogatives fondamentales de l'administration. Tandis que l'instituteur laïque est directement nommé ou révoqué par l'administration, qui ne le considère qu'en tant qu'individu, et l'envoie à tel poste selon les besoins du service, peut seule le récompenser, le punir ou le déplacer, — l'État, quand il s'agit de l'instituteur congréganiste, n'a plus en face de lui un individu, une personne, un citoyen, mais la congrégation. C'est celle-ci qui prête ses membres à l'État, les envoie en mission dans les écoles publiques où bon lui semble, les retire à son gré, les punit ou les récompense, et conserve toute autorité sur eux : le supérieur continue à en disposer souverainement. Sans doute la désignation du directeur d'école, faite par le supérieur de la congrégation, est soumise à l'approbation du préfet (art. 31 de la loi de 1850), mais que vaut cet agrément aussi difficile à refuser qu'il est difficile à donner en connaissance de cause?

Et pour les adjoints, c'est la congrégation qui les place et les déplace à sa guise. « Les instituteurs adjoints appartenant aux congrégations religieuses, dit l'article 34 de la loi du 15 mars 1850, sont nommés et révoqués par les supérieurs de ces congrégations. »

Le caractère de la nouvelle disposition législative a été nettement mis en lumière dans la discussion par le commissaire du gouvernement, M. Buisson, directeur de l'enseignement primaire :

« Ainsi disparaît de la loi scolaire une des concessions les plus
« exceptionnelles que l'Église eût jamais arrachées à l'État sous le
« nom de liberté : la liberté d'installer dans les écoles publiques
« des instituteurs et des institutrices de son choix, dans des condi-
« tions absolument différentes de celles de tout le reste du corps
« enseignant; la liberté de les faire nommer et déplacer non par le
« ministre ou son représentant, mais par le supérieur de la congré-
« gation; la liberté d'imposer à l'État, comme une sorte de droit
« divin, le droit de la congrégation à s'organiser comme elle l'en-
« tend dans les écoles mêmes de l'État, et à disposer souveraine-
« ment de son personnel, et de toutes ses conditions d'existence et
« d'exercice. C'est cette « *liberté* » que l'État retire aux congréga-
« tions, en déclarant qu'il ne connaît plus que des instituteurs indi-
« viduellement responsables, individuellement éligibles, individuel-
« lement déplaçables ou révocables, tous de la même façon, avec
« les mêmes titres et d'après la même loi. »

II. — Après que l'article 17 a établi le principe de la laïcité du personnel, l'article 18 indique comment il sera procédé graduellement à la substitution du personnel laïque au personnel congréganiste dans les écoles publiques actuellement dirigées par celui-ci.

Art. 18. *Aucune nomination nouvelle, soit d'instituteur, soit d'institutrice congréganiste, ne sera faite dans les départements où fonctionnera depuis quatre ans une école normale, soit d'instituteurs, soit d'institutrices, en conformité avec l'article 1 de la loi du 9 août 1879.*

Pour les écoles de garçons, la substitution du personnel laïque au personnel congréganiste devra être complète dans le laps de cinq ans après la promulgation de la présente loi.

L'administration avait déjà le droit de substituer à son gré un personnel laïque au personnel congréganiste dans les écoles publiques. Mais cette substitution était indéfiniment facultative : désormais elle s'impose, dans les délais et sous des conditions déterminées.

Pour les écoles de garçons, la substitution totale devra être opérée dans un délai de cinq ans à partir de la promulgation de la loi, c'est-à-dire qu'au 30 octobre 1891, il ne devra plus y avoir dans aucune école publique d'instituteur congréganiste.

Il a fallu faire une différence entre les écoles de garçons et les écoles de filles ; il a paru plus sage pour celles-ci de ne pas fixer d'avance l'époque où elles devraient être toutes transformées, à cause du nombre très considérable d'écoles congréganistes de filles, et de la nécessité de créer d'abord un personnel laïque suffisant. Mais pour les unes comme pour les autres, le mouvement de laïcisation devra être poursuivi d'une manière continue, sans recul ni interruption.

Dans les départements où les écoles normales d'instituteurs et d'institutrices sont ouvertes depuis longtemps, et où le recrutement d'un personnel laïque suffisant est assuré, aucune nouvelle nomination d'instituteur ou d'institutrice congréganiste ne peut plus avoir lieu.

Dans les autres départements, il fallait d'abord assurer ce recrutement. Le point de départ de la laïcisation obligatoire était naturellement indiqué par la date de l'ouverture de l'école normale. Quatre ans après la date de cette ouverture, il ne peut plus être fait de nomination de congréganiste. La durée des études dans les écoles normales étant d'abord de deux ans, cette période de quatre ans fournit deux promotions, ce qui a paru suffisant pour répondre aux besoins du personnel. Mais, à l'avenir, la durée du cours d'études est portée à trois ans (art. 59 du décret du 18 janvier 1887).

Aujourd'hui la règle de l'article 18 s'applique déjà, pour les instituteurs, à tous les départements, sauf celui des Côtes-du-Nord, où l'école normale d'instituteurs n'aura ses quatre ans d'existence qu'au 1er octobre 1889.

Quant aux écoles normales d'institutrices, elles fonctionnent depuis plus de quatre ans dans 70 départements.

Dans trois départements, l'école normale d'institutrices aura quatre ans d'existence le 1er octobre 1889. Ce sont : les Hautes-Alpes, le Finistère et la Meuse.

Dans huit départements, le 1er octobre 1890 : Basses-Alpes, Calvados, Côtes-du-Nord, Gers, Ille-et-Vilaine, Landes, Maine-et-Loire, Manche.

Enfin neuf départements n'ont pas encore d'école normale d'institutrices : Aveyron, Creuse, Eure, Indre, Lot, Mayenne, Tarn, Vienne, Constantine.

Dans sa circulaire du 3 décembre 1886, le ministre de l'Instruction publique a tracé aux préfets les règles à suivre pour l'application de l'article 18. Nous renvoyons donc à cette circulaire, ci-après reproduite, en signalant seulement ici les deux prescriptions principales.

1° Dans tous les départements sans exception, il ne devra être nommé désormais dans les écoles nouvellement créées, que des instituteurs ou institutrices laïques.

2° Dans les départements auxquels s'applique dès aujourd'hui l'article 18, des laïques seuls devront être nommés à la suite de toute vacance, qu'elle provienne de décès, de démission, de révocation ou de toute autre cause, qu'il y ait lieu à renouvellement intégral ou partiel du personnel dirigeant ou du personnel enseignant. Dans les autres départements, les nominations de congréganistes ne seront autorisées qu'à titre exceptionnel, et après avoir été préalablement soumises au ministre.

« Le législateur, ajoute le ministre, a voulu que la laïcité
« du personnel enseignant fût établie sans violences, mais
« le plus promptement possible : immédiatement partout où
« l'état du personnel le permet, partout ailleurs graduelle-

« ment, par un progrès incessant et dont il a marqué le terme,
« au moins pour les écoles de garçons. »

Ainsi les nominations d'instituteurs ou d'institutrices congréganistes dans les écoles publiques ne peuvent plus se produire que dans des cas exceptionnels, limitativement prévus par la loi. Une circulaire ministérielle du 11 novembre 1886 rappelle que, dans ces cas, le droit de présentation qui appartenait aux supérieurs des associations religieuses n'existe plus depuis la loi du 30 octobre : il ne peut se produire désormais que des demandes individuelles formées par les candidats eux-mêmes, et appuyées des justifications d'âge et de capacité prescrites par la loi. Les nominations sont faites conformément aux articles 23 et 26 de la loi du 30 octobre 1886, c'est-à-dire par l'inspecteur d'Académie s'il s'agit de stagiaires, et par le préfet s'il s'agit de titulaires.

Le droit de présentation des consistoires pour les instituteurs appartenant aux cultes non catholiques avait déjà été supprimé par l'article 3 de la loi du 28 mars 1882.

En présence des termes si précis et si formels de l'article 17, il faut décider qu'aucune partie de l'enseignement, même pour les matières accessoires, ne peut être confiée dans les écoles publiques à d'autres qu'à des laïques ; qu'un ministre de l'un des cultes, ou un religieux, ne pourrait par exemple être chargé d'y enseigner une langue vivante. Cette interprétation rigoureuse nous paraît résulter du texte.

III. — L'article 67 de la loi établit toutefois une exception à la règle générale posée par l'article 18.

Il prévoit un cas où la laïcisation donnera lieu pour la commune à des difficultés particulières. C'est lorsque cette laïcisation a pour effet de retirer à la commune la disposition de la maison d'école : soit que la commune ne fût pas propriétaire de l'immeuble et qu'on ne voulût pas lui en laisser la jouissance pour un personnel laïque, soit que la maison provienne d'une donation ou d'un legs fait sous la condition que l'école serait confiée à des congréganistes.

Dans ces divers cas, s'il ne se trouve aucun autre immeuble pouvant être immédiatement acquis ou loué, la commune se trouverait sans écoles pendant les délais nécessaires pour l'acquisition ou la construction du nouveau local. C'est pour éviter une pareille situation que l'article 67 autorise à surseoir à la laïcisation, jusqu'à ce qu'il ait été pourvu à l'établissement de la nouvelle école, selon les règles que nous verrons plus loin.

§ 4. — DES DONS ET LEGS FAITS AUX COMMUNES POUR L'ÉTABLISSEMENT D'ÉCOLES PUBLIQUES CONFESSIONNELLES.

I. — La laïcisation obligatoire des écoles allait soulever pour beaucoup de communes une grande difficulté. Plusieurs d'entre elles en effet possèdent des écoles publiques ou des salles d'asile fondées et entretenues, soit en totalité, soit en partie, au moyen de dons ou de legs faits sous la condition expresse que ces établissements seront et demeureront dirigés par des congréganistes. Quelle allait être la situation de ces communes, et quel serait le sort de ces libéralités, en présence des dispositions de la nouvelle loi?

Deux théories juridiques étaient d'abord en présence.
1° D'après les principes généraux du droit, l'inaccomplissement de la condition sous laquelle une libéralité a été faite entraîne la résolution de cette libéralité (art. 953 et 954 du Code civil). Les biens donnés font alors retour au donateur, ou à ses représentants.

2° D'autre part, quand la condition sous laquelle la libéralité a été faite est une condition impossible ou contraire aux lois, elle est simplement réputée non écrite, et la libéralité continue d'ailleurs à subsister (art. 900 du Code civil).

L'application de l'une et de l'autre théorie a été proposée et défendue dans les débats législatifs.
Fallait-il s'en tenir au droit commun, et admettre simplement que les conditions imposées aux donataires n'étant plus remplies à la suite de la laïcisation, les dons et legs faits aux communes feraient retour aux donateurs ou à leurs héritiers?
Ou bien pourrait-on reconnaître ici le cas de force majeure que les juristes appellent « *le fait du prince* », et décider que la commune aurait le droit de conserver purement et simplement la libéralité, sans restitution ni indemnité d'aucune sorte?
Une troisième opinion, présentée par le gouvernement et la commission, consistait à déclarer nulles les conditions im-

posées aux libéralités, tout en laissant aux tribunaux le soin d'accorder une indemnité quand il y aurait lieu.

De ces trois systèmes, c'est le premier, celui de droit commun, qui a prévalu en principe ; — et c'est en effet le mieux fondé en équité. En admettant la possibillité d'une action des donateurs ou de leurs héritiers contre la commune, l'article 19 de la loi de 1886 consacre le principe que la donation reste toujours révocable, soit à raison de l'inexécution des charges, soit à raison des distinctions à faire du chef de l'application de l'article 900.

Il a été apporté seulement, dans notre matière, une dérogation importante aux règles ordinaires de la prescription.

D'une manière générale, le donateur ou ses représentants ont un délai de trente ans, à partir du jour où les conditions de la donation ne sont plus exécutées, pour intenter leur action en révocation devant les tribunaux, et faire prononcer la restitution de la libéralité. On comprend qu'il était impossible de laisser les communes dans une situation incertaine pendant un tel espace de temps. La loi a donc réduit à deux ans le délai dans lequel les intéressés pourront demander la révocation de la libéralité pour inexécution des conditions. Le point de départ de ce délai, c'est le jour où l'arrêté de laïcisation ou de suppression de l'école aura paru au *Journal officiel*.

Ainsi, que les intéressés soient deux ans, à partir du jour de la publication de cet arrêté de laïcisation, sans réclamer par une action régulièrement intentée contre la commune devant les tribunaux, leur droit sera désormais prescrit. Toute réclamation ultérieure de leur part devra être écartée par les tribunaux comme non recevable, et la libéralité restera acquise, sans indemnité, à la commune.

Ces explications suffiront sans doute à faire comprendre maintenant le texte de l'article 19 :

Toute action à raison des donations et legs faits aux communes antérieurement à la présente loi, à la charge d'établir des écoles ou salles d'asile dirigées par des congréganistes ou ayant un caratère confessionnel, sera déclarée non recevable, si elle n'est pas intentée dans les deux ans qui suivront le jour où l'arrêté de laïcisation ou de suppression de l'école aura été inséré au Journal officiel.

Pour exercer leurs droits, au cas de laïcisation, il faut bien que les donateurs ou leurs héritiers soient prévenus de cette laïcisation. Le législateur a imaginé, comme avertissement suffisant, l'insertion au *Journal officiel* de l'arrêté de laïcisation. Du jour de cette publication seulement, les intéressés sont légalement avertis.

Toutefois, que décider au cas où l'arrêté de laïcisation n'aurait jamais été inséré à l'*Officiel?* L'article 18 de la loi porte que, pour les écoles de garçons, la substitution du personnel laïque au personnel congréganiste devra être complète dans le délai de 5 ans après la promulgation de la loi. Et comme nul n'est censé ignorer la loi, les intéressés seront censés tous savoir qu'au 30 octobre 1891, au plus tard, toutes les écoles congréganistes de garçons seront laïcisées. D'où nous concluons qu'à défaut d'avertissement par la voie du *Journal officiel*, le délai de deux ans fixé par l'article 19 doit courir du 30 octobre 1891, et que, par conséquent, à partir du 30 octobre 1893 au plus tard, aucune action concernant les dons et legs faits aux communes avant la loi de 1886, pour les écoles de garçons, ne sera plus recevable.

Il faut bien remarquer que l'article 19 n'a statué que sur une question de délai et de prescription. L'action révocatoire, qui prend naissance par suite de la laïcisation de l'école, conserve le caractère de l'action révocatoire ordinaire, et les tribunaux auront à l'apprécier d'après les règles de droit commun en matière de donations et de testaments.

L'interprétation de l'article 900 du Code civil a donné lieu, surtout dans la doctrine, à de nombreux systèmes. Quelque impératifs que soient en effet les termes de cet article, on ne saurait admettre qu'une mutation gratuite de propriété puisse subsister contre l'intention formelle du disposant. Ne serait-ce pas là une véritable spoliation? Il se peut que ce que le donateur a qualifié de condition, c'est-à-dire de modalité, soit véritablement le but essentiel, la cause même de la disposition. Or, le principe fondamental posé par l'article 1131 du Code civil n'admet pas de mutation de fortune sans cause. Si la clause vient à être annulée, comme contraire à l'ordre public, la disposition doit donc tomber tout entière.

Le système admis par la Jurisprudence s'efforce de concilier le texte de l'article 900 avec le respect que doit avoir le législlateur pour la volonté des individus, lorsqu'il le peut sans qu'aucune atteinte soit portée à l'ordre public.

D'après ce système, la règle posée par l'article 900 reçoit son application même lorsque le disposant a déclaré subordonner l'effet de sa libéralité à la condition qu'il y a mise : une semblable volonté, se trouvant en opposition directe avec la loi, ne peut recevoir exécution. Mais si, en fait, la condition illicite est reconnue avoir été la cause et le but de la disposition, tandis que le don ou le legs n'était qu'un moyen pour atteindre ce but, la nullité de la condition entraîne la nullité de la disposition elle-même. On considère que lorsque la condition est la cause déterminante de la libéralité, l'article 900 n'est plus applicable, parce que l'acte est plutôt alors à titre commutatif qu'à titre gratuit, et qu'il doit être maintenu ou tomber tout entier (Cassation, 17 juillet 1883, Sirey, R. P. 1884, I, 305. Voir au-dessous de cet arrêt, dans le recueil de Sirey, la savante dissertation de M. Labbé. Voir encore les arrêts de la Cour de cassation du 3 novembre 1886, Sirey, R. P. 1887, I, 241 et du 22 juin 1887, Sirey, R. P. 1887, I, 244, avec les commentaires de l'arrêtiste.)

Ainsi, dans une donation sous condition, il y a deux intentions, deux volontés : 1° enrichir gratuitement le donataire; 2° obtenir du donataire une certaine manière d'agir. De ces deux intentions, quelle est la principale, et quelle est l'accessoire?

Si le tribunal reconnaît que dans le cas sur lequel il a été appelé à statuer, l'intention prédominante a été de conférer un bienfait, et que la condition mise à cette libéralité la diminue seulement et lui apporte une gêne, mais sans en être la cause, l'article 900 recevra son application : la condition impossible est réputée non écrite, et la donation elle-même continue à recevoir son effet indépendamment de cette condition.

Si, au contraire, ce que le donateur a qualifié de condition paraît avoir été dans sa pensée la cause même de la disposition, le but par lui poursuivi, et si cette condition ne peut se réaliser, la libéralité tombe entière, par application de l'article 1131.

Les tribunaux auront donc toujours à rechercher quelle a été, dans l'intention du donateur, *la cause impulsive et déterminante* de la libéralité; ils pourront, selon les circonstances de fait, condamner la commune à la restitution ou, au contraire, déclarer qu'elle a le droit de conserver le don ou le legs après la laïcisation de l'école. (Cour de Paris, 10 novembre 1887, — tribunal de Mont-de-Marsan, 23 décembre 1887, — de Montbrison, 10 mars 1888, — de Meaux, 2 mai 1888; — de Vendôme, 11 août 1888, etc.)

Du reste, aucune indemnité ne pourra être due par la commune, puisqu'il n'y a point à lui reprocher de faute. Même quand la commune aurait provoqué de la part du préfet le remplacement de l'instituteur congréganiste par un instituteur laïque, comme elle n'aurait fait qu'user ainsi de son droit, elle ne pourrait être condamnée à des dommages-intérêts envers les héritiers de l'auteur de la libéralité. (Cassation, 22 juin 1887, Sirey, R. P. 1887, I, 244, arrêt déjà cité plus haut, et Cassation, Chambre civile, 18 juin 1888.)

Il est évident qu'en cas de révocation de la libéralité, la commune ne saurait être tenue d'aucune restitution pour les fruits ou arrérages par elle perçus jusqu'à cette révocation (art. 549 et 550 du Code civil). Mais des difficultés peuvent s'élever au sujet des améliorations et des dépenses qu'elle aurait faites sur l'immeuble donné ou légué. D'après certains tribunaux (voir notamment le jugement ci-dessus énoncé du tribunal de Mont-de-Marsan, du 23 décembre 1887), la commune condamnée à restituer l'immeuble se trouverait dans le cas de l'article 555 du Code civil, concernant le possesseur de bonne foi. Cet article donne au propriétaire réintégré le choix de rembourser au possesseur évincé et qui était de bonne foi, — ou bien la valeur des matériaux et le prix de la main-d'œuvre, — ou bien somme égale à celle dont le fonds a augmenté de valeur. Mais la commune n'était pas un simple *possesseur de la chose d'autrui;* elle était bien un propriétaire, ayant un titre régulier, et elle ne s'est trouvée évincée que par suite de l'accomplissement d'une condition résolutoire. Ce n'est donc point les règles rigoureuses et exceptionnelles de l'article 555 qu'il faut appliquer ici, mais les règles ordinaires et plus favorables de la condition résolutoire, et qui découlent de l'article 1183 du Code civil. De là les conséquences suivantes :

1° A l'égard des dépenses *nécessaires* qui ont été faites sur l'immeuble, elles doivent être remboursées en totalité à celui contre lequel la révocation a été prononcée. Cela est très juste, puisque, si l'aliénation n'avait pas eu lieu, ces dépenses auraient dû être faites par le propriétaire réintégré.

2° Pour les dépenses simplement *utiles*, elles doivent être remboursées dans la mesure de l'augmentation de valeur qu'elles ont donnée à l'immeuble, car autrement le propriétaire réintégré s'enrichirait aux dépens de l'acquéreur dépossédé.

3° Enfin, quant aux dépenses d'agrément, comme elles n'ont pas augmenté la valeur de l'immeuble, le propriétaire ne peut être tenu à aucune indemnité.

Naturellement le tribunal devra ordonner une expertise pour déterminer ces différentes sortes de dépenses.

Telles sont les règles qui nous paraissent devoir s'appliquer sans difficulté à la commune légataire ou donataire d'un immeuble, lorsque la donation vient à être révoquée pour cause d'inexécution des conditions.

II. — L'article 19 n'a trait qu'aux dons et legs faits antérieurement à la loi du 30 octobre 1886. Qu'arriverait-il pour les libéralités qui seraient faites à des communes, depuis la publication de cette loi, à la charge d'établir ou d'entretenir des écoles ayant un caractère confessionnel?

Il ne saurait alors y avoir de doute : une telle condition étant désormais contraire à la loi, elle devra être réputée non écrite, conformément à l'article 900 du Code civil. La libéralité sera considérée comme faite sans condition, et appartiendra purement et simplement à la commune. Cette solution a été formellement reconnue dans les discussions législatives : elle s'imposait du reste.

Mais il faut toujours réserver, d'après le système adopté par la Jurisprudence sur l'interprétation de l'article 900, le cas où la condition serait la cause déterminante de la libéralité. Alors la nullité de la condition continue à entraîner la nullité de la libéralité. Les tribunaux conservent toujours leur même pouvoir d'appréciation. Et comme nous ne sommes plus ici dans l'espèce visée par l'article 19, qui ne s'applique qu'aux dons et legs faits antérieurement à la loi du 30 octobre 1886, on rentre dans les règles ordinaires de la prescription : le délai pendant lequel l'action en révocation pourra être intentée sera de nouveau de trente ans. Seulement il est bien improbable que des cas de cette nature viennent à se produire, en présence des dispositions de la loi de 1886.

CHAPITRE II

De la gratuité.

Elle a été organisée par la loi du 16 juin 1881, la première en date des trois lois fondamentales de la nouvelle législation scolaire.

Nous partagerons ce chapitre en cinq paragraphes :
1° Du principe de le gratuité;
2° Règles financières pour l'application de la gratuité;
3° Dépenses obligatoires des communes pour l'instruction primaire;
4° Organisation des caisses des écoles.
5° Des bourses de l'enseignement primaire.

§ 1. — DU PRINCIPE DE LA GRATUITÉ.

I. — La gratuité restreinte existait déjà depuis la grande loi de 1833, dont l'article 44 était ainsi conçu : *Seront admis gratuitement dans l'école communale élémentaire, ceux des élèves de la commune, ou des communes réunies, que les conseils municipaux auront désignés comme ne pouvant payer aucune rétribution.*

La loi du 15 mars 1850 se montre encore plus facile : après avoir assuré la gratuité, par son article 24, à tous ceux qui ne pouvaient payer la rétribution scolaire, elle déclarait, dans son article 36, que *toute commune aurait la faculté d'entretenir une ou plusieurs écoles entièrement gratuites, à la condition d'y subvenir sur ses propres ressources.*

La loi du 10 avril 1867 vint à son tour favoriser cette extension de la gratuité, en autorisant les communes, dans son article 8, à affecter à ces écoles gratuites des ressources spéciales, et en leur accordant en outre à cet effet des subventions du département et de l'État.

Aussi le nombre des élèves gratuits, comparé au chiffre de la population scolaire, s'était-il accru d'une manière considérable. Il avait été, sous la loi de 1833, de 29 à 31 p. 100; sous celle de 1850, il s'était élevé à 39 p. 100, et en 1877, il était de 57 p. 100. En 1860, plus de 7,000 communes avaient déjà établi la gratuité absolue, et dans la plupart des autres, le nombre des enfants admis arbitrairement à la gratuité dépassait de beaucoup le nombre des enfants inscrits pour cause d'indigence réelle. C'est surtout à partir de 1877 que la gratuité a fait des progrès rapides. D'après les états de situation de l'année scolaire 1878-1879, la proportion des élèves admis gratuitement dans les écoles publiques était de 60 p. 100. Les états de situation de 1879-1880 portent cette proportion à 63 p. 100, et à la fin de l'année scolaire 1880-1881, le nombre des élèves gratuits, dans les écoles publiques est de 66 p. 100.

Tel était l'état de choses existant lorsque la loi du 16 juin 1881 est venue établir la gratuité générale et absolue.

ART. 1. — *Il ne sera plus perçu de rétribution scolaire dans les écoles primaires, ni dans les salles d'asile (écoles maternelles) publiques. Le prix de la pension dans les écoles normales est supprimé.*

Cette gratuité s'applique aussi aux écoles primaires supérieures et aux écoles d'apprentissage ; en un mot, aux écoles primaires publiques de tous les degrés.

II. — Dans le rapport fait au nom de la commission du Sénat, M. Ribière exposait les motifs sur lesquels se fondait la nouvelle disposition, et répondait ainsi aux objections présentées :

« On a prétendu que la gratuité absolue était sans influence sur les développements de l'instruction primaire, parce qu'on n'estime que ce que l'on paye, et que l'école ne coûtant plus rien, le père de famille tiendra moins à l'assiduité de son enfant. C'est méconnaître le rapport intime et constant qui existe entre les progrès matériels et les progrès intellectuels qui se manifestent de toutes parts. Toutes ces améliorations dans les conditions, dans les habitudes de la vie, déjà réalisées, déjà évidentes, et toujours progressives au milieu de nos populations rurales, amènent forcément le besoin et le désir d'améliorations analogues dans la culture et le développement de l'intelligence. Quelle erreur de croire que les plus humbles eux-mêmes ne considèrent pas l'ignorance comme un joug fatal, et l'instruction comme un bien précieux ! Donnez-leur ce bien gratuitement, ils ne le refuseront pas.

« Quant à la fréquentation constante, régulière de l'enfant à l'école, il faut l'attendre de la loi qui rendra obligatoire l'enseignement primaire. Seulement la loi sur l'obligation a pour conséquence nécessaire la loi sur la gratuité : car il est juste de rendre accessible à tous ce que l'on rend obligatoire pour tous.

« La gratuité absolue efface les distinctions forcées qui s'établissent entre les élèves payants et les élèves gratuits. C'est un bien incontestable. Vainement on compare les élèves gratuits aux élèves boursiers de nos collèges et de nos lycées ; ceux-ci rachètent le don qui leur est fait, souvent par les services que leurs parents ont antérieurement rendus ou rendent encore au pays, et toujours par leur bonne conduite, par leur mérite personnel, reconnus, constatés au préalable par des jurys d'examens. Certaines coutumes viennent accentuer plus que la loi elle-même ces distinctions regrettables ; c'est ainsi que les inspecteurs généraux, dans leurs rapports de 1878-1879, constatent la persistance que mettent quelques établissements à séparer l'école en deux classes; la classe des pauvres et la classe des riches, avec des marques non dissimulées d'infériorité d'un côté, de supériorité de l'autre, à la fois dans la tenue matérielle, et dans la direction pédagogique de ces deux classes. Ce sera un des mérites de la loi de rendre impossibles de pareils abus. »

Il y aurait, à notre avis, bien des réserves à faire sur cette théorie, et les arguments invoqués par le rapporteur ne nous paraissent point décisifs.

Pour empêcher de se produire cette distinction, choquante à la vérité, entre les élèves payants et les élèves gratuits, séparés en deux classes, la loi sur la gratuité générale était-elle nécessaire? N'eût-il pas suffi d'une surveillance attentive et ferme de l'administration?

Quant au développement de l'instruction primaire, la loi sur l'obligation y a désormais pourvu, et ses conséquences sont d'une portée générale que ne pouvait avoir la gratuité.

On ajoute que la gratuité est une conséquence logique et nécessaire de l'obligation. Mais cela n'est vrai que de la gratuité pour les indigents. Sans doute, comme l'exprime le rapporteur, « il faut rendre accessible à tous ce que l'on rend obligatoire pour tous ». Seulement ce résultat n'est-il pas atteint dès que l'on accorde la gratuité à ceux qui ne peuvent réellement payer la rétribution scolaire? Quelle contradiction y a-t-il à demander cette rétribution à ceux qui sont en état de l'acquitter? Il n'est pas plus illogique d'exiger des parents qu'ils payent l'école pour leurs enfants, lorsqu'ils ont des ressources, que de leur imposer l'obligation de la nourriture et du vêtement. Pourquoi donc grever le budget d'une lourde charge, en accordant gratuitement un service à ceux qui peuvent le payer?

La gratuité, selon nous, ne s'impose nullement comme un *principe*. En réalité, l'école continue d'être payée. Il y a seulement une répartition différente des charges, et il n'est pas certain qu'elle soit préférable. Le père de famille ne voit pas aussi immédiatement l'emploi de son argent : l'école, au lieu de rester sa chose propre, payée par lui, devient une chose administrative, à laquelle il ne saurait porter le même intérêt.

Ajoutons que l'un des arguments invoqués dans le rapport ne pourrait plus être l'être aujourd'hui : « N'oublions pas, disait M. Ribière, que l'enseignement supérieur, au profit duquel on a récemment supprimé les droits universitaires, jouit de la gratuité absolue. Et si la gratuité absolue est un bien pour les degrés supérieurs, comment prétendre qu'elle soit un mal pour les degrés inférieurs? » Mais le législateur est justement revenu sur cette suppression, et les droits d'inscription ont été rétablis dans les Facultés. Si la gratuité de l'instruction était un principe, il serait logique de l'étendre à tous les degrés de l'enseignement, et l'on sait que cette théorie a ses partisans. Constatons du moins que si le législateur a paru y incliner un moment, il l'a ensuite abandonnée.

III. — Toutefois, après avoir exposé ces réserves qui sont surtout théoriques, nous n'oserions blâmer le législateur d'avoir établi la gratuité absolue.

D'abord il a dû tenir compte des circonstances présentes, des nécessités du moment; peut-être en effet était-il nécessaire que l'Etat eût toute liberté vis-à-vis des communes, qu'il ne fût point gêné par les complications de la gratuité partielle, pour donner à l'instruction primaire l'impulsion vigoureuse que l'opinion publique réclamait depuis 1870 avec tant de raison.

On peut encore se placer à un point de vue plus élevé. Il y a souvent, dans les innovations qui prêtent à la critique, par delà les arguments invoqués et les considérations de pure logique, une raison supérieure et décisive qui a décidé le réformateur, parce qu'il l'a démêlée dans l'esprit public. Cette raison déterminante, en ce qui regarde la gratuité, n'était autre que le sentiment très fondé des conditions vitales d'une démocratie régulière, et des exigences particulières qu'elle crée.

Obliger chaque citoyen, même le plus pauvre, à envoyer ses enfants à l'école, et en même temps l'obliger à faire constater publiquement son état d'indigence, s'il voulait être dispensé de payer cette école, c'était risquer de froisser, chez une multitude de chefs de famille, un sentiment de fierté légitime, et leur imposer une sorte d'humiliation à laquelle ils ne se soumettraient pas sans mécontentement. La gratuité absolue de l'école primaire était le seul moyen de ne pas entrer en lutte avec ces susceptibilités d'une partie nombreuse de la démocratie, et de celle-là même qui a le plus de besoin de l'éducation publique, de celle qu'il faut avant tout éviter de constituer en une sorte de prolétariat légal.

Tel est, selon nous, le vrai motif par lequel se défend la loi sur la gratuité, motif auprès duquel toutes les autres considérations ou objections deviennent accessoires. Mais il n'est pas indifférent, eu égard aux conséquences pratiques qui en découleraient, de donner ce fondement à la gratuité de l'instruction primaire, plutôt que de considérer la gratuité générale de l'instruction comme un principe absolu. Rien n'est moins acceptable en effet que la théorie de l'*instruction intégrale*, dont la société serait tenue envers tous ses membres comme d'une dette. Pour l'instruction secondaire ou supérieure, il ne saurait pas plus être question de la gratuité que de l'obligation. En fait d'instruction, la société ne doit à ses membres que le nécessaire, ce qui est indispensable pour remplir le rôle d'homme et de citoyen. A chacun le soin d'acquérir ensuite le surplus selon ses ressources, ses facultés et ses efforts.

« La seule instruction, — disait déjà Talleyrand dans son rapport à la Constituante, — que la société doive avec la plus entière gratuité, est celle qui est essentiellement commune à tous, parce qu'elle est nécessaire à tous... Or l'instruction primaire est absolument et rigoureusement commune à tous, puisqu'elle doit comprendre les élémens de ce qui est indispensable, quelque état que l'on embrasse. »

IV. — Plusieurs législations étrangères ont aussi admis la règle de la gratuité. L'enseignement primaire public est entièrement gratuit dans les pays suivants : Suisse, Norvège, Italie, Portugal, la plupart des provinces de l'Autriche, et tous les États de l'Union américaine.

En Prusse, l'article 35 de la Constitution du 31 janvier 1850 porte que « l'instruction dans les écoles populaires publiques est gratuite ». Mais cet article est toujours resté à l'état de lettre morte. Dans la session du Reichtag d'avril 1887, il a été présenté un projet de loi pour l'organisation de cette gratuité, projet qui n'a point abouti.

Partout ailleurs la rétribution scolaire est la règle ; mais les indigents en sont dispensés totalement ou partiellement, et la commune ou les fonds des pauvres paient pour eux. Généralement aussi dans ces pays, bien que l'existence d'une rétribution scolaire soit la règle, faculté a été laissée aux communes de rendre leurs écoles gratuites : tel est le cas en Prusse, en Saxe, en Angleterre et en Hollande.

Rappelons aussi qu'en Angleterre, dans sa grande campagne électorale de 1885, M. Gladstone avait inscrit sur son programme la gratuité générale et complète de l'enseignement primaire.

§ 2. — DISPOSITIONS FINANCIÈRES POUR L'APPLICATION DE LA GRATUITÉ.

Arrivons maintenant aux voies et moyens par lesquels la loi de 1881 a appliqué le principe de la gratuité.

I. — Divers systèmes étaient en présence.

Le plus simple en apparence aurait consisté à supprimer toutes les charges communales et départementales, et à faire exclusivement de l'instruction primaire un service d'Etat, celui-ci prenant à son compte toutes les dépenses. Mais ces dépenses se seraient élevées à une centaine de millions, et il n'était pas possible d'inscrire tout d'un coup au budget une somme pareille. Puis la commune serait devenue tout à fait étrangère et indifférente à la gestion financière de l'enseignement primaire, tandis qu'il importe au plus haut point, dans un démocratie, de développer l'activité communale.

Aussi, dans le système qui a prévalu, l'enseignement primaire n'a pas perdu tout caractère communal : chaque commune contribue à régler le budget scolaire en recettes et en dépenses; mais s'il y a insuffisance avec toutes les ressources dont elle peut disposer, le département ou l'Etat comblent le déficit. Les dispositions de la nouvelle loi consistent donc dans la suppression de la rétribution scolaire, et dans l'établissement de nouvelles ressources pour remplacer cette rétribution.

Avant la loi de 1881, les ressources du budget de l'instruction primaire formaient les catégories suivantes :

1º Les revenus des dons, legs et fondations ;

2º La rétribution scolaire, et le prix de la pension dans les écoles normales ;

3º Les centimes spéciaux des communes et des départements ;

4º La part prélevée sur les revenus ordinaires des communes ;

5º Les centimes de la gratuité ;

6º Les subventions de l'Etat.

Les dépenses payées par ces ressources s'étaient élevées, en 1879, à 84 millions.

Avec la nouvelle loi, nous voyons disparaître définitivement de cette liste la rétribution scolaire, le prix de la pension dans les écoles normales, et les centimes de la gratuité. La principale innovation consiste ensuite dans l'obligation imposée aux communes, par l'article 2, d'inscrire à leur budget les quatre centimes jusque-là facultatifs créés par les lois antérieures.

De même l'article 4 rend obligatoires pour les départements le vote des quatre centimes spéciaux créés par les lois de 1850, 1867 et 1875.

Les communes et les départements peuvent s'exonérer de tout ou partie de cette imposition *en inscrivant à leur budget, avec la même destination, une somme égale au produit des centimes supprimés, somme qui pourra être prise soit sur le revenu des dons et legs, soit sur une portion quelconque de leurs ressources ordinaires.*

Au produit de ces centimes communaux et départementaux vient s'ajouter la ressource des prélèvements à opérer sur les revenus ordinaires des communes ; c'est l'article 3 qui régularise et détermine ces prélèvements. Pour obvier aux difficultés et aux abus dont ils avaient été souvent le prétexte, cet article indique d'abord la nature des revenus ordinaires sur lesquels ces prélèvements s'opéreront exclusivement. Ce sont :

1° Les revenus en argent des biens communaux;

2° La part revenant à la commune sur l'imposition des chevaux et voitures et des permis de chasse;

3° La taxe sur les chiens;

4° Le produit net des taxes ordinaires d'octroi;

5° Les droits de voirie et les droits de location aux foires, halles et marchés.

Déterminant ensuite la quotité de ces prélèvements, l'article 3 les fixe à un cinquième seulement.

Enfin, dans un dernier paragraphe, il exempte de tout prélèvement les communes dans lesquelles la valeur du centime additionnel au principal des quatre contributions directes n'atteint pas 20 francs. Dans ce cas, en effet, on peut présumer que les ressources communales sont extrêmement restreintes, et on a cru devoir affranchir ces communes d'une contribution relativement plus onéreuse pour elles que pour les autres.

En cas d'insuffisance de l'ensemble des ressources ainsi énumérées dans les articles 2, 3 et 4 de la loi, c'est l'État qui, aux termes de l'article 5, doit couvrir cette insuffisance. Il y a là certainement un accroissement considérable des charges de l'État : mais c'est la conséquence de la transformation que nous avons indiquée du service communal de l'instruction primaire en service d'État.

II. — Comment donc s'établit pour les communes, d'après la législation actuelle, le budget de l'instruction primaire ?

Toutes, sans distinction, sont tenues d'appliquer d'abord jusqu'à due concurrence, pour les dépenses obligatoires de l'instruction primaire, deux sortes de ressources :

1° Le produit des dons et legs faits à la commune pour les écoles;

2° Le produit des quatre centimes spéciaux.

La loi de 1881 divise ensuite les communes en deux catégories, suivant que la valeur du centime additionnel au principal des quatre contributions directes n'atteint pas ou dépasse 20 francs.

Pour les premières, celles dont le centime additionnel est

inférieur à 20 francs, le surplus des dépenses est couvert par le département, dans les limites du produit de 4 centimes spéciaux ; et si ces centimes départementaux ne suffisent pas par une subvention de l'État.

Pour les communes dont le centime additionnel est de 20 francs ou au-dessus, il y a lieu, d'après la loi de 1881, d'ajouter aux deux premières ressources indiquées, jusqu'à due concurrence, le cinquième des revenus spéciaux énumérés par l'article 3. Et si, après ce prélèvement, il y a encore insuffisance, on recourt également aux quatre centimes départementaux, et enfin à la subvention de l'État.

Telles sont les règles posées par la loi du 16 juin 1881 ; mais dès sa mise en vigueur, les communes auxquelles elle imposait le prélèvement du cinquième des revenus spéciaux furent déchargées de cette obligation. Dans la loi des finances de 1882, les Chambres votèrent un amendement dû à l'initiative de M. Sarrien et qui mettait à la charge de l'État, jusqu'à concurrence de 15 millions, les frais de la gratuité incombant aux communes et correspondant au prélèvement de ce cinquième. Les cinq grandes communes de Paris, Lyon, Bordeaux, Marseille et Lille, ayant déjà des ressources suffisantes, n'avaient pas eu besoin de se trouver comprises dans la répartition de ces 15 millions. Cette somme suffisait, pour l'année 1882, à compenser le prélèvement du cinquième dans toutes les autres communes, qui se trouvaient ainsi complètement dégrevées de ce prélèvement. L'année suivante, ce crédit fut réduit à 14 millions, chiffre qui reste le même jusqu'en 1884. L'augmentation de dépenses le fit porter alors à 18 millions, sur l'initiative de M. Philippoteau. Mais à partir de cette époque, la situation financière générale du budget, et les augmentations continues de dépenses, ne permirent plus au Parlement de voter une subvention suffisante pour exonérer intégralement les communes de ce prélèvement sur revenus spéciaux. Le crédit fut ramené à 14 millions, chiffre qui depuis est resté le même ; et à raison de son insuffisance, les communes ont dû subir alors pour la première fois ce prélèvement, quoique seulement dans une mesure restreinte.

Beaucoup de difficultés s'étant élevées à ce sujet, le gouvernement a demandé, en 1888, un crédit supplémentaire de 4 millions pour le remplacer. Dans le budget de 1889, c'est toujours la même subvention de 14 millions qui a été votée. Il est certain qu'elle sera insuffisante, mais sur la demande du gouvernement et du rapporteur du budget, la question a été réservée jusqu'à la discussion du projet de loi sur les traitements du personnel, quant à la manière dont il sera pourvu définitivement à cette insuffisance.

D'après ce projet, tel qu'il a été voté par la Chambre des députés, et qu'il est soumis actuellement à la délibération du Sénat, ces règles seraient extrêmement simplifiées. Les dépenses de l'enseignement primaire restent toujours réparties entre l'État, les départements et les communes, (art. 1er du projet), mais le prélèvement du cinquième est définitivement supprimé, ainsi que les quatre centimes départementaux et les quatre centimes communaux : le tout est remplacé par huit centimes additionnels généraux portant sur les quatre contributions directes, et dont le produit doit être inscrit au budget de l'État (art. 24, 25 et 26 du projet).

§ 3. — DÉPENSES DE L'INSTRUCTION PRIMAIRE OBLIGATOIRES POUR LES COMMUNES.

I. — Les dépenses obligatoires pour les communes, auxquelles il doit être fait face avec les ressources communales et départementales, doivent être séparées avec soin des dépenses facultatives, puisque celles-ci sont à la charge exclusive des communes.

Ces dépenses obligatoires (art. 14 de la loi du 30 octobre 1886) sont :

1° L'établissement des écoles primaires élémentaires publiques, là où elles n'existent pas encore. Nous verrons dans les deux chapitres suivants les règles relatives à cet établissement et à la construction des maisons d'école ;

2° Les traitements des instituteurs et institutrices, adjoints et adjointes ;

3° Le logement de chacun des membres de ce même personnel ;

4° L'acquisition et l'entretien du mobilier scolaire ;

5° L'entretien ou la location des bâtiments et de dépendances ;

6° Le chauffage et l'éclairage des classes et la rémunération des gens de service s'il y a lieu.

Toutes ces dépenses étaient déjà obligatoires avant la loi de 1886 : l'article 14 de cette loi les a seulement mieux précisées. Ce sont, en définitive, toutes les charges des écoles publiques régulièrement créées.

Si donc le Conseil municipal, par suite de négligence ou de refus, ne votait pas les fonds nécessaires à ces dépenses obligatoires, un crédit d'égale valeur serait inscrit d'office au budget communal par l'autorité supérieure (art. 149 de la loi sur l'organisation municipale, du 5 avril 1884).

II. — Le projet de la nouvelle loi sur les dépenses ordinaires de l'instruction primaire publique, tel qu'il a été voté par la Chambre des députés, apporte des modifications considérables à cette législation. Les instituteurs, étant des fonctionnaires de l'État, recevront directement de lui leur traitement, comme tous les autres fonctionnaires.

Remarquons toutefois que ce projet, tout en rattachant davantage l'école à l'État, ne la sépare point complètement de la commune. Quoique l'enseignement public soit désormais considéré par le législateur comme un service d'État, les dépenses, aux termes de l'article 1er, restent toujours à la fois « à la charge de l'État, des départements et des communes ». Seulement, ainsi que nous l'avons déjà dit, l'enseignement primaire, au lieu d'être un service communal subventionné par l'État, devient un service d'État subventionné par les communes. Au lieu que ce soit l'État qui vienne en aide aux départements et aux communes, pour assurer le service de l'instruction primaire, ce sera l'État qui fondera et entretiendra les écoles, avec le concours des départements et des communes.

Les articles 2 et 4 du projet de la nouvelle loi, actuellement soumise à la délibération du Sénat, sont ainsi conçus :

Art. 2. — *Sont à la charge de l'État :*
1º *Les traitements du personnel de l'enseignement dans les écoles primaires, etc...*
Art. 4. — *Sont à la charge des communes :*
1º *L'indemnité de résidence des instituteurs et institutrices ;*
2º *L'entretien, et s'il y a lieu, la location des bâtiments des écoles primaires ; les logements des maîtres ou les indemnités représentatives ;*
3º *Les frais de chauffage, d'éclairage et de nettoyage des classes dans les écoles primaires ;*

4° *La rémunération des gens de service dans les écoles maternelles publiques et, si le Conseil municipal décide qu'il y a lieu, dans les autres écoles primaires publiques;*

5° *L'acquisition, l'entretien et le renouvellement du mobilier scolaire et du matériel d'enseignement;*

6° *Les registres et imprimés à l'usage des écoles;*

7° *Les allocations aux chefs d'atelier, contre-maîtres et ouvriers chargés par les communes de l'enseignement industriel dans les écoles régies par la loi du* 11 *décembre* 1880.

Ainsi les communes ne participeraient plus au traitement de l'instituteur que par l'indemnité de résidence, qui resterait obligatoire pour elles.

Ajoutons que le législateur, désirant laisser subsister toujours le plus de liens possible entre l'école et la commune, a paru se préoccuper de ce que celle-ci ne se désintéressât pas du sort des maîtres, et par suite de l'école. La commune resterait autorisée à accorder aux instituteurs, en dehors de l'indemnité obligatoire de résidence, des allocations supplémentaires facultatives. Le rapport de M. Compayré sur le projet de loi, à la Chambre des députés, s'exprime ainsi à ce sujet :

« Nous ne pensons pas qu'il soit bon, sous prétexte de protéger l'indépendance des instituteurs, d'interdire les allocations municipales, et que la commune soit condamnée par la loi à se désintéresser du sort des maîtres et maîtresses d'école. Il est juste que les municipalités gardent le droit de récompenser, toutes les fois qu'elles le pourront et le voudront, le zèle et le mérite des instituteurs; qu'elles conservent la faculté de les décider, par des avantages particuliers, à se fixer pour longtemps, pour toujours peut-être dans la même résidence. Et puis, d'autre part, il serait peu équitable, alors que le budget de l'État ne peut encore offrir que des promesses aux instituteurs, de tarir pour eux la source des libéralités municipales, qui, en 1885, ont atteint le chiffre considérable de 8 millions. »

III. — L'article 15 de la loi de 1886 a modifié ainsi qu'il suit l'article 7 de la loi de 1881 :

Sont mises au nombre des écoles primaires publiques, donnant lieu à une dépense obligatoire pour la commune, à la condition qu'elles soient créées conformément aux prescriptions de l'article 13 *de la présente loi* (1° *avis des conseils municipaux;* 2° *décision du Conseil départemental;* 3° *approbation du ministre*) *:*

1° *Les écoles publiques de filles déjà établies dans les communes de plus de 400 âmes;*

2° *Les écoles maternelles publiques qui sont ou seront établies dans les communes de plus de 2000 âmes, et ayant au moins 1200 âmes de population agglomérée;*

3° *Les classes enfantines publiques, comprenant des enfants des deux sexes et confiés à des institutrices.*

Nous verrons plus loin que, d'après l'article 11 de la loi de 1886, l'établissement d'une école spéciale de filles n'est obligatoire pour une commune, ou une réunion de communes, qu'au-dessus de 500 habitants, tandis que la loi de 1881, établissent la gratuité de l'enseignement primaire, avait fixé comme limite, dans son article 7, non 500, mais 400 âmes de population.

Comment concilier maintenant cet article 11, qui n'impose à l'avenir une école spéciale de filles qu'aux communes de 500 habitants, avec la première des dispositions de notre article 15, qui rend obligatoires pour les communes de plus de 400 âmes les dépenses des écoles de filles *déjà établies* avant la loi de 1886, sous l'empire de la loi de 1881?

Faut-il entendre par l'article 15 que l'administration peut imposer à la commune de moins de 500 âmes, qui avait établi une école spéciale de filles avant le 1er novembre 1886, le maintien de cette école?

Il serait bien illogique d'imposer à une commune le maintien d'une école dont la création, si l'école n'existait pas déjà, ne serait pas obligatoire pour elle. Aussi ne semble-t-il pas que ce soit là ce qu'a voulu dire le législateur. Il résulte de la discussion devant le Sénat (séance du 28 janvier 1886), qu'on n'a point entendu imposer à ces communes une obligation en dehors du droit commun, mais seulement leur accorder une facilité : celle de conserver l'école déjà établie en recourant, s'il y a lieu, à la subvention de l'État. L'Avis du Conseil d'État du 23 novembre 1887 a du reste formellement consacré cette interprétation :

« Le Conseil d'État... est d'avis :

« Que le Conseil départemental a seul qualité pour prononcer, sauf approbation du ministre, la suppression d'une école qui a été régulièrement établie, et que tant que cette école n'est pas supprimée, la dépense en est obligatoire pour la commune; mais que la commune qui ne pourrait être tenue d'établir une école de filles, si elle n'existait pas, ne saurait être contrainte de la maintenir, alors que le Conseil municipal en demande la suppression. »

Le Préfet ne saurait donc, sans excès de pouvoirs, inscrire d'office au budget d'une commune de plus de 400 et de moins de 500 âmes, la dépense pour une école de filles créée antérieurement à la loi de 1886, et dont le Conseil municipal aurait demandé la suppression. Et si le Conseil départemental a été régulièrement saisi par la commune d'une demande de suppression de cette école, il ne pourra pas la refuser : dans le cas où il en prescrirait le maintien, le Ministre ne pourrait approuver cette décision.

En ce qui concerne les écoles spéciales de filles créées depuis la loi de 1886 dans les communes de moins de 500 habitants, et celles créées soit avant, soit depuis la loi, dans les communes de moins de 400 habitants, il est évident que leur maintien et leurs dépenses ne sont point obligatoires pour les communes, et restent en principe à leur charge exclusive. Ces communes pourront bien parfois recevoir aussi une subvention de l'État pour les traitements des institutrices de ces écoles, dans les limites des crédits spéciaux qui seront votés ; mais cette subvention est toute facultative de la part de l'administration.

Quant aux écoles maternelles, la loi de 1881 les rangeait toutes parmi les écoles dont les dépenses sont obligatoires pour les communes. Il était arrivé que des communes, sachant que ces dépenses obligatoires seraient couvertes par les subventions de l'État, avaient créé des écoles maternelles au delà des besoins scolaires : c'est pour éviter cette aggravation des charges de l'État, que le législateur de 1886 a limité aux communes de plus de 2,000 âmes, et de 1,200 âmes au moins de population agglomérée, la faculté d'avoir des écoles maternelles dont les dépenses seraient obligatoires et retomberaient ensuite à la charge de l'État. A l'égard des écoles maternelles qui fonctionnent déjà dans les communes n'ayant pas ce chiffre de population fixé par la loi, les communes devront, ou bien prendre toute la dépense à leur charge, ou bien demander la transformation de ces écoles en classes enfantines régulières, c'est-à-dire en classes annexées à une école primaire élémentaire, ayant des enfants des deux sexes et confiées à des institutrices.

IV. — Signalons ici, en ce qui concerne le traitement des instituteurs compris dans ces dépenses obligatoires, l'article 6 de la loi du 16 juin 1881. La suppression de la rétribution scolaire pouvait avoir pour conséquence de diminuer ce traitement. De là les dispositions de l'article 6, applicable aux instituteurs en exercice, d'après lequel le traitement des instituteurs et institutrices, titulaires et adjoints, déjà en fonctions lors de la promulgation de la loi, ne pourra devenir inférieur au plus élevé des traitements dont ils auront joui pendant les trois années qui ont précédé l'application de la loi. Mais cette clause ne s'étend pas à leurs successeurs, et l'on ne peut nier qu'un certain nombre de postes privilégiés n'aient été diminués par le fait de la nouvelle loi.

Aux termes de l'article 9 de la loi du 10 août 1867, le traitement de l'instituteur, dans les communes où la gratuité était établie, se composait de trois éléments, savoir : d'un traitement fixe, d'un traitement éventuel, et d'un supplément de traitement accordé dans certains cas d'insuffisance des deux premiers. Le traitement éventuel était calculé à raison du nombre d'élèves présents, d'après un taux de rétribution déterminé chaque année par le Préfet, sur l'avis du Conseil municipal et du Conseil départemental. Désormais le soin de fixer ce taux de rétribution est attribué non plus au Préfet, mais au Ministre lui-même, sur la proposition du Préfet et et après avis du Conseil départemental.

La quotité des traitements, en ce qui concerne les écoles maternelles et les classes enfantines, a été fixée par le décret du 10 octobre 1881, rendu conformément aux prescriptions de l'article 6 de la loi de 1881.

§ 4. — ORGANISATION DES CAISSES DES ÉCOLES.

A l'organisation de la gratuité de l'enseignement primaire se rattache, comme un complément naturel, le fonctionnement des caisses des écoles, instituées par l'article 15 de la loi du 10 avril 1867, et rendues obligatoires par l'article 17 de la loi du 28 mars 1882.

DE LA GRATUITÉ.

Art. 15 de la loi du 10 avril 1867. *Une délibération du Conseil municipal, approuvée par le Préfet, peut créer, dans toute commune, une Caisse des écoles destinée à encourager et à faciliter la fréquentation de l'école par des récompenses aux élèves assidus et par des secours aux élèves indigents.*

Le revenu de la Caisse se compose de cotisations volontaires et de subventions de la commune, du département et de l'État. Elle peut recevoir, avec l'autorisation des Préfets, des dons et legs.

Plusieurs communes peuvent être autorisées à se réunir pour la formation et l'entretien de cette Caisse.

Le service de la Caisse des écoles est fait gratuitement par le percepteur.

Art. 17 de la loi du 28 mars 1882. *La Caisse des écoles, instituée par l'article 15 de la loi du 10 avril 1867, sera établie dans toutes les communes. Dans les communes subventionnées dont le centime n'excède pas 30 francs, la Caisse aura droit, sur le crédit ouvert pour cet objet au ministère de l'instruction publique, à une subvention au moins égale au montant des subventions communales.*

La répartition des secours se fera par les soins de la Commission scolaire.

Le but de cette institution a été indiqué et commenté dans l'instruction ministérielle aux préfets du 12 mai 1867, et nous ne pouvons mieux faire que d'en reproduire le principal passage :

« Je ne saurais trop vous recommander, M. le Préfet, l'institution d'une Caisse des écoles dans les communes. Cette caisse, destinée à encourager et à faciliter la fréquentation de l'école, peut avoir les plus utiles résultats. Créée sous l'inspiration du Conseil municipal, alimentée par les souscriptions des personnes les plus dévouées au bien public, elle peut suppléer à l'insuffisance des ressources communales pour un grand nombre de dépenses qui, sans être obligatoires, sont d'une utilité incontestable. Il ne suffit pas, par exemple, en de certains cas, d'ouvrir gratuitement à un enfant la porte de l'école : l'expérience prouve que beaucoup d'enfants qui y sont admis à cette condition se dispensent d'y paraître, ou y paraissent si irrégulièrement qu'ils n'en profitent réellement pas. Cela tient à plusieurs causes que la Caisse des écoles peut faire disparaître. Le besoin qu'ont les parents des services de leurs enfants : la Caisse ne peut-elle pas allouer des secours, à condition de l'envoi régulier des enfants à l'école? Ces enfants manquent de vêtements : ne peut-elle leur en donner? Ils n'ont pas le moyen de se procurer des livres et du papier : ne peut-elle leur en fournir? Ne peut-elle pas récompenser par quelque don les enfants les plus assidus; accorder des prix en dehors de ceux pour lesquels le Conseil municipale alloue une certaine somme, ou en doubler la valeur ; donner à l'instituteur lui-même soit une gratification, soit les livres dont il aurait besoin pour l'instruction de ses élèves ou la sienne propre ; ou enfin souscrire en son nom à des recueils périodiques qui le tiendraient au courant des méthodes nouvelles et des progrès de la science ? »

M. Jules Ferry s'exprimait à son tour en ces termes, dans sa circulaire du 29 mars 1882, au lendemain de la loi sur l'obligation :

« Aux termes de l'article 17, il doit être établi une Caisse des écoles dans chaque commune.

« C'est surtout avec l'obligation de l'instruction que cette utile institution est appelée à porter tous ses fruits et à faciliter la fréquentation régulière de l'école par des secours aux enfants indigents, par la fourniture d'aliments chauds en hiver, de vêtements et de chaussures, par le don de livres de classe, papier, etc.

« Je vous envoie un modèle de statuts qui pourra servir de guide dans les communes non encore dotées d'une caisse d'école (1).

MODÈLE DE STATUTS

D'UNE CAISSE DES ÉCOLES, ANNEXÉ A LA CIRCULAIRE DU 29 MARS 1882.

Caisse des écoles d   — Statuts.

Art. 1ᵉʳ. — Une Caisse des écoles est instituée à   , en exécution de l'article 17 de la loi du 28 mars 1882. Elle a pour but de faciliter la fréquentation des classes par des récompenses, sous forme de livres utiles et de livrets de caisse d'épargne, aux élèves les plus appliqués, et par des secours aux élèves indigents ou peu aisés, soit en leur donnant les livres et fournitures de classe qu'ils ne pourraient se procurer, soit en leur distribuant des vêtements et des chaussures, et, pendant l'hiver, des aliments chauds.

Art. 2. — Les ressources de la Caisse se composent :

1º Des subventions qu'elle pourra recevoir de la commune, du département et de l'État ;

2º Des fondations et souscriptions particulières ;

3º Du produit des dons, legs, quêtes, fêtes de bienfaisance, etc. ;

4º Des dons en nature, tels que livres, objets de papeterie, vêtements, denrées alimentaires.

Art. 3. — La Société de la Caisse des écoles comprend des membres fondateurs et des membres souscripteurs.

Art. 4. — Le titre de *fondateur* de la Caisse des écoles sera acquis par un versement minimum de   francs une fois payés ou de   annuités de   francs chacune.

Art. 5. — Le titre de *souscripteur* résultera d'un versement annuel de   francs au minimum.

Art. 6. — La Caisse des écoles est administrée par un comité composé des mem-

« Il est bien entendu que, pour la rédaction de ces statuts, toute latitude est laissée aux conseils municipaux, qui sont les meilleurs juges des services à rendre par la caisse de l'école, eu égard aux besoins particuliers de la localité, et par suite de l'organisation qu'il convient de lui donner. »

§ 5. — DES BOURSES DE L'ENSEIGNEMENT PRIMAIRE.

L'État subventionne encore l'enseignement primaire au moyen de bourses de diverses sortes : bourses dans les écoles primaires supérieures, bourses de voyage, bourses de séjour à l'étranger.

Les règles concernant ces bourses sont indiquées dans les articles 43 à 54 du décret organique du 18 janvier 1887, et dans les articles 41 à 67 de l'arrêté du même jour.

Les bourses nationales dans les écoles primaires supérieures sont de trois sortes : bourses d'internat, bourses d'entretien, et bourses familiales (Voir l'article 44 du décret organique). Le ministre répartit chaque année, entre les départements,

bres de la Commission scolaire locale et de   autres membres, élus pour une période de   ans, par l'assemblée générale des sociétaires, et rééligibles.

Ce comité, présidé par le maire, élit chaque année un vice-président, un secrétaire et un trésorier.

Il pourra s'adjoindre, en nombre indéterminé, des dames patronnesses.

Art. 7. — Toutes les fonctions du comité de la Caisse des écoles sont essentiellement gratuites.

Art. 8. — Le comité arrête, chaque année, le budget de dépenses de la Caisse des écoles, et règle l'emploi des fonds disponibles. Il détermine la somme que le trésorier conservera pour les dépenses présumées de l'année, le surplus devant être placé sur l'État en rentes 3 p. 100 amortissables.

Art. 9. — Le comité se réunit au moins trois fois par an, savoir : dans le mois qui suit la rentrée des classes, dans celui qui précède Pâques, et dans le mois qui précède l'ouverture des vacances ; il se réunit plus souvent si le président juge nécessaire de le convoquer, ou si cinq de ses membres en font la demande.

Art. 10. — Le comité aura la faculté de convoquer à ses réunions l'instituteur, l'institutrice et la directrice de l'école maternelle ; mais ces fonctionnaires n'auront que voix consultative.

Art. 11. — Dans l'intervalle des réunions du comité, les mesures urgentes peuvent être prises, sauf à en référer au comité, lors de sa première séance, par le bureau dudit comité.

Art. 12. — Aucune dépense ne peut être acquittée par le trésorier qu'en vertu d'un bon signé du président et du secrétaire.

Art. 13. — Dans une assemblée générale annuelle des sociétaires, il est rendu compte des travaux du comité et de la situation financière de l'œuvre. Une copie de ce compte rendu est transmise à M. l'Inspecteur d'Académie.

Art. 14. — Aucune modification aux présents statuts ne pourra avoir lieu sans l'approbation de l'autorité préfectorale.

les crédits votés à ce sujet. Ces bourses sont ensuite conférées par le Préfet, sur la proposition de l'inspecteur d'Académie, et après avis du Conseil départemental. Elles sont attribuées pour trois ans, soit comme bourses entières, soit par fraction de moitié ou des trois quarts, et peuvent être alors complétées par le département ou la commune. Le montant annuel des bourses d'internat est égal au prix de pension des élèves payants, sans toutefois pouvoir jamais dépasser 500 francs. Les bourses d'entretien peuvent varier de 100 à 400 francs, par fraction de 100 francs. Les bourses familiales sont de 500 francs. En outre des dégrèvements de trousseau peuvent, sur la proposition de l'inspecteur d'Académie, être accordés par le Préfet, sur les crédits mis à sa disposition, aux candidats dont les familles justifient ne pouvoir en supporter les frais.

Les bourses ne peuvent être accordées qu'à la suite d'un examen dont les conditions et les épreuves sont déterminées par les articles 41 et suivants de l'arrêté organique.

En outre la concession d'une bourse est subordonnée à l'appréciation de l'ensemble des titres des postulants, appréciation dans laquelle il est tenu compte :

1° En premier lieu et avant tout, du mérite de l'enfant et de ses notes d'examen;

2° Des services rendus à l'État par les parents;

3° De la situation de fortune, du nombre des enfants, et des charges de famille des pétitionnaires.

La déchéance de la bourse, en cas de faute grave, est prononcée par le Préfet, sur la proposition de l'inspecteur d'Académie et l'avis du Conseil départemental.

L'examen destiné à constater l'aptitude des postulants a lieu chaque année, du 10 au 15 mai, à la date fixée par le Ministre. Les candidats doivent être âgés de 12 ans au moins et de 15 ans au plus, sans qu'aucune dispense d'âge puisse être accordée; leurs parents ou tuteurs devront les faire inscrire dans les bureaux de l'inspection académique avant le 1er avril. A la demande d'inscription doivent être jointes diverses pièces énumérées dans l'article 44 de l'arrêté organique.

En règle générale, les boursiers sont placés dans le département qu'habite leur famille, s'il est pourvu d'écoles primaires supérieures. Des exceptions peuvent être faites, sur la demande motivée des parents, après entente entre les départements intéressés. Des exceptions peuvent également être faites en faveur des écoles d'agriculture et des écoles nationales professionnelles. C'est le Préfet qui répartit le contingent des bourses entre les différentes écoles primaires du département sur l'avis du Conseil départemental et sur la proposition de l'inspecteur d'Académie. Ajoutons que les candidats peuvent, après avis du ministre de l'agriculture, être placés, sur leur demande, dans une des écoles pratiques d'agriculture de la région.

Aux termes de l'article 61 de l'arrêté organique, les élèves boursiers de l'enseignement primaire supérieur peuvent encore être transférés, avec jouissance d'une bourse, dans l'enseignement secondaire, s'ils sont âgés de moins de 16 ans.

De plus des bourses d'enseignement secondaire, dont le nombre est fixé chaque année par arrêté ministériel, peuvent être attribués par le Ministre à des élèves de l'enseignement primaire supérieur qui se seront fait remarquer, au cours de leurs études, par leur assiduité, leur application et leurs progrès (art. 53 du décret organique).

Les bourses de séjour à l'étranger, accordées aux élèves des écoles primaires supérieures, sont décernées à la suite d'un concours. Pour pouvoir prendre part à ce concours, il faut avoir 16 ans accomplis et moins de 19 ans, et être pourvu du certificat d'études primaires supérieures. Une demande doit avoir été adressée au Ministre par l'intermédiaire de l'inspecteur d'Académie (Voir l'article 65 de l'arrêté organique). Les épreuves ont lieu au chef-lieu du département, sous la présidence de l'inspecteur d'Académie.

Enfin d'après l'article 12 de l'arrêté du 23 décembre 1882, relatif au certificat d'études primaires supérieures, il peut être accordé par le Ministre, à titre de récompense exceptionnelle, à des élèves qui auront obtenu avec le plus de succès le certificat d'études primaires supérieures, une bourse de voyage à l'étranger, en vue de se fortifier dans la connaissance des langues vivantes.

CHAPITRE III

De l'établissement des écoles primaires publiques.

I. — La loi du 15 mars 1850 (art. 36) avait déjà posé en principe que toute commune devait entretenir une ou plusieurs écoles primaires. Toutefois une commune pouvait être autorisée à se réunir aux communes voisines pour l'entretien d'une école ; elle pouvait aussi être dispensée d'entretenir une école publique, à la condition de pourvoir à l'enseignement primaire gratuit, dans une école libre, de tous les enfants dont les familles étaient hors d'état d'y subvenir.

Toute commune de plus de 800 habitants était également tenue, si ses ressources propres lui en fournissaient les moyens, et sauf quelques cas exceptionnels et dispenses, d'avoir au moins une école de filles (art. 51). La loi du 10 avril 1867 étendit cette obligation à toutes les communes de plus de 500 habitants; elle conféra ensuite au Conseil départemental le droit de fixer pour chaque commune, après pris l'avis du Conseil municipal et sous réserve de l'approbation du Ministre, le nombre d'écoles publiques de garçons et de filles que la commune devait entretenir; enfin elle créa, pour les populations disséminées, les écoles de hameau, dirigées par des adjoints ou adjointes.

Plus tard la loi du 20 mars 1883, dans son article 8, imposa aux communes l'obligation d'établir des maisons d'école non seulement au chef-lieu, mais encore dans tous les hameaux ou centres de population éloignés du chef-lieu ou distants les uns des autres de trois kilomètres, et réunissant un effectif d'au moins 20 enfants d'âge scolaire.

II. — Arrivons maintenant aux dispositions de la loi actuelle, du 30 octobre 1886.

1^{ent}. La première règle est que toute commune doit être pourvue au moins d'une école primaire publique (art. 11).

Tant que la commune ne comprend pas plus de 500 habitants, ou qu'elle ne fait pas partie d'une réunion de communes autorisée dans les conditions que nous verrons plus loin, et ne comptant pas plus de 500 habitants, il suffit d'une seule école publique, qui est alors une école mixte de garçons et de filles.

Remarquons que les communes n'ont plus la faculté que leur laissait l'article 36 de la loi de 1850, d'être dispensées par le Conseil départemental d'entretenir une école publique, à condition de pourvoir à l'enseignement primaire gratuit en subventionnant une école libre, qui tenait lieu ainsi d'école publique.

Mais cette première règle de l'article 11 n'est pas absolue.

Toutefois, dit ensuite cet article, *le Conseil départemental peut, sous réserve de l'approbation du Ministre, autoriser une commune à se réunir à plusieurs communes voisines, pour l'établissement et l'entretien d'une école.*

Les communes qui veulent ainsi se réunir pour l'établissement et l'entretien d'une école publique à frais communs, peuvent prendre d'elles-mêmes l'initiative des mesures préparatoires, et entrer en conférences sans avoir besoin d'aucune autorisation. Il leur suffit d'avertir le Préfet. Les articles 116 et 117 de la loi du 5 avril 1884, sur l'organisation municipale, sont en effet ainsi conçus :

Art. 116. — Deux ou plusieurs Conseils municipaux peuvent provoquer entre eux, par l'entremise de leur président, et après en avoir averti les préfets, une entente sur les objets d'utilité communale compris dans leurs attributions et qui intéressent à la fois leurs communes respectives.

Ils peuvent faire des conventions à l'effet d'entreprendre ou de conserver à frais communs des ouvrages ou des institutions d'utilité communale.

Art. 117. — Les questions d'intérêt commun seront débattues dans des conférences où chaque Conseil municipal sera représenté par une commission spéciale nommée à cet effet, et composée de trois membres nommés au scrutin secret.

Les préfets et sous-préfets des départements et arrondissements comprenant les communes intéressées pourront toujours assister à ces conférences.

Les décisions qui y seront prises ne seront exécutoires qu'après avoir été ratifiées par tous les Conseils municipaux intéressés, et sous les réserves énoncées au chapitre III du titre IV de la présente loi.

Lorsque les communes, à la suite de ces conférences, se sont mises d'accord, elles devront obtenir, pour leur projet de réunion : 1° l'autorisation du Conseil départemental; 2° l'approbation du Ministre (même article 11).

Les communes intéressées font elles-mêmes entre elles la répartition des frais de construction et d'entretien. Mais si elles ne parviennent pas à s'entendre à ce sujet, la répartition est faite par le Préfet, après avis du Conseil départemental. Le législateur a jugé qu'il n'était point nécessaire ici de consulter le Conseil général, puisqu'il s'agissait simplement de la répartition d'une charge déjà consentie, et non de l'imposition d'office et contre le gré de la commune de cette charge même.

2^{ent}. Lorsque la commune, — ou la réunion de communes autorisée comme il vient d'être dit, — compte plus de 500 habitants, elle doit avoir au moins une école spéciale pour filles. Le chiffre de 500 habitants avait déjà été fixé par la loi de 1867 ; abaissé à 400 par la loi de 1881, il a été rétabli par la loi de 1886.

Cette seconde règle comporte également des exceptions. Le Conseil départemental peut autoriser la commune, — ou la réunion de communes, — comptant plus de 500 habitants, à remplacer cette école spéciale de filles par une école mixte. Aux termes de l'article 11 du décret du 18 janvier 1887, cette décision du Conseil départemental doit être soumise à l'approbation du Ministre dans le délai d'un mois.

3^{ent}. Lorsqu'une commune compte plusieurs centres de population, — une agglomération principale, celle où se trouve la mairie, et qu'on appelle alors le *chef-lieu* de la commune, — et d'autres agglomérations distinctes, qu'on appelle des *hameaux*, — il se peut que l'importance et l'éloignement de ceux-ci soient suffisants pour y motiver la création d'écoles spéciales.

D'après la loi du 10 août 1867 (art. 2, § 3), le Conseil départemental déterminait, sur l'avis du Conseil municipal, les cas où il y avait lieu d'établir une ou plusieurs *écoles de hameau*, dirigées par des *adjoints* ou des *adjointes*.

La loi du 20 mars 1883, dont le titre II a pour rubrique : DE L'OBLIGATION DE CONSTRUIRE DES MAISONS D'ÉCOLE DANS LES

CHEFS-LIEUX DE COMMUNE ET DANS LES HAMEAUX, a précisé les obligations des communes, dans son article 8, ainsi conçu :

Toute commune est tenue de pourvoir à l'établissement de maisons d'école... dans les hameaux ou centres de population éloignés dudit chef-lieu ou distants les uns des autres de 3 kilomètres, et réunissant un effectif d'au moins vingt enfants d'âge scolaire.

Ainsi pour que la création d'une école de hameau soit imposée à une commune, il faut deux conditions : une condition de distance, et une condition de population scolaire.

Mais ni la loi de 1883, ni celle de 1886, n'ont défini ce qu'il fallait entendre par *hameau*. Si une grande ville possède un faubourg important, quand même il ne lui serait pas relié par une suite ininterrompue de constructions, et qu'il constituerait une agglomération nettement séparée du chef-lieu, devrait-on lui appliquer la législation des écoles de hameau? On arriverait alors à cette conséquence, que si la distance qui le sépare du chef-lieu était inférieure à 3 kilomètres, le Conseil départemental et le Ministre, en cas de refus du Conseil municipal, ne pourraient y prescrire d'écoles spéciales, quelle qu'en fût la nécessité. Mais il n'est pas douteux que la législation des écoles de hameau n'a eu en vue que les communes rurales, et que le faubourg en question ne saurait être assimilé à un *hameau*. Il faut donc décider que la création d'une ou plusieurs écoles dans ce faubourg, soit une école mixte à plusieurs classes, soit même un groupe scolaire à une ou plusieurs classes pour chaque sexe, pourra être imposée à la commune, quand même la distance au chef-lieu serait inférieure à 3 kilomètres. On peut ajouter aussi que cette solution est conforme à l'avis du Conseil d'État du 4 janvier 1888, qui détermine ce qu'il faut entendre par *écoles de hameau*, au point de vue de la quotité des subventions qu'accorde l'État pour la construction des maisons d'école.

Remarquons que depuis la loi de 1886 (articles 6 et 24), la direction d'une école de hameau, comme celle d'une école du chef-lieu, doit être toujours confiée non plus à un adjoint, comme dans la loi de 1867, mais à un instituteur titulaire.

L'article 12 de cette loi permet à plusieurs communes de se réunir pour la création et l'entretien d'écoles de hameau, dans les mêmes conditions que pour les écoles de chef-lieu.

D'après l'article 11, des Conseils municipaux peuvent également s'entendre pour rattacher un ou plusieurs hameaux dépendant d'une commune, à l'école de la commune voisine. Et si c'est là une mesure que l'autorité universitaire juge utile, — mais les Conseils municipaux ne pouvant se mettre d'accord, — le Conseil départemental peut l'imposer. Le Préfet fixe ensuite la part contributive revenant à chacune des communes intéressées dans les frais d'entretien.

4ent. Les trois règles fondamentales ci-dessus étant posées, c'est le Conseil départemental qui détermine :

1° Le nombre, la nature et le siège des écoles primaires publiques de tout degré qu'il y a lieu d'établir ou de maintenir dans chaque commune ;

2° Le nombre de maîtres qui y sont attachés.

Le Conseil départemental doit prendre l'avis des Conseils municipaux intéressés ; mais il n'est pas tenu de les suivre. La loi n'a entendu subordonner la décision du Conseil départemental au vote conforme de l'assemblée communale qu'autant qu'il s'agit d'une école facultative. Seulement ses décisions ne sont exécutoires qu'autant qu'elles ont été approuvées par le Ministre (art. 13).

Toute la procédure pour la création et l'installation des écoles primaires publiques est aujourd'hui réglée par le décret du 7 avril 1887, rendu pour l'exécution de la loi de 1886. Nous renvoyons donc à ce décret, dont on trouvera le texte ci-après.

5ent. En dehors de ces écoles obligatoires, et qui lui sont imposées par la décision du Conseil départemental, une commune peut, si elle le juge utile, fonder ou entretenir d'autres écoles publiques, mais qui restent alors purement facultatives. Les dépenses ne peuvent en être inscrites d'office à son budget : seulement elles sont toutes à sa charge. Toutefois la commune pourra obtenir, pour certaines de ces écoles, des subventions de l'État, sous la condition de prendre les engagements indiqués par le décret du 4 février 1888. Ce décret est ainsi conçu :

Art. 1. — Le concours de l'État pour la fondation ou l'entretien d'une des écoles primaires publiques que les communes peuvent établir à titre facultatif, ne sera accordé qu'à celles de ces communes qui se sont engagées à comprendre l'école projetée au nombre de celles qui donneront lieu à une dépense obligatoire pendant le laps de temps déterminé par l'art. 2 ci-après.

Art. 2. — S'il s'agit d'une subvention de l'État destinée à contribuer au paiement des annuités pour la construction de l'école, la durée de l'engagement de la commune est de plein droit égale à celle de la période sur laquelle portent les annuités.

S'il s'agit d'une participation de l'État soit à des traitements, soit à des indemnités annuelles, et en général d'un subside annuellement renouvelable, la durée de l'engagement sera de dix années.

S'il s'agit de bourses nationales, l'engagement sera de cinq années.

Art. 3. — Dans le cas où des raisons de force majeure obligeraient à rompre cet engagement avant son terme, la décision sera prise par arrêté du ministre de l'Instruction publique. Dans tout autre cas, l'inexécution par la commune de ses engagements pourrait donner lieu à un recours de l'État.

Il faut encore mentionner l'article 41 du décret du 18 janvier 1887, qui ne permet d'accorder aux écoles primaires supérieures aucune subvention, ni même aucune bourse, que si les communes se sont engagées à comprendre ces écoles pendant cinq années au moins dans leurs dépenses obligatoires.

Ainsi lorsqu'une commune obtient le concours de l'État pour une école dont la *création* est pour elle facultative, l'*entretien* de cette école devient pour elle obligatoire pendant une période déterminée. L'engagement de la commune ne peut être rompu que pour des raisons de force majeure et par une décision du Ministre. On comprend que l'État, en retour des dépenses par lui faites, devait exiger au moins quelques garanties de durée et de stabilité, quelque défense contre les revirements de l'opinion locale.

Les dispositions concernant ces écoles facultatives sont exposées et commentées dans la circulaire ministérielle du 8 février 1888. Nous renvoyons au texte de cette circulaire, ci-après reproduite, en résumant seulement ici ces dispositions d'une manière très sommaire :

1° L'école facultative, qui ne peut être créée d'office, ne peut être supprimée que dans les formes où elle a été créée, c'està-dire après avis du Conseil municipal, décision du Conseil départemental, et approbation ministérielle.

2° Une école facultative ne peut être fondée ou entretenue par une commune avec un subside de l'État que moyennant engagement par la commune pour un certain laps de temps.

3° Les écoles facultatives fondées ou entretenues sans subsidés de l'État sont des écoles publiques, soumises à toutes les prescriptions de la loi relatives aux écoles publiques.

4° Les écoles publiques fondées ou entretenues au moyen de libéralités faites aux communes sont aussi des écoles publiques au sens légal : une libéralité faite à des conditions contraires aux lois ne peut donc être acceptée. Si les conditions auxquelles a été faite la libéralité cessent d'être remplies, les tribunaux décident du sort de la fondation (art. 19 de la loi du 30 octobre 1886. Voir ci-dessus pages 160 et suivantes).

5° Une école communale facultative ne saurait être fondée et entretenue par l'entreprise du bureau de bienfaisance, de la fabrique, de la cure, etc... Les établissements publics n'ont été investis de la personnalité civile qu'en vue de la mission spéciale qui leur a été confiée : un bureau de bienfaisance ou une fabrique ne peuvent donc être autorisés à recevoir des libéralités en vue de fonder ou d'entretenir des écoles (Avis du Conseil d'État des 24 mars et 13 avril 1881).

Nous avons déjà rencontré la question qui s'était posée de savoir si une commune, dans le cas où elle a rempli en matière d'écoles toutes les obligations que la loi lui impose, peut subventionner des écoles privées quand ses ressources ordinaires le lui permettent. L'article 2 de la loi du 30 octobre 1886 ne distingue plus que deux catégories d'établissements d'enseignement primaire : ils peuvent être publics, c'est-à-dire fondés et entretenus par l'État, les départements ou les communes, ou privés, c'est-à-dire fondés et entretenus par des particuliers ou des associations. Mais il n'y a pas de place pour des établissements formant une sorte de classe intermédiaire, et entretenus à la fois par des communes et par des particuliers. Le Conseil d'État, dans son Avis fortement motivé du 19 juillet 1888, a donc décidé que les communes ne peuvent se prévaloir de l'article 145 de la loi municipale pour subventionner les écoles privées. (1).

(1) AVIS DU CONSEIL D'ÉTAT DU 19 JUILLET 1888.

Le Conseil d'Etat, consulté par les ministres de l'Intérieur et de l'Instruction publique sur la question de savoir si les communes qui se trouvent dans les conditions prévues par le § 2 de l'article 145 de la loi municipale du 5 avril 1884 peuvent subventionner les écoles privées ;

.. Considérant que l'article 145 inséré ne pouvait avoir pour but et ne peut avoir pour effet d'attribuer aux communes, quelle que soit d'ailleurs leur situation

DE L'ÉTABLISSEMENT DES ÉCOLES PRIMAIRES PUBLIQUES. 193

6ent. Un décret du 27 mai 1888 a ordonné qu'il serait procédé, par les Conseils départementaux, à la revision générale de la liste des écoles primaires publiques, et à leur classification d'après les catégories établies par la loi du 30 octobre 1886. Il devra être aussi mentionné sur cette liste, pour chaque commune (article 2 du décret), quelles sont les écoles placées dans chacune des 3 catégories suivantes :

1° Écoles dont l'établissement et l'entretien donnent lieu à

financière, le droit d'inscrire à leur budget, à titre de dépenses facultatives et sans nul recours de l'autorité supérieure, des dépenses contraires aux lois ;

... Considérant que l'article 2 de la loi du 30 octobre 1886 a distribué les établissements d'enseignement primaire de tout ordre en deux groupes distincts, et que par les dispositions de ses titres II et III, elle a pris soin d'édicter, pour *le personnel, le régime d'études et la discipline* de chacun d'eux, des règles particulières, sans admettre en aucun lieu l'existence d'un troisième groupe formé par le concours des communes, des associations et des particuliers ;

Considérant qu'il ne peut appartenir aux Conseils municipaux de créer ce troisième groupe en employant le budget communal de telle sorte qu'une partie de ses ressources soit obligatoirement destinée à seconder les intentions de l'État, tandis qu'une autre partie serait destinée, sous quelque appellation que ce soit, à favoriser l'effort des associations ou des particuliers ;

Considérant que ce partage, formellement contraire au principe dominant de la loi, aurait pour résultat manifeste de faire échec aux sacrifices de l'État et des départements, et de disperser abusivement les deniers des communes, qui provoqueraient la désertion de l'école publique qu'elles auraient elles-mêmes fondée et qu'elles continueraient d'entretenir ;

Considérant qu'on prétendrait vainement distinguer entre la fondation, l'entretien et la subvention, alors qu'aucune règle ne fixe le chiffre de cette subvention, et qu'il n'est rien dit des objets auxquels elle peut s'appliquer, non plus que de la faculté qui serait laissée ou non aux communes de renouveler leurs libéralités ; que dès lors la subvention, dans ces conditions arbitraires, ne serait en réalité qu'une fondation ou un entretien partiel ;

Considérant, enfin, que si quelque doute pouvait subsister sur le sens des dispositions édictées par le législateur en vue de distinguer son œuvre des régimes antérieurs, et sur la nullité des délibérations municipales ayant pour objet de subventionner des écoles privées, toute hésitation devrait disparaître en présence des discussions qui ont eu lieu au Sénat et à la Chambre dans les séances des 18 mars et 21 octobre 1886 ;

Considérant qu'à ces deux dates il ne s'est point agi seulement d'explications échangées fortuitement entre les auteurs du projet de loi et ses adversaires, mais d'amendements mûrement réfléchis et ayant pour objet *d'obtenir en faveur des communes le droit de fonder, d'entretenir ou de subventionner des écoles privées* ;

Considérant que ces amendements ont été, après discussion dans les deux Chambres, suivis de votes de rejet d'autant plus significatifs qu'ils portent avec une égale autorité sur les trois faits de fondation, d'entretien et de subvention.

Est d'avis :

Que les communes ne peuvent se prévaloir de l'article 145 de la loi municipale pour subventionner les écoles privées.

une *dépense légalement obligatoire*, c'est-à-dire les écoles communales ordinaires ;

2° Écoles dont l'établissement et l'entretien donnent lieu à une *dépense conventionnellement obligatoire ;* c'est-à-dire les écoles facultatives pour lesquelles les communes auraient pris envers l'État les engagements spéciaux prescrits par le décret du 4 février 1888 ;

3° Écoles dont l'établissement et l'entretien donnent lieu à une *dépense exclusivement communale et facultative*, c'est-à-dire les écoles qui ne peuvent être légalement ni subventionnées par l'État, ni déclarées obligatoires par le Conseil départemental.

Ce décret se trouve commenté et expliqué par la circulaire ministérielle en date du même jour, qui constitue un ensemble d'instructions très détaillées sur les *écoles publiques facultatives*. On trouvera le texte de ces décret et circulaire en fin du volume.

7^{ent}. Il se peut qu'une école établie devienne inutile par la suite, et qu'il y ait lieu de proposer sa suppression. S'il s'agit d'une des écoles ou classes énumérées dans l'article 1er de la loi du 30 octobre 1886, obligatoires pour la commune, la demande de suppression, comme celle de création, ne peut être portée devant le Conseil départemental que par le Préfet (art. 1er du décret du 7 avril 1887). C'est le Conseil départemental qui prononce, sauf approbation ministérielle. S'il s'agit d'une école qui ne serait pas obligatoire pour la commune, la suppression ne peut être refusée.

L'article 40 du décret du 7 avril 1887 prévoit spécialement le cas de suppression d'une école publique établie par plusieurs communes. Cette suppression ne peut alors être demandée que par le Préfet, après avis de l'inspecteur d'Académie et des conseils municipaux, et le Conseil départemental statue. Si l'immeuble construit ou acquis à frais communs cesse d'être affecté au service scolaire, la commune sur le territoire de laquelle il est situé peut le vendre ou l'affecter à un autre service. Dans le premier cas le prix de vente, dans le second cas le montant de l'estimation faite par un expert, est réparti entre les communes intéressées dans la proportion fixée pour les contributions de chacune d'elles dans la dépense.

8^{ent}. Les écoles primaires publiques ne sont établies que pour recevoir des externes. Seulement, d'après le § 2 de l'article 13 de la loi du 30 octobre 1886, il est permis d'annexer des pensionnats à ces écoles. Un instituteur ou une institutrice publics peuvent en effet être autorisés par le Conseil départemental, après avis conforme du Conseil municipal, à recevoir des élèves internes. L'article 15 du décret du 18 janvier 1887 indique quelle est alors la procédure à suivre.

L'instituteur ou l'institutrice qui veut recevoir, dans la classe qu'il dirige, des élèves internes, doit d'abord faire une déclaration de son intention à l'inspecteur d'Académie et au maire de la commune, et déposer entre les mains du maire le plan de l'établissement.

Le maire saisit de l'affaire le Conseil municipal, et adresse à l'inspecteur d'Académie, par l'intermédiaire du Préfet, l'extrait de la délibération prise à ce sujet.

Le Conseil départemental ne peut accorder l'autorisation qu'autant que l'avis du Conseil municipal a été favorable : la loi n'a pas voulu que l'ouverture du pensionnat pût être faite malgré le Conseil municipal.

Le Conseil départemental fixe ensuite le nombre maximum des élèves qui pourront être admis, et le régime intérieur de l'établissement. Ces pensionnats seront du reste toujours payants, et ne doivent entraîner aucune charge au compte de la commune.

L'autorisation accordée par le Conseil départemental pourra toujours être retirée, sur la proposition de l'inspecteur d'Académie, et après avis du Conseil municipal (art. 16 du même décret).

Rappelons qu'aux termes de l'article 7, § 3 de la loi du 30 octobre 1886, nul ne peut diriger une école recevant des internes, s'il n'a 25 ans révolus.

CHAPITRE IV

De la construction des maisons d'école.

I. — Nous savons maintenant quelles sont les écoles publiques que les communes sont tenues d'établir.

Cette obligation concernant l'établissement d'écoles était

déjà inscrite dans la loi de 1850. Les communes qui n'étaient pas propriétaires de leurs maisons d'école pouvaient y satisfaire par la location de locaux pour l'école elle-même et pour le logement des maîtres. Mais évidemment cette situation précaire ne peut être considérée que comme provisoire : il importe à toute commune d'être propriétaire de ses maisons d'école, et de ne pas rester à la merci de conventions à intervenir, soit pour le renouvellement de locations, soit pour de nouveaux aménagements. L'extension considérable donnée à l'instruction primaire depuis 1870, et surtout la loi sur l'obligation, ont rendu nécessaire la création d'un grand nombre d'écoles nouvelles, et donné une importance beaucoup plus grande encore à la question de la construction des maisons d'école. Cette question forme l'objet de la loi du 20 mars 1883.

L'article 9 de cette loi est ainsi conçu :

Lorsque la création d'une école aura été décidée, conformément aux lois et règlements, les frais d'acquisition, de construction et d'appropriation des locaux scolaires ou les frais de location de l'immeuble, ainsi que les frais d'acquisition du mobilier scolaire, constituent pour la commune une dépense obligatoire. Il est pourvu à la dépense, soit par un prélèvement sur les ressources disponibles de la commune, soit par un emprunt contracté à la Caisse spéciale, soit enfin par des subventions du département ou de l'État.

Et d'abord il y a lieu de se demander si les communes peuvent être contraintes à *construire ou à acquérir*, ou si elles ne peuvent, à leur gré, satisfaire par une simple location à l'obligation qui leur est imposée.

On peut faire observer que l'article 9 prévoit, dans ses termes mêmes, les cas de location. D'autre part, dans les explications qu'il avait données au Sénat au cours des débats, M. Jules Ferry, ministre de l'Instruction publique, avait déclaré que la forme de la location pourrait s'appliquer aux nouvelles écoles à créer comme aux écoles anciennes. Toutefois nous croyons que ce serait aller trop loin que d'interpréter ces déclarations du gouvernement en ce sens que les communes seront absolument libres de rester, à leur choix, propriétaires ou locataire de leurs écoles. L'esprit de la loi de 1883 nous paraît être d'obliger en principe les communes à construire ou à acquérir, sous réserve d'apporter dans l'application de ce principe tous les tempéraments que la prudence et les règles de bonne administration peuvent prescrire. Ce n'est qu'à titre exceptionnel et provisoire, et seulement lorsque les ressources leur font défaut, que les communes peuvent satisfaire par une simple location à l'obligation qui leur est imposée.

Remarquons la rubrique du titre II de la loi de 1883 : *De l'obligation de construire des maisons d'école.* C'est bien là en effet le but de la loi, et la règle générale. Tant que la commune n'est pas propriétaire de ses maisons d'école, on ne peut pas dire qu'elle a pourvu définitivement aux besoins de l'instruction, et à l'application de la loi du 28 mars 1882. Une location ne répond pas à des besoins permanents et d'une importance capitale comme ceux de l'instruction primaire.

En cas de désaccord formel entre la commune, qui ne consent qu'à une location, — et l'administration, qui estime qu'il y a lieu de construire ou d'acquérir, — il appartient selon nous à l'administration de faire prévaloir sa volonté sur la décision du Conseil municipal. La procédure à suivre sera alors la même que dans le cas où le Conseil municipal refuse de pourvoir à l'établissement d'écoles obligatoires. Après avis du Conseil général, — et si cet avis n'est pas favorable, en vertu d'un décret du Président de la République rendu en Conseil d'État, — le Préfet pourvoit d'office, par un arrêté, au payement des frais de construction et d'appropriation, et d'acquisition de mobiliers scolaires, soit par un prélèvement sur les ressources disponibles de la commune, soit par des subventions du département ou de l'État, soit enfin par un emprunt contracté conformément aux dispositions de la loi du 20 juin 1885, dont il va être parlé ci-après (art. 10 de la loi du 20 mars 1883, et 44 et suivants du décret du 7 avril 1887). Il fallait bien donner au pouvoir central le moyen de briser des résistances qui auraient mis obstacle à l'exécution d'une loi d'intérêt général comme l'est la loi du 28 mars 1882.

II. — Hâtons-nous d'ajouter que la question que nous venons d'examiner n'a plus un très grand intérêt pratique, en présence des avantages considérables qu'ont les communes à devenir propriétaires de leurs maisons d'école en empruntant dans les conditions que leur accorde la loi du 20 juin 1885 (1).

(1) Situation de l'enseignement primaire en 1884-1885 : maisons d'école propriétés communales : 45,849 ; maisons prêtées ou louées : 14,560.

La loi du 1ᵉʳ juin 1878 avait créé une Caisse spéciale chargée de pourvoir aux dépenses de construction, d'amélioration et d'installation des écoles, au moyen d'avances et de subventions aux communes, jusqu'à concurrence d'une somme de 120 millions : 60 millions pour les avances et 60 millions pour les subventions.

Une loi du 3 juillet 1880 transforma la Caisse des écoles en une Caisse des lycées, collèges et écoles primaires, et elle mit à la disposition des départements et des communes une somme de 135,600,000 francs, attribuée pour 65,400,000 francs aux avances, et pour 70,200,000 francs aux subventions.

La loi du 2 août 1881 vint augmenter cette somme d'une nouvelle somme de 120 millions, dont 20 millions pour subventions et avances aux établissements secondaires de jeunes filles, et 100 millions pour subventions et avances aux maisons d'école ou aux écoles normales primaires.

La loi du 20 mars 1883 ajouta encore 120 millions, dont 40 millions à titre de subventions, et 80 millions à titre d'avances. Ajoutons qu'il résultait des déclarations du gouvernement lors du vote de cette dernière loi, que l'on ne pouvait fixer à moins de 716 millions de francs les sommes qui seraient nécessaires pour compléter l'organisation matérielle des écoles imposées par la législation nouvelle.

Enfin par suite des lois du 30 janvier 1884 et du 20 juin 1885, le fonds de subvention mis à la disposition de la Caisse des lycées, collèges et écoles primaires, a été porté à 311,200,000 fr. et la somme mise à la disposition des départements et des communes à titre d'avances remboursables, a été portée à 231,400,000 francs (1).

III. — Mais la loi du 20 juin 1885 a en même temps modifié complètement le mode du concours accordé par l'État aux communes. Au lieu d'une subvention en capital une fois donnée, — système qui était très onéreux pour l'État, — cette loi a organisé un système différent. Désormais on laisse les communes emprunter elles-mêmes à un établissement de crédit, au lieu d'emprunter à l'État, les sommes qui leur sont néces-

(1) D'après le rapport du ministre sur la Caisse des écoles pour 1887, l'État a payé en 1887, pour l'enseignement primaire, 165 millions de subventions sur les 178 millions mis à sa disposition, et il a consenti aux communes 179 millions d'avances sur les 189 millions qu'il était autorisé à prêter.

saires pour la construction de leurs maisons d'école; et l'État, au lieu de subventionner les communes en capital, leur remboursera, pendant 30 ou 40 années, une part déterminée de l'annuité nécessaire au service et à l'amortissement des emprunts contractés par elles. Les crédits nécessaires à cet effet seront ouverts, chaque année, par la loi des finances.

L'article 4 de la loi est ainsi conçu :

Le Ministre de l'Instruction publique est autorisé à prendre, au nom de l'État, l'engagement de rembourser, à titre de subvention, aux départements et aux villes ou communes, dans les conditions déterminées par la présente loi, partie des annuités nécessaires au service de l'intérêt et de l'amortissement des emprunts par eux contractés pour la reconstruction ou l'agrandissement de leurs établissements d'enseignement public.

Les départements peuvent se substituer aux communes pour tout ou partie de ces emprunts.

La loi détermine ensuite dans quelles conditions ces subventions en annuités pourront être accordées aux communes.

Et d'abord elle exclut de toute subvention de l'État les communes où la valeur du centime excède 6000 francs (article 8 et § 3). Ce sont là de grandes communes, que l'on considère comme ayant par elles-mêmes des ressources assez considérables pour qu'elles puissent se passer des secours de l'État.

Pour les autres communes, la subvention de l'État est d'abord soumise aux deux conditions suivantes (art. 5) :

1º *Les emprunts devront être régulièrement autorisés et remboursables au moyen d'annuités égales comprenant l'intérêt et l'amortissement, dans un délai qui pourra être moindre de trente années ni dépasser quarante années;*

2º *Les travaux devront être exécutés conformément aux plans approuvés et régulièrement reçus, à l'exclusion de toute dépense qui n'aurait pas l'instruction publique pour objet.*

Dans le cas où les dépenses faites n'atteindraient pas le montant des évaluations, la subvention de l'État sera réduite proportionnellement à l'économie réalisée.

La subvention de l'État est calculée d'après un chiffre maximum de dépense totale, déterminé pour chaque catégorie d'établissements par le tableau A (1) annexé à la loi, déduction faite des ressources communales disponibles (art. 8).

La proportion dans laquelle l'État contribue au payement des annuités ne peut, dans aucun cas, être supérieure à 80 pour 100, ni inférieure à 15 pour 100. Elle est déterminée par 3 éléments :

1° En raison inverse du centime communal ;

2° En raison directe des charges extraordinaires de la commune ;

3° En raison de l'importance des travaux scolaires à exécuter par elle.

Il est juste en effet, d'accorder aux communes pauvres et chargées, plus qu'aux communes riches et sans charges : d'où la nécessité de prendre en considérations les deux premiers éléments, la valeur du centime et les charges extraordinaires.

Quant au troisième élément, l'importance des travaux à exécuter, un exemple fera comprendre pourquoi on l'a introduit. Supposons deux communes dans chacune desquelles deux écoles sont nécessaires. Mais la première commune a fait déjà bâtir une de ces écoles, et s'est imposée à ce sujet des charges extraordinaires ; la seconde n'a pu encore mettre à exécution aucune partie des projets. D'après le second des éléments qui entrent en ligne de compte, c'est-à-dire ces charges extraordinaires, la première commune aurait donc droit à une subvention beaucoup plus élevée. Elle ferait

---

(1) ANNEXES A LA LOI DU 20 JUIN 1885.

Tableau A

FIXANT, POUR CHAQUE CATÉGORIE D'ÉTABLISSEMENT, LE CHIFFRE MAXIMUM DE LA DÉPENSE A LAQUELLE L'ÉTAT CONTRIBUERA :

Désignation.	Dépenses.
1° Pour une école de hameau........................	12,000 fr.
2° Pour une école de chef-lieu communal à une seule classe (soit mixte, soit spéciale aux garçons ou aux filles)..	15,000
3° Pour un groupe scolaire à une seule classe pour chaque sexe......................................	28,000
4° Pour chaque classe en sus ajoutée au groupe scolaire ou à une école de chef-lieu communal...............	12,000
5° Pour une école maternelle........................	18,000
6° Pour une école primaire supérieure...............	80,000
7° Pour une école normale...........................	400,000
8° Pour le mobilier scolaire, par chaque classe........	500

compter les charges résultant pour elle de la construction de sa première école; la seconde commune n'aurait de ce chef aucune subvention. C'est pour obvier à cette inégalité de traitement que l'on fait intervenir dans le calcul des subventions le troisième élément, l'importance des travaux à exécuter. Cette solution est tout en faveur des communes.

IV. — Après avoir indiqué quels éléments devaient entrer dans le calcul des subventions, la loi de 1885 renvoyait à un décret ultérieur pour fixer les règles d'après lesquelles serait fait ce calcul. Ce décret est celui du 15 février 1886. L'article 1er porte que la contribution de l'État dans le payement des annuités sera fixée conformément aux trois tableaux annexés au décret :

1° Tableau D, fixant la proportion de la subvention à allouer en raison de la valeur du centime communal;

2° Tableau E, fixant la proportion de la subvention à allouer en raison des charges de la commune, d'après les centimes pour insuffisance de revenus. Il ne faut pas confondre les *centimes extraordinaires* avec les *charges extraordinaires*. C'est de ces *charges* que parle la loi, et elles sont indiquées par les centimes pour insuffisance de revenu.

3° Tableau F, fixant la proportion de la subvention à allouer en raison des charges de la commune, d'après le nombre des centimes extraordinaires multiplié par le nombre d'années de la durée de l'imposition. On a ramené, pour l'uniformité du calcul, toutes les charges de la commune à une seule année, en multipliant le nombre des centimes extraordinaires par la durée de l'imposition. Ainsi une commune imposée de 10 centimes pendant 5 ans, sera considérée comme imposée de 50 centimes, comme celle qui aurait 5 centimes d'imposition pendant 10 ans.

Aux termes de l'article 2 du décret, il devra être ajouté aux subventions revenant aux communes d'après ces trois tableaux, une subvention de 10 pour cent de la dépense totale réellement effectuée dans les limites des maxima fixés par le tableau A annexé à la loi du 20 juin 1885.

Si le chiffre des subventions ainsi calculé dépassait 80 pour 100, il devrait y être ramené (article 8 de la loi de 1885).

V. — Quelles sont les écoles pour lesquelles les communes peuvent bénéficier de ces subventions?

Ce sont seulement les écoles qui peuvent donner lieu à une dépense obligatoire. Ainsi les écoles spéciales de filles dans une commune de moins de 401 habitants, une école maternelle dans une commune de moins de 2000 âmes, ou de moins de 1200 habitants de population agglomérée, ne peuvent recevoir des subventions. Une décision du Conseil départemental, approuvée par le ministre, peut bien prononcer la création de ces écoles sur la demande du Conseil municipal, mais celui-ci doit pendre l'engagement de pourvoir à toutes les dépenses, et les dispositions de la loi du 20 juin 1885 ne sont pas applicables. Par suite l'État ne saurait participer aux dépenses d'installation de ces écoles (avis du Conseil d'État du 5 juin 1888).

Les *réparations* à effectuer dans les locaux scolaires ne peuvent donner lieu à une demande de subvention (circulaire ministérielle du 18 février 1885).

Une difficulté s'était présentée au sujet des écoles de *hameau*. Nous avons vu que le maximum de la dépense légale pour une école de cette catégorie, d'après le tableau A annexé à la loi du 20 juin 1885, était de 12000 francs. Mais que faut-il entendre par cette expression, *école de hameau* ? C'est ce qui a précisé l'Avis du Conseil d'État du 4 janvier 1888 :

Sur la question de savoir quel est le sens des mots « écoles de hameau », au numéro 1 du tableau A :

Considérant que le tableau A ne prévoit pour les écoles de hameau qu'un maximum unique et invariable de 12,000 francs ;

Considérant que si la qualification d'école de hameau était prise dans un sens général et absolu et étendue à toutes les écoles situées en dedans du chef-lieu communal, il s'ensuivrait que la dépense à subventionner pour une installation scolaire de section de commune ne pourrait en aucun cas excéder 12,000 francs, alors même que la population de la section intéressée nécessiterait l'établissement soit d'une école mixte à plusieurs classes, soit d'un groupe scolaire à une ou plusieurs classes pour chaque sexe ;

Qu'une semblable interprétation serait à la fois défavorable aux intérêts de l'enseignement, et en opposition avec le système de la loi du 20 juin 1885, qui a voulu que la mesure du concours de l'État fut déterminée en raison de la nature des établissements et du nombre de classes qu'ils comportent ;

Qu'il paraît au contraire plus conforme à l'esprit de la loi précitée comme aux traditions qui étaient en vigueur lors de sa promulgation, de ne reconnaître comme écoles de hameau que les écoles mixtes à classe unique, les autres écoles de section devant être considérées comme écoles de chef-lieu communal, et subventionnées d'après les règles applicables à celles-ci... ;

Le Conseil d'État est d'avis :

1° Que le maximum de 12,000 francs fixé pour les écoles de hameau est applicable exclusivement aux écoles mixtes à classe unique, et que les autres écoles établies dans les sections de commune doivent être, pour le calcul de la subvention, assimilées aux écoles de chef-lieu communal...

Signalons encore la difficulté qui s'était élevée sur *la déduction des ressources communales disponibles*, prescrite par l'article 8 de la loi du 20 juin 1885. Cet article 8 a été interprété par la circulaire ministérielle du 2 avril 1886, au texte de laquelle nous renvoyons. (Voir en fin du volume.)

VI. — Ajoutons qu'à la suite de conventions intervenues entre le Ministre des finances et le Crédit foncier, cet établissement a consenti à prêter aux départements, villes et communes, qui veulent contracter un emprunt dans les conditions de la loi de 1885, les sommes nécessaires pour l'installation de leurs établissement scolaires, au taux indiqué dans le tableau reproduit par la note ci-dessous (1).

(1) Annuités à payer, amortissement compris, pour rembourser un capital de 100 francs, avec intérêts de 4 fr. 60 p. 100, avec paiements par semestre.

Durée du remboursement.	Annuités.
30 ans...........................	6fr,178.990
31 —	6 086,108
32 —	5 999,927
33 —	5 919,828
34 —	5 845,263
35 —	5 775,747
36 —	5 710,849
37 —	5 650,185
38 —	5 593,410
39 —	5 540,215
40 —	5 490,322

CHAPITRE V

Du personnel enseignant.

Nous avons vu quelles étaient généralement les conditions requises pour enseigner dans une école publique ou privée, et la règle d'après laquelle l'enseignement dans les écoles publiques doit être exclusivement consacré à un personnel laïque. Il nous reste à indiquer les règles particulières concernant ce personnel des écoles publiques ; nous les diviserons en cinq paragraphes :

1° Des titres de capacité de l'enseignement primaire ;
2° Du classement des instituteurs ;
3° Du mode de nomination ;
4° Des peines disciplinaires et des récompenses ;
5° Des fonctions interdites aux instituteurs ;
6° De la dispense du service militaire.

Ces règles font l'objet des articles 20 à 34 de la loi du 30 octobre 1886.

§ 1. — DES TITRES DE CAPACITÉ DE L'ENSEIGNEMENT PRIMAIRE.

L'article 20 de la loi du 30 octobre 1886 pose d'abord la règle générale :

Nul ne peut être nommé dans une école publique à une fonction quelconque d'enseignement s'il n'est muni du titre de capacité correspondant à cette fonction, et tel qu'il est prévu soit par la loi, soit par les règlements.

L'énumération de ces titres de capacité est faite ensuite par l'article suivant de la même loi, et par l'article 106 du décret du 18 janvier 1887, — et leurs conditions d'obtention sont déterminées par le titre II de l'arrêté du même jour.

Les titres sont de trois sortes :
1° Les deux brevets, élémentaire et supérieur ;
2° Les certificats d'aptitude professionnelle ;
3° Les certificats spéciaux pour les renseignements accessoires.

Voici maintenant l'énumération détaillée de ces divers titres :

1° *Brevet élémentaire*. — Pour se présenter à l'examen de ce brevet il faut avoir 16 ans révolus au 1er octobre de l'année de l'examen. Les règles pour l'inscription des candidats, l'époque et les conditions de l'examen, et le programme des épreuves, sont déterminés par les articles 141 à 149 de l'arrêté du 18 janvier 1887.

Nul ne peut être nommé instituteur ou adjoint sans être au moins pourvu de ce brevet.

2° *Brevet supérieur*. — Pour pouvoir se présenter, il faut avoir au moins 18 ans, et être déjà pourvu du brevet élémentaire. Les formes et le programme de l'examen sont déterminés par les articles 150 à 153 du même arrêté.

3° *Certificat d'aptitude pédagogique*. — Les candidats doivent avoir 21 ans au moins au moment de leur inscription, être pourvus du brevet élémentaire, et justifier de deux années au moins d'exercice dans les écoles publiques ou les écoles privées (art. 108 du décret du 18 janvier 1887. Des dispenses relatives à ce stage peuvent toutefois être accordées par le Ministre, sur l'avis du Conseil départemental.

Le conditions et la forme de cet examen font l'objet du chapitre II du titre II de l'arrêté du 18 janvier 1887, articles 154 à 164.

4° *Certificat d'aptitude au professorat dans les écoles normales et dans les écoles primaires supérieures.* Articles 165 à 173 du même arrêté.

5° *Certificat d'aptitude à l'inspection primaire et à la direction des écoles normales.* Articles 174 à 182 du même arrêté.

6° *Certificat d'aptitude à l'inspection des écoles maternelles.* Articles 183 à 186 du même arrêté.

7° *Certificats d'aptitude pour les enseignements accessoires : langues vivantes, travail manuel, dessin, chant, gymnastique, travaux de couture et exercices militaires.* Articles 187 à 230 du même arrêté.

Ajoutons que le décret du 12 mars 1887 a institué un droit d'examen de 10 francs pour le brevet simple, et de 20 francs pour le brevet supérieur. Les élèves des écoles normales d'instituteurs et d'institutrices sont seuls exemptés du paiement de ces droits (art. 6 du décret).

§ 2. — DU CLASSEMENT DES INSTITUTEURS.

I. — D'après les articles 22 et 23 de la loi de 1886, les instituteurs et institutrices sont divisés en deux grandes catégories : les stagiaires et les titulaires.

Dans la catégorie des stagiaires sont compris tous les débutants. Ceux-ci doivent avoir au moins 18 ans d'âge pour les instituteurs, et 17 ans pour les institutrices, et être pourvus du brevet élémentaire.

Pour être nommé titulaire, il faut ensuite remplir trois conditions :

1° Etre pourvu du certificat d'aptitude pédagogique.

2° Avoir fait un stage de deux ans au moins, soit dans une école publique, soit dans une école privée, — ou avoir passé deux années dans une école normale, après l'âge de 18 ans pour les élèves-maîtres, et de 17 ans pour les élèves-maîtresses. Des dispenses de stage peuvent être accordées par le Ministre, sur l'avis du Conseil départemental.

3° Être porté sur la liste d'admissibilité aux fonctions de titulaire que dresse chaque année le Conseil départemental, après avoir pris connaissance des demandes de tous les candidats qui se sont inscrits à l'inspection académique.

Remarquons les deux premières conditions exigées pour les titulaires : un temps de stage pendant lequel ils sont en quelque sorte mis à l'essai ; puis, en dehors des brevets qui constatent leur connaissance des matières de l'enseignement, un examen professionnel qui constate leur aptitude pédagogique. La loi de 1850 avait un classement tout différent : elle divisait les instituteurs en titulaires et adjoints. Les titulaires étaient tous les instituteurs chargés de la direction d'une école à une ou plusieurs classes ; les adjoints, ceux qui, dans les écoles à plusieurs classes, étaient chargés d'une classe, sous l'autorité du directeur de l'école. Il n'y avait point de durée de stage prescrite pour être nommé titulaire : tout adjoint pouvait l'être à partir de 21 ans.

C'était là une facilité excessive. La qualité de titulaire se trouvait ainsi attachée à la fonction et non à la personne. C'est l'inverse qui a lieu avec la nouvelle loi. Il y a aujourd'hui des instituteurs titulaires et des instituteurs stagiaires, des adjoints titulaires et des adjoints stagiaires. L'article 24 de la loi de 1886 est ainsi conçu :

Les instituteurs et institutrices sont secondés dans les écoles à plusieurs classes, par des adjoints en nombre déterminé par le Conseil départemental. Ces adjoints sont ou des stagiaires ou des titulaires.

Les instituteurs adjoints dans les écoles primaires supérieures devront avoir 21 ans et être munis du brevet supérieur. Ils prennent le titre de professeur *s'ils sont pourvus du certificat d'aptitude au professorat des écoles normales.*

II. — L'article 23 indique comment seront répartis entre les deux nouvelles catégories les instituteurs qui seront nommés après la promulgation de la loi. Mais il fallait aussi appliquer le nouveau classement aux instituteurs en exercice ; voici d'après quelles règles a été faite cette application.

1° Ont été nommés titulaires tous les instituteurs déjà en exercice depuis deux ans au moins, et pourvus du certificat d'aptitude pédagogique.

2° Ont été rangés dans la catégorie des stagiaires les instituteurs déjà en exercice, mais non pourvus du certificat d'aptitude pédagogique. Seulement en se présentant aux examens de ce certificat, ils sont dispensés des épreuves écrites. Ils conservent en outre le bénéfice de leur nomination par le préfet, c'est-à-dire qu'ils ne peuvent être révoqués que dans les conditions prévues par l'article 34 pour les titulaires, et qu'on ne peut leur appliquer le simple retrait de délégation de l'article 26 (art. 190 du décret du 18 janvier 1887).

Le dernier paragraphe de l'article 23 ajoute que les titulaires chargés de la direction d'une école comprenant plus de deux classes, prennent le nom de *directeur* ou *directrice* d'école primaire élémentaire. Nous avons vu que ces directeurs ou directrices seuls, parmi les instituteurs en exercice, étaient éligibles au Conseil départemental.

On peut donc distinguer, dans le personnel enseignant des écoles primaires élémentaires :

1° Les directeurs ou directrices d'écoles ;
2° Les instituteurs et institutrices titulaires ;
3° Les instituteurs et institutrices stagiaires ;
4° Les adjoints titulaires ;
5° Les adjoints stagiaires.

Mais la seule division ayant réellement un intérêt pratique est la division en titulaires et stagiaires.

§ 3. — DU MODE DE NOMINATION.

La question de savoir par qui seraient nommés les instituteurs, s'ils le seraient par le Préfet ou par le Recteur, devait nécessairement donner lieu à d'importants débats dans la discussion de la nouvelle loi. On sait en effet quelle était la situation particulière, et tout exceptionnelle parmi les autres administrations, dans laquelle se trouvaient les instituteurs. Tandis que tous les autres fonctionnaires, dans les finances, les travaux publics, la justice, etc..., ne dépendent, quant à leur nomination, leur déplacement, leur avancement ou leur révocation, que de leurs supérieurs hiérarchiques, les instituteurs relèvent non plus de l'autorité universitaire, mais de l'autorité politique du Préfet. Cette situation était depuis longtemps, de la part des intéressés, l'objet de vives réclamations, auxquelles l'opinion publique paraissait s'associer. Dans l'exposé des motifs du projet de loi déposé par le gouvernement en 1882, M. Jules Ferry se prononçait nettement contre la législation existante, et s'exprimait ainsi :

« En principe, cette exception à la règle commune ne se justifie pas; plus la position du fonctionnaire est humble et fragile, plus il semble naturel de la mettre sous la sauvegarde de l'autorité la plus compétente pour apprécier ses titres, la plus portée à ménager ses droits, la moins exposée à lui faire subir le contre-coup des exigences ou des nécessités de la politique locale. »

Cependant un grand nombre de républicains, tout en acceptant le principe de la réforme proposée, estimaient qu'en raison des difficultés politiques du moment, et de la période de transition que l'on traverse, il y avait lieu dans l'intérêt même des instituteurs, et pour les mieux défendre contre les attaques des partis hostiles au gouvernement, de différer l'application du principe. Ce point de vue fut surtout présenté par M. Paul Bert, et prévalut et à la Chambre et au Sénat. La discussion s'est renouvelée lorsque la loi est venue en dernière délibération devant les Chambres. Les propositions faites pour transférer la nomination des instituteurs soit au recteur, soit à l'inspecteur d'Académie, n'ont pas été adoptées, mais deux observations importantes se dégagent des débats et des dispositions adoptées :

1ᵒⁿᵗ. Si la nomination des instituteurs a été conservée aux préfets, elle est désormais entourée de garanties qui ne se trouvaient point dans l'ancienne législation. Voici comment s'exprime à ce sujet le rapport de M. Steeg à la Chambre des députés :

« Sous la législation jusqu'ici en vigueur, l'instituteur est à la merci du Préfet, sans intervention de qui que ce soit, sans atermoiement ni appel. Le Préfet le nomme, le suspend, le déplace, le change, le révoque à son gré, *ad nutum*. La loi que nous vous présentons a pour but de supprimer ce pouvoir arbitraire. La nomination des instituteurs n'est plus remise à une seule personne ; il faut le concours de deux autorités distinctes : l'inspecteur d'Académie qui fait la proposition, le Préfet qui signe la nomination. Il ne s'agit pas, qu'on y prenne bien garde, d'un simple rapport de l'inspecteur d'Académie, rapport qui pouvait éclairer, mais qui ne pouvait pas obliger le Préfet ; il s'agit d'une proposition formelle, à laquelle il ne peut être passé outre. La responsabilité est égale de part et d'autre : l'accord des deux volontés est nécessaire.

« Quand il s'agit d'une première nomination, cet accord paraît facile. Il faut que le candidat ait son brevet de capacité, qu'il ait fait un stage de deux ans, qu'il ait passé avec succès son examen d'aptitude pédagogique, qu'il ait été inscrit sur la liste d'admissibilité par le Conseil départemental. L'inspecteur d'Académie le connaît, il le croit apte à tel poste, il le propose au Préfet ; on ne voit guère pour quel motif le Préfet élèverait un conflit, et refuserait de nommer ce nouveau venu, ce stagiaire de la veille qui n'a pu encore attirer sur lui l'attention de personne.

« La question est plus délicate quand il s'agit du déplacement d'un instituteur titulaire établi dans une école depuis plusieurs années. Là encore nous trouvons la même garantie : il faut l'accord des deux pouvoirs. La loi ne prévoit le déplacement que pour des raisons de service. Le Préfet ne peut plus l'ordonner de son autorité privée, sans égard pour les bons services du maître, pour les besoins de l'enseignement ; c'est de l'inspecteur d'Académie que part la proposition. Il est en relation constante avec les maîtres ; il les entendra ; il tiendra compte de leurs besoins, de leurs demandes, de leurs réclamations. »

On voit par l'ensemble de ces dispositions que c'est désormais de l'inspecteur d'Académie que dépend en réalité la nomination ou le déplacement des instituteurs. Seul il a l'initiative, et comme c'est également lui qui connaît le mieux les candidats et peut apprécier leurs titres, le Préfet ne pourra en règle générale que confirmer ses propositions. Le droit de nomination maintenu au Préfet n'est plus qu'un droit de contrôle et de *veto*.

2ᵉⁿᵗ. Il ressort des déclarations faites au nom du gouvernement et de la commission, et de tout l'ensemble des débats, que la solution adoptée n'a été considérée par le législateur que comme provisoire. Le principe de la nomination des instituteurs par l'autorité universitaire a été seulement ajourné en raison des circonstances politiques; mais la cause peut être considérée comme gagnée. Citons encore le rapport de M. Steeg :

« Sans doute on peut regretter (et c'est le sentiment de plusieurs d'entre nous) que les instituteurs n'aient point été exclusivement remis aux mains de l'autorité universitaire, et que la loi conserve encore l'intervention du Préfet. Plusieurs auraient préféré la nomination par le Recteur ou par l'inspecteur d'Académie. Mais, à maintes reprises, de fortes majorités se sont prononcées contre ce système, tant à la Chambre des députés qu'au Sénat; elles ne pensent pas que le moment soit venu de réaliser cette réforme; elles estiment que dans l'état d'opposition acharnée, irréconciliable, où se sont placés les adversaires de nos lois d'instruction primaire, qui sont en même temps les adversaires de la République, il ne faut pas désarmer le pouvoir central; que les instituteurs sont les premiers à avoir besoin d'une forte protection contre l'assaut clérical, et qu'un agent politique n'est pas déplacé dans une lutte où ce sont surtout des résistances politiques que nous rencontrons.

« Aussi bien ceux de nous qui regrettent de sacrifier en ce moment leurs préférences sur la question du mode de nomination, ne le font-ils pas sans esprit de retour. Le premier rapporteur à la Chambre, le rapporteur du Sénat, le gouvernement à la tribune, tous ont déclaré qu'il ne s'agit que d'une mesure de transition rendue nécessaire par les circonstances; nul d'entre eux n'en a fait une question de principe, et ne l'a présentée comme une règle définitive. »

Le langage du ministre de l'Instruction publique, M. Goblet, n'a pas été moins explicite.

« Je comprends les regrets d'un certain nombre de mes amis républicains; ils ont raison de dire qu'en votant cette disposition, nous ferons un sacrifice; ils ont raison de dire qu'elle est en opposition avec les anciennes traditions de notre parti. Ils ont raison d'ajouter qu'il faut hâter de toutes nos forces le moment où l'on pourra confier définitivement à l'autorité universitaire la nomination des instituteurs. »

Arrivons donc maintenant à l'examen détaillé des dispositions de la nouvelle loi. Les règles concernant le mode de nomination du personnel enseignant sont de trois sortes, selon qu'il s'agit de stagiaires, de titulaires, ou du personnel des écoles primaires supérieures.

I. *Des stagiaires.* — L'article 26 s'exprime ainsi :

Les instituteurs et institutrices stagiaires enseignent en vertu d'une délégation de l'inspecteur d'Académie, sur l'avis motivé de l'inspecteur primaire.

On voit par les termes de cet article que les stagiaires ne reçoivent point une nomination proprement dite. Une nomination comporte en effet l'idée d'une fonction fixe et définitive, tandis que les stagiaires sont seulement admis à titre provisoire. Ils ne reçoivent donc qu'une *délégation*, qui leur est conférée par l'inspecteur d'Académie et qui ne peut être faite que sur l'avis motivé de l'inspecteur primaire.

Cette délégation, étant essentiellement provisoire et révocable, peut leur être retirée par la même autorité et dans les mêmes formes, c'est-à-dire par l'inspecteur d'Académie et sur l'avis motivé de l'inspecteur primaire. Ce retrait de délégation n'est point une peine disciplinaire et ne doit point être assimilé à une révocation.

L'inspecteur d'Académie prononce également seul sur le changement de résidence des stagiaires (art. 19 du décret du 18 janvier 1887).

Les stagiaires peuvent d'ailleurs être l'objet des mêmes poursuites disciplinaires et des mêmes peines, la révocation exceptée, que les titulaires. A cet égard, la loi leur donne aussi les mêmes garanties (art. 28, § 2 et 3).

II. *Des titulaires.* — Nous avons déjà vu quelles étaient les conditions à remplir pour pouvoir être nommé titulaire : 1º avoir fait un stage de deux ans; 2º être pourvu du certificat d'aptitude pédagogique; 3º être porté sur la liste d'admissibilité (Voir les art. 17 et suivants du décret du

18 janvier 1887). Ajoutons que le Conseil départemental, pour dresser cette liste, doit examiner *toutes* les demandes inscrites à l'inspection académique, ce qui nous paraît impliquer pour lui l'obligation de motiver les refus.

Sur la liste ainsi dressée par le Conseil départemental, l'inspecteur d'Académie choisit les candidats qu'il propose à la nomination du Préfet. Répétons une fois de plus que la nomination ne peut être faite par le préfet que sur la proposition de l'inspecteur d'Académie. L'article 27 ajoute qu'elle est faite sous l'autorité du ministre de l'Instruction publique, qui conserve un droit de surveillance et de contrôle, et pourrait ainsi annuler cette nomination.

Il appartient encore au Préfet de prononcer les changements de résidence d'une commune à une autre d'un instituteur titulaire, pour les nécessités de service (art. 29). Nous savons que ce changement de résidence ne peut également être prononcé par le préfet que sur la proposition de l'inspecteur d'Académie, et que l'accord des deux pouvoirs est toujours nécessaire. La nécessité de cet accord constitue pour l'instituteur une garantie suffisante contre des mesures arbitraires.

III. *Du personnel des écoles primaires supérieures.* — Les directeurs, directrices et professeurs d'écoles primaires supérieures sont nommés par le Ministre de l'instruction publique. Il en est de même des directeurs et directrices d'écoles manuelles d'apprentissage (art. 28).

Les premiers doivent être pourvus du certificat d'aptitude au professorat des écoles normales; les conditions exigées pour les seconds sont indiquées dans la loi du 11 décembre 1880.

Quant aux maîtres adjoints ou aux maîtres auxiliaires pour les enseignements accessoires (langues vivantes, dessin, chant, gymnastique, etc.), ils sont nommés ou délégués par le Préfet, sur la proposition de l'inspecteur d'Académie. Les adjoints doivent être pourvus du brevet supérieur; et les maîtres auxiliaires, des titres de capacité réglementaires.

§ 4. — DES PEINES DISCIPLINAIRES ET DES RÉCOMPENSES.

PREMIÈRE SECTION

DES PEINES DISCIPLINAIRES.

I. — Elles sont énumérées dans l'article 30, qui est ainsi conçu :

Les peines disciplinaires applicables au personnel de l'enseignement primaire public sont :

1º La réprimande ;
2º La censure ;
3º La révocation ;
4º L'interdiction pour un temps dont la durée ne pourra excéder cinq années ;
5º L'interdiction absolue.

Les peines édictées par la loi de 1850, article 33, étaient au nombre de quatre : la réprimande, la suspension, la révocation et l'interdiction absolue.

Après la réprimande venait la suspension, avec ou sans privation totale ou partielle du traitement, pour une durée de six mois au maximum. Elle était prononcée par le Préfet. Le législateur de 1886 a aboli cette peine, qui se trouve remplacée par une peine nouvelle, mais bien plus douce et d'un caractère simplement moral, la censure.

De plus entre la révocation et l'interdiction absolue, la nouvelle loi a placé l'interdiction à temps, pour une durée de 5 ans au maximum. Ce nouveau degré introduit dans l'échelle des peines permet de graduer la répression selon la gravité des infractions commises.

II. — L'application de ces peines est ensuite réglementée par les articles 34 et suivants. Les formalités de la procédure ont été déterminées par le décret du 4 décembre 1886, sur l'instruction, le jugement et l'appel des affaires disciplinaires de l'enseignement primaire. (Voir ci-après le texte de ce décret.)

1º *De la réprimande.* — C'est le premier degré des peines disciplinaires. La réprimande est prononcée par l'inspecteur d'Académie, sans qu'aucune formalité de procédure lui soit imposée à cet égard. Cette peine est d'un caractère tout moral. On n'a pas voulu l'aggraver par la publicité et elle n'est pas insérée au *Recueil des actes administratifs*.

2° *De la censure.*

Art. 31, § 2. *La censure est prononcée par l'inspecteur d'Académie, après avis motivé du Conseil départemental. Elle peut être prononcée avec insertion au* Bulletin *des actes administratifs.*

Lorsqu'il s'agit d'appliquer cette peine à un membre de l'enseignement public, le Conseil départemental est simplement appelé à donner un avis : l'inculpé ne comparaît pas devant lui, pour présenter sa défense ou des explications. L'avis du Conseil départemental doit être motivé et déclarer s'il y a lieu ou non de prononcer la censure; mais il ne lie point l'inspecteur d'Académie, qui après réception de cet avis, statuera définitivement (art. 5 du décret du 4 décembre 1886).

Selon le degré de gravité de la faute commise, l'inspecteur d'Académie prononcera ou non l'insertion au *Bulletin des actes administratifs*.

3° *De la révocation.*

Art. 31, § 2 et 3. *La révocation est prononcée par le Préfet, sur la proposition de l'inspecteur d'Académie, après avis motivé du Conseil départemental. Dans le cas de révocation, le fonctionnaire inculpé a le droit de comparaître devant le Conseil, et d'obtenir préalablement communication des pièces du dossier.*

Le fonctionnaire révoqué peut, dans le délai de vingt jours à partir de la signification de l'arrêté préfectoral, interjeter appel devant le ministre.

Le pourvoi n'est pas suspensif.

La réprimande et la censure ne sont que des mesures de répression toute morale; nous arrivons maintenant à des pénalités d'un caractère autrement grave dans leurs conséquences : aussi sont-elles entourées de formalités et de garanties.

Lorsque la révocation a été proposée par l'inspecteur d'Académie, le préfet doit prévenir l'inculpé, par la voie administrative, au moins cinq jours à l'avance, du jour et de l'heure de la séance du Conseil départemental dans laquelle son affaire sera appelée. Il doit l'avertir qu'il a le droit de comparaître en personne et de prendre, au secrétariat du Conseil départemental, communication, sans déplacement, des pièces de l'instruction (art. 6 du décret du 4 décembre 1886).

Nous avons vu que lorsqu'il s'agit de la censure, les conclusions de l'avis du Conseil départemental ne s'imposaient point à l'inspecteur d'Académie. Il n'en est point de même pour la révocation : le Préfet ne peut prononcer cette peine que sur l'avis conforme du Conseil. Cela résulte du rapport présenté au nom de la commission de la Chambre des députés : « La loi veut, dit ce rapport, que le Conseil départemental se soit prononcé dans le même sens, par un avis motivé. »

L'article 7 du même décret porte qu'en cas de révocation prononcée par le Préfet, celui-ci doit notifier administrativement son arrêté à l'inculpé, qui pourra faire appel devant le Ministre de l'Instruction publique, par une simple lettre enregistrée au secrétariat du Conseil, dans le délai de 20 jours à partir de la notification. Le recours et les pièces de l'affaire sont immédiatement transmis par le Préfet au Ministre, qui statue d'urgence.

Ajoutons qu'en vertu des principes généraux du droit administratif, la décision du Ministre peut elle-même donner lieu à un recours devant le Conseil d'État pour excès de pouvoir.

Par dérogation à ce qui vient d'être dit, le Ministre seul, au lieu du Préfet, peut prononcer la révocation des directeurs et directrices des écoles primaires supérieures et des écoles manuelles d'apprentissage, ainsi que des professeurs pourvus du certificat d'aptitude au professorat des écoles normales et exerçant dans les écoles primaires supérieures (art. 31, *in fine*). Cette révocation ne peut également être prononcée par le Ministre que sur la proposition de l'inspecteur d'Académie, et après avis motivé du Conseil départemental.

Ces mêmes directeurs et professeurs peuvent être *déplacés* par le Ministre selon les mêmes formes. Ce déplacement a donc ici un caractère de pénalité, puisqu'il est soumis aux mêmes formalités de procédure que les autres peines disciplinaires.

4° *De l'interdiction*. — Cette peine est encore plus grave que la révocation ; car tandis que l'instituteur révoqué peut être ensuite replacé dans un autre poste par l'administration si celle-ci le juge amendé, ou entrer dans l'enseignement privé — sous la réserve de l'article 38, § 3, — il n'en est plus de même en cas d'interdiction, pendant toute la durée de la peine. Cette interdiction peut être à temps ou absolue. Dans l'un et l'autre cas, elle est prononcée par jugement du Conseil départemental, qui est ici un véritable tribunal répressif, quoique appartenant à l'ordre administratif.

Le Conseil départemental est saisi par l'inspecteur d'Académie, qui lui adresse les pièces de l'affaire et un mémoire à l'appui de la poursuite. L'inculpé doit être cité par le Préfet, huit jours au moins à l'avance, à comparaître en personne. La citation lui fait connaître qu'il a le droit de se faire assister par un défenseur et de prendre au secrétariat, sans déplacement de pièces, communication du dossier (art. 9 du décret du 4 décembre 1886).

Si l'inculpé ne s'est pas présenté et qu'il ait été statué contre lui par défaut, l'opposition ne sera pas néanmoins admise : la décision ne peut être attaquée que par la voie de l'appel, qui doit être porté devant le Conseil supérieur de l'Instruction publique dans un délai de vingt jours à partir de la signification du jugement. Cet appel n'est point suspensif.

La décision prononcée par le Conseil départemental étant un véritable jugement, susceptible d'appel, doit nécessairement être motivée. Ajoutons que, d'après la déclaration faite par le rapporteur de la commission à la Chambre des députés, le droit d'appel n'appartient qu'au fonctionnaire frappé ; l'administration, en cas d'interdiction à temps, ne pourrait faire appel *a minima*.

5º Enfin l'article 33 prévoit les mesures provisoires qui peuvent être prises, lorsque l'urgence le commande, à l'égard d'un instituteur :

Dans les cas graves et urgents, l'inspecteur d'Académie, s'il juge que l'intérêt d'une école exige cette mesure, a le droit de prononcer la suspension provisoire d'un instituteur pendant la durée de l'enquête disciplinaire, à la condition de saisir de l'affaire le Conseil départemental dès sa prochaine session. Cette suspension n'entraîne pas la privation du traitement.

L'article 25 du décret du 18 janvier 1887 autorise l'inspecteur d'Académie, lorsque celui-ci prononce cette suspension provisoire, à pourvoir à la direction de l'école ou de la classe, mais en lui prescrivant d'avertir immédiatement le Préfet des mesures prises.

III. — On voit de quelles garanties pour l'instituteur la loi nouvelle a entouré l'application des peines disciplinaires. Voici comment ces garanties et les modifications apportées à la législation antérieure, sont exposées dans le rapport de M. Steeg à la Chambre des députés :

« Le droit de suspension est enlevé au Préfet. Il possède actuellement le droit de suspendre un instituteur sans jugement et sans appel, et de lui infliger la privation totale ou partielle de son traitement, pour un temps n'excédant pas six mois. La nouvelle loi lui enlève ce droit : elle le transfère à l'inspecteur d'Académie, mais dans de tout autres conditions. Dans les cas graves et urgents, elle autorise l'inspecteur d'Académie, s'il juge que l'intérêt d'une école exige cette mesure, à prononcer la suspension provisoire d'un instituteur pendant la durée de l'enquête disciplinaire, à la condition de saisir de l'affaire le Conseil départemental dès sa plus prochaine session; mais la loi ajoute que cette suspension n'emporte pas la privation de traitement.

« La peine plus grave de la révocation est entourée de précautions qui nous semblent garantir suffisamment la sécurité des fonctionnaires. La révocation est prononcée par le Préfet, mais elle ne peut l'être, comme la nomination, comme le déplacement, que sur la proposition du chef universitaire, l'inspecteur d'Académie ; et encore ce double arrêt ne suffit pas : la loi veut que le Conseil départemental se soit prononcé dans le même sens, qu'il ait donné un avis motivé. Cette sentence ne frappera pas le fonctionnaire dans l'ombre, à l'improviste, sans qu'il connaisse les griefs formulés contre lui, sans qu'il puisse ouvrir la bouche pour se défendre. Si la sentence rendue lui est défavorable, il peut, dans le délai de vingt jours à partir de la signification de l'arrêté qui le révoque, interjeter appel devant le ministre.

« Pour mesurer le chemin parcouru, il n'y a qu'à comparer avec ces précautions tutélaires le texte des lois de 1850 et 1854 ; il dit brutalement : « Le Préfet peut, suivant les cas, réprimander, suspendre ou révoquer l'instituteur communal. »

« Au lieu de la révocation pure et simple, s'agit-il de l'interdiction à temps ou de l'interdiction absolue, elles sont prononcées par jugement du Conseil départemental; le fonctionnaire inculpé est cité à comparaître en personne; comme il s'agit pour lui des intérêts les plus graves, non seulement il peut prendre communication du dossier, mais encore il est autorisé à se faire assister par un défenseur, qui suppléera à son émotion, à sa crainte, à son insuffisance. La décision du Conseil départemental doit être motivée.

« Le fonctionnaire interdit a le droit, dans le délai de vingt jours à partir de la signification du jugement, d'interjeter appel devant le Conseil supérieur de l'Instruction publique.

« Il n'y a pas d'autres fonctionnaires, dans aucune de nos administrations publiques, dont la situation soit mieux garantie. Nous ne pouvons que nous en féliciter : c'est un avantage dont l'instruction populaire elle-même devra bénéficier. »

DEUXIÈME SECTION

DES RÉCOMPENSES HONORIFIQUES.

Elles sont indiquées dans l'article 34 de la loi, ainsi conçu :

Les fonctionnaires de l'enseignement public pourront recevoir des récompenses consistant en mentions honorables, médailles de bronze et médailles d'argent.

Un arrêté ministériel déterminera les conditions dans lesquelles ces récompenses pourront être accordées.

Les instituteurs mis à la retraite peuvent être nommés instituteurs honoraires, d'après un règlement qui sera délibéré par le Conseil supérieur de l'Instruction publique.

I. — Les conditions dans lesquelles les mentions et médailles peuvent être accordées, sont déterminées par les articles 127 à 133 de l'arrêté ministériel du 18 janvier 1887.

Ces récompenses sont décernées par le ministre, le 14 juillet de chaque année, dans chaque département, sur la proposition conforme du Préfet et de l'inspecteur d'Académie, après avis du Conseil départemental.

Pour pouvoir obtenir la mention honorable, il faut avoir cinq ans de services au moins comme titulaire.

Pour pouvoir obtenir la médaille de bronze, il faut avoir reçu la mention honorable depuis deux années au moins.

Pour pouvoir obtenir la médaille d'argent, il faut avoir reçu la médaille de bronze depuis deux années au moins. Aux termes de l'article 4 de le loi du 19 juillet 1875, les instituteurs et institutrices qui ont obtenu la médaille d'argent ont droit à une allocation supplémentaire et annuelle de 100 francs;

depuis la loi des finances de 1882, cette allocation est viagère, et n'est plus soumise à la retenue du vingtième pour la retraite.

II. — D'après le dernier paragraphe de l'article 34, l'honorariat peut être accordé aux instituteurs et institutrices admis à la retraite. Il est conféré par le ministre de l'Instruction publique, sur la proposition conforme du Préfet et de l'inspecteur d'Académie (art. 26 du décret du 18 janvier 1887).

Pour obtenir l'honorariat, il faut avoir au moins 25 ans de services et la médaille de bronze. Les instituteurs honoraires ont le droit de prendre part, avec voix délibérative, aux conférences pédagogiques dans le canton où ils résident (art. 130 à 138 de l'arrêté ministériel du 18 janvier 1887).

III. — Aux termes du décret du 24 décembre 1885, la moitié au moins des décorations d'officier d'Académie et d'officier de l'Instruction publique qui peuvent être distribuées chaque année, doivent être réservées aux fonctionnaires de l'Instruction publique (art. 2).

Ces décorations sont attribuées aux instituteurs et institutrices publics sur la proposition du Préfet (art. 4 du même décret).

§ 5. — DES PROFESSIONS ET FONCTIONS INTERDITES AUX INSTITUTEURS.

L'article 25 de la loi du 30 octobre maintient d'abord l'interdiction qui existait déjà pour les instituteurs publics d'exercer aucune profession commerciale ou industrielle (art. 32 de la loi du 15 mars 1850).

De plus il leur interdit aussi d'une manière absolue toute fonction administrative. D'après la loi de 1850, le Conseil départemental pourrait les autoriser exceptionnellement à exercer des fonctions de cette nature : la faculté d'accorder cette autorisation a été supprimée.

Enfin la loi de 1886 interdit aux instituteurs publics tout emploi rémunéré, ou même gratuit, dans le service des cultes, comme d'être chantre ou organiste à l'église, ou lecteur assistant le pasteur protestant, etc. Seulement l'application de cette dernière mesure est différée jusqu'après la promulgation de la nouvelle loi sur le traitement des instituteurs.

Ces prohibitions n'ont pas besoin d'être commentées, et s'expliquent assez d'elles-mêmes. L'exercice des professions industrielles et commerciales est absolument incompatible pour l'instituteur avec l'accomplissement de ses devoirs professionnels, dont le premier est de consacrer son temps à l'école. Les fonctions administratives, ou tout emploi dans le service des cultes, absorberaient également une partie de son temps, ou pourraient porter atteinte à son indépendance, ou s'accorderaient peu avec la réserve que commande sa profession.

On peut remarquer que les fonctions électives en général n'ont pas été interdites aux instituteurs par l'article 25. Ils peuvent donc remplir les mandats électifs pour lesquels il n'est pas établi d'incompatibilité à leur égard par des lois spéciales. Aucune disposition de loi ne leur interdit par exemple le mandat de Conseiller d'arrondissement. Mais ils sont inéligibles en Conseil municipal de la commune dans laquelle ils exercent (loi du 5 avril 1884, art. 33), et ils ne peuvent non plus être membres du Conseil général de leur département (loi du 10 août 1871, art. 10).

Enfin le dernier paragraphe de l'article 25 dit qu'ils peuvent exercer les fonctions de secrétaire de mairie, avec l'autorisation du Conseil départemental. Cette disposition était imposée par des nécessités pratiques : il y a un très grand nombre de communes où personne, à l'exception de l'instituteur, ne serait en état de remplir ces fonctions. (Voir ci-après la circulaire ministérielle du 24 juillet 1875.)

§ 6. — DE LA DISPENSE DU SERVICE MILITAIRE, ET DE L'ENGAGEMENT DÉCENNAL.

Aux termes de l'article 20 de la loi du 27 juillet 1872, sur le recrutement de l'armée sont, *à titre conditionnel, dispensés du service militaire, les membres de l'Instruction publique dont l'engagement de se vouer pendant dix ans à la carrière de l'enseignement aura été accepté par le recteur de l'Académie avant le tirage au sort, et s'ils réalisent cet engagement.*

I. — Il ne faut pas confondre l'engagement décennal dont

il est ici question, avec un autre engagement décennal dont nous nous occuperons plus loin au sujet des écoles normales. Ces deux engagements n'ont de commun entre eux que le nom et la durée.

Le second est l'engagement qu'on exige des élèves des écoles normales d'instituteurs ou d'institutrices de servir pendant dix ans au moins dans l'enseignement public, en retour de la gratuité de la pension dans ces écoles, et pour acquitter la dette qu'ils ont ainsi contractée envers l'État. En cas de rupture de cet engagement avant les dix années révolues, le prix de la pension doit être remboursé.

Tout autre est l'engagement décennal contracté en vue de la dispense du service militaire. Son objet est de permettre aux instituteurs de racheter l'obligation de ce service par l'accomplissement d'un autre service public. La sanction est alors, en cas de non réalisation, dans l'obligation effective du service militaire.

Les membres de l'enseignement primaire ne sont admis à contracter cet engagement qu'autant qu'ils sont pourvus d'une nomination régulière. Leur engagement doit être d'abord accepté par le Recteur de l'Académie, et précéder le tirage au sort. Aux termes de la circulaire ministérielle du 6 avril 1883, il peut être contracté à partir de l'âge de dix-huit ans.

Cet engagement doit être écrit, à peine de nullité, sur papier timbré (à 0 fr. 60), et accompagné d'un acte d'autorisation, également sur papier timbré, du père ou du tuteur du contractant.

L'engagement et l'autorisation peuvent être écrits sur la même feuille de papier timbré, l'un au recto et l'autre au verso de la feuille, de façon à laisser de la place pour la législation des signatures. La rédaction doit être conforme à des modèles déposés dans les bureaux de l'inspection académique, et dont les exemplaires sont délivrés aux instituteurs, sur leur demande (1).

---

(1) MODÈLE D'ENGAGEMENT.

Je soussigné (*nom et prénoms*), né à..... département de..... le..... instituteur adjoint dans la commune de..... département de..... en vertu d'un arrêté préfectoral en date du..... jouissant d'un traitement de..... appelé à satisfaire à la loi sur le recrutement de l'armée, déclare contracter devant M. le Recteur de l'Académie

La formule de l'engagement doit être écrite en entier de la main du contractant. Celui-ci doit joindre à cette pièce son acte de naissance dûment légalisé, et un certificat délivré par le directeur de l'école. Les signatures sont légalisées par le maire, et celle du maire par le Sous-Préfet ou le Préfet. Ajoutons que les directeurs d'école et les chefs d'établissements sont tenus de faire connaître aux adjoints placés sous leurs ordres les formalités à remplir.

Ces pièces doivent être remises ordinairement à l'inspecteur primaire avant le 15 décembre. L'inspecteur primaire les transmet à l'inspecteur d'Académie, qui est chargé de les faire parvenir au Recteur. Celui-ci accepte l'engagement s'il y a lieu, et un certificat constatant cette acceptation est transmis à l'intéressé par l'intermédiaire de l'inspecteur d'Académie et de

de..... conformément à l'article 20 de la loi du 27 juillet 1872, l'engagement de me vouer pendant dix ans à l'enseignement public.

Fait à..... le.....

(*Signature du candidat.*)

Vu pour légalisation de la signature de M..... instituteur adjoint à..... apposée ci-dessus.

A..... le.....

Le maire de.....

Vu pour légalisation de la signature de M..... maire de la commune de..... apposée ci-dessus.

A..... le.....

Le sous-préfet,

MODÈLE D'AUTORISATION PAR LE PÈRE OU LE TUTEUR.

Je soussigné (*nom et prénoms*) demeurant à..... département de..... autorise par la présente M. (*nom et prénoms*) instituteur adjoint à..... département de..... mon (*fils ou pupille*) à contracter devant M. le Recteur de l'Académie de..... conformément à l'article 20 de la loi du 27 juillet 1872, l'engagement de se vouer pendant dix ans à l'enseignement public.

Fait à..... le.....

(*Signature du père ou du tuteur.*)

Vu pour légalisation de la signature de M..... apposée ci-dessus.

A..... le.....

Le maire de.....

Vu pour légalisation de la signature de M..... maire de la commune de..... apposée ci-dessus.

A..... le.....

Le sous-préfet,

l'inspecteur primaire. L'engagé décennal n'a plus alors qu'à attendre la réunion du Conseil de révision, auquel il présentera l'acceptation de son engagement par le Recteur.

Si l'engagé décennal est reconnu, par le Conseil de révision, impropre à tout service militaire, son engagement n'a plus de raison d'être, et restera non avenu. Si au contraire il est reconnu bon pour le service militaire, il en sera dispensé en vertu de cet engagement.

Quelle est la sanction de cet engagement ?

Si le dispensé vient à quitter l'enseignement public, après le tirage au sort, mais avant l'expiration des dix ans, il est déféré à l'autorité militaire qui lui fait accomplir dans l'armée active le temps de service prescrit par la loi : il est rétabli dans la première classe appelée après la cessation de ses fonctions (art. 21 de la loi sur le recrutement); et ce n'est qu'après avoir rejoint son régiment qu'il pourra, s'il y a lieu, être réformé ou classé dans les services auxiliaires.

Rappelons ici que l'Inspecteur d'Académie peut retirer sa délégation à un stagiaire qui ne lui paraît pas en mesure de devenir un bon instituteur. Dans ce cas, l'engagement décennal est rompu, et le stagiaire est mis à la disposition de l'autorité militaire.

Pour qu'un contrôle puisse s'exercer, chaque année, au mois de juillet, les Préfets doivent transmettre au Recteur de l'Académie la liste des dispensés : le Recteur vérifie si ceux-ci continuent à remplir les conditions de leur engagement, et fait connaître aux Préfets ceux qui l'auraient rompu avant l'expiration des dix années.

De plus, aux termes du même article 21 de la loi militaire, le dispensé qui cesse d'être dans les conditions prescrites est tenu d'en faire la déclaration au maire de sa commune, dans les deux mois, et de retirer expédition de sa déclaration. Faute par lui d'avoir fait cette déclaration, et de l'avoir soumise, dans un nouveau délai d'un mois, au visa du Préfet du département, il sera passible, devant le tribunal correctionnel, d'un emprisonnement de un mois à deux ans.

Pour les instituteurs qui ne sont pas élèves des écoles normales, le temps de service valable par la réalisation de l'engagement décennal commence à partir du jour de l'acceptation de cet engagement par le Recteur.

Lorsqu'ils ont terminé leur période décennale dans l'enseignement, les dispensés doivent s'adresser au Recteur pour obtenir de lui un certificat constatant qu'ils ont rempli leur engagement. A l'appui de leur demande au Recteur pour ce certificat, ils doivent produire un état indiquant, de la manière la plus précise, les localités et les établissements dans lesquels ils auront résidé pendant la période décennale, afin que le Recteur puisse vérifier, auprès des chefs de service, si le postulant a *effectivement* rempli pendant dix ans, sans interruption, les fonctions de l'enseignement conformément aux prescriptions légales (Circulaire de M. Jules Ferry du 29 avril 1879).

Le dispensé apporte ce certificat au bureau de recrutement dont il dépend, et il est dès lors classé dans l'armée territoriale.

L'instituteur qui n'a pas contracté d'engagement décennal est soumis à toutes les obligations militaires imposées aux hommes de sa classe d'après leur numéro de tirage au sort.

Signalons en terminant la circulaire ministérielle du 23 octobre 1886, aux termes de laquelle les demandes de dispense des exercices militaires dans la réserve de l'armée active ou dans l'armée territoriale, formées par les instituteurs, devront toujours être transmises par l'autorité universitaire au Préfet, qui les fera parvenir, avec un avis, au général commandant le corps d'armée. Le général statuera, et préviendra l'autorité préfectorale de la décision prise.

II. — Le paragraphe 6 de l'article 20 de la loi du 27 juillet 1872, et l'article 79 de la loi du 15 mars 1850 accordent cette même exemption du service militaire, dans les mêmes conditions, aux membres et novices des associations religieuses vouées à l'enseignement et reconnues comme établissements d'utilité publique; mais elle leur a été retirée indirectement par l'article 66 de la loi du 30 octobre 1886, qui a donné lieu à de si vifs débats. Cet article consacre le principe tout à fait rationnel et légitime qu'on ne peut s'exonérer d'un service public qu'en remplissant un autre service public; il fait disparaître une faveur et un privilège qui ne sauraient se justifier. Son § 1 est ainsi conçu :

Jusqu'au vote d'une nouvelle loi sur le recrutement militaire.

l'engagement de se vouer pendant dix années à l'enseignement, prévu par les articles 79 de la loi du 15 mars 1850, et 20 de la loi du 27 juillet 1872, ne pourra être réalisé que dans les établissements d'enseignement public.

L'engagement de se vouer pendant dix années à l'enseignement ne pouvant plus être réalisé que dans les écoles publiques, et d'autre part les congréganistes ne pouvant plus être nommés dans ces écoles, il en résulte que ces mêmes congréganistes ne sauraient désormais réaliser la condition nécessaire pour la dispense.

Il y a seulement une disposition transitoire.

Néanmoins, ajoute l'article 66, *les instituteurs privés qui auront contracté l'engagement décennal avant la promulgation de la présente loi, continueront à jouir de la dispense du service militaire, en se conformant aux prescriptions de l'article 20 de la loi du 27 juillet 1872.*

Il suffit donc pour eux de continuer à enseigner jusqu'à l'expiration des dix années de leur engagement, dans un établissement privé, à la condition que cet établissement existe depuis 2 ans et renferme 30 élèves au moins (art. 20, § 5).

Mais si la loi statue ainsi pour les engagements déjà contractés avant la promulgation de la loi de 1886, il restait l'importante question de savoir si, depuis cette promulgation, les membres ou novices des associations religieuses vouées à l'enseignement, et autorisées par la loi ou reconnues d'utilité publique, pourraient être encore admis à contracter l'engagement décennal.

La loi de 1886 n'abroge point l'article 79 de la loi de 1850 : elle modifie seulement le mode de réalisation de l'engagement. Comme la laïcisation des écoles publiques doit être achevée dans un délai de cinq ans, en 1891, les congréganistes pourvus du brevet de capacité, et exerçant actuellement dans une école publique en vertu d'une nomination préfectorale, s'ils contractent aujourd'hui l'engagement décennal, ne pourront le réaliser que s'ils rentrent avant l'expiration du délai de cinq ans dans la vie civile, et poursuivent leur carrière dans l'enseignement public. Une circulaire de M. Goblet, ministre de l'Instruction publique, du 8 décembre 1886, informait les Recteurs que cette situation ne pouvait cependant autoriser l'administration de l'Instruction publique à refuser l'engagement prévu par la loi : ce serait à l'autorité militaire qu'il appartiendrait, le cas échéant, d'en déterminer les conséquences.

Depuis lors, la question ayant été soumise au Conseil d'État, celui-ci a répondu par l'Avis ci-après, du 20 décembre 1888 :

Le Conseil d'État, consulté par M. le Ministre de l'instruction publique et des beaux-arts sur la question de savoir si l'article 66 de la loi du 30 octobre 1886 a abrogé l'article 79 de la loi du 15 mars 1850 et les dispositions de l'article 20 de la loi du 27 juillet 1872, relatives aux membres et novices des associations religieuses, ou si, au contraire, on doit continuer à les autoriser à contracter l'engagement décennal en vue de la dispense du service militaire.

Vu la loi du 15 mars 1850, article 79;

Vu la loi du 27 juillet 1872, article 20;

Vu les articles 17, 18 et 66 de la loi du 30 octobre 1886;

Considérant que le paragraphe 5 de l'article 20 de la loi du 27 juillet 1872, qui dispensait, à titre conditionnel, du service militaire ceux qui, ayant contracté l'engagement de se vouer pendant dix ans à l'enseignement, réalisaient ledit engagement, dans certaines écoles privées et dans certains établissements appartenant à des congrégations religieuses ou à des associations laïques, se trouve abrogé par la loi du 30 octobre 1886;

Considérant, en effet, qu'il résulte du texte et de la discussion de l'article 66 de cette loi que désormais un service dans l'enseignement public peut seul être considéré comme l'équivalent d'un service militaire et donner droit à la dispense, conformément à l'article 79 de la loi du 15 mars 1850;

Considérant que le jeune homme qui, pour bénéficier de la dispense, prend l'engagement de se vouer pendant dix ans à l'enseignement public n'est pas libre de choisir pour remplir cet engagement une période quelconque de son existence, mais que c'est à partir du jour où il contracte l'engagement décennal que commence pour lui l'obligation de le réaliser; que, par application de ce principe, il a toujours été reconnu, depuis la loi du 10 mars 1818, que pour souscrire cet engagement il fallait justifier de l'existence actuelle de la cause de dispense;

Considérant que de ce qui précède il résulte que l'engagement décennal n'est recevable que de ceux qui établissent, au moment où ils se présentent, leur qualité d'instituteurs publics;

Considérant que, d'ailleurs, les difficultés qui pourraient se présenter dans l'avenir pour la réalisation intégrale des engagements pris par les congréganistes, à raison notamment des dispositions de l'article 18 de la loi du 30 octobre 1886, ne font pas obstacle à ce que cet engagement soit reçu au moment où il est justifié de la qualité requise,

Est d'avis :

Que les membres et novices des congrégations religieuses vouées a l'enseignement et reconnues comme établissement d'utilité publique doivent, s'ils justifient du titre d'instituteurs ou d'adjoints dans une école primaire publique, être admis à contracter l'engagement décennal prévu par l'article 79 de la loi du 15 mars 1850.

Cet avis a été délibéré et adopté par le Conseil d'État dans sa séance du 20 décembre 1888.

Dans la circulaire du 21 décembre 1888, par laquelle il transmet cet avis aux Recteurs, le ministre de l'Instruction publique s'exprime ainsi : « Il en résulte qu'il n'y a aucune distinction à faire entre les laïques et les congréganistes : des uns comme des autres, vous ne pourrez ni refuser la déclaration d'engagement décennal s'ils sont pourvus d'une nomination régulière dans une école primaire publique, ni l'accepter s'ils n'en sont pas pourvus. Toute demande de contracter cet engagement devra donc être accompagnée de la pièce officielle attestant que le postulant est en possession d'un emploi de titulaire ou de stagiaire dans une école publique, et, dès lors, en mesure de commencer la réalisation de son engagement à dater du premier janvier de l'année où il aura tiré au sort. »

On peut voir que ces dispositions n'auront du reste désormais que peu de cas d'application, et qu'il s'agit en outre de mesures transitoires destinées à disparaître tout à fait à bref délai.

Ajoutons enfin que toute cette législation sur l'engagement décennal ne paraît plus présenter qu'un caractère provisoire, et qu'elle sera sans doute complètement remaniée par la nouvelle loi militaire actuellement en élaboration dans les Chambres.

CHAPITRE VI

Des écoles normales.

I

DES ÉCOLES NORMALES PRIMAIRES D'INSTITUTEURS ET D'INSTITUTRICES

Loi du 9 août 1879, relative à l'établissement des écoles normales primaires.

Décret du 30 juillet 1881, concernant le classement et le traitement des fonctionnaires des écoles normales.

Décret du 29 juillet 1882, modifié par celui du 25 avril 1883, portant règlement pour l'administration et la comptabilité intérieure des écoles normales primaires.

Décret organique du 18 janvier 1887, articles 56 à 89.

Arrêté organique du 18 janvier 1887, articles 68 à 105.

Arrêté du 10 janvier 1889, relatif à l'emploi du temps, à la répartition des matières d'enseignement, et aux programmes d'études dans les écoles normales primaires.

I. — Les écoles normales ont été instituées pour assurer le recrutement du personnel d'instituteurs et d'institutrices dans les écoles publiques, et surtout pour former des maîtres initiés aux meilleures méthodes d'enseignement.

La première école normale d'instituteurs avait été fondée à Paris par la Convention, et ses cours s'ouvrirent le 20 janvier 1795 ; mais ils ne durèrent que quelques mois, et cette première tentative resta abandonnée pendant plusieurs années.

Lorsque Napoléon réorganisa l'Université, le décret de 1808 avait bien décidé qu'il serait établi auprès de chaque Académie « une ou plusieurs *classes normales*, destinées à former des maîtres pour les écoles primaires ». Seulement ce décret ne fut point appliqué : une seule école normale, qui d'ailleurs prospéra rapidement, avait été établie en 1810 à Strasbourg.

La Restauration se montra peu favorable à la fondation de ces écoles : deux autres seulement, jusqu'en 1830, furent établies par les départements de la Moselle et de la Meuse.

Mais sous la monarchie de Juillet, 29 écoles normales avaient déjà été fondées lorsque M. Guizot entra au ministère de l'Instruction publique en 1832, et bientôt après parut le règlement du 14 décembre 1832, qui est en quelque sorte la Charte des écoles normales. Jusqu'alors ces établissements avaient été exclusivement départementaux : sans perdre tout à fait ce caractère, ils sont aussi dès lors reliés au pouvoir central.

Le directeur est nommé par le Ministre; mais les autres maîtres sont choisis par le Recteur « sur la proposition de la commission spéciale chargée de la surveillance de l'école, et sous réserve de l'approbation du Ministre ». Le règlement de 1832 détermine les matières de l'enseignement dans les écoles normales.

La loi de 1833 va donner une impulsion considérable au développement de l'institution. Son article 11 porte en effet que « tout département sera tenu d'entretenir une école normale primaire, soit par lui-même, soit en se réunissant à un ou deux départements voisins ». A la fin de l'année 1833, dix-huit autres départements sont pourvus d'une école normale d'instituteurs ; huit autres encore l'année suivante, et quand M. Guizot quitta le ministère de l'Instruction publique, en 1836, il y avait déjà en France 74 écoles normales d'instituteurs.

Les mêmes nécessités se présentaient pour le recrutement des institutrices. Quelques départements avaient d'abord commencé, de 1834 à 1850, à fonder non des écoles spéciales, mais des *cours normaux* d'institutrices, annexés aux écoles primaires supérieures de filles dirigées par des communautés religieuses. En 1850, il y avait 21 de ces cours.

Avec la loi de 1850, on entre dans une période de réaction. Cette loi ne supprimait point les écoles normales, mais elle accordait aux Conseils généraux et au Ministre le droit de les supprimer, et le règlement du 24 mars 1851 vint encore réduire considérablement le programme déjà si modeste du règlement de 1832. L'arrivée de M. Duruy au ministère de l'Instruction publique, en 1863, allait heureusement changer la triste situation de l'enseignement primaire depuis la loi de 1850, et en particulier celle des écoles normales. Une série importante de décrets vint relever l'enseignement et la situation de ces écoles, où l'on n'entre plus que par un examen sérieux, à la suite d'un concours. La condition des directeurs et des maîtres est fort améliorée.

Enfin, par sa circulaire du 8 juillet 1869, M. Duruy avait manifesté l'intention de convertir les *cours normaux* en écoles normales d'institutrices. Il ne resta plus assez longtemps au ministère pour réaliser ce projet, mais déjà plusieurs départements avaient effectué ce changement et possédaient des écoles normales d'institutrices, dont la situation avait été assimilée aux écoles normales d'instituteurs.

Pendant les premières années de son établissement, la troisième République, toujours en danger par la coalition des partis monarchiques, et menacée dans son existence même, avait à lutter contre trop de difficultés pour entreprendre la grande œuvre de réorganisation de l'enseignement primaire. Mais aussitôt que les circonstances le lui permirent, elle allait consacrer tous ses soins à cette réorganisation ; et en premier lieu se plaçait celle des écoles normales. La nouvelle période s'ouvre en 1879, avec le premier ministère de M. Jules Ferry, dont le nom restera justement dans les annales de l'Instruction publique en France, à côté de celui des Guizot et des Duruy.

Nous arrivons maintenant à la législation actuelle.

II. — La loi du 9 août 1879 rend obligatoire pour chaque département l'installation première et l'entretien annuel d'une école normale primaire d'instituteurs, et d'une autre d'institutrices, — et tous ces établissements doivent être installés dans un délai de quatre ans. Toutefois « un décret du Président de la République pourra, sur l'avis conforme du Conseil supérieur de l'Instruction publique, autoriser deux départements à s'unir pour fonder et entretenir en commun, soit l'une, soit l'autre de leurs écoles normales, soit toutes les deux ».

Aujourd'hui tous les départements ont satisfait aux prescriptions de la loi de 1879 en ce qui concerne la fondation d'écoles normales d'instituteurs, et nous avons vu que cinq d'entre eux seulement n'avaient pas encore d'école normale d'institutrices : l'Aveyron, la Creuse, l'Indre, le Tarn et Constantine. Ajoutons que les dispositions sont toutes arrêtées pour que cette lacune soit comblée à très bref délai. Un décret du 7 novembre 1887 a autorisé les départements des Alpes-Maritimes et des Bouches-du-Rhône à s'unir pour entretenir à frais communs une école normale d'institutrices à Aix.

C'est surtout pour les écoles normales d'institutrices que la loi de 1879 a eu des conséquences importantes. Les premières de ces écoles remontent à 1842 : à cette époque, les départements du Jura et de l'Orne convertirent leur *cours normal* en école normale, et quelques autres départements suivirent cet exemple, ou créèrent de toutes pièces un de ces établissements. C'est ainsi que huit écoles normales d'institutrices existaient en 1870, et onze nouvelles furent fondées de cette date à 1879. A l'origine, elles avaient été toutes congréganistes : ce n'est que peu à peu qu'elles s'étaient détachées des liens qui les unissaient aux congrégations, et en 1879, il y en avait huit qui n'étaient pas encore laïcisées. Toutes l'ont été depuis. Lorsque parut la loi nouvelle, il n'y avait encore que dix-neuf départements ayant une école normale d'institutrices.

Ajoutons que dans chaque école normale d'institutrices se trouve annexée une école maternelle, et qu'il y a des cours spéciaux pour former des directrices d'écoles maternelles.

III. — L'organisation des écoles normales primaires avait d'abord été réglée par les décrets du 29 juillet 1881, et ceux des 1er et 3 avril suivant. Ces textes sont aujourd'hui remplacés par le décret et l'arrêté organiques du 18 janvier 1887 (art. 56 à 89 du décret, et 68 à 105 de l'arrêté).

Nous indiquerons seulement ici d'une manière très sommaire leurs principales dispositions.

L'article 56 du décret organique définit ainsi ces établissements : « Les écoles normales primaires sont des établissements publics destinés à former des instituteurs ou des institutrices pour les écoles maternelles, écoles primaires élémentaires, et écoles primaires supérieures. »

Ces écoles relèvent du Recteur, sous l'autorité du Ministre de l'Instruction publique (art. 57). Leur installation et leur entretien sont à la charge des départements, et compris dans les dépenses obligatoires, pouvant être inscrites d'office au budget départemental; mais, en cas d'insuffisance de ressources, les départements peuvent recevoir de l'État des avances et des subventions (Loi du 9 août 1879).

Les directeurs et directrices sont nommés par le Ministre : ils doivent être âgés de trente ans révolus, et pourvus du certificat d'aptitude à la direction (art. 62 du décret organique).

Les écoles normales se recrutent par la voie du concours. Chaque année le Ministre fixe, sur la proposition du Recteur, et après l'avis du Conseil départemental, le nombre d'élèves à admettre dans chaque école en première année (art. 69). Les candidats doivent avoir 16 ans au moins et 18 ans au plus, sauf les dispenses que peut accorder le Recteur, et être pourvus du brevet élémentaire (art. 70).

Les conditions et les formalités à remplir par les candidats, et les épreuves à subir, sont indiquées par l'arrêté organique (art. 86 et suivants).

La durée des études est de 3 ans, et le régime est, en général, l'internat, qui est gratuit (art. 1er, § 2 de la loi du 16 juin 1881 : *Le prix de pension dans les écoles normales est supprimé*, et art. 92 du décret organique). Seulement les candidats doivent contracter l'engagement de servir pendant dix ans au moins dans l'enseignement public, et si cet engagement n'est point exécuté par la suite, ils sont tenus de restituer le prix de la pension dont ils ont joui (art. 70, 78 et 81) (1).

---

(1) Cet engagement doit être fait sous l'autorisation du père ou du tuteur, qui s'engage lui-même à rembourser, le cas échéant, le prix de la pension. La pièce doit être écrite sur papier timbré et les signatures légalisées. Voici un modèle de formule pour ces engagement et autorisation, qu'il ne faut pas confondre, ainsi que nous l'avons indiqué, avec l'engagement décennal concernant la dispense du service militaire.

ENGAGEMENT DÉCENNAL.

Je soussigné (*nom et prénoms*) né à..... département de..... le (*indiquer la date en toutes lettres*) déclare, par la présente, contracter devant M. le Recteur de l'Académie de..... l'engagement de servir dix ans dans l'enseignement public.

Fait à..... le.....

(*Signature du candidat.*)

AUTORISATION.

Je soussigné (*nom, prénoms et profession*), demeurant à..... département de..... autorise par la présente M. (*nom, prénoms, date et lieu de naissance du candidat*), mon fils (*ou pupille*), aspirant à l'école normale de (*nom du département*), à contracter, devant M. le Recteur de l'Académie de..... l'engagement de servir pendant dix ans dans l'enseignement public. Je m'engage en outre à rembourser ses frais d'étude et de pension, dans le cas où il quitterait volontairement l'école ou en

L'administration et la comptabilité des écoles normales ont été réglées par le décret du 29 juillet 1882, modifié par celui du 25 avril 1883. (Voir le fascicule n° 61 des Mémoires et documents scolaires publiés par le Musée pédagogique : *Comptabilité des écoles normales, guide légal et administratif des économes.*)

Les programmes de l'enseignement dans les écoles normales viennent d'être revisés. Ces nouveaux programmes sont annexés à l'arrêté du 10 janvier 1889, relatif à l'emploi du temps, à la répartition des matières d'enseignement, et aux programmes d'études, dans les écoles normales primaires.

Il faut mentionner ici le décret du 27 décembre 1887, aux termes duquel, en cas d'insuffisance du nombre des candidats pourvus du certificat d'aptitude au professorat des écoles normales, des licenciés pourront être nommés professeurs d'écoles normales primaires, directeurs ou professeurs d'écoles primaires supérieures.

II

ÉCOLES NORMALES SUPÉRIEURES DE FONTENAY-AUX-ROSES ET DE SAINT-CLOUD (1)

Décret et arrêté organiques du 18 janvier 1887 (art. 90 à 97 du décret, et 106 à 126 de l'arrêté).

A ces écoles normales nouvelles qui allaient s'ouvrir de tous

---

serait exclu pour raison disciplinaire, comme dans le cas où il renoncerait à ses fonctions dans l'enseignement avant la réalisation de son engagement.

Fait à..... le.....
                    (*Signature du père ou du tuteur.*)

Vu par nous, maire de la commune de..... pour la légalisation de la signature de M..... apposées ci-dessus.

Fait à..... le.....   Le maire,

Vu pour légalisation de la signature de M..... maire de la commune de..... apposée ci-dessus.

A..... le.....   Le sous-préfet,

(1) Voir le fascicule n° 58 des *Mémoires et documents scolaires* publiés par le Musée pédagogique : *Les écoles normales supérieures de Fontenay-aux-Roses et de Saint-Cloud.*

côtés, par l'application de la loi de 1879, il fallait préparer des directeurs et des professeurs, pour assurer le recrutement de leur personnel, comme elles préparaient elle-mêmes le personnel des écoles primaires.

§ 1. — ÉCOLE NORMALE SUPÉRIEURE D'INSTITUTRICES DE FONTENAY-AUX-ROSES.

C'est surtout pour les écoles normales d'institutrices que le besoin était urgent : l'ancien personnel était tout à fait insuffisant comme nombre, et ses titres de capacité ne répondaient plus aux besoins nouveaux. Dès l'année 1880, le décret du 13 juillet, rendu par M. Jules Ferry, créait une École normal supérieure d'institutrices préparatoire à la direction et à l'enseignement des écoles normales de filles, et le décret du 15 octobre de la même année décidait qu'elle serait installée à Fontenay-aux-Roses, aux portes de Paris.

L'École a été ouverte au mois de novembre 1880 : les conditions, qui n'ont été du reste que peu modifiées, en sont aujourd'hui déterminées par le décret et l'arrêté du 18 janvier 1887.

Elle peut recevoir des internes et des externes : en fait elle n'a que des internes, toutes admises à la suite d'un concours entre aspirantes âgées de 19 ans au moins et de 25 ans au plus, munies soit du brevet supérieur, ou du diplôme de bachelier, ou du certificat d'études secondaires. Elles sont réparties en deux sections : celle des sciences et des lettres, qui poursuivent des études distinctes, mais qui ont en commun certains cours de littérature, de psychologie, de morale, de pédagogie, de langues vivantes, de musique vocale.

Pour les 15 places réservées chaque année dans chacun des deux ordres des lettres et des sciences, il y a chaque année environ 80 candidates, qui sont déjà pour la plupart des maitresses d'école normale, simples *déléguées* à l'enseignement, ou des institutrices.

La durée des études est fixée à trois ans. Des examens de passage ont lieu à la fin de chacune des deux premières années ; et toute élève qui n'y aura pas satisfait doit quitter l'école (art. 112 de l'arrêté organique). Quant à l'examen final, qui confère le titre de *professeur*, il est également ouvert aux candidats du dehors.

L'examen d'admission porte sur les matières enseignées dans les écoles normales primaires. C'est donc le même programme que celui du brevet supérieur, mais ici l'examen est fait surtout au point de vue pédagogique. Les conditions de l'examen, et les épreuves à subir, sont déterminées par les articles 114 et suivants de l'arrêté organique.

Le régime de l'internat est entièrement gratuit. L'État fournit aux élèves les livres de classe et de bibliothèque, et alloue à chacune d'elles, pour ses dépenses de voyage ou d'habillement, une indemnité annuelle dont le chiffre varie : il est annuellement de 250 francs. En retour, il exige d'elles l'engagement de le servir au moins pendant dix ans dans les écoles normales, ou de rembourser à l'État le prix de la pension dont elles auront joui.

Le personnel de l'école se compose à l'intérieur : d'une directrice, de quatre professeurs-répétitrices, d'une économe. L'enseignement est donné par des professeurs de l'enseignement secondaire et de l'enseignement supérieur (lycées, Sorbonne, Muséum), qui viennent, les uns toute l'année, les autres quelques mois seulement, quelques-uns trois, quatre, cinq fois par an, donner des leçons ou des conférences. Un Inspecteur général représente directement le Ministre, et préside à l'ensemble des études.

§ 2. — ÉCOLE NORMALE SUPÉRIEURE D'INSTITUTEURS DE SAINT-CLOUD.

Du côté des écoles normales d'instituteurs, il n'y avait pas à pourvoir à d'aussi grands besoins, car il ne restait qu'un petit nombre de ces écoles à ouvrir, et le personnel était déjà presque suffisant. Mais l'importance des services rendus par l'École de Fontenay-aux-Roses décida l'administration à imiter pour les écoles d'instituteurs ce qui avait si bien réussi pour les écoles de filles, c'est-à-dire de créer également pour la préparation aux fonctions de directeur et de professeur, une école de haute culture intellectuelle et pédagogique.

Dès le mois de février 1881, par l'initiative de M. Jules Ferry, dont le nom se retrouve au début de tant de mesures fécondes, une Commission était instituée au Ministère de l'Instruction publique pour « rechercher les moyens de créer, pour les maîtres adjoints, des cours préparatoires à l'examen du certificat d'aptitude, analogues à ceux de l'École normale supérieure de Fontenay-aux-Roses. » A la suite du rapport de cette Commission, des cours préparatoires furent d'abord installés à Sèvres, et au mois de mars 1882, ils furent transférés à Saint-Cloud, dans les dépendances de l'ancien palais. Diverses décisions portèrent la durée des études d'abord à un an, puis à deux ans, réglèrent les conditions d'admission, et aboutirent à la création de l'École normale supérieure d'enseignement primaire de Saint-Cloud. Ces diverses mesures furent sanctionnées et coordonnées par le décret et l'arrêté du 18 janvier 1887.

L'École de Saint-Cloud reçoit des élèves internes et des élèves externes. Le nombre des élèves internes admis est en moyenne de vingt par promotion : ils sont reçus à la suite d'un concours qui a lieu tous les ans vers le mois de juillet. Les conditions à remplir par les candidats pour prendre part à ce concours sont indiquées par les articles 114 et suivants de l'arrêté organique. Quant aux élèves externes, leur nombre est variable : ils sont admis par décision spéciale du Ministre, sur le rapport favorable du recteur de l'Académie à laquelle ils appartiennent, et pour une année seulement, à suivre les cours de l'École, soit pour se préparer à l'examen du certificat d'aptitude au professorat, soit pour se présenter au plus prochain concours d'admission à l'École.

La durée des études est de 3 ans, la troisième année étant plus particulièrement consacrée à l'éducation professionnelle.

Chaque année est partagée en deux sections, celle des lettres et celle des sciences, avec certains cours communs aux deux sections : pédagogie, morale, langues vivantes, etc...

De même qu'à l'École de Fontenay, le régime de l'internat de l'École de Saint-Cloud comporte la plus grande liberté ; il est aussi tout à fait gratuit, et les élèves jouissent également, en sus de la nourriture et de logement, d'une indemnité annuelle qui est actuellement de 250 francs, pour leurs dépenses d'entretien et d'habillement. Ils doivent, bien entendu, contracter en retour l'engagement de servir au moins dix ans dans l'enseignement public ; et si cet engagement n'est pas tenu, ils auront à rembourser à l'État le prix de la pension, qui est fixée à 600 francs par an.

L'administration de l'École se compose d'un directeur, d'un sous-directeur, et d'un économe. La personnel enseignant n'est pas spécialement attaché à l'établissement ; il se compose de professeurs appartenant aux lycées de Paris ou à l'enseignement supérieur.

Ajoutons en terminant ces quelques indications, que pour les vingt places d'internes à donner, il se présente chaque année, en moyenne, deux cents candidats, et que le niveau du concours n'a cessé de s'élever.

Parmi les élèves internes que reçoit l'École, il y en a chaque année un certain nombre qui viennent de l'étranger pour se perfectionner dans l'étude du français ou des sciences ; de son côté, l'École envoie tous les ans à l'étranger, comme boursiers de l'État, quelques-uns de ses meilleurs élèves pour y compléter leurs études de langues vivantes et se préparer à l'examen du certificat d'aptitude à l'enseignement de l'allemand ou de l'anglais. (Voir le fascicule n° 15 des Mémoires et documents scolaires publiés par le Musée pédagogique : *Les boursiers de l'enseignement primaire à l'étranger.*)

Il faut encore mentionner, après l'École de Fontenay-aux-Roses, l'École Pape-Carpantier. Celle-ci est destinée à former des directrices d'écoles primaires et maternelles annexées aux écoles normales d'institutrices. Elle a été réorganisée par l'arrêté du 10 septembre 1886, qui l'a transférée à Versailles et placée sous la même direction que l'École normale d'institutrices du département de Seine-et-Oise.

Les élèves y entrent également par la voie du concours. Le régime de l'École est l'internat. La pension et les études y sont gratuites ; et les aspirantes doivent contracter en retour l'engagement décennal dans l'enseignement public. Elles doivent avoir 18 ans au moins, et 25 ans au plus, au 1er octobre de l'année du concours.

A leur sortie de l'École, les élèves-maîtresses subissent un examen sur leur aptitude à l'enseignement dans les écoles annexes, et peuvent être admises à concourir pour l'admission à l'École de Fontenay-aux-Roses.

QUATRIÈME PARTIE

DE L'ENSEIGNEMENT PRIVÉ

Les dispositions concernant l'enseignement privé font l'objet du titre III de la loi du 30 octobre 1886 (art. 35 à 43). Nous les diviserons en 4 paragraphes :
1° De la liberté des méthodes et des programmes ;
2° Du classement des écoles privées ;
3° Des conditions d'ouverture des écoles privées ;
4° Des peines applicables aux membres de l'enseignement privé.

§ 1. — DE LA LIBERTÉ DES MÉTHODES ET DES PROGRAMMES.

ART. 35. — *Les directeurs et directrices d'écoles primaires privées sont entièrement libres dans le choix des méthodes, des programmes et des livres, réserve faite pour les livres qui auront été interdits par le Conseil supérieur de l'Instruction publique, en exécution de l'article 5 de la loi du 27 février 1880.*

Cette liberté des méthodes et des programmes découle nécessairement du principe de la liberté d'enseignement, qui domine toute cette législation. L'État n'impose ses méthodes qu'aux instituteurs qui dépendent de lui. La liberté des programmes et des livres est une conséquence de la liberté des méthodes. L'interdiction de certains livres par le Conseil supérieur ne peut porter que sur les livres contraires à la morale, à la Constitution ou aux lois. Les personnes auxquelles la loi confère le droit d'inspection dans les écoles privées peuvent saisir ces livres interdits, en dressant un procès-verbal qui sera adressé à l'inspecteur d'Académie (art. 42 du décret du 29 juillet 1850, non abrogé).

Mais nous rappelons ici ce que nous avons déjà dit dans la première partie, chapitre III, sur la distinction à faire entre les *programmes* et les *matières*. L'énumération de l'article premier de la loi de 1882 est celle de toutes les matières de l'enseignement primaire, comprenant l'enseignement primaire supérieur aussi bien que l'enseignement élémentaire. On ne peut donc exiger que toutes ces matières soient comprises dans l'enseignement d'une école privée élémentaire. Mais les écoles maternelles ou les écoles élémentaires privées ne sauraient supprimer aucune des matières indiquées dans le décret du 18 janvier 1887 (art. 4 et art. 27) comme formant l'enseignement de chacune de ces sortes d'établissements. L'instituteur privé donnera plus ou moins d'étendue au programme de ces diverses matières; il les enseignera d'après les méthodes et avec les livres par lui choisis; mais il ne pourra pas les écarter. Autrement où serait la limite, et ne serait-il pas facile d'étudier la règle de l'instruction primaire obligatoire, en ouvrant des écoles privées où l'on n'enseignerait par exemple que la lecture et des travaux manuels? L'article 35 de la loi de 1886 doit donc être interprété raisonnablement, en le combinant avec les articles 1 et 4 de la loi de 1882, qui s'appliquent aussi bien à l'enseignement privé qu'à l'enseignement public.

§ 2. — DU CLASSEMENT DES ÉCOLES PRIVÉES.

Les écoles privées, de même que les écoles publiques, se divisent en écoles primaires élémentaires, écoles primaires supérieures, écoles maternelles, et classes enfantines.

L'article 63 de la loi prescrit à tout directeur d'une école privée actuellement existante de faire savoir à l'inspecteur d'Académie dans quelle catégorie doit être placée son école.

Aucune école privée, dit l'article 36, § 1, *ne peut prendre le titre d'école primaire supérieure, si le directeur ou la directrice n'est muni des brevets exigés pour les directeurs ou directrices des écoles primaires supérieures publiques.*

Le titre de capacité exigé est le certificat d'aptitude au professorat des écoles normales et des écoles primaires supérieures (voir art. 109 du décret du 18 janvier 1887 et art. 165 et suivants de l'arrêté du même jour). Pour les adjoints et adjointes, le brevet simple suffit. Les titres de capacité concernant les enseignements accessoires ne sont nécessaires que pour les écoles publiques.

Les conditions d'âge et d'admission des élèves dans les diverses sortes d'écoles privées sont les mêmes que pour les écoles publiques.

L'enseignement ne peut être donné que par des instituteurs dans les écoles de garçons, et que par des institutrices dans les écoles de filles, dans les écoles mixtes, dans les écoles maternelles et dans les classes enfantines, sous réserve des exceptions admises par les § 2 et 3 de l'article 6.

Une école privée n'a pas le droit de recevoir d'enfants des deux sexes, lorsqu'il existe dans la commune une école publique ou privée de filles; mais le Conseil départemental peut l'y autoriser.

Lorsqu'il existe dans la commune une école maternelle publique, ou une classe enfantine publique, aucune école privée ne peut recevoir des enfants au-dessous de six ans, à moins qu'elle-même ne possède une classe enfantine.

Des *garderies*, pour recevoir des enfants de six ans, peuvent être établies dans les communes où il n'existe pas d'école maternelle, sans aucune déclaration ni autorisation préalable. Ces garderies ne sont pas comprises dans la loi, ainsi que l'a formellement reconnu le rapporteur à la Chambre des députés (séance du 15 mars 1884). Mais il est essentiel que dans ces établissements, les enfants ne reçoivent l'enseignement d'aucune des matières comprises dans le programme de l'enseignement primaire.

D'après un arrêt de la Cour de Nîmes du 12 mai 1887, ne constitue pas le délit d'ouverture illicite d'une école maternelle le fait de recevoir et de garder des enfants de 3 à 6 ans, de leur lire le catéchisme, de leur faire dire des prières et, dans le but de les distraire, de leur dire des fables et de les faire chanter. Rien de tout cela en effet ne rentre dans les matières de l'enseignement primaire énumérées à l'article 1er de la loi du 28 mars 1882.

Enfin l'article 43 contient les dispositions pour empêcher que la loi ne soit tournée :

Sont assujetties aux mêmes conditions, relativement au programme, au personnel et aux inspections, les écoles ouvertes dans les hôpitaux, hospices, colonies agricoles, ouvroirs, orphelinats, maisons de pénitence, de refuge, ou autres établissements administrés par des particuliers (voir l'art. 166 du décret du 18 janvier 1887).

Les administrateurs ou directeurs pourront être passibles des peines édictées par les articles 40 et 42 de la présente loi.

§ 3. — DES CONDITIONS D'OUVERTURE DES ÉCOLES PRIVÉES.

Nous allons examiner successivement : 1° les formalités à remplir pour l'ouverture d'une école privée d'externes; 2° les formalités en cas de changement de local; 3° les formalités pour ouvrir un internat.

1° Formalités pour l'ouverture d'une école privée.

I. *Déclarations à faire.* — L'instituteur qui veut ouvrir une école primaire privée doit d'abord faire à la mairie une déclaration à ce sujet. Cette déclaration est inscrite sur un registre spécial aux déclarations de cette nature (art. 158 du décret du 18 janvier 1887). En même temps le postulant doit désigner au maire le local dans lequel l'école sera établie. Le maire lui donne récépissé de cette déclaration.

La déclaration doit être signée par le postulant et par le maire, qui en fait établir immédiatement quatre copies sur papier libre, dont une est affichée à la porte de la mairie pendant un mois, et les trois autres remises gratuitement au postulant.

Ce dernier adresse une de ces copies au Préfet, une autre au Procureur de la République, et la troisième à l'inspecteur d'Académie; il lui est donné récépissé de chacune.

A la copie adressée à l'inspecteur d'Académie, le postulant doit joindre les pièces suivantes :

1° Son acte de naissance;

2° Ses brevets de capacité ou diplômes divers;

3° L'extrait de son casier judiciaire. (Cet extrait est délivré par le greffier au tribunal de l'arrondissement dans lequel on est né. — Afin d'épargner aux postulantes les démarches nécessaires pour se procurer cet extrait, le ministre a autorisé les inspecteurs d'Académie à faire venir eux-mêmes cette pièce, et les postulantes n'auront qu'à en rembourser les frais.)

4° L'indication des lieux où il a résidé dans les dix dernières années;

5° L'indication des professions qu'il y a exercées pendant le même temps;

6° Le plan du local destiné à l'école;

7° S'il appartient à une association, la copie des statuts de cette association (Voir à ce sujet la circulaire du 21 décembre 1886);

8° Les pièces destinées à établir sa qualité de français (art. 158 du décret du 18 janvier 1887), c'est-à-dire pour le cas ordinaire d'une personne née en France de parents français, son acte de naissance et celui de son père.

Ajoutons que l'instituteur qui succède à un autre dans la direction d'une école privée doit remplir les mêmes formalités.

L'annexion d'une école enfantine à une école privée n'est pas assujettie aux formalités exigées pour l'ouverture d'une école. Une simple déclaration à l'inspecteur d'Académie suffit.

II. *Des oppositions.* — Le maire, s'il juge que le local n'est pas convenable, ou pour des raisons tirées des bonnes mœurs ou de l'hygiène, peut former opposition à l'ouverture de l'école. Cette opposition doit être faite dans le délai de huit jours, et aussitôt notifiée au postulant.

L'opposition à l'ouverture de l'école peut encore être faite par l'inspecteur d'Académie, soit d'office, soit sur la plainte du Procureur de la République. Elle ne peut être faite que dans l'intérêt des bonnes mœurs ou de l'hygiène; toutefois, lorsqu'il s'agit d'un instituteur public révoqué et voulant s'établir comme instituteur privé dans la commune où il exerçait, l'opposition peut encore être faite par l'inspecteur d'Académie dans l'intérêt de l'ordre public. L'inspecteur d'Académie a un délai d'un mois, à partir du jour où il a reçu la déclaration, pour former son opposition, s'il y a lieu.

A défaut de toute opposition, l'école peut être ouverte à l'expiration de ce délai d'un mois, sans autre formalité.

III. *Du jugement des oppositions.* — Nous avons déjà vu que c'était au Conseil départemental qu'il appartenait de statuer sur l'opposition formée par le maire ou par l'inspecteur d'Académie à l'ouverture d'une école privée, c'est-à-dire de décider que l'opposition était fondée et d'en rendre les effets définitifs, — ou bien de reconnaître qu'elle n'est pas fondée, et d'en ordonner la mainlevée.

Le maire ou l'inspecteur d'Académie, lorsqu'ils forment l'opposition, doivent en prévenir aussitôt le postulant, en l'informant des motifs sur lesquels l'opposition est fondée. Ils doivent également en aviser le Préfet, et lui transmettre le dossier de l'affaire.

D'après le droit commun, c'est au postulant qu'il appartiendrait de provoquer le jugement sur l'opposition, et de demander la mainlevée. La loi de 1886 nous paraît avoir voulu déroger ici à cette règle générale. Aux termes de l'article 39, l'opposition doit être jugée par le Conseil départemental dans le délai d'un mois : faute de jugement dans ce délai, l'opposition tombera et l'école pourra être ouverte. C'est alors à l'administration à agir en validité d'opposition dans ce délai, et l'article 161 du décret du 18 janvier 1887 trace au Préfet la marche à suivre.

Dès qu'il a été informé par le maire ou l'inspecteur d'Académie de l'opposition formée, le Préfet désigne un rapporteur pris parmi les membres du Conseil départemental, et huit jours au moins avant la séance fixée pour le jugement sur l'opposition, il invite l'instituteur à comparaître ou à se faire représenter devant le Conseil.

Le postulant peut se faire assister par un avocat ; mais rappelons que les séances du Conseil départemental ne sont pas publiques.

Le jugement est toujours contradictoire, c'est-à-dire que le postulant doit être régulièrement cité à comparaître, et que faute de cette citation, faite au moins huit jours à l'avance, le jugement confirmant l'opposition serait nul au cas de non-comparution. Dès que cette citation a été régulièrement faite, le jugement est considéré comme contradictoire, quand même le postulant ne se serait pas présenté ni fait représenter.

Nous avons vu il est vrai que le Conseil départemental ne se réunit ordinairement que tous les trois mois; mais le Préfet peut le convoquer en outre toutes les fois que l'exigent les besoins du service (art. 48). Lorsqu'il aura été informé d'une opposition à l'ouverture d'une école, le Préfet ne pourra donc retarder cette convocation du Conseil au-delà d'un mois à partir de la date de l'opposition.

IV. *De l'appel des jugements statuant sur les oppositions.* — Il peut être fait appel de la décision du Conseil départemental devant le Conseil supérieur de l'Instruction publique. Ce droit d'appel appartient non-seulement au postulant à qui le Conseil départemental a refusé le mainlevée de l'opposition, mais aussi à la personne qui a formé l'opposition (maire ou inspecteur d'Académie), dans le cas où la mainlevée a été prononcée (art. 39 de la loi du 30 octobre 1886).

Aussi le Préfet doit notifier la décision du Conseil départemental dans les huit jours, tant au déclarant qu'à l'auteur de l'opposition, en informant les parties qu'elles ont le droit de se pourvoir devant le Conseil supérieur dans les dix jours à partir du moment où la décision leur a été notifiée (art. 164 du décret).

Le recours de l'instituteur ou du maire contre la décision du Conseil départemental est reçu au bureau de l'inspecteur d'Académie : il en est donné récépissé. Le recours de l'inspecteur d'Académie est formé par une décision qu'il notifie à la partie intéressée.

L'inspecteur d'Académie fait parvenir au Préfet, dans le plus bref délai, la déclaration d'appel qu'il a reçue ou la décision qu'il a prise lui-même. Le Préfet adresse ces pièces, avec le dossier de l'affaire, au ministre de l'Instruction publique, qui en saisit le Conseil supérieur.

Le Conseil supérieur doit statuer dans la plus prochaine session, et dans le plus bref délai possible.

Il faut que le débat soit contradictoire, le postulant doit être cité à comparaître. Il peut comparaître en personne ou se faire représenter ; il peut aussi demander l'assistance d'un conseil ou d'un défenseur.

Le dernier paragraphe de l'article 39 ajoute qu'en aucun cas l'école ne pourra être ouverte avant la décision de l'appel.

Mais après que le Conseil départemental a donné mainlevée de l'opposition, faut-il attendre encore l'expiration du délai pour l'appel qui peut être interjeté? Et celui qui ouvre une école avant l'expiration de ce délai, lorsqu'il n'a reçu aucune notification de l'appel, peut-il être poursuivi pour violation de l'article 39 ? La jurisprudence décide qu'il n'y a point là d'infraction à cet article (Cour d'Aix, 22 décembre 1887, Cour d'Orléans, 21 février 1888). C'est en effet l'appel seul qui est suspensif, et non le délai de l'appel. Lorsque l'article 39 dit qu'en aucun cas l'ouverture de l'école ne peut avoir lieu *avant la décision de l'appel*, ces derniers mots supposent l'existence d'un appel, qui doit avoir été interjeté et notifié pour produire un effet suspensif.

2° Formalités en cas de changement de local.

Le dernier paragraphe de l'article 37 porte que les mêmes formalités devront être remplies en cas de changement du local de l'école. On comprend en effet que l'administration doit pouvoir s'assurer que l'immeuble remplit les conditions de salubrité nécessaires. Mais pour cela, il suffira que la déclaration de ce changement de local soit faite au maire, avec l'indication du nouveau local, et que copie de cette déclaration soit envoyée à l'inspecteur d'Académie, au procureur de la République, et au Préfet. Une nouvelle production des autres pièces serait inutile.

Ajoutons que cette disposition de l'article 37 ne s'applique pas au cas de simples modifications apportées à l'agencement intérieur de l'établissement. Le législateur n'a entendu viser que le cas de déplacement de l'école, de son transfert dans un autre local.

3° Formalités pour l'ouverture d'un internat primaire privé.

Les formalités pour l'ouverture d'un pensionnat privé sont les mêmes que pour un externat (art. 37, § 4). Seulement nous savons qu'alors l'instituteur doit être âgé de 25 ans au moins (art. 7). De plus, le plan qu'il est tenu de produire doit être certifié conforme au local par le maire de la commune, et indiquer avec précision la destination et les dimensions de chacune des pièces affectées au pensionnat (longueur, largeur et hauteur) (art. 170 du décret organique).

L'instituteur qui veut ouvrir à la fois une école privée et un pensionnat primaire peut accomplir simultanément les formalités prévues tant pour le pensionnat que pour l'école.

S'il était déjà à la tête d'une école privée, à laquelle il veut annexer un pensionnat, la communication du plan du local est la seule formalité nécessaire.

A défaut d'opposition à l'ouverture d'un pensionnat privé, ainsi que dans le cas où il a été donné mainlevée de l'opposition qui aurait été formée, le Conseil départemental détermine le nombre maximum d'élèves qui peuvent être admis dans le local affecté au pensionnat, et le nombre des maîtres nécessaires pour la surveillance de ces élèves. Mention en est faite par l'inspecteur d'Académie sur le plan du local. Ce plan est renvoyé à l'instituteur qui est tenu de le représenter aux autorités préposées à la surveillance des écoles, chaque fois qu'il en est requis (art. 173 du décret).

L'instituteur privé qui ne s'est pas conformé aux mesures prescrites par le Conseil départemental, dans l'intérêt des mœurs et de la santé des élèves, pourra être traduit devant ce Conseil, et frappé des peines disciplinaires de la censure ou de l'interdiction, conformément à l'article 41 de la loi du 30 octobre 1886, article dont nous verrons plus loin les dispositions.

Tout instituteur privé qui reçoit des pensionnaires doit tenir un registre sur lequel il inscrit les noms, prénoms, le lieu et la date de naissance de ses élèves pensionnaires, la date de leur entrée, et celle de leur sortie.

Chaque année il transmet à l'inspecteur d'Académie, avant le 1er novembre, un rapport sur la situation et le personnel de son établissement.

Ajoutons enfin qu'aucun pensionnat ne peut être annexé à une école primaire privée qui reçoit des enfants des deux sexes.

§ 4. — DES PÉNALITÉS APPLICABLES AUX MEMBRES DE L'ENSEIGNEMENT PRIVÉ.

Les instituteurs privés peuvent d'abord encourir des peines disciplinaires pour manquement aux devoirs particuliers à leur profession, et des peines de droit commun pour infraction aux dispositions formelles et d'ordre public des lois qui règlementent l'enseignement.

PREMIÈRE SECTION

DES PEINES DISCIPLINAIRES.

La profession de l'instituteur lui crée des devoirs particuliers. Des fautes ou des écarts de conduite qui, pour une personne privée, ne relèveraient que de la morale, empruntent pour lui de son caractère public une gravité exceptionnelle ; à raison de ses fonctions, elles peuvent et doivent être sanctionnées par des peines disciplinaires.

On comprend du reste combien il serait impossible de donner une définition précise de ces devoirs professionnels. De là les termes nécessairement un peu vagues de l'article 44, qui du reste ne font que reproduire l'article 30 de la loi de 1850 :

Tout instituteur privé pourra, sur la plainte de l'inspecteur d'Académie, être traduit, pour cause de faute grave dans l'exercice de ses fonctions, d'inconduite ou d'immoralité, devant le Conseil départemental.

Les peines disciplinaires applicables aux membres de l'enseignement privé sont alors la censure et l'interdiction : on comprend que nous ne pouvons plus retrouver ici, comme pour les instituteurs publics, la réprimande et la révocation.

1ent *De la censure*. — Elle est prononcée par le Conseil départemental. Ici l'inspecteur d'Académie n'a que le droit de poursuite, et ce n'est pas lui qui statue, comme à l'égard des instituteurs publics.

La loi ne dit pas si cette censure pourra être prononcée avec insertion au *Bulletin des actes administratifs*. Il faut alors décider la négative, car cette insertion constituerait une aggravation de peine, et tout est strict en matière pénale.

2ent *De l'interdiction*. — L'article 44 indique quatre degrés dans l'application de cette peine aux instituteurs privés :
 1. L'interdiction d'enseigner dans la commune.
 2. L'interdiction d'enseigner dans le département.
 3. L'interdiction générale d'enseigner, mais prononcée seulement pour un temps déterminé. L'article 44 ne fixe pas la durée de cette interdiction générale à temps, mais il est évident qu'elle ne peut être illimitée, et il convient de se référer à cet égard à l'article 31, qui fixe à cinq ans au maximum la durée de l'interdiction à temps pour les instituteurs publics.
 4. L'interdiction absolue, c'est-à-dire générale et pour toute la vie.

Les règles pour l'instruction et le jugement sont les mêmes qu'à l'égard des instituteurs publics (voir le décret du 4 décembre 1886).

L'instituteur privé frappé d'interdiction peut faire appel devant le Conseil supérieur, dans la même forme et selon la même procédure que l'instituteur public (voir ci-dessus).

DEUXIÈME SECTION

DES INFRACTIONS AUX LOIS SUR L'ENSEIGNEMENT COMMISES PAR LES INSTITUTEURS PRIVÉS, ET DES PÉNALITÉS APPLICABLES.

Les articles 40 et 42 édictent les pénalités prononcées contre les infractions commises par les instituteurs privés aux dispositions des lois sur l'enseignement.

I. — Les infractions prévues par l'article 40 sont les suivantes :

1° Ouverture d'une école par un instituteur non Français, et n'ayant pas été régulièrement autorisé (art. 4).

2° Ouverture d'une école par un instituteur non breveté, ou ne remplissant pas les conditions de capacité fixées par la loi du 16 juin 1881 (même article). D'après la jurisprudence de la Cour de cassation (arrêt du janvier 1888, Dalloz, R. P. 1888, I, 233), l'adjoint chargé de classe dans une école primaire, qui exerce sans être pourvu du brevet de capacité, n'est pas passible des pénalités édictées par l'article 40 ; mais ces pénalités sont encourues par le directeur de l'école.

3° Ouverture d'une école par un instituteur employant des adjoints qui ne remplissent pas ces mêmes conditions.

4° Ouverture d'une école dans laquelle le directeur ou les adjoints ne rempliraient pas les conditions d'âge fixées par l'article 7.

5° Ouverture de classes ou cours d'adultes ou d'apprentis sans avoir rempli les formalités ou conditions prescrites par la loi du 19 mai 1874, l'article 4 de la loi du 28 mars 1882, ou l'article 8 de la loi de 1886.

6° Ouverture d'une école avant l'accomplissement des formalités prescrites par les articles 37 et 38 de la loi.

7° Ouverture d'une école avant l'expiration du délai d'un mois, fixé par l'article 38, *in fine*.

8° Ouverture d'une école prenant le titre d'*école primaire supérieure* sans que le directeur ait le titre de capacité exigé par la loi.

9° Ouverture, sans l'autorisation du Conseil départemental, d'une école pour les enfants des deux sexes, lorsqu'il existe, dans la commune, une école publique ou privée spéciale aux filles.

10° Admission d'enfants au-dessous de 6 ans dans une école non pourvue d'une classe enfantine, lorsqu'il existe dans la commune une école maternelle publique ou une classe enfantine publique (L'instituteur privé peut du reste annexer à son école une classe enfantine sans avoir besoin pour cela d'aucune autorisation : il lui suffit d'une simple déclaration à l'inspecteur d'Académie).

11° Ouverture d'une école malgré l'opposition formée par les autorités compétentes, ou avant la décision sur l'appel porté devant le Conseil supérieur de l'Instruction publique au sujet de cette opposition.

Dans le cas d'une de ces infractions, le délinquant sera poursuivi devant le tribunal correctionnel du lieu du délit et condamné à une amende de 100 à 1,000 francs.

L'école sera fermée.

En cas de récidive, le délinquant sera condamné à un emprisonnement de six jours à un mois, et à une amende de 500 à 2,000 francs.

L'article 463 du Code pénal, qui permet au juge d'admettre les circonstances atténuantes et de descendre ainsi dans la quotité de la peine, pourra être appliqué.

II. — L'article 42 prévoit le refus par un instituteur privé de se soumettre à l'inspection des autorités scolaires.

Tout directeur d'école privée, dit cet article, *qui refusera de se soumettre à la surveillance et à l'inspection des autorités scolaires, dans les conditions établies par la présente loi, sera traduit devant le tribunal correctionnel, et condamné à une amende de 50 à 500 francs.*

En cas de récidive, l'amende sera de 100 à 1,000 francs.

L'article 463 du Code pénal pourra être appliqué.

Si le refus a donné lieu à deux condamnations dans l'année, la fermeture de l'établissement sera ordonnée par le jugement qui prononcera la seconde condamnation.

D'après la loi de 1850, la fermeture de l'école restait toujours facultative pour le juge. Il résulte des termes formels de la nouvelle loi, et de la discussion à la Chambre des députés, que le tribunal n'a plus cette faculté, et que dans la seconde condamnation, il doit nécessairement prononcer la fermeture de l'école.

Un avis du Conseil d'État du 15 mars 1887 décide qu'en cas de refus de la part du directeur d'un établissement privé de produire les pièces exigées par l'article 63 de la loi du 30 octobre 1886, il y a lieu de poursuivre le directeur devant le tribunal correctionnel par application de l'article 42.

APPENDICES

I. Des traitements et des pensions de retraite des membres de l'enseignement primaire public.

II. Franchises postales et voyages a demi-tarif.

III. Musée pédagogique, et bibliothèque circulante du Musée pédagogique.

IV. Renseignements statistiques sur la situation budgétaire de l'enseignement primaire public.

I

DES TRAITEMENTS ET DES PENSIONS DE RETRAITE DES MEMBRES DE L'ENSEIGNEMENT PRIMAIRE PUBLIC.

DES TRAITEMENTS

Les traitements des instituteurs et institutrices publics sont actuellement à la charge des communes, des départements et de l'État, et ont été fixés par la loi du 10 juillet 1875.

I. ÉCOLES PRIMAIRES. — L'article 1ᵉʳ de cette loi répartit le personnel de ces écoles en diverses classes, pour lesquelles elle fixe les traitements suivants :

Instituteurs titulaires, quatre classes : 900 francs; 1,000 francs; 1,100 francs; 1,200 francs.

Institutrices titulaires, trois classes : 700 francs; 800 francs; 900 francs.

Instituteurs adjoints chargés d'une école de hameau : 800 francs; — attachés à une école qui compte deux ou plusieurs maîtres, 700 francs.

Institutrices adjointes d'une école de hameau, 650 francs; — dans les écoles à deux ou plusieurs maîtresses, 600 francs.

L'instituteur ou l'institutrice qui débute comme titulaire appartient à la dernière classe; la promotion à une classe supérieure est de droit après cinq années passées dans la classe immédiatement inférieure.

Les instituteurs et institutrices adjoints et adjointes, pourvus du brevet supérieur, ont droit à un traitement supérieur de 100 francs au traitement minimum de leur classe.

Il en est de même des instituteurs et institutrices placés dans le premier huitième de la liste de mérite dressée chaque année par le Conseil départemental ; l'allocation est de 50 francs pour ceux qui figurent dans le second huitième.

Ceux qui ont obtenu la médaille d'argent ont droit à une allocation supplémentaire annuelle de 100 francs. Dans ce cas l'allocation est soumise à la retenue du vingtième pour la retraite ; elle se cumule avec celle accordée aux porteurs du brevet supérieur, ou avec celle à laquelle donne droit l'inscription dans le premier ou second huitième de la liste de mérite. Elle est maintenue aux instituteurs ou institutrices qui ne sont plus en fonctions.

Les instituteurs ou institutrices ayant eu, dans l'une des trois années qui ont précédé l'application de la loi du 16 juin 1881 sur la gratuité, un traitement supérieur aux taux fixés par la loi de 1875, conservent ce traitement.

Une indemnité annuelle de 50 à 150 francs peut en outre être attachée à la résidence, selon les circonstances.

Depuis que la rétribution scolaire n'est plus perçue, le traitement des instituteurs et institutrices est ainsi calculé :

1° Un traitement fixe de 200 francs ;

2° Le produit de l'éventuel, qui est déterminé d'après le taux suivant : $0^{fr},50$ par mois et par élève pour les écoles maternelles et enfantines ; — 1 franc pour les écoles primaires élémentaires de garçons et de filles dans les communes qui ont moins de 500 habitants ; — $1^{fr},25$ pour une population de 500 à 5,000 habitants ; — $1^{fr},50$ pour une population supérieure à 50,000 habitants. Le produit de ce traitement éventuel est réparti entre les membres du personnel enseignant, proportionnellement au nombre des élèves inscrits dans chaque classe ; la part du directeur non chargé de classe est égale à celle du maître qui a la classe la plus nombreuse (arrêté du 21 juillet 1884).

3° Le supplément nécessaire, s'il y a lieu, pour former, avec le traitement fixe et l'éventuel, le minimum déterminé par l'article 1er de la loi du 19 juillet 1875, ou par l'article 6 de la loi du 16 juin 1881.

Remarquons que les traitements des instituteurs et institutrices peuvent ainsi varier d'une année à l'autre, suivant que le produit de l'éventuel est plus ou moins élevé.

II. ÉCOLES MATERNELLES ET CLASSES ENFANTINES. — Aux termes

du décret du 10 octobre 1881, les traitements minima de directrices et sous-directrices d'écoles maternelles sont fixés comme il suit :

Directrices, trois classes : 700 francs, 800 francs et 900 francs.
Sous-directrices : 600 francs.

Les promotions sont de droit après cinq ans passés dans la classe immédiatement inférieure.

Ces taux sont augmentés de 100 francs pour les directrices et sous-directrices pourvues de brevet élémentaire, et de 200 francs pour celles qui sont pourvues du brevet supérieur.

Les directrices et sous-directrices pourvues de la médaille d'argent ont droit à une allocation annuelle de 100 francs.

Les institutrices et adjointes des écoles enfantines ont droit au même traitement que les directrices et sous-directrices d'écoles maternelles.

III. Cours d'adultes. — Aux termes de l'arrêté du 22 juillet 1884, les instituteurs et institutrices qui dirigent des cours d'adultes, ont droit à une rétribution annuelle de 12 francs par élève qui compte au moins cinquante présences dans l'année. Le montant maximum est fixé à 150 francs.

Le cours d'adultes sera ouvert au moins cinq mois pendant l'année, et les classes auront lieu au moins trois fois par semaine, à raison de une heure et demie par séance. Les élèves doivent être âgés de treize ans au moins.

IV. Écoles normales primaires et écoles primaires supérieures. — L'arrêté du 10 janvier 1887 a assimilé les professeurs d'écoles primaires supérieures, en ce qui concerne les classes et le traitement, aux professeurs d'écoles normales primaires.

Le classement et les traitements du personnel des écoles primaires sont fixés ainsi qu'il suit par le décret du 30 juillet 1884 :

Directeurs d'écoles normales d'instituteurs, trois classes : 4,000 ; 4,500 et 5,000 francs.

Professeurs externes, trois classes : 2,500 ; 2,800 et 3,100 fr.

Maîtres adjoints (externes), trois classes : 2,200 ; 2,500 et 2,800 francs.

Directrices d'écoles normales d'institutrices, trois classes : 3,000 ; 3,500 et 4,000 francs.

Professeurs (internes), trois classes : 1,700, 2,100 et 2,400 fr.
Maîtresses adjointes (internes), trois classes : 1,400, 1,700 et 2,100 francs.

Le projet de la nouvelle loi sur les traitements, qui doit compléter l'ensemble de la réorganisation de l'enseignement primaire, a déjà été voté par la Chambre des députés, et est actuellement en discussion devant le Sénat.

Nous avons déjà signalé la disposition fondamentale par laquelle ces traitements, au lieu d'être à la charge des communes, seront désormais à la charge de l'État, sauf en ce qui concerne l'indemnité de résidence.

Une autre modification, non moins importante, à la législation actuelle, est celle qui établit l'égalité entre les instituteurs et les institutrices.

Indiquons seulement ici comment ce projet fixe le classement et les traitements des instituteurs :

INSTITUTEURS ET INSTITUTRICES TITULAIRES.

Les instituteurs et institutrices titulaires sont répartis en 5 classes dont le traitement est fixé ainsi qu'il suit :

5ᵉ classe, 1,000 fr. ;   2ᵉ classe, 1,800 fr. ;
4ᵉ classe, 1,200 fr. ;   1ʳᵉ classe, 2,000 fr.
3ᵉ classe, 1,500 fr. ;

S'ils sont chargés de la direction d'une école comprenant plus de 2 classes, ils recevront un supplément de 200 francs. Ce supplément sera de 400 francs si l'école comprend plus de 4 classes.

Dans les écoles qui comprennent une classe d'enseignement supérieur, le maître chargé de ce cours recevra un supplément de 200 francs.

Indépendamment du traitement qui vient d'être indiqué, les instituteurs et institutrices titulaires ont droit :

1° Au logement ou à une indemnité représentative fixée par arrêté préfectoral ;

2° A une indemnité de résidence.

Cette indemnité de résidence est fixée :

A 100 fr. pour les communes de 1,000 à 3,000 habitants ;
A 200 fr. pour celles de 3,001 à 9,000 ;

A 300 fr. pour celles de 9,001 à 12,000;
A 400 fr. pour celles de 12,001 à 18,000;
A 500 fr. pour celles de 18,001 à 35,000;
A 600 fr. pour celles de 35,001 à 60,000;
A 700 fr. pour celles de 60,001 à 100,000;
A 800 fr. pour celles de 100,001 et au-dessus;
A 2,000 fr. pour la ville de Paris.

INSTITUTEURS ET INSTITUTRICES STAGIAIRES.

Les instituteurs et institutrices stagiaires forment une classe unique dont le traitement uniforme est de 800 fr. Ils reçoivent l'indemnité de résidence qui vient d'être indiquée. Ils ont droit au logement ou à l'indemnité représentative.

DIRECTEURS ET DIRECTRICES D'ÉCOLES PRIMAIRES SUPÉRIEURES.

Les directeurs et directrices d'écoles primaires supérieures sont répartis en cinq classes dont le traitement est fixé ainsi qu'il suit :

5ᵉ classe, 1,800 fr.;   2ᵉ classe, 2,500 fr.;
4ᵉ classe, 2,000 fr.;   1ʳᵉ classe, 2,800 fr.
3ᵉ classe, 2,200 fr.;

Ils reçoivent, en outre, l'indemnité de résidence indiquée plus haut. Ils ont droit au logement ou à l'indemnité représentative.

INSTITUTEURS ET INSTITUTRICES ADJOINTS DES ÉCOLES PRIMAIRES SUPÉRIEURES.

Les instituteurs et institutrices adjoints des écoles primaires supérieures sont également divisés en 5 classes, dont le traitement est fixé ainsi qu'il suit :

5ᵉ classe, 1,000 fr.;   2ᵉ classe, 1,800 fr.;
4ᵉ classe, 1,250 fr.;   1ʳᵉ classe, 2,000 fr.
3ᵉ classe, 1,500 fr.;

Ils reçoivent, en outre, l'indemnité de résidence indiquée plus haut. Ils ont droit au logement ou à l'indemnité représentative.

DIRECTEURS ET DIRECTRICES D'ÉCOLES NORMALES.

Ils sont répartis en 5 classes dont voici les traitements :

5ᵉ classe, 3,500 fr. ;
4ᵉ classe, 4,000 fr. ;
3ᵉ classe, 4,500 fr. ;
2ᵉ classe, 5,000 fr. ;
1ʳᵉ classe, 5,500 fr.

PROFESSEURS D'ÉCOLES NORMALES.

Ils sont répartis en 5 classes :

5ᵉ classe, 2,400 fr. ;
4ᵉ classe, 2,600 fr. ;
3ᵉ classe, 2,800 fr. ;
2ᵉ classe, 3,100 fr. ;
1ʳᵉ classe, 3,400 fr.

Les instituteurs adjoints des écoles primaires supérieures pourvus du certificat d'aptitude au professorat dans les écoles normales sont assimilés aux professeurs de ces écoles.

INSPECTEURS PRIMAIRES.

Les inspecteurs primaires sont répartis en 5 classes, dont le traitement est de :

5ᵉ classe, 3,000 fr. ;
4ᵉ classe, 3,500 fr. ;
3ᵉ classe, 4,000 fr. ;
2ᵉ classe, 4,500 fr. ;
1ʳᵉ classe, 5,000 fr.

AVANCEMENT.

L'avancement a lieu par classe, au fur et à mesure des vacances. Il se fait par département pour les instituteurs et institutrices titulaires, pour les instituteurs et institutrices stagiaires, pour les instituteurs adjoints et institutrices adjointes des écoles primaires supérieures. Pour les autres fonctionnaires de l'enseignement primaire, il se fait sur l'ensemble.

Les maîtres des 5ᵉ et 4ᵉ classes ne peuvent être promus à la classe supérieure qu'après 5 ans d'exercice dans la classe à laquelle ils appartiennent.

Ne peuvent être promus à la seconde et à la deuxième classe que les maîtres pourvus du brevet supérieur, et ayant passé trois années dans la classe immédiatement supérieure.

Des allocations sur les fonds municipaux peuvent être accordées aux instituteurs et institutrices, à raison de leurs fonctions d'enseignement, à titre de suppléments facultatifs non soumis à la retenue. Des allocations pourront aussi leur être accordées pour cours d'adultes ou études surveillées.

Dispositions transitoires.

Les instituteurs dont les traitements seraient inférieurs à 1,200 fr., et les institutrices dont les traitements seraient inférieurs à 900 fr., au cas où pendant cinq années consécutives ils n'auraient pas reçu d'avancement, bénéficieront, à l'expiration de la 5ᵉ année, de l'augmentation prévue par la loi de 1875, jusqu'à ce qu'ils aient atteint respectivement les traitements de 1,200 fr. et de 900 fr. prévus par cette loi.

La répartition dans les classes créées par la nouvelle loi, des maîtres et maîtresses actuellement en fonctions, serait ainsi effectuée :

Ils seraient placés dans la classe dont le traitement correspond au leur. Si ce traitement ne coïncide pas avec un de ceux prévus par la nouvelle loi, ils seraient placés dans la classe dont le traitement est immédiatement inférieur.

Toutefois aucun instituteur ou institutrice titulaire, s'il ne compte le nombre d'années de service indiqué ci-dessous, ne pourrait prendre rang dans une des classes suivantes :

Pour la 4ᵉ classe, 5 ans; pour la 3ᵉ classe, 10 ans; pour la 2ᵉ classe, 15 ans; pour la 1ʳᵉ classe, 20 ans.

Une 6ᵉ classe provisoire comprendrait les maîtres titulaires dont les traitements seraient inférieurs à ceux de la 5ᵉ classe.

Nul ne pourrait être pourvu par voie d'avancement qu'à une vacance sur deux dans les 1ʳᵉ, 2ᵉ, 3ᵉ et 4ᵉ classes, jusqu'à ce que le personnel placé dans les classes provisoires ait pu être pourvu du traitement des classes définitives.

Il ne serait exigé aucune condition d'ancienneté de classe pour l'avancement, tant au choix qu'à l'ancienneté, des instituteurs et institutrices qui, ayant plus de dix ans de services, seraient placés dans la 5ᵉ classe; qui, ayant plus de 15 ans de services, seraient placés dans la 4ᵉ; qui, ayant plus de 20 ans de services, seraient placés dans la 3ᵉ; qui, ayant plus de 25 ans de services, seraient placés dans la 2ᵉ classe.

DES PENSIONS DE RETRAITE

(Loi du 9 juin 1853.)

I. — Le droit des fonctionnaires de l'enseignement primaire à une pension de retraite est déterminé ainsi qu'il suit :

1° Par ancienneté, à 55 ans d'âge, et après 25 ans accomplis de service (art. 5 de la loi).

2° Après 25 ans de services et sans condition d'âge, lorsque le fonctionnaire est reconnu par le ministre hors d'état de continuer ses fonctions, soit par suite d'invalidité physique constatée médicalement, soit par suite d'invalidité morale constatée par les supérieurs hiérarchiques.

3° A l'âge de 45 ans, et après 15 ans de services, lorsque des infirmités graves, résultant de l'exercice de leurs fonctions, les mettent dans l'impossibilité de les continuer, ou lorsque leur emploi est supprimé (art. 11).

4° Quels que soient l'âge et la durée des services, s'ils ont été mis hors d'état de continuer leurs fonctions, soit par suite d'un acte de dévouement dans un intérêt public, ou en exposant leurs jours pour sauver la vie d'un de leurs concitoyens, soit par suite de lutte ou combat soutenu dans l'exercice de leurs fonctions, — ou si un accident grave, résultant notoirement de l'exercice de leurs fonctions, les met dans l'impossibilité de les continuer (art. 11).

Les pièces à produire sont les suivantes :

1° Acte de naissance ;

2° Une déclaration de domicile, c'est-à-dire l'indication du lieu où le fonctionnaire devra toucher sa pension ;

3° Un état de services, dressé, pour les instituteurs, par l'inspecteur d'Académie, certifié exact par l'intéressé, et visé par le préfet ; — les autres fonctionnaires de l'enseignement devront produire leurs arrêtés de nomination ;

4° S'il y a lieu, un état des services militaires et un état des services étrangers à l'instruction publique, et donnant droit à pension.

En cas d'invalidité physique, il faut joindre à ces pièces :

1° Un certificat du médecin qui donne ordinairement ses soins au fonctionnaire, attestant que celui-ci est hors d'état de continuer ses fonctions ;

2° Un certificat d'un médecin assermenté, contenant la même attestation;

3° Un certificat d'un supérieur hiérarchique, constatant, comme les précédents, que le fonctionnaire est hors d'état de continuer utilement l'exercice de son emploi...

En cas d'invalidité morale, il faut ajouter un rapport des supérieurs hiérarchiques.

En cas d'accidents provenant d'actes de dévouement, il faut ajouter : 1° un procès-verbal régulier, ou un acte de notoriété dressé sur la déclaration des témoins relatant l'événement; 2° une attestation de l'autorité municipale; 3° une attestation du supérieur immédiat du fonctionnaire; 4° un certificat d'un médecin assermenté.

En cas d'infirmités résultant de l'exercice des fonctions : 1° un certificat du médecin qui donne habituellement ses soins au fonctionnaire; 2° un certificat d'un médecin assermenté; 3° une attestation de l'autorité municipale; 4° une attestation du supérieur immédiat.

II. Veuves. — La pension de la veuve est du tiers de celle que le mari avait obtenue ou à laquelle il aurait eu droit. La veuve a droit à une pension :

1° Lorsque le mari est décédé jouissant lui-même d'une pension;

2° Lorsque le mari, décédé en activité, est mort après avoir accompli 25 ans de services.

3° Lorsque le mari a perdu la vie par suite d'un acte de dévouement dans un intérêt public. Alors la pension de la veuve est des deux tiers de celle que le mari aurait obtenue si l'accident survenu l'eût mis hors d'état de remplir ses fonctions (art. 13 et 14).

Les pièces à produire sont :

Pour la veuve d'instituteur déjà titulaire de pension : 1° l'acte de décès du mari; 2° l'acte de naissance de la veuve; 3° l'acte de célébration du mariage; 4° le certificat de non-séparation de corps, délivré par le maire ou le juge de paix; 5° l'indication du lieu où la veuve désire toucher sa pension.

Pour la veuve de l'instituteur décédé en activité de service : 1° l'acte de naissance du mari; 2° son acte de décès; 3° l'acte de naissance de la veuve; 4° l'acte de célébration du mariage; 5° le certificat de non-séparation de corps; 6° l'état de services du mari ; 7° l'indication du lieu où la veuve désire toucher sa pension.

III. Orphelins. — L'orphelin ou les orphelins mineurs d'un instituteur décédé après vingt-cinq ans de service ont droit à un secours annuel, lorsque la mère est, ou décédée, ou inhabile à recueillir la pension, ou déchue de ses droits. Ce secours, quel que soit le nombre des enfants, est égal à la pension que la mère aurait obtenue ou pu obtenir. Il est partagé entre eux en égales portions, et payé jusqu'à ce que le plus jeune des enfants ait atteint l'âge de 21 ans accomplis, la part de ceux qui décéderont, ou celle des majeurs, faisant retour aux mineurs (art. 16).

Les pièces à produire par les orphelins sont : 1° leur acte de naissance ; 2° l'acte de décès de leur père ; 3° l'acte de célébration du mariage de leurs père et mère ; 4° une expédition ou extrait de l'acte de tutelle ; 5° en cas de prédécès de la mère, son acte de décès ; 6° l'indication du domicile du tuteur ; 7° si le père est décédé en activité de service, il faut ajouter à ces pièces toutes celles que le père aurait dû produire pour justifier son droit à la pension.

Les actes de l'état civil seuls doivent être fournis sur papier timbré, et légalisés. En cas d'indigence, ces actes peuvent même être produits sur papier libre, avec mention spéciale de l'état d'indigence de l'intéressé, faite à la fin de chaque acte.

Les pensions de secours annuels sont payées par trimestre, les 1er mars, 1er juin, 1er septembre et 1er décembre de chaque année. Le titulaire doit chaque fois présenter, avec son titre, un certificat délivré par un notaire. S'il transporte son domicile dans un autre département que celui où il s'était d'abord retiré, il doit, pour toucher sa pension à ce nouveau domicile, donner avis de ce changement au trésorier-payeur-général qui a affectué le dernier paiement.

II

FRANCHISES POSTALES ET VOYAGES A DEMI-TARIF

FRANCHISES POSTALES

LISTE DES FONCTIONNAIRES ADMIS A CORRESPONDRE EN FRANCHISE, SOUS BANDES CONTRESIGNÉES (LA BANDE NE DEVANT PAS DÉPASSER EN LARGEUR LE TIERS DU PAPIER), AVEC LES DIVERS MEMBRES DE L'INSTRUCTION PUBLIQUE DE LEUR RESSORT.

Institutrices et instituteurs primaires publics. — Le préfet du département; le recteur de l'Académie; le sous-préfet de l'arrondissement; l'inspecteur d'Académie; l'inspecteur des écoles primaires; les inspecteurs généraux de l'instruction publique en tournée; les délégués des écoles du canton; les maires du canton.

Directeurs des écoles normales primaires. — Le recteur de l'Académie; le préfet; l'inspecteur d'Académie; les inspecteurs primaires du ressort de l'école normale; les inspecteurs généraux de l'Instruction publique en tournée; les présidents des commissions d'examen pour le brevet (ressort de l'école normale); les maires (même ressort).

Professeurs et maîtres-adjoints des écoles normales. — Le recteur de l'Académie; le préfet; l'inspecteur d'Académie.

Inspecteurs de l'enseignement primaire. — Archevêques; évêques; curés; desservants; délégués cantonaux; directeurs des écoles normales primaires; directrices des écoles normales, des écoles primaires de filles, des écoles maternelles publiques; inspecteurs d'Académie; inspecteurs des écoles primaires; inspecteurs généraux de l'Instruction publique en tournée; institutrices et instituteurs primaires publics et privés; maires; pasteurs de la confession d'Augsbourg et des églises réformées; percepteurs; préfets; présidents des commissions d'examen pour le brevet de capacité, procureurs généraux et procureurs de la République; receveurs particuliers des finances; recteurs d'Académie; sous-préfets; trésoriers-payeurs généraux; vicaires généraux ou capitulaires; autorités scolaires suisses (sous plis fermés).

Inspecteurs d'Académie. — Archevêques; censeurs des lycées; chefs d'établissements secondaires libres; curés et desservants; délégués cantonaux; directeurs des contributions directes; directeurs des écoles normales primaires, des écoles préparatoires à l'enseignement supérieur des sciences et des lettres; des écoles préparatoires de médecine et de pharmacie; des écoles supérieures de pharmacie; directrices des écoles normales primaires de filles et des écoles maternelles publiques; doyens des facultés; économes des lycées; évêques; inspecteurs d'Académie; inspecteurs des écoles primaires; inspecteurs généraux de l'Instruction publique en tournée; instituteurs et institutrices primaires publics et privés; juges de paix; maires; professeurs et maîtres adjoints des écoles normales primaires; membres du Conseil académique, du Conseil départemental; pasteurs des églises réformées; préfets; premiers présidents des cours d'appel; présidents des commissions d'examen pour le brevet de capacité; principaux des collèges; procureurs généraux et procureurs de la République; professeurs des collèges, des écoles préparatoires à l'enseignement supérieur des sciences et des lettres, des écoles de médecine et de pharmacie, des facultés et des lycées; proviseurs des lycées; recteurs d'Académie; sous-préfets; trésoriers-payeurs généraux; vicaires généraux ou capitulaires; autorités scolaires suisses (sous plis fermés).

Délégués cantonaux. — Directrices des écoles maternelles publiques de leur canton; inspecteur d'Académie; inspecteurs des écoles primaires du département; institutrices et instituteurs primaires publics du canton; maires du canton; préfet; recteur d'Académie; sous-préfet.

Maires. — Délégués des écoles du canton, inspecteurs du travail des enfants dans les manufactures; directeurs et directrices des écoles normales primaires; inspecteurs d'Académie;

inspecteurs des écoles primaires; inspecteurs généraux de l'Instruction publique en tournée; institutrices et instituteurs primaires publics du canton; préfets; recteurs d'Académie; sous-préfets.

Sous-préfets. — Délégués cantonaux; inspecteurs du travail des enfants dans les manufactures; directeurs et directrices des Écoles normales primaires; directrices des écoles maternelles publiques; inspecteurs d'Académie; inspecteurs des écoles primaires; inspecteurs généraux de l'Instruction publique en tournée; institutrices et instituteurs primaires publics; recteurs d'Académie; curés et desservants.

Préfets. — Délégués cantonaux; inspectrices des écoles maternelles en tournée; directeurs et directrices des écoles maternelles publiques; inspecteurs d'Académie; inspecteurs des écoles primaires; inspecteurs généraux de l'Instruction publique en tournée; inspecteurs du travail des enfants dans les manufactures; institutrices et instituteurs primaires publics; recteurs d'Académie; professeurs et maîtres adjoints des écoles normales; membres du Conseil académique et du Conseil départemental.

VOYAGES A DEMI-TARIF

A la suite de la convention intervenue entre l'administration et les compagnies de chemin de fer, les instituteurs et institutrices publics peuvent obtenir, lorsqu'ils voyagent en chemin de fer avec une autorisation de l'inspecteur d'Académie ou de l'inspecteur primaire, la réduction du demi-tarif (circulaires ministérielles des 26 mai, 15 juillet et 12 août 1884).

Pour obtenir cette réduction, ils doivent présenter la carte de voyage qui leur est délivrée à cet effet par l'inspecteur primaire, et est détachée d'un registre à souche soumis préalablement au timbre de la compagnie de chemin de fer.

La feuille doit être timbrée du sceau de l'inspecteur d'Académie ou de l'inspecteur primaire, et signée de sa main; l'usage d'une griffe pour la signature n'est pas admis.

Les compagnies repoussent toute assimilation : elles ont seulement consenti à maintenir ce bénéfice de la réduction de prix aux élèves-maîtres et aux élèves-maîtresses des écoles normales, lorsqu'ils sont chargés de classe à l'école annexe.

III

MUSÉE PÉDAGOGIQUE

Un décret du 13 mai 1879 porte qu'il sera créé, au ministère de l'Instruction publique, un Musée pédagogique, et une bibliothèque centrale de l'enseignement primaire, comprenant des collections diverses de matériel scolaire, des documents historiques et statistiques, et des livres de classe provenant de la France et de l'étranger.

Ces Musée et Bibliothèque sont installés à Paris, rue Gay-Lussac, n° 41. Ils ont été organisés par le règlement ci-après du 1er novembre 1881 :

ARTICLE PREMIER. — Le Musée pédagogique constitue un centre d'informations sur l'enseignement primaire, tant en France qu'à l'étranger.

Il comprend, en outre, une exposition permanente de tous les objets servant à l'éducation.

ART. 2. — Il est divisé en 4 sections :

1° *Matériel scolaire* (plans de maisons d'écoles, types de mobiliers de classe);

2° *Appareils d'enseignement* (tableaux modèles, collections géographiques, scientifiques et technologiques);

3° *Bibliothèque centrale* (livres pour les maîtres, livres pour les élèves, bibliothèques scolaires, bibliothèques populaires);

4° *Documents relatifs à l'histoire de l'éducation.*

ART. 3. — Le Musée est placé sous le contrôle d'un Conseil d'administration nommé par le Ministre de l'Instruction publique.

Le Conseil se réunit en séance ordinaire au commencement de chaque trimestre.

Il statue sur toutes les questions d'ordre général.

ART. 4. — Les collections du Musée sont formées :

1° Par les dons des auteurs, éditeurs et fabricants, sauf l'agrément du Conseil d'administration;

2° Par les envois du Ministère de l'Instruction publique et des autres départements ministériels, et par les envois des administrations scolaires de l'étranger;

3° Par les acquisitions que le Conseil d'administration aura reconnues utiles.

Art. 5. — Le Musée reçoit, à titre de dépôt temporaire, après avis du Conseil d'administration, les livres et les objets d'enseignement sur lesquels les auteurs ou éditeurs veulent appeler l'attention.

Il ne sera tenu de conserver ces livres ou objets que trois mois au plus, à partir du jour de la réception.

Ceux qui n'auraient pas été admis par le Conseil d'administration devront être enlevés par les auteurs ou éditeurs dans un délai de quinzaine à compter du jour où l'avis leur en aura été donné; ce délai expiré, ils leur seront renvoyés à leurs frais.

L'administration du Musée n'est pas responsable des dépréciations pouvant résulter de l'exposition des objets.

Art. 6. — Le Conseil désigne les publications périodiques auxquelles le Musée pourra s'abonner, ainsi que les livres et objets d'enseignement d'origine française ou étrangère qui seront jugés dignes d'être acquis sur les crédits alloués au Musée.

Il désigne également, le cas échéant, les livres ou objets qu'il y aurait lieu de retrancher des collections.

Art. 7. — Le Musée est ouvert de 10 heures à 4 heures :

Aux personnes munies de cartes de travail, tous les jours (le lundi excepté);

Au public, les dimanches et jeudis.

Les cartes de travail sont délivrées par l'administration du Musée et par le Ministère de l'Instruction publique (direction de l'enseignement primaire).

Art. 8. — Les livres et publications périodiques seront remis, dans la salle de lecture du Musée, aux personnes qui en feront la demande sur bulletin signé. Il pourra être donné communication des catalogues de la Bibliothèque.

Les objets susceptibles d'être déplacés seront, dans les mêmes conditions, mis à la disposition des personnes munies de cartes de travail.

Les visiteurs qui auront reçu en communication des livres ou objets d'études devront, avant de quitter la salle, les restituer au bibliothécaire ou à l'employé de service.

Art. 9. — Les prêts au dehors ne seront faits qu'à titre exceptionnel, par une autorisation spéciale du directeur et pour un délai maximum d'un mois.

Aucun ouvrage ne pourra être prêté qu'autant que cet ouvrage ne fera pas partie des séries réservées.

Toute détérioration donne lieu au remboursement du prix de l'ouvrage.

En outre, depuis le commencement de l'année 1882, une bibliothèque circulante, destinée à faciliter la préparation aux divers examens professionnels de l'enseignement primaire, a été annexée au Musée pédagogique.

L'avis suivant, publié par le ministère de l'Instruction publique, fait connaître le mode de fonctionnement de cette bibliothèque, et les conditions du prêt des livres.

AVIS.

En vue d'aider à la préparation des candidats au professorat dans les Écoles normales d'instituteurs et d'institutrices, à l'inspection de l'enseignement primaire et à celle des écoles maternelles, il est institué au Musée pédagogique de Paris (rue Gay-Lussac, 41) une bibliothèque circulante. Elle est divisée en trois sections :

I. — Section des lettres (grammaire, critique et histoire littéraires, histoire générale et géographie);

II. — Section des sciences (arithmétique, géométrie et algèbre élémentaires; physique et chimie; histoire naturelle, agriculture et hygiène);

III. — Section de pédagogie (psychologie, morale, instruction civique, éducation générale, méthodes d'enseignement, législation scolaire).

Le catalogue de cette bibliothèque sera envoyé à toute personne qui le demandera par lettre affranchie, à l'inspecteur général, directeur du Musée pédagogique.

Les demandes de livres devront être adressées à M. le Ministre de l'Instruction publique et des Cultes.

Elles porteront en tête cette mention : *Bibliothèque circulante du Musée pédagogique. — Demande de livres.* — Elles feront connaître :

A. Le titre exact des objets demandés;

B. Le temps pendant lequel on désire les conserver, ce temps ne pouvant, en aucun cas, excéder deux mois;

C. L'adresse de l'emprunteur, avec l'indication de la ligne de chemin de fer et de la station qui desservent sa résidence.

La première demande de livres devra être soumise au visa de l'inspecteur d'Académie ou de l'inspecteur primaire, lequel attestera que l'auteur de la demande se prépare réellement à un examen pour un des emplois indiqués plus haut.

Les livres demandés seront envoyés comme colis postaux par les soins du directeur du Musée pédagogique. Ils devront lui être retournés dans les mêmes conditions par l'emprunteur, à l'expiration du délai indiqué au bulletin d'expédition. Le port, au retour, sera seul à la charge de l'emprunteur.

Pour chaque envoi, le nombre des volumes ne pourra former un poids supérieur à trois kilogrammes.

Les livres empruntés devront avoir été retournés au Musée pédagogique pour obtenir un autre prêt. Il ne serait pas donné suite aux demandes des personnes qui, à deux reprises, n'auraient pas effectué le renvoi des ouvrages au temps fixé.

En cas de perte ou de détériorations graves des livres prêtés, l'emprunteur sera tenu d'en payer le prix d'après le catalogue, ou de les remplacer au Musée pédagogique.

IV

RENSEIGNEMENTS STATISTIQUES SUR LES DÉPENSES ET LA SITUATION DE L'ENSEIGNEMENT PRIMAIRE PUBLIC EN 1888

Liquidation de l'exercice 1887.

I. — DÉPENSES OBLIGATOIRES.

1re *section.* — *Traitements.* — Traitements garantis des instituteurs et institutrices titulaires, des adjoints et des adjointes (écoles élémentaires de garçons et mixtes, écoles de filles dans les communes de plus de 400 âmes, écoles maternelles et enfantines)..	94.784.198 63
Traitement du personnel des écoles primaires supérieures, directeurs, directrices, adjoints et adjointes, maîtres spéciaux........................	2.568.449 15
Allocation du brevet complet........................	1.055.889 83
Allocation de la liste de mérite.....................	661.582 46
Allocation de la médaille d'argent (maîtres en exercice)...	146.140 72
Traitement des maîtresses d'ouvrages à l'aiguille.	882.053 51
Total des traitements........................	100.118.314 30
2e *section.* — *Autres dépenses obligatoires.* — Frais de location de maisons d'école et de logements pour les titulaires adjoints et adjointes, et frais d'imprimés scolaires..................................	7.350.933 76
Total général des dépenses...................	107.469.248 06

II. — RESSOURCES ORDINAIRES.

1re *section.* — *Ressources applicables aux traitements.*

1° Provenant des communes :

Dons et legs..	500.645 27
Revenus ordinaires....................................	8.162.389 99
4 centimes spéciaux...................................	14.388.062 07
Total des ressources communales........	23.051.097 33

RENSEIGNEMENTS STATISTIQUES SUR LES DÉPENSES. 271

2° Provenant de subventions :

Des départements........................	4.481.495 62
De l'État...............................	72.585.721 35
Total des subventions.................	77.067.216 97
Total des ressources applicables aux traitements.	100.118.314 30

2ᵉ section. — Ressources applicables aux frais de location et d'imprimés.

Ressources communales..................	6.619.964 36
Subvention de l'État....................	730.969 38
Total général des ressources...........	107.469.248 06

III. — DÉPENSES FACULTATIVES.

Supplément de traitement en dehors du traitement légal assuré aux instituteurs et aux institutrices.

Subvention de l'État aux instituteurs laïques de la dernière classe.......................	972.772 21	
Supplément de traitement voté par les communes sur leurs ressources propres..............	8.914.487 26	9.887.589 47
Dépenses diverses d'instruction primaire acquittées par les communes (entretien des locaux et du mobilier, chauffage des classes, fournitures classiques, distributions de prix, cours d'adultes, caisse des écoles, etc.).......................		30.620.980 58
Total...............................		40.508.570 05

La situation des immeubles scolaires se présente de la manière suivante :

Maisons d'école appartenant aux communes.	Écoles de garçons................	16.884
	Écoles de filles.................	10.906
	Écoles mixtes...................	13.992
	Groupes scolaires...............	6.041
	Total des propriétés communales...	47.823

Maisons d'école prêtées ou louées.	Écoles de garçons.....................	2.400
	Écoles de filles......................	6.392
	Écoles mixtes........................	4.497
	Groupes scolaires....................	163

Total des maisons prêtées ou louées.... 13.452
Total des immeubles scolaires affectés au service de l'enseignement primaire.................................. 61.275

Le total général des écoles primaires (non compris les écoles maternelles), est de :

Écoles { publiques............ 67.517 } 81.130
       { privées.............. 13.613 }

Le total du personnel enseignant des écoles primaires (non compris les écoles maternelles) s'élève à 138 655, dont 98 769 dans les écoles publiques et 39 886 dans les écoles privées.

II

DOCUMENTS OFFICIELS

(LOIS, DÉCRETS, ARRÊTÉS CIRCULAIRES ET PROGRAMMES)

LOIS

LOI DU 19 MAI 1874

SUR LE TRAVAIL DES ENFANTS ET DES FILLES MINEURES EMPLOYÉS DANS L'INDUSTRIE.

(Extraits)

Art. 8. — Nul enfant ayant moins de douze ans révolus ne peut être employé par un patron qu'autant que ses parents ou tuteur justifient qu'il fréquente actuellement une école publique ou privée.

Tout enfant admis avant douze ans dans un atelier devra, jusqu'à cet âge, suivre les classes d'une école pendant le temps libre du travail.

Il devra recevoir l'instruction pendant deux heures au moins, si une école spéciale est attachée à l'établissement industriel.

La fréquentation de l'école sera constatée au moyen d'une feuille de présence, dressé par l'instituteur et remise chaque semaine au patron.

Art. 9. — Aucun enfant ne pourra, avant l'âge de quinze ans accomplis, être admis à travailler plus de six heures par jour, s'il ne justifie, par la production d'un certificat de l'instituteur ou de l'inspecteur primaire, visé par le maire, qu'il a acquis l'instruction primaire élémentaire.

Ce certificat sera délivré sur papier libre et gratuitement.

LOI DU 19 JUILLET 1875

RELATIVE AU TRAITEMENT DES INSTITUTEURS ET INSTITUTRICES PRIMAIRES.

Article premier. — Les traitements minima des instituteurs et institutrices publics sont fixés de la manière suivante :

Instituteurs titulaires divisés en quatre classes :

4ᵉ classe.......	900 fr.	3ᵉ classe.......	1,000
2ᵉ classe.......	1,100 fr.	1ʳᵉ classe.......	1,200

Institutrices titulaires divisées en trois classes :
3ᵉ classe....... 700 fr.   2ᵉ classe....... 800
   1ʳᵉ classe......................... 900
Instituteurs adjoints chargés d'une école de hameau
   (classe unique)............................. 800
Instituteurs adjoints attachés à l'école principale
   (classe unique)............................. 700
Institutrices adjointes chargées d'une école de hameau
   (classe unique)............................. 650
Institutrices adjointes attachées à l'école principale
   (classe unique)............................. 400

Art. 2. — L'instituteur ou l'institutrice qui débute comme titulaire appartient à la dernière classe.

La promotion à une classe supérieure est de droit après cinq ans passés dans la classe immédiatement inférieure, et ne peut avoir lieu avant l'expiration de cette période.

Art. 3. — L'obtention du brevet complet élève de cent francs (100 fr.), pour les instituteurs et les institutrices de tout ordre, les traitements minima auxquels ils ont droit d'après leur classe.

Le même avantage est accordé, mais seulement pour l'année courante, aux instituteurs et institutrices non pourvus du brevet complet, placés dans le premier huitième de la liste de mérite qui sera dressée, chaque année, par le Conseil départemental.

L'allocation annuelle sera réduite à cinquante francs (50 fr.) pour ceux qui figureront dans le second huitième.

Art. 4. — Les instituteurs et institutrices qui auront obtenu la médaille d'argent dans les conditions fixées par l'arrêté du 21 août 1858 auront droit à une allocation supplémentaire et annuelle de cent francs (100 fr.), tant qu'ils seront en activité.

Art. 5. — Une indemnité annuelle, variant de cinquante francs à cent cinquante francs (50 fr. à 150 fr.), pourra être attachée à la résidence des instituteurs et institutrices de tout ordre, dans les circonscriptions scolaires où des circonstances exceptionnelles la rendraient nécessaire.

Des tableaux sont à cet effet dressés, tous les cinq ans, par le Conseil départemental, et arrêtés, après avis du Conseil général et du Recteur de l'Académie, par décrets en la forme des règlements d'administration publique.

Art. 6. — Les Associations religieuses vouées à l'enseignement et reconnues par l'État continueront à être admises à fournir, à des conditions convenues, des maîtres aux communes où elles seront appelées.

A défaut de conventions particulières, toutes les dispositions des articles précédents sont applicables aux instituteurs et institutrices communaux appartenant auxdites associations.

Art. 7. — Il est pourvu au surcroît de dépenses résultant de la présente loi au moyen des ressources énumérées dans les articles 40 de la loi du 15 mars 1850 et 14 de la loi du 10 avril 1867, augmentées d'un quatrième centime communal et d'un quatrième centime départemental, additionnels au principal des quatre contributions directes.

Art. 8. — Les ressources d'origines diverses affectées aux services de l'instruction primaire continueront à être inscrites au budget communal.

Les traitements seront mandatés par le Préfet et acquittés suivant le mode établi en matière de cotisations municipales.

Ils seront payés mensuellement et par douzièmes, sur le vu d'un état dressé par l'inspecteur d'Académie.

LOI DU 17 AOUT 1876

SUR LA RETRAITE DE DIVERS FONCTIONNAIRES DE L'ENSEIGNEMENT PRIMAIRE.

Article premier. — Les inspecteurs de l'enseignement primaire, les directeurs et les directrices, les maîtres adjoints et les maîtresses adjointes des écoles normales primaires ; les instituteurs communaux et les institutrices communales, titulaires ou adjoints ; les directrices de salles d'asile communales, seront compris parmi les fonctionnaires du service actif et ajoutés au tableau n° 2, annexé à la loi du 9 juin 1853. Leur pension de retraite sera, à partir de la promulgation de la présente loi, réglée conformément aux dispositions relatives aux emplois de la partie active.

Art. 2. — La pension de retraite sera basée sur la moyenne des traitements et émoluments de toute nature, soumis à la retenue, dont l'ayant droit aura joui pendant les six années qui auront produit le chiffre le plus élevé.

Les années passées, à partir de l'âge de vingt ans, en qualité d'élève dans les écoles normales, seront comprises dans le compte des années de service, lors de la liquidation de la pension de retraite.

Art. 3. — Le chiffre de la pension de retraite ne pourra être inférieur à six cents francs (600 fr.), pour un instituteur, et à cinq cents francs (500 fr.) pour une institutrice et une directrice de salle d'asile communale.

Ce minimum ne s'appliquera pas aux pensions exceptionnelles pour infirmités.

LOI DU 15 JUIN 1879

RELATIVE A L'ENSEIGNEMENT DÉPARTEMENTAL ET COMMUNAL DE L'AGRICULTURE.

Article premier. — Dans le délai de six ans, à partir de la promulgation de la présente loi, il sera établi une chaire d'agriculture, d'après les règles ci-après, dans les départements non dotés de cette institution.

Le programme de l'enseignement comprendra toutes les branches de l'exploitation agricole, et plus spécialement l'étude des cultures de la région.

Art. 2. — Les professeurs départementaux d'agriculture seront choisis au concours, sur le rapport d'un jury composé par le Ministre de l'agriculture et constitué de la façon suivante :

1º L'inspecteur général d'agriculture, président;
2º L'inspecteur d'Académie,
3º Un professeur de chimie ou de physique;
4º Un professeur de sciences naturelles;

Ces deux derniers examinateurs devront être choisis dans le personnel enseignant de l'Institut agronomique ou d'une école d'agriculture, et, à leur défaut, appartenir à l'Université de l'État.

5º Un professeur de l'École vétérinaire ou de l'École de médecine la plus rapprochée, ou un vétérinaire diplômé;
6º Trois agriculteurs choisis par la Commission départementale parmi les membres des associations agricoles du département, sur des listes dressées par chacune de ces associations;
7º Un conseiller général désigné par ses collègues.

Les professeurs d'agriculture seront nommés par arrêté concerté entre le Ministre de l'Agriculture et le Ministre de l'Instruction publique.

Art. 3. — Le concours aura lieu au chef-lieu de département; il portera sur les principes généraux de l'agriculture, de la viticulture, de l'arboriculture et de l'horticulture et sur les sciences, dans leurs applications à la situation, à la production et au climat du département.

Art. 4. — Le programme du concours sera arrêté par les Ministres de l'Agriculture et de l'Instruction publique, après avis des associations agricoles et du Conseil général du département.

Art. 5. — Les candidats devront, pour être admis au concours, être Français et âgés de vingt-cinq ans au moins. S'ils produisent le diplôme de bachelier ès ciences ou celui de l'Institut agronomique ou d'une école d'agriculture, il leur sera attribué un certain nombre de points, qui sera fixé par le Ministre de l'Agriculture.

Art. 6. — Les professeurs d'agriculture seront chargés de leçons de l'École normale primaire, près de laquelle ils devront, autant que possible, avoir leur résidence, aux autres établissements d'instruction publique, s'il y a lieu, et de conférences agricoles dans les différentes communes du département, aux instituteurs et agriculteurs de la région.

Art. 7. — Le traitement du professeur départemental d'agriculture sera payé sur les fonds du budget du Ministère de l'Agriculture et sur ceux du budget du Ministère de l'Instruction publique.

Les frais de tournées seront à la charge du département.

Art. 8. — Les attributions et les conditions de révocation des professeurs d'agriculture départementaux seront déterminées par un règlement d'administration publique.

Le règlement déterminera le traitement des professeurs départementaux.

Il fixera le minimum des frais de tournées des professeurs d'agriculture par rapport à chaque département, après avis du Conseil général.

Art. 9. — Les professeurs d'agriculture actuellement en exercice, qu'ils aient ou non été nommés à la suite d'un concours, ne seront pas soumis aux épreuves d'un nouveau concours.

Art. 10. — Trois ans après l'organisation complète de l'enseignement de l'agriculture dans les écoles normales primaires, les notions élémentaires d'agriculture seront comprises dans les matières obligatoires de l'enseignement primaire.

Toutefois, dans les départements où l'enseignement de l'agriculture sera organisé à l'École normale primaire depuis plus de trois ans, le Conseil départemental de l'Instruction publique pourra décider l'obligation de ce même enseignement dans toutes les écoles primaires du département.

Les programmes de cet enseignement dans chaque département seront arrêtés après avis du Conseil départemental de l'Instruction publique.

LOI DU 9 AOUT 1879

AYANT POUR OBJET L'ÉTABLISSEMENT DES ÉCOLES NORMALES PRIMAIRES.

Article premier. — Tout département devra être pourvu d'une École normale d'instituteurs et d'une École normale d'institutrices suffisantes pour assurer le recrutement de ses instituteurs communaux et de ses institutrices communales.

Ces établissements devront être installés dans le laps de quatre ans, à partir de la promulgation de la présente loi.

Un décret du Président de la République pourra, sur l'avis conforme du Conseil supérieur de l'Instruction publique, autoriser deux départements à s'unir pour fonder et entretenir en commun soit l'une ou l'autre de leurs écoles normales, soit toutes les deux. Les départements procéderont dans ce cas conformément aux dispositions des articles 89 et 90 de la loi du 10 août 1871 sur les Conseils généraux.

Art. 2. — L'installation première et l'entretien annuel des écoles normales primaires sont des dépenses obligatoires pour les départements.

Art 3. — Les dépenses de loyer, de mobilier et d'entretien des bâtiments des écoles normales primaires, seront imputées sur les ressources du budget ordinaire, dans les conditions indiquées aux articles 60 (§ 1er) et 61 (§ 1er) de la loi du 10 août 1871.

Art. 4. — Il est pourvu aux dépenses scolaires annuelles des écoles normales primaires au moyen des centimes spéciaux affectés au service de l'enseignement primaire; l'inscription d'office au budget départemental pourra être faite par le Ministre compétent.

Si ces ressources ne suffisent pas, le Ministre de l'Instruction publique accordera une subvention, dans les conditions déterminées par le quatrième paragraphe de l'article 40 de la loi du 15 mars 1850.

Art. 5. — En outre des subventions qui pourront leur être accordées, pour la construction et l'installation de leurs écoles normales, en considération de leur situation pécuniaire et de leurs sacrifices, les départements pourront être admis à participer à l'avance de 60 millions indiquée au deuxième paragraphe de l'article 1er de la loi instituant la Caisse pour la construction des écoles.

Les plans et devis des constructions ou des aménagements projetés devront être soumis à l'approbation du Ministre de l'Instruction publique.

Lorsque les demandes d'emprunts auront été reconnues admissibles, les emprunts ne pourront avoir lieu que s'ils sont autorisés conformément aux lois en vigueur.

Articles 6 et 7, abrogés.

LOI DU 24 JANVIER 1880
AYANT POUR BUT DE RENDRE OBLIGATOIRE L'ENSEIGNEMENT DE LA GYMNASTIQUE.

Article premier. — L'enseignement de la gymnastique est obligatoire dans tous les établissements d'instruction publique de garçons dépendant de l'Etat, des départements et des communes.

Art. 2. — Cet enseignement est donné dans les conditions et suivant les programmes arrêtés par le ministre de l'Instruction publique, selon l'importance des établissements.

Art. 3. — Un rapport sur les résultats de la vérification faite au moins une fois par an, par les soins du ministre de l'Instruction publique dans tous les établissements auxquels s'applique la présente loi, sera annexé au budget.

Art. 4. — La disposition de l'article 23 de la loi du 15 mars 1850, concernant la gymnastique dans les établissements publics, est abrogée.

Art. 5. — La présente loi entrera en vigueur dans le délai de deux ans à dater de sa promulgation.

LOI DU 27 FÉVRIER 1880
RELATIVE AU CONSEIL SUPÉRIEUR DE L'INSTRUCTION PUBLIQUE.

TITRE PREMIER
Du Conseil supérieur de l'Instruction publique.

Article premier. — Le Conseil supérieur de l'Instruction publique est composé comme suit :
Le Ministre, président ;

Cinq membres de l'Institut, élus par l'Institut en assemblée générale et choisis dans chacune des cinq classes;

Neuf Conseillers, nommés par décret du Président de la République en conseil des Ministres, sur la présentation du Ministre de l'Instruction publique, et choisis parmi les Directeurs et anciens Directeurs du Ministère de l'Instruction publique, les Inspecteurs généraux et anciens Inspecteurs généraux, les Recteurs et anciens Recteurs, les Inspecteurs et anciens Inspecteurs d'Académie, les professeurs en exercice et anciens professeurs de l'enseignement public;

Deux professeurs du Collège de France, élus par leurs collègues;

Un professeur du Muséum, élu par ses collègues;

Un professeur titulaire des Facultés de théologie protestante, élu par les professeurs, les chargés de cours et les maîtres de conférences;

Deux professeurs titulaires des Facultés de droit, élus au scrutin de liste par les professeurs, les agrégés et les chargés de cours;

Deux professeurs titulaires des Facultés de médecine ou des facultés mixtes élus au scrutin de liste par les professeurs, les agrégés en exercice, les chargés de cours et maîtres de conférences pourvus de grade de docteur;

Un professeur titulaire des Écoles supérieures de pharmacie ou des facultés mixtes, élu dans les mêmes conditions.

Dans les facultés mixtes, les professeurs de l'enseignement médical voteront pour les deux professeurs de médecine, et les professeurs de l'enseignement de la pharmacie voteront pour le professeur de pharmacie.

Deux professeurs titulaires des Facultés des sciences, élus au scrutin de liste par les professeurs, les suppléants, les chargés de cours et les maîtres de conférences pourvus du grade de docteur;

Deux professeurs titulaires des Facultés des lettres, élus dans les mêmes conditions;

Deux délégués de l'École normale supérieure, un pour les lettres, l'autre pour les sciences, élus par le directeur, le sous-directeur et les maîtres de conférences de l'école et choisis parmi eux;

Un délégué de l'École normale d'enseignement spécial, élu par le directeur, le sous-directeur et les professeurs et choisi parmi eux;

Un délégué de l'École nationale des chartes, élu par les membres du Conseil de perfectionnement et les professeurs et choisi parmi eux;

Un professeur titulaire de l'École des langues orientales vivantes, élu par ses collègues;

Un délégué de l'École polytechnique, élu par le commandant, le commandant en second, les membres du Conseil de perfectionnement, le directeur des études, les examinateurs, professeurs et répétiteurs de l'École et choisi parmi eux;

Un délégué de l'Ecole des beaux-arts, élu par le directeur et les professeurs de l'école et choisi parmi eux;

Un délégué du Conservatoire des arts et métiers, élu par le directeur, le sous-directeur et les professeurs et choisi parmi eux;

Un délégué de l'Ecole centrale des arts et manufactures, élu par le directeur et les professeurs de l'école et choisi parmi eux;

Un délégué de l'Institut agronomique, élu par le directeur et les professeurs de cet établissement et choisi parmi eux;

Huit agrégés en exercice de chacun des ordres d'agrégation (Grammaire, Lettres, Philosophie, Histoire, Mathématiques, Sciences physiques ou naturelles, Langues vivantes, Enseignement spécial), élu par l'ensemble des agrégés du même ordre, qui sont professeurs ou fonctionnaires en exercice dans les lycées;

Deux délégués des collèges communaux, élus, l'un dans l'ordre des lettres, l'autre dans l'ordre des sciences, par les principaux et professeurs en exercice dans ces collèges, pourvus du grade de licencié dans le même ordre;

Six membres de l'enseignement primaire, élus au scrutin de liste par les inspecteurs généraux de l'enseignement primaire, par le Directeur de l'enseignement primaire de la Seine, les Inspecteurs d'Académie des départements, les inspecteurs primaires, les directeurs et directrices des écoles normales primaires, la directrice de l'école Pape-Carpentier, les inspectrices générales et les déléguées spéciales chargées de l'inspection des salles d'asile.

Quatre membres de l'enseignement libre, nommés par le Président de la République sur la proposition du Ministre.

Art. 2. — Tous les membres du Conseil sont nommés pour quatre ans. Leurs pouvoirs peuvent être indéfiniment renouvelés.

Art. 3. — Les neuf membres nommés conseillers par décret du Président de la République, et six conseillers que le ministre désigne parmi ceux qui procèdent de l'élection, constituent une Section permanente.

Art. 4. — La Section permanente a pour fonctions:

D'étudier les programmes et règlements avant qu'ils ne soient soumis à l'avis du Conseil supérieur,

Elle donne son avis:

Sur les créations de facultés, lycées, collèges, écoles normales primaires;

Sur les créations, transformations ou suppressions de chaires;

Sur les livres de classe, de bibliothèque et de prix qui doivent être interdits dans les écoles publiques;

Et enfin sur toutes les questions d'études, d'administration, de scipline ou de scolarité qui lui sont renvoyées par le Ministre.

En cas de vacance d'une chaire dans une Faculté, la Section permanente présente deux candidats, concurremment avec la Faculté dans laquelle la vacance existe.

En ce qui concerne les Facultés de théologie, la Section permanente donne son avis sur la présentation faite au Ministre selon les lois et règlements, auxquels d'ailleurs il n'est rien innové.

Art. 5. — Le Conseil donne son avis :

Sur les programmes, méthodes d'enseignement, modes d'examens, règlements administratifs et disciplinaires relatifs aux écoles publiques, déjà étudiés par la Section permanente ;

Sur les règlements relatifs aux examens et à la collation des grades ;

Sur les règlements relatifs à la surveillance des écoles libres ;

Sur les livres d'enseignement, de lecture et de prix qui doivent être interdits dans les écoles libres comme contraires à la morale, à la Constitution et aux lois ;

Sur les règlements relatifs aux demandes formées par les étrangers pour être autorisés à enseigner, à ouvrir ou à diriger une école.

Art. 6. — Un décret rendu en la forme des règlements d'administration publique, après avis du Conseil supérieur de l'Instruction publique, détermine le tarif des droits d'inscription, d'examen et de diplôme à percevoir dans les établissements d'enseignement supérieur, chargés de la collation des grades, ainsi que les conditions d'âge pour l'admission aux grades.

L'article 14 de la loi du 14 juin 1854 est abrogé.

Art. 7. — Le Conseil statue en appel et en dernier ressort sur les jugements rendus par les Conseils académiques en matière contentieuse ou disciplinaire.

Il statue également en appel et en dernier ressort sur les jugements rendus par les Conseils départementaux, lorsque ces jugements prononcent l'interdiction absolue d'enseigner contre un instituteur primaire, public ou libre.

Lorsqu'il s'agit : 1º de la révocation, du retrait d'emploi, de la suspension des professeurs titulaires de l'enseignement public, supérieur ou secondaire, ou de la mutation pour emploi inférieur des professeurs titulaires de l'enseignement public supérieur ; 2º de l'interdiction du droit d'enseigner ou de diriger un établissement d'enseignement prononcée contre un membre de l'enseignement public ou libre ; 3º de l'exclusion des étudiants de l'enseignement public ou libre de toutes les académies, — la décision du Conseil supérieur de l'Instruction publique doit être prise aux deux tiers des suffrages.

Art. 8. — Le Conseil se réunit en assemblée générale deux fois par an. Le Ministre peut le convoquer en session extraordinaire.

LOI DU 11 DÉCEMBRE 1880
SUR LES ÉCOLES MANUELLES D'APPRENTISSAGE.

ARTICLE PREMIER. — Les écoles d'apprentissage fondées par les communes ou les départements pour développer chez les jeunes gens qui se destinent aux professions manuelles la dextérité nécessaire et les connaissances techniques, sont mises au nombre des établissements d'enseignement primaire publics.

Les écoles publiques d'enseignement primaire complémentaire, dont le programme comprend des cours ou des classes d'enseignement professionnel, sont assimilées aux écoles manuelles d'apprentissage.

ART. 2. — Les écoles manuelles d'apprentissage et autres écoles à la fois primaires et professionnelles, fondées et entretenues par les établissements libres, sont mises au nombre des établissements désignés par l'article 56 de la loi du 15 mars 1850, comme pouvant participer aux subventions inscrites au budget de l'Instruction publique.

ART. 3. — Les établissements désignés dans les articles 1 et 2 de la présente loi pourront également participer aux subventions inscrites au budget du Ministère de l'Agriculture et du Commerce sous le titre de subventions à des établissements d'enseignement technique.

ART. 4. — Le programme d'enseignement de chacun de ces établissements est arrêté d'après un plan élaboré par les fondateurs, et approuvé par les Ministres de l'Instruction publique et de l'Agriculture et du Commerce.

ART. 5. — Dans les écoles fondées par les départements ou les communes, le directeur est nommé en la même forme que tous les instituteurs publics, sur la présentation du Conseil municipal, si l'école est fondée par une commune, ou du Conseil général, si l'école est fondée par le département.

Le personnel chargé de l'enseignement professionnel est nommé par le maire si c'est une école communale, ou par le Préfet si c'est une école départementale, sur la désignation de la commission de surveillance et de perfectionnement instituée auprès de l'établissement par le Conseil municipal ou par le Conseil général.

Dans les écoles libres, tout le personnel est choisi par les fondateurs.

ART. 6. — Un règlement d'administration publique déterminera les conditions d'application de la présente loi.

LOI DU 16 JUIN 1881

ÉTABLISSANT LA GRATUITÉ ABSOLUE DE L'ENSEIGNEMENT PRIMAIRE DANS LES ÉCOLES PUBLIQUES.

ARTICLE PREMIER. — Il ne sera plus perçu de rétribution scolaire dans les écoles primaires publiques, ni dans les salles d'asile publiques.

Le prix de pension dans les écoles normales est supprimé.

ART. 2. — Les quatre centimes spéciaux créés par les articles 40 de la loi du 15 mars 1850 et 7 de la loi du 19 juillet 1875, pour le service de l'instruction primaire, sont obligatoires pour toutes les communes, compris dans leurs ressources ordinaires et votés sans le concours des plus imposés.

Les communes auront la faculté de s'exonérer de tout ou partie de ces quatre centimes en inscrivant au budget, avec la même destination, une somme égale au produit des centimes supprimés, somme qui pourra être prise soit sur le revenu des dons et legs, soit sur une portion quelconque de leurs ressources ordinaires et extraordinaires.

ART. 3. — Les prélèvements à effectuer en faveur de l'instruction primaire sur les revenus ordinaires des communes, en vertu de l'article 40 de la loi du 15 mars 1850, porteront exclusivement sur les ressources ci-après énumérées :

1° Les revenus en argent des biens communaux ;
2° La part revenant à la commune sur l'imposition des chevaux et voitures et sur les permis de chasse ;
3° La taxe sur les chiens ;
4° Le produit net des taxes ordinaires d'octroi ;
5° Les droits de voirie et les droits de location aux halles, foires et marchés.

Ces revenus sont affectés, jusqu'à concurrence d'un cinquième, aux dépenses ordinaires et obligatoires afférentes à la commune pour le service de ses écoles primaires publiques.

Sont désormais exemptées de tout prélèvement sur leurs revenus ordinaires les communes dans lesquelles la valeur du centime additionnel au principal des quatre contributions directes n'atteint pas vingt francs (20 fr.).

ART. 4. — Les quatre centimes spéciaux établis par les articles 40 de la loi du 15 mars 1850, 14 de la loi du 10 avril 1867, et 7 de la loi du 19 juillet 1875, au principal des quatre contributions directes, pour le service de l'instruction primaire, sont obligatoires pour les départements.

Toutefois, les départements auront la faculté de s'exonérer de tout ou partie de cette imposition, en inscrivant à leur budget, avec la même destination, une somme égale au produit des centimes supprimés, somme qui pourra être prise sur le revenu des dons et legs, soit sur une portion quelconque de leurs ressources ordinaires ou extraordinaires.

Art. 5. — En cas d'insuffisance des ressources énumérées aux articles 2, 3 et 4 de la présente loi, les dépenses seront couvertes par une subvention de l'État.

Art. 6. — Le traitement des instituteurs et institutrices, titulaires et adjoints, actuellement en exercice, ne pourra, dans aucun cas, devenir inférieur aux plus élevés des traitements dont ils auront joui pendant les trois années qui auront précédé l'application de la présente loi.

Le taux de rétribution servant à déterminer le montant du traitement éventuel, établi par l'article 9 de la loi du 10 avril 1867, sera fixé chaque année, par le Ministre, sur la proposition du Préfet, après avis du Conseil départemental.

Un décret fixera la quotité des traitements en ce qui concerne les salles d'asile ou les classes enfantines.

Art. 7. — *Sont mises au nombre des écoles primaires publiques donnant lieu à une dépense obligatoire pour la commune, à la condition qu'elles soient créées conformément aux prescriptions de l'article 2 de la loi du 10 avril 1867 :*

1° Les écoles communales de filles qui sont ou seront établies dans les communes de plus de 400 âmes ;

2° Les salles d'asile ;

3° Les classes intermédiaires entre la salle d'asile et l'école primaire, dites classes enfantines, comprenant des enfants des deux sexes, et confiées à des institutrices pourvues du brevet de capacité ou du certificat d'aptitude à la direction des salles d'asile.

Ce dernier article a été remplacé par l'article 15 de la loi du 30 octobre 1886.

LOI DU 16 JUIN 1881

RELATIVE AUX TITRES DE CAPACITÉ DE L'ENSEIGNEMENT PRIMAIRE.

Article premier. — Nul ne peut exercer les fonctions d'instituteur ou d'institutrice titulaire, d'instituteur adjoint chargé d'une classe ou d'institutrice adjointe chargée d'une classe, dans une école publique ou libre, sans être pourvu du brevet de capacité pour l'enseignement primaire.

Toutes les équivalences admises par le paragraphe 2 de l'article 25 de la loi du 15 mars 1850 sont abolies.

Art. 2. — *Nulle ne peut exercer les fonctions de directrice ou de sous-directrice de salles d'asile publiques ou libres, sans être pourvue du certificat d'aptitude à la direction des salles d'asile, institué par l'article 20, paragraphe 1er, du décret du 21 mars 1885.*

Cet article a été modifié par l'article 62 de la loi du 30 octobre 1886.

Art. 3. — Les personnes occupant, sans les brevets et certificats sus-énoncés, les fonctions énumérées aux articles précédents, devront, dans le laps d'un an, à partir de la promulgation de la loi, se présenter devant les commissions d'examen instituées pour décerner lesdits brevets et certificats.

Celles qui auront échoué auront le droit de se présenter de nouveau aux sessions ordinaires ou extraordinaires tenues dans le cours des années suivantes, jusqu'à la rentrée des classes du mois d'octobre 1884.

Toutefois, les adjoints qui auront contracté, conformément à l'article 20 de la loi du 27 juillet 1872, l'engagement de se vouer pendant dix ans à la carrière de l'enseignement, et qui viendraient à échouer aux examens ci-dessus, conserveront le bénéfice de la dispense, à titre conditionnel du service militaire.

Art. 4. — Les prescriptions de la présente loi ne s'appliqueront pas :

1º Aux directeurs d'écoles publiques ou libres qui, au 1er janvier 1881, exerçaient les fonctions de directeurs en vertu des équivalences établies par la loi du 15 mars 1850 ;

2º Aux directrices d'écoles et de salles d'asile publiques ou libres qui, au 1er janvier 1881, comptaient trente-cinq ans d'âge et cinq ans au moins de services en qualité de directrices ;

3º Aux adjoints ou adjointes d'écoles publiques ou libres, ainsi qu'aux sous-directeurs de salles d'asile publiques ou libres qui, au 1er janvier 1881, comptaient trente-cinq ans d'âge et cinq ans au moins de services comme adjoints ou adjointes chargés d'une classe, ou comme sous-directrices d'une salle d'asile, sans toutefois que cette exemption leur permette d'obtenir ultérieurement la direction d'une école ou d'une salle d'asile en dehors des conditions prescrites par les articles 1er et 2 de la présente loi.

LOI DU 28 MARS 1882
RELATIVE A L'OBLIGATION DE L'ENSEIGNEMENT PRIMAIRE.

Article premier. — L'enseignement primaire comprend :
L'instruction morale et civique ;
La lecture et l'écriture ;
La langue et les éléments de la littérature française ;
La géographie, particulièrement celle de la France ;
L'histoire, particulièrement celle de la France jusqu'à nos jours ;
Quelques notions usuelles de droit et d'économie politique ;
Les éléments des sciences naturelles, physiques et mathématiques ; leurs applications à l'agriculture, à l'hygiène, aux arts industriels, travaux manuels et usage des outils des principaux métiers ;
Les éléments du dessin, du modelage et de la musique ;
La gymnastique ;
Pour les garçons, les exercices militaires ;
Pour les filles, les travaux à l'aiguille.
L'article 23 de la loi du 15 mars 1850 est abrogé.

Art. 2. — Les écoles primaires publiques vaqueront un jour par semaine, en outre du dimanche, afin de permettre aux parents de faire donner, s'ils le désirent, à leurs enfants, l'instruction religieuse, en dehors des édifices scolaires.
L'enseignement religieux est facultatif dans les écoles privées.

Art. 3. — Sont abrogées les dispositions des articles 18 et 44 de la loi du 15 mars 1850, en ce qu'elles donnent aux ministres des cultes un droit d'inspection, de surveillance et de direction dans les écoles primaires publiques et privées et dans les salles d'asile, ainsi que le paragraphe 2 de l'article 31 de la même loi qui donne aux Consistoires le droit de présentation pour les instituteurs appartenant aux cultes non catholiques.

Art. 4. — L'instruction primaire est obligatoire pour les enfants des deux sexes âgés de six ans révolus à treize ans révolus ; elle peut être donnée soit dans les établissements d'instruction primaire ou secondaire, soit dans les écoles publiques ou libres, soit dans les familles, par le père de famille lui-même ou par toute personne qu'il aura choisie.
Un règlement déterminera les moyens d'assurer l'instruction primaire aux enfants sourds-muets et aux aveugles.

Art. 5. — Une Commission municipale scolaire est instituée dans chaque commune, pour surveiller et encourager la fréquentation des écoles.
Elle se compose du maire, président ; d'un des délégués du can-

ton, et dans les communes comprenant plusieurs cantons, d'autant de délégués qu'il y a de cantons, désignés par l'inspecteur d'Académie ; de membres désignés par le conseil municipal en nombre égal, au plus, au tiers des membres de ce conseil.

A Paris et à Lyon, il y a une Commission pour chaque arrondissement municipal. Elle est présidée à Paris par le maire, à Lyon par un des adjoints ; elle est composée d'un des délégués cantonaux désignés par l'inspecteur d'Académie, de membres désignés par le Conseil municipal, au nombre de trois à sept par chaque arrondissement.

Le mandat des membres de la Commission scolaire désignés par le Conseil municipal durera jusqu'à l'élection d'un nouveau Conseil municipal.

Il sera toujours renouvelable.

L'inspecteur primaire fait partie de droit de toutes les Commissions scolaires instituées dans son ressort.

ART. 6. — Il est institué un certificat d'études primaires ; il est décerné après un examen public auquel pourront se présenter les enfants dès l'âge de onze ans.

Ceux qui, à partir de cet âge, auront obtenu le certificat d'études primaires, seront dispensés du temps de scolarité obligatoire qui leur restait à passer.

ART. 7. — Le père, le tuteur, la personne qui a la garde de l'enfant, le patron chez qui l'enfant est placé, devra, quinze jours au moins avant l'époque de la rentrée des classes, faire savoir au maire de la commune s'il entend faire donner à l'enfant l'instruction dans la famille ou dans une école publique ou privée ; dans ces deux derniers cas, il indiquera l'école choisie.

Les familles domiciliées à proximité de deux ou plusieurs écoles publiques ont la faculté de faire inscrire leurs enfants à l'une ou à l'autre de ces écoles, qu'elle soit ou non sur le territoire de leur commune, à moins qu'elle ne compte déjà le nombre maximum d'élèves autorisé par les règlements.

En cas de contestation et sur la demande, soit du maire, soit des parents, le Conseil départemental statue en dernier ressort.

ART. 8. — Chaque année, le maire dresse, d'accord avec la Commission municipale scolaire, la liste de tous les enfants âgés de six à treize ans, et avise les personnes qui ont charge de ces enfants de l'époque de la rentrée des classes.

En cas de non-déclaration, quinze jours avant l'époque de la rentrée, de la part des parents et autres personnes responsables, il inscrit d'office l'enfant à l'une des écoles publiques et en avertit la personne responsable.

Huit jours avant la rentrée des classes, il remet aux directeurs d'écoles publiques et privées la liste des enfants qui doivent suivre leurs écoles. Un double de ces listes est adressé par lui à l'inspecteur primaire.

Art. 9. — Lorsqu'un enfant quitte l'école, les parents ou les personnes responsables doivent en donner immédiatement avis au maire, et indiquer de quelle façon l'enfant recevra l'instruction à l'avenir.

Art. 10. — Lorsqu'un enfant manque momentanément l'école, les parents ou les personnes responsables doivent faire connaître au directeur ou à la directrice les motifs de son absence.

Les directeurs et les directrices doivent tenir un registre d'appel qui constate, pour chaque classe, l'absence des élèves inscrits. A la fin de chaque mois, ils adresseront au maire et à l'inspecteur primaire un extrait de ce registre, avec l'indication du nombre des absences et des motifs invoqués.

Les motifs d'absence seront soumis à la Commission scolaire. Les seuls motifs réputés légitimes sont les suivants : maladie de l'enfant, décès d'un membre de la famille, empêchements résultant de la difficulté accidentelle des communications. Les autres circonstances exceptionnellement invoquées seront également appréciées par la Commission.

Art. 11. — Tout directeur d'école privée, qui ne se sera pas conformé aux prescriptions de l'article précédent sera, sur le rapport de la Commission scolaire et de l'inspecteur primaire, déféré au Conseil départemental.

Le Conseil départemental pourra prononcer les peines suivantes : 1º l'avertissement ; 2º la censure ; 3º la suspension pour un mois au plus, et, en cas de récidive dans l'année scolaire, pour trois mois au plus.

Art. 12. — Lorsqu'un enfant se sera absenté de l'école quatre fois dans le mois, pendant au moins une demi-journée, sans justification admise par la Commission municipale scolaire, le père, le tuteur ou la personne responsable sera invité, trois jours au moins à l'avance, à comparaître, dans la salle des actes de la mairie, devant ladite Commission, qui lui rappellera le texte de la loi et lui expliquera son devoir.

En cas de non-comparution, sans justification admise, la Commission appliquera la peine énoncée dans l'article suivant.

Art. 13. — En cas de récidive dans les douze mois qui suivront la première infraction, la Commission municipale scolaire ordonnera l'inscription pendant quinze jours ou un mois, à la porte de la mairie, des noms, prénoms et qualités de la personne responsable, avec indication du fait relevé contre elle.

La même peine sera appliquée aux personnes qui n'auront pas obtempéré aux prescriptions de l'article 9.

Art. 14. — En cas d'une nouvelle récidive, la Commission scolaire, ou, à son défaut, l'inspecteur primaire, devra adresser une plainte au juge de paix. L'infraction sera considérée comme une contravention, et pourra entraîner condamnation aux peines de police, conformément aux articles 479, 480 et suivants du Code pénal.

L'article 463 du même Code est applicable.

Art. 15. — La Commission scolaire pourra accorder aux enfants demeurant chez leurs parents ou leur tuteur, lorsque ceux-ci en feront la demande motivée, des dispenses de fréquentation scolaire ne pouvant dépasser trois mois par année en dehors des vacances. Ces dispenses devront, si elles excèdent quinze jours, être soumises à l'approbation de l'inspecteur primaire.

Ces dispositions ne sont pas applicables aux enfants qui suivront leurs parents ou tuteurs, lorsque ces derniers s'absenteront temporairement de la commune. Dans ce cas, un avis donné verbalement ou par écrit au maire ou à l'instituteur suffira.

La Commission peut aussi, avec l'approbation du Conseil départemental, dispenser les enfants employés dans l'industrie, et arrivés à l'âge de l'apprentissage, d'une des deux classes de la journée ; la même faculté sera accordée à tous les enfants employés, hors de leur famille, dans l'agriculture.

Art. 16. — Les enfants qui reçoivent l'instruction dans la famille doivent, chaque année, à partir de la fin de la deuxième année d'instruction obligatoire, subir un examen qui portera sur les matières de l'enseignement correspondant à leur âge dans les écoles publiques, dans des formes et suivant des programmes qui seront déterminés par arrêtés ministériels rendus en Conseil supérieur.

Le jury d'examen sera composé de : l'inspecteur primaire ou son délégué, président ; un délégué cantonal ; une personne munie d'un diplôme universitaire ou d'un brevet de capacité ; les juges seront choisis par l'inspecteur d'Académie. Pour l'examen des filles, la personne brevetée devra être une femme.

Si l'examen de l'enfant est jugé insuffisant et qu'aucune excuse ne soit admise par le jury, les parents sont mis en demeure d'envoyer leur enfant dans une école publique ou privée dans la huitaine de la notification, et de faire savoir au maire quelle école ils ont choisie.

En cas de non-déclaration, l'inscription aura lieu d'office, comme il est dit à l'article 8.

Art. 17. — La Caisse des écoles, instituée par l'article 15 de la loi du 10 avril 1867, sera établie dans toutes les communes. Dans les communes subventionnées dont le centime n'excède pas 30 francs, la Caisse aura droit, sur le crédit ouvert pour cet objet au Ministère de l'Instruction publique, à une subvention au moins égale au montant des subventions communales.

La répartition des secours se fera par les soins de la Commission scolaire.

Art. 18. — Des arrêtés ministériels, rendus sur la demande des Inspecteurs d'Académie et des Conseils départementaux, détermineront chaque année les communes où, par suite d'insuffisance des locaux scolaires, les prescriptions des articles 4 et suivants sur l'obligation ne pourraient être appliquées.

Un rapport annuel, adressé aux Chambres par le ministre de l'Instruction publique, donnera la liste des communes auxquelles le présent article aura été appliqué (1).

---

(1) CONVENTION

SUR L'OBLIGATION DE LA FRÉQUENTATION SCOLAIRE, CONCLUE ENTRE LA FRANCE ET LA SUISSE LE 14 DÉCEMBRE 1887, ET APPROUVÉE PAR LA LOI DU 14 JUIN 1888.

Le président de la République française et le Conseil fédéral suisse, également animés du désir d'assurer aux enfants des deux nations, particulièrement dans les départements français et cantons suisses limitrophes, les bienfaits de l'instruction primaire obligatoire et gratuite, ont résolu de conclure, à cette fin, une convention spéciale, et ont nommé pour leurs plénipotentiaires, savoir :

Le président de la République française : M. Émile Flourens, ministre des affaires étrangères ; et le Conseil fédéral suisse : M. Charles-Édouard Lardy, envoyé extraordinaire et ministre plénipotentiaire de la Confédération suisse à Paris ;

Lesquels, après s'être communiqué leurs pleins pouvoirs, trouvés en bonne et due forme, sont convenus des articles suivants :

Article premier. — *Les enfants de nationalité française sont traités en Suisse, en tout ce qui concerne l'obligation de l'enseignement primaire et la gratuité de l'instruction primaire publique, sur le même pied que les Suisses.*

Inversement, les enfants de nationalité suisse sont traités en France, en tout ce qui concerne l'obligation de l'enseignement primaire et la gratuité de l'instruction primaire publique, sur le même pied que les Français.

Art. 2. — *Le frère, le tuteur, la personne qui a la garde d'un enfant soumis à l'instruction primaire obligatoire, le patron chez lequel cet enfant est placé et, en général, les personnes responsables dudit enfant, sont, en France, lorsque l'enfant est de nationalité suisse, tenus à l'observation des lois françaises et, en cas de contravention, sont passibles des mêmes peines que si l'enfant était de nationalité française.*

Inversement, en Suisse, les personnes responsables d'un enfant de nationalité française sont soumises aux mêmes lois et, en cas de contravention, sont passibles des mêmes peines que si l'enfant était de nationalité suisse.

Art. 3. — *Si la personne responsable de l'enfant réside sur le territoire de l'autre État, les autorités scolaires sont réciproquement tenues de se signaler les enfants qui n'observent pas les lois sur l'obligation de l'enseignement primaire,*

LOI DU 20 MARS 1883

RELATIVE A L'OBLIGATION DE CONSTRUIRE DES MAISONS D'ÉCOLE DANS LES CHEFS-LIEUX DE COMMUNE ET DANS LES HAMEAUX.

TITRE II

Art. 8. — Toute commune est tenue de pourvoir à l'établissement de maisons d'école au chef-lieu et dans les hameaux ou centres de population éloignés dudit chef-lieu ou distants les uns des autres de 3 kilomètres, et réunissant un effectif d'au moins 20 enfants d'âge scolaire.

Art. 9. — Lorsque la création d'une école aura été décidée conformément aux lois et règlements, les frais d'acquisition, de construction et d'appropriation des locaux scolaires ou les frais de location de l'immeuble, ainsi que les frais d'acquisition du mobilier

et les autorités du lieu de la résidence de la personne responsable sont compétentes pour sévir contre cette dernière de la même manière et en appliquant les mêmes pénalités que si l'infraction avait été commise sur le territoire national.

Les rapports dressés par les autorités scolaires de l'un des deux pays feront foi, jusqu'à preuve contraire, devant les autorités de l'autre pays.

Art. 4. — Les enfants suisses âgés de plus de treize ans, qui seraient encore, d'après les lois de leur canton d'origine, astreints à fréquenter une école, sont admis à suivre, en France, aux mêmes conditions que les Français habitant la commune, les écoles et les cours d'enseignement complémentaire professionnel ou primaire supérieur.

Art. 5. — Les autorités scolaires de chacun des deux États sont tenues de prêter leur concours à celles de l'autre État pour les renseignements sur la réelle fréquentation des écoles primaires par les enfants qu'elles se signaleraient, et de délivrer gratuitement et d'urgence telles attestations de scolarité qui leur seraient demandées par les autorités de l'autre État. Les demandes de renseignements peuvent également s'appliquer aux enfants désignés dans l'article 4.

Art. 6. — Pour l'exécution des articles qui précèdent, les autorités scolaires des deux pays sont autorisées à correspondre directement entre elles. A cet effet, il sera dressé tous les ans dans chacun des deux États une liste des fonctionnaires français et suisses autorisés à correspondre directement; cette liste sera respectivement communiquée, par la voie diplomatique, à l'autre gouvernement, dans le courant du mois de juillet.

Art. 7. — La présente convention demeurera en vigueur jusqu'à l'expiration d'un délai de six mois à partir de la dénonciation qui en serait faite, par la voie diplomatique, à une époque quelconque, par l'une des parties contractantes.

La présente convention sera ratifiée et les ratifications en seront échangées à Paris, dans le délai de six mois.

Elle sera exécutoire aussitôt après l'échange des ratifications.

En foi de quoi, les plénipotentiaires respectifs ont signé la présente convention et y ont apposé leurs cachets.

scolaire, constituent pour la commune une dépense obligatoire.

Il est pourvu à la dépense, soit par un prélèvement sur les ressources disponibles de la commune, soit par un emprunt contracté à la Caisse spéciale, soit enfin par des subventions du département et de l'État.

Art. 10. — A défaut d'un vote du Conseil municipal ou sur son refus, le Préfet, après avis du Conseil général, — et, si cet avis n'est pas favorable, en vertu d'un décret du Président de la République rendu en Conseil d'État, — pourvoit d'office, par un arrêté, au payement des frais de construction et d'appropriation de maisons d'école louées ou acquises, et d'acquisition de mobiliers scolaires, soit par un prélèvement sur les ressources disponibles de la commune, soit par des subventions du département ou de l'État, soit enfin par un emprunt contracté à la Caisse des lycées, collèges et écoles.

Lorsque, dans les conditions énoncées au paragraphe précédent, un emprunt à la Caisse des lycées, collèges et écoles aura été jugé nécessaire, le maire ou, sur son refus, un délégué spécial, nommé en exécution de l'article 15 de la loi du 18 juillet 1837, empruntera à cette caisse, après y avoir été autorisé, la somme nécessaire.

Il sera pourvu au service de l'emprunt au moyen d'une imposition spéciale établie conformément au paragraphe 4 de l'article 39 de la loi du 18 juillet 1837.

L'emplacement de l'école à construire est désigné par le Conseil municipal, et à défaut par le Préfet, deux mois après que le Conseil municipal aura été régulièrement mis en demeure.

Lorsque le Conseil général aura refusé de classer une demande de subvention ou ne se sera pas prononcé dans la session qui suivra celle dans laquelle il aura été dûment saisi, la subvention de l'État pourra être accordée par décret rendu après avis du Conseil d'État.

L'article 15 de la loi du 1er juin 1878 est abrogé.

LOI DU 20 JUIN 1885

RELATIVE AUX SUBVENTIONS DE L'ÉTAT POUR CONSTRUCTIONS ET APPROPRIATIONS D'ÉTABLISSEMENTS ET DE MAISONS DESTINÉS AU SERVICE DE L'ENSEIGNEMENT SUPÉRIEUR, DE L'ENSEIGNEMENT SECONDAIRE ET DE L'ENSEIGNEMENT PRIMAIRE.

Article premier. — Le fonds de subvention de deux cent soixante-dix-sept millions deux cent mille francs (277 200 000 fr.) mis à la disposition de la Caisse des lycées, collèges et écoles primaires par les lois des 1er juin 1878, 3 juillet 1880, 20 mars 1883 et 30 janvier 1884, est augmenté de trente-quatre millions (34,000,000 fr.) payables, à partir du 1er janvier 1886, par fractions qui seront déterminées, chaque année, par la loi de finances.

Le montant de cette subvention supplémentaire sera affecté, jusqu'à concurrence de vingt-deux millions de francs (22 000 000 fr.), aux établissements d'enseignement supérieur, et à concurrence de douze millions de francs (12 000 000 fr.) aux établissements d'enseignement secondaire, dont la construction, la reconstruction ou l'agrandissement est à la charge de l'État.

En conséquence, chaque année, le Gouvernement soumettra aux Chambres les projets de travaux qu'il se propose de réaliser dans le cours de l'exercice suivant, et la loi de finances déterminera le montant des sommes nécessaires pour y faire place, à prendre sur le fonds de subvention dont il vient d'être parlé.

Art. 2. — La somme de deux cent soixante-cinq millions quatre cent mille francs (265 400 000 fr.) mise, à titre d'avances remboursables, par les lois des 1er juin 1878, 3 juillet 1880, 2 août 1881 et 20 mars 1883, à la disposition des départements et des communes dûment autorisés à emprunter pour la construction, la reconstruction ou l'agrandissement des lycées, collèges et écoles primaires, est réduite d'une somme de trente-quatre millions de francs (34 000 000 fr.).

Art. 3. — Le complément de subvention, mis à la disposition de la Caisse des lycées, collèges et écoles primaires, en vertu des articles 1er et 2 de la présente loi, lui sera remboursé en capital et intérêts au moyen de trente annuités de seize cent douze mille francs (1 612 000 fr.) chacune, à ajouter, à partir de 1886 inclusivement, par fractions correspondantes au capital employé, chaque année, au chapitre du budget ordinaire de l'instruction publique, créé par l'article 23 de la loi du 3 juillet 1880, sous le titre : « Rem« boursements par annuités à la Caisse des lycées, collèges et « écoles primaires. »

La dotation ci-dessus de seize cent douze mille francs (1 612 000 fr.) sera ordonnancée au profit de la Caisse et payée par le Trésor dans les trois premiers mois de chaque année.

Les crédits nécessaires seront ouverts, chaque année, par la loi de finances.

En cas d'insuffisance du fonds de dotation et des ressources propres à la Caisse, il lui sera tenu compte par le Trésor, tant de ses dépenses complémentaires d'intérêt et d'amortissement que de ses frais de gestion.

Art. 4. — Le ministre de l'Instruction publique est autorisé à prendre, au nom de l'État, l'engagement de rembourser, à titre de subvention, aux départements et aux villes ou communes, dans les conditions déterminées par la présente loi, partie des annuités nécessaires au service de l'intérêt et de l'amortissement des emprunts par eux contractés pour la construction, la reconstruction ou l'agrandissement de leurs établissements d'enseignement public, supérieur, secondaire et primaire.

Les départements pourront se substituer aux communes pour tout ou partie de ces emprunts.

Toutefois, en ce qui concerne les établissements d'enseignement supérieur et secondaire, le ministre de l'Instruction publique devra soumettre, chaque année, aux Chambres en même temps que le budget de son Ministère, les projets spéciaux à l'occasion desquels il se proposerait de prendre, dans l'exercice suivant, l'engagement de subvention dont il est parlé au présent article.

Art. 5. — Les subventions dont il est parlé à l'article précédent ne pourront être accordées qu'aux conditions suivantes :

1° Les emprunts devront être régulièrement autorisés et remboursables au moyen d'annuités égales comprenant l'intérêt et l'amortissement, dans un délai qui ne pourra être moindre de trente années ni dépasser quarante années ;

2° Les travaux devront être exécutés conformément aux plans approuvés et régulièrement reçus, à l'exclusion de toute dépense qui n'aurait pas l'instruction publique pour objet.

Dans le cas où les dépenses faites n'atteindraient pas le montant des évaluations, la subvention de l'État sera réduite proportionnellement à l'économie réalisée.

Art. 6. — En ce qui concerne les établissements d'enseignement supérieur et secondaire, les départements et les villes pourront prélever, sur leurs ressources disponibles, tout ou partie des sommes nécessaires pour couvrir les dépenses. Dans ce cas, la subvention de l'Etat portera sur une annuité, comprenant l'intérêt à 4 pour 100 et l'amortissement en quarante ans, calculé au même taux, du montant des dépenses effectuées au moyen desdites ressources.

Art. 7. — Les subventions accordées par le ministre de l'Instruction publique pour les établissements d'enseignement supérieur et d'enseignement secondaire ne pourront dépasser, pour l'ensemble des opérations, 50 pour 100 des annuités nécessaires au service des emprunts contractés ou afférents aux prélèvements faits sur des ressources disponibles conformément à l'article 6.

Art. 8. — En ce qui concerne les établissements d'enseignement primaire, la subvention de l'Etat sera calculée d'après un chiffre maximum de dépense totale, déterminé pour chaque catégorie d'établissements par le tableau A annexé à la présente loi, déduction faite des ressources communales disponibles (1).

La proportion dans laquelle l'Etat contribuera au payement des annuités ne pourra, en aucun cas, être supérieure à 80 pour 100 ni inférieure à 15 pour 100. Elle sera déterminée en raison inverse de la valeur du centime communal, en raison directe des charges extraordinaires de la commune, et encore en raison de l'importance des travaux scolaires à exécuter par elle, conformément à des règles qui seront établies par un décret rendu sur la proposition des ministres de l'Instruction publique, de l'Intérieur et des Finances.

Toutefois les communes dont le centime communal représente une valeur supérieure à 6000 francs ne pourront recevoir aucune subvention de l'Etat pour la construction, la reconstruction ou l'agrandissement de leurs écoles primaires.

Art. 9. — La loi de finances de chaque exercice, à partir de 1885 inclusivement, déterminera le chiffre maximum des subventions par annuités payables pendant l'année suivante et les années ultérieures que le Ministre de l'Instruction publique est autorisé à accorder conformément aux articles 4, 5, 6, 7 et 8 ci-dessus.

En conséquence, un chapitre spécial sera ouvert chaque année au budget de l'Instruction publique sous ce titre : « Subventions aux départements, villes ou communes, destinées à faire face au payement de partie des annuités dues par eux et nécessaires au remboursement des emprunts qu'ils ont contractés pour la construction de leurs établissements publics d'enseignement supérieur, d'enseignement secondaire et d'enseignement primaire. »

Art. 10. — Le maximum des subventions payables par annuités, à partir de 1886 inclusivement, que le ministre de l'Instruction

---

(1) **Tableau A**

FIXANT POUR CHAQUE CATÉGORIE D'ÉTABLISSEMENTS LE CHIFFRE MAXIMUM DE LA DÉPENSE A LAQUELLE L'ÉTAT CONTRIBUERA.

Désignation.	Dépenses.
1° *Pour une école de hameau*.............................	12,000
2° *Pour une école de chef-lieu communal à une seule classe (soit mixte, soit spéciale aux garçons ou aux filles)*............	15,000
3° *Pour un groupe scolaire à une seule classe pour chaque sexe.*	28,000
4° *Pour chaque classe en sus ajoutée au groupe scolaire ou à une école de chef-lieu communal*........................	12,000
5° *Pour une école maternelle*............................	18,000
6° *Pour une école primaire supérieure*....................	80,000
7° *Pour une école normale*..............................	400,000
8° *Pour le mobilier scolaire, par chaque classe*............	500

publique est autorisé à accorder pendant l'année 1885, est fixé à quinze cent mille francs (1 500 000 fr.), savoir :

1º Cent douze mille six cents francs (112 600 fr.) pour l'enseignement supérieur ;

2º Cent soixante-cinq mille quatre cents francs (165 400 fr.) pour l'enseignement secondaire ;

3º Douze cent vingt-deux mille francs (1 222 000 fr.) pour l'enseignement primaire.

LOI DU 30 OCTOBRE 1886

SUR L'ORGANISATION DE L'ENSEIGNEMENT PRIMAIRE.

TITRE PREMIER
Dispositions générales.

CHAPITRE Ier

DES ÉTABLISSEMENTS D'ENSEIGNEMENT PRIMAIRE.

ARTICLE PREMIER. — L'enseignement primaire est donné :
1º Dans les écoles maternelles et les classes enfantines ;
2º Dans les écoles primaires élémentaires ;
3º Dans les écoles primaires supérieures et dans les classes d'enseignement primaire supérieur annexées aux écoles élémentaires et dites « Cours complémentaires » ;
4º Dans les écoles manuelles d'apprentissage, telles que les définit la loi du 11 décembre 1880.

ART. 2. — Les établissements d'enseignement primaire de tout ordre peuvent être publics, c'est-à-dire fondés et entretenus par l'État, les départements ou les communes, ou privés, c'est-à-dire fondés et entretenus par des particuliers ou des associations.

ART. 3. — Des règlements spéciaux, délibérés en Conseil supérieur de l'Instruction publique, détermineront les règles d'après lesquelles seront réparties, entre les diverses sortes d'école énumérées à l'article premier, les matières de l'enseignement primaire telles que les a fixées la loi du 28 mars 1882, ainsi que les conditions d'admission et de sortie des élèves dans chacune de ces écoles.

Art. 4. — Nul ne peut être directeur ou adjoint chargé de classe dans une école primaire publique ou privée, s'il n'est Français et s'il ne remplit, en outre, les conditions de capacité fixées par la loi du 16 juin 1881, et les conditions d'âge établies par la présente loi.

Toutefois, les étrangers remplissant les deux ordres de conditions précitées, et admis à jouir des droits civils en France, peuvent enseigner dans les écoles privées, moyennant une autorisation donnée par le Ministre, après avis du Conseil départemental.

Les étrangers munis seulement de titres de capacité étrangers devront obtenir, au préalable, la déclaration d'équivalence de ces titres avec les brevets français.

Un règlement, délibéré en Conseil supérieur de l'Instruction publique, déterminera les conditions dans lesquelles cette équivalence pourra être prononcée.

Dans le cas particulier d'écoles exclusivement destinées à des enfants étrangers résidant en France, des dispenses de brevets de capacité pourront être accordées par le ministre de l'Instruction publique, après avis du Conseil supérieur, aux étrangers admis à jouir des droits civils en France, qui demanderaient à les diriger ou à y enseigner.

Art. 5. — Sont incapables de tenir une école publique ou privée ou d'y être employés ceux qui ont subi une condamnation judiciaire pour crime ou pour délit contraire à la probité ou aux mœurs, ceux qui ont été privés par jugement de tout ou partie des droits mentionnés en l'article 42 du Code pénal et ceux qui ont été frappés d'interdiction absolue, en vertu des articles 32 et 41 de la présente loi.

Art. 6. — L'enseignement est donné par des instituteurs dans les écoles de garçons, par des institutrices dans les écoles de filles, dans les écoles maternelles, dans les écoles ou classes enfantines et dans les écoles mixtes.

Dans les écoles de garçons, des femmes peuvent être admises à enseigner à titre d'adjointes, sous la condition d'être épouse, sœur ou parente en ligne directe du directeur de l'école.

Toutefois, le Conseil départemental peut, à titre provisoire, et par une décision toujours révocable : 1° permettre a un instituteur de diriger une école mixte, à la condition qu'il lui soit adjoint une maîtresse de travaux de couture ; 2° autoriser des dérogations aux restrictions (*conditions de parenté*) du second paragraphe du présent article.

Art. 7. — Nul ne peut enseigner dans une école primaire de quelque degré que ce soit, avant l'âge de dix-huit ans pour les instituteurs, et dix-sept ans pour les institutrices.

Nul ne peut diriger une école avant l'âge de vingt et un ans.

Nul ne peut diriger une école primaire supérieure ou une école recevant des internes avant l'âge de vingt-cinq ans résolus.

Art. 8. — Il peut être créé des classes primaires pour adultes ou pour apprentis ayant satisfait aux obligations des lois des 19 mai 1874 et 28 mars 1882.

Il ne peut être reçu dans ces classes d'élèves des deux sexes.

Un règlement ministériel déterminera les conditions d'établissement de ces classes, et les conditions auxquelles ces cours publics et gratuits d'adultes ou d'apprentis pourront recevoir une subvention de l'État.

L'ouverture d'un cours privé pour les adultes et pour les apprentis ci-dessus désignés est soumise aux conditions exigées pour l'ouverture d'une école privée, sauf dispense de tout ou partie de ces conditions par le Conseil départemental.

CHAPITRE II

DE L'INSPECTION.

Art. 9. — L'inspection des établissements d'instruction primaire publics ou privés est exercée :

1º Par les Inspecteurs généraux de l'Instruction publique ;
2º Par les Recteurs et les Inspecteurs d'académie ;
3º Par les Inspecteurs de l'enseignement primaire ;
4º Par les membres du Conseil départemental désignés à cet effet, conformément à l'article 50.

Toutefois, les écoles privées ne pourront être inspectées par les instituteurs et institutrices publics qui font partie du Conseil départemental.

5º Par le maire et les délégués cantonaux ;
6º Dans les écoles maternelles, concurremment avec les autorités précitées, par les Inspectrices générales et les Inspectrices départementales des écoles maternelles ;
7º Au point de vue médical, par les médecins-inspecteurs communaux ou départementaux.

L'inspection des écoles publiques s'exerce conformément aux règlements délibérés par le Conseil supérieur.

Celle des écoles privées porte sur la moralité, l'hygiène, la salubrité et sur l'exécution des obligations imposées à ces écoles par la loi du 28 mars 1882. Elle ne peut porter sur l'enseignement que pour vérifier s'il n'est pas contraire à la morale, à la Constitution et aux lois.

Toutes les classes de jeunes filles, dans les internats comme dans les externats primaires publics et privés, tenues soit par des institutrices laïques, soit par des associations religieuses cloîtrées ou non cloîtrées, sont soumises, quant à l'inspection et à la surveillance de l'enseignement, aux autorités instituées par la loi.

Dans tous les internats de jeunes filles tenus par des institutrices laïques ou par des associations religieuses cloîtrées ou non cloîtrées, l'inspection des locaux affectés aux pensionnaires et du régime intérieur du pensionnat est confiée à des dames déléguées par le ministre de l'Instruction publique.

Art. 10. — Nul ne peut être nommé inspecteur primaire, s'il n'est pourvu du certificat d'aptitude à l'inspection, obtenu dans les conditions déterminées par les règlements délibérés en Conseil supérieur.

Des arrêtés ministériels détermineront le nombre et l'étendue des circonscriptions d'inspection primaire dans chaque département, ainsi que les attributions, le classement, les frais de tournées et l'avancement des inspecteurs primaires.

TITRE II

De l'enseignement public.

CHAPITRE Ier

DE L'ÉTABLISSEMENT DES ÉCOLES PUBLIQUES.

Art. 11. — Toute commune doit être pourvue au moins d'une école primaire publique. Toutefois, le Conseil départemental peut, sous réserve de l'approbation du Ministre, autoriser une commune à se réunir à une ou plusieurs communes voisines pour l'établissement et l'entretien d'une école.

Un ou plusieurs hameaux dépendant d'une commune peuvent être rattachés à l'école d'une commune voisine.

Cette mesure est prise par délibérations des Conseils municipaux des communes intéressées. En cas de divergence, elle peut être prescrite par décision du Conseil départemental.

Lorsque la commune ou la réunion de communes compte 500 habitants et au-dessus, elle doit avoir au moins une école spéciale pour les filles, à moins d'être autorisée par le Conseil départemental à remplacer cette école spéciale par une école mixte.

Art. 12. — La circonscription des écoles de hameau créées par application de l'article 8 de la loi du 20 mars 1883 pourra s'étendre sur plusieurs communes.

Dans le cas du présent article comme dans le cas de l'article précédent, les communes intéressées contribuent aux frais de construction et d'entretien de ces écoles dans les proportions déterminées par les Conseils municipaux. et, en cas de désaccord, par le Préfet, après avis du Conseil départemental.

Art. 13. — Le Conseil départemental de l'Instruction publique, après avoir pris l'avis des Conseils municipaux, détermine, sous réserve de l'approbation du Ministre, le nombre, la nature et le siège des écoles primaires publiques de tout degré qu'il y a lieu d'établir ou de maintenir dans chaque commune, ainsi que le nombre des maîtres qui y sont attachés.

Le Conseil départemental pourra, après avis conforme du Conseil municipal, autoriser un instituteur ou une institutrice à recevoir des élèves internes en nombre déterminé et dans des conditions déterminées.

Art. 14. — L'établissement des écoles primaires élémentaires publiques créées par application des articles 11, 12 et 13 de la présente loi est une dépense obligatoire pour les communes.

Sont également des dépenses obligatoires, dans toute école régulièrement créée :

Le logement de chacun des membres du personnel enseignant attaché à ces écoles ;

L'entretien ou la location des bâtiments et de leurs dépendances ;

L'acquisition et l'entretien du mobilier scolaire ;

Le chauffage et l'éclairage des classes et la rénumération des gens de service, s'il y a lieu.

Art. 15. — L'article 7 de la loi du 16 juin 1881 est modifié comme il suit :

Sont mises au nombre des écoles primaires publiques, donnant lieu à une dépense obligatoire pour la commune, à la condition qu'elles soient créées conformément aux prescriptions de l'article 13 de la présente loi :

1º Les écoles publiques de filles déjà établies dans les communes de plus de 400 âmes ;

2º Les écoles maternelles publiques qui sont ou seront établies dans les communes de plus de 2000 âmes et ayant au moins 1200 âmes de population agglomérée ;

3º Les classes enfantines publiques, comprenant des enfants des deux sexes et confiées à des institutrices.

CHAPITRE II

DU PERSONNEL ENSEIGNANT. — CONDITIONS REQUISES.

Art. 16. — L'enseignement dans les écoles publiques est donné conformément aux prescriptions de la loi du 28 mars 1882, et d'après un plan d'études délibéré en Conseil supérieur.

Pour chaque département, le Conseil départemental arrêtera l'organisation pédagogique des diverses catégories d'établissements par des règlements spéciaux conformes au plan d'études ci-dessus.

Art. 17. — Dans les écoles publiques de tout ordre, l'enseignement est exclusivement confié à un personnel laïque.

Art. 18. — Aucune nomination nouvelle, soit d'instituteur, soit d'institutrice congréganistes, ne sera faite dans les départements où fonctionnera depuis quatre ans une école normale, soit d'instituteurs, soit d'institutrices, en conformité avec l'article 1er de la loi du 9 août 1879.

Pour les écoles de garçons, la substitution du personnel laïque au personnel congréganiste devra être complète dans le laps de cinq ans après la promulgation de la présente loi.

Art. 19. — Toute action à raison des donations et legs faits aux communes antérieurement à la présente loi, à la charge d'établir des écoles ou salles d'asile dirigées par les congréganistes ou ayant un caractère confessionnel, sera déclarée non recevable, si elle n'est pas intentée dans les deux ans qui suivront le jour où l'arrêté de laïcisation ou de suppression de l'école aura été inséré au *Journal officiel*.

Art. 20. — Nul ne peut être nommé dans une école publique à une fonction quelconque d'enseignement, s'il n'est muni du titre de capacité correspondant à cette fonction, et tel qu'il est prévu soit par la loi, soit par les règlements universitaires.

Art. 21. — Des décrets et arrêtés rendus en Conseil supérieur détermineront les conditions d'obtention du brevet élémentaire et des divers titres de capacité exigibles dans les écoles publiques des différents degrés, savoir :

Le brevet supérieur ;

Le certificat d'aptitude pédagogique ;

Le certificat d'aptitude au professorat des écoles normales et des écoles primaires supérieures ;

Les diplômes spéciaux pour les enseignements accessoires : dessin, chant, gymnastique, travaux manuels, langues vivantes, etc. ;

Ainsi que le mode de nomination et de fonctionnement des commissions chargées d'examiner les candidats à ces divers brevets.

Art. 22. — Les instituteurs et institutrices sont divisés en stagiaires et titulaires.

Art. 23. — Nul ne peut être nommé instituteur titulaire s'il n'a fait un stage de deux ans au moins dans une école publique ou privée, s'il n'est pourvu du certificat d'aptitude pédagogique, et s'il n'a été porté sur la liste d'admissibilité aux fonctions d'instituteur dressée par le Conseil départemental, conformément à l'article 27.

Le temps passé à l'école normale compte, pour l'accomplissement du stage, aux élèves maîtres à partir de dix-huit ans, aux élèves maîtresses à partir de dix-sept.

Des dispenses de stage peuvent être accordées par le Ministre, sur l'avis du Conseil départemental.

Les titulaires chargés de la direction d'une école contenant plus de deux classes prennent le nom de directeur ou directrice d'école primaire élémentaire.

Art. 24. — Les instituteurs et institutrices sont secondés, dans les écoles à plusieurs classes, par des adjoints en nombre déterminé par le Conseil départemental.

Ces adjoints sont ou des stagiaires ou des titulaires.

Les instituteurs adjoints dans les écoles primaires supérieures devront avoir vingt et un ans, et être munis du brevet supérieur. Ils prennent le titre de professeur, s'ils sont pourvus du certificat d'aptitude au professorat des écoles normales.

Art. 25. — Sont interdites aux instituteurs et institutrices publics de tout ordre les professions commerciales et industrielles, et les fonctions administratives.

Sont également interdits les emplois rémunérés ou gratuits dans les services des cultes.

Toutefois, cette dernière interdiction n'aura d'effet qu'après la promulgation de la loi relative aux traitements des instituteurs.

Les instituteurs communaux pourront exercer les fonctions de secrétaire de mairie, avec l'autorisation du Conseil départemental.

CHAPITRE III

NOMINATION DU PERSONNEL ENSEIGNANT. — PEINES DISCIPLINAIRES. RÉCOMPENSES.

Art. 26. — Les instituteurs et institutrices stagiaires enseignent en vertu d'une délégation de l'inspecteur d'Académie.

Cette délégation peut être retirée par l'inspecteur d'Académie, sur l'avis motivé de l'inspecteur primaire.

Les stagiaires sont passibles des mêmes peines disciplinaires que les titulaires, sauf la révocation.

Ces peines leur sont applicables sous les conditions et garanties prévues par la présente loi.

Art. 27. — Le Conseil départemental, après avoir pris connaissance des demandes de tous les candidats qui se sont inscrits à l'Inspection académique, dresse, chaque année, et complète, s'il y a lieu, au cours de l'année, une liste des instituteurs et des institutrices admissibles aux fonctions de titulaire, soit pour être chargés d'une école, soit pour être chargés d'une classe en qualité d'adjoint.

La nomination des instituteurs titulaires est faite par le Préfet, sous l'autorité du ministre de l'Instruction publique, et sur la proposition de l'inspecteur d'Académie.

ART. 28. — Les directeurs, directrices et professeurs d'écoles primaires supérieures sont nommés par le ministre de l'Instruction publique ; ils doivent être munis du certificat d'aptitude au professorat des écoles normales.

Les instituteurs adjoints munis du brevet supérieur, et les maîtres auxiliaires pour les enseignements accessoires, sont nommés ou délégués dans ces établissements par le Préfet, sur la proposition de l'inspecteur d'Académie.

Les directeurs et directrices d'écoles manuelles d'apprentissage sont nommés par le ministre de l'Instruction publique dans les conditions prévues par la loi du 11 décembre 1880. Le mode de nomination, l'organisation de la surveillance, les garanties de capacité requises du personnel, ainsi que toutes les questions d'exécution intéressant concurremment le Ministère de l'Instruction publique et le Ministère du Commerce et de l'Industrie, seront déterminés par un règlement d'administration publique.

ART. 29. — Le changement de résidence d'une commune à une autre pour nécessités de service est prononcé par le Préfet, sur la proposition de l'inspecteur d'Académie.

ART. 30. — Les peines disciplinaires applicables au personnel de l'enseignement primaire public sont :
1º La réprimande ;
2º La censure ;
3º La révocation ;
4º L'interdiction pour un temps dont la durée ne pourra excéder cinq années ;
5º L'interdiction absolue.

ART. 31. — La réprimande est prononcée par l'inspecteur d'Académie.

La censure est prononcée par l'inspecteur d'Académie, après avis motivé du Conseil départemental. Elle peut être prononcée avec insertion au *Bulletin des actes administratifs*.

La révocation est prononcée par le Préfet, sur la proposition de l'inspecteur d'Académie, après avis motivé du Conseil départemental. Dans le cas de révocation, le fonctionnaire inculpé a le droit de comparaître devant le Conseil, et d'obtenir préalablement communication des pièces du dossier.

Le fonctionnaire révoqué peut, dans le délai de vingt jours, à partir de la signification de l'arrêté préfectoral, interjeter appel devant le Ministre.

Le pourvoi n'est pas suspensif.

Les directeurs et directrices d'écoles primaires supérieures et d'écoles manuelles d'apprentissage, ainsi que les professeurs mentionnés dans l'article 24, sont déplacés ou révoqués par le ministre de l'Instruction publique dans les formes déterminées par le troisième paragraphe du présent article.

Art. 32. — L'interdiction à temps et l'interdiction absolue sont prononcées par jugement du Conseil départemental.

Le fonctionnaire inculpé sera cité à comparaître en personne. Il pourra se faire assister par un défenseur, et prendre communication du dossier.

La décision du Conseil départemental sera motivée.

Le fonctionnaire interdit a le droit, dans le délai de vingt jours a partir de la signification du jugement, d'interjeter appel devant le Conseil supérieur de l'Instruction publique.

Cet appel ne sera pas suspensif.

Un décret rendu en la forme des règlements d'administration publique déterminera les règles de la procédure pour l'instruction, le jugement et l'appel.

Art. 33. — Dans les cas graves et urgents, l'inspecteur d'Académie, s'il juge que l'intérêt d'une école exige cette mesure, a le droit de prononcer la suspension provisoire d'un instituteur, pendant la durée de l'enquête disciplinaire, à la condition de saisir de l'affaire le Conseil départemental dès sa prochaine session.

Cette suspension n'entraîne pas de privation de traitement.

Art. 34. — Les fonctionnaires de l'enseignement primaire public pourront recevoir des récompenses consistant en mentions honorables, médailles de bronze, et médailles d'argent.

Un arrêté ministériel déterminera les conditions dans lesquelles ces récompenses pourront être accordées.

Les instituteurs mis à la retraite peuvent être nommés instituteurs honoraires, d'après un règlement qui sera délibéré par le Conseil supérieur de l'Instruction publique.

TITRE III

De l'enseignement privé.

Art. 35. — Les directeurs et directrices d'écoles primaires privées sont entièrement libres dans le choix des méthodes, des programmes et des livres, réserve faite pour les livres qui auront été interdits par le Conseil supérieur de l'Instruction publique, en exécution de l'article 5 de la loi du 27 février 1880.

Art. 36. — Aucune école privée ne peut prendre le titre d'école primaire supérieure, si le directeur ou la directrice n'est muni des brevets exigés pour les directeurs ou directrices des écoles primaires supérieures publiques.

Aucune école privée ne peut, sans l'autorisation du Conseil départemental, recevoir d'enfants des deux sexes, s'il existe, au même lieu, une école publique ou privée spéciale aux filles.

Aucune école privée ne peut recevoir des enfants au-dessous de six ans, s'il existe dans la commune une école maternelle publique ou une classe enfantine publique, à moins qu'elle-même ne possède une classe enfantine.

Art. 37. — Tout instituteur qui veut ouvrir une école privée doit préalablement déclarer son intention au maire de la commune où il veut s'établir, et lui désigner le local.

Le maire remet immédiatement au postulant un récépissé de sa déclaration, et fait afficher celle-ci à la porte de la mairie, pendant un mois.

Si le maire juge que le local n'est pas convenable, pour raisons tirées de l'intérêt des bonnes mœurs ou de l'hygiène, il forme, dans les huit jours, opposition à l'ouverture de l'école, et en informe le postulant.

Les mêmes déclarations doivent être faites en cas de changement du local de l'école, ou en cas d'admission d'élèves internes.

Art. 38. — Le postulant adresse les mêmes déclarations au Préfet, à l'inspecteur d'Académie et au Procureur de la République; il y joint, en outre, pour l'inspecteur d'Académie, son acte de naissance, ses diplômes, l'extrait de son casier judiciaire, l'indication des lieux où il a résidé et des professions qu'il a exercées pendant les dix années précédentes, le plan des locaux affectés à l'établissement, et s'il appartient à une association, une copie des statuts de cette association.

L'inspecteur d'Académie, soit d'office, soit sur la plainte du Procureur de la République, peut former opposition à l'ouverture d'une école privée, dans l'intérêt des bonnes mœurs ou de l'hygiène.

Lorsqu'il s'agit d'un instituteur public révoqué et voulant s'établir comme instituteur privé dans la commune où il exerçait, l'opposition peut être faite dans l'intérêt de l'ordre public.

A défaut d'opposition, l'école est ouverte à l'expiration du mois, sans autre formalité.

Art. 39. — Les oppositions à l'ouverture d'une école privée sont jugées contradictoirement par le Conseil départemental, dans le délai d'un mois.

Appel peut être interjeté de la décision du Conseil départemental, dans les dix jours à partir de la notification de cette décision. L'appel est reçu par l'inspecteur d'Académie; il est soumis au Conseil supérieur de l'Instruction publique dans sa plus prochaine session, et jugé contradictoirement dans le plus bref délai possible.

L'instituteur appelant peut se faire assister ou représenter par un conseil devant le Conseil départemental et devant le Conseil supérieur.

En aucun cas, l'ouverture ne pourra avoir lieu avant la décision d'appel.

Art. 40. — Quiconque aura ouvert ou dirigé une école, sans remplir les conditions prescrites par les articles 4, 7 et 8, ou sans avoir fait les déclarations exigées par les articles 37 et 38, ou avant l'expiration du délai spécifié à l'article 38, dernier paragraphe, ou enfin en contravention avec les prescriptions de l'article 36, sera poursuivi devant le tribunal correctionnel du lieu du délit, et condamné à une amende de 100 à 1000 francs.

L'école sera fermée.

En cas de récidive, le délinquant sera condamné à un emprisonnement de six jours à un mois et à une amende de 500 à 2000 francs.

Les mêmes peines seront prononcées contre celui qui, dans le cas d'opposition formée à l'ouverture de son école, l'aura ouverte avant qu'il ait été statué sur cette opposition, ou malgré la décision du Conseil départemental qui aura accueilli l'opposition, ou avant la décision d'appel.

L'article 463 du Code pénal pourra être appliqué.

Art. 41. — Tout instituteur privé pourra, sur la plainte de l'inspecteur d'Académie, être traduit, pour cause de faute grave dans l'exercice de ses fonctions, d'inconduite ou d'immoralité, devant le Conseil départemental, et être censuré ou interdit de l'exercice de la profession, soit dans la commune où il exerce, soit dans le département, selon la gravité de la faute commise.

Il peut même être frappé d'interdiction à temps ou d'interdiction absolue par le Conseil départemental, dans la même forme et suivant la même procédure que l'instituteur public.

L'instituteur frappé d'interdiction peut faire appel devant le Conseil supérieur, dans la même forme et selon la même procédure que l'instituteur public.

Cet appel ne sera pas suspensif.

Art. 42. — Tout directeur d'école privée qui refusera de se soumettre à la surveillance et à l'inspection des autorités scolaires, dans les conditions établies par la présente loi, sera traduit devant le tribunal correctionnel et condamné à une amende 50 à 500 francs.

En cas de récidive, l'amende sera de 100 à 1000 francs.

L'article 463 du Code pénal pourra être appliqué.

Si le refus a donné lieu à deux condamnations dans l'année, la fermeture de l'établissement sera ordonnée par le jugement qu prononcera la seconde condamnation.

Art. 43. — Sont assujetties aux mêmes conditions, relativement au programme, au personnel et aux inspections, les écoles ouvertes dans les hôpitaux, hospices, colonies agricoles, ouvroirs, orphelinats, maisons de pénitence, de refuge, ou autres établissements analogues administrés par des particuliers.

Les administrateurs ou directeurs pourront être passibles des peines édictées par les articles 40 et 42 de la présente loi.

TITRE IV

Des conseils de l'enseignement primaire.

CHAPITRE 1er

DU CONSEIL DÉPARTEMENTAL.

Art. 44. — Il est institué, dans chaque département, un Conseil de l'enseignement primaire composé ainsi qu'il suit :
1º Le préfet, président ;
2º L'inspecteur d'Académie, vice-président ;
3º Quatre conseillers généraux élus par leurs collègues ;
4º Le directeur de l'école normale d'instituteurs et la directrice de l'école normale d'institutrices ;
5º Deux instituteurs et deux institutrices élus respectivement par les instituteurs et institutrices publics titulaires du département, — et éligibles soit parmi les directeurs et directrices d'écoles à plusieurs classes ou d'écoles annexes à l'école normale, soit parmi les instituteurs et institutrices en retraite ;
6º Deux inspecteurs de l'enseignement primaire désignés par le Ministre.

Aucun membre du Conseil ne pourra se faire remplacer.

Pour les affaires contentieuses et disciplinaires intéressant les membres de l'enseignement privé, deux membres de l'enseignement privé, l'un laïque, l'autre congréganiste, élus par leurs collègues respectifs, seront adjoints au Conseil départemental.

Art. 45. — Les membres élus du Conseil départemental le sont pour trois ans. Ils sont rééligibles.

Les pouvoirs des conseillers généraux cessent avec leur qualité de conseillers généraux.

Art. 46. — Dans le département de la Seine, le nombre des

conseillers généraux sera de huit, celui des inspecteurs primaires sera de quatre, et celui des membres élus, moitié par les instituteurs, moitié par les institutrices, sera de quatorze, à raison de deux pour quatre arrondissements municipaux, et de deux pour chacun des arrondissements de Saint-Denis et de Sceaux.

Art. 47. — Les fonctions des membres du Conseil départemental sont gratuites. Cependant une indemnité de déplacement est accordée aux inspecteurs primaires et aux délégués des instituteurs et institutrices qui résident en dehors du chef-lieu du département.

Un règlement d'administration publique déterminera les formes de l'élection et la base de l'indemnité.

Art. 48. — Le Conseil départemental se réunit de droit au moins une fois par trimestre, le préfet pouvant toujours le convoquer selon les besoins du service.

En outre des attributions qui lui sont conférées par les dispositions de la présente loi, le Conseil départemental :

Veille à l'application des programmes, des méthodes et des règlements édictés par le Conseil supérieur, ainsi qu'à l'organisation de l'inspection médicale prévue par l'article 9 ;

Arrête les règlements relatifs au régime intérieur des établissements d'instruction primaire ;

Détermine les écoles publiques auxquelles, d'après le nombre des élèves, il doit être attaché un instituteur adjoint ;

Délibère sur les rapports et propositions de l'inspecteur d'Académie, des délégués cantonaux et des Commissions municipales scolaires ;

Donne son avis sur les réformes qu'il juge utile d'introduire dans l'enseignement, sur les secours et encouragements à accorder aux écoles primaires, et sur les récompenses ;

Entend et discute tous les ans un rapport général de l'inspecteur d'Académie sur l'état et les besoins des écoles publiques, et sur l'état des écoles privées ; ce rapport et le procès-verbal de cette discussion sont adressés au ministre de l'Instruction publique.

Art. 49. — La présence de la moitié plus un des membres du Conseil est nécessaire pour la validité de ses délibérations.

En cas de partage des voix, celle du président est prépondérante.

Les Conseils départementaux peuvent appeler dans leur sein les membres de l'enseignement, et toutes les autres personnes dont l'expérience leur paraîtrait devoir être utilement consultée.

Les personnes ainsi appelées n'ont pas de voix délibérative.

Art. 50. — Le Conseil départemental peut déléguer au tiers de ses membres le droit d'entrer dans tous les établissements d'instruction primaire, publics ou privés, du département.

Ces délégués se conformeront aux règles tracées pour l'inspection par l'article 9.

Art. 51. — Les directeurs et directrices d'écoles primaires supérieures publiques et les instituteurs et institutrices nommés membres du Conseil départemental, seront adjoints au corps électoral chargé (aux termes de l'art. 1er de la loi du 27 février 1880) d'élire les membres de l'enseignement primaire qui font partie du Conseil supérieur de l'Instruction publique.

Art. 52. — Le Conseil départemental désigne un ou plusieurs délégués résidant dans chaque canton pour surveiller les écoles publiques et privées du canton ; il détermine les écoles particulièrement soumises à la surveillance de chacun d'eux.

Les délégués sont nommés pour trois ans. Ils sont rééligibles et toujours révocables. Chaque délégué correspond tant avec le Conseil départemental, auquel il doit adresser ses rapports, qu'avec les autorités locales, pour tout ce qui regarde l'état et les besoins de l'enseignement primaire dans sa circonscription.

Il peut, lorsqu'il n'est pas membre du Conseil départemental, assister à ses séances avec voix consultative pour les affaires intéressant les écoles de la circonscription.

Les délégués se réunissent au moins une fois tous les trois mois au chef-lieu de canton, sous la présidence de celui d'entre eux qu'ils désignent pour convenir des avis à transmettre au Conseil départemental.

Art. 53. — A Paris, les délégués nommés pour chaque arrondissement par le Conseil départemental se réunissent une fois au moins tous les mois, sous la présidence du maire ou d'un de ses adjoints par lui désigné.

CHAPITRE II

DES COMMISSIONS SCOLAIRES.

Art. 54. — La Commission municipale scolaire, instituée par l'article 5 de la loi du 28 mars 1882, est composée : du maire ou d'un adjoint délégué par lui, président ; d'un des délégués du canton, et, dans les communes comprenant plusieurs cantons, d'autant de délégués qu'il y a de cantons, désignés par l'inspecteur d'Académie ; de membres désignés par le Conseil municipal en nombre égal, au plus, au tiers des membres de ce Conseil.

Dans le cas où le Conseil municipal refuserait de procéder à la nomination de ces membres, le préfet les désignerait à son lieu et place.

Art. 55. — A Paris et à Lyon, il y a une Commission scolaire pour chaque arrondissement municipal; elle est présidée par le maire ou par un adjoint désigné par lui.

Elle est composée d'un des délégués cantonaux désignés par l'inspecteur d'Académie, et des membres désignés par le Conseil municipal au nombre de 3 à 7 par arrondissement.

Art. 56. — Le mandat des membres de la Commission scolaire, désignés par le Conseil municipal, durera jusqu'à l'élection du nouveau Conseil municipal.

Il sera toujours renouvelable.

L'inspecteur primaire fait partie de droit de toutes les Commissions scolaires instituées dans son ressort.

Art. 57. — Les inéligibilités et les incompatibilités établies par les articles 32, 33 et 34 de la loi du 5 avril 1884 sur l'organisation municipale, sont applicables aux membres des Commissions scolaires et des délégations cantonales.

Art. 58. — La Commission scolaire se réunit au moins une fois tous les trois mois, sur la convocation de son président ou, à son défaut, de l'inspecteur primaire. Ses délibérations ne sont valables que si la majorité des membres est présente.

Tout membre qui, sans motif reconnu légitime par la Commission scolaire, aura manqué à trois séances consécutives, pourra, après avoir été admis à fournir ses explications devant le Conseil départemental, être déclaré démissionnaire par ce Conseil.

Il ne pourra être réélu pendant la durée des pouvoirs de la Commission.

Dans le cas où, après deux convocations, la Commission scolaire ne se trouverait pas en majorité, elle pourrait néanmoins délibérer valablement sur les affaires pour lesquelles elle a été spécialement convoquée, si le maire (ou l'adjoint qui le remplace), l'inspecteur primaire et le délégué cantonal, sont présents.

Une expédition des délibérations de la Commission scolaire devra être adressée, dans le délai de trois jours, par son président, à l'inspecteur primaire.

La Commission scolaire ne peut, dans aucun cas, s'immiscer dans l'appréciation des matières et des méthodes d'enseignement.

Art. 59. — L'instituteur primaire, les parents ou les personnes responsables pourront faire appel des décisions des Commissions scolaires.

Cet appel devra être formé dans le délai de dix jours par simple lettre adressée au préfet et aux personnes intéressées.

Il sera porté devant le Conseil départemental statuant en dernier ressort.

Cet appel est suspensif.

Les pères, mères, tuteurs ou tutrices peuvent se faire assister ou représenter par les mandataires devant le Conseil départemental.

Art. 60. — Les séances des Conseils départementaux et des Commissions municipales scolaires ne sont pas publiques.

Art. 61. — Sont abrogés les titres I et II de la loi du 18 mars 1850, la loi du 10 avril 1867, et toutes les dispositions contraires à la présente loi.

TITRE V
Dispositions transitoires.

Art. 62. — Les directrices d'écoles maternelles publiques seront assimilées aux institutrices publiques.

Il ne sera plus délivré de titre de capacité distinct pour les écoles maternelles. A dater du 1er janvier 1888, le titre requis pour enseigner dans toutes les écoles énumérées aux paragraphes 1 et 2 de l'article premier de la présente loi sera le brevet élémentaire. Toutefois les personnes munies du certificat d'aptitude à la direction des salles d'asile, lors de la promulgation de la présente loi, continueront à jouir des droits que leur confère la loi du 16 juin 1881.

Art. 63. — Tout directeur d'école privée actuellement existante devra, dans les trois mois qui suivront la promulgation de la présente loi, faire savoir à l'inspecteur d'Académie si son école doit être classée parmi les écoles maternelles, primaires, ou primaires supérieures. Il lui adressera, en même temps, ses diplômes, son casier judiciaire, et lui indiquera s'il appartient à une association religieuse. Les mêmes pièces et indications sont exigées de ses instituteurs adjoints.

Le bulletin du casier judiciaire sera délivré gratuitement à toute personne qui sera obligée de le produire en exécution du présent article.

Art. 64. — Les Conseils départementaux seront organisés dans les trois mois qui suivront la promulgation de la présente loi. Ne seront admis à prendre part aux élections que les instituteurs ou les institutrices publics titulaires en exercices et munis du brevet de capacité.

Art. 65. — Les délégations cantonales seront intégralement renouvelées dans les deux mois qui suivront la constitution du conseil départemental.

Art. 66. — Jusqu'au vote d'une nouvelle loi sur le recrutement militaire, l'engagement de se vouer pendant dix années à l'enseignement, prévu par les articles 79 de la loi du 15 mars 1850 et 20 de la loi du 27 juillet 1872, ne pourra être réalisé que dans les établissements d'enseignement public.

Néanmoins, les instituteurs privés qui auront contracté l'engagement décennal avant la promulgation de la présente loi continueront à jouir de la dispense du service militaire, en se conformant aux prescriptions de l'article 20 de la loi du 27 juillet 1872.

Art. 67. — Dans les cas où la laïcisation rendrait nécessaire l'acquisition ou la construction d'une maison d'école, il sera sursis à l'application du paragraphe premier de l'article 18 de la présente loi, jusqu'à ce qu'il ait été pourvu à l'établissement de l'école, en exécution des articles 8, 9 et 18 de la loi du 20 mars 1883 et de la loi du 20 juin 1885.

TITRE VI
Dispositions spéciales à l'Algérie et aux colonies.

Art. 68. — La présente loi, ainsi que la loi du 16 juin 1881 sur les titres de capacité, l'article I de la loi du 16 juin 1881 sur la gratuité et la loi du 28 mars 1882, sont applicables à l'Algérie, à la Guadeloupe, à la Martinique et à la Réunion.

Des règlements d'administration publique détermineront toutefois les conditions de cette application et statueront sur les mesures transitoires auxquelles elle devra donner lieu.

En Algérie, les attributions conférées au préfet par les articles 27, 28, 29 et 31, sont maintenues au recteur de l'académie d'Alger.

Les délais pour la laïcisation des écoles publiques seront fixés par simples décrets pour l'Algérie et les colonies ci-dessus désignées.

De simples décrets statueront également, pour ce qui concerne l'Algérie, sur la création et l'organisation des écoles destinées à répandre l'instruction primaire française parmi les indigènes, et sur la faculté d'employer dans les diverses écoles des maîtres et maîtresses indigènes.

DÉCRETS

DÉCRET DU 17 MARS 1880

RELATIF A L'ÉLECTION DES MEMBRES DU CONSEIL SUPÉRIEUR DE L'INSTRUCTION PUBLIQUE.

(Extraits.)

ARTICLE PREMIER. — Lorsqu'il y a lieu de procéder à l'élection des membres du Conseil supérieur de l'instruction publique, le Ministre de l'Instruction publique et des Beaux-Arts fixe, par un arrêté, l'époque des élections. Un délai minimum de quinze jours est obligatoire entre la publication de l'arrêté au *Journal officiel* et les élections.

ART. 2. — L'élection a lieu au scrutin secret et à la majorité absolue des suffrages exprimés.

Si un second tour de scrutin est nécessaire, il y est procédé quinze jours après; dans ce cas la majorité relative suffit.

ART. 3. — Les bulletins sont valables, bien qu'ils portent plus ou moins de noms qu'il n'y a de conseillers à élire.

Les derniers noms inscrits au delà de ce nombre ne sont pas comptés.

Les bulletins blancs ou illisibles, ceux qui ne contiennent pas une désignation suffisante, ou dans lesquels les votants se font connaitre, n'entrent pas en compte dans le résultat du dépouillement, mais ils sont annexés au procès-verbal.

ART. 4. — En cas d'égalité de suffrages, la préférence se détermine par l'ancienneté des services, et par l'âge si l'ancienneté est la même.

En cas de refus d'un candidat élu à la majorité absolue, il est procédé à une nouvelle élection.

En cas de refus d'un candidat élu à la majorité relative, il est procédé à un nouveau tour de scrutin.

Le délégué élu par plusieurs corps est tenu de faire connaitre son option au Ministre, dans les trois jours qui suivent l'insertion au *Journal officiel* du procès-verbal des opérations électorales.

A défaut d'option dans ce délai, le Ministre, assisté de la commission instituée par l'article 13, détermine par voie du sort le corps dont l'élu devra être représentant.

Il sera procédé quinze jours après à une nouvelle élection.

En cas de vacance, par décès ou démission, dans le Conseil supérieur et dans les Conseils académiques, il est pourvu à la vacance dans le délai de trois mois.

L'acceptation par un membre élu d'une fonction qui ne lui conserve pas l'éligibilité dans la catégorie spéciale où il est placé donne lieu également à vacance. Il est alors pourvu au remplacement de ce membre dans le même délai de trois mois.

. . . .

Art. 11. — Les Inspecteurs généraux de l'enseignement primaire, le Directeur de l'enseignement primaire de la Seine, les Inspecteurs d'Académie des départements, les inspecteurs primaires, les directeurs et directrices d'écoles normales, la directrice de l'école Pape-Carpentier, les inspectrices générales et les déléguées spéciales chargées de l'inspection des écoles votent dans l'académie de leur résidence.

Le Recteur dresse en double la liste de tous les électeurs de l'académie qui doivent participer à l'élection des six membres de l'enseignement primaire.

Il doit recevoir, dans la journée fixée par le vote, les plis cachetés contenant le bulletin de vote et ne portant aucun signe extérieur. Une lettre d'envoi signée de l'électeur est jointe au pli; le Recteur, assisté d'un inspecteur d'Académie et d'un inspecteur primaire, émarge sur la liste des électeurs les noms de ceux dont il a reçu le vote. Il réunit dans une enveloppe commune tous les plis cachetés et un exemplaire de la liste émargée : il envoie le tout au Ministre.

Art. 12. — Une commission présidée par le Vice-Recteur et composée des inspecteurs de l'académie de Paris procède, dans un local accessible aux électeurs, au dépouillement des votes transmis au Ministre conformément aux articles 7, 8, 9, 10 et 11, ainsi qu'au recensement des votes recueillis conformément aux articles 5 et 6.

Procès-verbal de l'examen des opérations et du dépouillement est publié au *Journal officiel*.

Dans les cinq jours de cette publication, les opérations électorales pourront être attaquées par tout électeur du même groupe devant le Ministre, qui statuera dans le délai d'un mois.

La décision du Ministre pourra être déférée au Conseil d'État dans le délai de quinze jours à partir de la notification.

Faute par le Ministre d'avoir prononcé, dans le délai d'un mois, la réclamation pourra être portée directement devant le Conseil d'État, statuant au contentieux.

DÉCRET DU 11 MAI 1880
PORTANT RÈGLEMENT INTÉRIEUR DU CONSEIL SUPÉRIEUR DE L'INSTRUCTION PUBLIQUE.

ARTICLE PREMIER. — Le Président de la République désigne chaque année, sur la proposition du Ministre de l'Instruction publique, un vice-président et un secrétaire du Conseil supérieur de l'Instruction publique, choisis parmi les membres du Conseil.

ART. 2. — Un arrêté ministériel fixe l'ouverture et la durée des sessions.

ART. 3. — A l'ouverture de la session, le Ministre fait distribuer au Conseil la liste des affaires qui seront traitées dans la session.

Sur la proposition du Ministre, le Conseil se divise en commissions entre lesquelles sont réparties les affaires inscrites à l'ordre du jour. En matière disciplinaire ou contentieuse, les commissions sont élues au scrutin secret.

Les commissions nomment leur président et leur secrétaire.

ART. 4. — Les conseillers qui veulent soumettre une proposition au Conseil la présentent par écrit au président.

Cette proposition est renvoyée de droit à la section permanente. Après l'avis de la section, le Ministre décide si le Conseil doit être saisi de la proposition.

ART. 5. — En matière contentieuse ou disciplinaire, les affaires sont inscrites au secrétariat du Conseil supérieur, d'après l'ordre de leur arrivée, sur un registre à ce destiné.

Elles sont jugées suivant l'ordre de leur inscription et dans la plus prochaine session.

Les rapports sont faits par écrit; ils sont déposés, avec le dossier, au secrétariat par les rapporteurs, un jour franc avant le jour fixé pour la délibération, et sont tenus à la disposition des intéressés et des membres du Conseil.

En matière disciplinaire, la section permanente et le Conseil supérieur sont tenus d'entendre l'inculpé et son conseil dans leurs explications, si l'inculpé en fait la demande.

ART. 6. — La présence de la moitié plus un des membres du Conseil est nécessaire pour la validité des délibérations.

En cas de partage, si la matière n'est ni contentieuse ni disciplinaire, la voix du président est prépondérante; si la matière est contentieuse, il en est délibéré de nouveau, et les membres qui n'ont pas assisté à la délibération sont spécialement convoqués. S'il y a de nouveau partage dans la deuxième délibération, la voix du président est prépondérante.

En matière disciplinaire, toute décision doit être prise aux deux tiers des suffrages.

Art. 7. — Les séances du Conseil ne sont pas publiques.

Les procès-verbaux des séances sont transcrits en double expédition sur des registres spéciaux; ils sont signés par le président et par le secrétaire.

Les avis et décisions du Conseil sont publiés au *Journal général de l'Instruction publique*. Les procès-verbaux ne peuvent être rendus publics à moins de décision spéciale du Ministre.

Art. 8. — Les décrets ou arrêtés qui interviennent sur l'avis du Conseil supérieur portent la mention : *le Conseil supérieur de l'Instruction publique entendu*.

Art. 9. — En matière contentieuse ou disciplinaire, les décisions du Conseil sont notifiées par le Ministre.

Les parties ont toujours le droit d'en obtenir expédition.

Art. 10. — La Section permanente est présidée par le Ministre, qui délègue, quand il le juge convenable, un membre de la Section pour le remplacer.

DÉCRET DU 30 JUILLET 1884

RELATIF AU CLASSEMENT DES FONCTIONNAIRES DES ÉCOLES NORMALES PRIMAIRES.

Article premier. — Les directeurs, professeurs, maîtres adjoints et maîtresses adjointes d'écoles normales primaires sont répartis en trois classes.

Les traitements afférents à chacune de ces classes sont fixés ainsi qu'il suit :

ÉCOLES NORMALES D'INSTITUTEURS.

Directeurs :

3e classe	4 000 fr.
2e classe	4 500
1re classe	5 000

Maîtres adjoints (externes) :

3e classe	2 200 fr.
2e classe	2 500
1re classe	2 800

Professeurs (externes) :

3ᵉ classe	1 500 fr.
2ᵉ classe	2 800
1ʳᵉ classe	3 100

ÉCOLES NORMALES D'INSTITUTRICES.

Directrices :

3ᵉ classe	3 000 fr.
2ᵉ classe	3 500
1ʳᵉ classe	4 000

Maîtresses adjointes (internes) :

3ᵉ classe	1 400 fr.
2ᵉ classe	1 700
1ʳᵉ classe	2 700

Professeurs (internes) :

3ᵉ classe	1 700 fr.
2ᵉ classe	2 100
1ʳᵉ classe	2 400

Il sera alloué aux professeurs et maîtresses adjointes autorisés à résider hors de l'établissement en vertu de l'article 15 du décret du 29 juillet 1881 un supplément de traitement de 500 francs.

(*Le décret du 19 juillet 1881 est remplacé par les art. 56 à 89 du décret, et les art. 68 à 175 de l'arrêté du 18 janvier 1887.*)

Art. 2. — Le fonctionnaire chargé de l'économat reçoit, outre son traitement fixe, une indemnité annuelle de 500 francs soumise à la retenue.

Art. 3, *sur le traitement des aumôniers. Abrogé par l'art. 83 du décret du 18 janvier 1887.*

Art. 4. — Le traitement des maîtres chargés de la surveillance est fixé au taux unique de 1 000 francs, et celui des maîtresses adjointes chargées du même service au taux unique de 800 francs.

Art. 5. — Les professeurs auxiliaires chargés de cours spéciaux (professeurs de facultés, lycées et collèges) sont rétribués au moyen d'une indemnité calculée à raison de 150 à 300 francs de l'heure.

Les maîtres auxiliaires chargés d'enseignements accessoires (chant, dessin, musique instrumentale, gymnastique, etc.) sont rétribués au moyen d'une indemnité calculée à raison de 100 à 200 francs de l'heure.

Art. 6. — Les modifications résultant du présent décret ne pourront, dans aucun cas, avoir pour conséquence la réduction du traitement des titulaires actuellement en fonctions.

Art. 7. — Les dispositions contraires au présent décret sont et demeurent rapportées.

(*Voir, pour la rémunération des heures supplémentaires, l'article* 82 *de l'arrêté organique du* 18 *janvier* 1887.)

DÉCRET DU 10 OCTOBRE 1881

DÉTERMINANT LE TRAITEMENT DES DIRECTRICES ET SOUS-DIRECTRICES DES ÉCOLES MATERNELLES.

Article premier. — A partir du 1er janvier 1882, les directrices et sous-directrices d'écoles maternelles publiques exerçant dans les conditions fixées, soit par l'article 2, soit par l'article 4 de la loi du 16 juin 1881 sur les titres de capacité de l'enseignement primaire, recevront un traitement calculé conformément aux dispositions de l'article 9 de la loi du 10 avril 1867.

Art. 2. — Les traitements minima des directrices et sous-directrices d'écoles maternelles sont fixés de la manière suivante :

Directrice de 3e classe........................	700 fr.
— 2e classe........................	800
— 1re classe........................	900
Sous-directrice........................	600

Art. 3. — La directrice qui débute appartient à la dernière classe. La promotion à une classe supérieure est de droit après cinq ans passés dans la classe immédiatement inférieure, et ne peut avoir lieu avant l'expiration de cette période.

Art. 4. — Les directrices et sous-directrices d'écoles maternelles pourvues du brevet complet auront droit à un traitement minimum supérieur de 200 francs aux taux fixés par l'article 2. Celles qui seront pourvues du brevet élémentaire auront droit à une augmentation de 100 francs.

Art. 5. — Les directrices et sous-directrices qui auront obtenu la médaille d'argent dans les conditions fixées par le décret du 20 juillet 1881 auront droit à une allocation supplémentaire de 100 francs.

Art. 6. — Les institutrices et adjointes dans les écoles enfantines sont assimilées, en ce qui concerne le traitement, aux directrices et sous-directrices des écoles maternelles.

Art. 7. — Les traitements des directrices et sous-directrices d'écoles maternelles, ainsi que ceux des institutrices et adjointes dans les classes enfantines, seront mandatés par le préfet et acquittés suivant le mode établi en matière de cotisations municipales.

Ils seront payés mensuellement et par douzièmes, sur le vu d'un état dressé par l'inspecteur d'Académie.

Art. 8. — Le président du Conseil, ministre de l'Instruction publique et des Beaux-Arts, est chargé de l'exécution du présent décret.

DÉCRET DU 29 JUILLET 1882

PORTANT RÈGLEMENT POUR L'ADMINISTRATION ET LA COMPTABILITÉ INTÉRIEURE DES ÉCOLES NORMALES PRIMAIRES.

Les articles 3, 5, 29, 31, 32, 35, 46, 50, 51 et 54 ont été modifiés par le décret du 25 avril 1883.
Les articles modifiés sont précédés d'un astérisque.

TITRE PREMIER

De l'administration des écoles normales primaires.

SECTION Ire. — Des frais d'entretien des élèves-maîtres.

ARTICLE PREMIER. — Le montant des frais d'entretien des élèves-maîtres est fixé chaque année par le Ministre de l'Instruction publique, sur la proposition de la commission de surveillance, du Recteur et du Préfet.

Art. 2. — Les sommes provenant des fonds de l'État et du département et destinées à acquitter dans les écoles normales primaires les dépenses du personnel, les frais d'entretien des élèves-maîtres et les dépenses diverses, sont mandatées par le Préfet, au commencement de chaque trimestre, savoir :

Les dépenses du personnel et les dépenses diverses, sur le vu d'un état de prévision remis par l'économe à la préfecture et visé par le directeur de l'école;

Les dépenses afférentes à l'entretien des élèves-maîtres, dans les proportions suivantes :

Trois dixièmes en janvier, pour les mois de janvier, de février et de mars;

Trois dixièmes en avril, pour les mois d'avril, de mai et de juin;

Un dixième en juillet, pour les mois de juillet, d'août et de septembre;

Trois dixièmes en octobre, pour les mois d'octobre, de novembre et de décembre.

Les frais d'entretien sont dus à partir du commencement du terme pendant lequel l'élève-maître est entré à l'école.

* « Art. 3. — Quand deux départements sont réunis pour l'entre-
« tien d'une école normale, les sommes destinées aux dépenses
« annuelles de l'établissement sont centralisées à la caisse du tré-
« sorier-payeur général du département où est située l'école. »

SECTION II. — Du régime intérieur. — Des prestations en nature.

Art. 4. — La commission de surveillance règle, sur la proposition du directeur et sous réserve de l'approbation du Ministre, toutes les questions relatives au personnel de service, à la nourriture, au logement, au chauffage, à l'éclairage et à l'entretien des élèves-maîtres et des maîtres internes chargés de la surveillance.

* « Art. 5. — La commission de surveillance décide si les appro-
« visionnements de l'école ont lieu par voie d'adjudication ou de
« marchés à l'amiable, conformément aux prescriptions règlemen-
« taires. Elle désigne ceux des articles de consommation qui, ne
« pouvant être l'objet d'un marché préalable, seront acquis au
« comptant. »

Les marchés à l'amiable sont passés chaque année par le directeur, après autorisation de la commission de surveillance. Ils sont calculés de manière que les fournitures n'aient lieu qu'au fur et à mesure des besoins. En aucun cas, les approvisionnements ne peuvent excéder les besoins de la consommation moyenne d'une année.

Art. 6. — Il est établi dans chaque école une table commune à laquelle sont admis les maîtres chargés de la surveillance. Une somme de cinq cents francs est allouée pour l'entretien de chacun d'eux.

Aucun autre fonctionnaire de l'école, aucune personne étrangère à l'établissement, ne peuvent être autorisés à prendre leur repas à la table commune. Des exceptions pourront cependant être autorisées par le Recteur dans les écoles normales d'institutrices.

Art. 7. — La fourniture du trousseau est à la charge des familles.

Art. 8. — Les dépenses d'infirmerie ne sont applicables qu'aux élèves-maîtres et aux maîtres internes.

Il n'est dû de chauffage et d'éclairage particuliers que pour le cabinet du directeur et celui de l'économe, pour la salle des réunions, de la commission de surveillance et pour les chambres des maîtres internes. Ces prestations seront fixées par la commission de surveillance.

Art. 9. — Aucune autre prestation en nature n'est autorisée, si ce n'est celle de draps, de serviettes de toilette et de linge de table pour les maîtres internes et les gens de service.

TITRE II

De la comptabilité intérieure.

SECTION Iʳᵉ. — Formes et rédaction du budget.

Art. 10. — Le jardin dépendant de l'école est affecté exclusivement aux besoins de l'établissement. Il est consacré soit à la promenade, soit aux récréations et aux travaux d'horticulture des élèves-maîtres, soit à la production de légumes et de fruits, qui sont consommés dans l'établissement ou vendus à son profit.

Art. 11. — Chaque école normale a son budget.
Le directeur est ordonnateur des dépenses.

Art. 12. — Les recettes du budget se composent :
1º Des reports des années antérieures, destinées à solder des dépenses constatées ou provenant de restes disponibles ;
2º Du prélèvement sur les quatre centimes spéciaux du département et, s'il y a lieu, de la subvention de l'État ;
2º De l'évaluation en argent des produits du jardin et des propriétés de l'école, consommés en nature ;
4º Des sommes provenant de la vente de produits du jardin et des propriétés de l'école ;
5º Des remboursements pour dégradations et objets perdus ;
6º Du produit de la vente du mobilier réformé ;
7º Du revenu des biens de l'école.

Art. 13. — Les dépenses du budget comprennent :
1º Les traitements du personnel ;
2º Les dépenses de nourriture ;
3º Les dépenses de blanchissage du linge et de menu raccommodage du linge et des effets d'habillement ;
4º Les frais du service intérieur ;
5º Les dépenses diverses.

Art. 14. — Tous les ans, avant le 15 juin, la commission de surveillance dresse, de concert avec le directeur, le projet de budget pour l'année suivante. Elle reproduit dans la première colonne du cadre de ce budget les allocations de l'année précédente pour la recette et la dépense.

Les dépenses de nourriture, y compris celles des gens de service nourris gratuitement, sont évaluées par tête d'élèves et de maître admis à la table commune. Les dépenses de blanchissage sont évaluées par tête d'élève et de maître interne.

L'inspecteur d'Académie, président de la commission de surveillance, adresse au Recteur, en triple expédition, le projet de budget arrêté par ladite commission, avec un extrait de sa délibération et les pièces à l'appui.

Art. 15. — Avant le 15 juillet, le Recteur envoie au Préfet du département deux des trois expéditions du budget, et joint à cet envoi ses observations et son avis sur les propositions de la commission de surveillance. La troisième expédition du budget est adressée par le Recteur au Ministre de l'Instruction publique, avec ses propositions personnelles et ses observations, s'il y a lieu.

Art. 16. — Le Préfet soumet ce projet de budget au Conseil général à la session d'août et le transmet au Ministre, dans les quinze jours qui suivent la clôture de cette session.

Art. 17. — Le budget est réglé définitivement par le Ministre de l'Instruction publique, qui en transmet une ampliation au Recteur de l'Académie, et une autre au Préfet.

SECTION II. — Recettes du budget.

Art. 18. — Toutes les sommes provenant des fonds de l'État et du département, et celles qui sont centralisées au Trésor par l'intermédiaire des trésoriers-payeurs généraux, sont versées dans la caisse de l'école, sur mandat du Préfet délivré au nom de l'économe.

Art. 19. — Les recettes énumérées aux paragraphes 3, 4 et 5 de l'article 12 sont les seules qui soient perçues directement par la caisse de l'école.

La valeur des produits du jardin et des propriétés de l'école consommés à la table des élèves et des maîtres est établie d'après le cours des denrées aux marchés de la ville, et l'économe fait recette *pour ordre* de cette valeur dans ses livres de comptabilité.

Le montant de la vente des produits du jardin non consommés pour les besoins de l'établissement, et celui des remboursements pour dégradations ou objets perdus, sont perçus par la caisse au fur et à mesure qu'ils ont lieu, sur des états dressés par l'économe et approuvés par le président de la commission de surveillance.

Art. 20. — L'économe délivre, pour toutes les sommes qu'il reçoit directement ou sur mandat, une quittance détachée d'un livre-souche, sauf le cas prévu à l'article 43, ci-après.

SECTION III. — Dépenses du budget.

Art. 21. — Les dépenses du budget de l'école ne peuvent être soldées que sur un mandat de payement délivré par le directeur ordonnateur des dépenses.

Art. 22. — Les mandats de payement mentionnent le chapitre du budget sur lequel ils sont imputables. Ils portent le même numéro d'ordre que celui des registres de comptabilité. Les pièces justificatives à produire par la partie prenante y sont indiquées.

Art. 23. — Un seul et même mandat ne peut comprendre des dépenses imputables sur deux chapitres différents.

Art. 24. — Les dépenses du personnel sont justifiées dans la comptabilité de l'économe au moyen d'états nominatifs portant quittance des parties prenantes et, s'il y a lieu, au moyen des copies des décisions ou arrêtés de nomination.

Art. 25. — Les économes des écoles normales primaires sont chargés d'exercer mensuellement les retenues pour pensions civiles sur les traitements des professeurs et fonctionnaires de l'école qui y sont assujettis, et d'en verser le montant à la trésorerie générale. A l'appui de chaque versement, il est produit, comme titre de perception provisoire, un duplicata de l'état du traitement certifié par le directeur et indiquant le montant et la nature des retenues à exercer.

A la fin du mois de décembre, il est remis à la trésorerie générale pour servir de titre de perception définitif, dans la forme des états de traitement, un état nominatif des fonctionnaires, présentant pour l'année entière le montant des traitements et celui des retenues revenant au Trésor. Cet état doit être certifié par le directeur de l'école et visé par le Recteur.

Art. 26. — Les mandats de payement concernant les dépenses du matériel sont accompagnés du mémoire des fournitures faites à l'école. Chaque mémoire, rédigé en triple expédition, dont une sur papier timbré, est certifié exact et véritable par le fournisseur et acquitté par lui. L'économe certifie de plus que les fournitures qui sont portées au mémoire ont été reçues par lui et sont entrées dans le magasin de l'école.

Art. 27. — Les dépenses qui, par leur nature, doivent être payées au comptant pour les besoins journaliers de l'école, sont effectuées après approbation par l'ordonnateur des dépenses. Elles font l'objet d'un mandat de régularisation collectif en fin de mois, *quittancé pour ordre par l'économe*.

Art. 28. — La valeur des produits et objets consommés en nature, portée en recette aux termes de l'article 12, est aussi portée en dépense et mandatée comme les dépenses visées à l'article 26.

* « Art. 29. — Les mandats pour les gages des gens de service, « sont accompagnés d'états émargés distincts, dressés tous les « mois. »

Art. 30. — Les dépenses ne peuvent être faites que dans les limites des crédits spéciaux inscrits à chaque chapitre et à chaque article. En cas d'insuffisance de crédit, le Recteur, sur la proposition de la commission de surveillance, adresse au Ministre une demande spéciale de crédit supplémentaire ou de virement de crédit, selon les cas. Lorsque le Ministre a statué, il notifie sa décision, d'une part au Recteur, qui en transmet une copie certifiée au président de la commission de surveillance, et d'autre part au Préfet.

SECTION IV. — Gestion économique. — Tenue et vérification des écritures.

« Art. 31. — La gestion financières des écoles normales est établie « par année et par exercice.

« L'état de situation de la caisse de l'état de situation du magasin « font connaître le mouvement des encaisses et celui des approvi-« sionnements, du 1er janvier au 31 décembre.

« Le compte des recettes et des dépenses du budget ou compte « de l'exercice présente le résumé de toutes les opérations de l'exer-« cice qui s'étend du 1er janvier au 30 juin de l'année suivante. »

* « Art. 32. — Toutes les dépenses d'un exercice, constatées le « 31 mai et non acquittées le 30 juin, sont soldées sur les sommes « reportées à l'exercice suivant. »

Art. 33. — L'économe tient six registres, savoir : le livre-souche, le journal de caisse, le sommier, le livre du magasin, le livre d'inventaire général du mobilier, le registre matricule de l'école.

Tous ces registres sont cotés et paraphés par l'inspecteur d'Académie ou par son délégué.

Chaque article y a son numéro d'ordre et sa date d'inscription. Il ne peut y avoir aucune interversion dans la série des numéros ni dans les dates. Toute rature ou surcharge est approuvée par l'ordonnateur des dépenses.

Le livre du magasin est seul excepté de la prescription ci-dessus en ce qui concerne le numéro d'ordre des articles.

La commission de surveillance, et particulièrement l'ordonnateur des dépenses, vérifient ces divers registres toutes les fois qu'ils le jugent convenable, et y consignent le résultat de leur vérification.

La même vérification est faite par l'Inspecteur d'Académie, le Recteur et les Inspecteurs généraux en tournée.

Art. 34. — Le livre-souche ne comprend que le nombre de feuillets nécessaires pour les besoins présumés de l'année. L'économe y inscrit, en toutes lettres et en chiffres, toutes les sommes qu'il reçoit au fur et à mesure qu'elles sont versées dans la caisse de l'école, avec le numéro d'ordre, la date du jour et la nature de la recette. Il remplit en même temps la quittance placée à côté du talon, en y reproduisant les mêmes renseignements. Cette quittance est immédiatement détachée du livre-souche.

Lorsque ces quittances doivent être timbrées, cette formalité est remplie au moyen de l'apposition d'un timbre mobile, oblitéré avec la griffe R. S. fournie par l'administration des finances.

« Art. 35. — Le journal de caisse est divisé en deux parties, « placées en regard l'une de l'autre ; les recettes y sont inscrites « sur le folio de gauche, les dépenses sur celui de droite. L'économe « indique dans le libellé de l'enregistrement la nature de chaque « recette et de chaque dépense, il en inscrit le montant séparément « et par article, avec la date et dans l'ordre de la recette et de la « dépense.

« Les articles du journal de caisse, pour la recette comme pour « la dépense, forment deux séries de numéros d'ordre non inter- « rompues ; les numéros des recettes et les dates d'inscription con- « cordent avec ceux du livre-souche.

« Lorsqu'il y a, au 1er janvier, un reliquat ou solde en caisse de « l'année précédente, ce reliquat forme le premier article de la re- « cette sur le journal de caisse ; mais il n'y est pas donné de nu- « méro d'ordre. Il est inscrit simplement sous la rubrique : *Solde* « *en caisse au 31 décembre 188...* »

Art. 36. — Le sommier présente le dépouillement et sert au contrôle des recettes et des dépenses inscrites au journal de caisse. L'économe y inscrit ces recettes et ces dépenses immédiatement après les avoir portées sur le journal de caisse.

Chaque recette et chaque dépense, libellée comme au journal, est classée dans chacun des chapitres du budget auquel elle est afférente, et dans chaque chapitre à la colonne de l'exercice auquel elle appartient. Les numéros et les dates d'inscription des articles pour la recette et pour la dépense concordent avec ceux du journal de caisse.

Les recettes et les dépenses sont totalisées pour chaque chapitre dans une colonne distincte. Elles sont récapitulées pour chaque exercice et ensuite totalisées.

A la fin de chaque trimestre, l'économe additionne les sommes portées dans chaque colonne, en ayant soin de comprendre dans son addition, lorsqu'il y a lieu, les totaux des trimestres antérieurs.

Art. 37. — Le livre du magasin comprend tous les approvisionnements de l'école. Les denrées achetées pour le compte de l'établissement y sont inscrites avec la date de leur entrée dans le magasin, l'indication de la quantité et de la valeur. Au fur et à mesure qu'elles sont livrées à la consommation, l'économe en inscrit la sortie avec la date du jour où il fait la livraison, l'indication de la quantité livrée et de sa valeur.

Le registre est divisé en comptes particuliers selon la nature et la destination des différentes provisions. Un seul compte général comprend les produits du jardin et des propriétés de l'école consommés dans l'établissement.

Pour les consommations journalières du pain et de la viande et pour les achats au comptant, l'économe tient une main courante d'inscription quotidienne, et en porte le relevé sur le livre du magasin tous les quinze jours seulement, en indiquant avec exactitude les entrées et les sorties.

A la fin de chaque trimestre, il fait la balance des entrées et des sorties pour chaque compte du registre, et dresse un inventaire de tous les approvisionnements qui existent dans le magasin.

Le détail des approvisionnements en magasin au 31 décembre, tel qu'il résulte de l'inventaire dressé à la fin du 4e trimestre, est porté en tête de chacun des comptes particuliers du livre de magasin pour l'année suivante.

Art. 38. — Le livre d'inventaire général du mobilier présente, avec un numéro d'ordre général et chacune à sa date, toutes les acquisitions faites pour le mobilier de l'école, le matériel d'enseignement, la bibliothèque, le cabinet de physique, les ustensiles de ménage, etc.

Les objets hors d'usage, réformés avec l'autorisation du Recteur, sont maintenus sur le livre d'inventaire ; mais la décision qui en autorise la réforme est mentionnée en regard, dans la colonne d'observations.

Le directeur fait dresser par les maîtres adjoints qui le secondent deux registres particuliers, extraits du livre d'inventaire et contenant, l'un le catalogue raisonné et la classification méthodique de tous les livres de la bibliothèque de l'école, l'autre le catalogue raisonné de tous les instruments de physique, chimie, arpentage, dessin, etc. Un troisième catalogue semblable est établi, par les soins d'un de ces maîtres, pour les livres classiques à l'usage journalier des élèves.

Chacun de ces catalogues particuliers a sa série spéciale de numéros pour chaque classification d'objets ; une colonne de renvoi au livre d'inventaire indique, en regard de l'objet, le numéro qu'il porte sur ce livre. Ils sont soumis, comme les autres registres, au contrôle des autorités qui ont mission d'inspecter l'établissement.

Art. 39. — Le registre matricule de l'école est destiné à constater l'entrée et la sortie des élèves-maîtres, et les fonctions auxquelles ils ont été appelés en sortant.

Tous les ans, dans la première quinzaine de décembre, le directeur adresse à l'inspecteur d'Académie un extrait certifié de ce registre, indiquant les noms des anciens élèves-maîtres qui n'ont pas encore accompli la période décennale de leur service dans l'Instruction publique.

Sur le vu de cette liste, l'inspecteur d'Académie dresse un état nominatif des anciens élèves-maîtres qui sont passibles de remboursements aux termes de l'article 26 du décret du 29 juillet 1881 (*aujourd'hui art.* 78 *du décret du* 18 *janvier* 1887) et le transmet au Préfet avec l'indication de la somme dont chacun d'eux est redevable. Le Préfet rend cet état exécutoire, et l'adresse au trésorier payeur général pour qu'il opère le recouvrement des sommes qui y sont mentionnées.

Art. 40. — Le directeur ordonnateur des dépenses vérifie et arrête la caisse de l'école une fois par mois. Il inscrit le résultat de sa vérification sur le livre-souche, le journal de la caisse et le sommier.

Art. 41. — A la fin de chaque trimestre, et notamment le 31 décembre de chaque année, l'Inspecteur d'Académie, ou, en cas d'absence ou d'empêchement, son délégué, procède, de concert avec un délégué du Préfet, et en présence du directeur ordonnateur des dépenses et de l'économe, à la vérification trimestrielle de la caisse et de la comptabilité.

Ils constatent d'abord l'état de la caisse, puis se font représenter le livre à souche, le journal de caisse et le sommier, et, après s'être assurés de la parfaite identité et exactitude des sommes, des dates et des numéros d'ordre qui y ont été consignés, ils en arrêtent les totaux et indiquent le résultat de leur vérification.

Ils procèdent ensuite à la vérification de l'inventaire des approvisionnements en magasin dressé par l'économe, visé et approuvé par l'ordonnateur des dépenses, et le comparent avec la balance des entrées et des sorties, établie sur le livre du magasin. Ils vérifient également les quantités portées en balance sur le livre du magasin avec les approvisionnements existants. Le résultat de cette vérification est constaté par la signature qu'ils apposent au bas de l'inventaire dressé par l'économe.

Immédiatement après, ils dressent un procès-verbal de la vérification trimestrielle à laquelle ils ont procédé. Ce procès-verbal est établi en double expédition, dont une reste déposée à l'école.

Art. 42. — A la suite de la vérification trimestrielle de la caisse et du magasin, le directeur adresse à l'inspecteur d'Académie, pour être transmise au Ministre, l'une des deux expéditions du procès-verbal ci-dessus mentionné et un bordereau récapitulatif des recettes et des dépenses.

Ce bordereau est visé par l'ordonnateur des dépenses. Il indique séparément les recettes et les dépenses faites antérieurement au trimestre et pendant le trimestre, avec distinction, s'il y a lieu, des deux exercices auxquels elles sont afférentes. Il fait ressortir le solde en caisse du trimestre, dont l'économe demeure comptable. L'économe joint à ce bordereau l'état des créances et l'état des dettes de l'école.

Art. 43. — L'économe est tenu de verser au Trésor, à titre de placement de fonds sans intérêts, toutes les sommes qui sont reconnues par le directeur excéder les besoins de l'établissement.

Ce versement est fait par sommes rondes de 500 francs et donne lieu à la délivrance par le receveur des finances d'autant de récépissés de 500 francs qu'en comporte la totalité du versement. Ces récépissés figurent dans l'encaisse de l'économe.

Au fur et à mesure des besoins de l'école, les dépôts de fonds sont retirés sur la représentation des récépissés, au dos desquels le directeur établit et signe un ordre de retrait de fonds. Cet encaissement ne donne pas lieu à la délivrance d'une quittance à souche; l'économe se borne à quittancer pour ordre les récépissés rendus au Trésor.

Art. 44. — En cas de changement de l'économe, l'inspecteur d'Académie arrête, en présence du directeur et conjointement avec l'ancien économe ou son représentant légitime, et le nouvel économe, tous les registres de comptabilité, et constate par un procès-verbal que les écritures sont au courant.

Ce procès-verbal indique le montant des valeurs trouvées en caisse, celui des créances et des dettes, la valeur et la quantité des approvisionnements existant en magasin. Le nouvel économe prend ces objets en charge et en devient responsable.

Il est procédé de la même manière pour la constatation et la prise en charge du mobilier de l'établissement.

Une copie de procès-verbaux dressés à cette occasion, certifiée par le membre de la commission de surveillance délégué, est envoyée au Recteur pour être transmise au Ministre.

Art. 45. — En cas de maladie, de congé ou d'absence dûment justifiée, l'économe de l'école normale primaire peut, à titre exceptionnel, être remplacé par un fondé de pouvoir à son choix, dûment agréé par le Recteur. Ce fondé de pouvoir agit pour le compte et sous l'entière responsabilité de l'économe.

Dans le cas de décès, de démission ou de révocation de l'économe, le Recteur nomme un gérant intérimaire qui en remplit les fonctions jusqu'au jour de l'installation de son successeur. Avis de cette nomination est donné au trésorier-payeur général. La gestion du gérant intérimaire, qui est tout à fait distincte de celle de l'ancien ou du nouveau titulaire, donne lieu à une remise de service conformément aux dispositions de l'article précédent.

* « Art. 46. — Tous les ans, dans les cinq derniers jours du qua-
« trième trimestre, et à chaque changement d'économe, il est
« procédé, en présence d'un délégué du Préfet, d'un membre de la
« commission de surveillance désigné par le Recteur, du directeur
« de l'école et de l'économe, au récolement du mobilier et du maté-
« riel de l'établissement. Le procès-verbal de cette opération est
« adressé en double expédition au Préfet, qui transmet une de ces
« expéditions au Ministre. »

SECTION V. — Rédaction des états de situation et du compte de l'exercice. Apurement des comptes.

Art. 47. — Tous les ans, dans les dix premiers jours de janvier, l'économe soumet à la commission de surveillance, en triple expédition, l'état de situation de la caisse et l'état de situation du magasin pour l'année précédente.

Le président de la commission adresse les trois expéditions de ces deux états au Recteur de l'Académie avant le 20 janvier, avec un extrait de la délibération qui a été prise à ce sujet.

Avant le 1er février, le Recteur en envoie une expédition au Ministre, et une autre au Préfet, avec ses observations personnelles. La troisième reste déposée dans les archives de l'académie.

Art. 48. — L'état de situation de la caisse présente le résumé de toutes les opérations de caisse de l'année qui ont été inscrites au journal de caisse; il constate les valeurs qui se trouvaient en caisse au 31 décembre de l'année précédente, le montant par chapitres de toutes les sommes reçues et payées pendant le cours de l'année et les valeurs restant en caisse à la fin de l'année.

Art. 49. — L'état de situation du magasin présente le résumé du mouvement des approvisionnements de l'année qui ont été inscrits au livre du magasin; il constate la valeur totale des approvisionnements qui se trouvaient en magasin au 31 décembre de l'année précédente, la valeur par chapitre des denrées qui sont entrées dans le magasin et qui en sont sorties pendant le cours de l'année, la valeur totale des approvisionnements restant en magasin à la fin de l'année.

Les produits du jardin et des propriétés consommés en nature forment un article spécial de l'état de situation du magasin.

* « Art. 50. — Tous les ans, le 1er juillet, le directeur de l'école
« normale primaire ferme le compte administratif de l'exercice qui
« vient de se clore au 30 juin. Ce compte est dressé en triple expé-
« dition. Il présente le détail des opérations de l'exercice seule-

« ment ; il indique, par chapitre, les sommes à recouvrer et les
« sommes à payer, et, dans chaque chapitre, les recouvrements et
« les payements effectués ainsi que les sommes restant à recouvrer
« ou à payer en fin d'exercice. Pour l'appréciation des dépenses
« nettes, il constate l'augmentation ou la diminution des approvi-
« sionnements portés aux inventaires, ainsi que des produits en
« nature réservés pour l'établissement. La situation de l'exercice,
« en excédent ou en déficit, est établie, dans un tableau récapitulatif,
« par la comparaison de la recette et de la dépense.

« Deux tableaux complémentaires, placés l'un au commencement,
« l'autre à la fin du compte, offrent le résumé général de la situation
« financière de l'école au 30 juin de l'année précédente et au 30 juin
« de l'année courante. Cette situation est établie en actif et en
« passif.

« L'actif se compose : 1° de l'excédent des recouvrements sur les
« payements, tant de l'exercice auquel s'applique le compte que
« des exercices antérieurs ; 2° du montant des créances ; 3° de la
« valeur des approvisionnements en magasin. Les capitaux placés
« en rentes sur l'État ou employés à des acquisitions et réparations
« extraordinaires ne sont rappelés que pour mémoire ; ils ne font
« pas partie de l'actif.

« Le passif se compose du montant des dettes de l'école. »

* « Art. 51. — L'ordonnateur des dépenses soumet le compte admi-
« nistratif de l'exercice à l'approbation de la commission de
« surveillance, dans les premiers jours de juillet, et l'accompagne
« d'un rapport détaillé sur les diverses parties du service. Il
« constate dans ce rapport l'exactitude et la régularité des recettes
« et il fournit des explications sur les sommes restant à recouvrer
« et sur les causes du retard dans le recouvrement. Il examine
« successivement les diverses consommations, les compare avec
« celles de l'exercice précédent ; il en explique les différences et
« indique les améliorations introduites ou à introduire. »

Art. 52. — La commission de surveillance prend une délibération
sur le compte qui lui est soumis par le directeur de l'école. Le résultat
de sa délibération est adressé par le président, le 5 juillet au plus
tard, au Recteur de l'académie, avec trois expéditions du compte.

Art. 53. — Le Recteur transmet, avant le 15 juillet, une de ces
expéditions au Préfet et l'autre au Ministre ; il y joint ses observations personnelles.

* « Art. 54. — A la fin du mois de juin de chaque année, l'économe
« établit le compte des recettes et des dépenses qu'il a faites en
« numéraire pendant l'année précédente, ainsi que le compte des
« matières.

« Le compte en deniers embrasse : 1° les opérations des douze

« premiers mois de l'exercice, formant la deuxième partie de la
« gestion expirée, et 2° les opérations complémentaires du même
« exercice, formant la première partie de la gestion suivante. Il est
« établi dans la forme prescrite, pour les lycées, par l'article 239 du
« règlement du 16 octobre 1867 sur la comptabilité des dépenses
« du Ministère de l'Instruction publique. Il est accompagné des
« pièces justificatives à l'appui, ainsi que du procès-verbal de véri-
« fication de la caisse au 31 décembre.

« Le compte en matières est établi et justifié conformément à
« l'article 241 du même règlement.

« Les comptes de gestion des économes des écoles normales, que
« que soit le chiffre des recettes et des dépenses, sont réglés et
« apurés par la Cour des comptes. Ils doivent lui parvenir avant le
« 1er octobre de la seconde année de l'exercice. »

SECTION VI. — Cautionnement des économes.

Art. 55. — Les cautionnements des économes des écoles normales primaires sont fixés à 5 pour 100 sur l'ensemble des recettes de la dernière année expirée. Dans tous les cas, le cautionnement ne pourra être inférieur à 3000 francs.

Il ne sera pas tenu compte des coupures de recettes qui ne correspondent pas à une fraction de cautionnement de 500 francs.

L'économe qui a cessé d'exercer ses fonctions peut obtenir la restitution des deux premiers tiers de son cautionnement, sur la production d'un certificat délivré par le Recteur et constatant que ses comptes sont réguliers et qu'il n'existe aucun débet à sa charge.

Art. 56. — Les cautionnements des économes seront versés, à Paris, à la caisse centrale du Trésor, et, dans les départements, aux caisses des receveurs des finances.

Art. 57. — Les dispositions du présent règlement sont applicables à l'administration et à la comptabilité intérieures des écoles normales primaires d'institutrices.

Art. 58. — Sont et demeurent abrogés le décret du 1er août 1881 sur la comptabilité des écoles normales primaires et celui du 30 septembre 1881 relatif au cautionnement des économes.

Art. 59. — Le Ministre de l'Instruction publique et des Beaux-Arts et le Ministre des Finances sont chargés, chacun en ce qui le concerne, de l'exécution du présent décret.

DÉCRET DU 23 DÉCEMBRE 1882

INSTITUANT UN CERTIFICAT D'ÉTUDES PRIMAIRES SUPÉRIEURES.

ARTICLE PREMIER. — Il est institué un certificat d'études primaires supérieures.

ART. 2. — Le certificat d'études primaires supérieures est obtenu à la suite d'un examen dont les conditions seront déterminées par un arrêté ministériel rendu sur l'avis du Conseil supérieur de l'Instruction publique.

(*Cet arrêté est en date du même jour, 23 décembre 1882 : il est aujourd'hui remplacé par les articles 242 à 253 de l'arrêté organique du 18 janvier 1887.*)

ART. 3. — Tous les élèves qui ont été titulaires d'une bourse de l'État dans une école primaire supérieure, et qui ont suivi le cours d'études complet, sont tenus de se présenter, à la fin de leur scolarité, à l'examen du certificat d'études supérieures. Tout établissement public ou libre qui demande à recevoir des boursiers de l'État doit s'engager à les présenter, avant leur sortie, à cet examen.

DÉCRET DU 24 DÉCEMBRE 1885

SUR LES DÉCORATIONS UNIVERSITAIRES.

ARTICLE PREMIER. — Les décorations d'Officier d'Académie et d'Officier de l'Instruction publique, créées par l'article 32 du décret organique du 17 mars 1808, sont conférées par le Ministre de l'Instruction publique, des beaux-arts et des cultes, sous les conditions ci-après déterminées.

ART. 2. — Le chiffre maximum des décorations à accorder annuellement est fixé ainsi qu'il suit :
1200 Officiers d'Académie;
300 Officiers de l'Instruction publique.
La moitié de ces distinctions au moins est réservée aux fonctionnaires de l'Instruction publique.
En aucun cas les chiffres fixés ne pourront être dépassés.

ART. 3. — Ces distinctions honorifiques sont conférées, sur la proposition des Recteurs et après avis des Inspecteurs généraux, aux membres de l'enseignement supérieur et de l'enseignement secondaire, publics ou libres, aux fonctionnaires de l'administration de l'instruction publique, ainsi qu'aux fonctionnaires des écoles normales primaires. Elles sont conférées aux fonctionnaires des établissements littéraires et scientifiques et des écoles spéciales ressortissant au Ministère de l'Instruction publique, sur la proposition des directeurs de ces établissements et de ces écoles.

Les distinctions honorifiques pour services rendus aux beaux-arts seront conférées, sur la proposition du Recteur, lorsqu'il s'agira de personnes appartenant à l'enseignement, et sur la proposition du Directeur des beaux-arts, après avis des Inspecteurs spéciaux, pour les candidats étrangers au corps enseignant.

Les fonctionnaires de l'Administration centrale du Ministère de l'Instruction publique, des beaux-arts et des cultes seront nommés sur la proposition du chef du cabinet, après avis de leurs chefs hiérarchiques.

Art. 4. — Les distinctions honorifiques attribuées aux instituteurs ou institutrices publics, titulaires ou adjoints, sont conférées, après avis du Recteur, sur la proposition du Préfet et conformément aux dispositions de l'article 7 du décret du 27 décembre 1886.

Les instituteurs ou institutrices libres pourvus du brevet supérieur pourront obtenir les palmes académiques au bout de vingt-cinq ans de services, sur la proposition du Recteur, après avis du Préfet.

Art. 5. — Les distinctions honorifiques attribuées aux membres des Sociétés savantes des départements et aux correspondants du Ministère pour les travaux historiques sont conférées, après avis du Recteur et du Préfet, sur la proposition du Comité des travaux historiques et des Sociétés savantes.

Art. 6. — Les distinctions honorifiques attribuées aux littérateurs et aux savants recommandés par leurs ouvrages ou par des services rendus à l'enseignement sont accordées sur la proposition des Recteurs.

Art. 7. — Les distinctions honorifiques accordées aux personnes qui auraient bien mérité de l'Instruction publique, soit par leur participation aux travaux des délégations cantonales et des conseils ou commissions établis près des lycées, des collèges, des écoles normales (conseils de perfectionnement, bureaux d'administration, commissions administratives, etc.), soit par le concours efficace qu'elles auraient prêté au développement de l'enseignement, à tous ses degrés et sous toutes ses formes, sont conférées sur la proposition du Recteur, après avis du Préfet.

Art. 8. — Les candidats appartenant aux catégories visées par les articles 3 et 7 du présent décret ne peuvent être nommés Officiers d'académie qu'après cinq ans au moins de services ou d'exercice.

Art. 9. — Les fonctionnaires de l'État relevant de départements ministériels autres que celui de l'Instruction publique, des beaux-arts et des cultes, ne pourront être nommés que sur la proposition ou après avis du Ministre dont ils dépendent.

Art. 10. — Nul ne peut être nommé Officier de l'Instruction publique s'il n'est, depuis cinq ans au moins, Officier d'académie.

Il ne pourra être dérogé à cette règle qu'en faveur des personnes déjà titulaires du grade d'officier de la Légion d'honneur.

Art. 11. — Les nominations d'Officiers d'académie et d'Officiers de l'Instruction publique auront lieu au 1er janvier, au 14 juillet, et, pour les membres des Sociétés savantes et des Sociétés des beaux-arts des départements, à l'époque de la réunion, à Paris, de ces sociétés.

Art. 12. — Le tableau des nominations est publié au *Journal officiel*, conformément aux dispositions du décret du 17 mars 1808.

Art. 13. — Sont abrogés les décrets et ordonnances relatifs aux décorations universitaires en ce qu'ils ont de contraire aux dispositions du présent décret.

Art. 14. — Le Ministre de l'Instruction publique, des Beaux-Arts et des Cultes est chargé de l'exécution du présent décret.

DÉCRET DU 15 FÉVRIER 1886
SUR LES SUBVENTIONS DE L'ÉTAT POUR CONSTRUCTIONS DES MAISONS D'ÉCOLE.

Article premier. — La proportion suivant laquelle l'État contribuera au payement des annuités communales pour construction et appropriations d'écoles primaires sera fixée conformément aux tableaux ci-annexés, savoir :

1° Tableau D, fixant la proportion de la subvention à allouer en raison de la valeur du centime communal ;

2° Tableaux E et F, fixant la proportion de la subvention à allouer en sus de celle que détermine le tableau D :

a. En raison des centimes pour insuffisance de revenus ;

b. En raison des centimes extraordinaires multipliés par le nombre d'années de la durée de l'imposition.

TABLEAU D

Fixant la proportion de la subvention à allouer en raison de la valeur du centime communal.

VALEUR DU CENTIME.	PROPORTION DE LA SUBVENTION.		VALEUR DU CENTIME.	PROPORTION DE LA SUBVENTION.	
10 fr. et au-dessous.	65 p. 100		55 et 56 francs...	32 p. 100	
11 —	64 —		57 et 58 —	31 —	
12 —	63 —		59 et 60 —	30 —	
13 —	62 —		61 et 62 —	29 —	
14 —	61 —		63 à 65 —	28 —	
15 —	60 —		66 à 68 —	27 —	
16 —	59 —		69 à 71 —	26 —	
17 —	58 —	De l'annuité nécessaire au service de l'emprunt à réaliser, intérêt et amortissement compris.	72 à 74 —	25 —	De l'annuité nécessaire au service de l'emprunt à réaliser, intérêt et amortissement compris.
18 —	57 —		75 à 77 —	24 —	
19 —	56 —		78 à 81 —	23 —	
20 —	55 —		82 à 85 —	22 —	
21 —	54 —		86 à 89 —	21 —	
22 —	53 —		90 à 94 —	20 —	
23 —	52 —		95 à 99 —	19 —	
24 —	51 —		100 à 104 —	18 —	
25 —	50 —		105 à 111 —	17 —	
26 —	49 —		112 à 119 —	16 —	
27 —	48 —		120 à 128 —	15 —	
28 —	47 —		129 à 138 —	14 —	
29 —	46 —		139 à 149 —	13 —	
30 —	45 —		150 à 164 —	12 —	
31 et 32 francs...	44 —		165 à 179 —	11 —	
33 et 34 —	43 —		180 à 199 —	10 —	
35 et 36 —	42 —		200 à 224 —	9 —	
37 et 38 —	41 —		225 à 257 —	8 —	
39 et 40 —	40 —		258 à 299 —	7 —	
41 et 42 —	39 —		300 à 359 —	6 —	
43 et 44 —	38 —		360 à 449 —	5 —	
45 et 46 —	37 —		450 à 599 —	4 —	
47 et 48 —	36 —		600 à 899 —	3 —	
49 et 50 —	35 —		900 à 1799 —	2 —	
51 et 52 —	34 —		1800 fr. et au-dessus.	1 —	
53 et 54 —	33 —				

Nota. — D'après le tableau ci-dessus, on ne devra pas tenir compte des fractions de franc. Exemple : Un centime de 22 fr. 75 ne sera compté que pour 22 fr.

Art. 2. — Il sera ajouté aux subventions revenant aux communes, d'après les tableaux D, E, F, une subvention de 10 pour 100 de la dépense totale réellement effectuée dans les limites des maxima fixés par le tableau A annexé à la loi.

Art. 3. — Lorsque le chiffre de la subvention, calculé d'après les tableaux D, E et F et l'article 2 ci-dessus, dépassera 80 pour 100, il devra être ramené à 80 p. 100, conformément à l'article 8, § 2, de la loi.

Art. 4. — Un décret ultérieur déterminera les conditions spéciales de répartition des subventions aux communes des départements de l'Algérie.

Art. 5. — A la fin de chaque année, un rapport, dressé par le Ministre de l'Instruction publique et inséré au *Journal officiel*, déterminera par département la quotité des subventions allouées aux communes en exécution du présent décret.

Art. 6. — Le décret du 9 juillet 1885 est rapporté.

Art. 7. — Les Ministres de l'Instruction publique, des Beaux-Arts et des Cultes, de l'Intérieur, des Finances, sont chargés, chacun en ce qui le concerne, de l'exécution du présent décret.

TABLEAU E

Fixant la proportion de la subvention à allouer en raison des charges de la commune (d'après le nombre des centimes pour insuffisance de revenus).

CENTIMES POUR INSUFFISANCE DE REVENUS.	PROPORTION DE LA SUBVENTION.	
De 1 à 4 centimes	1 p. 100.	
5 à 8 —	2 —	
9 à 12 —	3 —	
13 à 16 —	4 —	
17 à 20 —	5 —	
21 à 24 —	6 —	
25 à 28 —	7 —	
29 à 32 —	8 —	
33 à 36 —	9 —	
37 à 40 —	10 —	
41 à 44 —	11 —	
45 à 48 —	12 —	
49 à 52 —	13 —	De l'annuité nécessaire au service de l'emprunt à réaliser, intérêt et amortissement compris.
53 à 56 —	14 —	
57 à 60 —	15 —	
61 à 64 —	16 —	
65 à 68 —	17 —	
69 à 72 —	18 —	
73 à 76 —	19 —	
77 à 80 —	20 —	
81 à 84 —	21 —	
85 à 88 —	22 —	
89 à 92 —	23 —	
93 à 96 —	24 —	
97 à 10 et au-dessus	25 —	

TABLEAU F

Fixant la proportion de la subvention à allouer en raison des charges de la commune (d'après le nombre des centimes extraordinaires multiplié par le nombre d'années de la durée de l'imposition).

CENTIMES EXTRAORDINAIRES MULTIPLIÉS PAR LA DURÉE DE L'IMPOSITION (a).	PROPORTION DE LA SUBVENTION.	
Au-dessus de 50 centimes............	1 p. 100.	
De 50 à 100 centimes................	2 —	
101 à 150 —	3 —	
151 à 200 —	4 —	De l'annuité nécessaire au service de l'emprunt à réaliser, intérêt et amortissement compris
201 à 250 —	5 —	
251 à 300 —	6 —	
301 à 350 —	7 —	
351 à 400 —	8 —	
401 à 450 —	9 —	
451 à 500 —	10 —	
Au-dessus de 500 centimes...........	11 —	

(a) On ramène, pour l'uniformité du calcul, toutes les charges de la commune à une seule année.

DÉCRET DU 12 NOVEMBRE 1886

SUR LES ÉLECTIONS AU CONSEIL DÉPARTEMENTAL.

ARTICLE PREMIER. — Lorsqu'il y a lieu d'élire soit les membres du Conseil départemental qui doivent être désignés par les instituteurs et institutrices titulaires publics en exercice et munis d'un brevet de capacité, soit les membres de l'enseignement privé adjoints au Conseil pour les affaires contentieuses et disciplinaires intéressant cet enseignement, le Préfet fixe la date de l'élection.

L'élection ne peut avoir lieu qu'après un délai minimum de quinze jours, à partir de la publication de l'arrêté préfectoral au *Bulletin départemental de l'instruction primaire* ou, à défaut, au *Recueil des actes administratifs*.

ART. 2. — Les deux listes d'instituteurs et d'institutrices publics appelés *respectivement* à prendre part à l'élection sont dressées par le Préfet, assisté de l'Inspecteur d'Académie et des inspecteurs primaires du chef-lieu.

La première de ces listes comprend :

1° Tous les instituteurs titulaires, soit qu'ils dirigent une des écoles que la loi du 30 octobre 1886 mentionne dans son article Ier, soit qu'ils exercent en qualité d'adjoints au chef-lieu de la commune ou dans une école de hameau ;

2° Les directeurs des écoles primaires annexées aux écoles normales.

La seconde liste comprend :

1° Toutes les institutrices titulaires exerçant dans l'une ou l'autre des conditions qui viennent d'être dites ;

2° Les directrices d'écoles maternelles ou enfantines munies d'un brevet de capacité ou du certificat d'aptitude et assimilées aux institutrices par l'article 62 de ladite loi ;

3° Les directrices des écoles primaires annexées aux écoles normales.

Ces listes seront revisées annuellement dans le mois qui suit la rentrée des classes, et publiées au *Bulletin départemental* ou au *Recueil des actes administratifs*.

La liste des électeurs sera tenue dans chaque mairie à la disposition de toute personne intéressée.

Dans les deux mois qui suivent la publication desdites listes, tout électeur non inscrit peut réclamer son inscription devant le Conseil départemental et, en appel, devant le Conseil supérieur de l'Instruction publique.

Art. 3. — Les délégués des instituteurs et des institutrices publics sont élus au scrutin de liste.

Art. 4. — Dans le département de la Seine, le vote des instituteurs publics et celui des institutrices a lieu par circonscriptions, conformément à l'article 46 de la loi.

Ces circonscriptions, au nombre de sept, sont formées comme il suit :

1re circonscription : 1er, 2e, 3e et 4e arrondissements municipaux ;
2e circonscription : 5e, 6e, 7e, 8e arrondissements municipaux ;
3e circonscription : 9e, 10e, 11e, 12e arrondissements municipaux ;
4e circonscription : 13e, 14e, 15e, 16e arrondissements municipaux ;
5e circonscription : 17e, 18e, 19e, 20e arrondissements municipaux ;
6e circonscription : Sceaux ;
7e circonscription : Saint-Denis.

Art. 5. — Pour l'élection des membres de l'enseignement privé appelés à siéger au Conseil départemental, dans les cas prévus par l'article 44 de la loi, il est dressé deux listes d'électeurs, l'une pour les laïques, l'autre pour les congréganistes.

Chacune de ces listes doit comprendre les directeurs et les directrices, les adjoints et les adjointes chargés de classe dans une des écoles énumérées dans l'article 1er de la loi ; chacun de ces maîtres devant, d'une part, remplir les conditions exigées par l'article 4 de la même loi, et par l'article 4 de la loi du 16 juin 1881 sur les titres de capacité.

Sont applicables toutes les dispositions de l'article 2 du présent décret relatives à la révision des listes électorales, à leur publicité et aux recours prévus.

Art. 6. — Les élections ont lieu à la majorité absolue des suffrages exprimés. Si un second tour de scrutin est nécessaire, il y est procédé huit jours après. Dans ce cas, la majorité relative suffit.

Art. 7. — Les bulletins sont valables, bien qu'ils portent plus ou moins de noms qu'il n'y a de délégués à élire. Les noms inscrits en trop ne sont pas comptés. Les bulletins blancs ou illisibles, ceux qui ne contiennent pas une désignation suffisante ou dans lesquels les votants se font connaître n'entrent pas en compte dans le résultat du dépouillement, mais ils sont annexés au procès-verbal.

Art. 8. — En cas d'égalité de suffrages, la préférence se détermine par l'ancienneté des services, et par l'âge si l'ancienneté est la même.

Art. 9. — Il est pourvu, dans le délai de deux mois, aux vacances qui peuvent résulter de décès, de démission ou de toute autre cause.

Dans ce cas, le mandat du nouvel élu prend fin à l'expiration de la période triennale en cours.

Art. 10. — Le jour fixé pour l'élection, chaque électeur insère son bulletin de vote dans une enveloppe cachetée, sans signe extérieur. Il place cette enveloppe sous un second pli cacheté, portant extérieurement : sa signature, la mention « *Conseil départemental.* — *Élections*, » et le cachet de la mairie.

Ce pli est mis à la poste à l'adresse du Préfet, et recommandé.

Art. 11. — Le lendemain de l'élection, ou le surlendemain si la difficulté des communications justifie cette remise, le Préfet, dans un local accessible aux électeurs, assisté de l'inspecteur d'Académie et des inspecteurs primaires en résidence au chef-lieu, ouvre les plis cachetés, émarge sur la liste des électeurs les noms des votants et dépose dans une urne les enveloppes cachetées contenant les bulletins de vote. Il procède ensuite au dépouillement.

Le procès-verbal de cette opération est inséré sans délai au *Bulletin départemental* ou au *Recueil des actes administratifs*.

ART. 12. — Dans les quinze jours de cette publication, les opérations électorales pourront être attaquées par tout membre du corps électoral que l'élu est appelé à représenter, devant le Ministre, qui statuera dans le délai d'un mois.

La décision du Ministre pourra être déférée au Conseil d'État dans la quinzaine qui suivra sa notification.

Faute par le Ministre d'avoir prononcé dans le délai d'un mois, la réclamation pourra être portée directement devant le Conseil d'État.

ART. 13. — L'indemnité de déplacement à laquelle auront droit les inspecteurs primaires et les délégués des instituteurs publics et privés résidant en dehors du chef-lieu est fixée à quatre francs par jour de séance et à 10 centimes par kilomètre pour l'aller et le retour.

DÉCRET DU 4 DÉCEMBRE 1886

RELATIF A LA PROCÉDURE DEVANT LE CONSEIL DÉPARTEMENTAL EN MATIÈRE DISCIPLINAIRE.

ARTICLE PREMIER. — Lorsque le Conseil départemental est appelé soit à émettre un avis, soit à statuer en matière disciplinaire, il est saisi par l'inspecteur d'Académie, qui lui adresse, avec les pièces de l'affaire, un mémoire énonçant les faits incriminés et indiquant la peine dont l'application est demandée.

L'arrivée des pièces et du mémoire au secrétariat du Conseil est constatée par l'inscription faite, à sa date, sur un registre spécial.

ART. 2. — Le service du secrétariat est confié au secrétaire-greffier du Conseil de préfecture.

ART. 3. — Aussitôt après l'arrivée des pièces, le Préfet désigne un rapporteur pris parmi les membres du Conseil départemental.

Le rapporteur procède à l'instruction de l'affaire, recueille les renseignements et les témoignages, appelle, s'il y a lieu, l'inculpé, par une simple lettre énonçant les faits, et l'entend en ses moyens de défense.

ART. 4. — Quand l'instruction est terminée, le rapporteur en avise le président, qui porte l'affaire au rôle de la prochaine session et fixe le jour où elle sera appelée en séance. Au jour fixé, le rapporteur expose les faits, résume les moyens de défense et donne lecture d'un projet de décision.

Art. 5. — Lorsqu'il s'agit d'appliquer la peine de la censure à un membre de l'enseignement public, le Conseil départemental déclare, dans un avis motivé, s'il y a lieu de condamner ou de renvoyer l'inculpé. Expédition de cet avis est adressée à l'inspecteur d'Académie qui statue définitivement.

Lorsque la poursuite est dirigée contre un membre de l'enseignement privé, le Conseil départemental, soit qu'il renvoie l'inculpé, soit qu'il prononce la censure, statue définitivement.

Art. 6. — Si la peine dont l'application est demandée est la révocation, le Préfet notifie administrativement à l'inculpé, cinq jours au moins à l'avance, le jour et l'heure de la séance, en l'avertissant qu'il a le droit de comparaître en personne et de prendre, au secrétariat du Conseil départemental, communication, sans déplacement des pièces, de l'instruction.

Art. 7. — Si le Préfet, après avis motivé du Conseil départemental prononce la révocation, il notifie administrativement son arrêté à l'inculpé. La notification lui fait connaître qu'il peut se faire délivrer copie de l'avis motivé du Conseil, et qu'il a le droit de faire appel devant le Ministre de l'Instruction publique, par une simple lettre enregistrée au secrétariat du Conseil, dans le délai de vingt jours, à partir de la notification. Il en est accusé réception.

Le recours et les pièces de l'affaire sont immédiatement transmis par les soins du Préfet au Ministre de l'Instruction publique, qui statue d'urgence.

Art. 8. — Il est procédé dans les formes édictées par l'article 6, dans le cas où le Conseil départemental est appelé à donner son avis motivé sur le déplacement par mesure disciplinaire, ou sur la révocation d'un directeur ou d'une directrice d'école primaire supérieure ou d'école manuelle d'apprentissage, ou de l'un des professeurs énumérés par l'article 24 de la loi du 30 octobre 1886. L'avis motivé du Conseil est transmis par les soins du Préfet au Ministre de l'Instruction publique, qui statue définitivement.

Art. 9. — Lorsqu'il s'agit de prononcer l'interdiction contre un membre de l'enseignement public ou privé, à la suite des condamnations pénales prévues par l'article 5 de la loi du 30 octobre 1886, ou à la suite des faits signalés par l'inspecteur d'Académie, l'inculpé est cité par le Préfet, huit jours au moins avant la séance, à comparaître en personne. La citation lui fait connaître qu'il a le droit de se faire assister par un défenseur, et de prendre au secrétariat, sans déplacement des pièces, communication du dossier.

Art. 10. — Si l'inculpé, régulièrement cité, ne comparaît pas, sans cause d'excuse reconnue légitime, le Conseil, après avoir entendu le rapport, peut passer outre au jugement de l'affaire. La décision ne peut être attaquée que par la voie de l'appel.

Art. 11. — Si l'inculpé est présent, il est, après l'audition du rapport, interrogé par le président. Le Conseil entend les témoins, s'il y a lieu. Le défenseur est ensuite admis à présenter les moyens de défense.

Art. 12. — Le recours contre la décision du Conseil départemental qui prononce l'interdiction, est formé par simple lettre enregistrée au secrétariat du Conseil départemental dans le délai de vingt jours à partir de la notification du jugement, qui est faite administrativement par le Préfet.

Cette lettre est immédiatement adressée au Ministre de l'Instruction publique, qui en saisit le Conseil supérieur.

Art. 13. — La discussion à laquelle donne lieu une affaire disciplinaire et les opinions émises dans le délibéré ne sont pas relatées au procès-verbal.

Les décisions contiennent le visa des pièces qui constatent l'accomplissement des formalités légales et mentionnent les noms des membres qui y ont pris part.

Art. 14. — La minute de la décision est signée par le président, par le rapporteur et par le membre du Conseil départemental élu secrétaire. Elle est déposée et conservée au secrétariat, avec la correspondance et les pièces relatives à l'instruction. Les décisions sont en outre transcrites, par ordre de date, sur un registre spécial, dont la tenue et la garde sont confiées au secrétaire-greffier du Conseil de préfecture.

DÉCRET ORGANIQUE DU 18 JANVIER 1887

SUR L'ENSEIGNEMENT PRIMAIRE.

TITRE PREMIER
De l'enseignement public.

CHAPITRE Ier
ÉCOLES MATERNELLES ET CLASSES ENFANTINES

Article premier. — Les *écoles maternelles* sont des établissements de première éducation où les enfants des deux sexes reçoivent en commun les soins que réclame leur développement physique, moral et intellectuel.

Les enfants peuvent y être admis dès l'âge de deux ans révolus et y rester jusqu'à l'âge de six ans.

Art. 2. — Les *classes enfantines* forment le degré intermédiaire entre l'école maternelle et l'école primaire. Elles ne peuvent exister que comme annexe d'une école primaire élémentaire ou d'une école maternelle.

Les enfants des deux sexes y sont admis depuis l'âge de quatre ans au moins à sept ans au plus. Ils y reçoivent, avec l'éducation de l'école maternelle, un commencement d'instruction élémentaire.

Art. 3. — Aucun enfant n'est reçu dans une école maternelle s'il n'est muni d'un billet d'admission signé par le maire, et s'il ne produit un certificat du médecin, dûment légalisé, constatant qu'il n'est atteint d'aucune maladie contagieuse, et qu'il a été vacciné.

Art. 4. — L'enseignement dans les écoles maternelles et les classes enfantines comprend :

1º Des jeux, des mouvements gradués et accompagnés de chants ;
2º Des exercices manuels ;
3º Les premiers principes d'éducation morale ;
4º Les connaissances les plus usuelles ;
5º Des exercices de langage, des récits ou contes ;
6º Les premiers éléments du dessin, de la lecture, de l'écriture et du calcul.

Art. 5. — Les conditions dans lesquelles doivent être établies les écoles maternelles, tant au point de vue des bâtiments que du mobilier et du matériel scolaires, seront déterminées par une instruction ministérielle spéciale.

Art. 6. — Nulle ne peut être nommée directrice d'école maternelle sans être pourvue du certificat d'aptitude pédagogique.

Nulle ne peut diriger une école maternelle annexée à une école normale si elle n'a 25 ans, et si elle n'a exercé pendant deux ans dans les écoles maternelles publiques ou privées.

Art. 7. — Dans toute école maternelle publique, les enfants sont divisés en deux sections, suivant leur âge et le développement de leur intelligence.

Si la moyenne des présences dépasse le nombre de cinquante enfants, la directrice sera aidée par une adjointe. La directrice et l'adjointe s'occuperont alternativement de l'une et de l'autre section.

Art. 8. — Une femme de service doit être attachée à toute école maternelle.

Elle est nommée par la directrice, avec agrément du maire, et révoquée dans la même forme.

Le traitement de la femme de service est exclusivement à la charge de la commune.

Art. 9. — Un règlement des écoles maternelles publiques de chaque département sera rédigé par le Conseil départemental, d'après les indications générales d'un règlement modèle arrêté par le Ministre de l'Instruction publique en Conseil supérieur.

Il devra être affiché dans l'école maternelle.

Art. 10. — Il peut être établi, dans chaque commune où il existe une école maternelle publique, un ou plusieurs comités de dames patronnesses présidés par le maire.

Les membres de ces comités sont nommés pour trois ans par l'inspecteur d'Académie, après avis du maire.

Ce comité a pour attribution exclusive de veiller à l'observation des prescriptions de l'hygiène, à la bonne tenue de l'établissement, à l'emploi des fonds ou dons en nature recueillis en faveur des enfants.

CHAPITRE II

ÉCOLES PRIMAIRES ÉLÉMENTAIRES.

SECTION Iʳᵉ. — De l'établissement des écoles ; des locaux et du matériel scolaire.

Art. 11. — La décision par laquelle le Conseil départemental autorise ou refuse d'autoriser une commune, dans le cas mentionné par le 4ᵉ paragraphe de l'article 11 de la loi du 30 octobre 1886, à remplacer une école spéciale pour les filles par une école mixte, doit être soumise à l'approbation du Ministre de l'Instruction publique dans le délai d'un mois.

Art. 12. — Toute commune est obligée de fournir aux instituteurs et institutrices publics un local convenable tant pour leur habitation que pour la tenue de l'école, le mobilier de classe et le matériel scolaire.

Une instruction ministérielle spéciale déterminera à quelles conditions doivent satisfaire les locaux et quels objets doivent composer le mobilier de classe et le matériel scolaire.

Art. 13. — Le local, que la commune est tenue de fournir, en exécution de l'article précédent, doit être visité, avant l'ouverture de l'école, par l'Inspecteur primaire de la circonscription, qui adresse à ce sujet un rapport à l'Inspecteur d'Académie. Si ce rapport est défavorable, le Préfet statue après avis du Conseil départemental.

Art. 14. — Les instituteurs et institutrices publics titulaires ou stagiaires ont droit, à défaut du logement personnel que la commune est tenue de leur fournir, à une indemnité représentative, dont le chiffre est fixé annuellement par le Préfet, après avis du Conseil municipal et de l'Inspecteur d'académie.

Art. 15. — L'institutrice ou l'instituteur public, qui veut recevoir, dans l'école qu'il dirige, des élèves internes, est tenu de déclarer son intention à l'Inspecteur d'Académie et au maire de la commune et de déposer entre les mains du maire le plan du local de l'établissement.

Le maire saisit de l'affaire le Conseil municipal et adresse à l'Inspecteur d'Académie, par l'intermédiaire du Préfet, l'extrait de la délibération prise à ce sujet.

Si le Conseil municipal s'est montré favorable à l'admission d'élèves internes, le Conseil départemental accorde ou refuse l'autorisation, après avis de l'Inspecteur d'Académie.

Art. 16. — L'autorisation accordée à une institutrice ou à un instituteur public de recevoir dans l'école qu'il dirige des élèves internes peut toujours être retirée par le Conseil départemental, sur la proposition de l'Inspecteur d'Académie et après avis du Conseil municipal.

SECTION II. — Du personnel.

Art. 17. — Les candidats aux fonctions d'instituteur ou d'institutrice titulaire public justifient de l'accomplissement du stage de deux ans requis par la loi, au moyen de certificats d'exercice délivrés, soit par l'Inspecteur d'Académie, s'ils ont enseigné dans une école publique, soit par le chef de l'établissement, s'ils ont exercé dans une école privée ; mais, dans ce dernier cas, le certificat doit être accompagné d'une attestation conforme de l'Inspecteur d'Académie.

Art. 18. — Le temps passé dans les établissements d'enseignement secondaire, en qualité de maître élémentaire ou de maître primaire, compte pour l'accomplissement du stage exigé des candidats aux fonctions d'instituteur titulaire public.

Art. 19. — Le changement de résidence des stagiaires est prononcé par l'Inspecteur d'Académie.

Art. 20. — Tous les ans, à l'époque déterminée par le Préfet, le Conseil départemental prend connaissance des demandes et des titres de tous les candidats qui se sont fait inscrire à l'inspection académique pour être appelés aux fonctions d'instituteur et d'institutrice titulaire, et il dresse la liste de ceux qu'il juge dignes d'être nommés.

Cette liste peut être complétée, s'il y a lieu, au cours de l'année. Elle doit être insérée au *Bulletin départemental* ou, à défaut, au *Recueil des actes administratifs de la Préfecture.*

Art. 21. — Pour les nominations d'instituteur ou d'institutrice titulaire, l'Inspecteur d'Académie doit adresser par écrit au Préfet des propositions motivées.

Art. 22. — L'Inspecteur d'Académie ne doit ni proposer pour une nomination en qualité de titulaire, ni déléguer comme stagiaire un instituteur ou une institutrice venant d'un autre département, sans s'être préalablement assuré que le postulant est pourvu d'un exeat délivré, pour le titulaire, par le Préfet, pour le stagiaire, par l'Inspecteur d'Académie du département où il a en dernier lieu exercé les fonctions d'instituteur, soit titulaire, soit stagiaire, dans les écoles publiques.

Art. 23. — L'Inspecteur d'Académie et les inspecteurs primaires ont seuls qualité pour assurer l'exécution des arrêtés préfectoraux en ce qui concerne les nominations, révocations ou mutations des instituteurs et institutrices publics. L'installation matérielle de ces fonctionnaires dans la maison d'école a lieu par les soins du maire de la commune.

Art. 24. — Les maîtresses chargées de l'enseignement des travaux de couture dans les écoles mixtes exceptionnellement dirigées par des instituteurs, sont nommées par l'Inspecteur d'Académie.

Le chiffre de leur traitement est fixé par le Préfet, sur la proposition de l'Inspecteur d'Académie.

Art. 25. — Lorsque, dans un cas grave et urgent, l'Inspecteur d'Académie a prononcé la suspension provisoire d'un instituteur ou d'une institutrice en exécution de l'article 33 de la loi du 30 octobre 1886, il pourvoit à la direction de l'école ou de la classe et avise immédiatement le Préfet des mesures qu'il a prises à cette occasion.

Art. 26. — L'honorariat est conféré aux instituteurs, institutrices ou directrices d'écoles maternelles admis à la retraite, par le Ministre de l'instruction publique, sur la proposition conforme du Préfet ou de l'Inspecteur d'Académie, aux conditions qui seront déterminées par un arrêté ministériel pris après avis du Conseil supérieur.

SECTION III. — De l'enseignement.

Art. 27. — L'instruction primaire élémentaire comprend :
L'enseignement moral et civique ;

La lecture et l'écriture,
La langue française,
Le calcul et le système métrique,
L'histoire et la géographie, spécialement de la France,
Les leçons de choses et les premières notions scientifiques, principalement dans leurs applications à l'agriculture,
Les éléments du dessin, du chant et du travail manuel (travaux d'aiguille dans les écoles de filles),
Et les exercices gymnastiques et militaires.

Art. 28. — L'école primaire élémentaire est ouverte aux enfants de six ans révolus à treize ans révolus.

Nul élève ne pourra être admis dans une école primaire élémentaire avant l'âge de six ans, s'il existe dans la commune et à proximité une école maternelle publique; avant l'âge de sept ans, s'il existe une classe enfantine publique.

Art. 29. — Un règlement des écoles primaires publiques de chaque département sera rédigé par le Conseil départemental, d'après les indications générales d'un règlement modèle arrêté par le Ministre de l'Instruction publique en Conseil supérieur.

CHAPITRE III
ÉCOLES PRIMAIRES SUPÉRIEURES ET COURS COMPLÉMENTAIRES.

SECTION Ire. — **De l'organisation des écoles primaires supérieures et des cours complémentaires.**

Art. 30. — Les établissements d'enseignement primaire supérieur prennent le nom de *cours complémentaire*, s'ils sont annexés à une école primaire élémentaire et placés sous la même direction. Ils prennent le nom d'*école primaire supérieure* s'ils sont installés dans un local distinct et sous une direction différente de celle de l'école élémentaire. Toutefois la réunion, sous une même direction, d'une école primaire supérieure et d'une école primaire élémentaire dans un même groupe scolaire pourra être autorisée par le Ministre, sur l'avis motivé du Conseil départemental.

La durée des études dans les cours complémentaires est de deux ans au maximum. Les cours complémentaires comprennent au plus, quel que soit le nombre d'élèves, deux divisions qui pourront être réunies sous un même maître.

L'école primaire supérieure comprend au moins deux années d'études; elle est dite de plein exercice si elle en comprend trois ou plus.

Art. 31. — Ne peuvent être nommés directeurs ou directrices d'une école à laquelle est annexé un cours complémentaire que les instituteurs ou institutrices publics titulaires pourvus au moins du brevet supérieur.

Ceux ou celles qui seraient en outre pourvus du certificat d'aptitude au professorat des écoles normales seront assimilés aux directeurs et directrices d'écoles primaires supérieures.

Art. 32. — Les conditions d'âge et de titres imposées par l'article 24, § 3, de la loi du 30 octobre 1886 aux instituteurs adjoints dans les écoles primaires supérieures, sont également requises des instituteurs adjoints chargés de cours complémentaires.

Art. 33. — Des maîtres auxiliaires peuvent être attachés, soit aux cours complémentaires, soit aux écoles primaires supérieures, et chargés des enseignements spéciaux auxquels le directeur, les professeurs et les adjoints ne suffiraient pas, savoir : le dessin et le modelage, le travail manuel, les langues vivantes, le chant, l'agriculture, la gymnastique et les exercices militaires.

Des professeurs de l'enseignement supérieur ou secondaire peuvent en outre être délégués par le Ministre pour des enseignements faisant partie du programme des écoles primaires supérieures.

Art. 34. — Les délégations accordées dans les écoles primaires supérieures en vertu du second paragraphe de l'article 28 de la loi organique, ne peuvent être retirées par le Préfet que sur la proposition de l'Inspecteur d'Académie.

Art. 35. — L'instruction primaire supérieure comprend, outre la revision approfondie des matières étudiées à l'école primaire élémentaire :

L'arithmétique appliquée,
Les éléments du calcul algébrique et de la géométrie,
Les règles de la comptabilité usuelle et de la tenue des livres,
Les notions des sciences physiques et naturelles applicables à l'agriculture, à l'industrie et à l'hygiène,
Le dessin géométrique, le dessin d'ornement et le modelage,
Les notions de droit usuel et d'économie politique,
Les notions d'histoire de la littérature française,
Les principales époques de l'histoire générale et spécialement des temps modernes,
La géographie industrielle et commerciale,
Les langues vivantes,
Le travail du bois et du fer, pour les garçons,
Les travaux à l'aiguille, la coupe et l'assemblage pour les filles.

Art. 36. — Les divisions générales de l'enseignement dans les écoles primaires supérieures et dans les cours complémentaires sont déterminées par un arrêté ministériel pris après avis du Conseil supérieur.

Art. 37. — Dans chaque établissement, les programmes détaillés et l'emploi du temps sont fixés, dans la limite des prescriptions ministérielles, par le directeur, les professeurs entendus, sous réserve de l'approbation de l'Inspecteur d'académie.

Art. 38. — Aucun élève ne peut être reçu, soit dans une école primaire supérieure, soit dans un cours complémentaire, s'il ne justifie de la possession du certificat d'études primaires.

Art. 39. — Le cours complémentaire doit toujours être établi dans une salle distincte. L'école primaire supérieure doit disposer d'autant de salles distinctes qu'elle a d'années d'études, et, en outre, d'une salle de dessin pouvant recevoir, à défaut d'autre local, les collections et le matériel d'enseignement. Elle doit être pourvue d'un gymnase.

Tous les établissements d'enseignement primaire supérieur doivent avoir un atelier où puisse être donné l'enseignement du travail manuel, ainsi que les dépendances requises pour les écoles primaires élémentaires.

Art. 40. — Les établissements publics d'enseignement primaire supérieur peuvent recevoir, dans la limite des crédits ouverts au budget de l'Instruction publique :

1° Des bourses de l'État aux conditions énoncées dans la section III du présent chapitre ;

2° Des concessions de matériel d'enseignement ;

3° Des subventions applicables aux traitements du personnel.

Art. 41. — Les communes qui solliciteront le concours du Ministère de l'Instruction publique pour la fondation ou pour l'entretien d'un établissement d'enseignement primaire supérieur, soit au moyen d'une subvention, soit sous la forme de concession de bourses nationales, devront s'engager à comprendre, pendant cinq années au moins, cet établissement au nombre de ceux qui donnent lieu à une dépense obligatoire.

SECTION II. — Des comités de patronage.

Art. 42. — Il est institué auprès de chaque école primaire supérieure publique un comité de patronage dont la nomination et les attributions seront déterminées par un arrêté ministériel rendu sur l'avis du Conseil supérieur de l'Instruction publique.

SECTION III. — Des bourses.

Art. 43. — L'État fonde et entretient des bourses nationales dans les établissements publics d'enseignement primaire supérieur de garçons et de filles.

Ces bourses sont de trois sortes :
1° Bourses d'internat ;
2° Bourses d'entretien ;
3° Bourses familiales.

Art. 44. — Les bourses d'internat sont attribuées à des élèves placés à demeure des établissements d'enseignement primaire supérieur pourvus d'un pensionnat ;

Les bourses d'entretien à des élèves logés dans leur propre famille et fréquentant l'école supérieure ou le cours complémentaire de la localité ;

Les bourses familiales à des élèves placés en pension dans des familles autres que la leur, et agréées par le directeur ou la directrice de l'école ou du cours.

Art. 45. — Chaque année, au mois de juillet, le Ministre détermine, d'après l'état des crédits disponibles, la somme à allouer à chaque département pour être répartie en bourses nationales et dégrèvements de trousseaux.

Cette répartition sera faite entre les différents départements proportionnellement au chiffre de leur population et en tenant compte du nombre d'écoles primaires supérieures qui s'y trouvent.

Art. 46. — Les bourses de l'État sont conférées, sous l'autorité du Ministre de l'Instruction publique, par le Préfet du département, sur la proposition de l'Inspecteur d'Académie et après avis du Conseil départemental.

Art. 47. — Nul ne peut être appelé à jouir d'une bourse nationale, s'il n'a préalablement subi un examen ayant pour objet de constater son aptitude.

Art 48. — La concession d'une bourse est subordonnée à l'appréciation de l'ensemble des titres produits par les postulants.

Il est tenu compte dans cette appréciation :

En premier lieu et avant tout du mérite de l'enfant et de ses notes d'examen ;

2° Des services rendus à l'État par les parents ;

3° De la situation de fortune, du nombre des enfants et des charges de famille des pétitionnaires.

Les conditions et la forme de l'examen seront déterminées par un arrêté ministériel rendu sur l'avis du Conseil supérieur de l'Instruction publique.

Art. 49. — Les bourses peuvent être accordées par fractions de moitié ou de trois quarts.

Une fraction de bourse nationale peut être cumulée avec une fraction de bourse départementale ou communale, mais seulement jusqu'à concurrence d'une bourse entière.

Art. 50. — Les bourses nationales sont attribuées pour trois années scolaires. Une prolongation de bourse d'une année peut être accordée.

Art. 51. — En cas de faute grave, les chefs d'établissement peuvent rendre provisoirement un boursier à sa famille, sauf à en aviser immédiatement le Comité de patronage de l'école et l'Inspecteur d'Académie, qui en réfère au Préfet.

La déchéance de la bourse est prononcée par le Préfet, sur la proposition de l'Inspecteur d'Académie et l'avis du Conseil départemental. En ce cas, le Préfet doit immédiatement aviser le Ministre de la décision qu'il a prise.

Art. 52. — En cas d'insubordination, de mauvaise conduite ou de paresse habituelles, l'élève peut être privé de sa bourse dans les mêmes formes, après deux avertissements notifiés à la famille par le Préfet.

Art. 53. — Des bourses d'enseignement secondaire, dont le nombre sera fixé chaque année par arrêté ministériel, pourront être attribuées par le Ministre à des élèves de l'enseignement primaire supérieur qui se seront fait remarquer, au cours de leurs études, par leur assiduité, leur application et leurs progrès.

Art. 54. — Des bourses de séjour à l'étranger sont accordées chaque année par le Ministre à des élèves de l'enseignement primaire supérieur, dans des conditions qui seront déterminées par un arrêté ministériel délibéré en Conseil supérieur.

CHAPITRE IV

ÉCOLES MANUELLES D'APPRENTISSAGE.

Art. 55. — L'*école manuelle d'apprentissage*, qui a pour but de développer l'aptitude professionnelle et de compléter à un point de vue spécial l'enseignement de l'école primaire élémentaire, ne peut recevoir que des enfants pourvus du certificat d'études primaires, ou âgés d'au moins treize ans.

CHAPITRE V

ÉCOLES NORMALES PRIMAIRES.

SECTION Iʳᵉ. — **De l'organisation des écoles normales.**

Art. 56. — Les écoles normales primaires sont des établissements publics destinés à former des instituteurs ou des institutrices pour les écoles publiques (écoles maternelles, écoles primaires élémentaires et écoles primaires supérieures).

Art. 57. — Les écoles normales relèvent du Recteur sous l'autorité du Ministre de l'Instruction publique.

Art. 58. — Le régime des écoles normales est l'internat. L'internat est gratuit.

Sur la proposition du Recteur et avec l'approbation du Ministre de l'Instruction publique, les écoles normales peuvent recevoir des demi-pensionnaires et des externes, à titre également gratuit et aux mêmes conditions d'admission.

Art. 59. — La durée du cours d'études est de trois ans.

Art. 60. — Les années passées à l'école normale à partir de dix-huit ans pour les jeunes gens, de dix-sept ans pour les jeunes filles, comptent pour la réalisation de l'engagement de servir pendant dix ans dans l'enseignement public prescrit par l'article 70 du présent décret.

Art. 61. — Une école primaire, dans laquelle les élèves s'exercent à la pratique de l'enseignement sous la direction d'un maître spécialement nommé à cet effet, est annexée à chaque école normale.

Il doit y avoir, en outre, annexée à chaque école normale d'institutrices, une école maternelle.

SECTION II. — Du personnel administratif et du personnel enseignant.

Art. 62. — Le directeur de l'école normale est nommé par le Ministre de l'Instruction publique.

Les directeurs d'école normale doivent être pourvus du certificat d'aptitude à l'inspection des écoles primaires et à la direction des écoles normales. Ils doivent être âgés de trente ans révolus.

Art. 63. — Un fonctionnaire, spécialement chargé du service de l'économat et pourvu du titre d'économe, est attaché à chaque école normale, soit d'instituteurs, soit d'institutrices.

Dans les écoles normales d'instituteurs, l'économe est chargé de l'enseignement de la tenue des livres. Dans les écoles normales d'institutrices, l'économe est chargé de l'enseignement de la tenue des livres et de l'économie domestique. L'un et l'autre peuvent en outre être chargés d'autres cours, suivant leurs aptitudes.

Dans les écoles normales de plus de cent élèves, l'économe peut être déchargé de cours.

Art. 64. — Les économes sont nommés par le Ministre. Ils doivent fournir un cautionnement, dont le chiffre est fixé par le Ministre de l'Instruction publique, de concert avec le Ministre des Finances.

Les candidats à l'économat doivent être pourvus du brevet supérieur et du certificat d'aptitude pédagogique. Ils doivent être âgés de vingt et un ans au moins et avoir accompli une année de stage auprès de l'économe d'une école normale. Ils ne reçoivent, pendant la durée de leur stage, aucune indemnité, mais ils peuvent être logés et nourris à l'école. Ils subissent, à la fin de leur stage, un examen spécial.

Art. 65. — L'enseignement est donné par des professeurs nommés par le Ministre et, à défaut, par des instituteurs délégués par le Ministre à titre provisoire en qualité de maîtres adjoints et qui doivent être pourvus du brevet supérieur et du certificat d'aptitude pédagogique.

Des maîtres spéciaux, nommés ou délégués par le Ministre, suivant qu'ils sont ou non pourvus du titre de capacité correspondant à la fonction qu'ils exercent, peuvent être chargés, à défaut de professeurs pourvus des mêmes titres, de l'enseignement des langues vivantes, du dessin, du chant et de la musique, de la gymnastique, des travaux manuels.

L'enseignement de l'agriculture, dans les écoles normales d'instituteurs, est confié au professeur départemental nommé conformément à l'article 6 de la loi du 15 juin 1879 et, à défaut, à un maître désigné par le Ministre.

Art. 66. — Dans toute école normale d'instituteurs, un des maîtres est spécialement chargé de la direction de l'école annexe.

Dans les écoles normales d'institutrices, deux maîtresses sont chargées de diriger, l'une, l'école primaire, l'autre, l'école maternelle, annexées à l'établissement.

Art. 67. — Des maîtres ouvriers peuvent, avec l'approbation du Ministre, être employés dans les écoles normales d'instituteurs, à titre d'auxiliaires du professeur de travail manuel; ils reçoivent un salaire dont le chiffre sera fixé par le Ministre, sur la proposition du Recteur.

Art. 68. — Dans toute école normale, le nombre des professeurs, non compris l'économe et le directeur de l'école annexe, est fixé à cinq (deux pour les lettres, trois pour les sciences et le travail manuel), si l'école reçoit plus de soixante élèves; à quatre (deux pour les lettres, deux pour les sciences et le travail manuel), si le nombre des élèves ne dépasse pas soixante.

SECTION III. — Des élèves-maîtres.

Art. 69. — Tous les ans le Ministre fixe, sur la proposition du Recteur et après avis du Conseil départemental, le nombre d'élèves à admettre en première année dans chacune des écoles normales.

Art. 70. — Tout candidat doit :

1° Avoir seize ans au moins, dix-huit au plus au 1er octobre de l'année durant laquelle il se présente ;

2° Être pourvu du brevet élémentaire ;

3° S'être engagé à servir pendant dix ans dans l'enseignement public ;

4° N'être atteint d'aucune infirmité ou maladie le rendant impropre au service de l'enseignement.

Le Recteur peut autoriser à se présenter au concours des candidats âgés de plus de 18 ans.

Art. 71. — Nul ne peut se présenter au concours plus de deux fois.

Art. 72. — Un mois au moins avant l'examen, l'Inspecteur d'Académie communiquera au Recteur les résultats d'une enquête faite par ses soins sur les antécédents et la conduite des candidats.

Au vu du dossier et d'après les résultats de l'enquête, le Recteur arrête la liste des candidats admis à concourir.

Art. 73. — Les candidats sont examinés par une commission nommée par le Recteur. L'Inspecteur d'Académie en est le président. Le directeur, les professeurs ou maîtres de l'école normale et un Inspecteur primaire en font nécessairement partie.

Un arrêté ministériel, pris sur l'avis du Conseil supérieur, déterminera la forme et les conditions de cet examen.

Art. 74. — Les candidats admis sont classés par ordre de mérite sur une liste qui est transmise au Recteur, avec les procès-verbaux de l'examen.

Le Recteur prononce l'admission des élèves-maîtres d'après l'ordre de mérite.

A la liste primitive est jointe, s'il y a lieu, une liste supplémentaire, également dressée par ordre de mérite et suivant laquelle le Recteur prononce, en cas de vacances, les admissions ultérieures.

Art. 75. — Tous les ans, au mois d'août, sur le vu des notes obtenues par les élèves dans les examens de fin d'année et sur la proposition du directeur délibérée dans le conseil des professeurs, le Recteur, après avis de l'Inspecteur d'Académie, arrête la liste des élèves admis à passer de première en deuxième année et de deuxième en troisième année, et avise le Ministre des exclusions qu'il prononce.

Art. 76. — Tous les élèves-maîtres sans exception sont tenus de se présenter aux examens du brevet supérieur à la fin du cours d'études.

Art. 77. — Dans le cas de maladie prolongée, un élève-maître peut, sur la proposition du directeur et du conseil d'administration et après l'avis de l'Inspecteur d'Académie, être autorisé par le Recteur à redoubler une année. Le Recteur doit informer le Ministre des autorisations qu'il a accordées.

Art. 78. — Tout élève-maître qui quitte volontairement l'école ou qui en est exclu, ou tout ancien élève-maître qui rompt l'engagement prescrit par l'article 70 ci-dessus, est tenu de restituer le prix de la pension dont il a joui.

La somme à restituer comprend exclusivement :

1° Les frais de nourriture ;
2° Les frais de blanchissage ;
3° Le prix des fournitures classiques.

Toutefois, sur la proposition du Recteur, après avis du conseil des professeurs et de l'Inspecteur d'Académie, le Ministre peut accorder des sursis pour le payement des sommes dues, ainsi qu'une remise partielle ou totale de ces mêmes sommes.

Art. 79. — Tout élève-maître sorti de l'école après les trois années d'études reçoit, quand il est appelé pour la première fois aux fonctions d'instituteur public, titulaire ou stagiaire, une indemnité de 100 francs.

Art. 80. — Les élèves-maîtres qui sortent de l'école normale ont droit, selon leur âge et les titres dont ils sont pourvus, aux premiers emplois d'instituteur public, titulaire ou stagiaire, qui se trouvent vacants dans le département.

Art. 81. — L'engagement de servir pendant dix ans dans l'enseignement public peut être accompli dans tout département, toute possession française ou tout pays soumis au protectorat de la France.

Tout élève-maître qui quitte le département où se trouve l'école normale dans laquelle il a fait ses études doit être muni d'un exeat délivré par l'Inspecteur d'Académie.

SECTION IV. — De l'enseignement.

Art. 82. — L'enseignement dans les écoles normales primaires soit d'instituteurs, soit d'institutrices, comprend :

1° L'instruction morale et civique ;
2° La lecture ;
3° L'écriture ;
4° La langue et les éléments de la littérature française ;
5° L'histoire, et particulièrement l'histoire de France jusqu'à nos jours ;
6° La géographie, et particulièrement celle de la France ;

7° Le calcul, le système métrique, l'arithmétique élémentaire avec applications aux opérations pratiques ; des notions de calcul algébrique ; des notions de tenue de livres ;

8° La géométrie élémentaire ;

9° L'arpentage et le nivellement pour les élèves-maîtres seulement ;

10° Les éléments des sciences physiques et des sciences naturelles avec leurs principales applications ;

11° L'agriculture pour les élèves-maîtres ; l'horticulture ;

12° L'économie domestique pour les élèves-maîtresses ;

13° Le dessin ;

14° Le chant et la musique ;

15° La gymnastique et, pour les élèves-maîtres, les exercices militaires ;

16° Les travaux manuels pour les élèves-maîtres ; les travaux à l'aiguille pour les élèves-maîtresses ;

17° La pédagogie ;

18° L'étude d'une langue étrangère ;

Un arrêté ministériel pris en Conseil supérieur déterminera, d'une manière générale, l'emploi du temps, les programmes d'enseignement des diverses matières, ainsi que le nombre d'heures assigné à chacune d'elles.

SECTION V. — Du régime intérieur et de la discipline.

ART. 83. — Dans les écoles normales d'instituteurs, les élèves-maîtres ont toute facilité pour suivre les pratiques de leur culte. Dans les écoles normales d'institutrices, les élèves-maîtresses sont, sur la demande des parents, conduites le dimanche aux offices.

ART. 84. — Les seules punitions que les élèves-maîtres peuvent encourir sont :

1° La privation de sortie prononcée par le directeur ;

2° L'avertissement donné par le directeur ;

3° La réprimande devant les élèves réunis, infligée, suivant la gravité de la faute, par le directeur ou par l'Inspecteur d'Académie ;

4° L'exclusion temporaire, pour un temps qui ne peut excéder quinze jours, prononcée par le Recteur, sur le rapport de l'Inspecteur d'Académie, après avis du Conseil d'administration ;

5° L'exclusion définitive, prononcée par le Ministre, sur la proposition du Recteur.

ART. 85. — Tout élève qui s'est rendu coupable d'une faute grave peut être remis immédiatement à sa famille par le directeur. Celui-ci doit alors, sans délai, en référer à l'Inspecteur d'Académie, qui saisit de l'affaire le Conseil d'administration.

SECTION VI. — Du Conseil d'administration.

Art. 86. — Il est institué auprès de chaque école normale un Conseil d'administration nommé pour trois ans. Il est composé de l'Inspecteur d'Académie, président, et de six membres désignés par le Recteur, dont deux conseillers généraux.

Quand le Recteur assiste aux séances, il prend la présidence et a voix prépondérante.

Le directeur assiste aux réunions du Conseil avec voix délibérative, sauf quand il est délibéré sur le compte administratif.

En l'absence du Recteur et de l'Inspecteur d'Académie, le doyen d'âge préside la séance.

Art. 87. — Le Conseil d'administration est chargé, sous l'autorité du Recteur :

1° De s'assurer, par des visites mensuelles, de la bonne tenue de l'établissement ;

2° De donner son avis sur le règlement intérieur de l'école, préparé par les professeurs réunis en conseil sous la présidence du directeur ; ce règlement doit être soumis à l'approbation du Recteur ;

3° De désigner à la nomination du Recteur le médecin de l'école ;

4° De régler, sur la proposition du directeur et sous réserve de l'approbation du Ministre, toutes les questions relatives à la nourriture, au logement, au chauffage, à l'éclairage et à l'entretien des élèves-maîtres ;

5° De préparer le budget de l'école ;

6° De donner son avis sur les demandes de crédits supplémentaires à adresser au Ministre ;

7° D'examiner le compte administratif qui lui est soumis par le directeur ;

Et en général de veiller sur les intérêts matériels de l'école.

Art. 88. — Chaque année, au mois de juillet, le Conseil d'administration entend la lecture du rapport du directeur sur la situation morale et matérielle de l'établissement. Il en délibère et adresse au Recteur ses observations et ses propositions.

Art. 89. — Toutes les délibérations du Conseil d'administration concernant la situation matérielle de l'école et les améliorations à réaliser sont transmises par le Recteur au Préfet.

CHAPITRE VI

ÉCOLES NORMALES PRIMAIRES SUPÉRIEURES.

Art. 90. — Il est institué deux écoles normales supérieures de l'enseignement primaire pour former des professeurs d'écoles normales et d'écoles primaires supérieures de filles et de garçons.

Art. 91. — A chacun de ces établissements il sera annexé une école normale primaire d'application.

Art. 92. — Ces écoles sont gratuites. Elles recrutent leurs élèves au concours.

Art. 93. — Il est institué auprès de chacune des deux écoles une Commission administrative dont les membres sont nommés pour trois ans par le Ministre de l'Instruction publique, avec mission de surveiller et de contrôler l'administration matérielle et la gestion économique.

Art. 94. — Le directeur et les professeurs forment le Conseil de chaque école. Ce conseil est convoqué et présidé par le directeur : il délibère sur la direction à donner aux études, se prononce sur l'aptitude des élèves à passer de première en deuxième année, et de deuxième en troisième année, et arrête la liste des ouvrages à mettre entre leurs mains.

Art. 95. — Tout élève qui quitte volontairement l'une ou l'autre école, pour tout autre motif qu'une maladie dûment constatée, ou qui ne remplit pas l'engagement pris par lui au moment de son admission de servir pendant dix ans dans l'enseignement public, est tenu de rembourser à l'État le prix de sa pension, fixé à 600 francs par an.

Des remises totales ou partielles pourront être accordées par le Ministre de l'Instruction publique, sur l'avis du directeur de l'école, du conseil des professeurs et de la Commission administrative.

Art. 96. — Des arrêtés ministériels, pris après avis du Conseil supérieur de l'Instruction publique, règleront la constitution et le régime intérieur de ces établissements, ainsi que les conditions d'admission dans l'une et l'autre de ces écoles.

Art. 97. — Des bourses de séjour à l'étranger sont accordées chaque année par le Ministre, dans des conditions déterminées par un arrêté ministériel pris en Conseil supérieur, à des professeurs d'école normale ou à des candidats pourvus du certificat d'aptitude au professorat, qui se destinent à l'enseignement des langues vivantes.

CHAPITRE VII

CLASSES D'ADULTES OU D'APPRENTIS.

Art. 98. — La création des classes publiques d'adultes ou d'apprentis est soumise aux mêmes formalités légales que la création d'écoles primaires publiques.

Art. 99. — Dans les classes d'adultes ou d'apprentis, l'enseignement a un caractère pratique et plus spécialement approprié aux professions.

Art. 100. — Ne peuvent être admis à suivre les classes d'adultes que les enfants âgés d'au moins treize ans.

Art. 101. — Les classes d'adultes ou d'apprentis sont soumises aux mêmes inspections que les écoles primaires.

Art. 102. — Dans les classes publiques d'adultes ou d'apprentis il y aura un registre d'appel régulièrement tenu.

Chaque élève aura obligatoirement un cahier sur lequel il consignera, jour par jour, et à leur date, tous les devoirs et exercices faits par lui. Ce cahier restera déposé à l'école, de façon que les résultats de la classe puissent toujours et sûrement être contrôlés par les autorités.

Art. 103. — Quand une classe publique d'adultes ou d'apprentis aura été régulièrement créée, il pourra lui être alloué, sur la proposition du Préfet, à titre d'encouragement ou de récompense : 1° une subvention de l'État, qui ne pourra dépasser la moitié des frais de tenue et d'entretien qu'elle entraîne ; 2° des concessions de matériel d'enseignement.

Art. 104. — La subvention de l'État ne peut être accordée à des classes publiques d'adultes ou d'apprentis, après épuisement des ressources communales, que si ces classes durent cinq mois au moins, si la commune se charge des frais de chauffage et d'éclairage, et si elle contribue en outre à la rémunération des instituteurs qui dirigent ces classes.

Art. 105. — Des décisions ministérielles détermineront les conditions d'organisation et de subvention des classes publiques d'adultes ou d'apprentis.

TITRE II

Des titres de capacité.

CHAPITRE 1er

Art. 106. — Les titres de capacité de l'enseignement primaire sont :

1° Le brevet élémentaire et le brevet supérieur ;

2° Les certificats d'aptitude professionnelle : — certificat d'aptitude pédagogique, — certificat d'aptitude au professorat des écoles normales et des écoles primaires supérieures, — certificat d'aptitude à l'inspection des écoles primaires et à la direction des écoles normales, — certificat d'aptitude à l'inspection des écoles maternelles ;

3° Les certificats spéciaux pour les enseignements accessoires : certificat d'aptitude à l'enseignement des langues vivantes, — certificat d'aptitude à l'enseignement du travail manuel, — certificat d'aptitude à l'enseignement du dessin, — certificat d'aptitude à l'enseignement du chant, — certificat d'aptitude à l'enseignement de la gymnastique, — certificat d'aptitude à l'enseignement élémentaire des travaux de couture, — certificat d'aptitude à l'enseignement des exercices militaires.

CHAPITRE II

DES CONDITIONS A REMPLIR PAR LES CANDIDATS.

Art. 107. — Pour se présenter aux examens du brevet élémentaire, tout candidat doit avoir au moins 16 ans le 1er octobre de l'année durant laquelle il se présente.

Pour se présenter aux examens du brevet supérieur, tout candidat doit justifier de la possession du brevet élémentaire et avoir 18 ans révolus le jour de l'ouverture de la session du brevet supérieur.

Des dispenses d'âge peuvent être accordées par l'Inspecteur d'Académie pour l'un et l'autre brevet, pourvu qu'elles ne dépassent pas une durée de trois mois.

La dispense est de droit pour tout candidat au brevet élémentaire qui est pourvu du certificat d'études primaires supérieures, quel que soit son âge.

Art. 108. — Les candidats au certificat d'aptitude pédagogique doivent avoir 21 ans au moment de leur inscription, être pourvus du brevet élémentaire et justifier de deux années d'exercice au moins dans les écoles publiques ou dans les écoles privées, sauf les cas prévus par l'article 23 de la loi du 30 octobre 1886.

Art. 109. — Les candidats à l'examen du professorat des écoles normales et des écoles primaires supérieures doivent être âgés de 21 ans révolus au moment de leur inscription, être pourvus du brevet supérieur *ou de l'un des baccalauréats ou (pour les femmes) du diplôme de fin d'études*, et justifier de deux ans d'exercice au moins dans les écoles publiques ou dans les écoles privées.

Art. 110. — Les aspirants au certificat d'aptitude, à l'inspection des écoles primaires et à la direction des écoles normales doivent être âgés de 25 ans révolus au moment de leur inscription, justifier de cinq ans d'exercice au moins dans les établissements publics d'enseignement supérieur, secondaire ou primaire, et être pourvus de l'un des titres suivants : certificat d'aptitude au professorat, licence ès lettres ou ès sciences, certificat d'aptitude à l'enseignement secondaire spécial, baccalauréat ès lettres et baccalauréat ès sciences, ou, à défaut de ce dernier, baccalauréat de l'enseignement secondaire spécial.

Les aspirantes à la direction des écoles normales doivent remplir les mêmes conditions que les aspirants.

Art. 111. — Les aspirantes au certificat d'aptitude à l'inspection des écoles maternelles doivent être âgées de 25 ans au moins au moment de leur inscription, être pourvues soit du brevet supérieur et du certificat d'aptitude pédagogique, soit du certificat d'aptitude à l'enseignement secondaire des jeunes filles, et justifier de cinq ans d'exercice dans les établissements publics d'enseignement secondaire ou primaire.

Art. 112. — Les candidats au certificat d'aptitude à l'enseignement des langues vivantes doivent être âgés de 21 ans révolus au moment de leur inscription et justifier de deux ans d'exercice dans les établissements publics ou privés d'enseignement secondaire ou primaire ou d'un temps équivalent de séjour à l'étranger. Ils doivent en outre être pourvus : les aspirants, du brevet supérieur ou de l'un des trois baccalauréats ; les aspirantes, du brevet supérieur ou du diplôme de fin d'études de l'enseignement secondaire.

Art. 113. — Les candidats au certificat d'aptitude à l'enseignement du travail manuel doivent être âgés de 21 ans révolus au moment de leur inscription. Les aspirants doivent être pourvus du brevet supérieur, ou du baccalauréat ès sciences, ou du baccalauréat de l'enseignement secondaire spécial ; les aspirantes, du brevet supérieur ou du diplôme de fin d'études de l'enseignement secondaire.

Art. 114. — Les candidats au certificat d'aptitude à l'enseignement du dessin, du chant, de la gymnastique, ainsi que les candidats au certificat d'aptitude à l'enseignement élémentaire des travaux de couture, ou à l'enseignement des exercices militaires doivent être âgés de 18 ans révolus au moment de leur inscription.

Art. 115. — Aucune dispense d'âge ou de stage ne peut être accordée pour l'un quelconque des examens mentionnés aux articles 109 à 114 ci-dessus que par décision ministérielle rendue sur l'avis du Recteur et du Comité consultatif de l'enseignement primaire.

Le temps passé dans les Écoles normales supérieures de Fontenay-aux-Roses et de Saint-Cloud compte comme années de stage.

Art. 116. — Les professeurs d'école normale, s'ils sont chargés de l'enseignement d'une des matières accessoires énumérées à l'article 21 de la loi du 30 octobre 1886 et s'ils sont pourvus du certificat d'aptitude correspondant, reçoivent, outre leur traitement, une indemnité annuelle, non soumise à retenue.

Les professeurs d'école normale qui ont obtenu antérieurement le certificat d'aptitude à l'enseignement des langues vivantes pour l'enseignement secondaire, où le certificat d'aptitude à l'enseignement du travail manuel, jouissent de l'indemnité spécifiée ci-dessus, s'ils sont chargés de l'enseignement de l'une de ces matières accessoires.

CHAPITRE III

DES SESSIONS D'EXAMEN ET DE LA COMPOSITION DES COMMISSIONS.

Art. 117. — Les commissions d'examen pour le brevet élémentaire, pour le brevet supérieur, et pour le certificat d'aptitude pédagogique, tiennent deux sessions ordinaires par an.

Ces commissions sont nommées chaque année par le Recteur sur la proposition de l'Inspecteur d'Académie, et siègent dans chaque chef-lieu de département, sauf les exceptions que le Ministre de l'Instruction publique pourra autoriser, sur la proposition du Recteur.

Siègent également au chef-lieu du département les commissions d'examen pour le certificat d'aptitude à l'enseignement élémentaire des travaux de couture et pour le certificat d'aptitude à l'enseignement des exercices militaires.

Pour tous les autres examens, les commissions siègent à Paris. Elles sont nommées chaque année par le Ministre de l'Instruction publique.

Le Ministre de l'Instruction publique peut autoriser des sessions extraordinaires pour tous les examens.

Art. 118. — Les commissions d'examen pour le brevet élémentaire et pour le brevet supérieur sont composées d'au moins sept membres.

Chacune d'elles nomme son président et son secrétaire. Deux inspecteurs de l'enseignement primaire en font nécessairement partie. Les autres membres sont particulièrement choisis parmi les membres de l'enseignement primaire public (directeurs et directrices d'écoles normales, d'écoles primaires supérieures et d'écoles primaires élémentaires), parmi les professeurs des établissements d'enseignement supérieur ou secondaire et des écoles normales, parmi les membres de l'enseignement privé, et enfin, s'il y a lieu, parmi les anciens membres de l'enseignement public ou privé.

Ces commissions ne peuvent délibérer régulièrement sur l'admissibilité ou l'admission définitive des candidats qu'autant que cinq de leurs membres sont présents. Les délibérations sont prises à la majorité des suffrages. En cas de partage, la voix du président est prépondérante.

Art. 119. — Les épreuves écrites ou orales des deux brevets ne dépasseront, dans aucun cas, le niveau moyen des programmes du cours supérieur des écoles primaires pour le brevet élémentaire ni des programmes des écoles normales d'instituteurs et d'institutrices pour le brevet supérieur.

Art. 120. — Les commissions d'examen pour le certificat d'aptitude pédagogique sont présidées par l'Inspecteur d'Académie et composées de dix membres au moins choisis parmi les inspecteurs de l'enseignement primaire, les directeurs, directrices et professeurs d'écoles normales ou d'écoles primaires supérieures, et les instituteurs ou institutrices du département. S'il y a dans le département une inspectrice des écoles maternelles, elle fait nécessairement partie de la commission.

Si les candidats inscrits dans un département sont trop nombreux, le Recteur peut instituer d'autres commissions d'examen en tel nombre qu'il jugera nécessaire.

Art. 121. — Toute communication entre les candidats pendant les épreuves, toute fraude ou toute tentative de fraude commise dans un quelconque des examens ci-dessus spécifiés, entraîne l'exclusion du candidat.

L'exclusion provisoire sera prononcée par le Président ou par le membre de la commission qu'il aura délégué pour le remplacer dans la surveillance des épreuves. Il en sera référé à la commission qui prononcera, s'il y a lieu, l'exclusion définitive.

Les faits qui auront motivé l'exclusion d'un candidat feront l'objet d'un rapport adressé par le Président de la commission à l'Inspecteur d'Académie. L'Inspecteur d'Académie, après avoir dûment appelé le candidat et l'avoir entendu en ses moyens de défense, pourra le traduire devant le Conseil départemental. Le Conseil pourra prononcer l'interdiction pour le candidat de se présenter au même examen ou à tous les examens de l'enseignement primaire pendant une ou plusieurs sessions, sans que cette interdiction puisse s'étendre à une période de plus de deux années.

Si la fraude n'est découverte qu'après la délivrance du titre, le Ministre peut en prononcer le retrait.

Art. 122. — Un arrêté ministériel, délibéré en Conseil supérieur de l'Instruction publique, réglera la forme de chacun des examens, ainsi que le fonctionnement de chacune des commissions.

TITRE III

Des autorités préposées à l'enseignement. — Des Conseils de l'enseignement primaire.

CHAPITRE PREMIER

DE L'INSPECTION.

SECTION Ire. — Inspecteurs généraux.

Art. 123. — Les Inspecteurs généraux sont nommés par le Président de la République, sur la proposition du Ministre de l'Instruction publique.

Ils sont répartis en deux classes. Nul ne peut être promu à la première classe, s'il n'a passé cinq ans au moins dans la seconde.

Art. 124. — Les Inspecteurs généraux se réunissent en Comité consultatif sous la présidence du Directeur de l'enseignement primaire, pour étudier les questions qui leur sont soumises par le Ministre.

SECTION II. — Inspecteurs de l'enseignement primaire.

Art. 125. — Nul ne peut être nommé inspecteur de l'instruction primaire, s'il n'est pourvu du certificat d'aptitude à l'inspection.

Art. 126. — Les fonctions d'inspecteur de l'instruction primaire sont incompatibles avec tout autre emploi public rétribué.

Toutefois le Ministre peut autoriser les inspecteurs primaires à accepter les fonctions d'inspecteur des enfants employés dans les manufactures.

Art. 127. — Les inspecteurs primaires sont répartis en classes. La classe est attachée à la personne et non à la résidence.

Une indemnité de résidence pourra être accordée aux inspecteurs primaires dans des conditions qui seront déterminées par un arrêté spécial.

Pour être promu à une classe supérieure, il faut avoir passé trois ans dans la classe immédiatement inférieure et être porté sur un tableau d'avancement dressé chaque année en Comité des Inspecteurs généraux.

Art. 128. — Les inspecteurs de l'instruction primaire sont placés sous l'autorité immédiate de l'Inspecteur d'Académie; ils ne reçoivent d'instructions que de lui ou du Recteur, des Inspecteurs généraux et du Ministre.

Art. 129. — Ils inspectent les écoles primaires publiques et privées de leur circonscription ;

Ils assistent avec voix délibérative aux réunions des délégués cantonaux prescrites par l'article 52 de la loi du 30 octobre 1886 ;

Ils font partie de droit de toutes les Commissions scolaires de leur circonscription et veillent à l'exécution de la loi du 28 mars 1882 ;

Ils président les conférences cantonales d'instituteurs, et les commissions d'examen chargées de délivrer le certificat d'études primaires.

Ils instruisent toutes les affaires relatives à la création ou à la construction des écoles publiques, à l'ouverture des écoles privées, des classes d'adultes ou d'apprentis, à l'établissement des caisses des écoles, aux demandes formées par les instituteurs publics et aux déclarations faites par les instituteurs privés à l'effet d'ouvrir un pensionnat primaire ;

Ils donnent leur avis sur la nomination et l'avancement des instituteurs et des institutrices des écoles publiques, sur les récompenses à accorder ou les peines disciplinaires à infliger au personnel enseignant.

Art. 130. — Des arrêtés ministériels déterminent le nombre et l'étendue des circonscriptions d'inspection primaire dans chaque département, ainsi que le lieu de résidence des inspecteurs.

Art. 131. — Les inspecteurs de l'instruction primaire reçoivent, pour frais de tournée, une indemnité calculée à raison de 10 francs par jour.

SECTION III. — Inspectrices générales et inspectrices départementales des écoles maternelles.

Art. 132. — Les Inspectrices générales et les Inspectrices départementales des écoles maternelles sont nommées par le Ministre.

Art. 133. — Nulle ne peut être nommée Inspectrice générale sans avoir au moins 35 ans d'âge et cinq ans de services dans l'enseignement public ou privé, et sans être pourvue du certificat d'aptitude à l'inspection des écoles maternelles.

Une Inspectrice générale fait partie du Comité consultatif de l'enseignement primaire au ministère de l'Instruction publique.

Art. 134. — Nulle ne peut être nommée inspectrice départementale sans avoir 30 ans d'âge et trois ans de services dans l'enseignement public ou privé, et sans être pourvue du certificat d'aptitude à l'inspection des écoles maternelles.

Les Inspectrices départementales donnent leur avis sur la nomination et la révocation des directrices et sous-directrices d'écoles maternelles publiques, ainsi que sur les récompenses qui peuvent leur être accordées.

Art. 135. — Les dispositions des articles 128 et 131 ci-dessus sont applicables aux Inspectrices départementales des écoles maternelles.

SECTION IV. — Des autres autorités chargées de l'inspection et de la surveillance des écoles.

Art. 136. — Nul ne peut être délégué cantonal, s'il n'est Français et âgé de 25 ans au moins.

Art. 137. — Nul chef ou professeur d'un établissement quelconque d'instruction primaire ne peut être délégué cantonal.

Art. 138. — Les délégués cantonaux n'ont entrée que dans les écoles soumises spécialement par le Conseil départemental à la surveillance de chacun d'eux.

Ils communiquent aux inspecteurs de l'instruction primaire tous les renseignements utiles qu'ils ont pu recueillir.

Art. 139. — Ils peuvent être consultés sur la convenance des locaux que les communes sont obligées de fournir pour la tenue de leurs écoles publiques;

Sur la fixation du nombre des écoles à établir dans les communes et sur l'opportunité de la création d'écoles de hameau;

Sur les demandes de création d'emplois d'instituteur adjoint et d'institutrice adjointe.

Art. 140. — L'inspection des autorités préposées à la surveillance des écoles en vertu des paragraphes 4 et 5 de l'article 9 de la loi du 30 octobre 1886 portera, dans les écoles publiques, sur l'état des locaux et du matériel, sur l'hygiène et sur la tenue des élèves.

Elle ne pourra jamais porter sur l'enseignement.

Art. 141. — Les médecins désignés au paragraphe 7 de l'article 9 de la loi précitée n'auront entrée dans les écoles qu'après avoir été agréés par le Préfet.

Ils devront remplir les conditions mentionnées en l'article 136 du présent décret.

Leur inspection ne pourra porter que sur la santé des enfants, la salubrité des locaux et l'observation des règles de l'hygiène scolaire.

Art. 142. — Les dames spécialement déléguées pour l'inspection et la surveillance des internats de jeunes filles sont nommées par le Ministre, sur la proposition de l'Inspecteur d'Académie et avec l'agrément du Préfet.

Elles doivent être âgées de 30 ans au moins.

Leur mission est gratuite. Toutefois une indemnité peut leur être allouée pour frais de déplacement.

Art. 143. — Elles visitent les établissements qui leur sont désignés par l'Inspecteur d'Académie.

Leur inspection porte exclusivement sur le régime intérieur du pensionnat et sur l'état des locaux affectés aux élèves internes. Elles s'assurent que les règles de l'hygiène sont observées dans l'établissement et que les dortoirs ne contiennent pas plus d'enfants qu'ils ne doivent en recevoir d'après le chiffre fixé par le Conseil départemental.

Leurs observations sont consignées dans un rapport écrit qu'elles adressent à l'Inspecteur d'Académie.

Dispositions générales.

Art. 144. — En dehors des autorités désignées par l'article 9 de la loi du 30 octobre 1886, nul ne peut inspecter ni surveiller aucun établissement d'instruction primaire.

Art. 145. — L'entrée des écoles publiques de tout ordre est formellement interdite, à moins d'autorisation spéciale, à toute personne autre que celles qui sont désignées par la loi pour l'inspection et la surveillance des établissements d'instruction primaire.

Toutefois les Préfets et Sous-Préfets ont entrée dans les écoles publiques de leurs départements ou de leurs arrondissements respectifs.

CHAPITRE II

CONSEILS DÉPARTEMENTAUX.

Art. 146. — Le Conseil départemental siège à la Préfecture.

Le jour de chaque réunion est fixé par le Président. L'ordre de jour est envoyé aux membres du Conseil.

Art. 147. — Quand le Préfet et l'Inspecteur d'Académie sont tous les deux absents ou empêchés, la séance est présidée par le plus âgé des membres présents.

Le Conseil départemental nomme son secrétaire.

Art. 148. — A moins d'une autorisation du Préfet, les procès-verbaux du Conseil départemental ne peuvent être communiqués qu'aux membres du Conseil.

Art. 149. — Le Préfet fait transcrire sur le registre des délibérations du Conseil les résultats des élections à la suite desquelles ont été nommés membres du Conseil départemental ou adjoints à ce

Conseil, les Conseillers généraux, les instituteurs et les institutrices publics et les deux membres de l'enseignement privé.

Les décisions ministérielles par lesquelles ont été désignés les deux Inspecteurs de l'enseignement primaire y sont également transcrites.

Art. 150. — Pour les décisions du Conseil départemental, le vote a lieu par mains levées.

Dans les affaires disciplinaires, le vote a lieu au scrutin secret.

CHAPITRE III

COMMISSIONS SCOLAIRES.

Art. 151. — Lorsqu'il y a lieu de procéder à la nomination d'un ou de plusieurs membres d'une Commission scolaire, le Préfet invite le maire à saisir de l'affaire le Conseil municipal, et lui fixe à cet effet un délai. Faute par le maire de se conformer à cette invitation, ou sur le refus du Conseil municipal, le Préfet met le maire ou le Conseil en demeure de faire les nominations nécessaires dans un temps qui ne peut excéder quinze jours. Si cette mise en demeure reste sans effet, il désigne lui-même les membres de la Commission scolaire, conformément au second paragraphe de l'article 54 de la loi du 30 octobre 1886.

Art. 152. — L'inspecteur primaire ne peut se faire remplacer comme membre d'une Commission scolaire.

Art. 153. — Le mandat des membres des commissions scolaires désignés par l'Inspecteur d'Académie est indépendant du renouvellement des Conseils municipaux : il ne prend fin que par le décès, la démission ou la révocation des titulaires. Le droit de révocation appartient à l'Inspecteur d'Académie.

Art. 154. — Les membres des Commissions scolaires n'ont pas l'entrée des écoles. Ils n'ont aucun droit d'inspection ou de contrôle ni sur les établissements d'instruction ni sur les maîtres.

Art. 155. — Quand, depuis la dernière réunion d'une Commission scolaire, trois mois se sont écoulés sans convocation nouvelle, l'inspecteur primaire avisera du fait l'Inspecteur d'Académie qui en référera au Préfet. Le Préfet mettra aussitôt le maire en demeure de réunir la Commission et lui fixera à cet effet un délai qui ne pourra dépasser quinze jours. Copie de la lettre adressée au maire sera transmise par le Préfet à l'Inspecteur d'académie qui la fera parvenir à l'Inspecteur primaire. Si le délai accordé par le Préfet expire sans que la Commission ait été réunie, l'Inspecteur primaire procède lui-même d'office à la convocation.

Art. 156. — L'appel des décisions des Commissions scolaires est formé par simple lettre sur papier libre. S'il émane des parents, la lettre doit être adressée au Président du Conseil départemental, au maire de la commune, et à l'Inspecteur primaire de la circonscription. Si l'appelant est l'Inspecteur primaire, il adresse une lettre au Président du Conseil départemental, une autre au maire de la commune, une troisième aux parents, tuteurs ou autres personnes responsables de l'enfant.

Art. 157. — Les personnes citées devant les Commissions scolaires doivent comparaître personnellement : elles ne peuvent se faire assister ni représenter par des mandataires. Lorsqu'elles sont empêchées de comparaître, elles peuvent présenter par écrit leurs explications ou solliciter la remise de l'affaire à une autre séance.

TITRE IV

De l'enseignement privé.

CHAPITRE Ier

DES CONDITIONS D'OUVERTURE DES ÉCOLES PRIVÉES. — FORMALITÉS A REMPLIR. PIÈCES A PRODUIRE. — OPPOSITIONS. — APPELS.

Art. 158. — Il est ouvert dans chaque mairie un registre spécial destiné à recevoir les déclarations des instituteurs qui veulent établir des écoles privées.

Chaque déclaration indiquant la nature de l'école qu'il s'agit d'ouvrir doit être signée sur le registre par le déclarant et par le maire qui en fait immédiatement établir quatre copies sur papier libre.

L'une de ces copies est affichée à la porte de la mairie, où elle demeure pendant un mois. L'observation de cette formalité est prouvée par un certificat d'affichage que le maire dresse, signe et envoie directement, dans les trois jours de la déclaration, à l'Inspecteur d'Académie.

Les trois autres copies sont, ainsi que le récépissé mentionné par le second paragraphe de l'article 37 de la loi du 30 octobre 1886, remises gratuitement par le maire à l'instituteur.

L'instituteur adresse une de ces copies au Préfet, une autre au Procureur de la République ; il lui en est délivré récépissé.

La troisième copie est adressée par le déclarant à l'Inspecteur d'Académie qui la fait transcrire sur un registre spécial ouvert à cet effet dans ses bureaux.

L'instituteur doit adresser à l'Inspecteur d'Académie, en même temps que la copie de sa déclaration :

1° Les pièces énumérées dans le premier paragraphe de l'article 38 de la loi du 30 octobre 1886 ;

2° Celles qui sont destinées à établir qu'il est Français.

Récépissé de toutes ces pièces est donné à l'instituteur par l'Inspecteur d'Académie.

Ces mêmes formalités sont exigées de tout instituteur qui succède à un autre dans la direction d'une école privée.

Art. 159. — A l'expiration des huit jours qui suivent la déclaration par lui reçue, le maire fait savoir par écrit au Préfet, à l'Inspecteur d'Académie, ainsi qu'au déclarant, s'il s'oppose ou non à l'ouverture de l'école. Dans le cas où il fait opposition, il indique les motifs sur lesquels cette opposition est fondée.

Art. 160. — Le délai d'un mois accordé par la loi à l'Inspecteur d'Académie pour faire opposition ne court que du jour où il a délivré récépissé des pièces qui doivent lui être adressées d'après l'article 158 ci-dessus.

Art. 161. — Quand l'Inspecteur d'Académie fait opposition à l'ouverture d'une école, il doit immédiatement en aviser le Préfet et lui transmettre le dossier de l'affaire. Il doit également notifier par écrit sa décision à l'instituteur, en lui faisant connaître les motifs sur lesquels son opposition est fondée.

Art. 162. — Lorsque le maire ou l'Inspecteur d'Académie a fait opposition à l'ouverture d'une école, le Préfet désigne un rapporteur pris parmi les membres du Conseil, et, huit jours au moins avant la séance fixée pour le jugement de l'opposition, invite le déclarant à comparaître ou à se faire représenter devant le Conseil départemental.

Art. 163. — Au jour fixé pour le jugement, le Conseil départemental prend connaissance de l'arrêté d'opposition ; il entend dans leurs explications l'intéressé, son conseil ou son représentant ; il reçoit, s'il y a lieu, les dépositions des témoins, et, après avoir examiné les différentes pièces qui composent le dossier de l'affaire et en avoir délibéré hors de la présence du déclarant, il statue sur l'opposition.

Art. 164. — La décision du Conseil départemental est notifiée dans les huit jours par les soins du Préfet tant au déclarant qu'à l'auteur de l'opposition.

Le Préfet est tenu d'avertir les parties qu'elles ont le droit de se pourvoir devant le Conseil supérieur dans les dix jours, à partir du jour où la décision du Conseil départemental leur a été notifiée.

Art. 165. — Le recours de l'instituteur ou du maire contre la décision du Conseil départemental est reçu au bureau de l'Inspecteur d'Académie : il en est donné récépissé.

Le recours de l'Inspecteur d'Académie est formé par une décision qu'il notifie à la partie intéressée.

L'Inspecteur d'Académie fait parvenir au Préfet, dans le plus bref délai, la déclaration d'appel qu'il a reçue ou la décision qu'il a prise lui-même. Le Préfet adresse ces pièces, avec le dossier de l'affaire, au Ministre de l'Instruction publique, qui en saisit le Conseil supérieur.

Art. 166. — Dans le cas d'ouverture d'une des écoles dont il est fait mention à l'article 43 de la loi du 30 octobre 1886, les déclarations prescrites par les articles 37 et 38 de ladite loi doivent être faites par l'instituteur à qui la direction de cette école est confiée.

Art. 167. — Les personnes préposées par la loi à l'inspection des établissements d'instruction primaire (Inspecteurs généraux, Recteurs et Inspecteurs d'Académie, Inspecteurs primaires) ont le droit de se faire présenter, dans les écoles privées, les livres en usage et les cahiers des élèves.

Elles dressent procès-verbal de toutes les contraventions qu'elles reconnaissent.

Si la contravention consiste dans l'emploi d'un livre interdit conformément à l'article 5 de la loi du 27 février 1880, ce livre peut être saisi; il est joint au procès-verbal.

Art. 168. — Il doit être ouvert, dans toute école primaire privée, un registre spécial destiné à recevoir les nom, prénoms, date et le lieu de naissance des maîtres et employés, l'indication des emplois qu'ils occupaient précédemment et des lieux où ils ont résidé, ainsi que la date des brevets et diplômes dont ils seraient pourvus.

Les autorités préposées à la surveillance de l'instruction publique doivent toujours se faire représenter ces registres quand elles inspectent les écoles.

Art. 169. — Les établissements privés d'enseignement primaire supérieur désignés par le Ministre peuvent recevoir des boursiers nationaux aux mêmes conditions que les établissements publics. Ces établissements seront soumis à l'inspection de l'État.

Les établissements privés d'enseignement primaire supérieur ne peuvent recevoir des boursiers nationaux que s'ils remplissent, au point de vue du personnel, de l'installation matérielle et des études, toutes les conditions exigées des établissements publics.

Toutefois les bourses actuellement en cours dans des établissements privés qui ne rempliraient pas ces conditions ne seront supprimées que par voie d'extinction.

CHAPITRE II

DES RÈGLES SPÉCIALES A L'ÉTABLISSEMENT DES PENSIONNATS PRIMAIRES PRIVÉS.

Art. 170. — Tout instituteur privé qui veut ouvrir un pensionnat primaire doit justifier qu'il s'est soumis aux prescriptions édictées par la loi du 30 octobre 1886 relativement à l'ouverture des écoles privées.

Le plan qu'il est tenu de produire doit être certifié conforme au local par le maire de la commune. Il doit indiquer avec précision la destination de chacune des pièces affectées au pensionnat, ainsi que les dimensions desdites pièces (longueur, largeur et hauteur).

Art. 171. — L'instituteur qui veut ouvrir à la fois une école privée et un pensionnat primaire peut accomplir simultanément les formalités prescrites tant pour le pensionnat que pour l'école.

Art. 172. — Les dispositions du chapitre précédent du présent décret relatives aux conditions d'ouverture et de fonctionnement des écoles privées sont applicables aux pensionnats primaires privés.

Art. 173. — A défaut d'opposition à l'ouverture d'un pensionnat privé, ainsi que dans le cas où il a été donné mainlevée de l'opposition qui aurait été formée, le Conseil départemental détermine le nombre maximum d'élèves qui peuvent être admis dans le local affecté au pensionnat, et le nombre des maîtres nécessaires pour la surveillance de ces élèves. Mention en est faite par l'Inspecteur d'Académie sur le plan du local. Ce plan est renvoyé à l'instituteur, qui est tenu de le représenter aux autorités préposées à la surveillance des écoles, chaque fois qu'il en est requis.

Art. 174. — L'instituteur qui ne s'est pas conformé aux mesures prescrites par le Conseil départemental, dans l'intérêt des mœurs et de la santé des élèves, peut être traduit devant ledit Conseil pour subir l'application de l'article 41 de la loi du 30 octobre 1886.

Art. 175. — Tout instituteur qui reçoit des pensionnaires doit tenir un registre sur lequel il inscrit les nom, prénoms, le lieu et la date de naissance de ses élèves pensionnaires, la date de leur entrée, et celle de leur sortie.

Chaque année, il transmet, avant le 1er novembre, à l'Inspecteur d'Académie un rapport sur la situation et le personnel de son établissement.

Art. 176. — Aucun pensionnat primaire ne peut être établi dans des locaux dont le voisinage serait reconnu dangereux pour la moralité ou la santé des élèves.

Art. 177. — Aucun pensionnat ne peut être annexé à une école primaire privée qui reçoit des enfants des deux sexes.

Art. 178. — Les dortoirs doivent être spacieux, aérés et dans des dimensions qui soient en rapport avec le nombre des pensionnaires. Ils doivent contenir au moins quinze mètres cubes d'air par élève.

Ils doivent être surveillés et éclairés pendant la nuit.

Une pièce spéciale doit être affectée au réfectoire.

Art. 179. — Lorsque, par application des articles 40 et 42 de la loi du 30 octobre 1886, un pensionnat primaire se trouve dans le cas d'être fermé, le Préfet, l'Inspecteur d'Académie et le Procureur de la République doivent se concerter pour que les parents ou tuteurs des élèves soient avertis sans retard, et pour que les élèves pensionnaires dont les parents ne résident pas dans la localité soient provisoirement recueillis dans une maison convenable, jusqu'à ce qu'il ait été possible de les rendre à leurs familles.

CHAPITRE III

DES CONDITIONS D'EXERCICE DES FONCTIONS D'ENSEIGNEMENT DANS LES ÉCOLES PRIVÉES. — SITUATION DES ÉTRANGERS.

Art. 180. — La possession des titres de capacité exigée des directeurs ou directrices de cours complémentaires publics est également exigée des directeurs et directrices de cours complémentaires privés.

Art. 181. — L'étranger qui veut exercer dans une école privée comme professeur, instituteur adjoint ou maître surveillant, doit adresser au Ministre de l'Instruction publique une demande et y joindre :

1° Un certificat constatant qu'il est admis à jouir des droits civils en France ;

2° Son acte de naissance dûment légalisé ;

3° Son brevet de capacité ;

4° L'indication des lieux où il a résidé et les professions qu'il a exercées. Cette indication sera appuyée d'attestations émanées soit des autorités du pays auquel appartient le postulant, soit des autorités françaises, et prouvant la sincérité de ses déclarations.

Art. 182. — L'autorisation d'enseigner accordée par le Ministre, après avis du Conseil départemental, pourra toujours être retirée dans les mêmes formes.

Art. 183. — L'étranger qui ne possède pas le titre de capacité français pourra produire le diplôme qu'il a obtenu dans son pays.

Le Ministre, après avis du Comité consultatif de l'enseignement primaire, prononcera, s'il y a lieu, l'équivalence de ce diplôme avec un diplôme français.

Art. 184. — Il ne pourra être accordé d'équivalence pour aucun autre titre de capacité que le brevet élémentaire et pour les diplômes spéciaux énumérés par le 3° paragraphe de l'article 106 ci-dessus.

Ne seront considérés comme équivalents que les titres de capacité qui donnent à celui qui les possède le droit d'enseigner dans son pays, et qui attestent en outre la connaissance de la langue française.

Art. 185. — L'étranger admis à jouir des droits civils en France, qui veut diriger une école privée destinée exclusivement à des enfants étrangers résidant en France, doit en faire la déclaration conformément aux articles 37 et 38 de la loi du 30 octobre 1886 et dans les formes prescrites par les articles 158 et suivants du présent décret.

S'il ne possède pas les diplômes français, il joint aux pièces qu'il doit produire, soit la déclaration d'équivalence de ses brevets étrangers obtenue du Ministre de l'Instruction publique, après avis du Comité consultatif, soit la dispense de brevets obtenue du Ministre de l'Instruction publique, après avis du Conseil supérieur.

TITRE V
Dispositions transitoires.

Art. 186. — Pendant les deux années qui suivront la publication du présent décret, les instituteurs publics et les directeurs d'école annexe, les commis de l'inspection académique, les maîtres adjoints des écoles normales, s'ils comptent cinq ans d'exercice comme titulaires et s'ils sont pourvus du brevet supérieur et du certificat d'aptitude pédagogique, pourront, par décision ministérielle rendue sur l'avis du Recteur et du Comité consultatif, être dispensés de produire le certificat d'aptitude au professorat pour se présenter aux examens du certificat d'aptitude à l'inspection primaire et à la direction des écoles normales.

Art. 187. — Dans l'année qui suivra la publication du présent décret, les Conseils départementaux devront, après avis des Conseils municipaux intéressés et des Inspecteurs d'académie, statuer sur le caractère à attribuer aux écoles enfantines publiques et classer lesdites écoles soit comme écoles primaires élémentaires, soit comme écoles maternelles.

Les décisions rendues par les Conseils départementaux devront être soumises à l'approbation du Ministre de l'Instruction publique.

Art. 188. — Les directeurs et les directrices des écoles privées qui existent sous la dénomination d'écoles enfantines devront, dans le délai de trois mois à dater de la publication du présent décret, déclarer s'ils veulent que l'école qu'ils dirigent soit considérée comme école maternelle ou comme école primaire élémentaire, l'une ou l'autre avec ou sans annexion d'une classe enfantine.

Art. 189. — La disposition de l'article 70 du présent décret, en vertu de laquelle les aspirants aux écoles normales doivent être pourvus du brevet élémentaire, ne sera appliquée qu'à partir du concours d'admission de 1888.

Jusqu'à cette époque, les candidats ne sont tenus de justifier que de la possession du certificat d'études primaires.

Art. 190. — Tous les instituteurs et toutes les institutrices exerçant dans les écoles publiques comme adjoints et adjointes lors de la promulgation de la loi du 30 octobre 1886 et qui ne sont pas pourvus du certificat d'aptitude pédagogique, sont classés dans la catégorie des stagiaires, mais ils conservent le bénéfice de la nomination qu'ils ont obtenue du Préfet, et leur emploi ne pourra leur être retiré que par l'effet d'une révocation, prononcée dans les conditions prescrites par l'article 31 de la loi précitée.

Art. 191. — Les stagiaires qui, au moment de la promulgation de la loi du 30 octobre 1886, comptaient cinq ans au moins de services dans l'enseignement public, seront, lorsqu'ils se présenteront aux examens du certificat d'aptitude pédagogique, dispensés de l'épreuve écrite.

Art. 192. — Pendant cinq ans à dater de la publication du présent décret, les candidats au certificat d'aptitude au professorat des écoles normales, qui étaient directeurs ou directrices d'une école primaire supérieure publique ou privée au moment de la promulgation de la loi du 30 octobre 1886, seront, s'ils avaient à cette date trente ans au moins et s'ils comptaient dix ans au moins d'exercice dans l'enseignement public ou privé, dispensés d'une partie des épreuves de l'examen, dans des conditions qui seront déterminées par un arrêté ministériel pris en Conseil supérieur.

Les dispositions transitoires du présent article sont applicables au personnel enseignant des écoles primaires supérieures pourvu d'une nomination régulière au 30 octobre 1886.

Art. 193. — Les boursiers des écoles primaires supérieures continueront, jusqu'à l'expiration du temps normal de leur bourse, de jouir de la faveur qu'ils ont obtenue. Les renouvellements et les prolongations des bourses actuellement en cours dans lesdites écoles seront accordés par le Préfet, conformément aux prescriptions du présent décret.

Art. 194. — Sont rapportées toutes les dispositions contraires au présent décret.

Art. 195. — Le Ministre de l'Instruction publique et des Beaux-Arts est chargé de l'exécution du présent décret.

DÉCRET DU 12 MARS 1887
RELATIF AUX DROITS À CONSIGNER PAR LES CANDIDATS AUX BREVETS DE CAPACITÉ.

Article premier. — Tout candidat aux brevets de capacité, après avoir déposé les pièces réglementaires, reçoit de l'inspecteur d'Académie, soit directement, soit par la poste, un certificat sur papier libre, attestant qu'il a été régulièrement inscrit sur le registre ouvert à cet effet dans les bureaux de l'inspection académique.

Art. 2. — Les candidats doivent remettre ledit certificat : dans les départements, au percepteur des contributions directes de leur résidence ; à Paris, au receveur spécial des droits universitaires, et verser entre ses mains la somme de 10 fr., s'ils se présentent au brevet élémentaire ou du second ordre, de 20 fr., s'ils se présentent au brevet supérieur ou de premier ordre.

Il leur en sera délivré une quittance à souche.

Art. 3. — Au jour fixé pour l'examen, aucun candidat n'est admis à subir les épreuves sans avoir au préalable présenté au secrétaire de la commission la quittance qu'il a reçue du percepteur.

Art. 4. — Tout candidat qui, sans excuse jugée valable par le jury, ne répond pas à l'appel de son nom le jour de l'examen, perd le montant des droits qu'il a consignés.

Art. 5. — Aucune restitution, même partielle, des droits perçus n'est faite aux candidats ajournés.

Art. 6. — Les dispositions du présent décret ne sont pas applicables aux élèves des écoles normales primaires d'instituteurs et d'institutrices, lesquels sont exemptés, par la loi susvisée, de tous droits quand ils se présentent aux examens, soit du brevet élémentaire, soit du brevet supérieur.

Art. 7. — Le ministre de l'instruction publique et des beaux-arts et le ministre des finances sont chargés, chacun en ce qui le concerne, de l'exécution du présent décret, qui sera inséré au *Bulletin des lois* et au *Journal officiel*.

DÉCRET DU 7 AVRIL 1887

DÉTERMINANT LES RÈGLES DE LA CRÉATION ET DE L'INSTALLATION DES ÉCOLES PRIMAIRES PUBLIQUES.

CHAPITRE 1er

CRÉATION, ÉTABLISSEMENT ET SUPPRESSION D'ÉCOLE DANS UNE COMMUNE.

ARTICLE PREMIER. — La demande de création ou de suppression d'une des écoles ou des classes énumérées dans l'art. 1er de la loi du 30 octobre 1886, ne peut être portée devant le Conseil départemental que par le Préfet.

ART. 2. — Lorsque l'école ou la classe à créer n'est pas de celles dont l'établissement donne lieu à une dépense obligatoire pour la commune, le Préfet ne peut saisir le Conseil départemental que sur la demande de la commune et après avis de l'Inspecteur d'Académie.

ART. 3. — Lorsque, sur la proposition de l'Inspecteur d'Académie, le Préfet reconnaît qu'il est nécessaire de créer une des écoles ou des classes destinées à l'enseignement primaire public, et dont l'établissement donne lieu à une dépense obligatoire pour la commune, il invite le maire à provoquer une délibération du Conseil municipal, dans le délai d'un mois, sur la création proposée.

ART. 4. — Si le Conseil municipal a émis un avis favorable à la création de l'école, le Préfet saisit le Conseil départemental dans sa plus prochaine session.

Lorsque le Conseil municipal repousse la création proposée ou qu'il n'a pas délibéré dans le délai d'un mois, le Préfet saisit, s'il y a lieu, le Conseil départemental, après avoir consulté la délégation cantonale.

Le dossier transmis au Conseil départemental comprend :

1º Le rapport de l'Inspecteur d'Académie ; 2º la délibération du Conseil municipal ; 3º le plan topographique de la commune avec indication, s'il y a lieu, des écoles déjà établies ; 4º l'avis de la délégation cantonale ; 5º s'il s'agit de créer une école spéciale de filles, le relevé des deux derniers dénombrements officiels.

Toute décision du Conseil départemental adoptant ou rejetant une proposition de création d'école ou de classe, est soumise à l'approbation du Ministre de l'Instruction publique.

ART. 5. — Si le Conseil départemental ou le Ministre, appelés à statuer sur la création d'une école ou d'une classe, estiment que le service scolaire peut être légalement assuré par un autre moyen que celui qui est proposé, le Préfet ordonne une instruction nouvelle.

Art. 6. — Le Préfet notifie au maire la décision du Conseil départemental approuvée par le Ministre, et ordonnant la création de l'école ou de la classe. Il prescrit en même temps la convocation du Conseil municipal pour qu'il ait à délibérer, dans le plus bref délai, sur les moyens de pourvoir à l'établissement de l'école ou de la classe et au logement des maîtres : construction, acquisition ou location d'une maison, aménagement d'un immeuble appartenant à la commune.

Art. 7. — Quand l'établissement de l'école ou de la classe doit, d'après la décision prise par le Conseil municipal, entraîner des travaux de construction ou d'appropriation, le maire fait établir les plans et devis. Le Conseil municipal doit, après les avoir adoptés, voter les crédits et créer les ressources nécessaires.

Les plans et devis sont soumis à l'Inspecteur d'Académie, qui examine si le local que la commune propose est convenable et suffisant. Sur le rapport de l'Inspecteur d'Académie, et après avoir consulté le comité départemental des bâtiments civils, le Préfet décide qu'il sera donné suite au projet ou que le Conseil municipal sera invité à présenter un autre projet.

Art. 8. — Les dispositions de l'article qui précède sont applicables au cas où le Conseil municipal a voté l'acquisition d'une maison.

S'il y a lieu de recourir à l'expropriation, le décret déclaratif d'utilité publique doit être rendu après avis du Conseil d'État.

Art. 9. — Lorsque le Conseil municipal a décidé que l'école ou la classe serait établie dans un immeuble appartenant à la commune ou pris à loyer par elle, le plan des locaux qui doivent être affectés au service scolaire et au logement des maîtres et, en cas de location, les conditions du bail sont soumis à l'examen de l'Inspecteur d'Académie et à l'approbation du Préfet. Celui-ci invite le maire à conclure le bail, qui doit être passé par écrit.

Art. 10. — Lorsque le Conseil municipal a voté un emprunt de trente ans au moins, destiné à pourvoir en totalité ou en partie à la dépense prévue, et a décidé qu'une subvention serait demandée à l'État en vertu de la loi du 20 juin 1885, le Préfet, après avoir consulté sur les plans et devis l'Inspecteur d'Académie et le comité départemental des bâtiments civils, porte la demande de subvention au Conseil général dans sa plus prochaine session.

Dès que le Conseil général a donné son avis, ou immédiatement après la clôture de la session qui suit celle dans laquelle il a été saisi, s'il a refusé ou négligé de statuer, le Préfet adresse au Ministre de l'Instruction publique le dossier de l'affaire.

Art. 11. — Si le Ministre approuve le projet de construction, d'acquisition ou d'appropriation, ainsi que les plans et devis des travaux, il détermine le montant de la subvention de l'État conformément au décret du 15 février 1886, et fixe le délai dans lequel les travaux devront être exécutés.

Toutefois, en cas d'avis défavorable ou en l'absence d'avis du Conseil général, la subvention ne peut être allouée que par décret rendu en Conseil d'État, conformément à l'art. 10 de la loi du 20 mars 1883.

Art. 12. — Lorsqu'une commune reçoit une subvention de l'État en vertu de la loi du 20 juin 1885, le Préfet charge un membre du comité départemental des bâtiments civils, ou un délégué spécial de visiter les travaux et de vérifier s'ils s'exécutent conformément aux plans approuvés. Les frais et honoraires de cette vérification sont compris dans les prévisions du devis.

Art. 13. — Pendant l'exécution des travaux, la part de l'État dans l'annuité de l'emprunt n'est payée que sur la production d'un certificat délivré par le délégué nommé en exécution de l'article qui précède. Ce certificat doit constater que les travaux s'exécutent conformément aux plans approuvés par le Ministre.

La même formalité est exigée pour le payement de la première annuité venant à échéance après la réception provisoire des travaux.

Si la dépense à laquelle s'applique la subvention de l'État comprend l'achat d'un mobilier scolaire, il doit être produit, pour le payement de l'annuité venant à échéance après l'ouverture de l'école, un certificat délivré par l'Inspecteur d'Académie et constatant que la commune est en possession du mobilier tel qu'il a été détaillé au devis.

Art. 14. — Dans le cas où les travaux sont interrompus, ou ne sont pas exécutés conformément aux plans approuvés par le Ministre, le payement de la subvention de l'État est suspendu.

Si, après une mise en demeure adressée par le Préfet à la commune, l'irrégularité signalée continue, et si la modification est de nature à rendre le local moins propre à l'usage auquel il est destiné, le Ministre de l'Instruction publique peut déclarer, par une décision motivée, la commune déchue de tout droit à la subvention de l'État. Cette décision est immédiatement notifiée au maire, et portée à la connaissance des Ministres de l'Intérieur et des Finances.

La commune contre laquelle la déchéance a été prononcée doit reverser au Trésor les sommes qu'elle a déjà reçues pour la part de l'État dans les annuités.

Le délai de ce remboursement est fixé par une décision prise de concert par le Ministre de l'Intérieur et le Ministre des Finances.

Art. 15. — Dans le cas où les travaux de construction ou d'appropriation sont exécutés conformément aux plans approuvés par le Préfet ou par le Ministre, l'article 13 du décret du 18 janvier 1887 n'est pas applicable.

Art. 16. — Lorsque, par suite du rabais de l'entreprise ou pour toute autre cause, la dépense n'a pas atteint le chiffre sur lequel a été calculée la subvention de l'État, il y a lieu, conformément au quatrième paragraphe de l'article 5 de la loi du 20 juin 1885, de réduire cette subvention proportionnellement à l'économie réalisée. En conséquence, chacune des annuités restant à payer sur les fonds de l'État, jusqu'au complet amortissement de l'emprunt, est diminuée de la somme nécessaire pour que le chiffre total de la subvention soit égal à la somme qui eût dû être allouée en raison de la dépense réellement faite.

Les sommes provenant de l'emprunt et restant disponibles par suite de l'économie réalisée doivent être remboursées au prêteur ou placées au nom de la commune en rente nominative sur l'État. Les arrérages seront employés à couvrir l'augmentation mise à la charge de la commune dans le service des annuités, à raison de la réduction de la part incombant à l'État.

Art. 17. — Il y a également lieu à réduction proportionnelle conformément à l'article qui précède, dans le cas où la dépense n'a atteint le chiffre sur lequel a été calculée la subvention de l'État que par suite de modifications ou d'additions non approuvées par le Ministre de l'Instruction publique, et ne provenant pas de cas de force majeure.

Art. 18. — Les simples réparations à effectuer dans un immeuble appartenant à la commune, ou pris à bail, ne peuvent plus donner lieu à aucune subvention allouée par l'État en exécution de la loi du 20 juin 1885.

Art. 19. — Lorsque, pour une cause quelconque, le local dans lequel est installée une école ou une classe, a cessé d'être propre à cet usage, le Préfet, sur le rapport de l'Inspecteur d'Académie, et après avis du Conseil départemental de l'Instruction publique, met la commune en demeure de faire dresser les plans et devis des travaux nécessaires à l'appropriation du local, et de pourvoir à la dépense. Il fixe le délai dans lequel ces travaux doivent être exécutés.

En cas de refus de la commune, il peut prononcer l'interdiction du local.

Dans le cas où il s'agit d'une école ou d'une classe dont l'établissement donne lieu à une dépense obligatoire, si la commune refuse ou néglige de faire exécuter les travaux ou de fournir un autre local, le Préfet pourvoit à l'exécution d'office, conformément aux dispositions contenues dans le chapitre III du présent décret.

Art. 20. — Lorsqu'un Conseil municipal, sans avoir été mis en demeure, a décidé qu'une école ou une classe sera transférée dans un local nouveau, ou lorsqu'il s'agit d'installer une école dont l'établissement ne donne pas lieu à une dépense obligatoire pour la commune, le plan du local est soumis à l'examen de l'Inspecteur d'Académie et à l'approbation du Préfet.

Si le Conseil municipal a voté un emprunt de trente ans au moins, en réclamant la subvention de l'État, le Conseil général est appelé à donner son avis, et les articles 10, 11, 12, 13, 14, 15, 16 et 17 du présent décret sont applicables.

Art. 21. — Lorsque la suppression d'une école ou d'une classe est demandée, l'instruction et la décision sont soumises aux règles édictées par les articles 2, 3 et 4 du présent décret.

CHAPITRE II

CRÉATION ET ÉTABLISSEMENT D'ÉCOLE DANS UNE CIRCONSCRIPTION S'ÉTENDANT SUR LE TERRITOIRE DE PLUSIEURS COMMUNES.

Art. 22. — Le Conseil départemental ne peut autoriser la réunion de deux ou plusieurs communes limitrophes pour l'établissement et l'entretien d'une école, que si toutes les communes intéressées y consentent.

Il ne peut prescrire le rattachement des hameaux dépendant d'une commune à l'école d'une commune voisine, ou l'extension de la circonscription d'une école de hameau sur le territoire de plusieurs communes, que si l'une au moins des communes intéressées y consent.

Art. 23. — Lorsque des hameaux, voisins les uns des autres et appartenant à des communes limitrophes, sont situés à plus de trois kilomètres des chefs-lieux de leurs communes respectives, et forment ensemble un centre de population comprenant un effectif d'au moins vingt enfants d'âge scolaire, le Conseil départemental peut, malgré l'avis contraire des Conseils municipaux, réunir ces hameaux en une circonscription qui sera pourvue d'une école.

Art. 24. — Lorsqu'une circonscription scolaire s'étendant sur plusieurs communes comprend 500 habitants au moins, le Conseil départemental peut y créer une école spéciale de filles, malgré l'opposition des Conseils municipaux.

Art. 25. — Dans les cas énumérés par les trois articles qui précèdent, l'instruction de l'affaire peut être provoquée, soit par une ou plusieurs des communes intéressées, soit par l'Inspecteur d'Académie, soit enfin par le Conseil départemental ou le Ministre de l'Instruction publique, ainsi qu'il a été dit à l'article 5 du présent décret.

Art. 26. — Si la mesure est demandée par l'Inspecteur d'Académie, ou par une ou plusieurs des communes intéressées, la demande est adressée au Préfet et accompagnée : 1º d'un plan d'ensemble de la circonscription scolaire avec l'indication de l'emplacement où devait être établie l'école à créer ; 2º d'un certificat de l'agent voyer constatant que tous les groupes d'habitants compris dans la circonscription ne sont pas éloignés de plus de trois kilomètres de l'école à créer et indiquant l'état des voies de communication.

La demande indique en outre, s'il y a lieu, la proportion dans laquelle chaque commune consentirait à contribuer dans la dépense d'établissement et d'entretien de l'école.

Art. 27. — Le Préfet, après avoir pris l'avis de l'Inspecteur d'Académie, invite les maires des communes qui ne sont pas associées à la demande, à faire délibérer les Conseils municipaux et à lui adresser dans le délai d'un mois les extraits des délibérations.

Art. 28. — Si l'instruction est provoquée par le Conseil départemental ou par le Ministre de l'Instruction publique, le Préfet invite l'Inspecteur d'Académie à proposer telle mesure qu'il juge convenable pour assurer le service scolaire, et à indiquer les limites de la circonscription.

Dès que le Préfet a reçu la proposition de l'Inspecteur d'Académie, il la communique aux communes intéressées, conformément à l'article qui précède.

Art. 29. — Les Conseils municipaux consultés indiquent dans leurs délibérations la proportion dans laquelle ils estiment que leurs communes devront contribuer aux frais d'établissement et d'entretien de l'école.

Art. 30. — Sur le vu des délibérations des Conseils municipaux, ou à l'expiration du délai fixé par l'article 27, le Préfet saisit, s'il y a lieu, le Conseil départemental. La décision de ce Conseil est soumise à l'approbation du Ministre de l'Instruction publique.

Lorsque le Conseil départemental autorise ou prescrit une des mesures déterminées par les articles 22, 23 et 24 ci-dessus, il constate, s'il y a lieu, l'accord intervenu pour la répartition de la dépense ; et, en cas de désaccord entre les communes, il donne son avis sur cette répartition.

Art. 31. — Lorsque la décision favorable au projet a été approuvée par le Ministre, le Préfet, sur l'avis donné par le Conseil départemental, conformément à l'article qui précède, fixe la proportion dans laquelle chaque commune devra contribuer aux frais d'établissement et d'entretien de l'école. Il doit être tenu compte pour cette répartition de la valeur du centime dans les communes intéressées, et du chiffre de la population de chacune d'elles dans la circonscription scolaire. L'arrêté du Préfet est notifié aux communes intéressées en même temps que la décision du Conseil départemental, et il est procédé conformément à l'article 6 du présent décret.

Art. 32. — Lorsque les communes sont d'accord pour établir l'école par un des moyens indiqués dans l'article 6, le maire de la commune sur le territoire de laquelle cette école doit être établie est chargé de l'exécution de la décision.

Il fait établir, s'il y a lieu, les plans et devis des travaux de construction ou d'appropriation, et les soumet à l'examen du Conseil municipal, en l'invitant à voter les crédits et les ressources nécessaires. Il transmet ensuite les pièces du Préfet avec copie des délibérations prises.

Art. 33. — Le Préfet, après avoir consulté l'Inspecteur d'Académie sur le choix du local, communique les plans et devis aux autres communes intéressées, et les invite à fournir leurs observations, s'il y a lieu, dans le délai d'un mois, à voter les crédits et à créer les ressources nécessaires.

A l'expiration de ce délai, le Préfet soumet les plans et devis et les observations des Conseils municipaux au comité départemental des bâtiments civils. Sur l'avis de ce comité, le Préfet approuve le projet ou ordonne un supplément d'étude.

Art. 34. — Lorsque le projet adopté par les Conseils municipaux des communes intéressées comporte une acquisition ou une location d'immeuble, le maire de la commune où est situé l'immeuble passe le contrat au nom de cette commune. Il y est fait mention de l'affectation de l'immeuble au service scolaire et du droit de jouissance des communes intéressées.

Le projet d'acquisition ou de location, et les plans et devis des travaux d'appropriation sont soumis à l'examen de l'Inspecteur d'Académie et à l'approbation du Préfet. Le dernier paragraphe de l'article 33 ci-dessus est applicable.

Au cas de location, le montant du loyer est réparti entre les communes par les Conseils municipaux, et, en cas de désaccord, par le Préfet après avis du Conseil départemental, conformément à l'article 31.

Lorsqu'il est nécessaire de recourir à l'expropriation, le décret déclaratif d'utilité publique est rendu en Conseil d'État.

Art. 35. — Lorsque les communes sont d'accord pour établir l'école dans une maison appartenant à l'une d'elles, les Conseils municipaux doivent fixer une indemnité annuelle à payer à la commune propriétaire par chacune des autres communes intéressées. S'ils ne peuvent s'entendre pour la fixation de cette indemnité, ou pour la contribution de chacune des communes, le Préfet statue, après avis du Conseil départemental, conformément à l'article 31.

Art. 36. — Si, pour l'établissement de l'école, les Conseils municipaux proposent des moyens différents ou s'ils ne sont pas d'accord sur les travaux de construction ou d'appropriation à exécuter, ils sont mis en demeure de délibérer à nouveau et de transmettre au Préfet, dans le délai de deux mois, le résultat de leurs délibérations. Il leur est rappelé qu'ils peuvent provoquer une conférence intercommunale, conformément à l'article 117 de la loi du 5 avril 1884.

Si, à l'expiration du délai de deux mois, les Conseils municipaux n'ont pas tous répondu, ou si le désaccord subsiste, il est procédé d'office à l'établissement de l'école, d'après les règles établies au chapitre III du présent décret.

Art. 37. — Lorsque, pour une ou plusieurs des communes intéressées, la dépense doit être couverte par un emprunt et par une subvention de l'État, il est fait application des articles 10 et 11 ci-dessus.

La subvention de l'État est fixée distinctement pour chacune des communes obligées d'y avoir recours. Lorsque la dépense prévue excède le chiffre fixé au tableau A de la loi du 20 juin 1885, la subvention est calculée sur le chiffre de l'emprunt nécessaire à la commune pour couvrir sa part dans la dépense ramenée au maximum dudit tableau.

Les articles 11 et 12 du présent décret sont applicables.

Art. 38. — Dans le cas où les travaux ne sont pas exécutés conformément aux plans et devis approuvés par le Ministre, la mise en demeure prévue par l'article 14 est adressée au maire chargé de l'exécution.

La déchéance peut être, conformément audit article, appliquée avec toutes ses conséquences aux communes qui ont obtenu une subvention de l'État.

Art. 39. — Les économies obtenues par suite du rabais de l'entreprise, ou pour toute autre cause, sont réparties entre les communes intéressées dans la même proportion que la dépense, et il y a lieu d'appliquer à celles qui reçoivent une subvention de l'État les articles 16 et 17 du présent décret.

Art. 40. — La suppression d'une école établie par plusieurs communes ne peut être demandée que par le Préfet, après avis de l'Inspecteur d'Académie et des Conseils municipaux.

Si l'immeuble construit ou acquis à frais communs cesse d'être affecté au service scolaire, la commune sur le territoire de laquelle il est situé peut le vendre ou l'affecter à un autre service.

Dans le premier cas le prix de vente, dans le second cas le montant de l'estimation, faite par un expert nommé par le Préfet, est réparti entre les communes intéressées dans la proportion fixée pour la contribution de chacune d'elles dans la dépense.

CHAPITRE III

ÉTABLISSEMENT D'OFFICE.

Art. 41. — Lorsque, par suite de la négligence ou du refus d'un Conseil municipal ou par suite du désaccord entre les communes intéressées, le local nécessaire à la tenue d'une école ou d'une classe dont l'établissement constitue une dépense obligatoire, ainsi qu'au logement des maîtres, n'a pas été fourni, ou lorsque l'école ou la classe n'a pas été munie du mobilier nécessaire, il y est pourvu d'office.

Art. 42. — Si le service scolaire peut être assuré par une location d'immeuble, le Préfet, sur l'avis de l'Inspecteur d'Académie, approuve les conditions du bail. Il invite le maire de la commune où se trouve l'immeuble à passer le contrat, et, en cas de refus du maire, il y fait procéder par un délégué spécial, conformément à l'article 85 de la loi du 5 avril 1884. Il inscrit d'office, dans les formes ordinaires, la dépense au budget de la commune.

Art. 43. — Si le service scolaire ne peut être assuré que par l'acquisition, la construction ou l'appropriation d'un immeuble, le Préfet, après avoir consulté l'Inspecteur d'Académie, choisit, pour l'établissement de l'école, le moyen qu'il juge le plus convenable.

S'il s'agit de munir l'école du mobilier scolaire, le Préfet en décide l'acquisition.

Art. 44. — Si une construction nouvelle doit être élevée, le Préfet invite le maire à réunir le Conseil municipal pour faire choix d'un emplacement.

Lorsque, dans le délai de deux mois à partir de cette mise en demeure, le Conseil municipal n'a pas choisi l'emplacement de l'école, la désignation est faite, après avis de l'Inspecteur d'Académie, par arrêté préfectoral. Il en est de même si l'emplacement choisi par le Conseil municipal n'est pas accepté par le Préfet.

Il est procédé conformément aux dispositions qui précèdent, à l'égard de toutes les communes intéressées, quand il s'agit d'une école à établir dans une circonscription scolaire formée sur le territoire de plusieurs communes.

Art. 45. — Le Préfet désigne un architecte pour dresser les plans et devis des travaux de construction ou d'appropriation, et il les soumet à l'examen de l'Inspecteur d'Académie et du comité départemental des bâtiments civils. Il fixe, dans la limite déterminée par le tableau de loi du 20 juin 1885, le chiffre de la dépense qui ne pourra pas être dépassé, et il met les communes en demeure d'adopter le projet et de créer les ressources nécessaires.

En cas de refus, il saisit le Conseil général, en indiquant comment, pour chaque commune, il pourra être pourvu à la dépense, soit par un prélèvement sur les ressources disponibles, soit par une subvention du département, soit enfin par un emprunt avec ou sans subvention de l'État, conformément à la loi du 20 juin 1885.

Art. 46. — Si le Conseil général a émis un avis défavorable à l'exécution d'office, ou s'il ne s'est pas prononcé dans la session qui suit celle dans laquelle il a été saisi, le Préfet transmet le dossier au Ministre de l'Instruction publique pour provoquer un décret en Conseil d'État décidant qu'il sera pourvu d'office à l'établissement de l'école et à l'acquisition du mobilier, et fixant le montant de la dépense.

Art. 47. — Le Préfet, en vertu de la délibération du Conseil général, si elle est favorable, et, dans le cas contraire, en vertu du décret rendu en Conseil d'État, procède aux mesures d'exécution. Il autorise l'acquisition du terrain ou du mobilier scolaire, et fait passer par le maire ou par un délégué spécial, le contrat d'acquisition.

S'il y a lieu à expropriation, le décret déclaratif d'utilité publique est rendu en Conseil d'État.

Art. 48. — Il est procédé à l'inscription d'office du crédit dans les formes prévues par l'article 149 de la loi du 5 avril 1884; s'il y a lieu de créer par voie d'imposition d'office les ressources nécessaires, le Préfet transmet le dossier au Ministre de l'Intérieur.

S'il suffit d'opérer un prélèvement sur les ressources disponibles de la commune, le Préfet agit conformément à l'article 152 de la loi du 5 avril 1884.

Art. 49. — Lorsqu'un emprunt est nécessaire, le Préfet met le Conseil municipal en demeure de le voter et de créer les ressources nécessaires.

A défaut de vote du Conseil municipal ou sur son refus, le Préfet détermine le chiffre et la durée de l'emprunt, le taux maximum d'intérêt, et la condition de réalisation. L'emprunt est autorisé d'office, et, si une imposition d'office est nécessaire, il est procédé conformément à l'article 149 de la loi du 5 avril 1884.

Le Préfet charge le maire ou, sur son refus, un délégué spécial, qu'il nomme à cet effet, de réaliser l'emprunt.

Art. 50. — Lorsque la dépense doit être couverte par un emprunt de trente ans ou au delà, et qu'il y a lieu de réclamer une subvention de l'État en vertu de la loi du 20 juin 1885, le Préfet, après avoir mis le Conseil municipal en demeure, et sur son refus, appelle le Conseil général à donner son avis sur la subvention. Le Ministre de l'Instruction publique approuve les plans et devis, et fixe le montant de la subvention de l'État. Si l'avis du Conseil général est contraire, il est statué par décret en Conseil d'État tant sur l'autorisation de l'emprunt que sur l'allocation de la subvention de l'État.

Dans le cas où la part de l'annuité restant à la charge de la commune ne peut être couverte qu'au moyen d'une imposition d'office, il y est pourvu en vertu de la loi du 5 avril 1884.

L'emprunt est réalisé conformément au dernier paragraphe de l'article qui précède.

L'article 16 est applicable.

Art. 51. — Sont abrogées toutes les dispositions contraires au présent décret.

Art. 52. — Les Ministres de l'Instruction publique, de l'Intérieur et des Finances sont chargés, chacun en ce qui le concerne, de l'exécution du présent décret.

DÉCRET DU 27 DÉCEMBRE 1887

RELATIF AU PROFESSORAT DANS LES ÉCOLES NORMALES.

Article unique. — En cas d'insuffisance du nombre des candidats pourvus du certificat d'aptitude au professorat des écoles normales, des licenciés pourront être nommés professeurs d'écoles normales primaires, directeurs et professeurs d'écoles primaires supérieures.

DÉCRET DU 4 FÉVRIER 1888

(Le texte de ce décret a déjà été reproduit ci-dessus à la page 190.)

DÉCRET DU 17 MARS 1888
PORTANT RÈGLEMENT DES ÉCOLES MANUELLES D'APPRENTISSAGE.

TITRE PREMIER
Écoles publiques.

CHAPITRE 1er

CRÉATION. — ORGANISATION.

Article premier. — Les établissements scolaires qui font l'objet de la loi du 11 décembre 1880, savoir : les écoles manuelles d'apprentissage et les écoles d'enseignement primaire supérieur ou complémentaire, comprenant des cours ou des classes d'enseignement professionnel, sont placés sous la double autorité du ministère de l'instruction publique et du ministère du commerce et de l'industrie, lorsqu'ils sont fondés et entretenus par l'État, par les départements ou par les communes.

Art. 2. — Les écoles nationales sont créées par décrets rendus sur la proposition des deux ministres.

Ces décrets déterminent l'emploi des subventions qui peuvent être allouées par les départements ou par les communes.

Ils règlent pour chaque école la composition du conseil d'administration, dont les membres sont nommés par arrêté du Ministre de l'instruction publique, sur l'avis conforme du Ministre du commerce et de l'industrie.

Art. 3. — Lorsqu'un Conseil général veut fonder, avec ou sans le concours des communes, un des établissements désignés dans l'article 1er, il prend une délibération spéciale, dans laquelle il indique les dépenses d'installation et d'entretien qui seront à la charge du département.

Le Préfet, après avoir pris l'avis de l'Inspecteur d'Académie et d'un délégué du Ministre du commerce et de l'industrie, saisit le Conseil départemental. La décision de ce Conseil est soumise au Ministre de l'instruction publique, qui statue sur l'avis conforme du Ministre du commerce et de l'industrie.

Art. 4. — Le projet de construction, d'acquisition ou d'appropriation de l'immeuble destiné à l'école départementale, ainsi que les plans et devis adoptés par le Conseil général, sont approuvés par le Ministre de l'instruction publique, après avis conforme du Ministre du commerce et de l'industrie.

Si la dépense d'installation doit être couverte par un emprunt, la subvention de l'État est accordée par le Ministre de l'Instruction publique, conformément à la loi du 20 juin 1885.

Art. 5. — Lorsque la création de l'établissement est demandée par une commune, le Conseil municipal prend une délibération spéciale qui doit contenir les engagements déterminés par le décret du 4 février 1888, l'énumération exacte des dépenses d'installation et d'entretien qui seront à la charge de la commune, ainsi que l'indication des ressources qu'elle veut y affecter. Le Préfet, après avoir pris l'avis de l'Inspecteur d'Académie et du délégué du Ministre du commerce et de l'industrie, saisit le Conseil départemental.

La décision de ce Conseil est soumise au Ministre de l'instruction publique, qui statue sur l'avis conforme du Ministre du commerce et de l'industrie.

Art. 6. — Lorsque la création de l'établissement a été décidée, il est procédé conformément aux articles 6 et suivants du chapitre 1er du décret du 7 avril 1887, si l'établissement est fondé par une seule commune, et dans le cas contraire, conformément aux articles 32 et suivants du chapitre II du même décret.

Dans tous les cas où, d'après les articles sus-indiqués, l'avis de l'Inspecteur d'Académie est demandé, il y a lieu de consulter également le délégué du Ministre du commerce et de l'industrie.

La subvention accordée en vertu de la loi du 20 juin 1885 et du décret du 15 février 1886 ne peut jamais dépasser, pour les écoles professionnelles de toute nature, le maximum prévu par ladite loi pour les écoles primaires supérieures.

Art. 7. — La commission de surveillance et de perfectionnement prévue par l'article 5 de la loi du 11 décembre 1880 comprend : 1° si l'établissement est départemental, le Préfet, président; deux membres du Conseil général élus par cette assemblée, trois membres choisis par le Conseil général parmi les industriels et commerçants ; 2° si l'établissement est communal, le maire, président ; deux conseillers municipaux élus par le Conseil, trois membres choisis par le Conseil municipal parmi les industriels et commerçants.

Chaque commission comprend, en outre, un représentant du Ministre de l'instruction publique et un représentant du Ministre du commerce et de l'industrie.

Art. 8. — La commission de surveillance et de perfectionnement peut tenir lieu, pour les établissements désignés par l'article 1er du présent décret, du comité de patronage prévu par l'article 42 du décret du 18 janvier 1887.

CHAPITRE II

PERSONNEL ENSEIGNANT.

ART. 9. — Dans les écoles nationales, la nomination du directeur et du personnel enseignant de tout ordre est faite par arrêtés pris d'accord entre les deux ministres.

ART. 10. — Dans les autres écoles publiques, le directeur est nommé par arrêté du Ministre de l'instruction publique sur l'avis conforme du Ministre du commerce et de l'industrie.

Le droit de présentation prévu par l'article 5, § 1er, de la loi du 11 décembre 1880, s'exerce au moyen d'une liste contenant au moins les noms de trois candidats sur lesquels doit porter le choix du Ministre.

ART. 11. — Les candidats aux fonctions de directeur doivent remplir les conditions requises par les articles 4, 5, 6, 7 (3°) et 20 de la loi du 30 octobre 1886, et être munis d'un des titres suivants :

Le certificat d'aptitude au professorat des écoles normales et des écoles primaires supérieures, la licence ès lettres ou ès sciences, deux baccalauréats, dont un des sciences ou de l'enseignement secondaire spécial, un des trois baccalauréats avec le certificat d'aptitude à l'enseignement du travail manuel, le diplôme d'ingénieur des arts et manufactures, ou à défaut, le titre ou le diplôme d'ancien élève d'une école technique reconnu équivalent par les deux ministres, après avis de la commission permanente du Conseil supérieur de l'enseignement technique.

ART. 12. — Les professeurs et maîtres adjoints chargés de classes, ainsi que les maîtres auxiliaires chargés de l'enseignement des travaux manuels, sont nommés ou délégués par arrêtés du Ministre de l'instruction publique, pris sur l'avis conforme du Ministre du commerce et de l'industrie.

Ils doivent remplir les conditions prévues par l'article 24 de la loi du 30 octobre 1886.

ART. 13. — Le personnel spécial, nommé conformément au paragraphe 2 de l'article 5 de la loi du 11 décembre 1880, se compose des contremaîtres, chefs, sous-chefs d'atelier, ouvriers instructeurs et autres préposés, s'il y a lieu, à l'apprentissage. La commission de surveillance dresse pour chaque emploi une liste de trois candidats, parmi lesquels le Préfet ou le maire exerce son choix. Cette liste est accompagnée de certificats signés par les membres de la commission et attestant les capacités professionnelles des candidats.

Ce personnel n'acquiert pas de droit à pension sur les fonds de l'État.

CHAPITRE III

BUDGET. — SUBVENTIONS. — BOURSES.

Art. 14. — Le budget de chaque école nationale est dressé par le conseil d'administration et approuvé par le Ministre de l'instruction publique, après avis conforme du Ministre du commerce et de l'industrie. Le crédit imputable sur les fonds du Trésor est inscrit au projet de budget du ministère de l'Instruction publique.

Un agent comptable, nommé dans la même forme que le directeur, est attaché à chaque école. Il est tenu de fournir un cautionnement, et ses comptes sont soumis à la juridiction de la Cour des comptes.

Art. 15. — Les dépenses annuelles d'entretien des écoles départementales et communales, les traitements et indemnités dus aux professeurs et maîtres nommés selon le mode prescrit par l'article 12 ci-dessus, sont acquittés conformément aux lois en vigueur et aux engagements spéciaux pris par les départements ou par les communes.

Art. 16. — La subvention de l'État prévue par l'article 5 de la loi du 16 juin 1881, et inscrite au budget de l'instruction publique, ne s'applique en aucun cas au payement des dépenses d'entretien des élèves internes, ni à la rémunération du personnel de l'article 13 du présent décret.

Le département ou la commune doit prendre, conformément au décret du 4 février 1888, l'engagement d'assurer pendant dix ans au moins le payement des rétributions à allouer à ce personnel spécial.

Art. 17. — Le Ministre du commerce et de l'industrie peut allouer aux communes, dans la limite de ses crédits annuels, après avis du Conseil supérieur de l'enseignement technique, et après entente avec le Ministre de l'instruction publique, des subventions particulières, soit pour le payement du personnel spécial rétribué sur les fonds départementaux ou communaux; soit pour tout autre emploi spécialement déterminé dans des conventions passées avec les communes intéressées.

Art. 18. — Des bourses nationales d'enseignement primaire supérieur, imputables sur le budget du ministère de l'Instruction publique peuvent, être attribuées aux établissements régis par la loi du 11 décembre 1880, dans les formes et conditions prévues par le décret du 18 janvier 1887. Toutefois, l'attribution de ces bourses est prononcée par un arrêté du Ministre de l'instruction publique, sur la proposition de l'Inspecteur d'Académie, après avis du Conseil départemental et du délégué du Ministre du commerce et de l'industrie. La déchéance de la bourse est prononcée dans la même forme.

Art. 19. — Les bourses ou indemnités facultatives que le Ministre du commerce et de l'industrie peut allouer sur ses crédits annuels sont attribuées par lui, sur la proposition de son délégué, après avis du Conseil supérieur de l'enseignement technique et de l'Inspecteur d'Académie.

CHAPITRE IV

ENSEIGNEMENT ET INSPECTION.

Art. 20. — Un décret déterminera les programmes généraux des écoles régies par la loi du 11 décembre 1880 et par le présent règlement.

Ce décret sera rendu sur la proposition des deux ministres, après avis du Conseil supérieur de l'instruction publique et du Conseil supérieur de l'enseignement technique.

Art. 21. — En outre, pour chaque école en particulier, il pourra être dressé, pour les écoles nationales par le conseil d'administration, et pour les autres écoles publiques par la commission prévue à l'article 7, un programme spécial qui ne sera exécutoire qu'après avoir reçu l'approbation des deux ministres.

Art. 22. — Aucun internat ne pourra être annexé aux écoles énoncées dans l'article 1er du présent décret, sans l'autorisation préalable des deux ministres.

Art. 23. — Tous les établissements publics placés sous le régime de la loi du 11 décembre 1880 et du présent règlement, sont, indépendamment de l'inspection prévue par l'article 9 de la loi du 30 octobre 1886, soumis, pour tout ce qui regarde l'enseignement commercial et industriel, à une inspection spéciale dans les conditions à déterminer par un arrêté pris par le Ministre du commerce, après entente avec le Ministre de l'instruction publique. Tous les rapports concernant ces établissements sont adressés aux deux ministres.

TITRE II

Écoles privées.

Art. 24. — Les écoles privées placées sous le régime de la loi du 11 décembre 1880, sont soumises à la double surveillance du Ministre de l'instruction publique et du Ministre du commerce et de l'industrie, mais l'inspection ne peut pas dépasser les limites fixées par les articles 9 et 35 de la loi du 30 octobre 1886.

TITRE III
Dispositions spéciales.

Art. 25. — Les ministres de l'instruction publique et du commerce et de l'industrie présenteront de concert, chaque année, au président de la République, un rapport sur l'exécution de la loi du 11 décembre 1880 et du présent décret. Ce rapport sera inséré au *Journal officiel*.

Art. 26. — Les deux ministres arrêteront, chacun en ce qui le concerne, après avis de son collègue, les mesures destinées à assurer l'exécution du présent décret.

Art. 27. — Le règlement d'administration publique du 30 juillet 1881 est et demeure rapporté.

Art. 28. — Le Ministre de l'instruction publique, des cultes et des beaux-arts et le Ministre du commerce et de l'industrie sont chargés, chacun en ce qui le concerne, de l'exécution du présent décret.

DÉCRET DU 27 MAI 1888
RELATIF AU CLASSEMENT DES ÉCOLES PRIMAIRES PUBLIQUES.

Article premier. — Il sera procédé par les Conseils départementaux, conformément à la loi du 30 octobre 1886, pour toutes les communes de la France et de l'Algérie, à la revision générale de la liste des écoles et des classes primaires de tout degré, et à la classification de ces établissements dans les catégories prévues par ladite loi.

A cet effet, les Conseils départementaux seront appelés soit à confirmer et à compléter leurs décisions antérieures, soit à en prendre de nouvelles en vue de déterminer, après avis des Conseils municipaux, et sous réserve de l'approbation ministérielle, le nombre, la nature et le siège des écoles primaires publiques qu'il y a lieu d'établir ou de maintenir dans chaque commune, ainsi que le nombre des maîtres qui y sont attachés.

Art. 2. — Les décisions des Conseils départementaux mentionneront, pour chaque commune, quelles sont les écoles placées dans les trois catégories ci-après :

1re *catégorie*. — Écoles dont l'établissement et l'entretien donnent lieu à une dépense légalement obligatoire, conformément à l'article 14 de la loi organique, savoir : les écoles primaires élémentaires créées soit à titre d'écoles communales ordinaires par application de l'article 11 de ladite loi, soit à titre d'écoles spéciales de hameau par application des articles 8 de la loi du 20 mars 1883, et 12 de la loi du 30 octobre 1886.

2ᵉ *catégorie*. — Écoles dont l'établissement et l'entretien donnent lieu à une dépense conventionnellement obligatoire, savoir : les écoles visées par l'article 15 de la loi organique, et toutes les autres écoles facultatives, prévues par l'article 1ᵉʳ de ladite loi, pour lesquelles les communes auront pris envers l'État les engagements spéciaux prescrits par le décret du 4 février 1888.

3ᵉ *catégorie*. — Écoles dont l'établissement et l'entretien donnent lieu à une dépense exclusivement communale et facultative, savoir : les écoles de filles dans les communes de moins de 400 âmes, les écoles maternelles dans les communes de moins de 2 000 habitants ou de moins de 1 200 âmes de population agglomérée, et généralement toutes les écoles qui ne peuvent être légalement ni subventionnées par l'État, ni déclarées obligatoires par le Conseil départemental.

Art. 3. — Dans le cas où une commune possède plusieurs écoles primaires élémentaires, la décision du Conseil départemental fixera le nombre minimum d'écoles ou de classes que la commune doit entretenir à titre obligatoire. En outre, pour toutes les écoles situées sur un point du territoire communal autre que le chef-lieu (écoles établies dans des hameaux, faubourgs, quartiers, sections, etc.), ladite décision devra spécifier : si l'école est créée par application de l'article 11 de la loi organique à titre d'école communale ordinaire légalement obligatoire ; — si elle est créée par application de la disposition spéciale de l'article 8 de la loi du 20 mars 1883 à titre d'école de hameau légalement obligatoire ; — ou si elle est créée, à la demande de la commune et sur avis conforme du Conseil municipal, à titre facultatif ou conventionnellement obligatoire, soit comme école ordinaire, soit comme école de hameau.

Les traitements du personnel attaché à ces diverses écoles sectionnaires seront réglés en conséquence de ces déclarations, conformément à la loi du 19 juillet 1875. Le décret du 10 octobre 1881 est et demeure rapporté.

Classement général.

Art. 4. — Toutes les décisions des Conseils départementaux prévues par le présent décret devront parvenir au ministère de l'instruction publique, au plus tard à la fin de la présente année scolaire, pour être soumises à l'approbation ministérielle avant la rentrée des classes.

Art. 5. — Le Ministre de l'Instruction publique et des beaux-arts et le Ministre de l'Intérieur sont chargés, chacun en ce qui le concerne, de l'exécution du présent décret.

DÉCRET DU 28 JUILLET 1888
DÉTERMINANT LES PROGRAMMES GÉNÉRAUX DES ÉCOLES MANUELLES D'APPRENTISSAGE ET DES ÉCOLES PRIMAIRES SUPÉRIEURES PRÉPARATOIRES AU COMMERCE ET A L'INDUSTRIE.

§ 1. — DE L'ENSEIGNEMENT.

Article premier. — Dans les écoles départementales et communales régies par la loi du 11 décembre 1880 et par le règlement d'administration publique du 17 mars 1888 (écoles manuelles d'apprentissage et écoles primaires supérieures préparatoires au commerce ou à l'industrie), la durée des études est de trois ans au minimum.

Art. 2. — Nul ne peut entrer dans une de ces écoles avant douze ans accomplis.

Art. 3. — Tout candidat doit, pour se faire inscrire, justifier de la possession du certificat d'études primaires.

A défaut de ce titre, il aura à subir un examen d'entrée équivalent, auquel il ne pourra se présenter qu'à l'âge de treize ans révolus et en justifiant de l'accomplissement de l'obligation scolaire prévue par l'article 4 de la loi du 28 mars 1882.

Art. 4. — Dans le cas où le nombre des candidats serait supérieur à celui des places disponibles à l'école, il sera ouvert entre eux un concours portant sur les diverses matières du certificat d'études primaires, et en outre sur le travail manuel. Ce concours sera jugé par une Commission composée de l'inspecteur d'Académie, président ; de quatre membres au moins nommés par le Recteur, dont la moitié prise dans le sein du conseil de surveillance et de perfectionnement de l'école. Un délégué du Ministre du commerce et de l'industrie est adjoint à la commission d'examen pour juger l'épreuve de travail manuel. Cette épreuve n'est pas éliminatoire, elle représente au plus le dixième des points attribués à l'examen.

Art. 5. — Toutes les écoles susdésignées assurent aux élèves :
1° Un complément d'instruction primaire ;
2° Une instruction professionnelle préparant soit à l'industrie, soit au commerce.

Le même établissement peut comprendre ces deux genres d'enseignement professionnel.

ART. 6. — L'emploi du temps dans ces écoles sera réparti conformément aux prescriptions des tableaux ci-après :

I. — Dispositions spéciales aux écoles ou classes industrielles.

MATIÈRES DU PROGRAMME GÉNÉRAL de l'enseignement.	DÉSIGNATION DES ANNÉES		
	1re ANNÉE. Heures par jour.	2e ANNÉE. Heures par jour.	3e ANNÉE. Heures par jour.
Enseignement primaire............	2 heures.	2 heures.	2 heures.
Travaux manuels................	3 heures.	4 heures.	5 heures.
Dessin........................	1 heure.	1 heure.	1 heure.
Enseignement scientifique et technologique avec ses applications industrielles.................	1 heure.	1 heure.	1 heure.
TOTAL des heures de travail.......	7 heures.	8 heures.	9 heures.
Repos, repas et récréation.........	2 heures.	2 heures.	2 heures.
DURÉE TOTALE de la journée scolaire.	9 heures.	10 heures.	11 heures.

Le temps prévu dans les tableaux ci-dessus comprend les heures de classe et les heures d'étude.

La répartition par jour pourra être modifiée dans chaque école par le programme spécial, pourvu que le total des heures de la semaine pour chaque matière ne soit pas dépassé.

Aucune heure supplémentaire ne pourra être ajoutée dans les écoles soumises, soit au présent programme général, soit à des programmes spéciaux, sans une décision des deux ministres, prise sur le rapport de la commission de surveillance et de perfectionnement, ou sur la proposition de l'inspection.

ART. 7. — Dans les écoles de jeunes filles, le total des heures de travail, prévu à l'article 6, sera réduit à 6 heures pour la première année, 7 pour la deuxième, et 8 pour la troisième.

II. — Dispositions spéciales aux écoles ou classes commerciales.

MATIÈRES DU PROGRAMME GÉNÉRAL de l'enseignement.	DÉSIGNATION DES ANNÉES		
	1re ANNÉE. Heures par jour.	2e ANNÉE. Heures par jour.	3e ANNÉE. Heures par jour.
Enseignement primaire............	1 heure.	1 heure.	1 heure.
Bureau commercial................	2 heures.	3 heures.	3 heures.
Géographie commerciale..........	1 heure.	1 heure.	1 heure.
Langues vivantes.................	2 heures.	1 heure.	2 heures.
Dessin...........................	1 heure.	1 heure.	1 heure.
Total des heures de travail.......	7 heures.	7 heures.	8 heures.
Repos, repas et récréation........	2 heures.	3 heures.	3 heures.
Durée totale de la journée scolaire.	9 heures.	10 heures.	11 heures.

Art. 8. — Dans le cas où une quatrième année serait nécessaire, l'emploi du temps serait déterminé par les programmes spéciaux.

Art. 9. — Les exercices gymnastiques et militaires se font le jeudi ou les autres jours en dehors des heures ordinaires de classe.

Art. 10. — Tous les ans, après avis des professeurs et sur la proposition du directeur, la Commission de surveillance et de perfectionnement de l'école arrête la répartition des heures de classe entre les différents maîtres attachés à l'école, sous réserve de l'approbation ministérielle.

§ 2. — DU PERSONNEL.

Art. 11. — Le personnel enseignant de chaque école comprend au minimum :

1º Un professeur ou un instituteur adjoint chargés de l'enseignement des matières du programme général, qui recevra un traitement fixe tel qu'il est déterminé par les lois et règlements en vigueur ;

2º Un chef d'atelier ou un contremaître préposé à l'apprentissage, nommé et rétribué conformément aux articles 15 et 16 du décret du 17 mars 1888.

Art. 12. — L'enseignement scientifique et technologique prévu par le programme spécial de chaque école pourra être confié, soit au directeur, soit au personnel enseignant ci-dessus désigné, soit à des professeurs ou maîtres auxiliaires nommés ou délégués à cet effet. Le nombre et la rémunération des auxiliaires seront, pour chaque école, déterminés par décision des deux ministres, après avis de la Commission de surveillance et de perfectionnement, sur la proposition du Conseil municipal.

Art. 13. — Le nombre maximum d'heures exigible des professeurs ou instituteurs adjoints chargés de l'enseignement des matières du programme général est fixé à dix-huit heures par semaine.

Chaque heure d'enseignement qui leur sera demandée en sus donnera droit à un supplément de traitement soumis à retenue, et calculé à raison de 100 francs par an pour une heure par semaine.

Art. 14. — Le Préfet, si l'établissement est départemental, le maire, si l'établissement est municipal, fixe, sur la proposition du directeur et après avis de la Commission de surveillance et de perfectionnement, le nombre des emplois de contremaîtres, chefs et sous-chefs d'atelier, ouvriers instructeurs et autres préposés à l'apprentissage qu'il y a lieu de créer dans l'école. Le Préfet ou le maire détermine, dans les mêmes conditions, le mode de rétribution de ce personnel.

§ 3. — DE LA COMMISSION DE SURVEILLANCE ET DE PERFECTIONNEMENT.

Art. 15. — Dans les écoles de filles, les trois membres désignés, soit par le Conseil général, soit par le Conseil municipal, pour faire partie de la Commission de surveillance et de perfectionnement, comprendront nécessairement une ou plusieurs dames.

Art. 16. — La commission se réunit au moins deux fois par an, sur la convocation de son président. Elle peut être convoquée extraordinairement.

Art. 17. — La Commission est chargée de veiller en général sur les intérêts matériels de l'établissement.

Elle délègue un ou plusieurs de ses membres pour s'assurer, par des visites mensuelles, de la bonne tenue de l'école; elle en désigne le médecin.

Elle en prépare le budget de concert avec le directeur.

Art. 18. — Chaque année, au mois de juillet, le Conseil de surveillance et de perfectionnement entend la lecture du rapport du directeur sur la situation morale et matérielle de l'établissement. Il en délibère et adresse aux deux ministres ses observations et ses propositions.

§ 4. — DISPOSITION TRANSITOIRE.

Art. 19. — Pour les écoles primaires supérieures, actuellement existantes, qui sont ou seront placées sous le régime de la loi du 11 décembre 1880, la durée minima des études prévue par l'article 1er pourra être temporairement réduite à deux années, sur l'avis du Conseil supérieur de l'enseignement technique.

Art. 20. — Le Ministre de l'instruction publique et des beaux-arts et le Ministre du commerce et de l'industrie sont chargés, chacun en ce qui le concerne, de l'exécution du présent décret.

ARRÊTÉS

ARRÊTÉ DU 5 JUIN 1880
RELATIF AUX CONFÉRENCES PÉDAGOGIQUES DES INSTITUTEURS ET INSTITUTRICES PUBLICS.

ARTICLE PREMIER. — Des conférences pédagogiques d'instituteurs et d'institutrices publics sont organisées dans chaque canton par l'autorité académique. Deux ou plusieurs cantons pourront être réunis.

Le recteur, sur la proposition de l'Inspecteur d'Académie, pourra décider que la même conférence sera commune aux instituteurs et aux institutrices.

La présidence appartient de droit à l'Inspecteur d'Académie, ou, à son défaut, à l'inspecteur primaire. Les membres de la conférence nomment chaque année un vice-président et un secrétaire choisis parmi eux.

ART. 2. — Il ne sera traité, dans ces conférences, que de matières de pédagogie théorique et pratique.

ART. 3. — A la dernière réunion de chaque année scolaire, la conférence propose les questions qui pourront être traitées au cours de l'année suivante. La liste de ces questions est arrêtée et publiée, dans le plus bref délai possible, par l'Inspecteur d'Académie.

ART. 4. — La présence aux conférences pédagogiques est obligatoire pour tous les instituteurs et institutrices publics titulaires; elle l'est aussi pour les instituteurs adjoints, toutes les fois que leur présence n'est pas nécessaire à l'école. Des dispenses peuvent être accordées par l'Inspecteur d'Académie.

ART. 5. — Les instituteurs et institutrices libres peuvent, sur leur demande, être autorisés par l'Inspecteur d'Académie à assister aux conférences.

ART. 6. — Le nombre, la date et le lieu des réunions sont fixés fixés par l'autorité académique.

ART. 7. — Une copie du procès-verbal de chaque séance est envoyée à l'inspecteur primaire.

ARRÊTÉ DU 21 JUILLET 1884

SUR LES RÈGLES POUR ÉTABLIR LE TRAITEMENT DES INSTITUTEURS
ET INSTITUTRICES.

Article premier. — Les instituteurs et institutrices titulaires et adjoints ayant eu, dans une des trois années qui ont précédé l'application de la loi du 16 juin 1881, un traitement supérieur au taux fixé par la loi du 19 juillet 1875, conservent le supplément de traitement le plus élevé dont ils ont joui dans ces trois années, quelle que soit la provenance dudit supplément (montant de la rétribution scolaire, produit de l'éventuel, traitement fixe consenti par la commune, ou allocations communales sujettes à retenue).

Art. 2. — Les instituteurs et institutrices titulaires qui, par suite d'un changement de résidence, ont obtenu depuis 1882 un supplément de traitement dans les conditions spécifiées à l'art. 4 de l'arrêté du 7 février de ladite année continueront à jouir de ce supplément, sous la garantie de l'État.

Art. 3. — Le taux de rétribution devant servir à déterminer le montant du traitement éventuel des instituteurs et institutrices est fixé, par élève et par mois de présence dûment constatée, de la manière suivante :

1° Pour les écoles maternelles et pour les classes enfantines, $0^{fr},50$;

2° Pour les écoles primaires élémentaires de garçons et de filles, à 1 franc dans les communes dont la population est inférieure à 5 000 habitants ; à $1^{fr},25$ dans les communes de 5 000 à 50 000 ; à $1^{fr},50$ dans les communes d'une population supérieure à 50 000.

Art. 4. — Dans toute école divisée en plusieurs classes, le produit de l'éventuel sera réparti entre les membres du corps enseignant proportionnellement au nombre des élèves inscrits dans chaque classe ; le directeur non chargé de classe reçoit une part égale à celle du maître qui a la classe la plus nombreuse.

Art. 5. — Le traitement des instituteurs et institutrices titulaires, ainsi que des directrices d'écoles maternelles, est calculé de la manière suivante :

1° Un traitement de 200 francs ;
2° Le produit de l'éventuel ;
3° Le supplément nécessaire, s'il y a lieu, pour former, avec le traitement fixe et l'éventuel, le minimum déterminé par l'art. 1er de la loi du 19 juillet 1875, ou le traitement garanti dans les conditions indiquées aux art. 1er et 2 du présent arrêté.

Art. 6. — Le traitement des adjoints, adjointes et sous-directrices d'écoles maternelles est formé de la part d'éventuel qui leur est attribué par l'art. 4, et d'un supplément, s'il y a lieu, pour parfaire le minimum fixé par l'art. 1er de la loi du 19 juillet 1875, ou le traitement prévu à l'art. 1er ci-dessus.

ARRÊTÉ DU 10 JANVIER 1887

SUR LE TRAITEMENT DES PROFESSEURS D'ÉCOLES PRIMAIRES SUPÉRIEURES.

Article premier. — Les professeurs d'écoles primaires supérieures sont assimilés, en ce qui concerne la répartition en classes et le traitement, aux professeurs d'écoles normales primaires.

Ils conservent le traitement attaché à leurs précédentes fonctions lorsque ce traitement excédera celui de professeur d'école primaire supérieure.

Art. 2. — La différence existant entre le traitement de professeur et celui d'instituteur adjoint d'école primaire supérieure (traitement fixe, éventuel, supplément communal) et celui de professeur est garantie par l'État.

ARRÊTÉ ORGANIQUE DU 18 JANVIER 1887

AVEC LES DISPOSITIONS ADDITIONNELLES DU 24 JUILLET 1888, ET JUSQU'A JUILLET 1889.

TITRE PREMIER
De l'enseignement public.

CHAPITRE PREMIER
ÉCOLES MATERNELLES ET CLASSES ENFANTINES.

Article premier. — Le programme des écoles maternelles comprend, pour les enfants les plus avancés et classés dans la première section, l'ensemble des exercices et des connaissances énumérés à l'article 4 du décret du 18 janvier 1887.

Pour les enfants les plus jeunes, classés dans la seconde section, ces programmes ne sont appliqués que graduellement, dans la mesure que comportent leur âge et le développement de leur intelligence.

Une instruction ministérielle déterminera les limites et le caractère de l'enseignement pour chacune des deux sections.

Art. 2. — L'enseignement dans les classes enfantines est conforme au programme de la première section des écoles maternelles, et à celui du cours élémentaire des écoles primaires.

Art. 3. — Un médecin nommé par le maire visite une fois par semaine les écoles maternelles. Il inscrit ses observations sur un registre particulier.

Art. 4. — Après une absence pour cause de maladie, nul enfant ne sera admis de nouveau à l'école maternelle sans un certificat de médecin attestant sa guérison complète.

Art. 5. — Chaque année, la directrice adresse à l'inspectrice départementale ou, à son défaut, à l'inspecteur primaire, un rapport détaillé sur tout ce qui concerne l'établissement qui lui est confié.

Art. 6. — Sauf décision spéciale de l'inspecteur primaire, les élèves ne passeront de l'école maternelle ou de la classe enfantine à l'école primaire qu'à l'une des trois époques suivantes : rentrée d'octobre, 1er janvier, rentrée de Pâques.

Art. 7. — Aucune école maternelle publique ne devra recevoir plus de 150 enfants, à moins d'une autorisation spéciale de l'inspecteur d'Académie.

Art. 8. — Les écoles maternelles ne peuvent être fermées que les dimanches, le 1er et le 2 janvier, le jour de l'Ascension, le lundi de la Pentecôte, le jour de l'Assomption, le jour de la Toussaint, le jour de Noël, le jour de la Fête nationale, et en outre du jeudi avant Pâques au jeudi après Pâques, et durant la première quinzaine du mois d'août.

Les institutrices dirigeant une école maternelle à une seule classe n'ont pas droit à d'autres congés. Dans les écoles maternelles à plusieurs classes, un mois de vacances est successivement accordé chaque année tant à la directrice qu'aux adjointes.

CHAPITRE II

ÉCOLES PRIMAIRES ÉLÉMENTAIRES.

Art. 9. — L'enseignement dans les écoles primaires élémentaires est partagé en trois cours : cours élémentaire, cours moyen, cours supérieur.

La constitution de ces trois cours est obligatoire dans toutes les écoles, quel que soit le nombre des classes et des élèves.

Art. 10. — La durée des études se divise comme il suit :
Section enfantine : un ou deux ans, suivant que les enfants entrent à 6 ou à 5 ans ;
Cours élémentaire : deux ans, de 7 à 9 ans ;
Cours moyen : deux ans, de 9 à 11 ans ;
Cours supérieur : deux ans, de 11 à 13 ans.

Art. 11. — Dans les écoles qui n'ont qu'un maître et qu'une classe, il ne pourra être établi aucune division ni dans le cours moyen ni dans le cours supérieur ; il n'en pourra être établi plus de deux pour les enfants au-dessous de 9 ans.

Dans les écoles qui n'ont que deux maîtres, l'un sera chargé du cours moyen et du cours supérieur, l'autre du cours élémentaire, y compris, s'il y a lieu, la section des enfants au-dessous de 7 ans.

Dans les écoles qui ont trois maîtres, chaque cours forme une classe distincte.

Dans les écoles à quatre classes, le cours élémentaire comptera deux classes, chacun des deux autres cours une seule classe.

Dans les écoles à cinq classes, le cours élémentaire comptera deux classes, le cours moyen deux, le cours supérieur une.

Dans les écoles à six classes, chacun des trois cours formera deux classes, à moins que le nombre des élèves du cours supérieur ne permette de les réunir en une seule classe.

Art. 12. — Toutes les fois qu'un même cours comprendra deux classes, l'une formera la première année du cours, l'autre la seconde.

Ces deux classes suivront le même programme, mais les leçons et les exercices seront gradués de telle sorte que les élèves puissent, dans la seconde année, revoir, approfondir et compléter les études de la première.

Art. 13. — Au-dessus de six classes, quel que soit le nombre des maîtres, aucun cours ne devra former plus de deux années. Les classes en plus du nombre de six, non compris la section enfantine, seront des classes parallèles destinées à dédoubler l'effectif soit de la première, soit de la seconde année.

Art. 14. — Chaque année, à la rentrée, les élèves, suivant leur degré d'instruction, sont répartis par le directeur dans les diverses classes des trois cours, sous le contrôle de l'inspecteur primaire.

Le certificat d'études donne droit à l'entrée dans le cours supérieur.

Art. 15. — Chaque élève, à son entrée à l'école, recevra un cahier spécial qu'il devra conserver pendant toute la durée de sa scolarité.

Le premier devoir de chaque mois dans chaque ordre d'études sera fait sur ce cahier par l'élève, en classe et sans secours étranger, de telle sorte que l'ensemble de ces devoirs permette de suivre la série des exercices et d'apprécier les progrès de l'élève d'année en année. Ce cahier restera déposé à l'école.

Art. 16. — Tout concours entre les écoles publiques auquel ne participerait pas l'ensemble des élèves de l'un au moins des trois cours est formellement interdit.

Art. 17. — L'enseignement donné dans les écoles primaires publiques se rapporte à un triple objet : *éducation physique, éducation intellectuelle, éducation morale*. Les leçons et exercices gradués qu'il comporte sont répartis dans le cours d'études, conformément aux programmes annexés au présent arrêté.

Art. 18. — Au commencement de chaque année scolaire, le tableau de l'emploi du temps par jour et par heure est dressé par le directeur de l'école, et, après approbation de l'inspecteur primaire, il est affiché dans les salles de classe.

Art. 19. — La répartition des exercices doit satisfaire aux conditions générales ci-après déterminées.

I. Chaque séance doit être partagée en plusieurs exercices différents, coupés par les récréations réglementaires.

II. Les exercices qui demandent le plus grand effort d'attention, tels que les exercices d'arithmétique, de grammaire, de rédaction, seront placés de préférence le matin, ou, dans les écoles de demi-temps, au commencement de la classe.

III. Toute leçon, toute lecture, tout devoir, sera accompagné d'explications orales et d'interrogations.

IV. La correction des devoirs et la récitation des leçons ont lieu pendant les heures de classe auxquelles se rapportent ces devoirs et ces leçons. Dans la règle, les devoirs sont corrigés au tableau noir en même temps que se fait la visite des cahiers. Les rédactions sont corrigées par le maître en dehors de la classe.

V. Les trente heures de classe par semaine (non compris le temps que les élèves peuvent consacrer, soit à domicile, soit dans des études surveillées, à la préparation des devoirs et des leçons) devront être réparties d'après les indications suivantes :

1º Il y aura chaque jour, dans les deux premiers cours, une leçon qui, sous la forme d'entretien familier, ou au moyen d'une lecture appropriée, sera consacrée à l'instruction morale. Dans le cours supérieur, cette leçon sera, autant que possible, le développement méthodique du programme de morale.

2º L'enseignement du français (exercices de lecture, lectures expliquées, leçons de grammaire, exercices orthographiques, dictées, analyses, récitations, exercices de composition, etc.) occupera tous les jours environ deux heures.

3º L'enseignement scientifique occupera en moyenne, et suivant les cours, de une heure à une heure et demie par jour, savoir : trois quarts d'heure ou une heure pour l'arithmétique et les exercices qui s'y rattachent, le reste pour les leçons de choses et les premières notions scientifiques.

4º L'enseignement de l'histoire et de la géographie, auquel se rattache l'instruction civique, comportera environ une heure de leçon tous les jours.

5º Le temps consacré aux exercices d'écriture proprement dite sera d'une heure au moins par jour dans le cours élémentaire, et se réduira graduellement, à mesure que les divers devoirs dictés ou rédigés pourront en tenir lieu.

6º L'enseignement du dessin, commencé par des leçons très courtes dès le cours élémentaire, occupera dans les deux autres cours deux ou trois leçons chaque semaine.

7º Les leçons de chant occuperont de une à deux heures par semaine, indépendamment des exercices de chant, qui auront lieu tous les jours à la rentrée et à la sortie des classes.

8º La gymnastique, outre les évolutions et les exercices sur place qui peuvent accompagner les mouvements de classe, occupera tous les jours, ou au moins tous les deux jours, une séance dans le courant de l'après-midi.

En outre, dans les communes où les bataillons scolaires sont constitués, les exercices de bataillon ne pourront avoir lieu que le jeudi et le dimanche ; le temps à y consacrer sera déterminé par l'instructeur militaire, de concert avec le directeur de l'école.

9º Enfin, pour les garçons aussi bien que pour les filles, deux ou trois heures par semaine seront consacrées aux travaux manuels.

Art. 20. — Il est dressé chaque année, et dans chaque département, une liste des livres reconnus propres à être mis en usage dans les écoles primaires publiques.

Art. 21. — A cet effet, les instituteurs et institutrices titulaires de chaque canton, réunis en conférence spéciale, établissent, au plus tard dans la première quinzaine du mois de juillet, une liste des livres qu'ils jugent propres à être mis en usage dans les écoles primaires publiques.

Art. 22. — Toutes les listes ainsi dressées sont transmises à l'inspecteur d'Académie. Une Commission siégeant au chef-lieu du département, et composée des inspecteurs primaires, du directeur et de la directrice des écoles normales et des professeurs et maîtres délégués de ces établissements, réunis sous la présidence de l'inspecteur d'Académie, revise les listes cantonales et arrête, pour le département, le catalogue, qui est ensuite soumis à l'approbation du Recteur de l'Académie.

Art. 23. — Les registres dont la tenue est exigée des instituteurs et institutrices publics sont :

1º Le registre matricule ;
2º Le registre d'appel ou de présence ;
3º Le registre d'inventaire du mobilier de l'école et du matériel d'enseignement ;
4º Le registre d'inventaire du mobilier personnel, s'il y a lieu ;
5º Le catalogue des livres de la bibliothèque populaire de l'école publique, avec le registre des recettes et des dépenses et le registre des entrées et des sorties.

La tenue des quatre premiers de ces registres est obligatoire pour les directrices d'écoles maternelles.

CHAPITRE III

ÉCOLES PRIMAIRES SUPÉRIEURES ET COURS COMPLÉMENTAIRES.

SECTION I. — De l'organisation des écoles primaires supérieures et des cours complémentaires.

Art. 24. — L'étendue et les limites de l'enseignement primaire supérieur dans les écoles publiques sont déterminées, pour chacune des matières obligatoires, par les programmes annexés au présent arrêté.

Art. 25. — Des cours accessoires intéressant plus particulièrement l'industrie de la contrée peuvent être autorisés par le Ministre sur la demande du comité de patronage et la proposition de l'inspecteur d'académie, après avis du Conseil municipal et du Conseil départemental.

Art. 26. — Dans les trois premières années d'enseignement primaire supérieur, il y aura en moyenne six heures de classes par jour (le dimanche et le jeudi exceptés). La répartition du temps sera faite de telle sorte qu'il soit attribué par semaine, environ : neuf heures à l'enseignement littéraire (morale et instruction civique, langue française, histoire et géographie) ; neuf heures à l'enseignement scientifique (mathématiques, sciences physiques et naturelles, promenades scolaires) ; quatre heures aux langues vivantes ; trois heures au dessin ; quatre heures au travail manuel ; une heure à la musique.

Art. 27. — Les exercices gymnastiques et militaires se feront en dehors des heures ordinaires de classe.

Dans la quatrième année et dans les années supérieures, on peut augmenter le temps affecté aux travaux manuels et à l'enseignement professionnel, en réservant toutefois dix heures au moins par semaine aux autres matières d'enseignement.

Art. 28. — Tous les ans, chaque directeur d'école primaire supérieure règle, de concert avec les professeurs, la répartition des heures de classe entre les différents maîtres attachés à l'école. Ce règlement est exécutoire après approbation de l'inspecteur d'Académie.

Art. 29. — L'enseignement du dessin, du chant, des langues vivantes, de la gymnastique, des travaux manuels, sera, autant que possible, confié à des maîtres attachés à l'école.

Art. 30. — Tout élève, sans distinction d'origine, doit, pour entrer dans une école primaire supérieure, subir devant le directeur, assisté d'un professeur de l'ordre des lettres et d'un professeur de l'ordre des sciences, un examen d'où dépend son classement dans l'une des années du cours d'études de l'établissement.

Art. 31. — La liste des livres reconnus propres à être mis en usage dans les écoles primaires supérieures publiques est dressée conformément aux règles tracées par les articles 20, 21 et 22 du présent arrêté.

Art. 32. — Un règlement des établissements publics d'enseignement primaire supérieur dans chaque département sera rédigé par le Conseil départemental, d'après les indications générales d'un règlement modèle arrêté par le Ministre de l'Instruction publique en Conseil supérieur.

SECTION II. — Des comités de patronage.

Art. 33. — Les membres des comités de patronage institués auprès de chaque école primaire supérieure sont nommés par arrêté ministériel, sur la proposition du Recteur de l'académie.

Le directeur ou la directrice de l'école fait nécessairement partie du comité de patronage.

Des dames patronesses font nécessairement partie des comités institués auprès des écoles primaires supérieures de filles.

Art. 34. — Chaque comité nomme son président et son secrétaire. Il est tenu registre de ses délibérations.

L'inspecteur de l'enseignement primaire fait partie de tous les comités de patronage de sa circonscription.

Art. 35. — Le Recteur et l'inspecteur d'Académie sont membres de droit de tous les comités institués dans leur ressort; ils ont voix délibérative. Quand l'un ou l'autre assiste aux réunions du comité, il préside la séance.

Art. 36. — Le comité se réunit au moins deux fois par an, sur la convocation de son président. Il peut être convoqué extraordinairement par l'Inspecteur d'Académie ou par le président.

Art. 37. — Le comité veille aux intérêts matériels des élèves et à la bonne tenue de l'école.

Il prend sous son patronage les élèves de l'école ; il s'occupe de placer les plus méritants à la fin de leurs études. Il surveille d'une façon plus particulière les élèves boursiers.

Il donne son avis sur l'installation matérielle de l'école, sur les mesures à prendre pour mettre l'enseignement en rapport avec les industries locales, sur les promotions et prolongations de bourses, sur le transfert ou la déchéance des boursiers nationaux.

Art. 38. — Chacun des membres du comité peut assister aux examens de passage prescrits par l'article 60 du présent arrêté.

Art. 39. — A chacune de ses réunions ordinaires, le comité délègue un ou plusieurs de ses membres avec mission de visiter, une fois par mois au moins, l'établissement placé sous son patronage. Les délégués rendent compte au comité, lors de sa plus prochaine réunion, des résultats de leurs visites.

Art. 40. — Les délibérations du comité sont adressées par le président à l'inspecteur d'Académie, qui les transmet, suivant le cas, au Préfet ou Ministre.

SECTION III. — Des bourses.

I. — *De l'examen et de l'attribution des bourses.*

Art. 41. — Tous les ans, au chef-lieu de chaque département, les candidats aux bourses fondées par l'État subissent un examen destiné à constater leur aptitude.

Cet examen a lieu du 15 au 30 mai. La date en est fixée par le Ministre ; elle est la même pour tous les départements. Elle est annoncée au moins trois mois à l'avance. Le registre d'inscription est clos le 31 mars.

Art. 42. — Les sujets de composition sont choisis par l'inspecteur d'Académie.

Art. 43. — La commission d'examen est nommée dans chaque département par le Recteur.

Elle se compose de cinq membres au moins.

Art. 44. — Les parents ou tuteurs des candidats aux bourses doivent les faire inscrire dans les bureaux de l'inspection académique avant le 1er avril.

Chacun d'eux joint à la demande d'inscription :
1° L'acte de naissance de l'enfant;
2° Son certificat d'études primaires;
3° Un certificat de vaccine et de revaccination;
4° Un certificat de bonne conduite signé par le chef de l'établisment où il a fait ses études;
5° Une demande, écrite ou signée par le père ou le tuteur, à laquelle devra être annexé un extrait du rôle des contributions payées par les parents du candidat;
6° Un état nominatif de ses enfants indiquant l'âge et le sexe de chacun d'eux, et, s'il y a lieu, sa profession ; cet état sera certifié exact par le maire de la commune.

Art. 45. — Les candidats doivent être âgés de 12 ans au moins et de 15 ans au plus au 1er octobre de l'année durant laquelle a lieu l'examen. Aucune dispense d'âge ne peut être accordée.

Si le candidat n'est pas encore pourvu du certificat d'études primaires, il est admis à se présenter conditionnellement, à charge par lui d'obtenir ce certificat à la première session qui suit l'examen, mais ses titres ne seront pris en considération qu'après qu'il aura réussi aux examens du certificat d'études primaires.

Art. 46. — Les candidats subissent des épreuves écrites et des épreuves orales.

Art. 47. — Les épreuves écrites et les épreuves orales sont réparties comme suit :
Épreuves écrites :
1° Dictée d'orthographe;
2° Écriture (la dictée d'orthographe servira pour cette épreuve);
3° Composition d'arithmétique;
4° Composition française.
Ces épreuves ont lieu dans la même journée.
Épreuves orales :
1° Lecture expliquée, avec interrogations sur la grammaire et analyse d'une phrase;
2° Interrogations sur l'arithmétique et le système métrique;
3° Interrogations sur l'histoire et la géographie de la France;
4° Interrogations sur l'instruction morale et civique;
5° Interrogations sur les éléments des sciences physiques et naturelles.

Les questions devront porter sur les matières enseignées dans le cours supérieur des écoles primaires.

Art. 48. — La dictée d'orthographe comprend environ trente lignes. Elle est lue à haute voix, dictée lentement et relue.

La ponctuation n'est pas dictée.

Il est accordé aux candidats dix minutes pour relire leur composition.

La composition d'arithmétique comprend une question de théorie et un problème sur les matières du programme du cours supérieur des écoles primaires.

La composition française a pour objet un récit ou une lettre d'un genre simple, l'explication d'un proverbe ou d'une pensée morale, ou le développement d'une question d'instruction morale et civique.

Il est accordé aux candidats deux heures pour chacune des épreuves d'arithmétique et de composition française.

ART. 49. — Toutes les épreuves, soit orales, soit écrites, y compris l'écriture, sont appréciées d'après l'échelle de 0 à 20.

Toute épreuve nulle, soit à l'examen écrit, soit à l'examen oral, entraîne l'ajournement du candidat.

Les compositions écrites sont éliminatoires.

Pour les épreuves écrites, tout candidat qui n'a pas obtenu 40 points est ajourné.

Pour les épreuves orales, tout candidat qui n'a pas obtenu 50 points est ajourné.

ART. 50. — Immédiatement après l'examen, l'Inspecteur d'Académie soumet au Conseil départemental les dossiers des candidats admis. Le Conseil donne son avis conformément à l'article 46 du décret du 18 janvier 1887, et dresse une liste de présentation comprenant un nombre de candidats double au moins du nombre de bourses entières attribuées au département.

L'inspecteur d'Académie transmet ensuite au Préfet ses propositions.

ART. 51. — Dans la dernière quinzaine du mois de juillet, l'Inspecteur d'Académie adresse au Ministre un relevé général de toutes les bourses qui doivent se trouver vacantes à la rentrée des classes, et le Ministre procède à la répartition des crédits entre les différents départements; aussitôt après cette répartition, le Préfet arrête la liste des boursiers, qui est soumise à l'approbation du Ministre. La nomination doit être faite avant la rentrée des classes.

ART. 52. — Dans la première quinzaine qui suit la rentrée des classes, les directeurs et directrices envoient à l'Inspecteur d'Académie :

1º La liste des boursiers présents à l'école;

2º La liste de ceux qui renonceraient au bénéfice de leur bourse, avec l'indication des motifs de cette renonciation.

Ces documents sont transmis au Ministre avant le 1er novembre, et une nouvelle répartition de crédits est faite, s'il y a lieu, entre les départements.

Aucune nomination de boursier ne peut être faite après le 31 décembre. A partir du 1ᵉʳ janvier, les fonds qui deviendraient vacants par suite du départ des boursiers sont réservés pour la répartition suivante.

Au cours de l'année, toutes les fois qu'il se produit une vacance dans le cadre des boursiers, l'Inspecteur d'académie en informe immédiatement le Ministre, en faisant connaître la date précise du départ du boursier et les motifs de ce départ.

Art. 53. — En règle générale, les boursiers sont placés dans le département qu'habite leur famille, s'il est pourvu d'écoles primaires supérieures. Des exceptions pourront être faites, sur la demande motivée des parents, après entente entre les départements intéressés. Des exceptions seront également faites en faveur des écoles d'agriculture et des écoles nationales professionnelles.

S'il existe plusieurs écoles primaires supérieures dans le département, le Préfet répartira entre les différents établissements le contingent de boursiers accordé au département, sur l'avis du Conseil départemental et la proposition de l'inspecteur d'Académie.

Les candidats peuvent, après avis du Ministre de l'Agriculture, être placés, sur leur demande, dans l'une des écoles pratiques d'agriculture de la région.

II. — *Du régime des boursiers.*

Art. 54. — Le montant annuel des bourses d'internat entretenues par l'État dans les établissements publics ou privés d'enseignement primaire supérieur est égal au prix de pension demandé par les chefs d'établissement aux parents des élèves payants, sans que toutefois la somme payée puisse jamais dépasser 500 francs, y compris les frais de literie et de blanchissage.

Les bourses d'entretien pourront varier de 100 à 400 francs, par fraction de 100 francs.

Les bourses familiales sont de 500 francs.

Le montant des frais de pension sera ordonnancé par douzièmes à la fin de chaque trimestre, sur la production d'un état de présence dressé par les chefs d'établissement et approuvé par le Préfet.

La somme allouée sera mandatée par le Préfet : pour les élèves internes, au nom du directeur de l'école ; pour les boursiers familiaux et les boursiers d'entretien, au nom du père ou tuteur de l'enfant.

Art. 55. — Des dégrèvements de trousseau peuvent, sur la proposition de l'Inspecteur d'Académie, être accordés par le Préfet, sur les crédits mis à sa disposition, aux candidats dont les familles justifient ne pouvoir pas en supporter les frais.

La subvention de l'État pour les dégrèvements de trousseau ne peut pas être supérieure à 300 francs pour la première année, et à 100 francs pour chacune des autres années.

Selon la situation de fortune des familles, le Préfet pourra accorder la totalité ou une partie seulement du dégrèvement.

Le trousseau pourra être fourni à l'élève, soit par sa famille, soit par le directeur.

Art. 56. — Il pourra être accordé aux boursiers, à titre de remise de fournitures classiques, une subvention dont le montant ne pourra être supérieur à 25 francs par année.

Art. 57. — Le montant des dégrèvements et remises accordés sera ordonnancé au nom du Préfet, sur la production d'un état détaillé des objets fournis, dressé conjointement par les parents et le directeur, et visé par le Préfet.

Art. 58. — Les titulaires d'une bourse d'entretien ne pourront recevoir de dégrèvement de trousseau.

Il pourra leur être accordé chaque année une remise de fournitures classiques.

Art. 59. — Trois fois par an, au 1er janvier, au 1er avril et à la fin de l'année scolaire, les directeurs des écoles où se trouvent des boursiers de l'État adressent à l'Inspecteur d'Académie des notes sur la conduite et le travail de chacun de ces boursiers. Ces notes seront placées au dossier des candidats et pourront donner lieu à l'application des mesures prescrites par les articles 51 et 52 du décret du 18 janvier 1887.

Art. 60. — Tous les ans, dans le courant du mois de juillet, les boursiers qui ne sont pas arrivés au terme de leur bourse subissent, devant un inspecteur primaire assisté du directeur et des professeurs de l'école, un examen de passage portant sur l'ensemble des études de l'année qui s'achève.

Tout boursier qui aura subi avec succès l'examen de passage obtiendra de droit la prolongation de sa bourse pendant l'année scolaire suivante.

Tout boursier qui ne satisfera pas à cet examen sera déchu de sa bourse.

Les procès-verbaux de ces examens, avec le relevé des notes obtenues par chaque boursier, devront être adressés à l'Inspecteur d'Académie avant le 15 août.

Art. 61. — Les élèves boursiers de l'enseignement primaire supérieur pourront être transférés, avec jouissance d'une bourse, dans l'enseignement secondaire s'ils sont âgés de moins de seize ans au 1er janvier de l'année où se fera la mutation.

Art. 62. — Les Inspecteurs d'Académie enverront chaque année au Ministre la liste des élèves boursiers primaires de leur circonscription qu'ils proposent de transférer dans l'enseignement secondaire. Ils feront connaître pour chacun d'eux les prix qu'il a obtenus l'année précédente, ses notes de classe et ses places dans toutes les compositions (avec indication du nombre d'élèves de la division) depuis la rentrée d'octobre. S'ils ont pu voir et interroger eux-mêmes les candidats, ils joindront aux notes leur appréciation personnelle.

Art. 63. — Le nombre des bourses de mérite à accorder sera fixé chaque année avant le 15 août.

Art. 64. — Tous les ans, dans les premiers jours de janvier, le Préfet adresse au Ministre la liste des boursiers nommés dans son département au cours de l'année précédente avec les motifs de la concession de la bourse.

Cette liste est publiée au *Journal officiel* dans le courant du mois.

III. — *Bourses de séjour à l'étranger.*

Art. 65. — Les bourses de séjour à l'étranger, accordées aux élèves des écoles primaires supérieures, sont décernées à la suite d'un concours.

Les conditions à remplir pour pouvoir concourir sont les suivantes :

1° Avoir, au moment du concours, seize ans accomplis et moins de dix-neuf ans. Toutefois des dispenses d'âge peuvent être accordées par le Ministre.

2° Être pourvu du certificat d'études primaires supérieures ;

3° Adresser au Ministre, par l'intermédiaire de l'Inspecteur d'Académie, une demande écrite ou signée par le père ou tuteur tendant à obtenir une bourse de séjour. Cette demande doit indiquer exactement les nom, prénoms, date et lieu de naissance du candidat, ainsi que la date à laquelle il a obtenu le certificat d'études primaires supérieures.

Les directeurs des écoles doivent joindre à chaque demande la date de l'entrée de l'élève à l'école, et des notes détaillées sur sa tenue, sa santé, son caractère, ses aptitudes, son application et ses progrès.

Art. 66. — Les épreuves du concours sont des épreuves écrites consistant en une composition française, un thème et une version dont le texte est envoyé par le Ministre. Elles ont lieu au chef-lieu du département, sous la présidence de l'Inspecteur d'Académie. Il est accordé trois heures pour la composition française et trois heures pour les deux autres compositions réunies.

Art. 67. — Les compositions, adressées au Ministre par l'Inspecteur d'Académie, sont corrigées à Paris par une commission spéciale, qui appelle devant elle les candidats admissibles pour leur faire subir un examen oral, à la suite duquel elle dresse, par ordre de mérite, la liste des candidats les plus aptes à profiter de la bourse de séjour. Cette liste est soumise à l'approbation du Ministre, qui nomme les boursiers.

CHAPITRE IV

ÉCOLES NORMALES PRIMAIRES.

SECTION I. — De l'organisation des écoles normales.

Art. 68. — Tous les ans, le 15 mai au plus tard, le Conseil départemental de l'instruction publique est consulté par le Préfet sur le nombre des élèves-maîtres et des élèves-maîtresses qu'il y a lieu d'admettre en première année, dans chaque école normale, en qualité d'internes, de demi-pensionnaires ou d'externes.

L'extrait de la délibération du Conseil départemental est, dans le plus bref délai, adressé par le Préfet au Recteur.

Art. 69. — Le Recteur doit, avant le 1er juin, adresser au Ministre, avec ses propositions et l'avis du Conseil départemental, un état faisant connaître le nombre d'instituteurs ou d'institutrices publics nécessaires chaque année dans le département, ainsi que le nombre d'élèves-maîtres ou d'élèves-maîtresses présents à l'école normale.

La décision du Ministre, fixant le nombre de candidats à admettre en qualité d'élèves internes, demi-pensionnaires ou externes, est notifiée au Préfet du département et au Recteur de l'académie.

Art. 70. — Au début de chaque année scolaire, le Conseil des professeurs détermine, sous réserve de l'approbation du Recteur, le système d'après lequel les élèves-maîtres ou élèves-maîtresses seront envoyés à l'école annexe.

SECTION II. — Du personnel administratif et du personnel enseignant.

Art. 71. — Indépendamment de la direction matérielle et morale de l'établissement et de la surveillance de l'enseignement, le directeur est chargé des conférences pédagogiques, ainsi que des cours de pédagogie et de morale.

Tous les trois mois au moins, il réunit en Conseil, sous sa présidence, les professeurs et maîtres adjoints, et examine avec eux toutes les questions qui intéressent l'enseignement et la discipline. Les procès-verbaux de ces réunions sont envoyés à l'Inspecteur d'Académie dans le délai de huit jours.

Il surveille et contrôle toutes les parties du service de l'économat. Il engage et ordonnance les dépenses dans les limites des crédits régulièrement alloués. Il passe les marchés et surveille directement la comptabilité, sans pouvoir s'immiscer en aucune façon dans le maniement des deniers et des matières.

Une fois par mois au moins et à des dates variables, le directeur est tenu de vérifier l'état de la caisse et de la comptabilité. S'il constate quelque irrégularité, il doit en aviser immédiatement par un rapport l'Inspecteur d'Académie.

Art. 72. — L'économe reçoit ampliation de l'arrêté ministériel qui le nomme, par l'intermédiaire du Recteur de l'académie dans le ressort de laquelle est située l'école normale où il doit remplir ses fonctions. Une autre ampliation de ce même arrêté est adressée au Préfet du département dans lequel se trouve l'école. Le Préfet est chargé de donner au Trésorier-Payeur général avis de la nomination du nouvel économe.

Art. 73. — L'économe est installé par l'Inspecteur d'Académie entre les mains duquel il doit au préalable prêter serment. La prestation de serment et l'installation ne peuvent avoir lieu qu'après la justification de versement du cautionnement. Les pièces relatives à la prestation de serment, à l'installation et au versement du cautionnement sont transmises au Ministre de l'instruction publique par le Recteur.

Art. 74. — Le service est remis au nouvel économe le jour même de son installation.

Art. 75. — L'économe règle, sous l'autorité du directeur, tous les détails du service intérieur. Il choisit les gens de service avec l'agrément du directeur, il les surveille et les dirige. Il assure l'ordre matériel et la salubrité dans l'école.

Il est chargé de la caisse et répond de la validité des payements. Il fait les diligences nécessaires pour percevoir en temps utile toutes les sommes affectées à l'école.

Il tient les registres du magasin et de la comptabilité; il rédige toutes les pièces relatives à ces divers services et toute la correspondance qui s'y rapporte.

Il discute les conditions des marchés et prépare les cahiers des charges. Il assiste à la réception des fournitures de toute espèce et en vérifie la quantité et la qualité.

Les approvisionnements de toute nature existant en magasin, ainsi que le mobilier, sont sous sa garde; il en est personnellement et directement responsable.

Art. 76. — En cas de maladie, de congé, ou d'absence dûment justifiée, l'économe de l'école normale primaire peut, à titre exceptionnel, être remplacé par un fondé de pouvoirs à son choix, dûment agréé par le recteur. Ce fondé de pouvoirs agit pour le compte et sous l'entière responsabilité de l'économe.

Dans le cas de décès, de démission ou de révocation de l'économe, ou lorsqu'il aura été dans l'impossibilité absolue de désigner son remplaçant, le Recteur nomme un gérant intérimaire qui en remplit les fonctions jusqu'à l'installation de son successeur. Avis de cette nomination est donné au Trésorier-Payeur général. La gestion du gérant intérimaire, qui est tout à fait distincte de celle de l'ancien ou du nouveau titulaire, donne lieu à une reprise de service, conformément aux dispositions ci-après :

En cas de changement de l'économe, l'inspecteur d'Académie arrête, en présence du directeur et conjointement avec l'ancien économe, tous les registres de comptabilité, et constate par un procès-verbal que les écritures sont au courant.

Ce procès-verbal indique le montant des valeurs trouvées en caisse, celui des créances et des dettes, la valeur et la quantité des approvisionnements existant en magasin. Le nouvel économe prend ces objets en charge et en devient responsable.

Il est procédé de la même manière pour la constatation et le prix en charge du mobilier de l'établissement.

Une copie des procès-verbaux dressés à cette occasion, certifiée par le membre de la Commission de surveillance délégué, est envoyée au Recteur pour être transmise au Ministre.

Art. 77. — Le directeur et l'économe habitent dans l'établissement.

Ils ne sont pas nourris, mais ils ont droit aux prestations en nature. Dans les écoles normales d'instituteurs, tous les autres fonctionnaires sont externes.

Toutefois les professeurs et maîtres délégués qui en feront la demande pourront, sur la proposition du Recteur, être autorisés par le Ministre à habiter dans l'école et à prendre leurs repas à la table commune. En échange de ces avantages, ils seront chargés de diriger les différents services de surveillance intérieure.

Dans les écoles normales d'institutrices, les professeurs et les maîtresses déléguées ne peuvent habiter hors de l'établissement qu'avec l'autorisation du Recteur.

Art. 78. — Chaque année, le Recteur, sur la proposition du directeur et après avis de l'Inspecteur d'Académie, arrête la répartition du service entre les membres du personnel enseignant.

Art. 79. — Le nombre maximum d'heures d'enseignement exigible des professeurs et maîtres attachés à l'école est fixé ainsi qu'il suit :

1° Dans les écoles recevant plus de soixante élèves :

Professeurs et maîtres délégués chargés de l'enseignement des lettres ou de l'enseignement des mathématiques ; seize heures ;

Professeurs et maîtres délégués chargés de l'enseignement des sciences physiques et naturelles : quatorze heures ;

Directeurs de l'école annexe : trente heures ;

Économe : huit heures.

2º Dans les écoles recevant soixante ou moins de soixante élèves :

Professeurs et maîtres délégués chargés de l'enseignement des lettres ou de l'enseignement des mathématiques : dix-huit heures ;

Professeurs et maîtres délégués chargés de l'enseignement des sciences physiques et naturelles : seize heures ;

Directeur de l'école annexe : trente heures ;

Économe : huit heures.

Art. 80. — L'enseignement du dessin et l'enseignement du travail manuel sont rattachés à l'enseignement des sciences.

Art. 81. — Dans les heures d'enseignement imposées à chaque maître peut être compris, outre les heures affectées aux classes ordinaires, le temps réservé pour les conférences faites aux élèves ou les répétitions que le Recteur juge utile d'instituer avec l'approbation du Ministre.

Les professeurs et maîtres délégués sont tenus, en dehors des heures d'enseignement, de diriger les promenades, de surveiller les travaux d'agriculture et d'horticulture, et s'il y a lieu, les travaux manuels, ainsi que de participer à la direction des services intéressant les études et la discipline, aux examens et aux conférences pédagogiques aux jours et heures fixés par le directeur, sans que toutefois l'ensemble de ces obligations accessoires puisse dépasser en moyenne trois heures par semaine.

Art. 82. — Chaque heure supplémentaire qui pourra être demandée aux professeurs et maîtres délégués, en dehors du nombre d'heures réglementaires déterminé par l'article 79 et des limites fixées par l'article 81 ci-dessus, donne droit à une allocation annuelle, non soumise à retenue et calculée à raison de 150 francs par an pour une heure par semaine pour l'enseignement des lettres, des mathématiques, des sciences physiques et naturelles, des langues vivantes, du dessin et du travail manuel, et à raison de 100 francs pour les autres matières.

Art. 83. — Sur la proposition du Recteur, le Ministre fixe, par une décision spéciale, le nombre d'heures supplémentaires qu'il y a lieu d'attribuer à chacun des professeurs ou maîtres.

Art. 84. — Dans les écoles normales d'instituteurs, les différents services intérieurs d'ordre matériel sont confiés aux élèves de troisième année dans les conditions déterminées par le règlement intérieur de l'école.

Dans les écoles normales d'institutrices, la surveillance intérieure est dirigée par les professeurs et les maîtresses internes, qui y feront participer à tour de rôle les élèves de troisième année.

Art. 85. — Pendant les grandes vacances, les écoles normales ne doivent jamais être abandonnées complètement par les fonctionnaires. La répartition du service, tant entre le directeur et l'économe qu'entre les professeurs et maîtresses, est, pour cette époque de l'année, fixée par le Recteur dans la première quinzaine de juillet, sur la proposition du directeur et après avis de l'Inspecteur d'Académie.

SECTION III. — Des élèves-maîtres.

Art. 86. — Il est ouvert à la fin de chaque année scolaire, dans tous les départements de France et d'Algérie, un concours d'admission aux écoles normales primaires dont la date est fixée par le Ministre. En cas d'insuffisance du nombre des candidats déclarés admissibles, un second concours peut être ouvert par le Ministre, sur la proposition du Recteur, avant la rentrée des classes.

Art. 87. — L'inscription des candidats a lieu du 1er mars au 30 avril, sur un registre ouvert à cet effet dans les bureaux de l'Inspecteur d'académie.

Aucune inscription n'est reçue qu'autant que le candidat a déposé les pièces suivantes :

1° Sa demande d'inscription portant indication de l'école ou des écoles qu'il a fréquentées depuis l'âge de douze ans ;

2° Son acte de naissance ;

3° Son brevet de capacité ;

4° L'engagement de servir pendant dix ans dans l'enseignement public.

Cette pièce est accompagnée d'une déclaration par laquelle le père ou le tuteur du candidat l'autorise à contracter cet engagement et s'engage lui-même à rembourser les frais d'études de son fils ou pupille, dans le cas où celui-ci quitterait volontairement l'école ou en serait exclu, comme dans le cas où il renoncerait aux fonctions d'enseignement avant la réalisation de son engagement.

L'acte de naissance, l'engagement décennal, la déclaration du père ou du tuteur doivent être rédigés sur papier timbré et dûment légalisés. La déclaration peut être rédigée sur la même feuille que l'engagement.

Les candidats non pourvus de brevet peuvent être inscrits provisoirement, sous la condition formelle de le produire avant le concours d'admission.

Art. 88. — Les candidats sont soumis, avant l'examen, à la visite du médecin de l'école, assisté d'un médecin assermenté ; ils ne peuvent prendre part aux épreuves que s'il est constaté qu'ils ont été vaccinés ou qu'ils ont eu la petite vérole, qu'ils ont été revaccinés, et qu'ils ne sont atteints d'aucune infirmité, maladie ou vice de constitution qui les rende impropres aux fonctions d'enseignement.

Art. 89. — Le concours d'admission aux écoles normales primaires comprend deux séries d'épreuves ayant pour objet d'arrêter : la première, la liste d'admissibilité ; la seconde, la liste d'admission définitive.

Lss épreuves de la première série comprennent :

1° Une dictée d'orthographe de vingt lignes environ.

Le texte, lu d'abord à haute voix, est ensuite dicté posément, puis relu. La ponctuation n'est pas dictée.

Il est accordé dix minutes aux candidats pour revoir leur travail.

2° Une épreuve d'écriture comprenant une ligne en grosse bâtarde, une ligne en grosse ronde, et en cursive, deux lignes en gros, deux en moyen et quatre en fin.

Il est accordé trois quarts d'heure pour cette épreuve.

Il est tenu compte, en outre, pour le jugement de cette épreuve, de la valeur de l'écriture expédiée dans la composition d'orthographe.

3° Un exercice de composition française consistant en un récit ou une lettre d'un genre simple, l'explication d'un précepte de morale ou d'éducation, d'un proverbe, d'une maxime ou une question d'instruction morale et civique.

4° Une composition d'arithmétique comprenant, outre la solution d'un ou de deux problèmes, l'explication raisonnée d'une règle.

Deux heures sont accordées pour chacune des épreuves de composition française et d'arithmétique.

5° Une composition de dessin consistant en un exercice de dessin à vue d'un genre facile.

Il est accordé une heure et demie pour cette épreuve.

Art. 90. — Les épreuves écrites ont lieu au cours d'une même journée, dans le lieu fixé par l'Inspecteur d'Académie et, de préférence, au siège même de l'école normale.

Les trois premières se font le matin, les deux autres l'après-midi, dans l'ordre déterminé par l'article précédent.

La commission d'examen, sous la présidence de l'Inspecteur d'Académie, arrête les textes des sujets de composition.

Art. 91. — La liste des candidats déclarés admissibles aux épreuves de la deuxième série est dressée par ordre alphabétique. Les candidats compris sur cette liste sont immédiatement convoqués par l'Inspecteur d'Académie : les aspirants, au siège de l'école normale des instituteurs, les aspirantes, au siège de l'école normale des institutrices.

Pendant la durée des épreuves de la deuxième série, laquelle ne doit pas dépasser une semaine, les candidats sont logés et nourris à l'école normale.

La dépense est à la charge des familles. Chaque année le Recteur détermine le montant de ces frais par candidat. La somme ainsi fixée doit être versée entre les mains de l'économe par chacun des concurrents au moment où il est interné.

Art. 92. — Les épreuves de la deuxième série consistent dans :

I. Des interrogations : 1° sur la langue française ; 2° l'arithmétique et le système métrique ; 3° l'histoire de la France ; 4° la géographie de la France et des notions de géographie générale ; 5° des notions élémentaires de sciences physiques et naturelles. Chacune de ces épreuves durera, pour chaque candidat, une demi-heure au moins.

II. Les résumés de deux leçons : 1° l'une sur un sujet d'ordre littéraire ; 2° l'autre sur un sujet d'ordre scientifique, faites par des professeurs de l'école. Ces résumés devront être rédigés chacun en une demi-heure, immédiatement après la leçon.

III. Un examen sur le chant et la musique comprenant une interrogation sur les matières du cours supérieur des écoles primaires, la lecture d'un morceau de solfège facile, et une dictée orale très simple. Il sera tenu compte au candidat de l'exécution du chant avec paroles et de la connaissance d'un instrument.

IV. Des exercices de gymnastique compris dans le programme du cours supérieur des écoles primaires, et, pour les aspirants, des exercices militaires ; pour les aspirantes, des travaux de couture.

Art. 93. — Chacune de ces épreuves, tant de la première que de la deuxième série, doit être appréciée par des chiffres de 0 à 20.

Art. 94. — Quand les épreuves de la deuxième série sont terminées, la commission arrête le classement, par ordre de mérite, des candidats qu'elle juge devoir être admis d'après l'ensemble de l'examen.

Cette liste est divisée en deux parties. Dans la première sont inscrits les candidats classés les premiers, jusqu'à concurrence du nombre de places vacantes à l'école normale du département dans lequel a eu lieu l'examen. Dans la seconde, la commission comprend tous les candidats admissibles excédant ce nombre, quel que soit le rapport du chiffre ainsi obtenu avec celui des places vacantes à l'école normale du département.

Les candidats compris dans cette seconde partie de la liste d'admission feront connaître, par une déclaration écrite qui sera jointe au dossier transmis au Ministère, quels sont les académies ou les départements dans lesquels ils accepteraient une place à l'école normale, s'ils ne pouvaient être reçus dans celle du département où ils ont concouru.

Art. 95. — Les résultats du concours sont proclamés avant le départ des candidats par le président de la Commission d'examen.

SECTION IV. — De l'enseignement.

Art. 96. — L'enseignement dans les écoles normales d'instituteurs et d'institutrices est donné conformément aux programmes annexés au présent arrêté. (*Ces programmes ont été modifiés depuis par l'arêté du 10 janvier 1889. — Voir le texte de ces nouveaux programmes en fin du volume. — Conférer avec article 119 du décret organique du 18 janvier 1887*).

Art. 97. — La répartition des matières d'enseignement dans les écoles normales sera faite de telle sorte que les heures de classe de chaque année n'excèdent pas en moyenne le total de 25 heures par semaine pour les écoles normales d'instituteurs, et 22 heures pour les écoles normales d'institutrices. Sur ce temps, il sera donné à l'enseignement littéraire 15 heures en première année, 13 heures en deuxième et 12 heures en troisième année dans les écoles normales d'instituteurs et d'institutrices ; le reste du temps sera affecté à l'enseignement scientifique et au dessin. (*Texte nouveau, ainsi modifié par l'arrêté du 24 juillet 1888.*)|

Art. 98. — Des heures réservées au travail, cinq au moins seront employées chaque jour au travail personnel, aux lectures et à la préparation des classes en étude.

Aucun cours n'aura lieu le dimanche, non plus que dans l'après-midi du jeudi.

Art. 99. — Les élèves de deuxième et de troisième année sont fréquemment exercés, soit en classe, soit dans des conférences, à l'enseignement oral sur chacune des matières du programme d'études. Sous la direction de leur professeur, ils rendent compte d'une leçon ou d'une lecture, expliquent un texte français, corrigent un devoir, exposent une question du cours ou les résultats d'un travail personnel.

Les élèves de troisième année font, en outre, à tour de rôle, des leçons devant leurs professeurs et les élèves-maîtres. La leçon dure une demi-heure au plus. Elle porte sur un sujet d'enseignement ou de méthode choisi par l'élève et agréé par le directeur ou la directrice. Elle donne lieu, de la part des élèves, à des observations critiques, qui sont complétées ou rectifiées par les professeurs, le directeur ou la directrice.

Art. 100. — Dans toute école normale, le directeur ou la directrice veilleront à ce que l'enseignement ne soit, dans aucune de ses parties, détourné du but auquel il doit tendre et à ce que les différents professeurs s'efforcent surtout de faire acquérir à leurs élèves les qualités intellectuelles et morales indispensables à l'instituteur. Ils leur recommanderont d'éviter la recherche des détails, des subtilités et des curiosités qui feraient perdre à l'enseignement des écoles normales son caractère pratique et professionnel.

Ils s'assureront que les devoirs écrits des élèves sont corrigés et annotés avec soin par les professeurs et qu'il est donné un temps suffisant, dans tous les cours, aux interrogations et aux récapitulations.

Ils proscriront l'usage des manuels, des cours dictés, des copies, des cahiers dits de mise au net, en un mot, de tout procédé qui encouragerait le travail machinal et tendrait à substituer un effort de mémoire à un effort de réflexion.

Ils prendront soin que, dans tous les cours professés à l'école et dans les exercices de l'école ou des écoles annexes, il soit fait une large part à l'étude des méthodes et des procédés propres à l'enseignement primaire.

Dans les écoles normales d'institutrices, la directrice et l'économe s'efforceront, par des conseils et des directions pratiques, d'initier les élèves-maîtresses, en dehors des heures de classe et d'étude, à tout ce qui concerne les travaux et les soins du ménage.

SECTION V. — Du régime intérieur et de la discipline.

Art. 101. — Dans toute école normale, soit d'instituteurs, soit d'institutrices, il est donné huit heures au moins au sommeil en toute saison.

Sur les heures de la journée, cinq environ sont employées aux soins de propreté, repas, récréations et exercices corporels.

Art. 102. — Les jours règlementaires de sorties sont les dimanches et les jours de fêtes.

Dans les écoles normales d'institutrices, les élèves-maîtresses ne sortent que sur la demande de leurs parents ou de leurs correspondants. Celles qui restent à l'école sont conduites en promenade.

Des sorties individuelles peuvent être autorisées par le directeur ou la directrice.

Art. 103. — Les vacances de Pâques commencent le Jeudi-Saint et finissent le lundi qui suit la semaine de Pâques.

Les grandes vacances durent sept semaines ; les dates de la sortie et de la rentrée sont fixées par le recteur.

Art. 104. — Tous les élèves doivent avoir un costume d'uniforme pour les sorties et les promenades.

Art. 105. — Dans les écoles normales d'institutrices, la directrice demande aux parents, au commencement de l'année scolaire, la liste des personnes avec lesquelles ils autorisent leur fille à correspondre. Les lettres écrites aux élèves-maîtresses devront porter sur l'enveloppe la signature de la personne de qui elles émanent. Celles qui ne portent pas cette signature sont envoyées par la directrice aux parents de l'élève.

Ces dispositions ne sont pas applicables aux écoles normales d'instituteurs; la correspondance des élèves est libre, à moins d'intention contraire expressément manifestée par les familles.

CHAPITRE V

ÉCOLES NORMALES PRIMAIRES SUPÉRIEURES.

Art. 106. — Dans les deux écoles normales supérieures de Saint-Cloud et de Fontenay-aux-Roses, la durée des études est de trois années.

Art. 107. — Ces écoles peuvent recevoir des internes et des externes.

Le nombre des élèves internes et des élèves externes est fixé chaque année par le Ministre.

Art. 108. — Il est accordé à chaque élève externe une bourse dont le montant est fixé par arrêté ministériel.

Art. 109. — L'enseignement dans les écoles normales supérieures d'institutrices et d'instituteurs comprend l'étude approfondie des matières enseignées dans les écoles normales primaires. D'autres matières peuvent y être enseignées avec l'autorisation du Ministre. La troisième année est plus particulièrement consacrée à la préparation professionnelle des élèves.

Art. 110. — Les élèves sont répartis en deux sections, la section des sciences et la section des lettres. Le nombre des élèves à admettre dans chaque section est fixé, chaque année, par décision ministérielle. Il pourra être institué des cours communs aux deux sections.

Art. 111. — Il peut être admis à l'école normale supérieure d'institutrices des élèves, déjà pourvues de l'un des deux certificats d'aptitude aux fonctions de professeur, qui voudraient se préparer à l'examen du certificat d'aptitude aux fonctions de directrice. Les aspirantes de cette catégorie ne sont pas astreintes à l'examen d'entrée. Le Ministre, après avis du Recteur, décide de leur admission.

Les aspirantes aux fonctions de directrice suivent un cours spécial de législation et d'administration scolaires.

Art. 112. — Des examens de passage ont lieu à la fin de chacune des deux années d'études. Tout élève qui n'aura pas satisfait à ces examens devra quitter l'école. Son renvoi est prononcé par décision ministérielle, sur le vu de ses notes et le rapport du Conseil des professeurs.

Art. 113. — Un concours d'admission aux écoles normales supérieures d'institutrices et d'instituteurs est ouvert chaque année vers la fin de l'année scolaire, à la date fixée par le Ministre.

Art. 114. — Pour être admis à concourir, les candidats doivent :
Avoir dix-neuf ans au moins et vingt-cinq au plus au 1er octobre de l'année où ils se présentent. Toutefois des dispenses d'âge peuvent être accordées par le Ministre, sur la proposition du Recteur ;
Être pourvus du brevet supérieur ou de l'un des baccalauréats, ou, pour les aspirantes, du diplôme de fin d'études de l'enseignement secondaire ;
Avoir contracté, ou contracter, s'ils ne l'ont encore fait, l'engagement de servir pendant dix années dans l'enseignement public.

Art. 115. — Les candidats sont tenus de se faire inscrire, à Paris, à la Sorbonne, et dans les départements, au bureau de l'inspection académique, un mois au moins avant la date de l'ouverture du concours, et de faire connaître sur quelle langue vivante ils demandent à être examinés.
Avec leur demande d'inscription, ils déposent :
1° Un extrait de leur acte de naissance ;
2° Leur brevet ou leur diplôme ;
3° Une notice faisant connaître l'école ou les écoles auxquelles ils ont appartenu, et s'il y a lieu, les fonctions qu'ils ont remplies ;
4° Un certificat de médecin constatant qu'ils sont aptes à remplir les fonctions de l'enseignement ; un certificat de revaccination ;
5° Un engagement de servir pendant dix ans dans l'enseignement public, à dater de leur admission à l'école normale supérieure, ou de rembourser à l'État le prix de la pension dont ils auront joui. Cette pièce sera rédigée sur papier timbré et dûment légalisée. Elle sera accompagnée, si le candidat est mineur, d'une déclaration par laquelle son père ou son tuteur l'autorise à souscrire un engagement et s'engage lui-même à rembourser à l'État le prix de pension du contractant, dans les cas prévus par l'article 78 du décret du 18 janvier 1887.

Art. 116. — La liste des candidats admis à prendre part au concours est arrêtée par le Ministre.
Aucun candidat n'est admis à se présenter plus de trois fois.

Art. 117. — L'examen d'admission comprend des épreuves écrites qui sont éliminatoires, des épreuves orales, et une épreuve pratique.

Art. 118. — Les épreuves écrites se font au chef-lieu du département où l'inscription a été reçue; elles ont lieu sous la surveillance de l'inspecteur d'Académie ou, à son défaut, d'un délégué agréé par le Recteur.

Elles comprennent, pour les candidats de la section des lettres :
1º Une composition sur un sujet de littérature ou de grammaire ;
2º Une composition sur un sujet de pédagogie ou de morale ;
3º Une composition sur un sujet d'histoire et un sujet de géographie ;
4º Une composition de langues vivantes (version et thème allemand ou anglais).

Pour les candidats de la section des sciences :
1º Une composition sur un sujet de mathématiques ;
2º Une composition sur un sujet de physique ou de chimie, et un sujet d'histoire naturelle ;
3º Une composition de dessin géométrique et d'ornement ;
4º Une composition de langues vivantes (version et thème allemand ou anglais) ;
5º Une composition sur un sujet de pédagogie ou de morale.

La composition de pédagogie ou de morale, et celle de langues vivantes, pourront être communes aux candidats des deux sections.

Trois heures sont accordées pour la composition de langues vivantes. L'usage du dictionnaire est autorisé. Quatre heures sont accordées pour chacune des autres compositions.

Art. 119. — Les sujets de composition sont choisis par le Ministre, sur la proposition de la Commission, et adressés aux inspecteurs d'Académie sous un pli cacheté, qui est ouvert en présence des candidats.

A la fin de chaque journée de l'examen écrit, les compositions sont adressées au Ministre par l'inspecteur d'Académie, qui y joint le procès-verbal de la séance.

Art. 120. — Les compositions écrites sont corrigées à Paris par une Commission nommée chaque année par le Ministre.

Art. 121. — Les candidats reconnus admissibles sont appelés à Paris pour y subir les épreuves orales et l'épreuve pratique.

Art. 122. — Les épreuves orales consistent :
Pour les candidats de la section des lettres :
1º En un exposé sur une question de grammaire, ou de littérature, ou d'histoire, ou de géographie ;
2º Dans la lecture expliquée d'un passage pris dans les auteurs du brevet supérieur ;
3º Dans l'explication d'un texte anglais ou allemand.

Pour les candidats de l'ordre des sciences :
1º En un exposé sur une question de mathématiques;
2º En un exposé sur une question de physique, ou de chimie, ou d'histoire naturelle :
3º Dans l'explication d'un texte anglais ou allemand.

Art. 123. — Chacune des épreuves orales pourra être suivie d'interrogations.

Une demi-heure est accordée aux candidats de chaque section pour la préparation de chacune des deux premières épreuves.

Art. 124. — L'épreuve pratique consiste :
Pour les aspirantes, en une épreuve de travail à l'aiguille;
Pour les aspirants, dans l'exécution d'un modelage ou d'un travail sur le fer ou sur le bois.

Cette dernière épreuve ne sera exigée des aspirants qu'à partir du concours d'admission de 1889. Elle sera facultative jusqu'à cette époque et il en sera tenu compte dans le classement des candidats.

Art. 125. — Les élèves sont tenus de se présenter, à la fin du cours d'études, à l'examen en vue duquel ils ont suivi les cours de l'école.

Art. 126. — Les bourses de séjour à l'étranger accordées aux professeurs d'école normale ou aux candidats pourvus du diplôme de professeur qui se destinent à l'enseignement des langues vivantes sont obtenues à la suite d'un examen qui comprend des épreuves écrites et orales.

Les épreuves écrites, subies au chef-lieu du département, comprennent un thème, une version, et une rédaction d'un genre simple. Cette dernière épreuve est faite sans dictionnaire. Trois heures sont accordées pour chaque composition.

Les épreuves orales, subies à Paris devant la Commission des bourses de séjour, comprennent la lecture et la traduction d'une page facile d'un prosateur étranger, une conversation en langue étrangère sur la page lue, des questions de grammaire.

CHAPITRE VI

RÉCOMPENSES HONORIFIQUES.

Art. 127. — Les médailles et mentions honorables dont il est question à l'article 34 de la loi du 30 octobre 1886 sont décernées par le Ministre, le 14 juillet de chaque année, aux instituteurs et institutrices, dans chaque département, sur la proposition conforme du Préfet et de l'Inspecteur d'Académie, après avis du Conseil départemental.

Art. 128. — Il peut être accordé, chaque année, aux instituteurs, institutrices et directrices d'écoles maternelles de chaque département ;

Une médaille d'argent pour chaque groupe de trois cents titulaires et stagiaires, et une en plus pour toute fraction excédant cent cinquante ;

Une médaille de bronze pour cent cinquante titulaires et stagiaires ;

Une mention honorable pour cent.

Art. 129. — Nul ne peut obtenir la mention honorable s'il ne compte au moins cinq ans de service comme titulaire.

Nul ne peut obtenir la médaille de bronze s'il n'a reçu la mention honorable depuis deux années au moins.

Nul ne peut obtenir la médaille d'argent s'il n'a reçu la médaille de bronze depuis deux années au moins.

Art. 130. — Pour obtenir le titre d'honoraire, les instituteurs, institutrices et directrices d'écoles maternelles doivent remplir les conditions suivantes: justifier de vingt-cinq ans de service ; être pourvus au moins de la médaille de bronze.

Art. 131. — Les nominations sont publiées au *Bulletin administratif* du Ministère.

Art. 132. — Les instituteurs honoraires seront admis à prendre part, avec voix délibérative, aux conférences pédagogiques dans le canton où ils résident.

Art. 133. — Les instituteurs, institutrices et directrices d'écoles maternelles admis à la retraite antérieurement à la promulgation de la loi du 30 octobre 1886 peuvent obtenir le titre d'honoraire, s'ils remplissent les conditions prescrites par l'article 130 du présent arrêté.

TITRE II

Des titres de capacité.

CHAPITRE Ier

DES BREVETS DE CAPACITÉ.

SECTION 1. — Des sessions d'examen.

Art. 134. — Les sessions réglementaires d'examen pour les deux brevets de capacité ont lieu chaque année et dans chaque département, l'une au mois de juillet, l'autre au mois d'octobre.

Des sessions extraordinaires peuvent être autorisées par le Ministre de l'Instruction publique, soit pour toute la France, soit dans un ou plusieurs départements.

La date précise de chaque session est fixée au moins un mois à l'avance par le Ministre.

Pour les sessions ordinaires, les compositions commencent le même jour dans tous les départements ; elles se poursuivent dans le même ordre dans chaque académie.

Pour le département de la Seine, la Corse et l'Algérie, le nombre des sessions et la date des examens seront l'objet d'arrêtés spéciaux.

Art. 135. — Les sujets de composition sont choisis par l'Inspecteur d'Académie. Ils sont enfermés sous pli cacheté et remis au président de la Commission au début de chaque séance. Le pli est ouvert séance tenante, par le président de la Commission, en présence des candidats.

Art. 136. — Les compositions doivent porter en tête et sous pli fermé les noms et prénoms des candidats. Ce pli n'est ouvert qu'après l'achèvement de la correction des copies, et l'inscription des notes données pour chacune d'elles.

Art. 137. — Chacune des épreuves écrites est corrigée par deux membres au moins ; la Commission réunie prononce l'admission aux épreuves subséquentes. Elle dresse, par ordre alphabétique, la liste des candidats admis à ces épreuves.

Art. 138. — Quand le nombre des candidats inscrits est trop considérable, le Recteur peut constituer plusieurs commissions composées chacune de sept membres au moins.

Des examinateurs spéciaux peuvent être adjoints à la Commission pour les épreuves d'agriculture, de langues vivantes, de dessin, de chant, de couture et de gymnastique ; ils prennent part aux travaux de la Commission avec voix délibérative pour les épreuves seulement en vue desquelles ils ont été désignés.

Art. 139. — Pour procéder à l'examen oral, la Commission ne peut, dans aucun cas, se subdiviser en sous-commissions de moins de trois membres.

Art. 140. — Dans le mois qui suit la clôture de la session, le procès-verbal des opérations de la Commission, signé par le président et le secrétaire, est envoyé au Recteur, qui le transmet au Ministre avec le rapport du président et celui de l'Inspecteur d'académie, sur les résultats de chaque examen.

SECTION II. — De l'inscription des candidats et de la surveillance des examens.

Art. 141. — Tout candidat à l'un des deux brevets de capacité doit se faire inscrire au bureau de l'Inspecteur d'Académie quinze jours au moins avant la date fixée pour l'examen ; il dépose :

1º Une demande d'inscription écrite et signée par lui ;
2º Un extrait de son acte de naissance.

Le candidat au brevet supérieur dépose, en outre, son diplôme du brevet élémentaire.

Art. 142. — Les candidats qui remplissent les conditions d'âge fixées par le second paragraphe de l'article 107 du décret du 18 janvier 1887, peuvent subir les épreuves du brevet supérieur dans la même session que celle du brevet élémentaire. Dans ce cas, ils déposent avant l'examen le certificat constatant qu'ils ont été jugés aptes à recevoir le brevet élémentaire.

Art. 143. — A l'ouverture de la session, le secrétaire de la Commission fait l'appel des candidats inscrits. Chaque candidat, à l'appel de son nom, vient apposer sa signature sur le registre de présence, afin de constater son identité.

Art. 144. — Les candidats sont réunis, soit ensemble, soit par séries, sous la surveillance de membres de la Commission désignés par le Président.

L'examen écrit n'est pas public. L'examen oral est public pour les aspirants. Les dames sont seules admises aux épreuves orales des aspirantes.

Le président de la Commission a la police de la salle.

Parmi les personnes chargées de la surveillance se trouvera nécessairement dans chaque série, s'il y en a plusieurs, au moins un inspecteur primaire, et en outre, pour l'examen des aspirantes, une dame déléguée par l'Inspecteur d'Académie.

SECTION III. — De l'examen du brevet élémentaire.

Art. 145. — L'examen pour le brevet élémentaire comprend trois séries d'épreuves.

Art. 146. — **Épreuves de la première série.** — Les épreuves de la première série pour l'examen des aspirants et des aspirantes au brevet élémentaire sont au nombre de quatre, savoir :

1º Une dictée d'orthographe d'une page environ ; le texte, lu d'abord à haute voix, est ensuite dicté posément, puis relu. La ponctuation n'est pas dictée. Il est accordé dix minutes aux candidats pour revoir leur travail.

2º Une page d'écriture à main posée, comprenant une ligne en gros dans chacun des trois principaux genres (cursive, bâtarde et ronde), une ligne de cursive en moyen, quatre lignes de cursive en fin. — Durée de l'épreuve : trois quarts d'heure.

3º Un exercice de composition française (lettre ou récit d'un genre très simple, explication d'un proverbe, d'une maxime, d'un précepte de morale ou d'éducation). — Durée de l'épreuve : deux heures.

4º Une question d'arithmétique et de système métrique, et la solution raisonnée d'un problème comprenant l'application des quatre règles (nombres entiers, fractions, mesure des surfaces et des volumes simples). — Durée de l'épreuve : deux heures.

Art. 147. — **Épreuves de la deuxième série.** — Pour les épreuves de la deuxième série : les aspirants devront :

1º Exécuter à main levée un croquis coté d'un objet usuel de forme très simple (plan, coupe, élévation). — Durée de l'épreuve : une heure et demie.

2º Exécuter les exercices les plus élémentaires de gymnastique prévus par le programme des écoles primaires. — Durée de l'épreuve : dix minutes au maximum.

Les aspirantes devront :

1º Exécuter un dessin au trait d'après un objet usuel. — Durée de l'épreuve : une heure.

2º Exécuter, sous la surveillance de dames désignées à cet effet par le Recteur, les travaux à l'aiguille prescrits par l'article 1er de la loi du 28 mars 1882. — Durée de l'épreuve : une heure.

Art. 148. — **Épreuves de la troisième série.** — Les épreuves de la troisième série (épreuves orales) sont au nombre de cinq :

1º Lecture expliquée ; la lecture se fera dans un recueil de morceaux choisis en prose et en vers ; des questions seront adressées aux candidats sur le sens des mots, la liaison des idées, la construction et la grammaire ;

2º Questions d'arithmétique et de système métrique ;

3º Questions sur les éléments de l'histoire nationale et de l'instruction civique ; sur la géographie de la France avec tracé au tableau noir ;

4º Questions et exercices très élémentaires de solfège ;

5º Questions sur les notions les plus élémentaires des sciences physiques et naturelles et sur les matières de l'enseignement agricole.

Dix minutes au maximum sont consacrées à chacune de ces épreuves.

Art. 149. — Les épreuves des trois séries sont notées de 0 à 20, excepté les exercices de gymnastique (2e série) et les exercices de solfège (3e série) qui sont notés de 0 à 10. La note 0 pour l'une quelconque des épreuves est éliminatoire.

Nul n'est examiné sur la série subséquente s'il n'a préalablement obtenu la moitié du maximum des points que comporte la série précédente.

SECTION IV. — De l'examen du brevet supérieur.

Art. 150. — Toutes les épreuves du brevet supérieur, soit écrites soit orales, doivent être subies dans une même session.

Art. 151. — Les épreuves de la **première série** sont au nombre de quatre, savoir :

1º Une composition comprenant deux questions : l'une, sur l'arithmétique (et, en outre, sur la géométrie appliquée aux opérations pratiques, pour les aspirants seulement); l'autre, sur les sciences physiques et naturelles avec leurs applications les plus usuelles à l'hygiène, à l'industrie, à l'agriculture et à l'horticulture (quatre heures sont accordées pour cette composition).

2º Une composition française [littérature ou morale] (trois heures);

3º Une composition en dessin, d'après un modèle en relief (trois heures);

4º A partir du 1er janvier 1888, une composition de langues vivantes consistant en un thème facile, d'une dizaine de lignes, avec lexique. (Durée de l'épreuve : une heure et demie.)

La composition française et la composition des sciences n'auront pas lieu le même jour.

Art. 152. — Pour les épreuves de la **deuxième série**, les matières sont réparties en sept groupes ci-après énumérés :

1º Questions sur la morale et l'éducation.

2º Langue française : lecture expliquée d'un auteur français pris sur une liste qui sera dressée tous les trois ans par le Ministre et publiée une année à l'avance; des questions d'histoire littéraire limitées aux principaux auteurs des XVIe, XVIIe XVIIIe et XIXe siècles, seront posées aux candidats à l'occasion de cette lecture;

3º Époques mémorables, grands noms, faits essentiels de l'histoire générale et de l'histoire de France, principalement dans les temps modernes (1453);

4º Géographie de la France avec tracé au tableau noir, et notions de géographie générale;

5º Arithmétique avec application aux opérations pratiques; tenue des livres; et, pour les aspirants seulement, notions très élémentaires de calcul algébrique et de géométrie, arpentage et nivellement;

6º Notions de physique, de chimie, d'histoire naturelle, et, pour les aspirants seulement, notions d'agriculture et d'horticulture;

7º A partir du 1er janvier 1888 : traduction à livre ouvert d'une vingtaine de lignes d'un texte facile, anglais, allemand, italien, espagnol ou arabe, au choix du candidat.

Chacun de ces groupes donne lieu à une interrogation qui ne peut durer plus d'un quart d'heure, et qui doit être maintenue dans les limites fixées par l'article 119 du décret du 18 janvier 1887.

Art. 153. — Les épreuves des deux séries sont notées de 0 à 20. La note 0, pour l'une quelconque des épreuves, est éliminatoire. Pour les épreuves composant la première série, la note de dessin ne pourra compenser l'insuffisance des autres notes, dont le total ne devra pas être inférieur à 30.

CHAPITRE II

DE L'EXAMEN DU CERTIFICAT D'APTITUDE PÉDAGOGIQUE.

Art. 154. — L'examen du certificat d'aptitude pédagogique n'aura qu'une session par an. L'épreuve écrite se fera dans la dernière semaine des grandes vacances au chef-lieu de chaque arrondissement, sous la surveillance de l'inspecteur primaire, dans les conditions prévues à l'article 156. Elle sera corrigée par la Commission réunie au chef-lieu du département.

Pour les candidats admissibles, l'épreuve pratique consistera en une classe de trois heures, faite par chaque candidat dans la classe où dans l'école qu'il dirige. Il sera procédé à cette épreuve, dans les conditions prévues à l'article 161, dans le cours de l'année scolaire, par une sous-commission, nommée par l'inspecteur d'Académie.

Les instituteurs privés pourront, sur leur demande, subir l'épreuve pratique, soit dans leur propre classe, soit dans une école publique.

L'épreuve orale prescrite par l'article 162 se fera à la suite de l'épreuve pratique.

Une instruction ministérielle déterminera les divers détails d'exécution de ces prescriptions réglementaires.

(*Texte nouveau, ainsi modifié par l'arrêté du* 24 *juillet* 1888.)

Art. 155. — Les candidats au certificat d'aptitude pédagogique doivent se faire inscrire au bureau de l'Inspecteur d'Académie quinze jours au moins avant l'ouverture de la session, et déposer :

Une demande d'inscription écrite et signée par eux ;

Un extrait de leur acte de naissance ;

Leur brevet élémentaire ou leur brevet supérieur, s'il y a lieu ;

Un certificat de l'Inspecteur d'Académie constatant qu'ils remplissent la condition de stage, ou qu'ils en ont été dispensés. (*Voir loi du* 30 *octobre* 1886, *art.* 23.)

Art. 156. — Dans les sessions ordinaires, les compositions commencent le même jour dans tous les départements.

Le sujet de la composition écrite est choisi par l'Inspecteur d'Académie.

Le pli cacheté est ouvert, séance tenante, par le Président de la Commission, en présence des candidats.

Art. 157. — Le dossier de chaque candidat et particulièrement les notes qu'il a obtenues dans l'inspection sont mis sous les yeux de la Commission, qui en tiendra compte dans ses appréciations.

Art. 158. — L'examen du certificat d'aptitude pédagogique comprend :
Une épreuve écrite, laquelle est éliminatoire ;
Une épreuve pratique ;
Et une épreuve orale.

Art. 159. — L'épreuve écrite consiste en une composition française sur un sujet élémentaire d'éducation ou d'enseignement.
Trois heures sont accordées pour cette épreuve.
Les candidats déclarés admissibles sont convoqués par séries au chef-lieu du département pour subir l'épreuve pratique et l'épreuve orale.

Art. 160. — L'épreuve pratique consiste en une classe faite par le candidat dans une école primaire publique. Les aspirantes peuvent, sur leur demande, subir l'épreuve pratique dans une école maternelle. Mais, dans ce cas, le certificat qui leur sera délivré portera une mention spéciale, et ne leur donnera droit à exercer comme titulaire que dans les écoles maternelles.
Les aspirantes reçues dans les conditions déterminées par le paragraphe précédent pourront, en outre, sur leur demande, subir, dans la même session ou dans une session ultérieure, l'épreuve pratique dans une école primaire. Mention en sera ajoutée sur leur certificat.
L'école dans laquelle le candidat est appelé, sur sa demande, à subir l'épreuve, lui est ouverte vingt-quatre heures à l'avance. Il en prend la direction le jour de l'épreuve, et est tenu de se conformer à un programme arrêté par la Commission.
Ce programme est remis au candidat vingt-quatre heures à l'avance. Il se rapprochera, autant que possible, de l'ordre des exercices inscrits à l'emploi du temps de l'école au jour de l'examen.

Art. 161. — Pour procéder à l'épreuve pratique, la Commission d'examen peut se partager en sous-commissions de trois membres au moins. Un inspecteur primaire et un instituteur pour les aspirants, une institutrice pour les aspirantes, font nécessairement partie de chacune de ces sous-commissions.
L'Inspecteur d'Académie fait partie de droit de toutes les sous-commissions. En cas de partage des suffrages, sa voix est prépondérante.

Art. 162. — L'épreuve orale consiste :
1° Dans l'appréciation de cahiers de devoirs mensuels ;
2° Dans les interrogations en rapport avec les autres épreuves déjà subies par le candidat, et portant sur des sujets relatifs à la tenue et à la direction d'une école primaire élémentaire ou maternelle, ou sur des questions de pédagogie pratique.

L'épreuve a lieu devant la Commission réunie. La durée n'en it pas dépasser vingt minutes.

Art. 163. — Chacune des épreuves est jugée d'après l'échelle de à 20. Tout candidat qui n'a pas obtenu la note 10, tant pour preuve écrite que pour l'épreuve pratique, est ajourné. Est ourné également tout candidat qui n'a pas obtenu la moyenne pour l'ensemble des épreuves.

Art. 164. — Sur le vu du procès-verbal de la Commission d'exa-n, le Recteur délivre, s'il y a lieu, le certificat d'aptitude pédago-ue, et, dans la quinzaine, adresse son rapport au Ministre sur les ultats de la session dans son académie.

CHAPITRE III
DE L'EXAMEN DU CERTIFICAT D'APTITUDE AU PROFESSORAT DANS LES ÉCOLES NORMALES ET DANS LES ÉCOLES PRIMAIRES SUPÉRIEURES.

Art. 165. — Deux commissions, l'une pour l'ordre des sciences, utre pour l'ordre des lettres, sont nommées chaque année par le nistre de l'Instruction publique pour examiner l'aptitude des didats au certificat d'aptitude au professorat des écoles nor-les et des écoles primaires supérieures.

Art. 166. — Chacune de ces commissions est composée de cinq mbres au moins, auxquels sont adjointes, avec voix délibérative ur l'examen des aspirantes, deux directrices ou professeurs soit cole normale, soit d'école primaire supérieure.
Des examinateurs spéciaux pourront être adjoints à l'une ou utre de ces Commissions, avec voix délibérative pour l'ordre tudes qu'ils représentent.

Art. 167. — Les candidats sont tenus de se faire inscrire, à Paris, a Sorbonne, et dans les départements, au bureau de l'Inspecteur cadémie, d'indiquer les lieux où ils ont résidé et les fonctions 'ils ont remplies depuis dix ans, et de faire les justifications igées par l'article 109 du décret du 18 janvier 1887. Le registre nscription est clos un mois avant l'ouverture de la session.
a liste des candidats est arrêtée par le Ministre de l'Instruction blique.

Art. 168. — L'examen a lieu à la fin de l'année scolaire, aux jours és par le Ministre.

Art. 169. — L'examen se compose : 1° d'épreuves écrites, quelles sont éliminatoires; 2° d'épreuves orales et pratiques.

Art. 170. — Les épreuves écrites ont lieu au chef-lieu du département, sous la surveillance de l'Inspecteur d'Académie ou d'un délégué agréé par le Recteur.

Elles comprennent :

Pour les lettres : 1° Une composition sur un sujet de littérature ou de grammaire ;

2° Une composition d'histoire et de géographie ;

3° Une composition de morale ou de psychologie appliquée à l'éducation ;

4° Une composition de langue vivante (anglais ou allemand), thème et version. Pour cette épreuve, les candidats pourront se servir de dictionnaires.

Pour les sciences : 1° Une composition de mathématiques ;

2° Une composition comprenant une question de physique ou de chimie, et une question de sciences naturelles ;

3° Une composition de dessin géométrique et de dessin d'ornement ;

4° Une composition sur un sujet de morale ou d'éducation.

Les sujets de composition sont tirés des programmes d'enseignement dans les écoles normales. Ils sont envoyés par l'Administration centrale.

Quatre heures sont accordées aux candidats pour chacune des compositions écrites, à l'exception de la composition en dessin géométrique et en dessin d'ornement, pour laquelle il est accordé six heures, et des compositions d'histoire et de géographie et de sciences physiques et naturelles, pour lesquelles il est accordé cinq heures.

L'usage d'une table de logarithmes à quatre ou cinq décimales, est autorisé pour la composition de mathématiques.

Les quatre épreuves de chaque série ont lieu en quatre jours consécutifs, les mêmes pour toute la France.

Art. 171. — La Commission prononce l'admission aux épreuves orales et pratiques. Ces épreuves ont lieu à Paris.

Art. 172. — Les épreuves orales et pratiques comprennent :

Pour les lettres : 1° Une leçon sur un sujet tiré au sort, dont la durée ne dépassera pas une demi-heure, et qui pourra être suivie d'interrogations portant, soit sur le sujet qui a fait l'objet de la leçon, soit sur toute autre partie du programme. Trois heures sont accordées pour la préparation de cette leçon. Cette préparation a lieu à huis clos.

2° La lecture expliquée d'un passage pris dans un auteur classique français ;

3° La correction d'un devoir d'élève-maître.

La lecture expliquée et la correction du devoir sont précédées d'une préparation dont la durée ne doit pas dépasser trois quarts d'heure pour chacune des deux épreuves ;

4° L'explication à livre ouvert d'un texte allemand ou anglais, suivie d'interrogations sur la grammaire allemande ou anglaise (un quart d'heure).

Pour les sciences : 1° Une leçon sur un sujet tiré au sort, dont la durée ne dépassera pas une demi-heure. Il est accordé deux heures pour la préparation de la leçon de mathématiques, trois heures pour la préparation de la leçon de sciences physiques et naturelles. Cette préparation a lieu à huis clos.

2° Une interrogation d'une demi-heure portant sur une autre partie du programme que la leçon, et qui peut comprendre la correction d'un devoir d'élève-maître ;

3° Une manipulation de physique ou de chimie et une démonstration d'histoire naturelle.

La liste des auteurs allemands ou anglais, ainsi que celle des auteurs classiques français sur lesquels porteront les explications des textes, est arrêtée par le Ministre tous les trois ans.

L'usage de tout secours autre que celui des dictionnaires, atlas ou livres autorisés par la Commission, est interdit.

ART. 173. — Les candidats mentionnés à l'article 192 du décret du 18 janvier 1887 ne seront astreints qu'aux épreuves prévues par les deux premiers numéros de l'article précédent, tant pour les lettres que pour les sciences.

CHAPITRE IV

DE L'EXAMEN DU CERTIFICAT D'APTITUDE A L'INSPECTION DES ÉCOLES PRIMAIRES ET A LA DIRECTION DES ÉCOLES NORMALES.

ART. 174. — Une Commission est nommée chaque année par le Ministre de l'Instruction publique pour examiner l'aptitude des candidats aux fonctions d'inspecteur de l'enseignement primaire, de directeur ou directrice d'école normale.

Cette Commission est composée de cinq membres au moins, auxquels sont adjointes, avec voix délibérative, deux directrices d'école normale pour l'examen des aspirantes.

ART. 175. — Les candidats sont tenus de se faire inscrire, du du 1er au 16 juillet, à Paris, à la Sorbonne, et dans les départements, au bureau de l'Inspection académique ; d'indiquer les lieux où ils ont résidé et les fonctions qu'ils ont remplies depuis dix ans, et de faire les justifications exigées par l'article 110 du décret du 18 janvier 1887.

ART. 176. — L'examen a lieu du 15 septembre au 15 octobre. L'ouverture de la session est fixée par le Ministre.

ART. 177. — L'examen se compose :

D'épreuves écrites, lesquelles sont éliminatoires ;
D'épreuves orales ;
D'épreuves pratiques.

Art. 178. — Les épreuves écrites sont subies au chef-lieu du département, sous la surveillance de l'Inspecteur d'Académie ou d'un délégué agréé par le Recteur. Elles ont lieu en deux jours consécutifs, les mêmes pour toute la France.

Elles comprennent deux compositions : l'une sur un sujet de pédagogie, l'autre sur un sujet d'administration scolaire ; les deux sujets sont envoyés par l'Administration centrale ; cinq heures sont accordées pour chaque composition.

Les compositions sont adressées, avec le procès-verbal de la séance, par l'Inspecteur d'Académie au Ministre.

Art. 179. — La Commission prononce l'admission aux épreuves orales et pratiques.

Ces épreuves ont lieu à Paris.

Art. 180. — Les épreuves orales portent sur les matières énumérées dans le programme détaillé annexé au présent arrêté (*Annexe I. Voir aux programmes*) ; elles comprennent :

1° L'explication d'un passage pris dans un des auteurs qui auront été désignés, pour l'examen de l'année, par le Ministre sur la proposition de la Commission ;

2° L'exposé de vive voix d'une question relative à un des points du programme. Cette question, tirée au sort, sera traitée par le candidat après trois heures de préparation à huis clos. Cet exposé ne durera pas plus d'une demi-heure.

Art. 181. — L'épreuve pratique consiste dans l'inspection d'une école normale, d'une école primaire supérieure, d'une école élémentaire, ou d'une école maternelle, inspection suivie d'un compte rendu verbal.

Art. 182. — Après la clôture des examens, la Commission dresse la liste des candidats qu'elle juge dignes d'obtenir le certificat d'aptitude aux fonctions d'inspecteur primaire, de directeur ou directrice d'école normale.

Cette liste est soumise à l'approbation du Ministre, qui délivre les certificats.

CHAPITRE V

DE L'EXAMEN DU CERTIFICAT D'APTITUDE A L'INSPECTION DES ÉCOLES MATERNELLES.

Art. 183. — Une Commission est nommée chaque année par le Ministre de l'Instruction publique pour examiner les aspirantes à l'inspection des écoles maternelles, des écoles et classes enfantines.

Art. 184. — Les aspirantes sont tenues de se faire inscrire à Paris, à la Sorbonne, et dans les départements, au bureau de l'Inspecteur d'Académie, quinze jours au moins avant l'ouverture de la session, d'indiquer les lieux où elles ont résidé et les fonctions qu'elles ont remplies depuis dix ans, et de faire les justifications exigées par l'article 111 du décret du 18 janvier 1887.

La liste des candidats est arrêtée par le Ministre.

L'examen a lieu dans le courant du mois de mars.

Art. 185. — L'examen se compose d'épreuves écrites, d'une épreuve orale et d'une épreuve pratique.

Les épreuves écrites sont au nombre de deux :

1° Une composition sur un sujet de pédagogie appliquée aux écoles maternelles (trois heures);

2° Une composition sur l'hygiène des écoles maternelles [soins à donner aux enfants, installation et ameublement des locaux] (trois heures).

L'épreuve orale consiste en interrogations : 1° sur la pédagogie appliquée aux écoles maternelles et sur l'hygiène; 2° sur des questions de législation et d'administration concernant ces écoles.

L'épreuve pratique consiste en une inspection d'une école maternelle, avec rapport oral à la suite de cette inspection.

Art. 186. — Les compositions écrites se font le même jour au chef-lieu du département, sous la surveillance de l'Inspecteur d'Académie ou d'un délégué agréé par le Recteur.

La Commission décide de l'admissibilité aux épreuves orales et pratiques. Ces épreuves ont lieu à Paris.

Les épreuves sont jugées d'après l'échelle de 0 à 20. Toute aspirante qui n'a pas obtenu 20 points pour l'ensemble des deux épreuves écrites n'est pas déclarée admissible; toute aspirante qui n'a pas obtenu 40 points pour l'ensemble des épreuves est ajournée.

CHAPITRE VI

DE L'EXAMEN DU CERTIFICAT D'APTITUDE A L'ENSEIGNEMENT DES LANGUES VIVANTES.

Art. 187. — Une Commission est nommée chaque année par le Ministre de l'Instruction publique pour examiner les candidats au certificat d'aptitude à l'enseignement des langues vivantes.

Art. 188. — Les candidats devront se faire inscrire, quinze jours avant la date de l'examen, à Paris, à la Sorbonne, et, dans les départements, à l'Inspection académique et produire :

1° Une demande dans laquelle ils indiqueront la langue vivante sur laquelle ils désirent subir l'examen : allemand, anglais, italien, espagnol, arabe;

2° L'indication des diplômes qu'ils possèdent, des lieux où ils ont résidé, et des fonctions qu'ils ont remplies;

3° Le brevet supérieur, le diplôme de fin d'études de l'enseignement secondaire des jeunes filles, ou l'un des trois baccalauréats.

ART. 189. — L'examen se compose d'épreuves écrites qui ont lieu au chef-lieu du département et qui sont éliminatoires, et d'épreuves orales qui ont lieu à Paris.

ART. 190. — Les épreuves écrites comprennent :
1° Une version;
2° Un thème;
3° Une composition d'un genre très simple en langue étrangère : lettre ou récit, explication d'un proverbe, d'une maxime, d'un précepte de morale ou d'éducation;
4° Une rédaction en français sur une question de méthode d'enseignement des langues vivantes.

L'usage du dictionnaire n'est pas autorisé.

Trois heures sont accordées pour la troisième et la quatrième épreuve, et quatre heures pour les deux premières réunies.

ART. 191. — Les épreuves orales comprennent :
1° La lecture et la traduction d'une page choisie dans un auteur étranger d'une difficulté moyenne, avec explications sur le sens des mots, la construction des phrases et la grammaire;
2° Un exercice de conversation en langue étrangère sur la page lue;
3° La traduction à livre ouvert d'un passage d'un prosateur français;
4° Des questions sur les méthodes d'enseignement des langues vivantes.

Ces quatre épreuves réunies dureront une heure au plus pour chaque candidat.

ART. 192. — La liste des auteurs étrangers et français sur lesquels porteront la lecture et les explications est arrêtée pour trois ans par le Ministre de l'Instruction publique, sur la proposition du jury d'examen, et publiée au commencement de l'année scolaire.

ART. 193. — Après la clôture des examens, la Commission dressera, par ordre de mérite, la liste des candidats qu'elle juge dignes d'obtenir le certificat.

CHAPITRE VII

DE L'EXAMEN DU CERTIFICAT D'APTITUDE A L'ENSEIGNEMENT DU TRAVAIL MANUEL.

ART. 194. — Deux commissions, l'une pour les aspirants, l'autre pour les aspirantes, sont nommées chaque année par le Ministre de l'Instruction publique pour examiner les candidats au certificat d'aptitude à l'enseignement du travail manuel.

Deux directrices ou professeurs, soit d'école normale, soit d'école primaire supérieure, font nécessairement partie de la Commission chargée d'examiner les aspirantes.

Art. 195. — Les candidats sont tenus de se faire inscrire à Paris, à la Sorbonne, et dans les départements, au bureau de l'Inspecteur d'Académie, d'indiquer les lieux où ils ont résidé, et les fonctions qu'ils ont remplies depuis dix ans, et de faire les justifications exigées par l'article 113 du décret du 18 janvier 1887.

Art. 196. — Le registre d'inscription est clos un mois avant l'ouverture de la session.

La liste des candidats est arrêtée par le Ministre.

L'examen a lieu à la fin de l'année scolaire, aux jours fixés par le Ministre.

Art. 197. — L'examen se compose :

Pour les aspirants : 1° D'une composition de dessin géométrique : croquis coté d'un objet en relief et mise au net à une échelle déterminée, ou d'une épure se rapportant à un problème élémentaire de géométrie descriptive [ligne et plan, intersections de solides géométriques dans les cas simples, prismes, pyramides, cylindres, cônes et sphères, questions d'ombre] (trois heures) ;

2° D'une épreuve de modelage d'après un modèle facile, avec la mise au point élémentaire du modèle (quatre heures) ;

3° De l'exécution, d'après un croquis coté, d'une pièce en fer ou en bois (quatre heures) ;

4° De l'exécution, d'après un modèle, d'un objet simple au tour en bois (trois heures).

A la suite des deux dernières épreuves, des questions sont adressées aux candidats sur les matières premières mises à leur disposition, ainsi que sur les procédés qu'ils ont employés.

Pour les aspirantes : 1° D'une composition sur une question d'économie domestique (trois heures) ;

2° D'une composition de dessin d'ornement spécialement appliqué aux travaux d'aiguille ;

3° D'une épreuve pratique portant sur un ou plusieurs des exercices que comporte le programme du travail manuel pour les filles dans les écoles normales et les écoles primaires supérieures.

Art. 198. — Toutes les compositions se font à Paris en deux jours consécutifs.

Art. 199. — Après la clôture des examens, la Commission dresse, par ordre de mérite, la liste des candidats qu'elle juge dignes du certificat d'aptitude à l'enseignement du travail manuel. Cette liste est soumise à l'approbation du Ministre, qui délivre les certificats.

CHAPITRE VIII

DE L'EXAMEN DU CERTIFICAT D'APTITUDE A L'ENSEIGNEMENT DU DESSIN.

ART. 200. — Une commission est nommée chaque année par le Ministre de l'Instruction publique pour examiner les candidats au certificat d'aptitude à l'enseignement du dessin d'imitation et du dessin géométrique.

ART. 201. — Les candidats sont tenus de se faire inscrire à Paris, à la Sorbonne, et dans les départements, au bureau de l'Inspecteur d'Académie, un mois au moins avant l'ouverture de la session, et de faire les justifications exigées par l'article 114 du décret du 18 janvier 1887.

ART. 202. — L'examen a lieu vers la fin de l'année scolaire, aux ours fixés par le Ministre.

ART. 203. — L'examen se compose de trois séries d'épreuves, savoir :

1° D'une épreuve écrite et d'épreuves graphiques ;
2° D'épreuves orales ;
3° D'épreuves pédagogiques.

ART. 204. — L'épreuve écrite et les épreuves graphiques sont éliminatoires. Ces épreuves comprennent :

1° Le relevé géométral et la mise en perspective d'un objet simple tel que : solide géométrique, fragment d'architecture, vase simple, etc.

Le candidat est tenu de donner sur la même feuille un plan géométral, une élévation et, s'il y a lieu, une coupe de l'objet représenté, le tout coté et dessiné à une échelle déterminée ; une perspective du même objet exécuté au trait sans les ombres, à l'aide du relevé géométral précédent et par les méthodes géométriques de perspective. — Durée de l'épreuve : quatre heures ;

2° Une rédaction d'un genre simple. — Durée de l'épreuve : deux heures ;

3° Le dessin à vue d'un ornement en relief : rinceau, rosace, chapiteau. — Durée de l'épreuve : quatre heures ;

4° Le dessin d'une tête d'après l'antique (plâtre). — Durée de l'épreuve : quatre heures.

ART. 205. — Les épreuves orales sont également éliminatoires ; elles comprennent :

1° Un examen sur les projections en général, sur la représentation géométrale et sur la mise en perspective d'un objet simple ;

2° Des questions élémentaires sur l'histoire de l'art avec dessin au tableau ;

3° Des questions sur la structure et les proportions de l'homme, ainsi que sur l'anatomie.

Art. 206. — Les épreuves pédagogiques comprennent :
1° La correction d'un dessin d'ornement ;
2° La correction d'un dessin de tête ;
3° Une leçon, au tableau, sur un sujet emprunté au programme de dessin géométrique dans les écoles normales ou primaires supérieures. Durée de l'épreuve : vingt minutes.
Il est accordé pour la préparation de la leçon vingt minutes.

Art. 207. — L'épreuve écrite et les épreuves graphiques sont subies au chef-lieu de l'académie ; les épreuves orales et les épreuves pédagogiques, à Paris.

Art. 208. — Après la clôture des examens, le jury dresse, par ordre de mérite, une liste des candidats jugés dignes d'obtenir le certificat. Cette liste est soumise à l'approbation du Ministre, qui délivre les certificats.

CHAPITRE IX

DE L'EXAMEN DU CERTIFICAT D'APTITUDE A L'ENSEIGNEMENT DU CHANT.

Art. 209. — Une commission est nommée chaque année par le Ministre de l'Instruction publique pour examiner les candidats au certificat d'aptitude à l'enseignement du chant.
Les candidats sont tenus de se faire inscrire quinze jours au moins avant l'examen, à Paris, à la Sorbonne, et dans les départements, au bureau de l'Inspecteur d'Académie.

Art. 210. — L'examen pour l'obtention de ce certificat se compose de deux séries d'épreuves, les unes éliminatoires, les autres définitives.

Art. 211. — Les épreuves éliminatoires comprennent :
1° Une rédaction sur une question d'enseignement musical prise dans le programme des écoles normales ;
2° Une dictée musicale écrite phrase par phrase.
3° La réalisation, écrite à quatre parties, d'une basse chiffrée et d'un chant donné (accords parfaits et accords de septième dominante, de septième de sensible, de septième diminuée, avec leurs renversements).

Art. 212. — Les épreuves définitives comprennent :
1° Lecture à première vue d'une leçon de solfège sur la clef de sol ou sur la clef de *fa* ;
2° Chant d'une mélodie avec paroles choisies par le candidat ;

3º Exécution par cœur, sans accompagnement, d'un air avec paroles choisies par le candidat;

4º Exécution à première vue, sur le piano, d'un accompagnement simple qui sera transposé ensuite dans un ton indiqué par le jury;

5º Interrogations sur la théorie musicale;

6º Notions sur l'histoire de la musique, connaissance des principaux chefs-d'œuvre de la musique chorale;

7º Leçon théorique et pratique professée au tableau par le candidat.

Art. 213. — L'examen a lieu vers la fin de l'année scolaire, aux jours fixés par le Ministre.

Les épreuves tant éliminatoires que définitives ont lieu à Paris.

Art. 214. — Après la clôture des examens, le jury dresse, par ordre de mérite, une liste des candidats jugés dignes d'obtenir le certificat. Cette liste est soumise à l'approbation du Ministre, qui délivre les certificats.

CHAPITRE X

DE L'EXAMEN DU CERTIFICAT D'APTITUDE A L'ENSEIGNEMENT DE LA GYMNASTIQUE.

Art. 215. — Une Commission est nommée chaque année par le Ministre de l'Instruction publique pour examiner les candidats au certificat d'aptitude à l'enseignement de la gymnastique.

Art. 216. — Les candidats devront se faire inscrire, quinze jours avant la date de l'examen, à Paris, à la Sorbonne, et dans les départements, au bureau de l'Inspection académique, et joindre à leur demande d'inscription:

L'indication des lieux où ils ont résidé et des fonctions qu'ils ont remplies;

Les diplômes ou brevets qu'ils peuvent posséder.

Art. 217. — L'examen se compose d'épreuves orales et pratiques qui ont lieu au chef-lieu du département. (*Ainsi modifié par l'arrêté du 25 mars 1887.*)

Art. 218. — L'examen oral consiste en interrogations sur les sciences qui trouvent directement leur application dans l'étude de la gymnastique, conformément au programme annexé au présent arrêté. Durée de l'épreuve: vingt minutes. (*Voir aux programmes, à la fin des programmes des écoles normales d'instituteurs.*)

Art. 219. — L'examen pratique comprend:

1º L'exécution, par le candidat, de cinq exercices gymnastiques pris parmi ceux qui sont prescrits par le Manuel de gymnastique publié par le Ministère;

direction d'exercices gymnastiques faits par un groupe

de l'épreuve : une demi-heure.

20. — Les épreuves sont jugées par les chiffres 0 à 20.
andidat qui n'a pas obtenu le minimum de 20 points est

21. — Après la clôture des examens, la Commission dresse
e de mérite, la liste des candidats qu'elle juge dignes du
: d'aptitude à l'enseignement de la gymnastique.
iste est soumise à l'approbation du Ministre, qui délivre
ificats.

CHAPITRE XI

XAMEN DU CERTIFICAT D'APTITUDE A L'ENSEIGNEMENT ÉLÉMENTAIRE.

22. — Une commission composée d'un inspecteur primaire
r l'Inspecteur d'Académie, ou de l'Inspectrice départemen-
écoles maternelles. et de deux institutrices titulaires publi-
département désignées par l'Inspecteur d'Académie, est
d'examiner les aspirantes qui se sont fait inscrire au bu-
l'inspection académique pour subir les épreuves du certi-
ptitude à l'enseignement élémentaire des travaux de couture.

23. — Ces épreuves ont lieu aux époques fixées par l'ins-
d'académie. La date en est annoncée, au moins un mois à
, par la voie du *Bulletin départemental*. Les aspirantes
se faire inscrire huit jours au moins avant la date fixée
xamen ; elles déposent, avec leur demande d'inscription,
leur main et signée, leur acte de naissance.

24. — L'Inspecteur d'Académie fait parvenir à l'inspecteur
ou à l'inspectrice départementale qui préside la Commis-
veille de l'examen au plus tard, un pli cacheté contenant le
épreuves. Ce pli est ouvert en présence des aspirantes.
ivaux de couture à exécuter par les aspirantes sont choisis
rogramme du cours moyen et du cours supérieur des écoles
s élémentaires. La durée des épreuves est de deux heures.

25. — Chacune des épreuves est appréciée par une note
de 0 à 20. La note 10 au moins en moyenne est nécessaire
lmission. La note 0 pour l'une quelconque des épreuves
l'élimination.

6. — Après la clôture des examens, la Commission dresse,
e alphabétique, la liste des aspirantes qu'elle juge dignes
cat d'aptitude.
iste est soumise à l'approbation de l'Inspecteur d'Académie,
re les certificats.

CHAPITRE XII

DE L'EXAMEN DU CERTIFICAT D'APTITUDE A L'ENSEIGNEMENT DES EXERCICES MILITAIRES.

Art. 227. — Une commission, composée d'un inspecteur primaire choisi par l'Inspecteur d'Académie, et de deux officiers désignés par le Général commandant la division ou la subdivision, est chargée d'examiner les aspirants au certificat d'aptitude à l'enseignement des exercices militaires.

Art. 228. — Les examens ont lieu aux époques fixées par l'Inspecteur d'Académie. La date en est annoncée, un mois au moins à l'avance, par la voie du *Bulletin départemental*.

Art. 229. — Les candidats doivent se faire inscrire, huit jours au moins avant la date fixée pour l'examen, au bureau de l'inspection académique. Ils déposent :

1º Leur demande d'inscription, écrite de leur main et signée ;
2º Leur acte de naissance;
3º Un certificat délivré par l'autorité militaire constatant : qu'ils ont servi dans l'armée active et qu'ils ont mérité le certificat de bonne conduite.

Art. 230. — Les candidats doivent faire exécuter à un groupe d'élèves les exercices militaires qui leur sont indiqués par la Comsion, conformément au programme adopté pour les écoles primaires élémentaires. La durée de l'examen pour chaque candidat est de vingt minutes au moins.

Art. 231. — Après la clôture des examens, la Commission dresse par ordre alphabétique la liste des candidate qu'elle juge dignes du certificat d'aptitude.

Cette liste est envoyée à l'Inspecteur d'Académie, et au général commandant la division ou la subdivision, qui délivrent les certificats.

TITRE III
Des autorités préposées à l'enseignement.

CHAPITRE UNIQUE

SECTION I. — Inspecteurs généraux.

Art. 232. — Au commencement de chaque année, le Ministre assigne à chacun des Inspecteurs généraux les divers départements qu'il devra visiter.

Art. 233. — La comptabilité des écoles normales primaires est l'objet d'une inspection particulière.

Art. 234. — L'inspection du chant et de la musique, l'inspection du travail manuel, et l'inspection des langues vivantes dans les écoles normales et dans les écoles primaires supérieures sont l'objet de missions spéciales.

Art. 235. — L'inspection du dessin dans les écoles normales d'instituteurs et d'institutrices, et dans les écoles primaires supérieures, est confiée aux inspecteurs spéciaux du dessin, chacun pour la région à laquelle il est particulièrement attaché.

SECTION II. — Inspecteurs primaires. — Inspectrices des écoles maternelles.

Art. 236. — L'inspecteur primaire adresse, à la suite de chaque inspection, un rapport à l'Inspecteur d'Académie dans le délai de quinze jours au plus.

Ce rapport contient nécessairement deux parties distinctes : 1° une notice sur l'école et sur chacune des classes en particulier, notice résumant les observations de l'inspecteur sur l'état matériel de l'école, la marche de l'enseignement, les résultats obtenus dans chaque classe, ainsi que l'indication des principales améliorations à introduire ; 2° des notices individuelles sur le personnel, comprenant une appréciation sur chacun des maîtres attachés à l'école.

L'inspecteur primaire doit en outre adresser sans délai un rapport spécial à l'Inspecteur d'Académie, toutes les fois qu'il se présente des circonstances de nature à réclamer l'intervention immédiate de ce fonctionnaire.

Art. 237. — Au commencement de chaque année, le Ministre répartit entre les diverses académies le crédit alloué pour les frais de tournées des inspecteurs primaires.

Le Recteur, sur l'avis des inspecteurs d'académie, propose au Ministre la sous-répartition du crédit entre les inspecteurs primaires du ressort.

Dans les premiers jours de chaque trimestre, le Préfet du département met, à titre d'avance, à la disposition des inspecteurs primaires une somme égale aux deux tiers de celle à laquelle les frais de leur tournée trimestrielle sont évalués par l'Inspecteur d'Académie.

Art. 238. — A la fin de chaque trimestre, les inspecteurs primaires remettent à l'Inspecteur d'Académie, en triple expédition, l'état de leurs frais de tournée.

Cet état doit mentionner les communes dans lesquelles a eu lieu l'inspection, la distance de ces communes au chef-lieu de la circonscription d'inspection, le nombre des écoles inspectées dans chaque commune, en indiquant si ce sont des écoles publiques ou des écoles privées, le nombre de jours employés à l'inspection.

L'Inspecteur d'Académie, après avoir vérifié cet état, en transmet au Préfet deux expéditions revêtues de son visa.

Le Préfet mandate au nom de chaque inspecteur le restant dû sur le montant de ces états, déduction faite des avances allouées; il joint l'une des expéditions au bordereau détaillé des mandats qu'il adresse mensuellement au Ministre.

Art. 239. — Les dispositions des articles 236, 237 et 238 ci-dessus sont applicables aux inspectrices départementales des écoles maternelles.

Art. 240. — (*Texte nouveau.*) A partir du 1er septembre 1890, pour être nommé inspecteur primaire, directeur ou directrice d'école normale, tout candidat devra avoir rempli pendant deux ans au moins les fonctions de directeur d'école annexe, ou, à défaut, de directeur d'école primaire supérieure publique. Ces deux années compteront pour le temps d'exercice exigé dans l'article 110 du décret.

Toutefois seront dispensés de la condition énoncée au paragraphe précédent, pourvu qu'ils soient d'ailleurs munis des titres requis par l'article 110 :

1º Les candidats aux fonctions d'inspecteur primaire et les aspirantes à celles de directrice d'école normale, qui compteront, à la date du 1er septembre 1890, cinq ans de service comme professeurs dans une école normale ou comme directeurs d'une école primaire élémentaire, aux termes de l'article 23 de la loi du 30 octobre 1886;

2º Les professeurs d'école normale, qui auront obtenu le certificat d'aptitude à l'enseignement des langues vivantes, à la suite d'un séjour d'un an au moins à l'étranger comme boursiers de l'État;

3º Les candidats aux fonctions de directeur d'école normale remplissant, à la même date, les fonctions d'inspecteur primaire.

Art. 241. — Pour les aspirantes, le temps passé à l'école Pape-Carpentier sera considéré comme équivalent à l'exercice dans l'école annexe prévu à l'article ci-dessus.

Les anciennes élèves de l'école Pape-Carpantier, actuellement déléguées à la direction des écoles annexes, pourront conserver leur délégation pendant trois ans à partir de la publication du présent arrêté.

TITRE IV (*Nouveau*) (1).

Examen du certificat d'études primaires supérieures. — Examen du certificat d'études primaires élémentaires. — Examens prescrits pour les enfants qui reçoivent l'instruction dans la famille.

CHAPITRE 1er

EXAMEN DU CERTIFICAT D'ÉTUDES PRIMAIRES SUPÉRIEURES.

Art. 242. — A la fin de chaque année scolaire s'ouvrira, dans chaque département, une session d'examen pour l'obtention du certificat d'études primaires supérieures. Les centres d'examen sont fixés par le Ministre. La date de cette session est fixée par le Ministre ; elle est la même pour tous les départements. Elle est annoncée au moins un mois à l'avance.

Art. 243. — Toutes les épreuves portent sur le programme des écoles primaires supérieures.

Art. 244. — L'examen se compose d'épreuves écrites, d'épreuves orales et d'épreuves pratiques.

Art. 245 (2). — Les sujets des compositions écrites sont choisis par l'Inspecteur d'Académie.

Art. 246. — Les Commissions d'examen sont nommées dans chaque département par le Recteur de l'Académie. Elles se composent de cinq membres choisis parmi les inspecteurs primaires, les professeurs de l'enseignement secondaire ou supérieur, les directeurs, professeurs et maîtres adjoints d'école normale en exercice ou en retraite. Pour l'examen des filles, deux membres au moins seront des femmes. Le président est autorisé à adjoindre, s'il y a lieu, à la Commission, pour les épreuves professionnelles dont il est parlé à l'article 253 du présent arrêté, un examinateur spécial. En cas de partage, la voix du président est prépondérante.

Art. 247. — Les épreuves écrites sont éliminatoires ; elles comprennent quatre compositions qui ont lieu en deux jours consécutifs : 1° composition française (lettre, récit, compte rendu ou rapport, développement d'une maxime, etc.) ; 2° composition d'histoire et de géographie ; 3° composition de mathématiques et de sciences

---

(1) Ce titre a été ajouté à l'arrêté organique par l'arrêté du 24 juillet 1888 après avis du Conseil supérieur dans sa session de juillet 1888.

(2) Modifié par l'arrêté du 12 janvier 1889. Antérieurement, les textes des compositions étaient envoyés par le Ministre.

physiques et naturelles; 4° composition de dessin géométrique ou de dessin d'ornement.

Les candidats pourront présenter à la Commission, à titre de renseignement, un cahier de devoirs mensuels, ou, à défaut, un cahier de devoirs courants.

Art. 248. — Il est accordé trois heures pour chacune de ces compositions.

Art. 249. — L'admissibilité sera prononcée d'après l'ensemble des compositions écrites.

Art. 250. — Les épreuves orales ne peuvent excéder la durée d'une heure; elles comprennent nécessairement un examen de langue vivante et un examen sur le programme de l'enseignement technique (agricole ou industriel) tel qu'il est arrêté par le Conseil départemental (1).

Art. 251. — Les épreuves pratiques comprennent le travail manuel, le chant, et pour les garçons, la gymnastique et les exercices militaires.

Art. 252. — Dans les écoles où auront été organisés les cours professionnels accessoires mentionnés à l'article 25 du présent arrêté, les candidats peuvent demander à être, en outre, examinés sur les matières de ces cours. Le résultat de ces épreuves professionnelles est mentionné au certificat d'études primaires supérieures.

Art. 253. — Après la clôture des examens, la commission dresse, par ordre alphabétique, la liste des candidats qu'elle juge dignes d'obtenir le certificat d'études primaires supérieures. Le dossier complet de l'examen de chaque candidat est transmis au Recteur, qui délivre les certificats.

CHAPITRE II

EXAMEN DU CERTIFICAT D'ÉTUDES PRIMAIRES ÉLÉMENTAIRES.

Art. 254. — Des commissions cantonales sont nommées par les Recteurs, sur la proposition des Inspecteurs d'Académie, pour juger l'aptitude des aspirants et des aspirantes au certificat d'études primaires élémentaires. Ces commissions se réunissent chaque année, sur la convocation de l'Inspecteur d'Académie, soit au chef-lieu du

---

(1) Cet article a été modifié par l'arrêté du 29 décembre 1888 qui a introduit les épreuves sur l'enseignement technique.

canton, soit dans une commune centrale désignée à cet effet. L'inspecteur primaire du ressort est président de droit de ces commissions.

Pour l'examen des jeunes filles, des dames font nécessairement partie de la Commission.

Art. 255. — A l'époque et dans les délais prescrits par l'Inspecteur d'Académie, chaque instituteur dresse, pour son école, l'état des candidats au certificat d'études.

Cet état porte :
Les noms et prénoms ;
La date et le lieu de naissance ;
La demeure de la famille ;
La signature de chaque candidat.

Les pères de famille dont les enfants ne suivent aucune école fourniront au maire les mêmes indications.

La liste, visée et certifiée par le maire, est transmise, en temps opportun à l'inspecteur primaire.

Aucun candidat ne peut être inscrit s'il n'a *au moins onze ans* au moment de l'examen (art. 6, loi du 28 mars 1882 ; — articles 1 et 2, décret du 27 juillet 1882).

Art. 256. — Les épreuves de l'examen sont de deux sortes : les épreuves écrites et les épreuves orales.

Les épreuves écrites ont lieu à huis clos, sous la surveillance des membres de la Commission. Elles comprennent :

1º Une dictée d'orthographe de quinze lignes au plus ; le point final de chaque phrase est indiqué.

La dictée peut servir d'épreuve d'écriture courante.

2º Deux questions d'arithmétique portant sur les applications du calcul et du système métrique, avec solution raisonnée ;

3º Une rédaction d'un genre très simple (récit, lettre, etc.).

Les jeunes filles exécuteront, en outre, un travail de couture usuelle, sous la surveillance d'une dame désignée à cet effet.

Les textes et les sujets de composition, choisis par l'Inspecteur d'Académie, sont remis, à l'ouverture des épreuves, sous pli cacheté, au président de la Commission.

Les compositions portent en tête et sous pli fermé les noms et prénoms des candidats, avec l'adresse de leur famille. Ce pli n'est ouvert qu'après achèvement de la correction des copies, et l'inscription des notes données pour chacune d'elles.

Les candidats pourront présenter à la Commission, à titre de renseignement, un cahier de devoirs mensuels ou, à défaut, un cahier de devoirs courants.

Art. 257. — Le temps accordé pour chaque épreuve et le chiffre servant à en apprécier le mérite sont déterminés ainsi qu'il suit :

NATURE DES ÉPREUVES.	TEMPS DONNÉ POUR LES ÉPREUVES.	CHIFFRE MAXIMUM D'APPRÉCIATION.
Orthographe (1)......	»	10
Écriture.............	»	10
Calcul...............	1 heure.	10
Rédaction............	Idem.	10
Couture..............	Idem.	10

(1) Le texte est lu préalablement à haute voix, dicté, puis relu, et cinq minutes sont accordées aux candidats pour se corriger.

La nullité d'une épreuve entraîne l'élimination.

Les compositions sont corrigées, séance tenante, par les membres de la Commission.

L'indication de la note est portée en tête de chaque copie et sur un tableau dressé à cet effet.

Ne sont admis aux épreuves orales que les candidats qui ont obtenu, pour la première série d'épreuves, au moins la moyenne des points.

ART. 258. — Les épreuves orales sont publiques. Elles se passent devant une commission unique présidée par l'Inspecteur et comprennent :

Une lecture expliquée, accompagnée de la récitation d'un morceau choisi sur une liste présentée par le candidat;

Des questions d'histoire et de géographie.

Comme les épreuves écrites, les épreuves orales sont appréciées au moyen d'un chiffre variant de 0 à 10.

La durée de l'ensemble de ces épreuves ne doit pas excéder un quart d'heure pour chaque candidat.

ART. 259. — Les points obtenus pour les épreuves orales sont ajoutés aux points obtenus pour les épreuves écrites.

Nul n'est définitivement déclaré apte à recevoir le certificat d'études, s'il n'a obtenu la moitié au moins du total maximum des points accordés pour les deux catégories d'épreuves.

ART. 260. — Outre les matières énoncées aux articles 3 et 5 du présent règlement, l'examen peut comprendre, sur la demande du candidat, un exercice de dessin linéaire et des interrogations sur l'agriculture.

Il sera fait mention, sur le certificat, des matières complémentaires pour lesquelles le candidat aura obtenu au moins la note 5

Art. 261. — Le procès-verbal de l'examen est transmis à l'Inspecteur d'Académie qui, après avoir vérifié la régularité des opérations, délivre, s'il y a lieu, le certificat d'études.

Art. 262. — Dans le mois qui suit la clôture des sessions, l'Inspecteur d'Académie adresse au Recteur un compte rendu statistique des résultats obtenus dans son département. Le Recteur adresse au Ministre un compte rendu analogue pour tous les départements de son ressort.

CHAPITRE III

EXAMENS PRESCRITS POUR LES ENFANTS QUI REÇOIVENT L'INSTRUCTION DANS LA FAMILLE.

Art. 263. — L'examen que doivent subir chaque année, à partir de la fin de la deuxième année d'instruction obligatoire jusqu'à l'âge de treize ans révolus, les enfants qui reçoivent l'instruction dans la famille, a lieu à la maison commune ou dans une salle d'école.

Art. 264. — La liste des enfants astreints à subir l'examen est dressée par le maire et envoyée à l'Inspecteur d'Académie avant le 1er mai.

Art. 265. — L'examen est subi soit au commencement, soit à la fin de l'année scolaire. La date en est fixée, pour chaque localité, par l'Inspecteur d'Académie.

Art. 266. — La convocation, tant du jury d'examen que des enfants à examiner, se fait, quinze jours au moins à l'avance, par les soins de l'inspecteur primaire.

Art. 267. — L'examen consiste en épreuves écrites; il n'y a lieu à épreuves orales qu'autant que les premières auraient été jugées insuffisantes. En ce cas, les deux séries d'épreuves ont lieu le même jour.

Art. 268. — Les épreuves écrites consistent soit en devoirs écrits sous la dictée et sous le contrôle du jury, soit dans les devoirs faits à domicile et communiqués avec une attestation d'authenticité par le père de famille, conformément à la formule ci-annexée (1).

(1) Modèle de la formule d'authenticité des devoirs produits pour justifier de l'instruction donnée à domicile.
Je soussigné (*noms et prénoms*), père (ou tuteur) de (*nom et prénoms de l'enfant*), né le   et que je me suis engagé, par ma déclaration en date du   , à faire instruire à domicile, conformément aux prescriptions de la loi du 28 mars 1882, atteste que les cahiers ci-joints sont les cahiers de l'enfant et contiennent des devoirs écrits par lui seul dans le cours de la présente année. En foi de quoi il a signé avec moi la présente déclaration.
Fait à   , le   188 .
(*Signature de l'enfant.*)   (*Signature du père ou tuteur.*)

Le jury a toujours le droit de faire procéder à de nouvelles épreuves en sa présence.

Dans le cas où les épreuves écrites se font en présence du jury elles portent sur les matières ci-après :

De huit à neuf ans : écriture ;

De neuf à dix ans : écriture ; premiers éléments d'arithmétique (addition, soustraction);

De dix à onze ans : dictée d'orthographe usuelle ; éléments d'arithmétique (les quatre règles, opérations sur les nombres entiers);

De onze à douze ans : dictée d'orthographe usuelle, notions de système métrique, la géographie de la France ;

De douze à treize ans, dictée d'orthographe usuelle, éléments d'arithmétique et de système métrique, les grands faits et les grands hommes de l'histoire de France.

Art. 269. — Les épreuves orales comprennent une épreuve de lecture et de courtes interrogations sur tout ou partie des matières énumérées dans l'article précédent.

L'épreuve de lecture se fera dans les recueils de morceaux choisis en usage dans les écoles publiques ou dans les classes élémentaires des lycées.

Art. 270. — Les enfants dont les parents en feront la demande pourront être examinés sur toutes les autres parties du programme des écoles primaires, tel qu'il résulte du règlement d'organisation pédagogique.

Art. 271. — Sont rapportées toutes les dispositions contraires au présent arrêté.

CIRCULAIRES

CIRCULAIRE DU 24 JUILLET 1875

RELATIVE AUX INSTITUTEURS SECRÉTAIRES DE MAIRIE.

Monsieur le Préfet,

L'attention du Conseil supérieur de l'Instruction publique a été appelée, lors de sa dernière session, sur les inconvénients que présente quelquefois, au point de vue des intérêts scolaires, le cumul des fonctions d'instituteur communal et de secrétaire de mairie.

La haute assemblée n'a pas méconnu, sans doute, les services que les instituteurs peuvent être appelés à rendre aux administrations municipales, et il n'entre point non plus dans ma pensée de priver les maires d'auxiliaires aussi utiles.

Le Conseil supérieur a remarqué, toutefois, que les occupations du secrétariat ne sont pas toujours réglées de manière à concilier suffisamment les devoirs de l'instituteur avec les fonctions administratives. Il a donc considéré, avec raison, que l'autorisation accordée par le Conseil départemental, conformément aux prescriptions de l'article 32 de la loi du 15 mars 1850, ne pouvait en aucun cas permettre aux instituteurs de s'occuper, pendant les heures de classe, de travaux étrangers à l'enseignement, et je partage absolument cet avis.

Je ne saurais donc vous recommander trop instamment de veiller à ce que, sous aucun prétexte, les instituteurs communaux autorisés à remplir les fonctions de secrétaire de mairie s'acquittent de cette tâche sans nuire à l'accomplissement de leurs devoirs professionnels.

Si des maîtres encouraient quelques reproches à cet égard, vous ne devriez pas hésiter à proposer au Conseil départemental de leur retirer l'autorisation qui leur aurait été précédemment accordée.

J'aime à penser, d'ailleurs, que ceux d'entre MM. les maires qui ont choisi des instituteurs pour secrétaires s'abstiendront d'exiger de ces derniers tout travail qui serait de nature à entraver la direction de leur école, et contraire, par suite, aux prescriptions du règlement.

Vous voudrez bien m'accuser réception de la présente circulaire et me tenir au courant des mesures que vous aurez prises pour en assurer l'exécution.

Recevez, Monsieur le Préfet, l'assurance de ma considération très distinguée.

Le Ministre de l'Instruction publique, des Cultes et des Beaux-Arts,

H. WALLON.

CIRCULAIRE DU 17 AVRIL 1882

SUR L'APPLICATION DES LOIS SCOLAIRES AUX ORPHELINATS, ASILES, OUVROIRS, ETC.

Monsieur le Préfet,

J'ai été consulté sur la question de savoir si les dispositions des lois sur l'instruction primaire, et notamment la loi du 16 juin 1881 relative aux titres de capacité, sont applicables aux orphelinats.

L'affirmative ne saurait être douteuse. Tous les établissements, quelle que soit leur dénomination, où des enfants reçoivent, avec l'enseignement professionnel, tout ou partie des connaissances formant le programme de l'enseignement primaire, sont de véritables écoles. C'est ce qui résulte des textes formels aussi bien que de la jurisprudence.

L'ordonnance du 16 juillet 1833, rendue pour l'exécution de la loi du 28 juin 1833, dit expressément dans l'article 17 : « Est considérée comme école primaire toute réunion habituelle d'enfants de différentes familles qui a pour but l'étude de tout ou partie des objets compris dans l'enseignement primaire. »

La Cour de Cassation, par arrêt du 2 mars 1860, a décidé que les établissements désignés sous le nom d'*ouvroirs* étaient soumis, pour ce qui concerne leur ouverture et leur exploitation, aux formalités imposées aux établissements d'instruction primaire, lorsque les jeunes filles qui y sont admises reçoivent, avec l'enseignement professionnel, l'enseignement des salles d'asile, des écoles primaires et des classes d'adultes.

A diverses reprises le Conseil de l'Instruction publique a été appelé à examiner la question qui se représente aujourd'hui, et il l'a résolue dans le même sens que la Cour de Cassation, ainsi qu'il résulte des textes ci-après :

I. — 30 OCTOBRE 1838. — « Article 1er. Les ouvroirs sont des établissements d'instruction primaire dans lesquels les jeunes filles sont particulièrement exercées aux travaux d'aiguille ou à d'autres travaux manuels, en même temps qu'elles reçoivent des leçons d'instruction morale et religieuse, de lecture, d'écriture, de calcul et de dessin linéaire.

« ART. 2. — Les ouvroirs sont soumis à la surveillance des autorités préposées à l'instruction primaire par la loi du 28 juin 1833 et l'ordonnance royale du 23 juin 1836.

« ART. 3. — Ils seront dirigés par des institutrices régulièrement brevetées. »

II. — 26 juillet 1833. — « Le Conseil, consulté sur la question de savoir si une école ouverte dans un hospice est, par là même, hors du domaine de la loi, si l'instituteur est dispensé de remplir les formalités imposées aux autres instituteurs, et si la surveillance cesse d'en appartenir aux Comités;

« Décide que la loi du 28 juin 1833 n'autorise aucunement une telle exception; qu'une école ouverte dans un hospice rentre dans la distinction que donne l'article 17 de l'ordonnance du 16 juillet courant, et doit être soumise à toutes les dispositions qui régissent les écoles primaires. »

III. — 21 avril 1837. — « Le Conseil, vu la lettre du 18 mars dernier par laquelle MM. les administrateurs des hospices de la ville de Senlis, après avoir exposé qu'il existe à Senlis un hospice *dit* de Saint-Lazare, où l'on reçoit des enfants des deux sexes, demandent si le Comité d'arrondissement doit exercer une surveillance sur ces enfants, et s'il a le droit de les faire inspecter par des membres ou des délégués;

« Attendu que la loi soumet toutes les écoles primaires, sans distinction, à la surveillance des comités locaux et des comités d'arrondissement, et qu'il ne peut y avoir d'exception pour les écoles qui dépendent d'un hospice;

« Est d'avis que les Comités d'arrondissement de Senlis doivent s'entendre avec la commission administrative des hospices de cette ville pour que les diverses surveillances concourent, sans se contrarier, au plus grand bien de l'école établie dans l'hospice de Saint-Lazare. »

IV. — 15 juillet 1854. — « Le Conseil est d'avis que les écoles tenues dans les hospices de la ville de Beaune doivent être soumises à l'inspection. »

De ces textes qu'on pourrait multiplier, il ressort avec évidence qu'il n'a jamais été admis qu'il fût loisible à un établissement quelconque, en prenant le nom d'*ouvroir*, d'*asile*, d'*orphelinat*, de *maison d'éducation*, de *colonie*, de *refuge*, ou tout autre, ou bien en se rattachant soit à un établissement hospitalier, soit à un établissement industriel, de se dérober à l'application des lois relatives à l'enseignement primaire public et privé. Ces établissements ont sans doute un double caractère, un double rôle : d'une part, ils remplacent la famille, et, à cet égard, échappent au contrôle de l'État dans la même mesure que le père de famille ou le tuteur; mais, d'autre part, ils donnent et doivent donner aux enfants en âge scolaire le minimum d'instruction primaire exigé par les lois, et à ce point de vue ils sont soumis, comme toute école libre, à la surveillance, à l'inspection et à toutes les dispositions qui régissent les écoles primaires.

Je n'hésiterai pas à recommander à l'autorité académique d'user des droits que la loi lui confère dans un intérêt évident d'ordre public. Les directeurs ou directrices d'orphelinats, asiles, ouvroirs, etc., qui refuseraient de se soumettre aux prescriptions légales, devraient être déférés au tribunal correctionnel, par application de l'article 29 de la loi du 15 mars 1850.

Vous voudrez bien donner des instructions dans ce sens à qui de droit.

Recevez, etc.

Le Ministre de l'Instruction publique et des Beaux-Arts,

Jules FERRY.

CIRCULAIRE DU 7 SEPTEMBRE 1882

SUR LES FORMALITÉS RELATIVES A LA DÉCLARATION DES PARENTS EN CE QUI CONCERNE LE MODE D'INSTRUCTION DE LEURS ENFANTS.

Monsieur le Préfet,

Depuis la promulgation de la loi du 28 mars 1882, relative à l'instruction primaire obligatoire, mon administration vous a successivement envoyé les instructions que comportaient les diverses périodes par lesquelles doit passer l'application de cette loi.

Dès le 29 mars, vous avez été invité à procéder à la constitution des Commissions scolaires municipales.

Aussitôt après leur nomination, la circulaire du 13 juin vous a rappelé les attributions précises et spéciales de ces Commissions.

Enfin, le 30 juillet, vous avez reçu les modèles de tous les imprimés à faire préparer pour les diverses constatations prescrites par la loi.

Aujourd'hui, à l'approche de la rentrée des classes, je dois appeler votre attention toute particulière sur celles des prescriptions de la loi du 28 mars dont il importe d'assurer en ce moment l'exécution, c'est-à-dire sur des formalités relatives à la déclaration des parents en ce qui concerne le mode d'instruction de leurs enfants.

Les Commissions municipales scolaires, nommées dans chaque commune et complétées par la nomination du délégué de l'Inspecteur d'Académie, vont avoir à accomplir le premier acte de leur mandat : il leur appartient, d'après l'article 8 de la loi, d'aider le maire à « dresser la liste de tous les enfants âgés de 6 à 13 ans ».

CIRCULAIRE DU 7 SEPTEMBRE 1882.

Les éléments essentiels de ce travail sont fournis par les listes mêmes du dernier recensement officiel de la population. Mais des changements de domicile et diverses autres circonstances ont pu modifier dans quelques communes le nombre des enfants à inscrire. Pour prévenir toute chance d'erreur ou d'omission, la loi a remis aux Commissions locales le soin de reviser annuellement la liste nominative des enfants en âge scolaire, et je vous ai déjà adressé, à cet effet, un modèle de cadres.

Si, par impossible, quelques Commissions, soit par négligence, soit par tout autre motif, refusaient leur concours pour la confection de ces listes, il vous appartiendrait, Monsieur le Préfet, de les faire dresser d'office et dans le plus bref délai par le maire, ou à son défaut par le délégué de l'Inspecteur d'Académie, ou par l'inspecteur primaire : on prendrait pour base du relevé, jusqu'à nouvel ordre, les listes mêmes du recensement quinquennal, dont les minutes sont déposées dans chaque mairie.

Aussitôt ce travail fait, il restera à constater, ainsi que le veut la loi, si et comment il est pourvu à l'instruction de chacun des enfants recensés.

La liberté du père de famille, vous le savez, est entière ; il peut choisir entre trois modes d'instruction : à l'école publique, à l'école libre, ou à domicile. La loi exige seulement qu'avant le commencement de l'année scolaire il fasse savoir au maire quel est, de ces trois moyens d'instruction, celui qu'il aura adopté.

Pour l'immense majorité des familles, le choix est déjà fait longtemps avant l'époque de la rentrée, et il est dès à présent connu des autorités compétentes, ce qui permet de simplifier considérablement les formalités de la déclaration exigée par l'article 7.

Si la famille envoie ou continue d'envoyer ses enfants à l'école publique, l'inscription au registre de l'école dispense de toute autre forme de déclaration.

Si elle les confie à une école libre, l'inscription au registre de cette école, dûment communiquée à la Commission scolaire municipale, tient également lieu de déclaration.

Quant aux parents qui veulent instruire ou faire instruire leurs enfants à domicile, ils n'ont qu'à faire connaître leur intention, pour éviter que leurs enfants ne soient considérés comme privés de moyens d'instruction.

Afin d'épargner aux familles qui se trouveraient dans cette troisième catégorie tout embarras ou tout dérangement inutile, le maire, président de la Commission municipale, procédera de la façon suivante. Après avoir relevé sur la liste générale des enfants d'âge scolaire les noms de tous ceux qui sont instruits dans une école quelconque, publique ou privée, il dressera l'état nominatif de tous ceux qui ne figurent sur aucun registre d'école, et il adressera à leurs parents, conformément à l'article 8 de la loi, un avis dont je vous envoie ci-inclus la teneur (Modèle de lettre n° 1). Les parents mis en demeure par cet avis seront tenus de faire savoir comment ils entendent pourvoir à l'instruction de leurs enfants; afin de leur faciliter la réponse, le maire aura joint à sa lettre un bulletin préparé d'avance et que les familles devront lui retourner (modèle n° 2), si elles veulent s'éviter un déplacement.

Au reçu de la réponse faite par les familles de vive voix ou par écrit, si les parents déclarent se charger eux-mêmes de l'instruction de leurs enfants, le maire leur délivrera l'accusé de réception ci-joint (modèle n° 3).

S'ils négligeaient de répondre et après une dernière lettre de rappel (modèle n° 4), le maire inscrirait d'office dans une école publique, conformément à l'article 8, les enfants dont l'instruction n'est pas assurée et pour lesquels la Commission n'a pas admis de motif d'empêchement.

J'ai été consulté sur la question de savoir si une déclaration collective des pères de famille d'une commune ou section de commune pourrait tenir lieu de réponse à la demande adressée par le maire. Il est évident que chaque déclaration doit s'appliquer à un enfant individuellement, et faire partie en quelque sorte de son dossier personnel. Dès lors il est impossible de dégager à la fois, en prévision de toute éventualité ultérieure, et la responsabilité du père de famille, et celle du maire et de la Commission municipale, sans exiger qu'il reste à la mairie une trace écrite de la déclaration relative à chaque enfant : il sera nécessaire, plusieurs années de suite, de se reporter à cette déclaration initiale ; il est donc indispensable qu'elle subsiste, soit sous la forme d'une réponse écrite du père de famille pour chacun de ses enfants, soit sous celle d'inscription dans un registre à souche dont je vous ai envoyé le modèle, inscription faite par le maire après la déclaration verbale de la famille.

Tel est, Monsieur le Préfet, l'ensemble des opérations, en somme assez simples, auxquelles donnera lieu l'application de la loi du 28 mars. De cette vaste enquête, qui pour la première fois va nous faire connaître l'exacte vérité sur notre situation scolaire, il est un point sur lequel j'appelle d'avance toute votre attention : c'est la constatation authentique du nombre des enfants d'âge scolaire qui demeurent privés d'instruction par le seul fait qu'ils habitent une commune ou une section dépourvue d'école.

Je vous demanderai, aussitôt que vous aurez ces renseignements, de m'en transmettre le relevé complet pour votre département, en me faisant connaître les points sur lesquels des créations scolaires sont urgentes. C'est ma ferme intention de consacrer, avant tout autre objet, les fonds du budget de l'instruction publique à doter d'établissements scolaires les communes où les hameaux dans lesquels la loi ne peut s'appliquer faute de locaux.

Cet obstacle matériel est, vous le savez, le seul qui s'oppose à l'application entière et immédiate de la loi; le seul, dis-je, car, non plus que personne en France, je n'ai jamais pris au sérieux l'annonce d'une insurrection en masse contre la loi qui veut que tout citoyen sache lire et écrire. Ce qui est sérieux, mon prédécesseur l'a dit, c'est qu'il manque des écoles à nos enfants, et non des enfants à nos écoles.

Mais cette lacune est de celles qui se peuvent combler à bref délai dans un pays où, d'une part, le gouvernement est armé par la loi contre toutes les résistances, et où, d'autre part, les Chambres se montrent en toute occasion énergiquement résolues à ne reculer devant aucun sacrifice pour compléter l'œuvre de l'éducation nationale.

Je vous envoie avec la présente circulaire et en nombre suffisant tous les imprimés que vous avez à faire distribuer, afin qu'aucun retard ne se produise dans l'exécution des mesures que je viens de prescrire.

Veuillez m'accuser réception de cette dépêche, et recevoir l'assurance de ma considération très distinguée.

Le Ministre de l'Instruction publique et des Beaux-Arts,

J. DUVAUX.

MODÈLES ANNEXÉS

MODÈLE N° 1

(Lettre du Maire au père de famille.)

DÉPARTEMENT
d ....

RÉPUBLIQUE FRANÇAISE

COMMUNE   A ...., le .... 1882.
d ....

M

La loi du 28 mars 1882 a rendu l'instruction obligatoire pour les enfants des deux sexes âgés de six ans révolus à treize ans révolus.

Pour obéir aux prescriptions de cette loi, j'ai l'honneur de vous informer qu'aux termes de l'art. 7, « le père, le tuteur, ou le patron de tout enfant de six à treize ans est tenu de faire savoir au maire de la commune s'il entend faire donner à l'enfant l'instruction dans la famille, ou dans une école publique ou privée; dans ces derniers cas, il indiquera l'école choisie. »

Je vous prie de me faire connaître sans retard quel est, de ces trois moyens d'instruction, celui que vous adoptez pour vos enfants.

Pour éviter toute cause de confusion et de retard, je vous adresse, avec prière de les remplir, autant de bulletins que vous avez d'enfants en âge scolaire; vous pouvez me retourner ces bulletins, revêtus de votre signature, soit par la poste, soit par toute autre voie, à moins que vous ne préfériez me faire tenir votre réponse verbalement à la mairie, où vous me trouverez le ....

Recevez, M. ...., l'assurance de ma considération distinguée.

Le Maire,
Président de la Commission municipale scolaire.

MODÈLE N° 2

(Réponse du père de famille au Maire.)

DÉPARTEMENT
d ....

COMMUNE   A ...., le .... 1882.
d ....

Le soussigné déclare que le jeune (nom et prénoms) ....
................, né le ....
recevra l'instruction à ....
....

(Le père, tuteur ou patron.)

MODÈLE N° 3

(Lettre du Maire accusant réception de la déclaration du père de famille.)

DÉPARTEMENT
d ....

RÉPUBLIQUE FRANÇAISE

COMMUNE
d ....

A ...., le .... 1882.

M ....

J'ai reçu la réponse en date du .... par laquelle vous m'annoncez que v................. fil................. né le ....
recev................. l'instruction à domicile.

En vous donnant acte de cette déclaration, je crois devoir vous rappeler qu'aux termes de l'article 16, les enfants instruits dans la famille doivent, chaque année à partir de la fin de la deuxième année d'instruction obligatoire, subir un examen qui portera sur les matières de l'enseignement correspondant à leur âge dans les écoles publiques. Vous serez avisé ultérieurement de la date et du lieu de cet examen.

Recevez, M................., l'assurance de ma considération distinguée.

Le Maire,
Président de la Commission municipale scolaire.

MODÈLE N° 4

(Lettre de rappel du Maire.)

DÉPARTEMENT
d ....

RÉPUBLIQUE FRANÇAISE

COMMUNE
d ....

A ...., le .... 1882.

1. Second et dernier avertissement.

M ....

Par ma lettre du ...., j'ai l'honneur de vous inviter à me faire savoir, conformément à la loi du 28 mars 1882, si vous entendez faire donner l'instruction à vos enfants dans la famille, dans l'école publique ou privée.

Je n'ai pas reçu de réponse à cette demande, que je vous adressais au nom de la loi.

Je vous réitère mon invitation; et je dois vous prévenir qu'aux termes de l'article 8 de la loi, « en cas de non déclaration de la part des parents, le Maire inscrit d'office dans une des écoles publiques les enfants à l'instruction desquels il n'a pas été pourvu ».

Recevez, M. ...., l'assurance de ma considération distinguée.

Le Maire,
Président de la Commission municipale scolaire.

CIRCULAIRE DU 2 NOVEMBRE 1882

RELATIVE AUX EMBLÈMES RELIGIEUX DANS LES ÉCOLES.

Monsieur le Préfet,

Depuis quelques semaines plusieurs de vos collègues m'ont signalé l'insistance avec laquelle on les presse de se prononcer dans une question qui, à première vue, ne semblait pas comporter un aussi vif intérêt. Il s'agit de savoir si on enlèvera immédiatement les emblèmes religieux qui se trouvent encore dans un certain nombre de locaux scolaires.

Assurément la loi du 28 mars, prise dans sa rigueur, implique la suppression de tout ce qui donnerait ou conserverait à l'école publique un caractère confessionnel.

Mais dans l'exécution de cette loi, et en particulier dans les mesures d'ordre matériel qui en doivent dériver, il est naturel de distinguer celles qui s'appliquent aux écoles nouvelles, et celles qui ont pour objet les modifications d'installations anciennes. Dans les écoles qui s'ouvrent ou vont s'ouvrir sous le régime de la neutralité, devenu le seul légal, nul ne songera à demander l'introduction d'emblèmes religieux d'aucune nature. Quant à ceux qui se trouvaient dans les écoles anciennes, le législateur n'en a pas fait l'objet d'une prescription expresse et impérative. Le Gouvernement, à qui le silence de la loi laisse à cet égard le choix des voies et moyens d'exécution, ferait-il sagement de procéder d'urgence et par mesure d'ordre général à l'enlèvement de ces emblèmes?

Si je croyais que cette mesure fût nécessaire ou même utile à la mise en vigueur du régime nouveau, je n'hésiterais pas à la prescrire, quelque difficulté qu'elle pût soulever. Mais je crois précisément le contraire.

J'estime, en effet, que le principal objet de l'acte législatif qui a séparé l'école de l'Église, que son résultat à la fois le plus immédiat et le plus efficace, doit être non la transformation des locaux scolaires, mais celle des programmes, des leçons, des exercices, de tout ce qui fait l'esprit de l'enseignement et la valeur de l'éducation. La loi du 28 mars n'est pas un accident, un fait isolé dans notre législation : en sécularisant l'école, elle ne fait qu'étendre le droit commun, et en quelque sorte les principes mêmes de notre Constitution, à l'organisation de l'instruction nationale, c'est-à-dire au seul des services publics qui, jusqu'ici, par une étrange contradiction, eût conservé l'attache confessionnelle. Par conséquent, tout ce qui tendrait à rapetisser cette loi, à la présenter au pays comme une sorte de règlement de police des locaux scolaires, à en inaugurer l'application par un semblant de croisade iconoclaste, pourrait bien servir les desseins de ses adversaires, mais en altérerait la notion même, et risquerait d'en faire méconnaître par les populations le véritable caractère et la haute portée.

Il n'y a qu'une manière de la bien appliquer, c'est de l'appliquer dans l'esprit même où elle a été votée, dans l'esprit des déclarations réitérées du Gouvernement, non comme une loi de combat dont il faut violemment enlever le succès, mais comme une de ces grandes lois organiques qui sont destinées à vivre avec le pays, à entrer dans ses mœurs, à faire partie de son patrimoine.

Je vous autorise donc, Monsieur le Préfet, à ne prescrire l'enlèvement des emblèmes que quand et comme vous le jugerez à propos. Il ne faut pas que la rigueur de la logique, les injonctions des uns, les pétitions des autres, vous forcent à prendre des mesures intempestives, et vous exposent à porter le trouble dans les familles ou dans les écoles pour hâter l'exécution d'une réforme tout accessoire. Je vous donne toute latitude pour tenir compte à cet égard du vœu des populations, en recourant pour le connaître à tous les moyens d'information dont vous disposez. J'ajoute, comme l'avait déjà dit mon honorable prédécesseur, que, dans les cas où vous croirez devoir ordonner la suppression des emblèmes, il conviendra, à moins de raison grave, de reporter l'exécution de cette mesure à l'une des époques réglementaires de vacances, et de ne jamais la laisser accomplir d'une façon qui puisse froisser la conscience ou favoriser l'agitation factice qu'on voudrait créer.

Quant aux instituteurs et aux institutrices, je vous prie de leur adresser en mon nom une seule recommandation, mais absolument formelle. Je leur interdis de la manière la plus expresse une intervention, une initiative quelconque en cette matière. Ils s'abstiendront également soit d'établir, soit d'enlever des emblèmes *proprio motu*, soit de prendre part à des pétitions ou manifestations pour ou contre le maintien de ces objets.

A cet égard, et en général en tout ce qui touche aux questions religieuses, c'est un devoir strict pour l'instituteur de rester scrupuleusement étranger à toutes les polémiques et d'attendre les ordres de ses chefs. Si — en dehors des heures de classe et des locaux scolaires — la loi lui laisse la libre disposition de son temps; s'il a même le droit de donner dans ces conditions telles leçons privées qu'il jugera convenable, sans en excepter les répétitions de catéchisme, quelques inconvénients que puisse avoir cet usage de sa liberté, du moins en classe et dans l'exercice de ses fonctions lui est-il rigoureusement interdit, et par la loi et par les règlements, de se faire ou l'agent ou l'adversaire déclaré de quelque doctrine, de quelque croyance confessionnelle que ce soit.

La ligne de conduite que je vous trace, Monsieur le Préfet, à l'occasion de cette question des emblèmes, est évidemment la même à suivre, le cas échéant, pour toutes les difficultés analogues qui pourraient surgir. Vous n'accorderez, sous aucun prétexte, ni atermoiement, ni concession qui puisse porter atteinte au principe même de la loi; mais quant aux mesures, indifférentes en elles-mêmes, quant aux délais qui vous seront demandés, non pour éluder la loi, mais pour en mieux assurer le fonctionnement, vous êtes seul juge des ménagements à garder; et, pour en marquer la limite dans chaque espèce, vous vous rappellerez toujours que le Gouvernement, plein de confiance dans le bon sens public, a la prétention, tout en faisant respecter la loi, de la faire comprendre et de la faire aimer.

Recevez, Monsieur le Préfet, etc.

Le Ministre de l'Instruction publique et des Beaux-Arts,

J. DUVAUX.

CIRCULAIRE DU 17 NOVEMBRE 1883

AUX INSTITUTEURS, RELATIVE A L'ENSEIGNEMENT DE LA MORALE DANS LES ÉCOLES PRIMAIRES.

Monsieur l'instituteur,

L'année scolaire qui vient de s'ouvrir sera la seconde année d'application de la loi du 28 mars 1882. Je ne veux pas la laisser commencer sans vous adresser personnellement quelques recommandations qui sans doute ne vous paraîtront pas superflues, après la première expérience que vous venez de faire du régime nouveau. Des diverses obligations qu'il vous impose, celle assurément qui vous tient le plus à cœur, celle qui vous apporte le plus lourd surcroît de travail et de souci, c'est la mission qui vous est confiée de donner à vos élèves l'éducation morale et l'instruction civique : vous me saurez gré de répondre à vos préoccupations en essayant de bien fixer le caractère et l'objet de ce nouvel enseignement; et, pour y mieux réussir, vous me permettrez de me mettre un instant à votre place, afin de vous montrer, par des exemples empruntés au détail même de vos fonctions, comment vous pourrez remplir à cet égard tout votre devoir et rien que votre devoir.

La loi du 28 mars se caractérise par deux dispositions qui se complètent, sans se contredire : d'une part, elle met en dehors du programme obligatoire l'enseignement de tout dogme particulier; d'autre part, elle y place au premier rang l'enseignement moral et civique. L'instruction religieuse appartient aux familles et à l'Église, l'instruction morale à l'école.

Le législateur n'a donc pas entendu faire une œuvre purement négative. Sans doute il a eu pour premier objet de séparer l'école de l'Église, d'assurer la liberté de conscience et des maîtres et des élèves, de distinguer enfin deux domaines trop longtemps confondus, celui des croyances, qui sont personnelles, libres et variables, et celui des connaissances, qui sont communes et indispensables à tous, de l'aveu de tous. Mais il y a autre chose dans la loi du 28 mars : elle affirme la volonté de fonder chez nous une éducation nationale, et de la fonder sur ces notions du devoir et du droit que le législateur n'hésite pas à inscrire au nombre des premières vérités que nul ne peut ignorer.

Pour cette partie capitale de l'éducation, c'est sur vous, Monsieur, que les pouvoirs publics ont compté. En vous dispensant de l'enseignement religieux, on n'a pas songé à vous décharger de l'enseignement moral : c'eût été vous enlever ce qui fait la dignité de votre profession. Au contraire, il a paru tout naturel que l'instituteur, en même temps qu'il apprend aux enfants à lire et à écrire, leur enseigne aussi ces règles élémentaires de la vie morale qui ne sont pas moins universellement acceptées que celles du langage ou du calcul.

En vous conférant de telles fonctions, le Parlement s'est-il trompé? A-t-il trop présumé de vos forces, de votre bon vouloir, de votre compétence? Assurément il eût encouru ce reproche s'il avait imaginé de charger tout à coup quatre-vingt mille instituteurs et institutrices d'une sorte de cours *ex professo* sur les principes, les origines et les fins dernières de la morale. Mais qui jamais a conçu rien de semblable? Au lendemain même du vote de la loi, le Conseil supérieur de l'Instruction publique a pris soin de vous expliquer ce qu'on attendait de vous, et il l'a fait en des termes qui défient toute équivoque. Vous trouverez ci-inclus un exemplaire des programmes qu'il a approuvés et qui sont pour vous le plus précieux commentaire de la loi : je ne saurais trop vous recommander de les relire et de vous en inspirer. Vous y puiserez la réponse aux deux critiques opposées qui vous parviennent. Les uns vous disent : votre tâche d'éducateur moral est impossible à remplir. Les autres : elle est banale et insignifiante. C'est placer le but ou trop haut ou trop bas. Laissez-moi vous expliquer que la tâche n'est ni au-dessus de vos forces, ni au-dessous de votre estime; qu'elle est très limitée et pourtant d'une très grande importance, — extrêmement simple, mais extrêmement difficile.

J'ai dit que votre rôle en matière d'éducation morale est très limité. Vous n'avez à enseigner à proprement parler rien de nouveau, rien qui ne vous soit familier comme à tous les honnêtes gens. Et quand on vous parle de mission et d'apostolat, vous n'allez pas vous y méprendre : vous n'êtes point l'apôtre d'un nouvel évangile; le législateur n'a voulu faire de vous ni un philosophe, ni un théologien improvisé. Il ne vous demande rien qu'on ne puisse demander à tout homme de cœur et de sens. Il est impossible que vous voyiez chaque jour tous ces enfants qui se pressent autour de vous, écoutant vos leçons, observant votre conduite, s'inspirant de vos exemples, à l'âge où l'esprit s'éveille, où le cœur s'ouvre, où la mémoire s'enrichit, sans que l'idée vous vienne aussitôt de profiter de cette docilité, de cette confiance, pour leur transmettre, avec les connaissances scolaires proprement dites, les principes mêmes de la morale; j'entends simplement de cette bonne et antique morale que nous avons reçue de nos pères, et que nous nous honorons tous de suivre dans les relations de la vie, sans nous mettre en peine d'en discuter les bases philosophiques.

Vous êtes l'auxiliaire et à certains égards le suppléant du père de famille; parlez donc à son enfant comme vous voudriez que l'on parlât au vôtre : avec force et autorité toutes les fois qu'il s'agit d'une vérité incontestée, d'un précepte de la morale commune; avec la plus grande réserve, dès que vous risquez d'effleurer un sentiment religieux dont vous n'êtes pas juge.

Si parfois vous étiez embarrassé pour savoir jusqu'où il vous est permis d'aller dans votre enseignement moral, voici une règle pratique à laquelle vous pourrez vous tenir. Au moment de proposer à vos élèves un précepte, une maxime quelconque, demandez-vous s'il se trouve à votre connaissance un seul honnête homme qui puisse être froissé de ce que vous allez dire. Demandez-vous si un père de famille, je dis un seul, présent à votre classe et vous écoutant, pourrait de bonne foi refuser son assentiment à ce qu'il vous entendrait dire. Si oui, abstenez-vous de le dire; si non, parlez hardiment; car ce que vous allez communiquer à l'enfant, ce n'est pas votre propre sagesse, c'est la sagesse du genre humain, c'est une de ces idées d'ordre universel que plusieurs siècles de civilisation ont fait entrer dans le patrimoine de l'humanité. Si étroit que vous semble peut-être un cercle d'action ainsi tracé, faites-vous un devoir d'honneur de n'en jamais sortir, restez en deçà de cette limite plutôt que de vous exposer à la franchir : vous ne toucherez jamais avec trop de scrupule à cette chose délicate et sacrée qui est la conscience de l'enfant.

Mais, une fois que vous vous êtes ainsi loyalement enfermé dans l'humble et sûre région de la morale usuelle, que vous demande-t-on ? des discours ? des dissertations savantes ? de brillants exposés, un docte enseignement ? Non : la famille et la société vous demandent de les aider à bien élever leurs enfants, à en faire des honnêtes gens. C'est dire qu'elles attendent de vous non des paroles, mais des actes, non pas un enseignement de plus à inscrire au programme, mais un service tout pratique que vous pouvez rendre au pays plutôt encore comme homme que comme professeur.

Il ne s'agit plus là d'une série de vérités à démontrer, mais ce qui est tout autrement laborieux, d'une longue suite d'influences morales à exercer sur de jeunes êtres à force de patience, de fermeté, de douceur, d'élévation dans le caractère et de puissance persuasive. On a compté sur vous pour leur apprendre à bien vivre par la manière même dont vous vivrez avec eux et devant eux. On a osé prétendre pour vous à ce que, d'ici à quelques générations, les habitudes et les idées des populations au milieu desquelles vous aurez exercé, attestent les bons effets de vos leçons de morale. Ce sera dans l'histoire un honneur particulier pour notre corps enseignant, d'avoir mérité d'inspirer aux Chambres françaises cette opinion qu'il y a dans chaque instituteur, dans chaque institutrice, un auxiliaire naturel du progrès moral et social, une personne dont l'influence ne peut manquer en quelque sorte d'élever autour d'elle le niveau des mœurs. Ce rôle est assez beau pour que vous n'éprouviez nul besoin de l'agrandir. D'autres se chargeront plus tard d'achever l'œuvre que vous ébauchez dans l'enfant, et d'ajouter à l'enseignement primaire de la morale un complément de culture philosophique ou religieuse. Pour vous, bornez-vous à l'office que la société vous assigne, et qui a aussi sa noblesse : poser dans l'âme des enfants les premiers et solides fondements de la simple moralité.

Dans une telle œuvre, vous le savez, Monsieur, ce n'est pas avec des difficultés de théorie et de haute spéculation que vous avez à vous mesurer : c'est avec des défauts, des vices, des préjugés grossiers. Ces défauts, il ne s'agit pas de les condamner — tout le monde ne les condamne-t-il pas ? — mais de les faire disparaître par une succession de petites victoires obscurément remportées. Il ne suffit donc pas que vos élèves aient compris et retenu vos leçons ; il faut surtout que leur caractère s'en ressente : ce n'est pas dans l'école, c'est surtout hors de l'école qu'on pourra juger ce qu'a valu votre enseignement.

Au reste, voulez-vous en juger vous-même dès à présent et voir si votre enseignement est bien engagé dans cette voie, la seule bonne : examinez s'il a déjà conduit vos élèves à quelques réformes pratiques. Vous leur avez parlé, par exemple, du respect dû à la loi ; si cette leçon ne les empêche pas, au sortir de la classe, de commettre une fraude, un acte, fût-il léger, de contrebande ou de braconnage, vous n'avez rien fait encore, la leçon de morale n'a pas porté.

Ou bien vous leur avez expliqué ce que c'est que la justice et que la vérité ; en sont-ils assez profondément pénétrés pour aimer mieux avouer une faute que de la dissimuler par un mensonge, pour se refuser à une indélicatesse ou à un passe-droit en leur faveur? Vous avez flétri l'égoïsme et fait l'éloge du dévouement : ont-ils, le moment d'après, abandonné un camarade en péril pour ne songer qu'à eux-mêmes? Votre leçon est à recommencer.

Et que ces rechutes ne vous découragent pas : ce n'est pas l'œuvre d'un jour de former ou de réformer une âme libre. Il y faut beaucoup de leçons sans doute, des lectures, des maximes écrites, copiées, lues et relues ; mais il y faut surtout des exercices pratiques, des efforts, des actes, des habitudes. Les enfants ont en morale un apprentissage à faire, absolument comme pour la lecture ou le calcul. L'enfant qui sait reconnaître et assembler des lettres ne sait pas encore lire ; celui qui sait les tracer l'une après l'autre ne sait pas écrire. Que manque-t-il à l'un et à l'autre? La pratique, l'habitude, la facilité, la rapidité et la sûreté de l'exécution. De même, l'enfant qui répète les premiers préceptes de la morale ne sait pas encore se conduire ; il faut qu'on l'exerce à les appliquer couramment, ordinairement, presque d'instinct : alors seulement la morale aura passé de son esprit dans son cœur, et elle passera de là dans sa vie ; il ne pourra plus la désapprendre.

De ce caractère tout pratique de l'éducation morale à l'école primaire, il me semble facile de tirer les règles qui doivent vous guider dans le choix de vos moyens d'enseignement.

Une seule méthode vous permettra d'obtenir les résultats que nous souhaitons. C'est celle que le Conseil supérieur vous a recommandée : peu de formules, plus d'abstractions, beaucoup d'exemples, et surtout d'exemples pris sur le vif de la réalité. Ces leçons veulent un autre ton, une autre allure que tout le reste de la classe ; je ne sais quoi de plus personnel, de plus intime, de plus grave. Ce n'est pas le livre qui parle, ce n'est même plus le fonctionnaire, c'est pour ainsi dire, le père de famille dans toute la sincérité de sa conviction et de son sentiment.

Est-ce à dire qu'on puisse vous demander de vous répandre en une sorte d'improvisation perpétuelle et sans aliment et sans appui du dehors? Personne n'y a songé, et, bien loin de vous manquer, les secours extérieurs qui vous sont offerts ne peuvent vous embarrasser que par leur richesse et leur diversité. Des philosophes et des publicistes, dont quelques-uns comptent parmi les plus autorisés de notre temps et de notre pays, ont tenu à honneur de se faire vos collaborateurs, ils ont mis à votre disposition ce que leur doctrine a de plus pur et de plus élevé. Depuis quelques mois, nous voyons grossir presque de semaine en semaine le nombre des manuels d'instruction morale et civique. Rien ne prouve mieux le prix que l'opinion publique attache à l'établissement d'une forte culture morale par l'école primaire. L'enseignement laïque de la morale n'est donc estimé ni impossible, ni inutile, puisque la mesure décrétée par le législateur a éveillé aussitôt un si puissant écho dans le pays.

C'est ici cependant qu'il importe de distinguer de plus près entre l'essentiel et l'accessoire, entre l'enseignement moral, qui est obligatoire, — et les moyens d'enseignement, qui ne le sont pas. Si quelques personnes, peu au courant de la pédagogie moderne, ont pu croire que nos livres scolaires d'instruction morale et civique allaient être une sorte de catéchisme nouveau, c'est là une erreur que ni vous ni vos collègues n'avez pu commettre. Vous savez trop bien que, sous le régime de libre examen et de libre concurrence, qui est le droit commun en matière de librairie classique, aucun livre ne vous arrive imposé par l'autorité universitaire. Comme tous les ouvrages que vous employez, et plus encore que tous les autres, le livre de morale est entre vos mains un auxiliaire et rien de plus, un instrument dont vous vous servez sans vous y asservir.

Les familles se méprendraient sur le caractère de votre enseignement moral, si elles pouvaient croire qu'il réside surtout dans l'usage exclusif d'un livre même excellent. C'est à vous de mettre la vérité morale à la portée de toutes les intelligences, même de celles qui n'auraient pour suivre vos leçons le secours d'aucun manuel, et ce sera le cas tout d'abord dans le cours élémentaire. Avec de tout jeunes enfants qui commencent seulement à lire, un manuel spécial de morale et d'instruction civique serait manifestement inutile. A ce premier degré, le Conseil supérieur vous recommande, de préférence à l'étude prématurée d'un traité quelconque, ces causeries familières dans la forme, substantielles au fond, ces explications à la suite des lectures et des leçons diverses, ces mille prétextes que vous offrent la classe et la vie de tous les jours pour exercer le sens moral de l'enfant.

Dans le cours moyen, le manuel n'est autre chose qu'un livre de lecture qui s'ajoute à ceux que vous possédez déjà. Là encore, le Conseil, loin de vous prescrire un enchaînement rigoureux de doctrines, a tenu à vous laisser libre de varier vos procédés d'enseignement : le livre n'intervient que pour vous fournir un choix tout fait de bons exemples, de sages maximes, et de récits qui mettent la morale en action.

Enfin, dans le cours supérieur, le livre devient surtout un utile

DE L'ENSEIGNEMENT PRIMAIRE.

...yen de reviser, de fixer et de coordonner ; c'est comme le recueil ...thodique des principales idées qui doivent se graver dans l'esprit ...jeune homme.

Mais, vous le voyez, à ces trois degrés, ce qui importe, ce n'est ... l'action du livre, c'est la vôtre. Il ne faudrait pas que le livre ...t en quelque sorte s'interposer entre vos élèves et vous, refroi... votre parole, en émousser l'impression sur l'âme des élèves, ...s réduire au rôle de simple répétiteur de la morale. Le livre est ... pour vous, et non vous pour le livre. Il est votre conseiller et ...re guide, mais c'est vous qui devez rester le guide et le conseiller ... excellence de vos élèves.

Pour vous donner tous les moyens de nourrir votre enseignement ...sonnel de la substance des meilleurs ouvrages, sans que le ha... d des circonstances vous enchaîne exclusivement à tel ou tel ...nuel, je vous envoie la liste complète des traités d'instruction ...rale ou d'instruction civique qui ont été cette année adoptés par ... instituteurs dans les diverses académies ; la bibliothèque péda...gique du chef-lieu de canton les recevra du ministère, si elle ...les possède déjà, et les mettra à votre disposition. Cet examen ...t, vous restez libre ou de prendre pour vos élèves un de ces ...vrages pour en faire un des livres de lecture habituelle de la ...sse, ou bien d'en employer concurremment plusieurs, tous pris, ...n entendu, dans la liste générale ci-incluse ; ou bien encore ...us pouvez vous réserver de choisir vous-même, dans différents ...eurs, des extraits destinés à être lus, dictés, appris. Il est juste ...e vous ayez à cet égard autant de liberté que vous avez de res...nsabilité. Mais, quelque solution que vous préfériez, je ne saurais ...p vous le redire, faites toujours bien comprendre que vous ...ttez votre amour-propre, ou plutôt votre honneur, non pas à ...re adopter tel ou tel livre, mais à faire pénétrer profondément ...us les jeunes générations l'enseignement pratique des bonnes ...gles et des bons sentiments.

Il dépend de vous, Monsieur, j'en ai la certitude, de hâter par ...tre manière d'agir le moment où cet enseignement sera partout ...n pas seulement accepté, mais apprécié, honoré, aimé, comme ...mérite de l'être. Les populations mêmes dont on a cherché à ...citer les inquiétudes ne résisteront pas longtemps à l'expérience ...i se fera sous leurs yeux. Quand elles vous auront vu à l'œuvre, ...and elles reconnaîtront que vous n'avez d'autre arrière-pensée ...e de leur rendre leurs enfants plus instruits et meilleurs, quand ...es remarqueront que vos leçons de morale commencent à pro...ire de l'effet, que leurs enfants rapportent de votre classe de meil...ures habitudes, des manières plus douces et plus respectueuses, ...us de droiture, plus d'obéissance, plus de goût pour le travail, ...us de soumission au devoir, enfin tous les signes d'une inces...nte amélioration morale, alors la cause de l'école laïque sera gagnée, le bon sens du père et le cœur de la mère ne s'y tromperont pas; et ils n'auront pas besoin qu'on leur apprenne ce qu'ils vous doivent d'estime, de confiance et de gratitude.

J'ai essayé de vous donner, Monsieur, une idée aussi précise que possible d'une partie de votre tâche qui est, à certains égards, nouvelle, qui de toutes est la plus délicate; permettez-moi d'ajouter que c'est aussi celle qui vous laissera les plus intimes et les plus durables satisfactions. Je serais heureux si j'avais contribué par cette lettre à vous montrer toute l'importance qu'y attache le Gouvernement de la République, et si je vous avais décidé à redoubler d'efforts pour préparer à notre pays une génération de bons citoyens.

Recevez, Monsieur l'instituteur, l'expression de ma considération distinguée.

Le Président du Conseil,
Ministre de l'Instruction publique et des Beaux-Arts,
Jules Ferry.

CIRCULAIRE DU 18 FÉVRIER 1886

SUR LA CONSTRUCTION DES MAISONS D'ÉCOLE.

Monsieur le Préfet,

J'ai l'honneur de vous adresser ci-joint un décret du 15 de ce mois, complétant et précisant les dispositions qui doivent assurer l'exécution de la loi du 20 juin 1885. Cette loi avait été suivie, le 9 juillet, d'un décret qui établissait les principes d'après lesquels seraient appliquées les nouvelles prescriptions. Mais, à ce premier moment, on avait été contraint de se borner à des indications sommaires empruntées aux travaux préparatoires qui avaient été communiqués aux Chambres. Les tableaux en particulier ne fixant le chiffre des subventions, d'après la valeur du centime, que de dix en dix francs et, d'après les charges communales, que par séries de centaines de centimes présentaient des lacunes que des instructions subséquentes devaient combler. Le Gouvernement a pensé que la meilleure manière de procéder à l'établissement de ces tarifs définitifs et détaillés était de soumettre un projet d'ensemble à l'examen du conseil d'État. C'est ce projet qui, après une étude approfondie de la haute Assemblée, est devenu le décret du 15 février.

Trois tableaux accompagnent le texte même du décret; pour ne pas les confondre avec ceux qui ont été annexés à la loi, on les a distingués par les lettres D, E et F. Non seulement ils comportent des subdivisions plus exactes, plus minutieuses que les tableaux du premier décret, et donnent la série des nombres intermédiaires omis alors, mais ils permettent une répartition plus équitable des secours de l'État. Les charges des communes y ont été, en effet, divisées en charges ordinaires et en charges extraordinaires, et elles seront ainsi l'objet d'un double calcul.

Il importe que les municipalités sachent bien que les simples « réparations » à effectuer dans leurs locaux scolaires ne peuvent donner lieu à une demande de subvention. En outre les devis supplémentaires s'ajoutant à la dépense primitive de projets subventionnés antérieurement à la loi du 20 juin 1885 resteront, *sans exception aucune*, à la charge des budgets communaux.

Vous n'oublierez pas, monsieur le Préfet, que la loi qui a constitué le régime actuel ne mentionne pas la dépense du mobilier personnel des instituteurs et des institutrices. Cette dépense ne figurera donc, en aucun cas, dans les devis des dossiers soumis à mon examen. Il en est de même des 100 francs d'indemnité alloués par l'arrêté du 29 juin 1883 à l'inspecteur primaire chargé de la surveillance des travaux. Cette surveillance est, en effet, imposée par leur fonction même à MM. les inspecteurs primaires. Les voyages relatifs à ce service seront donc considérés comme missions extraordinaires, et rétribués à ce titre. En conséquence, par arrêté de ce jour, l'article 9 de l'arrêté du 29 juin 1883 est et demeure rapporté.

En terminant, je vous rappellerai les instructions antérieures exigeant que tout dossier qui m'est soumis contienne copie *in extenso* des délibérations par lesquelles et le Conseil général et le Conseil départemental ont donné leur avis sur l'affaire. Enfin vous n'omettrez jamais d'indiquer la date exacte de la décision ministérielle portant création de l'école ou de la classe en projet.

Recevez, monsieur le Préfet, l'assurance de ma considération très distinguée.

Le ministre de l'instruction publique,
des beaux-arts et des cultes,
René Goblet.

CIRCULAIRE DU 2 AVRIL 1886

RELATIVE AUX SUBVENTIONS DE L'ÉTAT POUR LA CONSTRUCTION DES MAISONS D'ÉCOLE.

Monsieur le Préfet,

L'article 8, paragraphe 1er, de la loi du 20 juin 1885 porte : « En ce qui concerne les établissements d'enseignement primaire, la subvention de l'État sera calculée d'après un chiffre maximum de dépense totale, déterminé pour chaque catégorie d'établissements par le tableau A annexé à la présente loi, déduction faite des ressources communales disponibles. »

J'ai dû consulter le conseil d'État sur l'interprétation de cet article, qui avait soulevé des difficultés.

J'ai l'honneur de vous faire connaître la réponse qui m'a été adressée par la haute assemblée.

Aux termes de ses délibérations, en date des 25 mars et 1er avril 1886, le Conseil est d'avis :

1° Sur la question de savoir si les ressources communales disponibles seront dans tous les cas déduites de la dépense totale nécessitée par la construction ou l'appropriation des bâtiments scolaires :

« Qu'aux termes de l'article 8, paragraphe 1er, de la loi du 20 juin 1885, la subvention de l'État pour les établissements d'enseignement primaire « sera calculée d'après un chiffre maximum de dépense totale déterminée, pour chaque catégorie d'établissement, par le tableau A annexé à la présente loi, déduction faite des ressources communales disponibles. »

« Qu'il résulte de cette disposition que la dépense à laquelle l'État contribue ne doit jamais dépasser le maximum fixé par le tableau A, et d'autre part, que les ressources communales disponibles sont déduites soit de la dépense réelle effectuée, quand cette dépense est comprise dans les limites du maximum légal, soit de ce maximum, quand la dépense totale est supérieure à ce maximum.

2° Sur la question de savoir quel est le sens des mots « ressources communales disponibles » :

« Qu'il convient de distinguer parmi les ressources communales : 1° les fonds libres ; 2° le prix des anciennes écoles ou la valeur de leurs matériaux ; et 3° le produit des dons et legs, subventions, souscriptions en argent ou en nature et toutes autres libéralités faites aux communes en vue de la construction ou de l'appropriation de leur maison d'école ;

« En ce qui concerne les fonds libres provenant des excédents des exercices antérieurs :

« Que les fonds libres constituent essentiellement des ressources communales disponibles au sens et avec les conséquences des dispositions de l'article 8, paragraphe 1er, rappelées et interprétées dans la première partie du présent avis ;

« En ce qui concerne le prix des anciennes écoles ou la valeur de leurs matériaux :

« Que lorsqu'il est fait état, dans les projets approuvés, du prix des anciennes écoles, ou de la valeur de leurs matériaux parmi les ressources destinées à payer les dépenses de construction et d'appropriation des maisons d'école, ces ressources constituent des ressources communales disponibles au sens et avec toutes les conséquences prévues à l'article 8, paragraphe 1er de la loi précitée;

« En ce qui concerne les dons et legs, les souscriptions en argent ou en nature, les subventions et autres libéralités faites à la commune en vue de ses maisons d'école :

« Que les dons et legs, les souscriptions en argent ou en nature, et autres libéralités faites à la commune en vue de ses maisons d'école, ont reçu de la volonté des donateurs, testateurs ou souscripteurs une affectation spéciale au profit exclusif de la commune et, par suite, ne constituent pas des ressources communales disponibles devant être déduites de la dépense à laquelle l'État est appelé à contribuer ;

« Qu'il en est de même des subventions allouées par le Conseil général ».

Vous voudrez bien veiller, en conséquence, à ce que la loi du 20 juin soit appliquée aux projets à me soumettre, conformément aux instructions qui précèdent et dans le sens du décret du 15 février, ainsi que de la circulaire du 18 du même mois. J'espère que ces instructions définitives auront pour résultat de hâter la préparation des dossiers de tous les projets urgents.

Il n'est pas besoin de vous faire remarquer que l'intervention du Conseil d'État n'est nécessaire que pour autoriser les emprunts d'une durée de plus de trente ans. (Loi du 5 avril 1884, art. 143, § 2.)

Néanmoins ces affaires devront être, comme les autres, traitées d'après les bases ci-dessus.

Recevez, monsieur le Préfet, l'assurance de ma considération très distinguée.

Le ministre de l'instruction publique,
des beaux-arts et des cultes,

René Goblet.

CIRCULAIRE DU 3 DÉCEMBRE 1886

SUR LA SUBSTITUTION DU PERSONNEL LAÏQUE AU PERSONNEL CONGÉGANISTE DANS LES ÉCOLES PRIMAIRES PUBLIQUES.

Monsieur le Préfet,

Vous avez reçu ampliation de mon arrêté du 1er décembre qui détermine la liste des départements auxquels doit s'appliquer dès à présent, soit pour les instituteurs, soit pour les institutrices, l'article 18 de la loi du 30 octobre 1886. Je crois devoir vous donner pour l'application de cet article, et plus généralement du principe de laïcisation établi par la loi, des instructions se rapportant aux divers cas qui me paraissent pouvoir se présenter :

I. — Aux termes de l'article 18, la substitution du personnel laïque au personnel congréganiste est immédiatement obligatoire dans tout département qui possède depuis plus de quatre ans une école normale.

Si votre département est au nombre de ceux auxquels s'applique dès aujourd'hui l'article 15, votre conduite est absolument dictée par la loi : à la suite de toute vacance, qu'elle provienne de décès, de démission, de révocation, ou de toute autre cause, qu'il y ait lieu à renouvellement intégral ou partiel du personnel dirigeant ou du personnel enseignant, des laïques seuls peuvent être nommés ou délégués : par vous, s'ils sont titulaires, par l'inspecteur d'académie, s'ils sont stagiaires.

Dans tous les départements, sans exception, cette règle s'appliquera au cas de création d'école.

On ne saurait admettre, en effet, que l'État créât lui-même de nouvelles écoles congréganistes, alors que l'article 17 de la loi pose, sans restriction, le principe que les écoles publiques seront désormais exclusivement laïques.

Il en sera de même dans le cas de création d'emploi nouveau d'adjoint ou d'adjointe dans les écoles congréganistes actuellement existantes. Toutefois, il pourrait se faire que l'administration jugeât à propos, dans les départements non encore soumis à l'application de l'article 18, d'autoriser exceptionnellement des nominations de congréganistes; ces décisions devront m'être préalablement soumises soit par vous, soit par l'inspecteur d'académie, suivant qu'il s'agira de titulaires ou de stagiaires.

Une question de détail m'a été posée : admettra-t-on le droit de permutation entre congréganistes dans un même département? Il n'y a pas à proprement parler de « droit de permutation ». Autoriser deux instituteurs à changer de poste, c'est prononcer un double changement de résidence, en d'autres termes, une double nomination, ce qui ne peut avoir lieu que dans les conditions formellement prescrites par l'article 29. Je vous ai déjà rappelé, par ma circulaire du 11 novembre, que ni dans ce cas ni dans aucun autre, vous n'êtes plus désormais en présence de désignations soumises à votre agrément par des supérieurs de congrégations; vous avez à statuer par de véritables mesures individuelles.

Il va de soi que, si votre département est de ceux auxquels s'applique l'article 18, vous ne sauriez faire une permutation entre congréganistes qu'autant que vous la jugeriez indispensable pour les besoins du service. Vous devez éviter, en effet, que de semblables mesures servent à retarder la laïcisation.

Il me reste à appeler votre attention, monsieur le préfet, sur trois situations particulières qui peuvent soulever des difficultés :

1° Si la vacance se produit dans une école appartenant à une communauté religieuse qui n'entend pas se dessaisir de son immeuble, il pourra être nécessaire de faire application de l'article 67. A moins, en effet, que l'école publique congréganiste jusqu'alors en exercice ne soit supprimée par le Conseil départemental, sur l'avis du Conseil municipal, sans être remplacée par une autre, la commune devra se procurer un autre local, soit à titre de location, soit par voie d'acquisition ou de construction. Il peut se faire alors que le mauvais vouloir, la négligence ou des difficultés matérielles retardent plus ou moins longtemps l'ouverture du nouveau local scolaire. Dans l'intervalle, suivant les termes formels de la loi, il peut être sursis à l'application du 1er paragraphe de l'article 18 jusqu'à ce qu'il ait été pourvu à l'établissement de l'école. La loi du 20 mars 1883 (art. 8 et 10) et celle du 20 juin 1885 vous donnent les moyens de hâter cet établissement de la nouvelle école publique. Jusqu'au moment où elle s'ouvrira, l'école congréganiste actuellement en exercice continuera de recevoir les élèves et de servir d'école communale : les personnes appelées à y enseigner ne recevront pas de vous une nomination définitive, mais une délégation provisoire, qui prendra fin de plein droit à l'ouverture de la nouvelle école; elles continueront jusque-là à exercer, aux mêmes conditions, avec le même traitement et les mêmes obligations que par le passé.

Vous ne devrez, d'ailleurs, statuer en pareille circonstance qu'après m'avoir mis à même d'apprécier la situation, et de juger s'il y a lieu de faire usage de la faculté réservée par l'article 67.

2° S'il s'agit d'une école appartenant à la commune en vertu d'une donation faite à charge d'entretenir une école congréganiste, la substitution (totale ou partielle suivant le gré de la congrégation) du personnel laïque au personnel congréganiste aura lieu, quand bien même une action en révocation de la libéralité devrait être intentée par les intéressés, dans le délai prévu par la loi (art. 19).

Toutefois, je n'ai pas besoin de vous faire remarquer qu'il conviendra, dans ce cas, de procéder avec tous les ménagements que comportera l'exécution de la loi. Les congréganistes devront toujours être prévenus par vous de la laïcisation du poste devenu vacant; vous leur demanderez de vous faire connaître par écrit s'ils ont l'intention de conserver les chaires qui leur restent, ou s'ils préfèrent abandonner l'école tout entière. Dans ce dernier cas, vous leur fixeriez un délai, et vous prendriez les mesures nécessaires pour que l'installation de leurs successeurs se fasse régulièrement, et ne puisse donner lieu à aucune surprise pour les uns, à aucune difficulté pour les autres.

3° S'il s'agit d'écoles congréganistes de filles dans des communes de moins de 400 âmes, et d'écoles maternelles dans des communes de moins de 2,000 âmes, la vacance nécessitera une procédure spéciale dont je vous ai déjà indiqué les caractères dans de précédentes instructions, mais que je me propose de préciser aussitôt après le vote de la loi de finances de 1887. En effet dans ces deux cas, la loi du 30 octobre ne reconnaît pas à l'école le caractère obligatoire. Il faudra donc poser au Conseil municipal la question de savoir s'il est disposé à l'entretenir désormais soit en totalité sur les ressources propres de la commune, soit avec un subside de l'État, subside qui sera rigoureusement proportionné au crédit spécial ouvert à cet effet, et qui, bien entendu, ne peut plus être accordé qu'aux écoles laïques.

II. — Je me suis expliqué dans ce qui précède sur les diverses hypothèses où il y a lieu, aux termes de l'article 18, à la laïcisation totale ou partielle de l'école.

Mais il a été reconnu, au cours des débats parlementaires, que si l'article 18 a pour objet d'interdire les nominations de congréganistes dans les départements pourvus depuis quatre ans d'une école normale, il n'a pas pour effet de les proscrire dans les autres départements. La faculté du préfet de choisir pour une commune un personnel laïque ou un personnel congréganiste ne résultait pas d'un article de la loi; elle résultait simplement du droit de nomination que la loi lui conférait, les Conseils municipaux entendus. Ce droit a été précisé, réglé par la nouvelle loi, qui ne permet au Préfet d'agir que sur la proposition de l'inspecteur d'académie; mais, sous la réserve des garanties nouvelles dont il est entouré par la loi même, ce droit de nomination reste entier. En conséquence, tandis que le Préfet d'un département pourvu depuis quatre ans d'école normale ne peut nommer que des laïques, ailleurs il peut, à son choix, nommer des laïques ou des congréganistes. De quelle manière et dans quel esprit devra-t-il user de ce droit, lorsqu'une vacance viendra à se produire dans une école actuellement tenue par des congréganistes? J'ai fait connaître à cet égard ma pensée et mes intentions à la Chambre. J'estime que le préfet, dans les départements non encore soumis à l'article 18, ne devra pas hésiter à prononcer la laïcisation, toutes les fois que cette mesure aura l'assentiment du Conseil municipal; qu'en dehors de ce cas et sauf des circonstances exceptionnelles qu'appréciera l'administration, il est préférable, en règle générale, d'attendre, pour faire application de l'article 18, des conditions plus favorables, sans perdre de vue cependant que pour les écoles de garçons, la laïcisation devra être achevée avant l'expiration du délai de cinq ans.

Je vous prierai, Monsieur le Préfet, de ne jamais manquer de me consulter dans ces divers cas, soit qu'il s'agisse de refuser une laïcisation demandée, ou de la prononcer au contraire, contre le vœu de la commune.

A ces instructions particulières, Monsieur le Préfet, je n'aurais à joindre qu'une recommandation générale, qui, sans doute, est inutile. Le Gouvernement souhaite que l'application du principe de la laïcité de l'enseignement primaire se fasse en France comme a eu lieu celle de l'obligation : ce sera vous inspirer de l'esprit même de la loi que de vous tenir également loin des décisions précipitées qui en compromettraient l'exécution, et des lenteurs non justifiées qui pourraient la retarder.

Le législateur a voulu que la laïcité du personnel enseignant fût établie sans violence, mais le plus promptement possible : immédiatement partout où l'état du personnel le permet, partout ailleurs graduellement, par un progrès incessant et dont il a marqué le terme au moins pour les écoles de garçons. L'opinion publique ne saurait se méprendre sur le caractère de ce régime légal, remplaçant le régime d'arbitraire administratif qui l'avait précédé.

La loi devenue définitive s'impose au respect de tous les citoyens. Toutes manifestations hostiles qui tendraient à en entraver l'application seraient désormais sans excuse comme sans résultat.

J'ai la confiance, Monsieur le Préfet, que par votre prudence et votre fermeté, vous saurez dissiper les malentendus, prévenir les résistances, et mener à fin dans les conditions prévues, régulièrement et pacifiquement, l'œuvre de la laïcisation.

Veuillez m'accuser réception de la présente circulaire.

Recevez, Monsieur le Préfet, l'assurance de ma considération distinguée.

Le ministre de l'instruction publique, des beaux-arts et des cultes,

René Goblet.

CIRCULAIRE DU 24 MARS 1887

SUR LES DÉLÉGATIONS CANTONALES.

Monsieur le Préfet,

La réorganisation des délégations cantonales, aux termes de l'article 65 de la loi du 30 octobre 1886, doit avoir lieu dans les deux mois qui suivent l'entrée en fonctions des nouveaux Conseils départementaux. Au moment où s'achève, dans presque tous les départements, la désignation des délégués cantonaux, j'apprends qu'il s'élève quelques doutes et quelques divergences d'appréciation sur la nature de leurs fonctions, telles que les définissent la loi, d'une part, et de l'autre, le règlement organique du 18 janvier dernier. Je crois nécessaire de dissiper, à cet égard, tout malentendu.

La loi du 30 octobre règle comme suit, par son article 52, les attributions des délégués cantonaux :

« Le Conseil départemental désigne un ou plusieurs délégués

résidant dans chaque canton pour surveiller les écoles publiques et privées du canton, et il détermine les écoles particulièrement soumises à la surveillance de chacun d'eux.

« Les délégués sont nommés pour trois ans. Ils sont rééligibles et toujours révocables. Chaque délégué correspond tant avec le Conseil départemental, auquel il doit adresser ses rapports, qu'avec les autorités locales pour tout ce qui regarde l'état et les besoins de l'enseignement primaire dans sa circonscription.

« Il peut, lorsqu'il n'est pas membre du Conseil départemental, assister à ses séances, avec voix consultative, pour les affaires intéressant les écoles de sa circonscription.

« Les délégués se réunissent au moins une fois tous les trois mois au chef-lieu du canton, sous la présidence de celui d'entre eux qu'ils désignent, pour convenir des avis à transmettre au Conseil départemental. »

Ce texte est littéralement le même que celui de l'article 43 de la loi de 1850 : le législateur n'a donc pas eu l'intention de rien changer aux usages établis depuis trente ans en cette matière.

A son tour, le décret du 18 janvier, rendu en Conseil supérieur, a précisé, dans les articles suivants, les conditions dans lesquelles doivent s'exercer les fonctions des délégués cantonaux :

« Art. 136. — Nul ne peut être délégué cantonal s'il n'est Français et âgé de vingt-cinq ans au moins.

« Art. 137. — Nul chef ou professeur d'un établissement quelconque d'instruction primaire ne peut être délégué cantonal.

« Art. 138. — Les délégués cantonaux n'ont entrée que dans les écoles soumises spécialement par le Conseil départemental à la surveillance de chacun d'eux.

« Ils communiquent aux inspecteurs de l'instruction primaire tous les renseignements utiles qu'ils ont pu recueillir.

« Art. 139. — Ils peuvent être consultés sur la convenance des locaux que les communes sont obligées de fournir pour la tenue de leurs écoles publiques ;

« Sur la fixation du nombre des écoles à établir dans les communes et sur l'opportunité de la création d'écoles de hameau ;

« Sur les demandes de création d'emplois d'instituteur-adjoint et d'institutrice-adjointe.

« Art. 140. — L'inspection des autorités préposées à la surveillance des écoles en vertu des paragraphes 4 et 5 de l'article 9 de la loi du 30 octobre 1886 portera, dans les écoles publiques, sur l'état des locaux et du matériel, sur l'hygiène et sur la tenue des élèves.

« Elle ne pourra jamais porter sur l'enseignement. »

On m'assure que deux articles de cette réglementation ont inspiré quelque appréhension :

L'article 138, qui stipule que les délégués n'ont entrée que dans les écoles que leur a spécialement désignées le Conseil départemental; l'article 140, qui rappelle que leur inspection ne porte pas sur l'enseignement.

La première de ces prescriptions a été inspirée par la pensée de laisser, comme par le passé, et désormais sans contestation possible, au Conseil départemental lui-même le droit de faire la répartition du service suivant le système qui lui paraîtra le meilleur. La loi lui réserve expressément le droit de préposer « un ou plusieurs » délégués à toutes les écoles, et, par conséquent à chaque école. C'est ce droit, dans toute son étendue, que l'article 138 du décret consacre et précise. C'est du Conseil départemental que les délégués cantonaux tiennent toute leur autorité ; c'est au Conseil départemental de décider s'il veut, comme on l'a fait dans certains départements, ouvrir toutes les écoles d'un canton à tous les délégués de ce canton; s'il préfère, comme on l'a fait ailleurs, partager le canton en petites subdivisions confiées, chacune, à un ou à deux délégués. Il y a là une question d'habitudes, de circonstances locales et de convenances personnelles, qu'il me semble bon de laisser régler au mieux de l'intérêt scolaire par l'assemblée départementale. Un règlement formel qui obligerait à une organisation absolument uniforme n'aurait d'autre effet que d'entraver des bonnes volontés que l'on ne saurait laisser trop libres.

L'autre question, pour être plus délicate, n'est pas moins facile à résoudre. L'article 140 n'a pas pour but d'enlever au délégué cantonal une partie de ses attributions. En réalité, il n'ajoute ni ne retranche rien au rôle dont le délégué cantonal est investi depuis plus de trente ans. Et, pour se convaincre qu'il n'y a rien de changé à cet égard, il suffirait de relire les instructions ministérielles publiées au début même de l'institution, de 1850 à 1855. En voici les passages principaux, qu'il n'est pas sans intérêt de reproduire, ne fût-ce que pour constater la continuité de la tradition :

... « Délégués du Conseil départemental avec lequel ils peuvent correspondre directement, c'est de ce Conseil surtout qu'ils doivent recevoir l'impulsion, c'est de ses pensées qu'ils doivent surtout s'inspirer. Leur mission, qui est toute de confiance, s'étend à tout; mais elle n'est qu'une mission de surveillance, et s'il est à désirer qu'ils multiplient les avis et les remontrances paternelles, partout où besoin sera, il est à désirer aussi qu'ils ne compromettent jamais leur autorité, en s'efforçant d'introduire directement dans les écoles, soit des livres, soit des principes d'éducation et d'enseignement dont ils apprécieraient les avantages, mais qui y seraient jusqu'alors inusités. » (Circulaire du 24 décembre 1850.)

« Ne leur demandez point de juger les méthodes et les livres;

demandez-leur si les enfants qui sont admis depuis quelque temps déjà dans les écoles y ont reçu une instruction suffisante, s'ils y sont tenus sainement, s'ils y puisent de bons préceptes, et surtout de bons exemples de morale, s'ils y contractent des habitudes de propreté, de politesse et de bienveillance réciproques, en un mot, s'ils sont bien élevés. » (Instruction générale du 31 octobre 1854.) Et lors même qu'à une certaine époque on demanda au zèle des délégués cantonaux de participer à une sorte d'enquête générale sur la marche et les résultats de l'enseignement primaire, le ministre avait soin d'ajouter : « Il ne faut pas perdre de vue qu'en réalité, MM. les délégués n'ont pas mission d'apprécier, de contrôler le mérite relatif des procédés, des méthodes diverses ; qu'ils n'ont pas à s'enquérir si les élèves des écoles se rendent compte, par exemple, des principes de la lecture, de l'écriture ; mais qu'ils ont seulement à vérifier si les élèves lisent ou écrivent bien ou mal ; que c'est, en un mot, pour eux, la simple constatation d'un fait qu'ils ont à consigner. » (Circulaire du 18 mars 1854.) Et l'année suivante : «' Je n'oublie pas que l'on ne saurait réclamer d'eux ces comparaisons de méthodes, ces investigations minutieuses, ces jugements techniques que l'administration exige des inspecteurs de l'enseignement primaire... MM. les délégués sont, aux yeux de la loi, les représentants de la famille dans l'école. C'est au nom des familles que leur influence morale s'y fait sentir, et que leur autorité s'y exerce... » (Circulaire du 16 mai 1855).

C'est précisément, Monsieur le Préfet, dans le même sentiment qu'a été rédigé l'article 140 du décret de janvier dernier. Il n'a d'autre objet que de prévenir une confusion d'attributions qui affaiblirait tous les services scolaires sans en fortifier aucun. Il s'agit d'établir clairement les relations qui doivent exister entre le délégué cantonal, l'inspecteur primaire et l'instituteur.

Aujourd'hui l'enseignement primaire a sa loi organique, il possède un ensemble de programmes dont les grandes lignes sont inscrites dans la loi elle-même, et dont le détail a été réglé par les conseils universitaires légalement chargés de ce soin. L'inspection est partout organisée, et partout obligée de suivre de très près les règlements spéciaux qui régissent les écoles publiques. Il est donc moins que jamais nécessaire que le délégué cantonal intervienne dans les programmes, ait le droit de modifier les exercices scolaires, de se prononcer sur telle méthode, tel procédé, tel livre, tel manuel, d'organiser des concours entre écoles, ou des compositions entre élèves.

Le Conseil supérieur n'a rien entendu faire de nouveau en rappelant au délégué cantonal qu'il n'est pas l'inspecteur de l'enseignement primaire. On pourrait plutôt l'appeler l'inspecteur de l'éducation. Le service que la société attend de lui, ce n'est pas de corriger des dictées ou des problèmes, de classer des copies d'élèves ou de mettre à l'épreuve le savoir des maîtres ; on l'a chargé d'un office beaucoup moins précis, il est vrai, mais bien autrement délicat, et dont l'importance ne peut lui échapper. Il entre dans une classe : lui qui vient du dehors, il est impossible qu'il ne soit pas frappé de certains traits que, peut-être, ni l'instituteur ni l'inspecteur ne remarquent plus. Plus sûrement que personne, il appréciera la tenue des élèves, l'entrain de la classe, l'ardeur ou l'inertie qui s'y trahit, les habitudes d'attention, d'ordre, de ponctualité, l'affection et la confiance que le maître a su inspirer, l'esprit enfin qui règne à l'école et qui se lit partout, sur les visages et dans les cahiers.

Arrive-t-il inopinément ? Ce n'est pas en faisant tout suspendre pour ouvrir une sorte de séance d'apparat qu'il se renseignera le mieux : c'est en demandant aux maîtres de vouloir bien continuer sans rien changer. Moins il troublera l'ordre de la classe, mieux il jugera au fond le maître et les élèves. Veut-il prendre part à une interrogation, adresser quelques questions aux élèves ? Veut-il examiner les cahiers, les devoirs, les cartes, les dessins ? — Veut-il, surtout, — ce qui est, en matière d'enseignement, le plus grand service qu'il puisse rendre, et la source d'informations par excellence qu'il doit consulter — examiner l'ensemble des *cahiers de devoirs mensuels*, ces cahiers où chaque élève écrit, en quelque sorte à son insu, mois par mois, l'histoire de son éducation, et grâce auxquels on pourra, d'ici à peu d'années, quand on saura s'en servir couramment, avoir sous les yeux, pour ainsi dire, l'image vivante de la classe et le tableau irrécusable de ses progrès ? Tout est à sa disposition, et il fera bien de témoigner qu'il s'intéresse à tout dans l'école. Qu'il se souvienne seulement que s'il doit s'efforcer de tout voir, de tout entendre, de tout observer, ce n'est pas au point de vue technique de l'homme du métier, mais à un point de vue plus général, celui de la famille et de la société. Que nos instituteurs eux-mêmes n'oublient pas que notre enseignement primaire public ne doit pas tendre à s'isoler, à s'enfermer, à se défendre contre l'incessante intervention de la société, contre les critiques, les observations, le contrôle du dehors. Aussi, bien loin de vouloir restreindre l'action des délégations cantonales, devons-nous tout faire pour l'encourager et l'étendre. Plus la famille s'intéresse à l'école, plus l'école est sûre de prospérer. L'idéal, en cette matière, ne serait-il pas que l'école fût, pour ainsi dire, ouverte perpétuellement aux regards de la famille, et la famille sans cesse invitée à aider le maître dans sa tâche par un concours effectif et journalier ?

Mais pour s'aider, il faut, avant tout, éviter de se contredire ; et pour cela, il faut que chacun comprenne bien son rôle et s'y maintienne, résistant scrupuleusement à la tentation d'accroître son prestige et d'accaparer une part d'autorité qui ne lui est pas dévolue. La « surveillance » confiée aux délégués du Conseil départemental, et l'« inspection » confiée aux inspecteurs spéciaux nommés par le ministre ne sont pas, ne doivent pas être une seule et même chose. Voulons-nous que les visites des diverses autorités scolaires fassent du bien et ne fassent que du bien? Appliquons-nous à écarter toute chance de conflit entre ces autorités, toute occasion de désarroi dans la marche de l'école, tout motif d'inquiétude ou de froissement pour l'instituteur.

Comme tous ceux qui se sont occupés d'enseignement, les délégués cantonaux savent bien que le véritable ressort de l'école, ce n'est pas le règlement, le programme, le livre, ce n'est pas même l'inspection ou la surveillance administrative, c'est un homme, c'est l'instituteur.

Et, pour qu'il remplisse joyeusement sa tâche, il lui faut, avant tout, le sentiment de sa liberté, de sa responsabilité, de son initiative. Un peu d'inspection aide et stimule; trop d'inspection paralyse. C'est assez d'un supérieur hiérarchique à qui l'instituteur doit compte de tous les détails de sa vie professionnelle; il ne faudrait pas que toutes les autres autorités instituées par la loi, préfet, maire, conseillers et délégués, se transformassent à ses yeux en autant d'inspecteurs primaires.

C'est cette méprise que le Conseil supérieur a voulu prévenir. Conformément à une tradition constante, il n'a entendu limiter l'autorité du délégué cantonal que dans les questions qui touchent aux méthodes d'enseignement, et à la marche règlementaire des exercices de chaque classe. Vous n'aurez aucune peine, j'en suis sûr, Monsieur le Préfet, à expliquer, soit au Conseil départemental, soit à MM. les délégués cantonaux, les dispositions réglementaires qui ne sont destinées qu'à affermir, bien loin de la diminuer en quoi que ce soit, la mission de confiance qu'ils veulent bien accepter, comme représentants de la société auprès de l'école, et comme patrons de l'école auprès de la société.

Recevez, Monsieur le Préfet, l'assurance de ma considération très distinguée.

Le ministre de l'instruction publique et des beaux-arts,
BERTHELOT.

CIRCULAIRE DU 16 NOVEMBRE 1887

RELATIVE AUX ÉCOLES PUBLIQUES DE FILLES, AUX ÉCOLES MATERNELLES ET AUX CLASSES ENFANTINES.

Monsieur le Préfet,

J'ai reçu, depuis la rentrée, au sujet de l'application de l'article 15 de la loi du 30 octobre 1886, un si grand nombre de pétitions et de demandes d'éclaircissements, que je ne crois pas pouvoir attendre, comme j'en avais le dessein, le vote annuel du budget pour y répondre. Il me semble nécessaire de résumer dans la présente dépêche les instructions données depuis la promulgation de la loi organique, soit par des circulaires, soit sous la forme de décisions d'espèces.

Il ne s'agit pas, bien entendu, de remettre en question le principe consacré par le législateur. Le débat ne porte que sur le détail des mesures de transition que l'administration doit s'efforcer d'approprier le mieux possible aux exigences variées d'une situation très complexe.

L'article 15 de la loi organique a pour objet, comme vous le savez, Monsieur le Préfet, de préciser les conditions d'une libéralité de l'État envers deux catégories d'écoles restées jusqu'en 1881 exclusivement à la charge des communes. La loi du 16 juin 1881 avait autorisé pour la première fois le Ministre à comprendre régulièrement dans ses subventions annuelles : 1° les écoles de filles, dans des communes de moins de 500 âmes, et 2° les écoles maternelles ou salles d'asile.

Pour la première de ces catégories, la loi posait une limite numérique : elle abaissait de 500 âmes à 400 le chiffre de population donnant droit au subside de l'État. Pour la seconde, au contraire, le législateur ne fixait pas ce chiffre, non que la question lui eût échappé, mais il la réservait naturellement à la grande loi organique qui était dès lors en préparation sous la forme d'un projet en plus de cent articles, et qui réglait ce point avec toutes les autres conditions d'établissement des écoles maternelles.

La loi organique, promulguée le 30 octobre 1886, a, en effet déterminé ces diverses conditions, et, en particulier son article 15 a fixé au chiffre de 2 000 habitants et de 1 200 agglomérés, le minimum de population pouvant donner lieu à l'entretien d'une école maternelle comme dépense obligatoire réversible de la commune sur l'État.

Mais, de 1881 à 1886, il avait fallu vivre, et vivre sans texte de loi réglant le point en litige.

Les divers ministres qui se sont succédé pendant cette période ont suivi la même jurisprudence administrative ; ils ont *créé*, c'est-à-dire *reconnu* légalement et définitivement toutes les écoles maternelles qui leur ont paru répondre à des besoins évidents, posséder une installation convenable, desservir une population suffisante. D'autres écoles ont paru peu justifiées, trop onéreuses soit pour les communes, soit pour l'État, ou encore établies dans des conditions matérielles par trop défectueuses. Pour toutes celles-là, l'administration a refusé ou tout au moins ajourné la reconnaissance légale, tout en consentant à payer provisoirement les subsides nécessaires pour remplacer l'ancienne rétribution scolaire, et assurer le traitement des institutrices en exercice.

CIRCULAIRE DU 16 NOVEMBRE 1887.

Aujourd'hui, la question est tranchée : le ministère ne peut plus reconnaître, ni dès lors subventionner, que les écoles maternelles établies dans des communes de 2000 âmes.

Que vont donc devenir toutes celles qui existaient — régulièrement ou non — dans des communes de moins de 2000 âmes? Ces communes vont-elles porter la peine du trop long intervalle qui s'est écoulé entre la loi sur la gratuité de 1881, et la loi organique de 1886? Et donnera-t-on un effet rétroactif à la décision du législateur qui, après avoir laissé cinq années en suspens la question de leur droit à une subvention, la résout enfin contre elles? Telle n'a pas été un seul instant la pensée du Parlement.

Le Parlement a adopté une solution qui maintient le principe, mais qui en évite l'application précipitée et les conséquences excessives.

Le même article 15, qui enlève au Ministre le droit de créer une école maternelle dans une agglomération de moins de 1200 âmes, dans une commune de moins de 2000 habitants, lui confère celui d'autoriser et de subventionner dans toute commune, quel que soit le chiffre de la population, une ou plusieurs *classes enfantines*, c'est-à-dire cette sorte d'école maternelle qui convient et qui suffit partout où l'on n'est pas aux prises avec les effectifs énormes des très grandes villes et des centres manufacturiers.

L'administration s'est empressée de faire savoir que, croyant répondre à la pensée du législateur, elle faciliterait par tous les moyens possibles le maintien, sous le nom de « classes enfantines », de toutes les écoles maternelles actuellement en activité, que les Conseils municipaux et le Conseil départemental jugeraient utile de conserver.

Il est bien vrai qu'à s'en tenir aux règlements scolaires, la classe enfantine, normalement constituée, diffère à quelques égards de l'école maternelle : dans la règle, elle reçoit les enfants à quatre ans et non pas à deux; elle est annexée à une école primaire; elle n'exige pas la présence d'une femme de service, elle est dirigée non par une directrice, mais par une adjointe; elle ne nécessite pas tout le développement de locaux et de matériel que comporterait une école maternelle complète. Toutes ces dispositions, édictées sur l'avis du Conseil supérieur, sont trop sagement conçues pour que je songe à bouleverser l'organisation des classes enfantines en général. Celles qui se sont créées et celles qui se créent dans les conditions ordinaires continueront de se conformer au type réglementaire dont je viens de rappeler quelques traits.

Mais ce qui ne peut ni ne doit devenir une mesure générale peut être accepté à titre de procédé transitoire et transactionnel pour les quelques centaines d'écoles dont la situation est atteinte par l'article 15 de la loi. Pour celles-là, et par une dérogation aux règlements qu'explique assez la force des choses, l'administration supérieure accepte d'avance les trois ordres de modifications qui s'imposent, savoir :

1º *Au point de vue des communes*, maintien de l'école dans les locaux actuels, fussent-ils même distants de l'école dont la classe enfantine est théoriquement l'annexe ; nulle dépense nouvelle résultant de la transformation ; maintien, si la commune le désire, de la femme de service aux mêmes conditions que par le passé ;

2º *Au point de vue des familles*, autorisation d'abaisser l'âge d'entrée sur simple avis du Conseil départemental, de manière à admettre le même nombre d'élèves qu'aujourd'hui ;

3º *Au point de vue du personnel enseignant*, maintien des institutrices en exercice avec leur traitement actuel, jusqu'à ce qu'il soit possible à l'administration de les placer ailleurs sans disgrâce, et de les remplacer par des adjointes qui seront payées aux conditions ordinaires.

Tel est, en substance, Monsieur le Préfet, le résumé des instructions contenues dans les circulaires ministérielles, et que je ne puis que vous renouveler.

Ces mesures ne sont-elles pas de nature à épargner autant que possible aux populations toute cause d'inquiétude et de froissement ?

Elles offrent à des communes, dont la situation jusqu'ici était précaire et litigieuse, un mode très simple de régularisation qui rompt aussi peu que possible avec les habitudes prises, et en même temps, elles permettent à l'État, non seulement de s'opposer à l'accroissement des dépenses, mais de réaliser graduellement de sensibles économies, sans secousse pour les populations, sans préjudice pour le personnel enseignant, sans détriment pour le service.

J'ajoute en terminant que, si vous rencontrez dans certaines espèces des difficultés particulières et imprévues, je vous prierai de m'en référer.

Vous me trouverez toujours prêt, Monsieur le Préfet, à les étudier dans les intentions les plus bienveillantes pour les communes, avec la constante préoccupation de ne léser aucun intérêt légitime. Et je ne doute pas que, secondés par le bon vouloir des administrations municipales et par celui de l'administration académique, nous ne réussissions à appliquer la loi dans l'esprit même qui l'a inspirée, c'est-à-dire dans un esprit d'équité, de prudence et de modération.

Recevez, Monsieur le Préfet, l'assurance de ma considération très distinguée.

Le Ministre de l'Instruction publique,
des Cultes et des Beaux-Arts,
E. SPULLER.

CIRCULAIRE DU 8 FÉVRIER 1888
SUR LES ÉCOLES PUBLIQUES FACULTATIVES.

Monsieur le Préfet,

Depuis que la loi organique du 30 octobre 1886 a fixé les conditions d'établissement et d'entretien des écoles publiques, le Gouvernement a été saisi à diverses reprises d'une question complexe et délicate qu'il n'a voulu trancher qu'après un examen approfondi.

Il s'agit de la situation faite par cette loi à toute une catégorie d'écoles publiques dont l'établissement n'est pas obligatoire pour la commune, et qui peuvent être désignées sous le nom générique d'*écoles publiques facultatives*.

D'accord avec mon collègue M. le ministre de l'intérieur, je crois nécessaire de vous adresser à ce sujet un ensemble d'instructions précises. Je vais donc énumérer les principales difficultés qui semblent pouvoir s'élever en cette matière. Je vous donnerai sur chacun de ces points, non seulement l'indication générale des intentions du Gouvernement, mais le sens de la réponse que vous auriez à faire, le cas échéant, aux communes intéressées.

I

Les écoles que nous avons à envisager sous ce nom d'*écoles publiques facultatives* sont celles que la commune n'est pas tenue de créer, mais qui, si elles ont été régulièrement créées, doivent être entretenues au même titre et dans les mêmes conditions que les écoles ordinaires. En d'autres termes, ce sont celles dont l'établissement n'est nullement obligatoire et ne peut être imposé d'office, mais dont l'entretien, tant qu'elles existent, donne lieu, de la part de la commune, à une dépense assimilée aux dépenses obligatoires, et de la part de l'État, à une subvention assimilée aux subventions que l'État garantit aux communes après emploi de leurs ressources légales.

La loi elle-même en énumère six espèces possibles, savoir :

1º Les écoles maternelles dans les communes de plus de 2,000 habitants, dont 1,200 agglomérés (art. 15) ;

2º Les classes enfantines en général (art. 15) ;

3º Les écoles de filles déjà établies dans les communes de 400 à 500 habitants (art. 11 et 15) ;

4º Les cours complémentaires (art. 14) ;

5º Les écoles primaires supérieures (art. 14) ;

6º Les écoles professionnelles ou écoles manuelles d'apprentissage (art. 14).

Pour que cette énumération soit tout à fait complète, on y peut ajouter deux autres catégories d'écoles dont il a été souvent question dans ces derniers temps :

7° Les écoles maternelles dans les communes de moins de 2,000 âmes ou de moins de 1,200 habitants agglomérés ;

8° Les écoles de filles dans les communes qui n'ont pas plus de 400 âmes.

Mais il ne faut pas perdre de vue que les écoles de ces deux dernières catégories ne sont pas des écoles facultatives au sens que nous venons de définir ; ce sont des écoles dont la dépense, aux termes de la loi, n'est jamais assimilable aux dépenses obligatoires. Elles ne sont pas simplement omises, elles sont exclues par le législateur de la liste de celles que l'État peut subventionner par assimilation. Le seul genre de subside qu'il puisse éventuellement leur accorder est un secours à titre gracieux, sans proportion fixe légalement déterminée, secours pris sur une allocation spéciale et dans les limites d'un crédit variable ouvert par le Parlement en dehors de la subvention normale destinée à parfaire, après épuisement des ressources communales, les taux *minima* des traitements légaux.

Il ne faudrait donc pas, en inscrivant ces deux catégories spéciales à la suite des six autres, les confondre avec celles-ci, les placer sur le même pied et leur attribuer les mêmes droits. Ces petites écoles, établies dans des communes dont la population n'en justifie pas l'entretien aux yeux du législateur, n'ont qu'un moyen d'acquérir la même stabilité que les autres écoles facultatives, et de rentrer dans le cadre des écoles susceptibles d'être légalement subventionnées. Et ce moyen, la plupart d'entre elles se sont déjà empressées d'y recourir : c'est de solliciter du Conseil départemental et du Ministre, toutes les fois qu'elles ont un effectif à peu suffisant, leur transformation en classe enfantine et leur reconnaissance à ce titre comme école publique facultative ayant droit aux subventions régulières de l'État. En dehors de cette solution, elles ne peuvent prétendre qu'à une existence précaire et à des subsides aléatoires, qui dépendront chaque année de la libéralité spéciale du Parlement.

Vous avez remarqué, Monsieur le Préfet, que nous ne mentionnons pas dans cette énumération les écoles dites de « hameau ». En effet, les écoles de hameau établies par application de la loi du 20 mars 1833 (art. 8) sont des écoles obligatoires. Quant aux écoles situées dans des sections de communes, mais qui ne remplissent pas la double condition requise par la loi pour leur donner le caractère obligatoire (distance de 3 kilomètres de l'école la plus voisine, population de plus de 20 enfants en âge scolaire), ce ne sont pas des écoles de hameau au sens légal, ce sont des écoles élémentaires ordinaires créées en vertu du droit qu'a le Conseil départemental de fixer sous réserve de l'approbation ministérielle, « le nombre, la nature, et le siège » des écoles de chaque commune.

II

Le caractère essentiel de toutes ces écoles est que l'établissement et, par conséquent le maintien, en sont facultatifs. Vous ne pouvez en aucun cas, Monsieur le Préfet, obliger la commune, soit à construire, soit à louer, soit à payer un traitement ou une indemnité quelconque, pour créer ou contribuer à créer une des écoles ci-dessus énumérées. Il est manifeste que toute sanction vous ferait défaut si vous aviez, en pareil cas, à recourir à l'imposition d'office.

Mais si une de ces écoles existe, — j'entends si elle a, non pas seulement l'existence de fait, mais l'existence légale; si elle a été, ainsi que le veut la loi, « régulièrement créée », c'est-à-dire établie, sur l'avis conforme du Conseil municipal, par décision du Conseil départemental et avec approbation ministérielle, — quel est à son égard le droit de la commune, et quel est le vôtre comme représentant de l'État?

La loi du 30 octobre 1886, dans son article 13, répond : « Le Conseil départemental, après avoir pris l'avis des Conseils municipaux, détermine, sous réserve de l'approbation du Ministre, le nombre, la nature et le siège des écoles primaires publiques de tout degré qu'il y a lieu d'établir ou de maintenir dans chaque commune, ainsi que le nombre des maîtres qui y sont attachés. »

Appliquons ce texte à l'objet spécial qui nous occupe, c'est-à-dire aux écoles facultatives. Une commune qui a jusqu'ici entretenu, avec ses ressources et avec celles de l'État, une des écoles susvisées, entend la supprimer. Le Conseil municipal prend une délibération en ce sens. Cette délibération n'est pas sur l'heure exécutoire. Elle ne peut l'être qu'après avoir été soumise au Conseil départemental. Comme le rappelle un récent avis du Conseil d'État, « le Conseil départemental a seul qualité pour prononcer, sauf approbation du ministère, la suppression d'une école qui a été régulièrement établie; et tant que cette école n'est pas supprimée, la dépense en est obligatoire pour la commune; mais, dans l'espèce, la commune, qui ne saurait être contrainte d'établir l'école facultative si elle n'existait pas, ne saurait davantage être contrainte de la maintenir alors que le Conseil municipal en demande la suppression » (1).

Dans l'espèce, par conséquent, le Conseil départemental reconnaîtra l'impossibilité où il est de s'opposer à la suppression. Il peut arriver, je ne l'ignore pas, que le Conseil départemental, frappé de certaines circonstances, ne consente pas à prononcer une suppression qui lui paraîtrait préjudiciable aux intérêts scolaires. Dans ce cas, c'est au Ministre qu'il appartiendrait, pour empêcher la violation de la loi, de refuser son approbation à la décision du Conseil départemental et de donner gain de cause à la commune, quelque regret que l'on en puisse éprouver dans l'intérêt des écoles.

(1) Avis de la section de l'intérieur du Conseil d'État, séance du 23 novembre 1888.

III

Il ne vous a pas échappé, Monsieur le Préfet, que dans ce cas notre procédure administrative présente une grave lacune à laquelle nous ne saurions nous résigner plus longtemps.

D'abord si l'on comprend qu'une école facultative puisse toujours être supprimée, on ne comprendrait pas qu'elle pût l'être du jour au lendemain ; que l'instituteur et l'institutrice, dépossédés au cours de l'année scolaire, fussent exposés à tomber, par un simple vote du Conseil municipal, dans une situation critique à laquelle l'administration ne pourrait souvent porter remède. Ni le Conseil départemental ni le Ministre de l'instruction publique, n'excéderont évidemment leur droit en décidant que toutes les suppressions auront leur effet dans la règle, et sauf les cas de force majeure, à partir de la rentrée des classes. Il va de soi que jusque-là les choses restent en l'état et que les dépenses demeurent de droit à la charge de la commune.

Mais il y a plus.

Ces écoles facultatives ont presque toujours demandé et obtenu un subside de l'État et du département pour leur installation. Elles font presque toutes supporter la majeure partie de la dépense des traitements à la subvention de l'Etat.

L'État peut-il consentir à participer plus ou moins largement à cet ensemble de dépenses sans aucune garantie de stabilité dans l'institution, sans aucune défense contre les revirements de l'opinion locale ? Doit-il son concours pour une œuvre qui ne survivra peut-être pas à la municipalité en fonctions ?

Il est manifestement nécessaire d'étendre aux six catégories susvisées d'écoles facultatives les dispositions déjà en usage pour certaines d'entre elles. L'article 41 du décret organique du 18 janvier 1887 ne me permet d'accorder aux écoles primaires supérieures aucune subvention et même aucune bourse, que si les communes se sont engagées à comprendre ces écoles pendant cinq années au moins dans leurs dépenses obligatoires. C'est un engagement analogue qu'il convient d'exiger de toute école facultative qui sollicitera dans une mesure quelconque le concours de l'État.

Nous nous sommes mis d'accord, M. le Ministre de l'Intérieur et moi, pour présenter à la signature de M. le Président de la République un décret dont vous avez reçu copie et qui règle cette situation. Je vous donnerai incessamment des instructions plus détaillées pour l'application de ce décret.

IV

Il faut envisager maintenant le cas des communes qui ne demanderaient, ni pour fonder ni pour entretenir leur école, aucun subside à l'Etat.

Quelle est, dans cette hypothèse, la situation de l'école facultative ?
L'article 2 de la loi me paraît d'une clarté parfaite :

« Les établissements d'enseignement primaire de tout ordre peuvent être : — *publics*, c'est-à-dire fondés et entretenus par l'État, les départements ou les communes, — ou *privés*, c'est-à-dire fondés et entretenus par des particuliers ou des associations. »

L'école fondée par une commune, même à titre facultatif, est l'école d'une commune, c'est-à-dire une école publique. Tous ses caractères se déduisent de son titre. C'est une école publique, par conséquent elle doit remplir toutes les conditions imposées par la loi aux écoles publiques ; les enfants de la commune y ont l'accès libre et gratuit, ils y peuvent remplir l'obligation scolaire, et ils y trouveront la neutralité garantie par la loi. C'est un établissement que la commune n'était pas légalement tenue d'organiser, mais qu'elle ne peut organiser qu'en se conformant aux lois.

On a posé, bien vainement à mon sens, cette question : la commune pourrait-elle, au lieu d'une école publique, fonder de ses deniers une école privée ? C'est demander si une commune est un de ces « particuliers » ou une de ces « associations » que la loi autorise à tenir une école. C'est demander si un maire, au nom de la commune, pourrait faire une déclaration d'ouverture d'école ou de pensionnat privé, si une municipalité a le droit de faire acte d'industrie ou de commerce, soit avec les fonds des contribuables, soit avec une somme quelconque mise par des tiers à sa disposition. Les mots le disent assez : une commune ne peut avoir que des écoles communales. Il n'y a pas de place dans notre législation pour une école autonome qui se tiendrait à égale distance des deux états seuls prévus par la loi : l'école publique et l'école privée. Un établissement intermédiaire n'aurait d'autre raison d'être que d'échapper à la fois aux lois qui régissent l'enseignement public et à celles qui régissent l'enseignement libre.

Chacune de ces deux écoles a ses droits et ses devoirs, chacune est assujettie par la loi à un certain ordre de garanties qui diffèrent en raison de leur situation. Peut-il s'en créer une troisième qui cumulerait toutes les immunités de l'une et toutes les libertés de l'autre ? Et quel merveilleux artifice de procédure ne serait-ce pas s'il suffisait au Conseil municipal de n'avoir rien demandé au Trésor pour avoir le droit de prendre sous son patronnage et de mettre au-dessus du droit commun une école qui prétendrait être à la fois publique et privée quand il s'agit de prérogatives à réclamer, et n'être plus ni l'une ni l'autre dès qu'il y aurait des obligations à remplir !

V

Ces principes s'appliqueront également aux communes qui ajouteraient ou substitueraient à leurs ressources propres le produit de libéralités, fondations, souscriptions, dons ou legs encaissés par elles à condition d'entretenir telle ou telle école.

Rien ne s'oppose à ce qu'une commune subvienne de la sorte à l'entretien d'école publiques facultatives, pourvu que ces écoles soient établies conformément aux lois en vigueur. Le mode de nomination du personnel, les conditions de capacité requises, le programme de l'enseignement, toutes les prescriptions légales et réglementaires relatives aux écoles publiques des divers degrés, s'appliqueront à ces écoles de fondation comme à toute autre école publique.

Que si la libéralité était faite sous des clauses et conditions incompatibles avec la loi, l'acceptation n'en pourrait être autorisée.

Que si enfin l'école existe et fonctionne en vertu d'une de ces libéralités conditionnelles, et si tôt ou tard, l'application de la loi vient à la mettre dans l'impossibilité de remplir tout ou partie des conditions de la libéralité, le cas prévu par l'article 19 de la loi, et il appartiendra aux tribunaux de statuer sur les actions intentées dans les deux années qui suivront.

VI

La question serait plus claire encore si, au lieu de s'adresser à la commune, la libéralité affectée de conditions illégales s'adressait à un intermédiaire quelconque : le bureau de bienfaisance, la fabrique, le consistoire, l'hospice, la cure, etc. On sait que bien loin de pouvoir entretenir une école communale, au lieu et place de la commune, aucune de ces personnes civiles ne peut être autorisée à entretenir une école quelconque.

La jurisprudence du conseil d'État sur ce point est depuis longtemps fixée. La fabrique peut recevoir des libéralités en vue du service des cultes, le bureau de bienfaisance en vue de l'assistance à domicile, l'hospice en vue des services hospitaliers ; mais chacun de ces établissements est investi d'une personnalité morale strictement correspondante à ses attributions et qui ne peut valoir qu'en raison et dans les limites du service spécial qui a motivé sa constitution comme établissement public.

Il ne peut donc pas appartenir à un bienfaiteur quelconque de charger une fabrique, une cure, un consistoire, un hospice, de la fondation ou de l'entretien d'une école publique, pas plus qu'il ne pourrait valablement les charger de telle ou telle partie d'un autre service public étranger à ses attributions, du service des postes, par exemple, ou de la police, ou de la voirie.

Je n'oublie pas que cette jurisprudence n'a pas toujours été en vigueur, et qu'à certaines époques un grand nombre d'établissements de bienfaisance, d'assistance ou de culte, ont été autorisés à recevoir des dons et legs à charge de contribuer à l'entretien d'écoles, et notamment d'écoles congréganistes.

Ces écoles fonctionnent régulièrement, la plupart en qualité d'écoles communales. Quelques-unes cependant pourront donner matière à des difficultés, soit juridiques, soit budgétaires, en raison de leur situation mal définie et contradictoire, en raison aussi des particularités de leur fondation. Mais comme ce sont presque toutes ou des écoles de filles, ou des écoles maternelles, la laïcisation n'y est légalement prescrite qu'au fur et à mesure des extinctions. D'ailleurs on se trouvera fréquemment dans la nécessité d'appliquer l'article 67 de la loi organique. L'administration centrale et les administrations locales auront donc tous les délais nécessaires pour les faire rentrer progressivement dans l'une ou dans l'autre des deux grandes divisions de la classification légale. Et ce travail de régularisation ne pourra se faire qu'espèce par espèce, d'après la teneur des testaments et des actes de fondation; il faudra même, bien entendu, dans tous les cas douteux ou litigieux, attendre pour statuer, la décision des tribunaux compétents.

Telles sont, Monsieur le Préfet, les principales questions qui m'ont été signalées comme appelant des solutions d'espèce. J'espère que vous trouverez dans les principes généraux que je viens de vous faire connaître tous les éléments essentiels d'une jurisprudence uniforme, à la fois assez ferme pour empêcher que la loi ne soit éludée et assez souple pour s'adapter à toutes les variétés de la liberté communale compatibles avec le respect de la loi.

Recevez, Monsieur le Préfet, l'assurance de ma considération distinguée.

Le ministre de l'instruction publique,
des cultes et des beaux-arts,

LÉOPOLD FAYE.

CIRCULAIRE DU 27 MAI 1888

SUR LA CLASSIFICATION DES ÉCOLES PUBLIQUES ET L'APPLICATION DU DÉCRET DU MÊME JOUR.

Monsieur le Préfet,

Mon honorable prédécesseur annonçait, au cours de la discussion du dernier budget, l'intention de procéder le plus tôt possible à une meilleure répartition du personnel enseignant dans les écoles publiques. Répondant à la fois à une double critique, M. Faye expliquait qu'il est également vrai que certaines écoles n'ont pas assez de maîtres, et que d'autres en ont trop. Ces anomalies résultent soit de changements survenus à la longue dans le groupement des populations, soit de prévisions excessives ou insuffisantes à l'origine, qui ont fait attribuer à certaines écoles un personnel aujourd'hui hors de proportion avec les besoins, soit de fluctuations en sens divers dans la population scolaire des établissements privés, population qui peut croître ou diminuer avec une extrême rapidité. En conséquence, le Ministre promettait de publier la liste des écoles dont l'effectif réclamerait un remaniement dans l'un ou dans l'autre sens, afin que les Conseils départementaux pussent décider en parfaite connaissance de cause et après comparaison entre les diverses situations à régler.

Je compte donner suite à ce projet, mais il m'a semblé nécessaire d'en étendre l'application de manière à permettre un travail d'ensemble qui assure à cette révision générale de notre réseau scolaire tous les caractères d'une œuvre complète et méthodique. Il ne s'agit de rien moins, en effet, que de la mise en vigueur d'un des articles essentiels de la loi organique, celui qui donne aux Conseils départementaux le droit et le devoir de dresser, après une étude approfondie des besoins, le tableau des écoles et des classes primaires publiques qu'il y a lieu d'établir ou de maintenir dans chaque commune.

D'accord avec M. le Président du Conseil, ministre de l'intérieur, j'ai soumis à la signature de M. le Président de la République un décret déterminant les règles générales d'exécution de ce travail. Je vous envoie ampliation de ce décret, qui fait suite aux règlements d'administration publique rendus pour l'application de la loi du 30 octobre 1886. Et je vous invite à vous mettre immédiatement en mesure de faire délibérer le Conseil départemental.

Au moment de lui soumettre, espèce par espèce, les questions qu'il lui appartient de résoudre aux termes de ce décret et par application de l'article 13 de la loi, il ne sera peut-être pas inutile de rappeler les principes qui devront le guider dans cette longue et délicate opération.

Avant tout, il faut bien fixer les droits respectifs des Conseils municipaux, du Conseil départemental et du Ministre, pour les catégories d'écoles ou de classes primaires à créer ou à supprimer, à fusionner ou à dédoubler.

L'article 13 de la loi du 30 octobre 1886 charge le Conseil départemental de « déterminer, après avis des Conseils municipaux et sous réserve de l'approbation du Ministre, le nombre, la nature et le siège des écoles primaires publiques de tout degré qu'il y a lieu d'établir ou de maintenir dans chaque commune, ainsi que le nombre des maîtres qui y sont attachés. »

Ce texte, qui ne faisait que reproduire en substance celui de la loi du 10 avril 1867, rappelle et confirme bien l'ensemble des attributions assignées par notre législation au Conseil départemental. Le rôle de cette assemblée est d'apprécier les besoins scolaires, d'en mesurer l'étendue et de juger quels sont les meilleurs moyens d'y satisfaire : elle sert à cet égard d'intermédiaire légal entre les Conseils municipaux et le Ministre. Aux Conseils municipaux appartient l'initiative de la demande ou du refus, au Ministre la décision dernière engageant le budget de l'Etat. Entre l'autorité locale et l'autorité centrale se place le Conseil départemental de l'enseignement primaire, corps expressément constitué pour éclairer la décision du Ministre, ou plutôt, suivant les termes très précis de la loi, pour décider lui-même, sous réserve de l'approbation ministérielle.

Comment le Conseil départemental peut-il procéder à cette détermination des nécessités scolaires? Et à quels signes reconnaîtra-t-il les écoles et les classes qu'il y a lieu de fonder?

Ici la loi elle-même répond. Elle distingue deux cas : celui où l'école est librement et volontairement créée par la commune avec ou sans le concours de l'Etat, et celui où elle est créée même contre le gré de la commune, en vertu d'une obligation édictée par le législateur.

Dans le premier cas, il n'y a création qu'en vertu de l'accord entre le Conseil municipal et le Conseil départemental. Aucune école facultative ne peut être ou établie ou maintenue d'autorité par le Conseil départemental. Sur ce point et sur tout ce qui touche à la constitution des écoles facultatives, je ne puis que me référer au décret du 4 février dernier, et aux instructions ministérielles du 8 du même mois.

Il nous reste à faire aujourd'hui, pour les écoles obligatoires, la même énumération précise qu'établit pour les écoles facultatives la circulaire précitée.

Rappelons d'abord qu'il n'y a, qu'il ne peut y avoir d'autres écoles absolument et impérativement obligatoires que celles qui correspondent à l'âge de scolarité obligatoire, de 6 à 13 ans, c'est-à-dire les écoles primaires élémentaires.

Parmi celles-là, trois textes formels disent catégoriquement quelles sont celles dont la création est légalement imposée à toute commune (sauf le cas où le Conseil départemental l'autoriserait exceptionnellement à se réunir à une autre pour l'établissement et l'entretien d'une école à frais communs). Voici ces trois textes :

1° « Toute commune doit être pourvue au moins d'une école primaire publique (art. 11, § 1, de la loi du 30 octobre 1886);

2° « Lorsque la commune ou la réunion de communes compte 500 habitants et au-dessus, elle doit avoir au moins une école spéciale pour les filles (art. 11, § 4);

3° « Toute commune est tenue de pourvoir à l'établissement de maisons d'école dans les hameaux ou centres de population éloignés du chef-lieu ou distants les uns des autres de trois kilomètres, et réunissant un effectif d'au moins vingt enfants d'âge scolaire. —

La circonscription de ces écoles de hameau pourra s'étendre sur plusieurs communes. » (Art. 8 de la loi de 20 mars 1883 et art. 12 de la loi du 30 octobre 1886.)

Tel est le minimum de l'outillage scolaire prévu par la loi comme exigible des communes sur toute la surface du territoire de la République.

On remarque immédiatement que, de ces trois prescriptions légales, les deux premières contiennent un terme qui confère au Conseil départemental un droit d'appréciation très étendu, ou plutôt qui le lui maintient, car il en est depuis plus de quarante ans investi par le texte de la loi et par la force des choses : « Toute commune doit entretenir une ou plusieurs écoles primaires », disait la loi de 1850 (art. 36). « Toute commune, dit celle de 1886, doit être pourvue au moins d'une école primaire publique ».

« Une ou plusieurs », — « une au moins » ; mais qui décidera si c'est une ou si c'est plusieurs qu'il est obligatoire de créer ? S'il s'agissait d'écoles autres que l'école élémentaire, s'il s'agissait d'écoles maternelles, ou d'écoles supérieures, ou d'écoles professionnelles, le Conseil municipal seul aurait à répondre. Mais l'article ne vise que l'école élémentaire et obligatoire. Un Conseil municipal pourrait-il donc éluder la loi en ouvrant, par exemple, une seule classe élémentaire pour une population de 1,000 élèves? Une commune de 100,000 habitants prétendrait-elle s'être mise en règle avec la loi en offrant à sa population enfantine une seule école de garçons et une seule école de filles? Assurément non. Dès lors, il faudra bien qu'une autorité quelconque ait qualité pour fixer la limite, pour empêcher la violation de la loi, pour dire à la commune récalcitrante que nous supposons combien d'écoles et quelles écoles elle est tenue d'établir.

L'autorité chargée de cette décision, sous la seule réserve de l'approbation du Ministre, le législateur a voulu que ce fût le Conseil départemental.

Assurément on pourrait concevoir un autre système : la loi aurait pu fixer elle-même une échelle de population à laquelle correspondrait, degré par degré, tel nombre fixe d'écoles ou de classes; elle aurait pu, pour toutes les catégories d'écoles primaires élémentaires, comme elle l'a fait pour la catégorie toute spéciale des écoles de hameau proprement dites, déterminer à la fois une distance kilométrique et un effectif minimum d'élèves entraînant de droit tant d'écoles ou tant de classes. Mais le législateur n'a pas voulu s'engager dans cet excès de réglementation. Il a compté d'abord sur le bon vouloir et sur l'intérêt même des communes, ensuite sur l'équité et la compétence du Conseil départemental : il en a fait une sorte de jury départemental des intérêts scolaires ; il lui a donné les fonctions d'un tribunal arbitral chargé d'examiner une à une les situations locales, d'ouvrir une enquête, d'étudier les propositions des Conseils municipaux et, cela fait, de déclarer non d'après des textes, mais d'après le bon sens et la bonne foi, combien il faut au moins d'écoles ou de classes dans telle commune pour que l'instruction obligatoire n'y soit pas lettre morte, pour qu'il y ait possibilité matérielle de recevoir et d'instruire tous les enfants d'âge scolaire. Le législateur a pensé qu'il prenait contre l'imperfection des jugements humains toutes les garanties désirables en ajoutant que cette décision du Conseil départemental ne serait exécutoire que si le Ministre, informé des réclamations qu'elle a pu susciter, la reconnaît bien fondée et la revêt d'une approbation définitive.

Se plaindre de cette élasticité laissée à l'application de la loi, y voir le triomphe de l'arbitraire, accuser le législateur d'avoir constitué un pouvoir discrétionnaire, c'est se placer en dehors des conditions de la réalité. Que l'on essaye de substituer à ce régime consacré chez nous par près d'un demi-siècle de pratique un ensemble de règles écrites dans la loi même, l'on reconnaîtra aussitôt à quelles impossibilités on se heurte.

Est-ce quand il y a 30, 40, 50, 60 enfants d'âge scolaire privés de moyens d'instruction, est-ce quand la commune a tel ou tel chiffre de ressources disponibles, est-ce quand l'agglomération dépourvue d'école est à 2, 3, 4 kilomètres, est-ce quand l'Etat prend à sa charge telle ou telle part de la dépense, que le Conseil départemental devra prononcer l'obligation de constituer une école distincte, ou d'annexer une classe de plus à l'école existante? La loi ne le dit pas, et manifestement elle ne pouvait pas le dire.

En effet la constitution des communes en France est telle qu'elle comporte à tous égards une variété qui défie la réglementation. Quelque base de comparaison que l'on prenne, — le nombre des habitants, le chiffre de l'agglomération, la surface de la commune, la distance moyenne des divers groupes d'habitants, l'état de la voirie, la valeur du centime, le montant des impositions ordinaires ou extraordinaires, — on se trouve en présence de situations de fait si variées, si complexes et d'ailleurs si mobiles, que jamais gouvernement n'a pu songer à faire décréter par la loi ou par un pouvoir central le nombre d'écoles ou de classes obligatoires pour chaque commune, la nature de ces écoles ou de ces classes, et leur mode de répartition sur le territoire de la commune. Pour le même chiffre d'habitants, pour la même surface territoriale, pour le même budget communal, tantôt il faut plusieurs écoles distinctes, tantôt une seule école à plusieurs classes; tantôt il faut construire, tantôt on peut et on doit se contenter d'anciens locaux scolaires, même mal situés ou mal aménagés; telle population s'accommode de parcours assez longs, de communications assez difficiles, telle autre ne saurait se plier à cet effort; l'une supporte aisément et depuis longtemps un chiffre d'impositions auquel l'autre serait absolument réfractaire. Ici l'on demandera une école de demi-temps, pour faire servir le même local et le même maître à deux groupes d'enfants qui alterneront à l'école soir et matin, ailleurs on tiendrait pour insuffisante l'instruction ainsi réduite ; telle région accepte et souhaite des écoles temporaires correspondant aux nécessités de la vie agricole, telle autre s'y refuse. Et dans la même région, dans le même canton, à quelques années de distance, il se produit soit des déplacements de population, soit des revirements d'opinion sur ces menues questions de distance, d'emplacement, d'installation, qui rendent inévitable le remaniement de la carte scolaire.

En raison de la profonde diversité de ces situations locales et de la diversité plus grande encore des appréciations qu'elles comportent de la part des populations, le législateur a cru devoir se borner à édicter un principe général : l'obligation pour toute commune d'offrir à tous ses enfants les moyens indispensables d'instruction.

Ce principe posé, le législateur demande avant tout au Conseil municipal de se prononcer lui-même sur les moyens de remplir sérieusement, efficacement l'obligation scolaire. Il lui demande de décider combien il faut d'écoles et quelles écoles, combien de classes et sur quels points du territoire communal.

Puis, comme il faut prévoir et prévenir la négligence des uns, l'excès de zèle des autres, comme il n'est pas juste que l'État s'astreigne à suivre passivement des propositions qui pourraient lui demander trop ou trop peu, le législateur soumet au Conseil départemental toutes les délibérations des Conseils communaux du département. C'est le Conseil départemental qui, — examen fait de la situation scolaire au point de vue topographique, numérique, économique, — est juge des trois questions suivantes :

Il est juge du nombre minimum d'écoles ou de classes dont l'établissement est rigoureusement obligatoire, c'est-à-dire qu'il décide si les locaux scolaires ouverts dans la commune suffisent ou ne suffisent pas pour recevoir la population en âge de scolarité obligatoire ;

Il est juge de la nature de ces écoles, c'est-à-dire qu'il décide s'il convient d'établir des écoles mixtes ou des écoles spéciales à chaque sexe, à une ou à plusieurs classes, des écoles de plein exercice ou des écoles de demi-temps, des écoles ordinaires ou des écoles de hameau, ou même des classes enfantines ;

Il est juge enfin du siège de ces écoles ou de ces classes, c'est-à-dire qu'il décide après enquête s'il est convenable et s'il est possible de les grouper sur un seul point ou de les répartir sur plusieurs dans différents quartiers de la ville, dans différentes sections de la commune.

Quelles limites le législateur a-t-il entendu apporter à ce droit d'appréciation et de décision du Conseil départemental ?

Il a limité, d'une part, le droit de suppression d'office, d'autre part, le droit de création d'office.

L'article 15 refuse au Conseil départemental le droit de supprimer d'office : les écoles de filles déjà établies dans des communes de 400 à 500 âmes; les écoles maternelles dans les communes de plus de 2,000 âmes; les classes enfantines partout où elles sont régulièrement établies.

Inversement l'article 12, visant la loi du 20 mars 1883, refuse au Conseil départemental le droit de créer d'office des écoles de hameau s'il n'y a pas vingt élèves au moins à trois kilomètres de distance d'une école.

Sur l'article 15, aucune difficulté d'interprétation.

Sur l'article 12 on en a soulevé une, qu'il importe de dissiper.

On s'est demandé ce qu'il faut entendre aujourd'hui par « école de hameau ».

Serait-ce toute école établie sur un point du territoire de la commune à quelque distance de la mairie prise comme centre? Seraient-ce, dans une ville, toutes les écoles des faubourgs? Dans une vaste commune rurale comprenant deux ou trois agglomérations à peu près égales dont une s'appelle « le bourg », toutes les écoles autres que celle du « bourg »? Seraient-ce dans une commune à population très disséminée et à communications difficiles, toutes les classes que l'on aurait pu, à la rigueur, réunir en un groupe scolaire central, mais qu'on a sagement dispersées sur différents points pour les mettre plus à proximité des enfants?

En d'autres termes, appellerait-on par extension « écoles de hameau », toutes les écoles de la commune sauf une seule, réputée école de chef-lieu?

Cette interprétation est contraire aux intentions évidentes du législateur. Il suffit de se reporter aux débats parlementaires pour reconnaître que, soit en 1883, soit en 1886, le Parlement, en se servant du terme « école de hameau », a employé ce mot usuel dans son sens usuel.

Il n'a eu en vue que ces petits centres de population, ces groupes ruraux d'habitations isolés et éloignés de tous les autres, que la langue courante désigne proprement sous le nom de « hameau ». Le législateur a voulu que même dans ces toutes petites agglomérations écartées, il fût obligatoire non seulement de donner l'instruction aux enfants, mais encore d'y construire une « maison d'école », et c'est cette obligation alors toute nouvelle qu'il a tenu à inscrire dans la loi spéciale sur la Caisse de construction des écoles. Évidemment, au moment où la loi allait prescrire une mesure aussi grave, aussi exceptionnelle que l'imposition d'office, malgré l'avis du Conseil général, pour la construction ou la location d'une maison d'école dans de simples hameaux, il fallait bien fixer par un texte formel les limites précises dans lesquelles cette mesure exceptionnelle s'enfermerait rigoureusement : de là ce double chiffre de trois kilomètres de distance et de vingt enfants d'âge scolaire.

Mais il y aurait abus manifeste à inférer de cette disposition prise en faveur des hameaux les plus déshérités que, dans l'intérieur et sur le territoire d'une commune quelconque, il faudrait commencer par mesurer trois kilomètres pour reconnaître la nécessité d'une école ou d'une classe de plus ; ce qui équivaudrait à décider que toute commune a le droit de se contenter d'une seule école si elle n'a pas trois kilomètres d'étendue.

Cette interprétation, si l'on parvenait à la prendre au sérieux, ne serait guère plus préjudiciable aux intérêts scolaires qu'à ceux des communes ; car il en résulterait immédiatement, dans la plupart des cas, que toutes les écoles d'une commune moins une sont facultatives, et par conséquent doivent retomber à sa charge exclusive.

Il n'y a donc pas lieu de s'arrêter à cette subtilité. Et les Conseils départementaux y couperont court en n'employant plus dans ce nouveau recensement des écoles le mot « écoles de hameau » que pour celles qui desservent réellement un hameau au sens propre et ordinaire ; encore ne devront-ils les qualifier d'*écoles de hameau obligatoires* que si elles remplissent entièrement les conditions de la loi du 20 mars 1883.

En résumé, le travail que le décret ci-joint vous prescrit de faire exécuter à bref délai, Monsieur le Préfet, consiste, pour la très grande majorité des écoles existantes, en un simple relevé des décisions antérieures, constatant et consacrant l'état de choses présent. Pour quelques-unes seulement, dans chaque arrondissement, il y aura lieu à remaniement, soit pour supprimer quelques postes, soit pour en créer d'autres, soit surtout pour préciser la situation légale des écoles sur lesquelles une contestation peut s'élever.

Dans tous les cas où un changement quelconque interviendra, il est bien entendu que le Conseil départemental ne pourra statuer qu'au vu de la délibération que vous aurez fait prendre aux Conseils municipaux intéressés.

Vous voudrez bien tenir la main à ce que les Conseils départementaux distinguent soigneusement dans leurs décisions les diverses sortes d'écoles auxquelles ils vont conférer ou maintenir l'existence légale.

Le décret les groupe en trois catégories :

1º Écoles légalement obligatoires, qui peuvent être ou bien des écoles communales ordinaires, ou bien des écoles de hameau proprement dites établies dans les conditions de la loi du 20 mars 1883 ;

2º Écoles conventionnellement obligatoires, c'est-à-dire les écoles facultatives pour lesquelles la commune sollicite le secours de l'État en s'engageant à les entretenir pour une durée prévue par le décret du 4 février dernier ;

3º Les écoles purement facultatives que le Conseil départemental ne crée ou ne maintient qu'à la demande expresse du Conseil municipal.

Je n'ai pas besoin d'insister, Monsieur le Préfet, sur l'importance d'une exacte répartition des écoles dans ces diverses catégories, auxquelles correspondent des conditions légales et financières notablement différentes.

Je ne crois pas davantage devoir vous recommander de faire appel aux sentiments les plus élevés de la part des Conseils départementaux pour la fixation à nouveau du nombre de maîtres à assigner à chaque école. Vous allez recevoir une liste spéciale que j'ai fait dresser en vue de ces délibérations : vous y remarquerez du premier coup d'œil certaines écoles qui possèdent un ou deux adjoints pour un nombre d'élèves qui ailleurs est confié à un seul maître. Il y a un intérêt supérieur d'équité et de dignité à faire cesser ces anomalies sans se laisser arrêter par les considérations mesquines que pourrait invoquer l'amour-propre local. Je compte sur votre autorité, Monsieur le préfet, et sur celle de l'assemblée départementale pour faire toujours prédominer cet intérêt général sur les intérêts particuliers.

Je compte surtout que vous ferez entendre aux populations qu'il ne s'agit pas d'abandonner ou de réduire l'œuvre scolaire qui est une des gloires de la République, mais bien de la compléter et de lui donner tout son prix en l'organisant définitivement sur les bases de l'équité et de l'économie la plus irréprochable. Supprimer une classe superflue, ce n'est pas diminuer les ressources de l'enseignement public, c'est lui en assurer de nouvelles dont il a besoin sur un autre point. Réunir deux communes toutes voisines pour l'entretien d'une seule école bien installée, bien fréquentée et bien dirigée, au lieu d'y laisser végéter côte à côte deux écoles mauvaises ou médiocres, c'est un acte non d'administration rétrograde, mais de sage administration. C'est à vous, Monsieur le Préfet, que reviendra le soin d'éclairer sur toutes ces questions de fait et de lieu la religion du Conseil départemental, comme aussi d'aider les Conseils municipaux à se rendre compte des véritables intérêts de leurs communes.

A cet égard, je ne puis ni ne veux vous tracer de règles précises et mathématiques, puisque le législateur lui-même en a reconnu l'impossibilité. Je sais qu'il y aura lieu dans bien des cas de tenir compte de circonstances plus ou moins passagères, plus ou moins exceptionnelles. Telle école récemment laïcisée n'a pas encore pu prendre son développement normal, et il serait injuste autant qu'imprudent de se hâter de supprimer des classes qu'il faudrait rouvrir sous peu. L'expérience de ces dernières années l'a bien montré : là même où l'école laïque rencontre à son début le plus de préventions, la plus vive ou la plus habile opposition, elle finit presque toujours par gagner en peu d'années, souvent en peu de mois, la confiance et l'estime des familles.

Vous apprécierez donc, Monsieur le Préfet, et vous signalerez au

Conseil départemental en toute liberté les mesures transitoires qu'il conviendra de prendre, et vous ne vous résoudrez soit à créer, soit à supprimer, soit à modifier les cadres scolaires qu'en parfaite connaissance de cause.

Je ne me dissimule pas que ce classement rationnel des écoles sous la seule inspiration des besoins et des intérêts scolaires sera une tâche assez laborieuse; il ne m'est pas difficile de prévoir ce qu'elle aura parfois de délicat ou de pénible, ce qu'elle exigera toujours de patience, de mesure et de tact. Mais j'ai la confiance que les Conseils départementaux l'entreprendront avec résolution et la poursuivront sans défaillance : en la menant à bonne fin, ils auront bien mérité du pays et justifieront une fois de plus le mandat si étendu que leur ont conféré les récentes lois scolaires de la République.

Recevez, Monsieur le Préfet, l'assurance de ma considération très distinguée.

Le ministre de l'instruction publique et des beaux-arts,

Ed. LOCKROY.

CIRCULAIRE DU 30 JUIN 1888

SUR LES ÉCOLES MANUELLES D'APPRENTISSAGE ET LES ÉCOLES PRIMAIRES SUPÉRIEURES PROFESSIONNELLES.

Monsieur le Préfet,

Vous avez reçu ampliation du règlement d'administration du 17 mars dernier, rendu en exécution de l'article 28 de la loi organique sur les écoles manuelles d'apprentissage, et les établissements d'enseignement primaire supérieur et professionnel assimilés à ces écoles.

Le moment me paraît venu de provoquer la régularisation des établissements de cet ordre qui peuvent exister dans votre département : ce sera une des parties du travail de classement général des écoles dont le décret et la circulaire du 27 mai dernier vous ont confié le soin.

Pour assigner dans ce classement la place qui leur revient aux écoles professionnelles relevant de la loi du 11 décembre 1880, il est indispensable que vous mettiez, dès à présent, en application, les règles prescrites par les articles 5 et suivants du décret du 17 mars 1888.

Ces règles peuvent se résumer dans les indications ci-dessous, en ce qui concerne les écoles municipales déjà existantes.

I. — Le premier point à régler est de savoir quelles sont les écoles municipales actuellement existantes qu'il y a lieu de placer sous le régime de la loi du 11 décembre 1880 et du décret du 17 mars 1888. A cet effet, dans toute commune où il existe une école primaire supérieure ayant à quelque degré le caractère professionnel, vous voudrez bien provoquer une décision du Conseil municipal, conformément à l'article 5 du décret.

Si le Conseil municipal déclare vouloir conserver à cet établissement le caractère d'*école manuelle d'apprentissage* ou d'*école assimilée aux écoles d'apprentissage*, et, s'il prend, à cet effet, les engagements prévus par ledit article 5, vous n'aurez plus qu'à saisir le Conseil départemental et à me transmetre sa délibération, que j'examinerai de concert avec mon collègue M. le Ministre du commerce et de l'industrie.

Si le Conseil municipal veut maintenir à l'établissement existant le caractère d'établissement d'enseignement primaire supérieur, mais y supprimer tout enseignement technique, vous saisirez le Conseil départemental de la question. Dans le cas où cette suppression vous paraîtra avoir des inconvénients, vous ne manquerez pas de faire remarquer à ce Conseil que mon département se réserve d'examiner si et comment l'école ainsi transformée pourra encore être subventionnée par lui. Il est bien entendu que, s'il en était ainsi, mon collègue, M. le Ministre du commerce et de l'industrie, se refuserait à intervenir pour subventionner l'école sous une forme quelconque.

Sous le bénéfice de cette réserve, et si le Conseil départemental donne un avis conforme à celui du Conseil municipal, l'école restera régie par les règles applicables aux écoles primaires supérieures et aux cours complémentaires (décret et arrêté organiques du 18 janvier 1887). Ces règles pourront être prochainement précisées par le Conseil supérieur de l'instruction publique.

II. — Aussitôt qu'il aura été reconnu qu'une école primaire supérieure se place sous le régime de la loi du 11 décembre 1880 et du décret du 17 mars 1888, il y aura lieu de procéder à la constitution de la commission de surveillance et de perfectionnement prévue par l'article 5 de la loi du 11 décembre et, pour cela, d'appliquer l'article 7 du règlement d'administration publique. Pour éviter des retards et des complications inutiles, vous pourrez inviter le Conseil municipal à procéder aux nominations qu'il lui appartient de faire dans la même séance où il aura voté la « création » de l'école, c'est-à-dire, puisque nous ne parlons que d'établissements déjà existants, sa « reconnaissance légale définitive ».

III. — Enfin, dans la même séance, le Conseil municipal pourra, par application des articles 10 et 11 du règlement, faire la présentation des candidats aux fonctions de directeur.

DE L'ENSEIGNEMENT PRIMAIRE.

vera, dans le plus grand nombre des écoles existantes, que
eur actuellement en possession d'emploi sera seul présenté
nseil municipal pour être définitivement titularisé. Mon in-
et celle de mon collègue — nous l'avons fait connaître au
l'État au cours de la délibération du règlement d'adminis-
ublique — est de confirmer, purement et simplement, les
actuellement en fonctions. Il est désirable, en effet, que la
tation nouvelle n'ait, à cet égard, aucun effet rétroactif.
s, une difficulté se présentera dans le cas où le directeur
e serait pas muni des titres exigés par le décret. J'estime
les autorités municipales et départementales proposent
tien du fonctionnaire, les deux ministres, après avis de
seils respectifs, pourront le titulariser, en transformant la
ion préfectorale dont il est muni, en une nomination minis-
Dans le cas où le titulaire actuel ne serait pas présenté par
il municipal pour être maintenu en fonctions, vous auriez
Monsieur le Préfet, à lui chercher un autre poste, autant
sible à sa convenance.

Ces trois délibérations du Conseil municipal, même si elles
ses dans une seule séance, devront faire l'objet de trois
stincts, et m'être transmis en trois procès-verbaux séparés.
udrez bien me les envoyer en deux exemplaires, dont l'un
Ministre du commerce et de l'industrie, afin d'être soumis in-
mment les uns des autres à l'approbation des deux ministres.

Aussitôt que vous aurez reçu et notifié l'approbation de ces
isions initiales portant : création de l'école, constitution de
ission de surveillance et nomination de son directeur, vous
le maire, le directeur et la Commission à se mettre immé-
nt en mesure d'exercer leurs attributions respectives, savoir:
rrêter le programme spécial d'enseignement prévu par l'ar-
la loi, et l'article 21 du règlement d'administration publique:
dresser le budget de l'établissement conformément à l'ar-
dudit règlement;
procéder à la nomination du personnel ouvrier chargé des
techniques à titre principal, conformément à l'article 5, pa-
2 de la loi, et à l'article 13 du règlement;
struire les demandes de subvention ou de bourse à adresser
ministres, conformément aux articles 16 à 19 du règlement;
existe un internat annexé à l'établissement, de provoquer
risations ministérielles prévues par l'article 27.

En ce qui concerne les créations nouvelles d'écoles pri-
supérieures professionnelles, c'est-à-dire comportant des
dustriels ou commerciaux, mon intention est de ne les au-
lans l'avenir, qu'autant que ces écoles se placeront sous le

régime de la loi de 1880, et du règlement d'administration publique du 17 mars 1888. Je vous enverrai ultérieurement des instructions détaillées à ce sujet; mais, dès maintenant, il me paraît indispensable de vous faire observer qu'il faudra tenir compte dans ces créations de l'esprit général du décret du 17 mars 1888 précité, qui peut se résumer ainsi : « Donner au Ministère du commerce et de l'industrie, dans les établissements de ce genre, en ce qui regarde la direction, les programmes et les budgets, la part d'autorité qui lui revient; tenir compte des besoins industriels ou commerciaux dûment reconnus de la région, et n'introduire dans les écoles des cours professionnels qu'autant qu'une importance suffisante leur sera donnée pour faire, des enfants qui les fréquentent, des ouvriers habiles et instruits ou des employés de commerce exercés et capables. »

J'ajoute que toutes les écoles qui seront placées sous le régime de la loi du 11 décembre 1880 et du décret réglementaire du 17 mars 1888, qu'il s'agisse d'établissements déjà existants ou d'établissements nouveaux, seront soumis à l'inspection de l'enseignement technique dont mon collègue, M. le Ministre du commerce et de l'industrie, complète en ce moment l'organisation, et dont il vous notifiera prochainement la constitution. Cette inspection aura pour mission d'étudier les besoins locaux au point de vue de la direction à donner à l'enseignement professionnel, de se rendre compte de la valeur et de l'état de l'outillage et des améliorations qu'il y aurait lieu d'y apporter, de surveiller les méthodes, enfin de renseigner les deux administrations sur tout ce qu'il serait utile de faire pour rendre l'enseignement aussi pratique et aussi profitable que possible.

Je n'ai pas besoin de recommander à votre attention toute particulière la série d'opérations administratives et de formalités légales que je viens de vous indiquer. Il n'y a pas là seulement un intérêt de régularité administrative; j'espère que, dans beaucoup de communes, en soulevant à cette occasion la question de l'enseignement professionnel, il sera possible de provoquer en sa faveur un utile mouvement d'opinion.

Le ministre de l'instruction publique et des beaux-arts,

E. LOCKROY.

CIRCULAIRE DU 31 MAI 1889

CONCERNANT LA PROCÉDURE A SUIVRE EN MATIÈRE D'OPPOSITION DEVANT LES CONSEILS DÉPARTEMENTAUX DE L'INSTRUCTION PUBLIQUE.

Monsieur le Préfet,

Dans ses dernières sessions, le Conseil supérieur de l'instruction publique a dû casser pour vices de forme un certain nombre de jugements rendus par les Conseils départementaux en matière d'opposition à l'ouverture d'écoles privées. Je n'ai pas besoin d'insister auprès de vous sur les inconvénients et sur les dommages qui peuvent résulter pour les intéressés de ces irrégularités de procédure; mais je crois devoir appeler toute votre attention et celle des Conseils départementaux sur la jurisprudence qui résulte des décisions rendues en cette matière par le Conseil supérieur de l'Instruction publique.

En premier lieu, à qui appartient le droit d'opposition? — La loi est très nette sur ce point: peuvent seuls faire opposition à l'ouverture d'une école privée le maire et l'Inspecteur d'Académie. Le maire la fait toujours d'office; l'inspecteur peut la faire d'office ou sur la plainte du procureur de la République. (Art. 37 et 38 de la loi du 30 octobre 1886.)

De quelle nature doivent être les motifs de l'opposition? — En thèse générale, ils ne peuvent être tirés que de l'intérêt des bonnes mœurs et de l'hygiène. Mais lorsqu'il s'agit d'un instituteur public révoqué, et voulant s'établir comme instituteur privé dans la commune où il exerçait, l'opposition peut être faite dans l'intérêt de l'ordre public. (Art. 38 de la loi du 30 octobre 1886.) Il importe de remarquer que, dans ce cas, l'opposition doit être faite par l'Inspecteur d'Académie et ne peut être faite que par lui.

Dans quel délai doit être faite l'opposition? — Si elle émane du maire, elle doit être faite dans le délai de huit jours; si elle émane de l'Inspecteur d'Académie, elle doit l'être dans le délai d'un mois.

Quelle est l'origine du délai? — Quand il s'agit de l'opposition formée par le maire, ce délai court à dater du jour même de la déclaration. Ceci résulte, sans contestation possible, du texte de l'article 37 de la loi. Le maire est tenu de recevoir toute déclaration régulière, et d'en remettre *immédiatement* récépissé au postulant. Quand il s'agit de l'opposition formée par l'Inspecteur d'Académie, le délai court à dater du jour où il a été délivré récépissé des pièces qui doivent lui être adressées par l'intéressé. (Articles 158 et 160 du décret du 18 janvier 1887.)

Il importe de remarquer ici que ce récépissé doit être délivré aussitôt que les pièces ont été reçues et leur régularité constatée par l'Inspecteur d'Académie. L'esprit de la loi ne permet aucun doute à cet égard. La loi a voulu qu'opposition pût être faite par l'Inspecteur d'Académie pendant le délai d'un mois, mais seulement pendant ce délai. En retardant la délivrance du récépissé prescrit par l'article 158 du décret du 18 janvier 1887, l'Inspecteur d'Académie augmenterait arbitrairement le délai pendant lequel il a le droit d'opposition, et se mettrait manifestement en contradiction avec les intentions du législateur.

Aux termes des articles 157 et 161 du décret du 18 janvier 1887, qui, d'ailleurs, ne fait que reproduire une disposition des règlements antérieurs, mention doit être faite, sur la notification de l'acte d'opposition à l'intéressé, des motifs de l'opposition, que cette opposition soit faite par le maire ou par l'Inspecteur d'Académie. C'est une formalité essentielle, et son omission a été considérée par le Conseil supérieur comme une cause de nullité. (Décision du 25 juillet 1884, affaire Gautier.)

Le Conseil a de même tenu comme cause de nullité le fait par le maire d'avoir rédigé en termes différents l'acte d'opposition signifié à l'intéressé, et le même acte notifié aux autorités compétentes. (Décision du 28 décembre 1888, affaire Hocquard.)

J'arrive maintenant à la *procédure à suivre pour le jugement de l'opposition.*

La loi a voulu, dans l'intérêt de la partie, que l'opposition fût jugée contradictoirement par le Conseil départemental *dans le délai d'un mois.* Là est le principe absolu dont personne n'a le droit de se départir.

Le délai d'un mois *court à dater du jour où l'opposition a été formée*, et non à dater du jour où elle a été notifiée à la partie ou portée à la connaissance du Préfet. Il peut arriver que des lenteurs regrettables soient apportées à l'accomplissement de l'une ou de l'autre de ces formalités; elles ne doivent pas préjudicier à la partie. Le point de départ du délai est fixé, et ne peut être que le jour même de l'opposition.

Il est arrivé en plusieurs départements que, pour une cause ou pour une autre, des oppositions n'ont pas été jugées dans le délai légal. Quelles qu'aient pu être les circonstances, le Conseil supérieur a considéré ce retard comme une cause absolue de nullité. (Décisions du 20 juillet 1888, affaire Chenu, affaire Mazet; du 21 juillet 1888, affaire Aubert; des 27 et 28 décembre 1888, affaire Bruel, affaire Bonnefont.) Il a même estimé (décision du 28 décembre 1888, affaire Bonnefont) que, si le Conseil départemental demandait un supplément d'instruction, et renvoyait le jugement à une séance ultérieure, cette séance ne devait pas avoir lieu au delà du délai d'un mois fixé par la loi d'une manière absolue.

Dans le délai d'un mois doivent donc s'accomplir toutes les *formalités relatives à l'instruction et au jugement.*

La première est la désignation d'un rapporteur. — Antérieurement au décret du 18 janvier 1887, le rapporteur était désigné par le Conseil départemental ; depuis lors il l'est par le Préfet. Cette formalité est essentielle, et elle doit être accomplie à peine de nullité. (Décisions du 24 décembre 1885, affaire Vibert, affaire Liques ; du 26 juillet 1886, affaire Bled ; du 6 janvier 1887, affaire Viaud.)

Le rapporteur est tenu de faire un rapport écrit et ne doit pas se borner à un rapport oral. Le rapport est une pièce essentielle de la procédure, et il doit faire partie du dossier (1). (Décision du 6 janvier 1887, affaire Aly.)

Huit jours avant le jour fixé pour le jugement, *le déclarant est invité à comparaître ou à se faire représenter devant le Conseil départemental.* (Art. 152 du décret du 18 janvier 1887.) L'omission de cette formalité, ou son exécution dans un délai inférieur à huit jours est cause de nullité. (Décisions du 28 décembre 1885, affaire Liques ; du 6 janvier 1887, affaire Viaud.)

La question s'est posée de savoir si le Conseil départemental devait être au complet pour connaître régulièrement d'une affaire contentieuse. Le Conseil supérieur l'a résolue par la négative. (Décision du 21 juillet 1888, affaire Decultieux.)

Mais il est indispensable que les *deux membres de l'enseignement privé*, qui, aux termes de la loi, doivent être adjoints au Conseil départemental pour l'examen des affaires disciplinaires et contentieuses, soient présents, ou qu'ils aient été dûment convoqués et que la preuve en soit au dossier. Autrement la partie serait privée de l'une des garanties que la loi à voulu lui assurer. (Décisions du 21 juillet 1888, affaire Cohendet ; du 29 décembre 1888, affaire Volte, affaire Communal.)

Au jour fixé pour le jugement, le Conseil départemental prend connaissance de l'arrêt d'opposition : il entend dans leurs explications l'intéressé, son conseil ou son représentant ; il reçoit, s'il y a lieu, les dépositions des témoins et, après avoir examiné les différentes pièces qui composent le dossier de l'affaire et en avoir délibéré hors de la présence du déclarant, il statue sur l'opposition. (Art. 163 du décret du 18 janvier 1887.)

---

(1) Les pièces essentielles des dossiers à transmettre au Conseil supérieur dans les cas d'appel sont les suivantes : la déclaration d'ouverture ; — le plan du local ; — l'opposition du maire ou de l'Inspecteur d'Académie ; — copie de la notification de l'opposition à l'intéressé ; — arrêté préfectoral désignant le rapporteur de l'affaire ; — copie de la citation à comparaître devant le Conseil départemental ; — copie de la convocation des deux membres de l'enseignement libre ; — mémoires et certificats produits devant le Conseil départemental, s'il y a lieu ; — délibération du Conseil départemental, avec mention des membres présents à la séance ; — appel au Conseil supérieur ; — mémoires et certificats produits à l'appui de l'appel, s'il y a lieu.

Je n'ai rien à dire sur les jugements mêmes que les Conseils départementaux ont à porter. Cependant je dois rappeler qu'ils doivent se borner à apprécier si oui ou non l'opposition était fondée au moment où elle a été faite, et par conséquent à la maintenir ou à la lever. Ils n'ont pas à la maintenir pour un délai déterminé. Décision du 28 décembre 1888, affaire Exortier.) Ils n'ont pas davantage à prescrire, comme condition de la levée de l'opposition, tels ou tels travaux. (Décision du 24 mars 1887, affaire Rescanières.) Il résulte des décisions du Conseil supérieur que l'opposition faite par l'autorité compétente doit être jugée en elle-même, et dans les conditions où elle a été faite. Si certaines modifications aux plans produits, si certains travaux dans les locaux déclarés sont de nature à permettre l'ouverture de l'école, l'intéressé les fera exécuter et fera ensuite une nouvelle déclaration d'ouverture.

Il n'appartient pas au Conseil départemental d'abréger ou de simplifier les formalités prescrites par les règlements, même à la demande des intéressés. Il faut que toutes les formalités qui sont des garanties soient strictement accomplies. (Décision du 6 janvier 1887, affaire Aly.)

Je termine par deux observations relatives, l'une au libellé, l'autre à la notification du jugement.

Mention doit être faite dans le libellé du jugement de la présence des deux nombres de l'enseignement privé, ou de leur convocation; mention doit être faite aussi de la présence de la moitié plus un des membres du Conseil. (Décision du 25 juillet 1884, affaire Dubanton; du 27 Décembre 1884, affaire Ledet; du 24 décembre 1885, affaire Liques, affaire Vobert; du 6 janvier 1887, affaire Viaud.)

Modification de la décision du Conseil départemental doit être faite à la partie dans le délai de huit jours, par les noms du Préfet, au déclarant, et à l'auteur de l'opposition. L'omission de cette formalité entraîne la nullité. (Décisions du 24 juillet 1885, affaire Bagot; du 25 juillet 1885, affaire Deliole; du 26 juillet 1886, affaire Bled.) La notification doit être accompagnée de l'avis que la partie a le droit de se pourvoir devant le Conseil supérieur dans les dix jours à partir du jour où la décision du Conseil départemental lui a été notifiée.

Vous recevez prochainement un recueil de toutes les décisions rendues en matière contentieuse par le Conseil supérieur de l'instruction publique depuis 1880.

Recevez, Monsieur le Préfet, l'assurance de ma considération distinguée.

Le ministre de l'instruction publique,
des beaux-arts et des cultes,

FALLIÈRES.

RÈGLEMENTS SCOLAIRES

ET

PROGRAMMES

I

RÈGLEMENT SCOLAIRE MODÈLE

POUR SERVIR A LA RÉDACTION DES RÈGLEMENTS DÉPARTEMENTAUX RELATIFS A LA TENUE DES ÉCOLES MATERNELLES PUBLIQUES.

(Annexe A de l'arrêté organique du 18 janvier 1887.)

Article premier. — Tout enfant dont l'admission dans une école maternelle est demandée doit présenter à la directrice, outre le billet et le certificat médical prescrits par l'article 3 du décret du 18 janvier 1887, un bulletin de naissance. La directrice doit garder ce bulletin, tant que l'enfant fréquente l'école.

Aucun enfant âgé de plus de six ans ne peut être admis sans une autorisation spéciale de l'inspecteur d'académie.

Art. 2. — Les écoles maternelles publiques sont ouvertes, du 1er mars au 1er novembre, depuis 7 heures du matin jusqu'à 7 heures du soir; — du 1er novembre au 1er mars, depuis 8 heures du matin jusqu'à 6 heures du soir.

Les heures d'entrée et de sortie peuvent être modifiées, pour chaque commune, suivant les convenances locales, sur la demande du maire, par l'inspecteur d'académie.

Art. 3. — Les parents qui négligent de venir chercher leurs enfants aux heures indiquées par les règlements sont avertis. En cas de récidive, l'enfant est rendu à sa famille. L'exclusion toutefois ne peut être prononcée que par l'inspecteur d'académie, sur la proposition de la directrice et après avis du Comité de patronage.

Les parents pourront laisser leurs enfants prendre leur repas de midi à l'école.

Art. 4. — L'école maternelle sera tenue dans un état constant de salubrité et de propreté.

Elle sera balayée et arrosée tous les jours.

L'air y sera fréquemment renouvelé.

Art. 5. — A l'arrivée des enfants à l'école maternelle, la directrice doit s'assurer par elle-même de leur état de santé et de propreté; elle exigera que chacun soit pourvu d'un mouchoir de poche, et que son panier contienne, outre ses aliments, un couvert et une serviette.

Art. 6. — L'enfant amené à l'école maternelle dans un état de maladie n'est pas reçu. S'il devient malade dans le courant de la journée, il est reconduit chez ses parents, et, en cas d'urgence, envoyé chez le médecin de l'établissement.

Les enfants fatigués ou indisposés sont déposés sur un lit.

Art. 7. — En cas d'absence réitérée d'un enfant, la directrice s'enquiert des causes de cette absence. Elle en donne, dans tous les cas, avis à la présidente du Comité de patronage, qui fait visiter, s'il y a lieu, cet enfant dans sa famille.

Art. 8. — Avant d'entrer dans la salle des exercices et à la sortie, les enfants sont conduits en ordre aux lieux d'aisances ; ils y sont toujours surveillés par la directrice et l'adjointe.

Avant et après le repas et à l'issue de la récréation, les enfants doivent être conduits aux lavabos.

Art. 9. — Il est donné aux enfants, à titre de récompense, des bons points, des images ou des jouets.

A la fin de chaque mois, les bons points sont échangés contre des images ou des jouets. Sont interdites les distributions de prix.

Art. 10. — Les seules punitions permises sont les suivantes : privation, pour un temps très court, du travail et des jeux en commun, retrait des bons points.

Art. 11. — Il est interdit de surcharger la mémoire des enfants de dialogues ou scènes dramatiques en vue de solennités publiques.

Art. 12. — Les directrices d'écoles maternelles publiques tiennent :

1º Un registre sur lequel sont inscrits les noms et prénoms des enfants, la date de leur naissance, la date du certificat du médecin, la date de l'admission, la date de la sortie, les noms, demeure et profession des parents ou tuteurs. Ce registre contiendra en outre une colonne d'observations ; il y sera joint un répertoire par lettre alphabétique pour faciliter les recherches ;

2º Un registre sur lequel le médecin inscrit ses observations ;

3º Un carnet destiné au relevé des présences mensuelles ;

4º Un catalogue du mobilier et du matériel d'enseignement, avec indication des entrées et sorties.

Ces registres seront visés par les inspecteurs et les inspectrices à chacune de leurs visites.

Art. 13. — Il est interdit aux directrices et aux adjointes d'accepter des parents aucune espèce de cadeaux.

Art. 14. — Il ne pourra être introduit dans l'école maternelle aucun livre, aucune brochure, ni manuscrits étrangers à l'enseignement.

Art. 15. — Toute pétition, quête, souscription ou loterie est interdite dans l'école maternelle.

Art. 16. — Il ne peut être toléré aucune espèce d'animaux domestiques dans les parties de l'école maternelle réservées aux enfants.

Art. 17. — Le règlement général et le règlement spécial sont affichés dans toutes les écoles maternelles publiques, et à la mairie de toutes les communes possédant une de ces écoles.

II

RÈGLEMENT SCOLAIRE MODÈLE

POUR SERVIR A LA RÉDACTION DES RÈGLEMENTS DÉPARTEMENTAUX RELATIFS AUX ÉCOLES PRIMAIRES ÉLÉMENTAIRES PUBLIQUES.

(Annexe B de l'arrêté du 18 janvier 1887.)

Article premier. — Pour être admis dans une école primaire élémentaire, les enfants doivent avoir plus de six ans et moins de treize. En dehors de ces limites, ils ne pourront être reçus sans une autorisation spéciale de l'inspecteur d'académie.

Dans les communes qui n'ont ni école maternelle ni classe enfantine, l'âge d'admission est abaissé à cinq ans.

Art. 2 (*Texte nouveau, modifié par l'arrêté du 29 décembre* 1888). — Tout enfant dont l'admission est demandée doit présenter à l'instituteur un bulletin de naissance et un certificat médical constatant qu'il a été vacciné ou qu'il a eu la petite vérole et qu'il n'est pas atteint de maladies ou d'infirmités de nature à nuire à la santé des autres élèves.

Lorsque l'enfant a atteint sa dixième année, il doit, pour être admis ou maintenu dans l'école, être revacciné par les soins du médecin attaché à l'école ou délégué à cet effet par l'administration scolaire.

L'instituteur doit conserver le bulletin de naissance et les certificats de vaccine et de revaccination, tant que l'enfant fréquente l'école.

Art. 3. — La garde de la classe est commise à l'instituteur : il ne permettra pas qu'on la fasse servir à aucun usage étranger à sa destination, sans une autorisation spéciale du Préfet.

Art. 4. — Pendant la durée de la classe, l'instituteur ne pourra, sous aucun prétexte, être distrait de ses fonctions professionnelles, ni s'occuper d'un travail étranger à ses devoirs scolaires.

Art. 5. — Les enfants ne pourront, sous aucun prétexte, être détournés de leurs études pendant la durée des classes.

Ils ne seront envoyés à l'église pour les catéchismes ou pour les exercices religieux qu'en dehors des heures de classe. L'instituteur n'est pas tenu de les y surveiller. Il n'est pas tenu davantage de les y conduire, sauf le cas prévu à l'article 9 ci-après.

Toutefois, pendant la semaine qui précède la première communion, l'instituteur autorisera les élèves à quitter l'école aux heures où leurs devoirs religieux les appellent à l'église.

Art. 6. — Les classes dureront trois heures le matin et trois heures le soir : celle du matin commencera à 8 heures et celle de l'après-midi à 1 heure. Toutefois, suivant les besoins des localités, les heures d'entrée et de sortie pourront être modifiées par l'inspecteur d'académie sur la demande des autorités locales et l'avis de l'inspecteur primaire.

Art. 7. — Le Conseil départemental peut, après avis du Conseil municipal et sur la proposition de l'inspecteur d'académie, autoriser dans une commune ou dans une section de commune l'établissement d'écoles de demi-temps.

En ce cas, le directeur de l'école divisera par cours les élèves en deux groupes. La classe aura lieu, pour l'un de ces groupes, le matin de 8 heures à 11 heures; pour l'autre, le soir de 1 heure à 4 heures.

Toutefois, les parents qui en feront la demande auront la faculté de faire suivre à leurs enfants les deux classes de la journée.

Art. 8. — Dans les écoles à plusieurs classes, les exercices seront coupés, pour les élèves du cours élémentaire et du cours moyen, par une récréation de cinq minutes qui aura lieu toutes les heures, et pour les élèves du cours supérieur, par une seule récréation d'une durée de quinze minutes.

Art. 9. — Les enfants qui ne sont pas rendus à leur famille dans l'intervalle des classes demeurent sous la surveillance de l'instituteur jusqu'à l'heure où ils quittent définitivement la maison d'école.

Art. 10. — Chacun des maîtres attachés à l'école est tenu, à tour de rôle, de surveiller les récréations et de garder les élèves qui ne sont pas rendus à leur famille, dans l'intervalle des classes du matin et du soir, ainsi que ceux qui sont punis de la retenue après la classe.

La surveillance spéciale des élèves pensionnaires et de ceux qui assistent aux études rétribuées ne peut être imposée aux instituteurs adjoints; ils ne peuvent en être chargés que de leur plein gré, et suivant une entente à établir entre eux et le directeur de l'école, sous l'approbation de l'inspecteur primaire.

Art. 11. — Quand l'instituteur prendra la direction d'une école, il devra, de concert avec le maire ou son délégué, faire le récolement du mobilier scolaire, des livres de la bibliothèque, des archives scolaires, et s'il y a lieu, de son mobilier personnel et de celui de ses adjoints.

Le procès-verbal de cette opération, signé par les deux parties, constituera l'instituteur responsable des objets désignés à l'inventaire.

En cas de changement de résidence, l'instituteur provoquera, avant son départ, un nouveau récolement du mobilier.

Art. 12. — Un tableau portant le prix de tous les objets que l'instituteur est autorisé à fournir aux élèves sera affiché dans l'école, après avoir été visé par l'inspecteur primaire.

Art. 13. — La classe sera blanchie ou lessivée tous les ans, et tenue dans un état constant de propreté et de salubrité. A cet effet elle sera balayée et arrosée tous les jours; l'air y sera fréquemment renouvelé; même en hiver, les fenêtres seront ouvertes pendant l'intervalle des classes.

Art. 14. — Le français sera seul en usage dans l'école.

Art. 15. — Toute représentation théâtrale est interdite dans les écoles publiques.

Art. 16. — Aucun livre ni brochure, aucun imprimé ni manuscrit étrangers à l'enseignement ne peuvent être introduits dans l'école, sans l'autorisation écrite de l'inspecteur d'académie.

Art. 17. — Toute pétition, quête, souscription ou loterie y est également interdite.

Art. 18. — Il est interdit aux instituteurs et institutrices publics de recevoir des élèves ou de leurs parents aucune espèce de cadeaux.

Art. 19. — Les seules punitions dont l'instituteur puisse faire usage sont:

Les mauvais points; la réprimande; la privation partielle de la récréation; la retenue après la classe, sous la surveillance de l'instituteur; l'exclusion temporaire.

Cette dernière peine ne pourra dépasser trois jours. Avis en sera donné immédiatement par l'instituteur aux parents de l'enfant, aux autorités locales et à l'inspecteur primaire.

Une exclusion de plus longue durée ne pourra être prononcée que par l'Inspecteur d'académie.

Art. 20. — Il est absolument interdit d'infliger aucun châtiment corporel.

Il est également interdit aux instituteurs et institutrices de tutoyer leurs élèves.

Art. 21. — Les jours de congés extraordinaires sont :
Une semaine à l'occasion des fêtes de Pâques;
Le premier jour de l'an, ou le lendemain, si ce jour est un dimanche ou un jeudi;
Le lundi de la Pentecôte;
Le lendemain de la Toussaint, le matin seulement;
Les jours de fêtes patronales;
Le jour de la Fête nationale.

Art. 22. — L'époque et la durée des vacances seront fixées chaque année par le Préfet, en Conseil départemental.

Art. 23. — L'instituteur ne pourra ni intervertir les jours de classe, ni s'absenter, sans y avoir été autorisé par l'inspecteur primaire, et sans avoir donné avis de cette autorisation aux autorités locales.

Si l'absence doit durer plus de trois jours, l'autorisation de l'inspecteur d'académie est nécessaire.

Un congé de plus de quinze jours ne peut être donné que par le Préfet. Dans les circonstances graves et imprévues, l'instituteur pourra s'absenter, sans autre condition que de donner immédiatement avis de son absence aux autorités locales et à l'inspecteur primaire.

Art. 24. — Les dispositions de ce règlement sont applicables aux écoles de filles.

Art. 25. — Le règlement-modèle en date du 18 juillet 1882 est et demeure abrogé.

Art. 26. — Les autorités préposées par la loi à la surveillance de l'instruction primaire sont chargées de l'exécution du présent règlement.

III

RÈGLEMENT SCOLAIRE MODÈLE

POUR SERVIR A LA RÉDACTION DES RÈGLEMENTS DÉPARTEMENTAUX
DES ÉCOLES PRIMAIRES SUPÉRIEURES PUBLIQUES.

(Arrêté du 29 décembre 1888.)

ARTICLE PREMIER. — Aucun élève ne pourra être admis dans une école primaire supérieure, s'il n'est âgé de douze ans au moins au 1er octobre de l'année dans laquelle il se présente, et s'il n'est pourvu du certificat d'études primaires élémentaires.

Nul ne pourra y rester au delà de dix-huit ans. Toutefois les élèves qui atteindraient leur dix-huitième année pendant l'année scolaire pourraient continuer à fréquenter l'école jusqu'à la fin de l'année en cours.

ART. 2. — Tout élève dont l'admission est demandée doit présenter au directeur un bulletin de naissance et un certificat médical constatant qu'il a été vacciné ou qu'il a eu la petite vérole, qu'il a été revacciné et qu'il n'est pas atteint de maladies ou d'infirmités de nature à nuire à la santé des autres élèves.

Le directeur doit conserver le bulletin de naissance et le certificat de revaccination tant que l'élève fréquente l'école.

ART. 3. — La garde des locaux scolaires est commise au directeur : il ne permettra pas qu'on les fasse servir à aucun usage étranger à leur destination, sans une autorisation spéciale du Préfet.

ART. 4. — Pendant la durée des classes, les professeurs, maîtres et instituteurs adjoints ne pourront, sous aucun prétexte, être distraits de leurs fonctions professionnelles.

ART. 5. — Dans les internats annexés aux écoles primaires supérieures, les pères de famille seront toujours consultés sur la participation de leurs enfants aux exercices du culte. Toutes facilités seront données aux élèves pour se conformer sur ce point aux volontés de leurs familles sans que les études puissent en souffrir quelque détriment.

ART. 6. — La durée maximum de chaque classe ne pourra dépasser une heure et demie. Deux classes consécutives seront toujours séparées par une récréation de dix à quinze minutes.

ART. 7. — La surveillance des élèves qui ne rentrent pas dans leur famille entre la classe du matin et la classe du soir est assurée pendant tout cet intervalle par les soins du directeur.

Art. 8. — Dans les écoles qui ne reçoivent que des externes, les professeurs et instituteurs adjoints se partagent, sous la responsabilité du directeur, la surveillance des récréations.

Art. 9. — Les professeurs et instituteurs adjoints ne peuvent être chargés de la surveillance des études rétribuées qu'après entente avec le directeur au sujet de la rémunération de ce service, sous réserve de l'approbation de l'Inspecteur d'Académie.

Art. 10. — Aucun des services relatifs à l'internat ne peut être imposé au personnel spécialement attaché à l'externat. Toutefois, l'Inspecteur d'Académie peut autoriser un ou plusieurs maîtres à se charger de services supplémentaires en dehors des heures des classes, moyennant une rémunération, ou en échange d'avantages consentis par le directeur.

Art. 11. — Quand un directeur nouveau prendra possession de ses fonctions, il devra, de concert avec le maire ou son délégué, faire le récolement du mobilier scolaire, du matériel d'enseignement, des archives scolaires, des livres de la bibliothèque, des collections de toute nature et du mobilier que la commune pourra lui avoir fourni ainsi qu'à ses adjoints.

Le procès-verbal de cette opération, signé par les deux parties, constituera le directeur responsable des objets désignés à l'inventaire.

En cas de changement de résidence, le directeur provoquera, avant son départ, un nouveau récolement.

Art. 12. — Un tableau portant le prix de tous les objets scolaires que le directeur est autorisé à fournir aux élèves sera affiché dans l'école, après avoir été visé par l'inspecteur primaire.

Art. 13. — Les salles de classe ou d'atelier seront blanchies ou lessivées tous les ans, et tenues dans un état constant de propreté et de salubrité.

Art. 14. — Toute représentation théâtrale est interdite dans les écoles primaires supérieures publiques.

Art. 15. — Aucun don de livres ni d'imprimés ne peut être fait à l'école, sans l'autorisation de l'Inspecteur d'Académie.

Art. 16. — Toute pétition, quête, souscription ou loterie est interdite.

Art. 17. — Les seules punitions dont le directeur puisse faire usage sont :

La réprimande;

La retenue après la classe, sous la surveillance d'un maître;
L'exclusion temporaire.

Cette dernière peine ne pourra dépasser trois jours. Avis en sera donné immédiatement par le directeur aux parents de l'enfant et à l'inspecteur primaire.

Une exclusion de plus longue durée ou l'exclusion définitive ne pourra être prononcée que par l'Inspecteur d'Académie.

Art. 18. — Les jours de congé extraordinaires sont :
Une semaine à l'occasion des fêtes de Pâques;
Le premier jour de l'an, ou le lendemain, si ce jour est un dimanche ou un jeudi;
Le lundi de la Pentecôte;
Le lendemain de la Toussaint, le matin seulement;
Le jour de la Fête nationale.

Art. 19. — L'époque et la durée des vacances seront fixées chaque année par le Préfet, en Conseil départemental.

Art. 20. — Le directeur ne pourra faire aucune interversion dans les jours de classe sans l'autorisation de l'Inspecteur d'Académie.

Art. 21. — Le directeur ne peut s'absenter sans avoir obtenu l'autorisation de l'Inspecteur d'Académie, et sans en avoir donné avis aux autorités locales.

Dans les circonstances graves et imprévues, le directeur pourra s'absenter, sans autre condition que de donner immédiatement avis de son absence aux autorités locales et à l'inspecteur primaire.

Art. 22. — Les dispositions de l'article précédent sont applicables aux professeurs, maîtres et adjoints. Dans le cas d'absence pour motif grave et imprévu, le directeur de l'école peut leur accorder l'autorisation nécessaire, sauf à en aviser l'inspecteur primaire.

Art. 23. — Les dispositions de ce règlement sont applicables aux écoles primaires supérieures de filles.

IV

PROGRAMMES DES ÉCOLES MATERNELLES

(Annexe E de l'arrêté organique du 18 janvier 1887.)

Article premier. — Dans toute école maternelle publique, le classement des enfants est fait chaque année par la directrice, à l'époque de la rentrée des écoles primaires, sous le contrôle de l'inspectrice départementale, ou à son défaut, de l'inspecteur primaire.

Art. 2. — Les divers cours de l'école maternelle ont pour objet de commencer l'éducation physique, l'éducation intellectuelle et l'éducation morale des jeunes enfants.

Les exercices qu'ils comprennent sont répartis d'après les indications des programmes ci-annexés.

Art. 3. — Le détail de la répartition des heures par semaine est arrêté pour chaque école maternelle par la directrice, après approbation de l'inspectrice départementale ou, à son défaut, de l'inspecteur primaire.

1° *Objet.* — L'école maternelle n'est pas une école au sens ordinaire du mot : elle forme le passage de la famille à l'école, elle garde la douceur affectueuse et indulgente de la famille, en même temps qu'elle initie au travail et à la régularité de l'école.

Le succès de la directrice de l'école maternelle ne se juge donc pas essentiellement p la somme des connaissances communiquées, par le niveau qu'atteint l'enseignement, par le nombre et la durée des leçons, mais plutôt par l'ensemble des bonnes influences auxquelles l'enfant est soumis, par le plaisir qu'on lui fait prendre à l'école, par les habitudes d'ordre, de propreté, de politesse, d'attention, d'obéissance, d'activité intellectuelle, qu'il doit y contracter pour ainsi dire en jouant.

En conséquence, les directrices devront se préoccuper beaucoup moins de livrer à l'école primaire des enfants déjà fort avancés dans leur instruction que des enfants bien préparés à s'instruire. Tous les exercices de l'école maternelle sont réglés d'après ce principe général : ils doivent aider au développement des diverses facultés de l'enfant sans fatigue, sans contrainte, sans excès d'application : ils sont destinés à lui faire aimer l'école et à lui donner de bonne heure le goût du travail, en ne lui imposant jamais un genre de travail incompatible avec la faiblesse et la mobilité du premier âge.

Le but à atteindre, en tenant compte des diversités de tempérament, de la précocité des uns, de la lenteur des autres, ce n'est pas de les faire tous parvenir à tel ou tel degré de savoir en lecture, en écriture, en calcul; c'est qu'ils sachent bien le peu qu'ils sauront; c'est qu'ils aiment leurs tâches, leurs jeux, leurs leçons de toute sorte; c'est surtout qu'ils n'aient pas pris en dégoût ces premiers exercices scolaires qui seraient si vite rebutants, si la patience, l'enjouement, l'affection ingénieuse de la maîtresse ne trouvaient moyen de les varier, de les égayer, d'en tirer ou d'y attacher quelque plaisir pour l'enfant.

Une bonne santé : l'ouïe, la vue, le toucher, déjà exercés par une suite graduée de ces petits jeux et de ces petites expériences propres à faire l'éducation des sens; des idées enfantines, mais nettes et claires sur les premiers éléments de ce qui sera plus tard l'instruction primaire; un commencement d'habitudes et de dispositions sur lesquelles l'école puisse s'appuyer pour donner plus tard un enseignement régulier; le goût de la gymnastique, du chant, du dessin, des images, des récits; l'empressement à écouter, à voir, à observer, à imiter, à questionner, à répondre; une certaine faculté d'attention entretenue par la docilité, la confiance et la bonne humeur; l'intelligence éveillée enfin, et l'âme ouverte à toutes les bonnes impressions morales : tels doivent être les effets et les résultats de ces premières années passées à l'école maternelle, et si l'enfant qui en sort arrive à l'école primaire avec une telle préparation, il importe peu qu'il y joigne quelques pages de plus ou de moins du syllabaire.

2° *Méthode.* — Ces principes posés, quelle est la méthode qu'il conviendra d'appliquer aux écoles maternelles ? C'est évidemment celle qui s'inspire du nom même de l'établissement, c'est-à-dire celle qui consiste à imiter le plus possible les procédés d'éducation d'une mère intelligente et dévouée.

Comme on ne se propose pas, dans les écoles maternelles, de former ou d'exercer un ordre de facultés au détriment des autres, mais bien de les développer toutes harmoniquement, on ne devra pas s'asservir à suivre avec rigueur aucune des méthodes spéciales qui se fondent sur un système exclusif et artificiel. On s'appliquera, au contraire, en prenant à toutes les méthodes particulières leurs exercices les plus simples, à former à l'aide de ces divers éléments un cours d'instruction et d'éducation qui réponde aux divers besoins du petit enfant et mette en jeu toutes ses facultés. Les exercices qu'elle comprend doivent être très variés : la leçon de choses, la causerie, le chant, les premiers essais de dessin, de lecture, de calcul, de récitation, partagent le temps avec les exercices du corps, les jeux de toute sorte et les mouvements gymnastiques. C'est une méthode essentiellement naturelle, familière, toujours ouverte à de nouveaux progrès, toujours susceptible de se compléter et de se réformer.

3° *Plan et division du cours.* — Les jeux se divisent en jeux au préau, et en jeux dans la cour ; un matériel de jouets sera approprié aux uns et aux autres.

L'enseignement du chant comprend les chants à l'unisson et à deux parties qui accompagnent les jeux et les évolutions.

La maîtresse se servira du diapason.

Les exercices manuels consistent en tressage, tissage, pliage, piquage, découpage avec les doigts, petits ouvrages de tricots, enfilage de perles, petites constructions à l'aide de carton et de paille, de cubes, de sable, etc.

Sont interdits les travaux de couture et tous autres travaux de nature à fatiguer les enfants.

Les premiers principes d'éducation morale sont donnés, non sous forme de leçons suivies, mais à l'aide d'entretiens familiers, de récits, de chants destinés à inspirer aux enfants le sentiment de leurs devoirs envers la famille, la patrie et Dieu.

Ces premiers principes devront être indépendants de tout enseignement confessionnel.

Les connaissances usuelles comportent des notions très élémentaires : — sur le vêtement, l'habitation, l'alimentation ; — sur l'homme, les animaux, les plantes et les pierres ; — sur les couleurs et les formes, la division du temps, les saisons ; — sur les points cardinaux, sur la France et les principaux pays de la terre.

Cet enseignement est donné à l'aide d'objets réels et d'images.

Les exercices de langage qui ne doivent être séparés d'aucun des enseignements ont pour but d'habituer les enfants à exprimer leurs idées d'une façon simple et correcte, d'étendre leur vocabulaire dans la mesure du développement de leur intelligence et de leurs besoins.

Les premiers éléments de dessin comprennent :

1° Des combinaisons de lignes au moyen de lattes, bâtonnets, etc. ; la reproduction sur l'ardoise de ces combinaisons, ainsi que des dessins faciles, par la maîtresse, au tableau noir ;

2° La reproduction, sur l'ardoise et sur le papier, d'objets usuels et d'ornements très simples.

L'enseignement de la lecture portera, non sur des combinaisons difficiles de lettres, ni sur les syllabes inintelligibles pour l'enfant, mais sur des mots usuels et des phrases simples. Autant que possible, les enfants se serviront de lettres mobiles pour apprendre à lire.

L'enseignement de l'écriture, comme celui de la lecture, est réservé aux enfants de la première section.

Les éléments du calcul comprennent :

1° La formation et la représentation des nombres de 1 à 10, de 10 à 100, à l'aide d'objets mis entre les mains des enfants (lattes, bâtonnets, cailloux, graines, monnaies et mesures usuelles);

2° Les quatre opérations appliquées aux premières centaines, toujours à l'aide d'objets;

3° La représentation des cent premiers nombres par les chiffres.

Les enfants seront exercés au calcul mental sur toutes les combinaisons de nombres qu'ils auront étudiées.

Les récits ou contes, faits le plus possible sur des images, seront consacrés à représenter des scènes de la vie enfantine ; à faire naître par des anecdotes, des descriptions, quelques traits de biographies ou épisodes de voyages, l'idée et l'amour de la France.

Les exercices intellectuels et les exercices manuels doivent alterner. La durée n'en dépassera pas vingt minutes. Ils seront toujours séparés par des chants, des mouvements, des marches ou des évolutions.

Voir les tableaux ci-après

TABLEAUX.

PROGRAMMES

	SECTION DES PETITS ENFANTS, ENFANTS DE 2 A 5 ANS.	SECTION DES ENFANTS DE 5 A 6 ANS.
Premiers principes d'éducation morale.	Soins donnés aux enfants en vue de leur faire prendre de bonnes habitudes, de gagner leur affection et de maintenir entre eux l'harmonie. — Première notion du bien et du mal.	Causeries très simples, mêlées à tous les exercices de la classe et de la récréation. — Petites poésies expliquées et apprises par cœur. — Historiettes morales racontées et suivies de questions propres à en faire ressortir le sens et à vérifier si les enfants l'ont compris. — Petits chants. Soins particuliers de la maîtresse à l'égard des enfants chez lesquels elle a observé quelque défaut ou quelque vice naissant.
Exercices de langage.	Exercices de prononciation .... Exercices en vue d'augmenter le vocabulaire de l'enfant; petits exercices de mémoire (chants, fables, récits); questions.	Exercices combinés de langage, de lecture et d'écriture préparant à l'orthographe : 1° Exercices oraux. — Questions très familières ayant pour objet d'apprendre aux enfants à s'exprimer nettement; corriger les défauts de prononciation ou d'accent local; 2° Exercices de mémoire; Récitations de très courtes poésies; 3° Exercices écrits; Premières dictées d'un mot, puis de deux ou trois, puis de très petites phrases; 4° Lectures très brèves faites par la maîtresse, écoutées et racontées par les enfants.
Leçons de choses. CONNAISSANCES SUR LES OBJETS USUELS. PREMIÈRES NOTIONS D'HISTOIRE NATURELLE.	Nom des principales parties du corps humain ; des principaux animaux de la contrée ; des plantes servant à l'alimentation ou les plus visibles pour l'enfant (arbres de la cour, de la route, fleurs familières, etc.). Nom et usage des objets qui sont sous les	Notions très élémentaires sur le corps humain; hygiène (petits conseils); petite étude comparée des animaux que l'enfant connaît, des plantes, des pierres, des métaux; quelques plantes alimentaires et industrielles; pierres et métaux d'usage ordinaire. L'air, l'eau (vapeur, nuage, pluie, neige, glace). Petites leçons de choses, toujours avec les objets mis sous les

	SECTION DES PETITS ENFANTS. ENFANTS DE 2 A 5 ANS.	SECTION DES ENFANTS DE 5 A 6 ANS.
Leçons de choses. CONNAISSANCES SUR LES OBJETS USUELS. PREMIÈRES NOTIONS D'HISTOIRE NATURELLE. (Suite.)	Yeux de l'enfant (objets servant au vêtement, à l'habitation, à l'alimentation, au travail). Étude des couleurs et des formes par des jeux. Notions sur le jour et la nuit. Observations sur la durée (heure, jour, semaine). Le nom du jour, la veille, le lendemain. Âge de l'enfant. L'attention des enfants est appelée sur les différences du chaud, du froid, de la pluie, du beau temps. Observations sur la saison, ses travaux, ses productions. Première éducation des sens par de petits exercices : Faire discerner et comparer par l'enfant des couleurs, des nuances, des formes, des longueurs, des poids, des températures, des sons, des odeurs, des saveurs.	Yeux et dans les mains des enfants. Exercices et entretiens familiers ayant pour but de faire acquérir aux enfants les premiers éléments des connaissances usuelles (la droite et la gauche ; — noms des jours et des mois ; distinction d'animaux, de végétaux, de minéraux ; les saisons), et surtout de les amener à regarder, à observer, à comparer, à questionner et à retenir. Pour l'ordre à suivre dans les leçons, on essayera de combiner, toutes les fois qu'on le pourra, en les rattachant à un même objet, la leçon de choses, le dessin, la leçon morale, les jeux et les chants, de manière que l'unité d'impression de ces diverses formes d'enseignement laisse une trace plus durable dans l'esprit et le cœur des enfants. On s'efforcera de régler, autant que possible, l'ordre des leçons par l'ordre des saisons, afin que la nature même fournisse les objets de ces leçons et que l'enfant contracte ainsi l'habitude d'observer, de comparer et de juger. Pour guider la maîtresse dans le choix des sujets de leçons, d'après les règles qui précèdent, on a ajouté dans un programme plus détaillé un exemple de répartition des matières par mois. (Voir ci-après les indications sous le titre de *Programme spécial des leçons de choses de la première section.*)
Dessin, Écriture, Lecture.	Jeux de cubes, de balles, de lattes, etc. Mosaïques. Explication d'images très simples (animaux, objets usuels). Petites combinaisons de lignes au moyen de bâtonnets. Représentation sur l'ardoise de ces combinaisons ; description d'objets usuels.	Combinaisons de lignes ; représentation de ces combinaisons sur l'ardoise et le papier au crayon ordinaire ou en traits de couleur ; petits dessins d'invention sur papier quadrillé ; reproduction de dessins très simples faits par la maîtresse. Représentation d'objets usuels les plus simples. Premiers exercices de lecture. Premiers éléments d'écriture. Lettres, syllabes et mots.

PROGRAMMES DES ÉCOLES MATERNELLES.

	SECTION DES PETITS ENFANTS. ENFANTS DE 2 A 5 ANS.	SECTION DES ENFANTS DE 5 A 6 ANS.
Dessin, Écriture, Lecture (*suite*).	Aucun exercice de lecture proprement dite.	
Calcul............	Familiariser l'enfant avec les termes : un, deux, trois, quatre, cinq, moitié, demi; l'exercer à compter jusqu'à 10. Calcul mental sur les dix premiers nombres.	Premiers éléments de la numération orale et écrite. Petits exercices de calcul mental. Addition et soustraction sur des nombres concrets et ne dépassant pas la première centaine. Étude des dix premiers nombres et des expressions demi, moitié, tiers, quart. Les quatre opérations sur des nombres de deux chiffres. Le mètre, le franc, le litre.
Géographie.......	Demeure et adresse des parents, nom de la commune. Petits exercices sur la distance, situation relative des différentes parties de l'école. La terre et l'eau. Le soleil (le levant et le couchant).	Causeries familières et petits exercices préparatoires servant surtout à provoquer l'esprit d'observation chez les petits enfants en leur faisant simplement remarquer les phénomènes les plus ordinaires, les principaux accidents du sol.
Récits, Histoire nationale.	....	Anecdotes, récits, biographies tirées de l'histoire nationale, contes, récits de voyages. Explications d'images.
Exercices manuels.	Jeux. Petits exercices de pliage, de tissage, de tressage.	Pliage, tissage, tressage, combinaisons en laines de couleur sur le canevas ou le papier ; petits ouvrages de tricot.
Chant............	Chants à l'unisson, très simples. Petits exercices.	Chants à l'unisson et à deux parties, exclusivement appris par l'audition.
	Jeux libres et marches. Évolutions, mouvements gradués. Soins d'hygiène et de propreté.	Jeux, marches, évolutions, mouvements, exercices gradués.

PROGRAMME SPÉCIAL
DES LEÇONS DE CHOSES DE LA PREMIÈRE SECTION
(Exemple de répartition mensuelle).

OCTOBRE.

LEÇON DE CHOSES.	DESSIN.
Récits, causeries, questions, autant que possible avec les objets montrés aux enfants.)	(Dessins au trait, faits au tableau noir par la maîtresse; on ne fera reproduire par les élèves que ceux de ces dessins qui seraient assez simples et assez faciles pour trouver place dans le petit cours de dessin tel que le règle le programme ci-dessus.)
La vendange. — Vigne, raisin, vin. — Cuve, tonneau, bouteille, verre, bouchons, litre. — Pompes, cidre. — Houblon, bière.	Grappe de raisin, feuille de vigne, pressoir, cuve, tonneau, bouteille, verre, entonnoir, litre.

CHANTS ET JEUX.

(A faire exécuter aux enfants.)

L'Automne. (Delbruck.)
Le Tonnelier.

NOVEMBRE.

LEÇON DE CHOSES.	DESSIN.
Le labourage. — Charrue. — Semailles. *L'éclairage.* — Chandelle, bougie, lampes, gaz. — Phare.	Soc de charrue, herse. Chandelier, bougeoir, lampe, bec de gaz, phare.

CHANTS ET JEUX.

Le Labour. — Les Semailles. (Mme Pape-Carpantier.)

DÉCEMBRE.

LEÇON DE CHOSES.	DESSIN.
Le chauffage. — Froid, neige, glace, avalanches; Suisse, Alpes; patins, traîneaux. — Thermomètres. — Poêle, cheminées. — Bois, charbon; allumettes. — Engelures, rhume. — Le foyer, la famille.	Patin, traîneau, thermomètre, poêle, cheminée, soufflet, pelle, pincettes, pompe à incendie.

CHANTS ET JEUX.

Le Petit Ramoneur. (Mme Pape-Carpantier.)
Le Feu. (Delbruck.)

JANVIER.

LEÇON DE CHOSES.

Nouvelle année. — Mouvement de la terre autour du soleil.
Compliments, étrennes; charité. Oranges, marrons.
L'habillement. — Fourrures, couvertures, édredon, laine, coton, drap, flanelle, tissage, filage, teintures, aiguilles, épingles.

DESSIN.

Sphère; oranges, marrons.

Tirelire. — Ciseaux. — Mètre à ruban.

CHANTS ET JEUX.

L'Hiver. — Souhaits de bonne année. (Delbruck.)
Les Petites Tricoteuses. (Delcasso.)

FÉVRIER.

LEÇON DE CHOSES.

Le corps humain. — Principaux organes des sens.
L'alimentation. — Mets et boissons; boulanger, boucher, fruitier, épicier; faim, appétit, indigestion.

DESSIN.

Œil, oreille, nez, main.

Fourneau, casserole, poêle, chaudron, marmite, bouilloire, gril.

CHANTS ET JEUX.

La Gymnastique. (Lainé.)
Le Pain. (Delbruck.)

MARS.

LEÇON DE CHOSES.

L'habitation. — Bois, pierre, fer, briques; ardoise, plâtre, chaux; tuile chaume, zinc. — Diverses industries du bâtiment.
Les abeilles. — Ruche, cellules, cire, miel.

DESSIN.

Maison, fenêtre, porte; table, lit; chaise, armoire, commode, mur, rangées de pierres de taille, de briques; plan d'une maison, charpente; marteau, scie, tenaille, équerre, compas, fil à plomb, auge, truelle.

CHANTS ET JEUX.

Les Petits Ouvriers. — La Ronde des abeilles. (Mme Pape-Carpantier.)

AVRIL.

LEÇON DE CHOSES.

La végétation. — Graines, racines, tige, fleurs, etc.
Les insectes. — Hannetons. — Chenilles. — Vers à soie.
Les nids d'oiseaux. — Services que nous rendent les oiseaux. — Hirondelles.

DESSIN.

Fleurs, feuilles, haricots, pois, pommes de terre.

CHANTS ET JEUX.

Le Printemps. (Delbruck.)
Le Ver à soie (Mme Pape-Carpantier.)

MAI.

LEÇON DE CHOSES.

L'eau. — Ruisseau, rivière, fleuve, mer, bains froids, natation.
La pêche. — Poissons de mer et poissons d'eau douce.
Le blanchissage. — Savon, propreté.

DESSIN.

Baignoire.

Bateau, hameçon, filet, ligne, poisson.

Baquet, pompe, fontaine, puits, battoir.

CHANTS ET JEUX.

Vive l'eau. (Delbruck.)
Les Bourgeois de Provence.

JUIN.

LEÇON DE CHOSES.

La ferme. — La fenaison. — Cheval, âne, chien de berger, loup, moutons, porcs, dindon, poule, oie, canard, pigeon. — Laiterie, lait, beurre, fromage.

DESSIN.

Terrine, baratte, boîte au lait, litre.

CHANTS ET JEUX.

Le Petit Berger. — La Fenaison. (Delcasso.)

JUILLET.

LEÇON DE CHOSES.

L'orage. — Éclair, tonnerre, grêle, vent, paratonnerre, arc-en-ciel.
Les fruits. — Cerises, fraises, abricots, poires, pommes, prunes.

DESSIN.

Maison, paratonnerre; arc-en-ciel; parapluie.

Bouquet de cerises; abricots, poires, pommes, prunes.

CHANTS ET JEUX.

L'Été. — La Marchande de fruits. (Delbruck.)

AOUT.

LEÇON DE CHOSES.

La moisson. — Blé, orge, avoine, farine, pain, pâte, four, boulanger, pâtissier.
Les voyages. — Routes, chemins de fer, bateaux à vapeur; cartes; points cardinaux, boussole, aimant; Christophe Colomb; races d'hommes, la patrie, le monde.

DESSIN.

Gerbe, épi de blé; faux, faucille; moulin à vent; paire de meules; balance, poids.

Locomotive, rails; bateau à voiles, à vapeur; rames; gouvernail; boussole.

CHANTS ET JEUX.

Le Jeu du blé. (Mme Pape-Carpantier).
La Ronde du Tour du monde.

SEPTEMBRE.

LEÇON DE CHOSES.

La chasse. — Chevreuil, cerf, sanglier, loup, renard, lièvre, lapin, perdrix, alouette, caille ; fusil.

La fête du village. — Foire, boutique, feu d'artifice ; poudre. — Monnaie.

DESSIN.

Cor de chasse, carnassière, fusil.

Monnaies.

CHANTS ET JEUX.

Le Renard. (Delcasso.)

V

PROGRAMMES D'ENSEIGNEMENT

DES ÉCOLES PRIMAIRES ÉLÉMENTAIRES.

(Annexe F de l'arrêté organique du 18 janvier 1887.)

I

ÉDUCATION PHYSIQUE

Objet. — Méthode. — Programme.

1° OBJET DE L'ÉDUCATION PHYSIQUE.

L'éducation physique a un double but :

D'une part, fortifier le corps, affermir le tempérament de l'enfant, le placer dans les conditions hygiéniques les plus favorables à son développement physique en général.

D'autre part, lui donner de bonne heure ces qualités d'adresse et d'agilité, cette dextérité de la main, cette promptitude et cette sûreté de mouvements qui, précieuses pour tous, sont plus particulièrement nécessaires aux élèves des écoles primaires, destinés pour la plupart à des professions manuelles.

Sans perdre son caractère essentiel d'établissement d'éducation, et sans se changer en atelier, l'école primaire peut et doit faire aux exercices du corps une part suffisante pour préparer et prédisposer, en quelque sorte, les garçons aux futurs travaux de l'ouvrier et du soldat, les filles aux soins du ménage et aux ouvrages de femmes.

2° MÉTHODE.

Les exercices du corps faisant diversion à l'ensemble des travaux scolaires et des leçons proprement dites, il sera généralement facile d'obtenir que les élèves y apportent de la bonne volonté et de l'entrain, qu'ils les considèrent comme une véritable récréation.

La marche de l'enseignement est réglée avec le plus grand détail pour la gymnastique et les exercices militaires, par les manuels publiés sous les auspices du Ministère, ainsi que par les directions que donnent les professeurs et instructeurs spéciaux.

Pour le travail manuel des garçons, les exercices se répartissent en deux groupes : l'un comprend les divers exercices destinés d'une façon générale à délier les doigts et à faire acquérir la dextérité, la souplesse, la rapidité et la justesse des mouvements; l'autre groupe comprend les exercices gradués de modelage qui servent de complément à l'étude correspondante du dessin, et particulièrement du dessin industriel.

Le travail manuel des filles, outre les ouvrages de couture et de coupe, comporte un certain nombre de leçons, de conseils, d'exercices au moyen desquels la maîtresse se proposera, non pas de faire un cours régulier d'économie domestique, mais d'inspirer aux jeunes filles, par un grand nombre d'exemples pratiques, l'amour de l'ordre, de leur faire acquérir les qualités sérieuses de la femme de ménage, et de les mettre en garde contre les goûts frivoles ou dangereux.

3º PROGRAMME.

Voir les tableaux ci-après.

TABLEAUX.

PROGRAMMES DES ÉCOLES PRIMAIRES ÉLÉMENTAIRES.

	SECTION ENFANTINE DE 5 A 7 ANS.	COURS ÉLÉMENTAIRE DE 7 A 9 ANS.	COURS MOYEN DE 9 A 11 ANS.	COURS SUPÉRIEUR DE 11 A 13 ANS.
1° Soins d'hygiène et de propreté.	Inspection des enfants à leur arrivée. — Surveillance de leurs jeux au point de vue hygiénique. — Soins particuliers pour les plus faibles.	Inspection des enfants à leur arrivée et à leur rentrée en classe. — Exiger une absolue propreté. — Surveiller leurs jeux. — Conseils pratiques et donnés, soit en commun, soit en particulier, sur l'alimentation, le vêtement, la tenue du corps et des habits.	Suite des mêmes moyens d'instruction et d'éducation.	Suite des mêmes moyens d'instruction et d'éducation.
2° Gymnastique. (Suivre les Manuels, distincts pour les garçons et les filles, publiés par le Ministère.)	Jeux, rondes, évolutions, mouvements rythmés, exercices gradués.	Exercices préparatoires. — Mouvements et flexions des bras et des jambes. — Exercice des haltères et de la barre. — Course cadencée. — Évolutions.	Suite des exercices de flexion et d'extension des bras et des jambes. — Exercices avec haltères. — Exercices de la barre, des anneaux, de l'échelle, de la corde à nœuds, des barres à suspension, des barres parallèles fixes, de la poutre horizontale, des perches, du trapèze. — Évolutions.	Suite des mêmes exercices. — Exercices d'équilibre sur un pied. — Mouvements des bras combinés avec la marche. — Exercices à deux avec la barre. — Courses. — Sauts; exercice de la canne (pour les garçons).
Exercices militaires. (Pour les garçons.)			Exercices de marche, d'alignement, de formation de pelotons, etc. — Préparation à l'exercice militaire.	Exercice militaire : École du soldat sans arme. — Principes des différents pas. — Alignements. — Marches, contre-marches et haltes. — Changements de direction.

	SECTION ENFANTINE DE 3 A 7 ANS.	COURS ÉLÉMENTAIRE DE 7 A 9 ANS.	COURS MOYEN DE 9 A 11 ANS.	COURS SUPÉRIEUR DE 11 A 13 ANS.
3° Travaux manuels. (Pour les garçons.)	Petits exercices de tressage, pliage, tissage. Découpage et application de pièces de papier de couleur sur des dessins géométriques. Petite vannerie. Combinaisons en laine de couleur sur le canevas ou le papier.	Exercices manuels destinés à développer la dextérité de la main. Découpage de carton ; cartes en forme de solides géométriques. Vannerie : assemblage de brins de couleur diverse. Modelage : reproduction de solides géométriques et d'objets très simples.	Construction d'objets de cartonnage revêtus de dessins coloriés et de papier de couleur. Petits travaux en fil de fer ; treillage. Combinaison de fil de fer et de bois : cages. Modelage : ornements simples d'architecture. Notions sur les outils les plus usuels.	Exercices combinés de dessin et de modelage : croquis cotés d'objets à exécuter et construction de ces objets d'après les croquis, vice versa. Étude des principaux outils employés au travail du bois. — Exercices pratiques gradués. — Rabotage, sciage des bois, assemblages simples. Boîtes clouées ou assemblées sans pointes. Tour à bois, tournage d'objets très simples. Étude des principaux outils employés dans le travail du fer ; exercices de lime, ébarbage ou finissage d'objets bruts de forge ou venus de fonte.
4° Travaux manuels. (Pour les filles.)	Petits exercices Frœbel : tissage, pliage, tressage. Petits ouvrages de tricot.	Tricot et étude du point : mailles à l'endroit, à l'envers, côtes, augmentations, diminutions. Point de marque sur canevas. Éléments de couture : ourlets et surjets. Exercices manuels destinés...	Tricot et remmaillage. Marque sur canevas. Éléments de la couture : point devant, point de côté, point en arrière, point de surjet. — Couture simple, ourlet, couture double, surjets sur lisières, sur plis rentrés.	Tricot de jupons, gilets, gants. Marque sur la toile. Piqûres, froncés, boutonnières, raccommodage des vêtements, reprises. Notions de coupe et confection des vêtements les plus faciles. Notions très simples d'économie domestique et application à la cuisine, — au blanchissage et

	SECTION ENFANTINE DE 5 A 7 ANS.	COURS ÉLÉMENTAIRE DE 7 A 9 ANS.	COURS MOYEN DE 9 A 11 ANS.	COURS SUPÉRIEUR DE 11 A 13 ANS.
4° Travaux manuels. (Pour les filles.) (*Suite.*)	....	nés à développer la dextérité de la main, découpage et application de pièces de papier de couleur. — Petits essais de modelage.	Confection d'ouvrages de couture simples et faciles (essuie-mains, serviettes, mouchoirs, tabliers, chemises), rapiéçage.	à l'entretien du linge, — à la toilette, — aux soins du ménage, du jardin, de la basse-cour. — Exercices pratiques à l'école et à domicile.

II

ÉDUCATION INTELLECTUELLE

Objet. — Méthode. — Programme.

1° OBJET DE L'ÉDUCATION INTELLECTUELLE.

L'éducation intellectuelle, telle que peut la faire l'école primaire publique, est facile à caractériser.

Elle ne donne qu'un nombre limité de connaissances. Mais ces connaissances sont choisies de telle sorte que non seulement elles assurent à l'enfant tout le savoir pratique dont il aura besoin dans la vie, mais encore elles agissent sur ses facultés, forment son esprit, le cultivent, l'étendent, et constituent vraiment une éducation.

L'idéal de l'école primaire n'est pas d'enseigner beaucoup, mais de bien enseigner. L'enfant qui en sort sait peu, mais sait bien; l'instruction qu'il a reçue est restreinte, mais elle n'est pas superficielle. Ce n'est pas une demi-instruction, et celui qui la possède ne sera pas un demi-savant; car ce qui fait qu'une instruction est dans son genre complète, ou incomplète, ce n'est pas l'étendue plus ou moins vaste du domaine qu'elle cultive, c'est la manière dont elle l'a cultivé.

L'instruction primaire, en raison de l'âge des élèves et des carrières auxquelles ils se destinent, n'a ni le temps ni les moyens de leur faire parcourir un cycle d'études égal à celui de l'enseignement secondaire; ce qu'elle peut faire pour eux, c'est que leurs études leur profitent autant et leur rendent, dans une sphère plus humble, les mêmes services que les études secondaires aux élèves des lycées; c'est que les uns comme les autres emportent de l'enseignement public, d'abord une somme de connaissances appropriée à leurs futurs besoins, ensuite et surtout de bonnes habitudes d'esprit, une intelligence ouverte et éveillée, des idées claires, du jugement, de la réflexion, de l'ordre et de la justesse dans la pensée et dans le langage. « L'objet de l'enseignement primaire — comme on l'a très justement dit — n'est pas d'embrasser sur les diverses matières auxquelles il touche tout ce qu'il est possible de savoir, mais de bien apprendre dans chacune d'elles ce qu'il n'est pas permis d'ignorer. »

2° MÉTHODE.

L'objet de l'enseignement étant ainsi défini, la méthode à suivre s'impose d'elle-même : elle ne peut consister, ni dans une suite de procédés mécaniques, ni dans le seul apprentissage de ces premiers instruments de communication : la lecture, l'écriture, le calcul, ni dans une froide succession de leçons exposant aux élèves les différents chapitres d'un cours.

La seule méthode qui convienne à l'enseignement primaire est celle qui fait intervenir tour à tour le maître et les élèves, qui entretient pour ainsi dire entre eux et lui un continuel échange d'idées sous des formes variées, souples et ingénieusement graduées. Le maître part toujours de ce que les enfants savent, et procédant du connu à l'inconnu, du facile au difficile, il les conduit par l'enchaînement des questions orales ou des devoirs écrits à découvrir les conséquences d'un principe, les applications d'une règle, ou inversement les principes et les règles qu'ils ont déjà inconsciemment appliqués.

En tout enseignement, le maître, pour commencer, se sert d'objets sensibles, fait voir et toucher les choses, met les enfants en présence de réalités concrètes, puis peu à peu les exerce à en dégager l'idée abstraite, à comparer, à généraliser, à raisonner sans le secours d'exemples matériels.

C'est donc par un appel incessant à l'attention, au jugement, à la spontanéité intellectuelle de l'élève que l'enseignement primaire peut se soutenir. Il est essentiellement intuitif et pratique : *intuitif*, c'est-à-dire qu'il compte avant tout sur le bon sens naturel, sur la force de l'évidence, sur cette puissance innée qu'a l'esprit humain de saisir du premier regard et sans démonstration non pas toutes les vérités, mais les vérités les plus simples et les plus fondamentales; *pratique*, c'est-à-dire qu'il ne perd jamais de vue que les élèves de l'école primaire n'ont pas de temps à perdre en discussions oiseuses, en théories savantes, en curiosités scolastiques et que ce n'est pas trop de cinq à six années de séjour à l'école pour les munir du petit trésor d'idées dont ils ont strictement besoin et surtout pour les mettre en état de le conserver et de le grossir dans la suite.

C'est à cette double condition que l'enseignement primaire peut entreprendre l'éducation et la culture de l'esprit; c'est, pour ainsi dire, la nature seule qui le guide : il développe parallèlement les diverses facultés de l'intelligence par le seul moyen dont il dispose, c'est-à-dire en les exerçant d'une manière simple, spontanée, presque instinctive : il forme le jugement en amenant l'enfant à juger, l'esprit d'observation en faisant beaucoup observer, le raisonnement en aidant l'enfant à raisonner lui-même et sans règles de logique.

Cette confiance dans les forces naturelles de l'esprit qui ne demandent qu'à se développer, et cette absence de toute prétention à la science proprement dite conviennent à tout enseignement rudimentaire, mais s'imposent surtout à l'école primaire publique, qui doit agir non sur quelques enfants pris à part, mais sur la masse de la population enfantine. L'enseignement y est nécessairement collectif et simultané; le maître ne peut se donner à quelques-uns, il se doit à tous; c'est par les résultats obtenus sur l'ensemble de sa classe et non pas sur une élite seulement que son œuvre pédagogique doit être appréciée. Quelles que soient les inégalités d'intelligence que présentent ses élèves, il est un minimum de connaissances et d'aptitudes que l'enseignement primaire doit communiquer, sauf des exceptions très rares, à tous les élèves ; ce niveau sera très facilement dépassé par quelques-uns, mais, le fût-il, s'il n'est pas atteint par tout le reste de la classe, le maître n'a pas bien compris sa tâche ou ne l'a pas entièrement remplie.

3° PROGRAMME.

Voir les tableaux ci-après

TABLEAUX.

	SECTION ENFANTINE DE 5 A 7 ANS.	COURS ÉLÉMENTAIRE DE 7 A 9 ANS.	COURS MOYEN DE 9 A 11 ANS.	COURS SUPÉRIEUR DE 11 A 13 ANS.
1° Lecture.	Premiers exercices de lecture. Lettres, syllabes, mots.	Lecture courante avec explication des mots.	Lecture courante avec explication.	Lecture expressive.
2° Écriture.	Premiers éléments.	Écriture en gros; en moyen et en fin.	Écriture cursive ordinaire.	Cursive, ronde, bâtarde.
3° Langue française.	Exercices combinés de langage, de lecture et d'écriture préparant à l'orthographe. 1° Exercices oraux. — Questions très familières ayant pour objet d'apprendre aux enfants à s'exprimer nettement; corriger les défauts de prononciation ou d'accent local.	Notions premières données oralement sur le nom (le nombre, le genre), l'adjectif, le pronom, le verbe (premiers éléments de la conjugaison). Idée de la formation du pluriel et du féminin; — de l'accord de l'adjectif avec le nom, du verbe avec le sujet. Idée de la proposition simple. 1° Exercices oraux. — Questions et explications, notamment au cours de la leçon de lecture, ou de la correction de devoirs. Interrogations sur le sens, l'emploi, l'orthographe du texte lu. — Épellation des mots difficiles.	Grammaire élémentaire. — Les dix parties du discours. — Conjugaisons. — Notions de syntaxe. Règles générales du participe passé. — Notions sur les familles de mots, les mots dérivés et composés. — Principes de la ponctuation. 1° Exercices oraux. — Élocution et prononciation. Interrogations grammaticales. Reproduction de récits faits de vive voix; résumé de morceaux lus en classe.	Révision de la grammaire et de la syntaxe. Étude de la proposition et des principales sortes de propositions. Fonctions des mots dans la phrase. Principales règles relatives à l'emploi des mots, et à la concordance des temps. Cas difficiles que présente l'orthographe de certains noms, pronoms, adjectifs, verbes irréguliers. Notions d'étymologie usuelle et de dérivation. 1° Exercices oraux. — Suite et développement des exercices d'élocution. Compte rendu de lectures, de leçons, de promenades, d'expériences, etc. Exposé de vive voix par l'élève d'un morceau historique ou littéraire qu'il a été chargé de lire et d'analyser.

	SECTION ENFANTINE DE 5 A 7 ANS.	COURS ÉLÉMENTAIRE DE 7 A 9 ANS.	COURS MOYEN DE 9 A 11 ANS.	COURS SUPÉRIEUR DE 11 A 13 ANS.
3° **Langue française.** (*Suite.*)	.... 2° Exercices de mémoire : Récitation de très courtes poésies. 3° Exercices écrits : Premières dictées d'un mot, puis de deux ou trois, puis de très petites phrases.	Reproduction orale de petites phrases lues et expliquées, puis de récits ou de fragments de récits faits par le maître. 2° Exercices de mémoire : Récitations de poésies d'un genre très simple. 3° Exercices écrits : Dictées graduées d'orthographe usuelle et d'orthographe de règles. Petits exercices grammaticaux de forme très variée. Reproduction écrite (au tableau noir, sur l'ardoise, sur cahier) de quelques phrases expliquées précédemment. Composition de petites phrases avec des éléments donnés.	2° Exercices de mémoire : Récitation de fables, de petites poésies, de quelques morceaux de prose. 3° Exercices écrits : Dictées prises, autant que possible, dans les auteurs classiques et sans recherche des difficultés grammaticales. Exercices d'invention, de construction de phrases ; homonymes, synonymes. Correction mutuelle des dictées et des exercices par les élèves. Reproduction écrite et non littérale de morceaux lus en classe ou à domicile, et de récits faits de vive voix par le maître.	2° Exercices de mémoire : Récitation expressive de morceaux choisis, en prose et en vers, de dialogues, de scènes empruntées aux classiques. 3° Exercices écrits : Dictées prises dans les auteurs classiques et sans recherche des difficultés grammaticales. Exercices sur la dérivation et la composition des mots, sur l'étymologie, sur l'application des règles les plus importantes de la syntaxe. Rédaction sur des sujets simples. — Compte rendu de leçons et de lecture.

	SECTION ENFANTINE DE 5 A 7 ANS.	COURS ÉLÉMENTAIRE DE 7 A 9 ANS.	COURS MOYEN DE 9 A 11 ANS.	COURS SUPÉRIEUR DE 11 A 13 ANS.
3° Langue française. (Suite.)	....	4° Exercices d'analyse : Analyse grammaticale (le plus souvent orale, quelquefois écrit). Décomposition de la proposition en ses termes essentiels. 5° Lecture à haute voix par le maître, deux fois par semaine, d'un morceau propre à intéresser les enfants.	Premiers exercices de rédaction sur les sujets les plus simples et les mieux connus des enfants. 4° Exercices d'analyse : Analyse grammaticale, surtout orale. Analyse logique, bornée aux distinctions fondamentales. 5° Lecture à haute voix par le maître, deux fois par semaine, de morceaux empruntés aux auteurs classiques.	4° Exercices d'analyse : Questions d'analyse grammaticale à propos de cas difficiles rencontrés dans la lecture. Exercices oraux d'analyse logique. 5° Lecture par le maître, avec le concours des élèves; sujets littéraires, dramatiques, historiques.
4° Histoire.	Anecdotes, biographies tirées de l'histoire nationale, contes, récits de voyage. Explications d'images.	Récits et entretiens familiers sur les plus grands personnages et les faits principaux de l'histoire nationale, jusqu'au commencement de la guerre de Cent ans.	Cours élémentaire d'histoire de France, insistant exclusivement sur les faits essentiels depuis la guerre de Cent ans. *Exemple de répartition trimestrielle.* 1er trimestre : De 1328 à 1610. 2e trimestre : De 1610 à 1789. 3e trimestre : De 1789 à nos jours. 4e trimestre : Révision.	Révision méthodique de l'histoire de France; étude plus approfondie de la période moderne. Notions très sommaires d'histoire générale : pour l'antiquité, l'Egypte, les Juifs, les Grecs, Rome; — pour le moyen âge et les temps modernes, grands événements, étudiés surtout dans leurs rapports avec l'histoire de France.

PROGRAMMES DES ÉCOLES PRIMAIRES ÉLÉMENTAIRES. 557

	SECTION ENFANTINE DE 5 A 7 ANS.	COURS ÉLÉMENTAIRE DE 7 A 9 ANS.	COURS MOYEN DE 9 A 11 ANS.	COURS SUPÉRIEUR DE 11 A 13 ANS.
5° Géographie.	Causeries familières et petits exercices préparatoires, servant surtout à provoquer l'esprit d'observation chez les enfants en leur faisant simplement remarquer les phénomènes les plus ordinaires, les principaux accidents du sol.	Suite et développement des exercices du premier âge. Les points cardinaux non appris par cœur, mais trouvés sur le terrain, dans la cour, dans les promenades, d'après la position du soleil. Exercices d'observation : les saisons, les principaux phénomènes atmosphériques, l'horizon, les accidents du sol, etc. Explication des termes géographiques (montagnes, fleuves, mers, golfes, isthmes, détroits, etc.), en parlant toujours d'objets vus par l'élève et en procédant par analogie. Préparation à l'étude de la géographie, par la méthode intuitive et descriptive : 1° La géographie locale : maison, rue, hameau, commune, canton, etc.); 2° La géographie générale	Géographie de la France et de ses colonies : Géographie physique; Géographie politique avec études plus approfondies du canton, du département, de la région. Exercice de cartographie au tableau noir et sur cahier, sans calque.	Révision et développement de la géographie de la France. Géographie physique et politique de l'Europe. Géographie plus sommaire des autres parties du monde. Les colonies françaises. Exercices cartographiques de mémoire.

	SECTION ENFANTINE DE 5 A 7 ANS.	COURS ÉLÉMENTAIRE DE 7 A 9 ANS.	COURS MOYEN DE 9 A 11 ANS.	COURS SUPÉRIEUR DE 11 A 13 ANS.
5° Géographie. (Suite.)	....	(la terre, sa forme, son étendue, ses grandes divisions, leurs subdivisions. Idée de la représentation cartographique : éléments de la lecture des plans et cartes. Globe terrestre, continents et océans. Entretien sur le lien natal.		
6° Instruction civique.	....	Explications très familières, à propos de la lecture, des mots pouvant éveiller une idée nationale tels que : citoyen, soldat, armée, patrie ; — commune, canton — département, nation ; — loi, justice, force publique, etc.	Notions très sommaires sur l'organisation de la France. Le citoyen, ses obligations et ses droits ; l'obligation scolaire, le service militaire, l'impôt, le suffrage universel. La commune, le maire et le conseil municipal. Le département, le préfet et le conseil général. L'État, le pouvoir législatif, le pouvoir exécutif, la justice.	Notions plus approfondies sur l'organisation administrative et judiciaire de la France : La Constitution, le Président de la République, le Sénat, la Chambre des députés, la loi ; l'administration centrale départementale et communale, les diverses autorités ; — la justice civile et pénale ; — l'enseignement, ses divers degrés ; — la force publique, l'armée.

	SECTION ENFANTINE DE 5 A 7 ANS.	COURS ÉLÉMENTAIRE DE 7 A 9 ANS.	COURS MOYEN DE 9 A 11 ANS.	COURS SUPÉRIEUR DE 11 A 13 ANS.
7° Calcul, arithmétique.	Premiers éléments de la numération orale et écrite. Petits exercices de calcul mental. Addition et soustraction sur des nombres concrets et ne dépassant pas la première centaine. Étude des dix premiers nombres et des expressions demi, moitié, tiers, quart. Les quatre opérations sur des nombres de deux chiffres. Le mètre, le franc, le litre.	Principes de la numération parlée et de la numération écrite. Calcul mental : Les quatre règles appliquées intuitivement d'abord à des nombres de 1 à 10; puis de 1 à 20; puis de 1 à 100. Étude de la table d'addition et de la table de multiplication. Calcul écrit : L'addition, la soustraction, la multiplication; règles générales des trois opérations sur les nombres entiers. La division bornée aux nombres de deux chiffres au diviseur. Petits problèmes oraux écrits, portant sur les sujets les plus usuels; exercices de raisonnement sur les problèmes et sur les opérations exécutés. Notions du mètre, du litre, du franc, du gramme, de ses multiples et sous-multiples.	Révision du cours précédent. La division des nombres entiers. Idée générale des fractions. Les fractions décimales. Application des quatre règles aux nombres décimaux. Règle de trois, règle d'intérêt simple. Système légal des poids et mesures. Problèmes usuels et exercices d'application. — Solutions raisonnées. Suite et développement des exercices de calcul mental appliqué à toutes ces opérations.	Révision avec développement, d'une part, pour la théorie et le raisonnement; d'autre part, pour la recherche des procédés rapides, soit de calcul mental, soit de calcul écrit. Nombres premiers. Caractères de divisibilité les plus importants. — Principes de la décomposition d'un nombre en ses facteurs premiers. — Plus grand commun diviseur. — Résolution des problèmes d'intérêt, d'escompte, de partage, de moyennes, etc. Système métrique, applications à la mesure des volumes et à leurs rapports avec les poids. Premières notions de comptabilité.

	SECTION ENFANTINE DE 5 A 7 ANS.	COURS ÉLÉMENTAIRE DE 8 A 9 ANS.	COURS MOYEN DE 9 A 11 ANS.	COURS SUPÉRIEUR DE 11 A 13 ANS.
8° Géométrie.	....	Simples exercices pour faire reconnaître et désigner les figures régulières les plus élémentaires : carré, rectangle, triangle, cercle. Différentes sortes d'angles. Idée des trois dimensions. Notions sur les solides au moyen de modèles en relief. Exercices fréquents de mesure et de comparaison des grandeurs par le coup d'œil ; appréciation approximative des distances et leur évaluation en mesures métriques.	Étude et représentation graphique au tableau noir des figures de géométrie plane et de leurs combinaisons les plus simples. Notions pratiques sur le cube, le prisme, le cylindre, la sphère, sur leurs propriétés fondamentales ; applications au système métrique.	Notions sommaires sur la géométrie plane et sur la mesure des volumes. *Pour les garçons* : Application aux opérations les plus simples de l'arpentage. Idée du nivellement.
9° Dessin d'ornement.	Combinaisons de lignes. Représentation de ces combinaisons sur l'ardoise et le papier au crayon ordinaire ou en traits de couleur ; petits dessins d'invention sur le papier quadrillé ; reproduction de dessins très simples faits par la maîtresse. Représentation d'objets usuels les plus simples.	Tracé des lignes droites et leur division en parties égales. Évaluation des rapports des lignes entre elles. Reproduction et évaluation des angles. Premiers principes du dessin d'ornement. Circonférences, polygones réguliers, rosaces étoilées.	*Dessin à main levée.* — Courbes géométriques usuelles : ellipses, spirales, etc. Courbes empruntées au règne végétal : tiges, feuilles, fleurs. Copie de plâtres représentant des ornements plans d'un faible relief. Représentation géométrale au trait et représentation perspective,	Premières notions de dessin géométral et éléments de perspective. *Dessin à main levée.* — Dessin d'après l'estampe et d'après le relief, d'ornements purement géométriques : moulures, oves, rais de cœur, perles, denticules, etc. Dessin d'après l'estampe et d'après le relief, d'ornements empruntant leurs éléments au règne végétal : feuilles, fleurs

	SECTION ENFANTINE DE 5 A 7 ANS.	COURS ÉLÉMENTAIRE DE 7 A 9 ANS.	COURS MOYEN DE 9 A 11 ANS.	COURS SUPÉRIEUR DE 11 A 13 ANS.
9° Dessin d'ornement. (Suite.)	....	....	au trait, puis avec les ombres, de solides géométriques et d'objets usuels simples. — *Dessin géométrique.* — Emploi (au tableau) des instruments servant au tracé des lignes droites et des circonférences : règle, compas, équerre et rapporteur. — Se borner, dans cette partie du cours, à faire comprendre aux élèves l'usage de ces instruments dont ils acquerront le maniement dans le cours supérieur.	et fruits, palmettes, rinceaux, etc. — Notions élémentaires sur les ordres d'architecture données au tableau par le maître (3 leçons). Dessin de la tête humaine : ses parties, ses proportions. — *Dessin géométrique.* — Exécution sur le papier, avec l'aide des instruments, des tracés géométriques qui ont été faits au tableau dans le cours moyen. Principes du lavis à teintes plates. Dessins reproduisant des motifs de décoration de surfaces planes ou d'un faible relief : carrelages, parquetages, vitraux, panneaux, plafonds. Lavis à l'encre de Chine et à la couleur de quelques-uns de ces dessins. — Relevé, avec cotés et représentation géométrale au trait, de solides géométriques et d'objets simples, tels que : assemblages de charpente et de menuiserie, dispositions extérieures d'appareils de pierres de taille, grosses pièces de serrurerie, meubles les plus ordinaires, etc. — Emploi du lavis pour exprimer la nature des matériaux. — Lavis des plans et des cartes.

	SECTION ENFANTINE DE 5 A 7 ANS.	COURS ÉLÉMENTAIRE DE 7 A 9 ANS.	COURS MOYEN DE 9 A 11 ANS.	COURS SUPÉRIEUR DE 11 A 13 ANS.
10° Éléments usuels des sciences physiques et naturelles. (Leçons de choses.)	Notions très élémentaires sur le corps humain, hygiène (petits conseils); petite étude comparée des animaux que l'enfant connaît, des plantes, des pierres, des métaux; quelques plantes alimentaires et industrielles; pierres et métaux d'usage ordinaire. L'air, l'eau (vapeur, nuage, pluie, neige, glace). Petites leçons de choses, toujours avec les objets mis sous les yeux et dans les mains des enfants. Exercices et entretiens familiers ayant pour but de faire acquérir aux enfants les premiers éléments des connaissances usuelles (la droite et la gauche; noms des jours et des mois; distinction d'animaux, de végétaux, de minéraux; les saisons) et surtout de les amener à regarder, à observer, à comparer, à questionner et à retenir. Pour l'ordre à suivre dans	Leçons de choses graduées. (L'homme, les animaux, les végétaux, les minéraux); observation d'objets et de phénomènes usuels avec des explications simples. Notions sommaires sur la transformation des matières premières en matières ouvrées d'usage courant (aliments, tissus, papiers, bois, pierres, métaux). Petites collections faites par les élèves, notamment au cours des promenades scolaires.	Notions très élémentaires de sciences naturelles. *L'homme.* — Description sommaire du corps humain et idée des principales fonctions de la vie. *Les animaux.* — Notions des grands embranchements et de la division des vertébrés en classes, à l'aide d'un animal pris comme type de chaque groupe. *Les végétaux.* — Étude, sur quelques types choisis, des principaux organes de la plante, notion des grandes divisions du règne végétal, indication de plantes utiles et nuisibles (surtout dans les promenades scolaires). Les trois états des corps. Notions sur l'air et l'eau et sur la combustion. Petites démonstrations expérimentales.	Notions de sciences naturelles, révision avec extension du cours moyen. *L'homme.* — Notions sur la digestion, la circulation, la respiration, le système nerveux, les organes des sens. Conseils pratiques d'hygiène. Abus de l'alcool, du tabac, etc. *Les animaux.* — Grands traits de la classification. Animaux utiles et animaux nuisibles. *Les végétaux.* — Parties essentielles de la plante; principaux groupes. Herborisations. *Les minéraux.* — Notions sommaires sur le sol, les roches, les fossiles, les terrains; exemples tirés de la contrée. Excursions et petites collections. *Premières notions de physique.* — Pesanteur. Levier. Premiers principes de l'équilibre des liquides. Pression atmosphérique : baromètre. Notions très élémentaires et expériences les plus faciles sur la chaleur, la lumière, l'électricité, le magnétisme (ther-

	SECTION ENFANTINE DE 5 A 7 ANS.	COURS ÉLÉMENTAIRE DE 7 A 9 ANS.	COURS MOYEN DE 9 A 11 ANS.	COURS SUPÉRIEUR DE 11 A 13 ANS.
10° Éléments usuels des sciences physiques et naturelles. (*Suite.*)	les leçons, on essaiera de combiner toutes les fois qu'on le pourra, en les rattachant à un même objet, la leçon de choses, le dessin, la leçon morale, les jeux et les chants, de manière que l'unité d'impression de ces diverses formes d'enseignement laisse une trace plus durable dans l'esprit et le cœur des enfants. On s'efforcera de régler, autant que possible, l'ordre des leçons par l'ordre des saisons, afin que la nature même fournisse les objets de ces leçons et que l'enfant contracte ainsi l'habitude d'observer, de comparer et de juger.			momètre, machine à vapeur, paratonnerre, télégraphe, boussole). *Premières notions de chimie.* — Idée des corps simples, des corps composés. Métaux et sels usuels.
11° Agriculture et Horticulture. (Loi du 15 juin 1879, art. 10.)		Premières leçons dans le jardin de l'école.	Notions, à propos des lectures, des leçons de choses et des promenades, sur les principales espèces de sols, les engrais, les travaux et les instruments usuels de culture (bêche, hoyau, charrue, etc.).	Notions plus méthodiques sur les travaux agricoles, les outils aratoires, le drainage, les engrais naturels et artificiels, les semailles et les récoltes; — sur les animaux domestiques; — sur la comptabilité agricole. Notions d'horticulture : principaux procédés de multiplica-

	SECTION ENFANTINE de 5 à 7 ans.	COURS ÉLÉMENTAIRE de 7 à 9 ans.	COURS MOYEN de 9 à 11 ans.	COURS SUPÉRIEUR de 11 à 13 ans.
11° Agriculture et Horticulture. (Loi du 15 juin 1879, art. 10.) (Suite.)	....	....	....	tion des végétaux les plus utiles de la contrée. Notions d'arboriculture : greffes les plus importantes.
12° Chant.	Petits chants des salles d'asile. Chants à l'unisson et à deux parties, exclusivement appris par l'audition.	Chants appris tout d'abord par l'audition. Lecture des notes.	Chants d'ensemble à une et à deux voix appris par l'audition. Connaissance des notes, portée, clef de *sol*, lecture, premiers exercices d'intonation; durée : ronde, blanche, noire, croches, silences, mesures à deux, trois et quatre temps ; lecture des notes avec la durée en battant la mesure. Exercices les plus simples de solfège ; dictées orales.	Continuation du cours moyen. Exercices d'intonation. Clef de *sol* et clef de *fa*. Gamme diatonique majeure, intervalles naturels, signes altératifs. Principaux tons majeurs et mineurs. Durée. Exercices de solfège, dictées orales, exécution de morceaux d'ensemble à une et à deux parties.

III

ÉDUCATION MORALE

Objet. — Méthode. — Programme.

1° OBJET DE L'ENSEIGNEMENT MORAL.

L'éducation morale se distingue profondément par son but et par ses caractères essentiels des deux autres parties du programme.

But et caractères essentiels de cet enseignement. — L'enseignement moral est destiné à compléter et à relier, à relever et à ennoblir tous les enseignements de l'école. Tandis que les autres études développent chacune un ordre spécial d'aptitudes et de connaissances utiles, celle-ci tend à développer dans l'homme l'homme lui-même, c'est-à-dire un cœur, une intelligence, une conscience.

Par là même l'enseignement moral se meut dans une tout autre sphère que le reste de l'enseignement. La force de l'éducation morale dépend bien moins de la précision et de la liaison logique des vérités enseignées que de l'intensité du sentiment, de la vivacité des impressions et de la chaleur communicative de la conviction. Cette éducation n'a pas pour but de faire *savoir*, mais de faire *vouloir*; elle émeut plus qu'elle ne démontre; devant agir sur l'être sensible, elle procède plus du cœur que du raisonnement; elle n'entreprend pas d'analyser toutes les raisons de l'acte moral, elle cherche avant tout à le produire, à le répéter, à en faire une habitude qui gouverne la vie. A l'école primaire surtout, ce n'est pas une science, c'est un art, l'art d'incliner la volonté libre vers le bien.

Rôle de l'instituteur dans cet enseignement. — L'instituteur est chargé de cette partie de l'éducation, en même temps que des autres, comme représentant de la société : la société laïque et démocratique a en effet l'intérêt le plus direct à ce que tous ses membres soient initiés de bonne heure et par des leçons ineffaçables au sentiment de leur dignité et à un sentiment non moins profond de leur responsabilité personnelle.

Pour atteindre ce but, l'instituteur n'a pas à enseigner de toutes pièces une morale théorique suivie d'une morale pratique comme s'il s'adressait à des enfants dépourvus de toute notion préalable du bien et du mal : l'immense majorité lui arrive au contraire ayant déjà reçu ou recevant un enseignement religieux qui les familiarise avec l'idée d'un Dieu auteur de l'univers et père des hommes, avec les traditions, les croyances, les pratiques d'un culte chrétien ou israélite ; au moyen de ce culte et sous les formes qui lui sont particulières, ils ont déjà reçu les notions fondamentales de la morale éternelle et universelle ; mais ces notions sont encore chez eux à l'état de germe naissant et fragile, elles n'ont pas pénétré profondément en eux-mêmes; elles sont fugitives et confuses, plutôt entrevues que possédées, confiées à la mémoire bien plus qu'à la conscience à peine exercée encore. Elles attendent d'être mûries et développées par une culture convenable. C'est cette culture que l'instituteur public va leur donner.

Sa mission est donc bien délimitée ; elle consiste à fortifier, à enraciner dans l'âme de ses élèves, pour toute leur vie, en les faisant passer dans la pratique quotidienne, ces notions essentielles de moralité humaine, communes à toutes les doctrines et nécessaires à tous les hommes civilisés. Il peut remplir cette mission sans avoir à faire personnellement ni adhésion, ni opposition à aucune des diverses croyances confessionnelles auxquelles ses élèves associent et mêlent les principes généraux de la morale.

Il prend ces enfants tels qu'ils lui viennent, avec leurs idées et leur langage, avec les croyances qu'ils tiennent de la famille et il n'a d'autre souci que de leur apprendre à en tirer ce qu'elles contiennent de plus précieux au point de vue social, c'est-à-dire les préceptes d'une haute moralité.

Objet propre et limites de cet enseignement. — L'enseignement moral laïque se distingue donc de l'enseignement religieux sans le contredire. L'instituteur ne se substitue ni au prêtre, ni au père de famille; il joint ses efforts aux leurs pour faire de chaque enfant un honnête homme. Il doit insister sur les devoirs qui rapprochent les hommes et non sur les dogmes qui les divisent. Toute discussion théologique et philosophique lui est manifestement interdite par le caractère même de ses fonctions, par l'âge de ses élèves, par la confiance des familles et de l'État; il concentre tous ses efforts sur un problème d'une autre nature, mais non moins ardu, par cela même qu'il est exclusivement pratique : c'est de faire faire à tous ces enfants l'apprentissage effectif de la vie morale.

Plus tard, devenus citoyens, ils seront peut-être séparés par des opinions dogmatiques, mais du moins ils seront d'accord dans la pratique pour placer le but de la vie aussi haut que possible, pour avoir la même horreur de tout ce qui est bas et vil, la même admiration de ce qui est noble et généreux, la même délicatesse dans l'appréciation du devoir, pour aspirer au perfectionnement moral, quelques efforts qu'il coûte, pour se sentir unis, dans ce culte général du bien, du beau et du vrai qui est aussi une forme, et non la moins pure du sentiment religieux.

2° MÉTHODE.

Que, par son caractère, par sa conduite, par son langage, il soit lui-même le plus persuasif des exemples. Dans cet ordre d'enseignement, ce qui ne vient pas du cœur ne va pas au cœur. Un maître qui récite des préceptes, qui parle du devoir sans conviction, sans chaleur, fait bien pis que perdre sa peine, il est en faute : un cours de morale régulier, mais froid, banal et sec, n'enseigne pas la morale, parce qu'il ne la fait pas aimer. Le plus simple récit où l'enfant pourra surprendre un accent de gravité, un seul mot sincère, vaut mieux qu'une longue suite de leçons machinales.

D'autre part, — et il est à peine besoin de formuler cette prescription, — le maître devra éviter comme une mauvaise action tout ce qui, dans son langage ou dans son attitude, blesserait les croyances religieuses des enfants confiés à ses soins, tout ce qui porterait le trouble dans leur esprit, tout ce qui trahirait de sa part envers une opinion quelconque un manque de respect ou de réserve.

La seule obligation à laquelle il soit tenu, — et elle est compatible avec le respect de toutes les croyances, — c'est de surveiller d'une façon pratique et paternelle le développement moral de ses élèves avec la même sollicitude qu'il met à suivre leurs progrès scolaires; il ne doit pas se croire quitte envers aucun d'eux s'il n'a fait autant pour l'éducation du caractère que pour celle de l'intelligence. A ce prix seulement l'instituteur aura mérité le titre d'*éducateur*, et l'instruction primaire le nom d'*éducation libérale*.

3° PROGRAMME.

Voir les tableaux ci-après.

TABLEAUX.

	SECTION ENFANTINE DE 5 A 7 ANS.	COURS ÉLÉMENTAIRE DE 7 A 9 ANS.	COURS MOYEN DE 9 A 11 ANS.	COURS SUPÉRIEUR DE 11 A 13 ANS.
1° Morale.	Causeries très simples, mêlées à tous les exercices de la classe et de la récréation. Petites poésies expliquées et apprises par cœur. — Historiettes morales racontées et suivies de questions propres à en faire ressortir le sens et à vérifier si les enfants l'ont compris. — Petits chants. Soins particuliers de la maîtresse à l'égard des enfants chez lesquels elle a observé quelque défaut ou quelque vice naissant.	Entretiens familiers. Lectures avec explications (récits, exemples, préceptes, paraboles et fables). Enseignement par le cœur. Exercices pratiques tendant à mettre la morale en action dans la classe même : 1° Par l'observation individuelle des caractères (tenir compte des prédispositions des enfants pour corriger leurs défauts avec douceur ou développer leurs qualités) ; 2° Par l'application intelligente de la discipline scolaire comme moyen d'éducation (distinguer soigneusement le manquement au devoir de la simple infraction au règlement, faire saisir le rapport de la faute à la punition, donner l'exemple dans le gouvernement	Entretiens, lectures avec explications, exercices pratiques. — Même mode et mêmes moyens d'enseignement que précédemment, avec un peu plus de méthode et de précision. — Coordonner les leçons et les lectures de manière à n'omettre aucun point important du programme ci-dessous : I L'enfant dans la famille. Devoirs envers les parents et les grands-parents. — Obéissance, respect, amour, reconnaissance. — Aider les parents dans leurs travaux ; les soulager dans leurs maladies ; venir à leur aide dans leurs vieux jours. Devoirs des frères et sœurs. — S'aimer les uns les autres : protection des plus âgés à l'égard	Entretiens, lectures, exercices pratiques, comme dans les deux cours précédents. Celui-ci comprend, de plus, en une série régulière de leçons, dont le nombre et l'ordre pourront varier, un enseignement élémentaire de la morale en général et plus particulièrement de la Morale sociale, d'après le programme ci-après : 1° La famille. — Devoirs des parents et des enfants ; devoirs réciproques des maîtres et des serviteurs ; l'esprit de famille. 2° La société. — Nécessité et bienfaits de la société. La justice, condition de toute société. La solidarité, la fraternité humaine. Applications et développements de l'idée de justice ; respect de la vie et de la liberté humaines, respect de la propriété, respect de la parole donnée, respect de l'honneur et de la réputation d'autrui. La probité, l'équité, la loyauté, la délicatesse. Respect des opinions et des croyances.

	SECTION ENFANTINE DE 5 A 7 ANS.	COURS ÉLÉMENTAIRE DE 7 A 9 ANS.	COURS MOYEN DE 9 A 11 ANS.	COURS SUPÉRIEUR DE 11 A 13 ANS.
1° **Morale.** (*Suite*.)	....	de la classe d'un scrupuleux esprit d'équité, inspirer l'horreur de la délation, de la dissimulation, de l'hypocrisie; mettre au-dessus de tout la franchise et la droiture, et pour cela ne jamais décourager le franc-parler des enfants, leurs réclamations, leurs demandes, etc.); 3° Par l'appel incessant au sentiment et au jugement moral de l'enfant lui-même (faire souvent les élèves juges de leur propre conduite, leur faire estimer surtout, chez eux et chez les autres, l'effet moral et intellectuel, savoir les laisser dire et les laisser faire, sauf à les amener ensuite à découvrir par eux-mêmes leurs erreurs ou leurs torts); 4° Par le redressement des	des plus jeunes; action de l'exemple. *Devoirs envers les serviteurs.* — Les traiter avec politesse, avec bonté. *L'enfant dans l'école.* — Assiduité, docilité, travail, convenance. — Devoirs envers l'instituteur. — Devoirs envers les camarades. *La patrie.* — La France, ses grandeurs et ses malheurs. — Devoirs envers la patrie et la société. II *Devoirs envers soi-même.* — Le *corps*, propreté, sobriété et tempérance, dangers de l'ivresse, gymnastique. *Les biens extérieurs.* — Économie; éviter les dettes; funestes effets de la passion du jeu; ne pas trop aimer l'argent et le gain; prodigalité, avarice. Le travail (ne	Applications et développements de l'idée de *charité* ou de *fraternité*. Ses divers degrés; devoir de bienveillance, de reconnaissance, de tolérance, de clémence, etc. Le dévouement, forme suprême de la charité ; montrer qu'il peut trouver place dans la vie de tous les jours. 3° *La patrie.* — Ce que l'homme doit à la patrie (l'obéissance aux lois, le service militaire, discipline, dévouement, fidélité au drapeau).— L'impôt (condamnation de toute fraude envers l'État). — Le vote (il est moralement obligatoire, il doit être libre, consciencieux, désintéressé, éclairé). — Droits qui correspondent à ces devoirs : liberté individuelle, liberté de conscience, liberté du travail, liberté d'association. Garantie de la sécurité de la vie et des biens de tous. La souveraineté nationale. Explication de la devise républicaine : Liberté, Égalité, Fraternité. Dans chacun de ces chapitres du cours de morale sociale, on fera

	SECTION ENFANTINE DE 5 A 7 ANS.	COURS ÉLÉMENTAIRE DE 7 A 9 ANS.	COURS MOYEN DE 9 A 11 ANS.	COURS SUPÉRIEUR DE 11 A 13 ANS.
1° Morale. (Suite.)	....	notions grossières (préjugés et superstitions populaires, croyance aux sorciers, aux revenants, à l'influence de certains nombres, terreurs folles, etc.); 3° Par l'enseignement à tirer des faits observés par les enfants eux-mêmes : à l'occasion, leur faire sentir les tristes suites des vices dont ils ont parfois l'exemple sous les yeux, de l'ivrognerie, de la paresse, du désordre, de la cruauté, des appétits brutaux, etc.; en leur inspirant autant de compassion pour les victimes du mal que d'horreur pour le mal lui-même; — procéder de même par voie d'exemples concrets et d'appels à l'expérience immédiate des enfants pour les initier aux émotions morales (les	pas perdre de temps, obligation du travail pour tous les hommes, noblesse du travail manuel). *L'âme.* — Véracité et sincérité : ne jamais mentir. — Dignité personnelle, respect de soi-même. — Modestie : ne pas s'aveugler sur ses défauts. — Éviter l'orgueil, la vanité, la coquetterie, la frivolité. — Avoir honte de l'ignorance et de la paresse. — Courage dans le péril et dans le malheur; patience; esprit d'initiative. — Dangers de la colère. Traiter les animaux avec douceur; ne point les faire souffrir inutilement. — Loi Grammont, sociétés protectrices des animaux. *Devoirs envers les autres hommes.* — Justice et charité (ne faites pas à autrui ce que vous ne	remarquer à l'élève, sans entrer dans des discussions métaphysiques : 1° La différence entre le devoir et l'intérêt, même lorsqu'ils semblent se confondre, c'est-à-dire, le caractère impératif et désintéressé du devoir. 2° La distinction entre la loi écrite et la loi morale; l'une fixe un maximum de prescriptions que la société impose à tous ses membres sous des peines déterminées; l'autre impose à chacun dans le secret de sa conscience un devoir que nul ne le contraint à remplir, mais auquel il ne peut faillir sans se sentir coupable envers lui-même et envers Dieu.

	SECTION ENFANTINE DE 5 A 7 ANS.	COURS ÉLÉMENTAIRE DE 7 A 9 ANS.	COURS MOYEN DE 9 A 11 ANS.	COURS SUPÉRIEUR DE 11 A 13 ANS.
1° **Morale.** (*Suite.*)	....	élever, par exemple, au sentiment d'admiration pour l'ordre universel et au sentiment religieux en leur faisant contempler quelques grandes scènes de la nature; au sentiment de la charité en leur signalant une misère à soulager, en leur donnant l'occasion d'un acte effectif de charité à accomplir avec discrétion; aux sentiments de la reconnaissance et de la sympathie par le récit d'un trait de courage, par la visite à un établissement de bienfaisance, etc.).	voudriez pas qu'on vous fit, faites aux autres ce que vous voudriez qu'ils vous fissent). — Ne porter atteinte ni à la vie, ni à la personne, ni aux biens, ni à la réputation d'autrui. — Bonté, fraternité. — Tolérance, respect de la croyance d'autrui. *N. B.* Dans tout ce cours, l'instituteur prend pour point de départ l'existence de la conscience, de la loi morale et de l'obligation. Il fait appel au sentiment et à l'idée du devoir, au sentiment et à l'idée de la responsabilité; il n'entreprend pas de les démontrer par un exposé théorique. *Devoirs envers Dieu.* — L'instituteur n'est pas chargé de faire un cours *ex professo* sur la nature et les attributs de Dieu; l'enseignement qu'il doit donner à tous indistinctement se borne à deux points :	

1º Morale. (Suite.)	SECTION ENFANTINE DE 5 A 7 ANS.	COURS ÉLÉMENTAIRE DE 7 A 9 ANS.	COURS MOYEN DE 9 A 11 ANS.	COURS SUPÉRIEUR DE 11 A 13 ANS.
	....	....	D'abord il leur apprend à ne pas prononcer légèrement le nom de Dieu; il associe étroitement dans leur esprit à l'idée de la Cause première et de l'Être parfait un sentiment de respect et de vénération, et il habitue chacun d'eux à environner du même respect cette notion de Dieu, alors même qu'elle se présenterait à lui sous des formes différentes de celles de sa propre religion. Ensuite, et sans s'occuper des prescriptions spéciales aux diverses communions, l'instituteur s'attache à faire comprendre et sentir à l'enfant que le premier hommage qu'il doit à la divinité, c'est l'obéissance aux lois de Dieu telles que les lui révèlent sa conscience et sa raison.	

VI

PROGRAMMES D'ENSEIGNEMENT

DES COURS COMPLÉMENTAIRES ET DES ÉCOLES PRIMAIRES SUPÉRIEURES.

(Annexe G de l'arrêté organique du 18 janvier 1887.)

I

ÉDUCATION PHYSIQUE
ET PRÉPARATION A L'APPRENTISSAGE PROFESSIONNEL

1° *Gymnastique.*

Cours complémentaires. — Continuation des exercices du cours supérieur des écoles primaires.

Suivre les *Manuels* spéciaux pour chaque sexe, publiés par le Ministère.

Écoles primaires supérieures. — Mouvements d'ensemble. — Exercices avec appareils.

Deuxième partie des *Manuels* publiés par le Ministère.

2° *Exercices militaires.*

(Pour les garçons.)

Cours complémentaires. — Continuation des exercices du cours supérieur de l'école primaire.

Écoles primaires supérieures. — Exercice militaire : revision de l'école du soldat sans arme. — Mécanisme des mouvements en ordre dispersé. — Marches militaires et topographiques.

Exercices préparatoires au tir : notions sur les lignes de tir. — Étude pratique sur le mécanisme du fusil.

Se conformer au *Manuel* spécial publié par les Ministères de l'instruction publique et de la Guerre.

3° *Travaux manuels.*

(Pour les garçons.)

Cours complémentaires. — Même programme que dans les écoles primaires supérieures.

Écoles primaires supérieures. — *Travail du bois.* — Principaux bois employés dans les constructions ou dans les machines. — Leurs qualités et usages.

Principaux outils employés au travail des bois.

Divers travaux de sciage, perçage, rabotage, tournage, assemblages divers.

Travail du fer. — Propriétés, variétés, qualités, usages du fer. Principaux outils employés usuellement dans le travail du fer.

Travail à la lime, martelage, forgeage, soudures, burinage, perçage, tournage, assemblages divers, ajustage.

Croquis cotés d'objets à exécuter et construction d'objets simples en bois ou fer, d'après ces croquis.

4° Travaux manuels.
(Pour les filles.)

Cours complémentaires. — Mêmes travaux que pour les écoles primaires supérieures, avec moins de développement.

Écoles primaires supérieures.

1° Travaux de ménage.

Organisation et entretien de la maison d'habitation.
Chauffage. — Éclairage.
Entretien du mobilier.
Entretien des étoffes et du linge.
Blanchissage du linge. — Buanderie. — Repassage.
Farine. — Boulangerie. — Four. — Cuisson du pain. — Pâtisserie.
Provisions de ménage. — Bois. — Charbon. — Eau potable. — Vin et soins à lui donner. — Vinaigre.
Cidre. — Bière. — Café. — Huile. — Graisse. — Sucre.
Conservation et cuisson de la viande.
Qualités et choix des viandes.
Principes élémentaires de la cuisine.
Pot-au-feu. — Bouillon. — Friture. — Rôti.
Gibier. — Poisson.
Conservation et cuisson des légumes.
Conservation des fruits. — Fruitier. — Emballage et transport des fruits.
Fabrication des confitures, fruits à l'eau-de-vie, sirops, liqueurs.
Comptabilité du ménage.
N. B. — Les élèves devront être, autant que possible, associées à la tenue du ménage et à la préparation des repas.

2° Travaux du jardin.

Notions sommaires d'agriculture. — Le sol, les engrais et les amendements. — Différentes sortes de culture.
Le jardin. — Disposition générale du jardin; allées, bordures, murs, espaliers, travaux et outils de jardinage.
Le jardin fruitier. — Principes généraux de la culture des arbres fruitiers avec application aux variétés qui conviennent le mieux au pays. — Maladies des arbres fruitiers. — Destruction des animaux nuisibles.
Le jardin potager. — Variétés, culture et récolte des légumes. — Porte-graines, récolte, triage et conservation des grains. — Culture forcée : couches, châssis, cloches.
Notions sur la culture des fleurs. — Soit pour l'ornement, soit pour la fabrication des parfums.

3° Travaux de la ferme.

La ferme. — Vacherie et laiterie. — Notions générales sur la fabrication du beurre et du fromage.

Notions sommaires sur la bergerie et sur la porcherie. — La basse-cour. — Élevage et engraissement des volailles. — Pigeons. — Lapins. — Abeilles et vers à soie.

4° *Travaux de couture.*

Différents points de couture. — Reprises. — Tricot, remmaillage et raccommodage.

Couture d'assemblage. — Lingerie. — Chemises d'hommes, de femmes et d'enfants. — Pantalons, camisoles, bonnets, etc.

Coupe et confection des vêtements. — Réduction de patrons. — Robe princesse. — Robe à basques. — Vêtements d'enfants.

N. B. — Les diverses parties du programme ci-dessus pourront être inégalement développées, selon les besoins de la région.

II

ÉDUCATION INTELLECTUELLE.

1° *Lecture.*

Cours complémentaire. — Exercices de lecture à haute voix avec explication; exercices d'élocution et de prononciation.

Lectures à haute voix par le maître et par les élèves, avec explications et analyses; récitation; exercices de diction appliqués à des textes classiques.

2° *Écriture.*

Cours complémentaires. — Cursive, ronde, bâtarde, écriture de commerce.

Écoles primaires supérieures. — Cursive, ronde, bâtarde, écriture de commerce. Calligraphie.

3° *Langue française et éléments de littérature.*

Cours complémentaires. — Revision du cours supérieur des écoles primaires. Continuation des mêmes exercices avec un peu plus de développement.

Exercices oraux, comptes rendus et exposés de vive voix, dictées et exercices grammaticaux sur les règles essentielles de la syntaxe, et principalement lectures à haute voix par le maître et par les élèves, avec explications.

Écoles primaires supérieures. — Revision et développement du cours supérieur des écoles primaires. — Revision méthodique de la syntaxe : Formation des mots. Familles de mots. — Exercices sur le sens propre des mots synonymes. — Exercices sur la proposition. Coordination et subordination des membres de phrases.

Principes élémentaires de composition. Application de ces principes à des narrations, lettres, rapports, etc.

Notions élémentaires sur l'histoire de la littérature française.

Les élèves seront exercés à écrire des lettres d'affaires et des rédactions d'une difficulté graduée, à décrire des objets préalablement examinés sous la direction du maître, à résumer une lecture ou une leçon, à discuter un jugement historique ou une pensée morale, etc.

Les élèves seront exercés à faire des exposés du même genre de vive voix.

4° Histoire.

Cours complémentaires. — Revision méthodique de l'histoire de France ; formation du territoire ; progrès des institutions nationales ; grands événements des temps modernes.

Écoles primaires supérieures. — Histoire. — Rivalité de la France et de l'Angleterre ; guerre de Cent ans. — Les Turcs en Europe ; chute de Constantinople.

Les grandes inventions : la boussole, la poudre à canon, le papier, l'imprimerie. — Découverte du Nouveau Monde.

Charles VII et Louis XI. — Les guerres d'Italie.

François Ier. — Lutte de la France et de la maison d'Autriche. — La Renaissance.

La Réforme et les guerres de religion.

Henri IV. — L'édit de Nantes ; Sully.

Richelieu et Mazarin. — Traités de Westphalie et des Pyrénées.

Louis XIV. — Guerres et conquêtes. — Révocation de l'édit de Nantes. — Colbert, Louvois, Vauban. — Les lettres et les arts au XVIIe siècle.

Louis XV. — La Régence ; le système de Law. — Abaissement de la puissance française ; élévation de la Prusse et de la Russie ; lutte maritime entre la France et l'Angleterre ; les Indes et le Canada. — Les philosophes et les économistes.

Louis XVI. — Turgot, Necker. — Guerre d'Amérique. — Convocation des États généraux.

Formation du territoire français sous l'ancienne monarchie.

Les institutions avant 1789. — État de la France en 1789 (le pouvoir royal et les États généraux, les Trois Ordres, les Corporations et les Privilèges, la Justice, l'Armée, les Impôts, l'Agriculture, les Colonies, etc.).

L'Assemblée constituante, ses réformes. — Les principes de 1789. — Constitution de 1791.

L'Assemblée législative.

La Convention. — Établissement de la République. — Les partis. — Procès et mort de Louis XVI. — Guerres. — Traité de Bâle. — Institutions et créations de la Convention. — Constitution de l'an III.

Le Directoire. — Bonaparte. — Le 18 Brumaire. — Constitution de l'an VIII. — Les institutions du Consulat. — Le Code civil. — La paix d'Amiens.

L'Empire. — Le blocus continental. — Les traités de 1815.

La Restauration. — La Charte, le régime parlementaire. — Prise d'Alger. — La monarchie de Juillet. — La République de 1848. — Le second Empire. — Les événements de 1870 ; le traité de Francfort. — Lois constitutionnelles.

5° Géographie.

Cours complémentaires. — Géographie physique et politique de l'Europe ; géographie plus sommaire des autres parties du monde ; géographie approfondie de la France, de l'Algérie et des colonies françaises ; tracé de cartes de mémoire.

Écoles primaires supérieures. — Les continents. — Principaux reliefs du sol.

Les océans et leurs courants. — Grands bassins fluviaux.

Asie, Afrique, Amérique, Océanie. — Principaux États. — Colonies européennes. — Productions diverses.

Relations commerciales des cinq parties du monde entre elles et principalement avec la France.

Europe. — Configuration générale. — Système de montagnes. — Distribution des eaux. — Différents climats.

États de l'Europe : langues, religions, gouvernements. — Principaux centres industriels et commerciaux. — Voies de communication.

Relations de la France avec les divers pays de l'Europe.

La France. — Configuration et dimensions. — Côtes et frontières.

Relief du sol : montagnes, plateaux et plaines.

Système des eaux : versants et bassins ; fleuves et affluents ; lacs, étangs, marais.

Géographie politique. — Anciennes provinces et départements. — Divisions administratives.

Géographie économique. — Zones de culture. — Bassins houillers. — Principales productions de l'agriculture et de l'industrie. — Voies de communication, canaux, routes, chemins de fer.

Algérie et colonies.

6° *Instruction civique, droit usuel, notions d'économie politique.*

COURS COMPLÉMENTAIRES. — Revision du cours supérieur des écoles primaires.

ÉCOLES PRIMAIRES SUPÉRIEURES. — Développement du programme du cours supérieur des écoles primaires.

Notions plus approfondies sur l'organisation politique, financière, administrative et judiciaire de la France.

Notions élémentaires de droit civil (la famille et l'état civil, le régime des biens, les successions, les contrats) et de droit commercial (les commerçants, les sociétés de commerce, les lettres de change, le billet à ordre et le chèque).

Notions sommaires d'économie politique.

Production de la richesse. — Des agents de la production : la matière, le travail, l'épargne, le capital, la propriété.

Circulation et distribution des richesses. — L'échange, la monnaie, le crédit, le salaire et l'intérêt.

Consommation de la richesse. — Consommations productives et improductives ; la question du luxe ; dépenses de l'État ; l'impôt, le budget.

7° *Arithmétique, géométrie, arpentage et comptabilité.*

COURS COMPLÉMENTAIRES. — Revision et développement du cours des écoles primaires.

Écoles primaires supérieures.

ARITHMÉTIQUE.

Arithmétique. — Opérations sur les nombres entiers. — Procédés rapides de calcul mental et de calcul écrit. — Caractères de divisibilité les plus simples. — Preuve par 9 de la multiplication et de la division. — Plus grand commun diviseur de deux nombres. — Décomposition des nombres en facteurs premiers. — Composition du plus grand commun diviseur et du plus petit commun multiple de plusieurs nombres.

Fractions ordinaires. — Simplification des fractions. — Réduction de plusieurs fractions à un dénominateur commun. — Opérations sur les fractions. — Fractions décimales. — Opérations sur les fractions décimales. — Réduction des fractions ordinaires en fractions décimales.

Racine carrée. — Pratique de l'extraction d'une racine carrée à une unité près, ou à une unité décimale près.

Notions très simples sur les rapports et les proportions. — Grandeurs proportionnelles.
Problèmes divers : Intérêt simple. — Escompte. — Échéance commune. — Fonds publics. — Actions. — Obligations. — Assurances. — Caisses d'épargne. — Partages proportionnels. — Répartition de l'impôt. — Règles de moyennes.

SYSTÈME MÉTRIQUE.

Applications nombreuses, principalement à la mesure des surfaces et des volumes simples.

ALGÈBRE.

Éléments de calcul algébrique.
Résolution des équations numériques du 1er degré à une et plusieurs inconnues, sans discussion.
Application aux problèmes d'arithmétique.
Résolution des équations du 1er degré sans discussion. — Problèmes et exercices numériques.
Résolution, sans discussion, des équations du second degré à une inconnue ; application à des problèmes d'arithmétique et de géométrie.
Principales propriétés des progressions arithmétiques et géométriques.
Idées générales des logarithmes. — Usage des tables de logarithmes à 4 ou 5 décimales.
Applications aux intérêts composés et aux annuités.

GÉOMÉTRIE.

Géométrie plane et levé des plans. — Méthode générale employée pour lever un plan. — Levé au mètre. — Levé au graphomètre. — Levé à l'équerre d'arpenteur. — Construction du plan sur le papier. — Échelle. — Levé à la planchette. — Problèmes topographiques simples.
Notions élémentaires de géométrie dans l'espace, et applications. — Lignes trigonométriques, exercices sur la résolution des triangles dans les cas les plus usuels.

ARPENTAGE.

Opérations faites directement sur le terrain. — Évaluation des surfaces sur les plans dessinés. — Problème d'arpentage. — Plan cadastral. — Nivellement. — Emploi du niveau d'eau. — Mire. — Lectures des cartes topographiques.

PREMIÈRES NOTIONS DE COMMERCE ET DE COMPTABILITÉ.

Commerçants. — Actes de commerce. — Achats et ventes. — Mémoires. — Factures. — Acquit. — Quittance ou reçu. — Billet simple. — Billet à ordre. — Lettre de change ou traite. — Endossement. — Acceptation. — Protêt. — Mandat. — Chèque. — Négociation des effets de commerce. — Escompte. — Commission. — Bordereau. — Tenue des livres. — Notions sur la tenue des livres en partie simple. — Son insuffisance. — Tenue des livres en partie double. — Faillite. — Concordat. — Réhabilitation. — Banqueroute.

8° Éléments des sciences physiques.

Cours complémentaires. — Premières notions de physique et de chimie, enseignées essentiellement au moyen d'expériences simples et d'explications élémentaires.

Pesanteur; ses effets; levier; balances.
Pressions exercées par les liquides.
Pression atmosphérique, baromètre.
Principales expériences d'une exécution facile sur la chaleur, la lumière, l'électricité, le magnétisme (thermomètre, machine à vapeur, paratonnerre, télégraphe, boussole).
Idée des corps simples, des corps composés. Métaux et sels usuels.

Écoles primaires supérieures.

I. — PHYSIQUE.

Notions usuelles sur les trois états des corps, les propriétés des liquides et des gaz, la pression atmosphérique, le baromètre.
Notions expérimentales sur les effets de la chaleur, le thermomètre, le vent, la pluie, la neige; sur les principaux phénomènes électriques, le paratonnerre.
Équilibre des liquides, vases communiquants. Presse hydraulique, corps flottants, usage des aréomètres.
Loi de Mariotte. Manomètres. Pompes. Siphon.
Dilatation des corps par la chaleur. Applications. Conductibilité et applications.
Sources de chaleur. Chauffage des corps solides ou liquides et de l'air des appartements ou des ateliers.
Changements d'état : fusion, évaporation, ébullition, distillation. Emploi de la vapeur comme force motrice.
Phénomènes électriques. Piles, applications de l'électricité, galvanoplastie, lumière électrique.
Aimants, emploi de la boussole. Électro-aimants. Télégraphe.
Production des sons. Écho.
Réflexion de la lumière, miroir plan, miroir concave.
Image des objets par les lentilles; usages de la loupe, du microscope, des lunettes.
Notions de mécanique physique. — Mouvements. Forces. Idée du travail des forces.
Moteurs à vapeur.
Applications industrielles particulières à la contrée.

II. — CHIMIE.

Exercices d'observation et examen de quelques faits familiers servant d'introduction à l'étude de la chimie.
Eau, air, leur importance au point de vue géologique et au point de vue de la vie animale et végétale. — Expériences simples sur les propriétés de l'eau et de l'air. — Analyse et synthèse de l'eau.
Les métalloïdes et les métaux les plus utiles.
Oxygène. — Hydrogène. — Azote. — Soufre. — Chlore. — Phosphore. — Charbon. — Fer. — Zinc. — Étain. — Plomb. — Cuivre. — Mercure. — Argent. — Or. — Platine.
Notions sur les acides, les oxydes et les sels.
Notions de chimie organique : 1° Au point de vue de l'industrie : gaz de l'éclairage. — Benzine. — Essence de térébenthine. — Pétrole. — Savon. — Bougie. — De l'amidon. — Des sucres. — Fabrication des alcools. — Du papier. — Matières

colorantes naturelles et artificielles. — Teinture. — Conservation du bois. — Tannage des peaux.

2° Au point de vue agricole : Fabrication du pain. — Liqueurs fermentées (vin, bière, cidre). — Fromages. — Composition des aliments. — Œufs. — Lait. — Sang. — Chair des animaux. — Conservation des matières alimentaires.

Lois de la chimie. — Notions sur les équivalents, sur la composition des corps en poids et en volume.

Principales applications industrielles.

9° *Éléments usuels des sciences naturelles.*

Cours complémentaires. — Revision avec extension des matières du cours supérieur des écoles primaires.

Écoles primaires supérieures. — Notions élémentaires sur l'organisation de l'homme. Énumération des principaux organes et des fonctions qui s'y rapportent.

Fonctions de nutrition. — Fonctions de relation. — Notions sur les animaux domestiques et les principales plantes cultivées, en se bornant à la région. Animaux et plantes utiles ou nuisibles : citer surtout des espèces de France, choisies particulièrement dans la région.

Minéraux les plus répandus et les plus employés dans le pays.

Classification des animaux. — Étude élémentaire des vertébrés, en insistant davantage sur les espèces domestiques. — Mammifères et leurs principaux ordres. — Oiseaux, nidification et migrations; espèces insectivores. — Reptiles écailleux. — Batraciens et leurs métamorphoses. — Poissons, espèces alimentaires les plus usuelles d'eau douce et de mer.

Invertébrés. — Notions sommaires sur les insectes et leurs métamorphoses. — Indication des principales espèces utiles et nuisibles de la région. — Notions très sommaires sur les parasites de l'homme et des animaux domestiques. — Notions très sommaires sur les mollusques, principalement ceux qui servent à l'alimentation et à l'industrie.

Notions sur les fonctions des végétaux et sur leur classification. — Indication des végétaux les plus importants.

Notions de géologie. — S'attacher principalement à la géologie de la région. Phénomènes actuels. — Indication succincte sur les roches éruptives, sur les terrains primitifs, sur les terrains de sédiment, sur les fossiles, sur la division des terrains de sédiment en primaires, secondaires, tertiaires et quaternaires.

Hygiène. — Conseils relatifs aux soins à donner au corps; nourriture, vêtement, chauffage, éclairage. Conseils sur les meilleures conditions de salubrité d'une maison d'habitation; logement des animaux domestiques. — Hygiène publique : assainissement des campagnes, irrigation, drainage, desséchement des marais. — Salubrité des villes, égouts et latrines; usines, ateliers, chantiers. — Premiers soins à donner en cas d'accident en attendant l'arrivée du médecin. — Précautions à prendre en cas d'épidémie.

10° *Agriculture et horticulture.*

Cours complémentaires. — Même programme, moins développé que dans l'école primaire supérieure.

Écoles primaires supérieures. — *Agriculture et horticulture.* — Notions pratiques sur la végétation, sur la durée des végétaux, sur leurs divers modes de reproduction (graines, boutures, greffes), sur la nature des différentes terres, sur les engrais et leur bon emploi, sur l'assolement.

Connaissance et usage des instruments de culture. Principales machines agricoles.

Principales opérations de l'agriculture : défrichement, plantations, transplantations, drainage, irrigation.

Principales cultures de la France et particulièrement de la région (céréales, racines et tubercules alimentaires, plantes fourragères, oléagineuses, plantes textiles, viticulture, sériciculture).

Maladies des plantes et moyens préservatifs ; végétaux parasites.

Légumes, fruits et fleurs. Usage des serpes.

Conduite et taille des arbres fruitiers.

Soins à donner aux animaux domestiques. Apiculture.

11° Dessin.

Cours complémentaires. — Continuation des exercices de l'instruction primaire et de l'application des programmes suivants :

Dessin à main levée. — Dessin, d'après l'estampe et d'après le relief, d'ornements purement géométriques : moulures, oves, rais de cœur, perles, denticules, etc.

Dessin, d'après l'estampe et d'après le relief, d'ornements empruntant leurs éléments au règne végétal : feuilles, fleurs et fruits, palmettes, rinceaux, etc.

Exercices de dessin de mémoire.

Notions élémentaires sur les ordres d'architecture donnés au tableau par le maître (3 leçons).

Dessin de la tête humaine : ses parties, ses proportions.

Dessin géométrique. — Exécution sur le papier, avec l'aide des instruments, des tracés géométriques qui ont été faits au tableau dans le cours moyen.

Principes du lavis à teintes plates.

Dessins reproduisant des motifs de décoration de surfaces planes d'un faible relief : carrelages, parquetages, vitraux, panneaux, plafond. Lavis à l'encre de Chine et à la couleur de quelques-uns de ces dessins.

Relevé avec cotes et représentation géométrale, au trait, de solides géométriques et d'objets simples, tels que : assemblages de charpente et de menuiserie, dispositions extérieures d'appareils de pierre de taille, grosses pièces de serrurerie, meubles les plus ordinaires, etc. — Emploi du lavis pour exprimer la nature des matériaux. — Lavis des plans et des cartes.

Notions de sciences naturelles ; revision avec extension du cours moyen.

Écoles primaires supérieures. — Même programme que pour les cours complémentaires.

Indications fournies par l'Administration des beaux-arts pour fixer le niveau des études et, par conséquent, celui des examens des études primaires supérieures.

DESSIN GÉOMÉTRIQUE.

1° Tracés de géométrie plane.

Exécuter à une échelle déterminée, d'après un croquis coté, un motif de décoration de surface plane (carrelage, parquetage, reliure, vitrail).

En colorer par des teintes plates les différentes parties, soit en se conformant aux indications données sur le croquis, soit en composant les teintes de manière à obtenir un effet décoratif satisfaisant.

2° *Projection.*

Exécuter à une échelle déterminée, d'après un croquis coté, le dessin par projection horizontale (plan) et par projection verticale (élévation) d'un solide géométrique.

Déplacer ce solide parallèlement aux plans de projection (les conditions du déplacement seront indiquées par le programme), et pour donner les projections nouvelles après le déplacement.

3° *Pénétration.*

Exécuter à une échelle déterminée, d'après un croquis coté remis aux élèves, le dessin par projection (plan, élévation) d'un ensemble de deux solides se pénétrant réciproquement. Si les surfaces des solides sont développables, en donner le développement.

Nota. — Les cas de pénétration que les élèves pourront avoir à traiter ainsi seront excessivement simples. Le nombre en est très restreint; ils devront toujours viser une application immédiate.

Tels sont les cas suivants :

Sphère et prisme régulier (carré ou hexagonal) dont l'axe passe par le centre de la sphère. — (Application au tracé des écrous). Sphère et cylindre au cône de révolution. — Cylindres de même diamètre (application à un tuyau coudé), etc.

4° *Tracés perspectifs.*

Faire, par les procédés exacts de la perspective linéaire, la représentation de solides simples (cube, prisme, cylindre), isolés, juxtaposés ou superposés, mais ne se pénétrant pas.

Les élèves recevront un croquis coté sur lequel on leur indiquera les dimensions des solides, la position qu'ils occupent par rapport au tableau, le point de vue et la hauteur au-dessus du sol, ainsi que les dimensions à donner au tableau perspectif.

5° *Croquis cotés.* — *Organes de machines et plans de bâtiments.*

Exécuter à une échelle déterminée, d'après un croquis coté, le dessin d'un organe de machine ou d'un plan de bâtiment.

DESSIN D'ORNEMENT.

1° Les épreuves de dessin d'ornement ont toujours lieu d'après un modèle en relief;

1° Les conditions matérielles d'installation et les règles pour les corrections des dessins sont déterminées par la circulaire ministérielle du 1er mai 1883, relative à l'épreuve de dessin du brevet supérieur.

12° *Chant.*

Cours complémentaires. — Continuation des exercices de l'école primaire.

Écoles primaires supérieures. — Exercices de diction, d'intonation et de mesure. Chant d'une mélodie avec paroles.

Exécution de chœurs à plusieurs parties.

Étude du solfège : connaissance des signes, des intervalles, des tons, des variétés, des mesures, des rythmes et des clefs.

Lecture à première vue d'une leçon de solfège en clefs de *sol*, de *fa* et d'*ut*.
Dictée musicale avec transposition de clefs.
Principes généraux de la musique.

13° *Langues vivantes.*

Cours complémentaires. — Comme dans les écoles primaires supérieures.
Écoles primaires supérieures. — Lecture et écriture. — Traductions et explications. — Notions pratiques de grammaire. — Conversation sur un sujet emprunté à la vie commune, au travail manuel, au calcul, à la vie des plantes et des animaux, etc. — Traduction instantanée par écrit de quelques phrases très simples tirées du même ordre d'idées. — Interrogations sur les mots ou sur les constructions employés dans ces exercices. — Thème oral et écrit. — Rédactions du genre le plus simple, lettres de commerce, etc.

III
ÉDUCATION MORALE

Cours complémentaires. — L'enseignement a le même caractère que dans l'école primaire; il est essentiellement pratique et expérimental; il a surtout pour but de former le sens moral chez l'élève et de l'exercer.

Les moyens d'éducation à employer sont encore les entretiens, les lectures, les exercices pratiques tendant à mettre la morale en action par des exemples pris dans la vie même de l'élève; mais, en outre, l'enseignement comprend une série régulière de leçons formant la revision méthodique des études du cours moyen et du cours supérieur des écoles primaires, d'après le programme ci-après :

1° *La famille.* Devoirs des parents et des enfants; devoirs réciproques des maîtres et des serviteurs; l'esprit de famille.

2° *La société.* Nécessité et bienfaits de la société. La justice, condition de toute société. La solidarité, la fraternité humaine.

Applications et développements de l'idée de justice : respect de la vie et de la liberté humaine, respect de la propriété, respect de la parole donnée, respect de l'honneur et de la réputation d'autrui. La probité, l'équité, la loyauté, la délicatesse. Respect des opinions et des croyances.

Applications et développements de l'idée de *charité* ou de *fraternité*. Ses divers degrés; devoirs de bienveillance, de tolérance, de clémence, etc. Le dévouement, forme suprême de la charité : montrer qu'il peut trouver place dans la vie de tous les jours;

3° *La patrie.* Ce que l'homme doit à la patrie (l'obéissance aux lois, le service militaire, discipline, dévouement, fidélité au drapeau). — L'impôt (condamnation de toute fraude envers l'État). — Le vote (il est moralement obligatoire, il doit être libre, consciencieux, désintéressé, éclairé). — Droits qui correspondent à ces devoirs : liberté individuelle, liberté de conscience, liberté du travail, liberté d'association. Garantie de la sécurité, de la vie et des biens de tous. La souveraineté nationale. Explication de la devise républicaine : liberté, égalité, fraternité.

Dans chacun de ces chapitres du cours de morale sociale, on fera remarquer à l'élève, sans entrer dans des discussions métaphysiques :

1° La différence entre le devoir et l'intérêt, même lorsqu'ils semblent se confondre, c'est-à-dire le caractère impératif et désintéressé du devoir;

2° La distinction entre la loi écrite et la loi morale : l'une fixe un minimum de prescriptions que la société impose à tous ses membres sous des peines déterminées ; l'autre impose à chacun dans le secret de sa conscience un devoir que nul ne le contraint à remplir, mais auquel il ne peut faillir sans se sentir coupable envers lui-même, envers la société et envers Dieu.

Écoles primaires supérieures.

NOTIONS PRÉLIMINAIRES. — La responsabilité morale. — La liberté. — Le bien. — Le devoir. — Le droit. — La vertu.

MORALE PRATIQUE. — *Devoirs domestiques*. — Devoirs des enfants envers les parents, des frères et sœurs entre eux, des époux entre eux, des parents envers les enfants, des maîtres et des serviteurs. — L'esprit de famille.

DEVOIRS CIVIQUES. — La patrie, l'État et les citoyens. L'autorité publique, la Constitution et les lois.

Devoirs des citoyens : obéissance aux lois, service militaire, impôt, vote.

Devoirs des gouvernants, les grands pouvoirs publics.

Le patriotisme.

DEVOIRS DES NATIONS ENTRE ELLES. — Notions sur le droit des gens.

DEVOIRS GÉNÉRAUX DE LA VIE SOCIALE. — 1° *La justice*. — Respect des personnes, respect de la personne dans sa vie, dans sa liberté, dans son honneur, et sa réputation, dans ses croyances et ses opinions, dans ses biens, etc. ; respect des contrats et des promesses ; justice distributive et rémunérative ; équité.

2° *La charité*. Bienveillance et bienfaisance ; aumône, bonté, solidarité. La politesse.

Devoirs à l'égard des animaux.

DEVOIRS PERSONNELS. — Respect de soi-même ; véracité, modestie, prévoyance, courage, empire sur soi-même.

Développement de toutes nos facultés : le travail.

DEVOIRS RELIGIEUX ET DROITS CORRESPONDANTS. — Rôle du sentiment religieux en morale.

Liberté des cultes.

Les sanctions de la morale : rapport de la vertu et du bonheur. La vie future et Dieu.

PROGRAMME

DE L'ENSEIGNEMENT DES SCIENCES APPLICABLE DANS LES ÉCOLES PRIMAIRES SUPÉRIEURES DE FILLES.

Arithmétique, algèbre et comptabilité.

COURS COMPLÉMENTAIRES. — Révision et développement du cours des écoles primaires.

Écoles primaires supérieures.

ARITHMÉTIQUE.

Arithmétique. — Opérations sur les nombres entiers. Procédés rapides de calcul mental et de calcul écrit. — Caractères de divisibilité les plus simples. — Preuve par 9 de la multiplication et de la division. — Plus grand commun diviseur de deux nombres. — Décomposition des nombres en facteurs premiers. Composition du plus grand commun diviseur et du plus petit commun multiple de plusieurs nombres.

Fractions ordinaires. — Simplification des fractions. — Réduction de plusieurs fractions à un dénominateur commun. — Opérations sur les fractions. — Fractions décimales. — Opérations sur les fractions décimales. — Réduction des fractions ordinaires en fractions décimales.

Racine carrée. — Pratique de l'extraction d'une racine carrée à une unité près, ou à une unité décimale près.

Notions très simples sur les rapports et les proportions.

Problèmes divers : Intérêt simple. — Escompte. — Échéance commune. — Fonds publics. — Actions. — Obligations. — Assurance. — Caisse d'épargne. — Partages proportionnels. — Répartition de l'impôt. — Règles de moyennes.

Système métrique. — Applications nombreuses, principalement à la mesure des surfaces et des volumes simples.

ALGÈBRE.

Éléments de calcul algébrique.

Résolutions des équations numériques du 1er degré à une et à plusieurs inconnues, sans discussion.

Application aux problèmes d'arithmétique.

PREMIÈRES NOTIONS DE COMMERCE ET DE COMPTABILITÉ.

Commerçants. — Actes de commerce. — Achats et ventes. — Mémoires. — Factures. — Acquits. — Quittance ou reçu. — Billet simple. — Billet à ordre. — Lettre de change ou traite. — Endossement. — Acceptation. — Protêt. — Mandat. — Chèque. — Négociation des effets de commerce. — Escompte. — Commission. — Bordereau. — Tenue des livres. — Notions sur la tenue des livres en partie simple. — Son insuffisance. — Tenue des livres en partie double. — Faillite. — Concordat. — Rehabilitation. — Banqueroute.

Éléments des sciences physiques.

Cours complémentaires. — Premières notions de physique et de chimie enseignées essentiellement au moyen d'expériences simples et d'explications élémentaires.

Pesanteur : ses effets.

Leviers. — Balance.

Pressions exercées par les liquides.

Pression atmosphérique, baromètre.

Principales expériences d'une exécution facile sur la chaleur, la lumière, l'électricité, le magnétisme (thermomètre, machine à vapeur, paratonnerre, télégraphe, boussole).

Idée des corps simples, des corps composés. Métaux et sels usuels.

Écoles primaires supérieures.

I. — PHYSIQUE.

Notions usuelles sur les trois états des corps, les propriétés des liquides et des gaz, la pression atmosphérique, le baromètre.

Notions expérimentales sur les effets de la chaleur, le thermomètre, le vent, la pluie, la neige; sur les principaux phénomènes électriques, le paratonnerre.

Équilibre des liquides, vases communiquants. — Presse hydraulique, corps flottants, usage des aréomètres.

Loi de Mariotte. Manomètres. Pompes. Siphon.

Dilatation des corps par la chaleur. Applications. Conductibilité et applications.

Sources de chaleur. Chauffage des corps solides ou liquides et de l'air des appartements ou des ateliers.

Changements d'état : fusion, évaporation, ébullition, distillation. Emploi de la vapeur comme force motrice.

Phénomènes électriques. Piles, applications de l'électricité, galvanoplastie, lumière électrique.

Aimants, emploi de la boussole. Electro-aimants. Télégraphe.

Production des sons. Echo.

Réflexion de la lumière, miroir plan, miroir concave.

Images des objets par les lentilles; usage de la loupe, du microscope, des lunettes.

Moteurs à vapeur.

Applications industrielles particulières à la contrée.

II. — CHIMIE.

Exercices d'observation et examen de quelques faits familiers servant d'introduction à l'étude de la chimie.

Eau, air, leur importance au point de vue géologique et au point de vue de la vie animale et végétale. — Expériences simples sur les propriétés de l'eau et de l'air. — Analyse et synthèse de l'eau.

Les métalloïdes et les métaux les plus utiles.

Oxygène. — Hydrogène. — Azote. — Soufre. — Chlore. — Phosphore. — Charbon. — Fer. — Zinc. — Étain. — Plomb. — Cuivre. — Mercure. — Argent. — Or. — Platine.

Notions sur les acides, les oxydes et les sels.

Notions de chimie organique : 1° Au point de vue de l'industrie : Gaz de l'éclairage. — Benzine. — Essence de térébenthine. — Pétrole. — Savon. — Bougie. — De l'amidon. — Des sucres. — Fabrication des alcools. — Du papier. — Matières colorantes naturelles et artificielles. — Teinture. — Conservation du bois. — Tannage des peaux.

2° Au point de vue agricole : Fabrication du pain. — Liqueurs fermentées (vin, bière, cidre). — Fromages. — Composition des aliments. — Œufs. — Lait. — Sang. — Chair des animaux. — Conservation des matières alimentaires.

Principales applications industrielles particulières à la contrée.

Éléments usuels des sciences naturelles.

COURS COMPLÉMENTAIRES. — Revision avec extension des matières du cours supérieur des écoles primaires.

ÉCOLES PRIMAIRES SUPÉRIEURES. — Notions élémentaires sur l'organisation de l'homme.

Énumération des principaux organes et des fonctions qui s'y rapportent.

Fonctions de nutrition. — Fonctions de relation. — Notions sur les animaux domestiques et les principales plantes cultivées, en se bornant à la région. Animaux et plantes utiles ou nuisibles : citer surtout des espèces de France, choisies particulièrement dans la région.

Minéraux les plus répandus et les plus employés dans le pays.

Classification des animaux. — Étude élémentaire des vertébrés, en insistant davantage sur les espèces domestiques. — Mammifères et leurs principaux ordres. — Oiseaux, nidification et migrations, espèces insectivores. — Reptiles écailleux. — Batraciens et leurs métamorphoses. — Poissons, espèces alimentaires les plus usuelles d'eau douce et de mer.

Invertébrés. — Notions sommaires sur les insectes et leurs métamorphoses. — Indication des principales espèces utiles et nuisibles de la région. — Notions très sommaires sur les parasites de l'homme et des animaux domestiques. — Notions très sommaires sur les mollusques, principalement ceux qui servent à l'alimentation et à l'industrie.

Notions sur les fonctions des végétaux et sur leur classification. — Indication des végétaux les plus importants.

Notions de géologie. — S'attacher principalement à la géologie de la région.

Hygiène. — Conseils relatifs aux soins à donner au corps; nourriture, vêtements, chauffage, éclairage. Conseils sur les meilleures conditions de salubrité d'une maison d'habitation, logement des animaux domestiques. — Premiers soins à donner en cas d'accident en attendant l'arrivée du médecin. — Précautions à prendre en cas d'épidémie.

Agriculture et Horticulture.

Cours complémentaires. — Même programme moins développé que dans l'école primaire supérieure.

Écoles primaires supérieures. — Notions pratiques sur la végétation, sur la durée des végétaux, sur leurs divers modes de reproduction (graines, boutures, greffes), sur la nature des différentes terres, sur les engrais et leur bon emploi, sur l'assolement.

Notions sur les machines agricoles.

Principales opérations de l'agriculture : défrichement, plantation, transplantations, drainage, irrigation.

Principales cultures de la France et particulièrement de la région (céréales, racines et tubercules alimentaires, plantes fourragères, oléagineuses, plantes textiles, viticulture, sériciculture).

Maladies des plantes et moyens préservatifs; végétaux parasites.

Légumes, fruits et fleurs. Usage des serres.

Conduite et taille des arbres fruitiers.

Soins à donner aux animaux domestiques. Apiculture.

Dessin.

Cours complémentaires. — Continuation des exercices de l'école primaire et de l'application des programmes suivants :

Dessin à main levée. — Dessin, d'après l'estampe et d'après le relief, d'ornements purement géométriques : moulures, oves, rais de cœur, perles, denticules, etc.

Dessin, d'après l'estampe et d'après le relief, d'ornements empruntant leurs éléments au règne végétal : feuilles, fleurs et fruits, palmettes, rinceaux, etc.

Exercices de dessin de mémoire.

Notions élémentaires sur les ordres d'architecture données au tableau par le maître (3 leçons).

Dessin de la tête humaine : ses parties, ses proportions.

Dessin géométrique. — Exécution sur le papier, avec l'aide des instruments, des tracés géométriques qui ont été faits au tableau dans le cours moyen.

Principes du lavis à teintes plates.

Dessins reproduisant des motifs de décoration de surfaces planes ou d'un faible relief : carrelages, parquetages, vitraux, panneaux, plafonds. Lavis à l'encre de Chine et à la couleur de quelques-uns de ces dessins.

Relevé avec cotes et représentation géométrale, au trait, de solides géométriques et d'objets simples.

ÉCOLES PRIMAIRES SUPÉRIEURES. — Même programme que pour les cours complémentaires.

Indications fournies par l'Administration des Beaux-Arts pour fixer le niveau des études et, par conséquent, celui des examens des études primaires supérieures.

DESSIN D'ORNEMENT.

1° Les épreuves de dessin d'ornement ont toujours lieu d'après un modèle en relief.

2° Les conditions matérielles d'installation et les règles pour les corrections des dessins sont déterminées par la circulaire ministérielle du 1er mai 1883, relative à l'épreuve de dessin du brevet supérieur.

VII

PROGRAMMES

DES ÉCOLES NORMALES PRIMAIRES

(Arrêté du 10 janvier 1889.)

ARTICLE PREMIER. — La répartition des matières d'enseignement dans les écoles normales d'instituteurs et d'institutrices est réglée, par année et par cours, conformément aux deux tableaux A et B ci-annexés (annexes A et B).

ART. 2. — L'enseignement dans les écoles normales d'instituteurs est donné conformément aux programmes ci-annexés (annexe C). (Voir les programmes des écoles normales d'instituteurs.)

ART. 3. — L'enseignement dans les écoles normales d'institutrices est donné conformément aux programmes ci-annexés (annexe D). (Voir les programmes des écoles normales d'institutrices.)

ART. 4. — MM. les Recteurs sont chargés de l'exécution du présent arrêté, ainsi que des mesures transitoires qui pourront être nécessaires pour en faciliter l'application au cours de la présente année scolaire.

E. LOCKROY.

TABLEAUX DE LA RÉPARTITION DES MATIÈRES D'ENSEIGNEMENT

Annexes A et B

TABLEAU A. — *Pour servir de modèle à la répartition des matières d'enseignement dans une école normale d'instituteurs.*

MATIÈRES DE L'ENSEIGNEMENT.	TOTAL DES HEURES PAR SEMAINE		
	1re année.	2e année.	3e année.
	heures.	heures.	heures.
Enseignement littéraire.			
Psychologie, morale, pédagogie..	2	2	2
Langue et littérature française.	5	4	4
Histoire et instruction civique.	3	3	3
Géographie.	1	1	1
Écriture.	2	1	»
Langues vivantes.	2	2	2 (1)
TOTAL des heures de l'enseignement littéraire.	15	13	12
Enseignement scientifique.			
Mathématiques.	3	4	4
Physique et chimie.	2	2	3
Sciences naturelles et hygiène.	1	1	1 (2)
Dessin et modelage.	4	4	4
Agriculture théorique.	»	1	1
TOTAL des heures de l'enseignement scientifique.	10	12	13
Travaux manuels et agricoles.	5	5	5
Exercices gymnastiques et militaires.	3	3	3
Chant et musique.	2	2	2

(1) Il a été décidé en Conseil supérieur qu'il y aurait, outre ces deux heures de classe, une heure prélevée sur les études ou le temps libre, et qui serait consacrée (dans chaque année) à des exercices de conversation.

(2) L'hygiène et la géologie, en 3e année, ne prendront ensemble qu'une heure. — Hygiène : 20 leçons.

TABLEAU B. — *Pour servir de modèle à la répartition des matières d'enseignement dans une école normale d'institutrices.*

MATIÈRES DE L'ENSEIGNEMENT.	TOTAL DES HEURES PAR SEMAINE		
	1re année.	2e année.	3e année.
	heures.	heures.	heures.
Enseignement littéraire.			
Psychologie, morale, pédagogie, etc.	2	2	2
Langue et littérature française	5	4	4
Histoire et instruction civique	3	3	3
Géographie	1	1	1
Écriture	2	1	»
Langues vivantes	2	2	2 (1)
TOTAL des heures de l'enseignement littéraire	15	13	12
Enseignement scientifique.			
Mathématiques	2	2	2
Physique	»	1	1
Chimie	»	1	1
Sciences naturelles et hygiène	1	1	1
Économie domestique	»	»	1
Dessin	4	4	4
TOTAL des heures de l'enseignement scientifique	7	9	10
Travaux de couture	3	2	2
Travaux du ménage et du jardin	2	2	2
Gymnastique	2	2	2
Chant et musique	2	2	2

(1) En plus de ces deux heures, le Conseil supérieur a décidé qu'il y aurait une heure prélevée sur les études, et qui serait consacrée à des exercices de conversation.

Annexe C

PREMIÈRE PARTIE. — ÉCOLES NORMALES D'INSTITUTEURS

I. — Psychologie, morale, pédagogie.

1re année........................... 2 heures par semaine.
2e année........................... 2 heures par semaine.
3e année........................... 2 heures par semaine.

PREMIÈRE ANNÉE

Notions élémentaires de psychologie appliquées à l'éducation.

NOTIONS ÉLÉMENTAIRES DE PSYCHOLOGIE.

Objet de la psychologie. — Ses rapports avec la pédagogie et avec la morale. — Description générale des facultés humaines.

L'activité physique. — Les mouvements, les instincts, les habitudes corporelles.

La sensibilité. — Le plaisir et la douleur. Sensibilité physique : les besoins et les appétits. Sensibilité morale : sentiment de famille ; sentiments sociaux et patriotiques ; sentiment du vrai, du beau et du bien ; sentiment religieux. — La passion.

L'intelligence. — La conscience ; les sens ; perceptions naturelles et perceptions acquises. — La mémoire et l'imagination. — L'attention ; l'abstraction et la généralisation ; le jugement et le raisonnement. — Les principes de la raison.

La volonté. — La liberté ; l'habitude.

Conclusions de la psychologie. — Dualité de la nature humaine. L'esprit et le corps ; la vie animale et la vie intellectuelle et morale.

APPLICATION DES NOTIONS DE PSYCHOLOGIE A L'ÉDUCATION.

Éducation physique. — Hygiène générale ; jeux et exercices de l'enfant ; gymnastique.

Éducation intellectuelle. — Développement des facultés intellectuelles aux différents âges ; leur application aux divers ordres de connaissances. — Éducation des sens ; petits exercices d'observation. — Rôle et culture de la mémoire et de l'imagination ; du jugement et du raisonnement. — La méthode ; ses différents procédés : induction et déduction.

Méthodes d'enseignement. Étude particulière des procédés applicables à chacune des parties du programme.

Éducation morale. — Diversité naturelle des instincts et des caractères, modification des caractères et formation des habitudes. Culture de la sensibilité dans l'enfant. Éducation de la volonté. La discipline ; les récompenses et les punitions ; l'émulation.

DEUXIÈME ANNÉE

Morale.

MORALE THÉORIQUE. — PRINCIPES.

Introduction. — Objet de la morale.

La conscience morale. — Discernement instinctif du bien et du mal ; comment il se développe par l'éducation.

La liberté et la responsabilité. — Conditions de la responsabilité ; ses degrés et ses limites.

L'obligation et le devoir. — Caractères de la loi morale. — Insuffisance de l'intérêt personnel comme base de la morale. Insuffisance du sentiment comme principe unique de la morale.

Le bien et le devoir pur. — Dignité de la personne humaine.

Les sanctions de la morale. — Rapports de la vertu et du bonheur. — Sanction individuelle (satisfaction morale et remords). Sanctions sociales. — Sanction supérieure : la vie future et Dieu.

MORALE PRATIQUE. — APPLICATIONS.

Devoirs individuels. — Leur fondement. — Principales formes du respect de soi-même. Les vertus individuelles (tempérance, prudence, courage, respect de la vérité, de la parole donnée, etc.).

Devoirs de famille. — La famille : son importance morale et sociale. Devoirs domestiques.

Devoirs généraux de la vie sociale. — Le droit. Rapports des personnes entre elles. Division des devoirs sociaux. Devoirs de justice et devoirs de charité.

Devoirs de justice. — Respect de la personne dans sa vie, dans sa liberté, dans son honneur et sa réputation ; dans ses opinions et ses croyances ; dans ses biens ; caractère sacré des promesses et des contrats.

Devoirs civiques. — L'État, fondement de l'autorité publique. — La souveraineté nationale. Sa légitimité. Ses limites : la liberté de conscience ; la liberté individuelle ; la propriété. — Son exercice : le suffrage universel. — Ses agents : le pouvoir législatif, exécutif et judiciaire.

Devoirs des citoyens : le patriotisme ; l'obéissance aux lois ; l'impôt ; le service militaire ; le vote ; l'obligation scolaire.

TROISIÈME ANNÉE

A. — RÉVISION DES COURS DE PREMIÈRE ET DE DEUXIÈME ANNÉE.

Le premier trimestre sera consacré à cette revision.

B. — PÉDAGOGIE PRATIQUE ET ADMINISTRATION SCOLAIRE.

1. *Organisation pédagogique.* — Classement des élèves ; programmes ; emploi du temps, préparation de la classe.
Les cahiers scolaires. — Les compositions.

2. *Discipline.* — La tenue de la classe. — Les récompenses et les punitions.

3. Des diverses autorités préposées à la surveillance et à la direction des écoles publiques ; rapports de l'instituteur avec chacune d'elles.
Le règlement départemental des écoles publiques.
Lois, décrets, arrêtés, circulaires, et spécialement lecture et commentaire des parties principales de la loi organique du 30 octobre 1886, des décrets et arrêtés du 18 janvier 1887.

4. Principaux pédagogues et leurs doctrines. — Analyse des ouvrages les plus importants.

C. — NOTIONS D'ÉCONOMIE POLITIQUE.

Production de la richesse. — Les agents de la production : la matière, le travail, l'épargne, le capital, la propriété.

Circulation et distribution des richesses. — L'échange, la monnaie, le crédit ; le salaire et l'intérêt.

Consommation de la richesse. — Consommations productives et improductives, question du luxe ; dépenses de l'État ; l'impôt ; le budget.

II. — Langue française.

1re année......................	5 heures par semaine.
2e année......................	4 heures par semaine.
3e année......................	4 heures par semaine.

L'enseignement de la langue française comprend :
1° Des exercices de lecture expliquée et de récitation ;
2° Un cours de grammaire, avec des exercices pratiques, tels que dictées, analyses, exercices de composition et de dérivation des mots ;
3° Des exercices de composition, auxquels se rattachent des notions de composition et de style ;
4° Des notions d'histoire littéraire.

1° *Lecture et récitation.*

2 heures en 1re année, 1 heure en 2e année, 1 heure en 3e année.
Lecture à haute voix de morceaux classiques. — Les passages les plus importants sont appris par cœur.
Lectures personnelles indiquées par le maître ou choisies, sous sa direction, par l'élève. Analyse écrite ou orale de ces lectures.

2° *Grammaire et exercices grammaticaux.*

2 heures en 1re année, 1 heure en 2e année.
1re année. — Étude raisonnée de la grammaire française.
2e année. — Revision approfondie des parties les plus importantes du cours de première année en s'éclairant de quelques notions essentielles de grammaire historique.
Dans les deux années. — Dictées et exercices oraux d'orthographe, d'analyse grammaticale et logique.

3° *Exercices de composition.*

1 heure en 1re année.
2 heures dans chacune des deux autres.

4° *Notions d'histoire littéraire.*

1 heure en 3e année seulement.
1er *trimestre.* — Les origines. La Renaissance. La première moitié du dix-septième siècle.
2e *trimestre.* — La seconde moitié du dix-septième siècle et le dix-huitième siècle jusqu'à la Révolution.
3e *trimestre.* — Le dix-neuvième siècle. — Revision.

III. — Histoire.

1re année......................	3 heures par semaine.
2e année......................	3 heures par semaine.

PREMIÈRE ANNÉE.

1er *trimestre*. — Aperçu de l'histoire ancienne; Orient et Grèce.
2e *trimestre*. — Histoire romaine.
3e *trimestre*. — Moyen âge jusqu'à la guerre de Cent ans.

1er *trimestre*. — Aperçu d'histoire ancienne. — Monde connu des anciens. Égyptiens, Assyriens, Babyloniens, Israélites, Phéniciens et Carthaginois, Perses. — Monuments qui nous sont restés de ces peuples.

La Grèce. — Temps héroïques, Sparte et Athènes. — Guerres médiques. — Siècle de Périclès, Socrate, Épaminondas, Philippe de Macédoine. — Conquêtes d'Alexandre. — Réduction de la Grèce en province romaine.

2e *trimestre*. — Histoire romaine. — Rome. — Les rois. — République romaine. Les Magistratures. — Lutte des plébéiens contre les patriciens.

Conquêtes des Romains.

Les Gracques. — Guerres civiles. — César.

Auguste et ses successeurs. — Les Antonins.

Dioclétien. — Constantin et l'Église chrétienne. — Julien. — Théodose.

3e *trimestre*. — Moyen âge. — Les Gaulois avant la conquête romaine et sous l'empire romain. — Le christianisme en Gaule.

Principales invasions des Germains aux cinquième et sixième siècles. — Les Francs.

Mahomet. — Conquêtes des Arabes.

Charlemagne : ses guerres et son administration.

Traité de Verdun. — Incursions des Normands.

Le régime féodal en France et en Europe.

L'empire et la papauté. Querelle des Investitures.

Les croisades.

Conquête de l'Angleterre par les Normands. — Les Plantagenets. — La Grande Charte.

Progrès des populations urbaines et rurales; les communes et le pouvoir royal en France. — Louis VI, Philippe-Auguste. — Saint Louis. — Philippe le Bel.

N. B. — Les notions historiques sur l'Orient, la Grèce et Rome porteront moins sur les faits, les guerres, les dynasties, la fondation ou le démembrement des empires, que sur les mœurs, les croyances, les monuments, les grandes œuvres des peuples de l'antiquité et sur la part qu'ils ont eue au développement de la civilisation. Les légendes, anecdotes, biographies d'hommes célèbres, les descriptions, l'histoire littéraire y tiendront une large place. A chaque leçon, un certain temps sera réservé à des lectures choisies dans les œuvres des grands écrivains de l'antiquité, ou dans celles des historiens modernes ou des voyageurs.

DEUXIÈME ANNÉE

1er *trimestre*. — Depuis la guerre de Cent ans jusqu'à la Réforme.
2e *trimestre*. — Depuis la Réforme jusqu'à la révolution de 1688.
3e *trimestre*. — Depuis la révolution de 1688 jusqu'à la Révolution française.

1er *trimestre*. — Guerre de Cent ans. Les États généraux. — Charles V et Duguesclin. — Jeanne d'Arc. — Reconstitution de l'unité territoriale de la France. Progrès de l'autorité royale en France avec Charles VII et Louis XI, en Espagne avec Ferdinand et Isabelle, en Angleterre avec les Tudors.

L'Allemagne et l'Italie à la fin du Moyen âge.

Les Turcs en Europe.

Temps modernes : Les grandes inventions du quatorzième au seizième siècle. —

Les découvertes maritimes. — Empire colonial des Portugais et des Espagnols. — Les marins français.

La Renaissance en Italie et en France.

Guerres d'Italie, rivalité de François Ier et de Charles-Quint.

2e *trimestre*. — La Réforme.

Guerres de religion en France. — Pacification de la France sous Henri IV.

Prospérité de l'Angleterre sous Elisabeth. — Puissance et décadence de l'Espagne sous Philippe II.

Guerre de Trente ans. — Gustave-Adolphe. — Traité de Westphalie.

Richelieu. — Mazarin; la Fronde.

Louis XIV; son gouvernement et ses guerres.

Domination intellectuelle de la France au dix-septième siècle.

3e *trimestre*. — Révolution de 1688.

Charles XII et Pierre le Grand.

L'Autriche et la Prusse au dix-huitième siècle.

Le gouvernement parlementaire en Angleterre. — Progrès de la puissance anglaise dans l'Inde et dans l'Amérique.

Guerre de l'indépendance américaine. — Les États-Unis.

Démembrement de la Pologne.

La France sous Louis XV et Louis XVI. — Les philosophes et les économistes; Turgot. — Les États généraux.

Découvertes scientifiques et géographiques au dix-huitième siècle.

Histoire et instruction civique.

TROISIÈME ANNÉE

3 heures par semaine, dont une pendant un trimestre sera attribuée à l'instruction civique.

A. — HISTOIRE.

1er *trimestre*. — La Révolution et le Consulat.

2e *trimestre*. — L'Empire et la Restauration.

3e *trimestre*. — De 1830 à 1875 et revision.

1er *trimestre*. — Etat politique et social de la France en 1789.

La Révolution française; principes, institutions.

Coalitions contre la République française. — Traités de Bâle, de Campo-Formio, de Lunéville et d'Amiens.

Le 18 brumaire. — Le Consulat : développement de l'organisation administrative.

2e *trimestre*. — L'Empire. — Lutte contre l'Europe. — Les traités de 1815.

La Sainte-Alliance.

La Restauration. — La Charte.

Guerre d'Espagne. — Guerre de l'indépendance hellénique. — Emancipation des colonies espagnoles.

3e *trimestre*. — Révolution de 1830. — Fondation du royaume de Belgique. — Soulèvement de la Pologne. — Rétablissement du régime constitutionnel en Espagne et en Portugal. — Grandes réformes politiques et économiques en Angleterre. — Progrès des Russes et des Anglais dans l'Asie. — Conquête et colonisation de l'Algérie.

Révolution de 1848. — La seconde République. — Le suffrage universel.

Le Deux-Décembre. — Le second Empire.

La question d'Orient et la guerre de Crimée.
Fondation du royaume d'Italie.
L'influence croissante de la Prusse en Allemagne. — Dissolution de la Confédération germanique.
États-Unis. — Guerre de sécession. — Abolition de l'esclavage.
Guerre du Mexique.
Canal de Suez.
Guerre de 1870. — L'Empire allemand. — Traité de Francfort.
Constitution républicaine de 1875.

B. — INSTRUCTION CIVIQUE.

L'État. — La Constitution. — Le Président de la République; les ministres; le Sénat, la Chambre des députés. — Mode de nomination, attributions. — *Les lois.* — *Les décrets et les arrêtés* ministériels. — Le Conseil d'État.
La justice. — La Cour de cassation, les tribunaux civils et criminels; les tribunaux administratifs; les tribunaux militaires; les tribunaux de commerce; les tribunaux universitaires.
La force publique. — Le service militaire obligatoire.
L'obligation scolaire.
L'impôt. — Les diverses formes de l'impôt. — Établissement et recouvrement. — *Le budget.* — La dette publique. — La rente.
Le département. — Le préfet. — Le Conseil de préfecture. — Le Conseil général. — Mode d'élection, attribution. — Le budget départemental. — Bâtiments départementaux; routes, chemins, canaux, etc. — Instruction primaire. — Le Conseil départemental. — Les délégations cantonales.
L'arrondissement. — Le sous-préfet; le Conseil d'arrondissement.
Le canton.
La commune. — Le Conseil municipal, mode d'élection, attributions. — Le maire, les adjoints. — Le budget communal. — Instruction primaire; bâtiments communaux; chemins vicinaux et ruraux, etc. — Les subventions du département et de l'État.
Il sera donné, en outre, aux élèves-maîtres des notions de tenue des registres de l'état civil et des écritures de la mairie.

IV. — Géographie.

1re année............................. 1 heure par semaine.
2e année............................. 1 heure par semaine.
3e année............................. 1 heure par semaine.

PREMIÈRE ANNÉE

GÉOGRAPHIE DES DIFFÉRENTES PARTIES DU MONDE, MOINS L'EUROPE.

Notions élémentaires de cosmographie : Étude générale de la terre. — Explication des termes géographiques. — Lecture du globe et des cartes.
Étude générale des continents et des océans : forme des continents. — Grands systèmes orographiques et hydrographiques. — Courants atmosphériques et marins. — Les races humaines. — Les régions de l'équateur, des tropiques et des pôles.
Géographie politique. — Étude particulière des principaux États de l'Asie, de l'Afrique, de l'Amérique et de l'Océanie : Chine, Japon, Indo-Chine, Empire britannique des Indes, Asie russe, Égypte et côtes septentrionales de l'Afrique, États-

Unis, Brésil et République argentine, Canada, Australie, et principales colonies européennes.
Principales explorations géographiques.

DEUXIÈME ANNÉE

GÉOGRAPHIE DE L'EUROPE, MOINS LA FRANCE.

Étude générale de l'Europe. — Description physique. — Étude particulière de chacun des États : géographie physique, administrative, agricole, industrielle et commerciale. — Gouvernements, religions.

TROISIÈME ANNÉE

GÉOGRAPHIE DE LA FRANCE.

Géographie physique. — Description des côtes et des frontières de terre. — Orographie et hydrographie. — Géographie historique et administrative ; anciennes et nouvelles divisions. — Gouvernement, administration centrale, départementale et communale. — Géographie agricole, industrielle et commerciale. — Grandes voies de communication : chemins de fer, canaux, services maritimes.
Géographie de l'Algérie et des colonies françaises. — Géographie physique et administrative. — Produits du sol et de l'industrie. — Importations et exportations.

V. — **Arithmétique.** — **Éléments d'algèbre.** — **Tenue des livres.**

1re année............................. 2 heures par semaine.
2e année............................. 2 heures par semaine.
3e année............................. 2 heures par semaine.

PREMIÈRE ANNÉE

ARITHMÉTIQUE.

Opérations sur les nombres entiers.
Caractères de divisibilité par 2, 5 ; 4, 25 ; 3, 9 ; 11.
Plus grand commun diviseur.
Décomposition d'un nombre en ses facteurs premiers. — Formation du plus grand commun diviseur et du plus petit multiple commun de plusieurs nombres.
Fractions ordinaires.
Fractions décimales.
Système métrique.
Notions sur les rapports et les proportions.
Règles de trois. — Intérêt simple ; rentes sur l'État. — Escompte ; échéance commune. — Partages proportionnels. — Problèmes de mélange et d'alliage. — Transformations abréviatives dans le calcul mental ou écrit.

DEUXIÈME ANNÉE

A. — COMPLÉMENTS D'ARITHMÉTIQUE.

Principes sur les produits et les quotients.
Principes sur les nombres premiers ou premiers entre eux. — Fraction irréduc-

PROGRAMMES DES ÉCOLES NORMALES PRIMAIRES.

tible. — Plus petit commun dénominateur de plusieurs fractions périodiques, fraction génératrice.

Racine carrée.

B. — ALGÈBRE.

Règles du calcul algébrique, moins la division des polynômes.
Équations numériques du premier degré. — Problèmes.

TROISIÈME ANNÉE

A. — ALGÈBRE.

Résolution de l'équation du second degré à une inconnue. — Application à des questions d'arithmétique et de géométrie.

Progressions arithmétiques et géométriques. — Usage des tables de Logarithmes. — Intérêts composés et annuités.

B. — NOTIONS DE TENUE DES LIVRES.

Tenue des livres en partie simple et en partie double.
Principales dispositions du Code de commerce sur la comptabilité commerciale.

VI. — Géométrie.

1re année..................................	1 heure par semaine.
2e année..................................	2 heures par semaine.
3e année..................................	2 heures par semaine.

PREMIÈRE ANNÉE

Géométrie plane : la matière des deux premiers livres de Legendre. — Lignes proportionnelles. — Similitude.

DEUXIÈME ANNÉE

Géométrie plane : Longueur de la circonférence. Mesure des aires.
Géométrie de l'espace : La ligne droite et le plan. — Notions sur les angles trièdres.
Polyèdres. — Mesure des volumes.
Cylindre, cône, sphère.

TROISIÈME ANNÉE

Notions très sommaires de trigonométrie, exclusivement en vue de la résolution des triangles.

Levé des plans. — Polygone topographique. — Levé des détails.
Construction du plan sur le papier. — Échelle. — Signes conventionnels.
Planchette et boussole.

Arpentage. — Opérations sur le terrain et évaluation des surfaces. — Problèmes d'arpentage. — Plan cadastral.

Nivellement, niveau, mire. — Registre des nivellements. — Courbes de niveau.
Plans cotés. — Échelle de pente d'une droite, d'un plan.

Plans et cartes topographiques. — Lecture des cartes topographiques. — Cartes de l'état-major français.
Exercice sur le terrain. — Promenades topographiques.

VII. — Physique et chimie.

1re année.............................. 2 heures par semaine.
2e année.............................. 2 heures par semaine.
3e année.............................. 3 heures par semaine.

Physique.

PREMIÈRE ANNÉE

PESANTEUR ET HYDROSTATIQUE.

Direction de la pesanteur. — Centre de gravité. — Poids. — Balance. — Poids spécifique : détermination par la méthode du flacon.
Surface libre des liquides en équilibre.
Pressions dans l'intérieur et sur les parois des vases.
Vases communiquants. — Applications.
Presse hydraulique.
Principe d'Archimède. — Aréomètres usuels à poids constant.
Propriétés générales des gaz.
Pression atmosphérique. — Baromètres.
Loi de Mariotte. — Manomètres.
Machines pneumatiques. — Pompes; siphon.
Aérostats.

ACOUSTIQUE.

Production du son. — Propagation du son; mesure de la vitesse du son dans l'air, les liquides, et les solides.
Réflexion du son, écho.
Qualités du son. — Intervalles musicaux.

DEUXIÈME ANNÉE

CHALEUR.

Dilatation des corps par la chaleur.
Thermomètres à mercure, à alcool. — Échelles thermométriques.
Définition des coefficients de dilatation. — Applications usuelles.
Conductibilité des corps pour la chaleur. — Applications; vêtements; toiles métalliques. — Mouvements dans les liquides et les gaz. — Courants marins. — Vents. — Tirage des cheminées. — Ventilation.
Changements d'état des corps : fusion, solidification; dissolution, cristallisation.
Vaporisation dans le vide et dans l'air. — Vapeurs saturantes et vapeurs non saturantes. — Maximum de tension.
Définition de l'état hygrométrique. — Hygromètre de condensation.
Nuages et brouillards, pluie, neige, givre, verglas, rosée et gelée blanche.
Évaporation. — Ébullition. — Distillation.

Notions expérimentales de calorimétrie. — Mélanges réfrigérants.
Froid produit par l'évaporation. — Fabrication de la glace.
Principaux modes de chauffage dans l'économie domestique et dans l'industrie.
Idée des machines à vapeur.
Installation et observation des thermomètres.
Températures maxima et minima.
Pression atmosphérique. — Variations diurnes et annuelles.
Vents.
Bourrasques, leur marche. — Rotation du vent. — Cartes du temps et des orages.
— Prévision du temps à courte échéance. — Cyclones et trombes.

TROISIÈME ANNÉE

ÉLECTRICITÉ ET MAGNÉTISME.

Production d'électricité par le frottement et par influence.
Machines électriques.
Bouteille de Leyde. — Électricité atmosphérique.
Principe de la pile. — Courant électrique.
Éclairage électrique. — Galvanoplastie.
Aimants. — Pôles.
Déclinaison et inclinaison de l'aiguille aimantée. — Boussoles.
Galvanomètre.
Aimantation par les courants. — Électro-aimant.
Idée générale de la télégraphie électrique.
Induction. — Téléphone.

OPTIQUE.

Propagation de la lumière. — Ombre et pénombre.
Propriétés des miroirs plans et sphériques établies expérimentalement.
Réfraction. — Prismes. — Réflexion totale; mirage. — Propriétés des lentilles établies expérimentalement. — Loupe. — Microscope. — Lunette astronomique.
Décomposition et recomposition de la lumière. — Spectre des diverses sources lumineuses. — Arc-en-ciel.
Chaleur rayonnante.

NOTIONS DE MÉCANIQUE PHYSIQUE.

Mouvement. — Inertie. — Force.
Énoncé des lois de la chute des corps. — Machine d'Atwood.
Définition de la masse. — Mesure d'une force par le mouvement qu'elle produit.
Machines simples. — Levier. — Poulie.
Travail moteur. — Travail résistant.
Kilogrammètre. — Cheval-vapeur.
Notions sur l'équivalence du travail mécanique et de la chaleur.

Chimie.

PREMIÈRE ANNÉE.

Eau : analyse et synthèse. — Hydrogène. — Oxygène.
Air : analyse. — Azote.

Combustion. — Notions générales sur la combinaison chimique. — Chaleur dégagée. — Changements de propriétés.
Principes de la nomenclature et de la notation chimiques.
Acides. — Bases.
Oxyde de l'azote. — Acide azotique.
Ammoniaque.
Lois des combinaisons chimiques en poids et en volumes.
Chlore. — Acide chlorhydrique.
Iode.
Soufre. — Acide sulfureux. — Acide sulfurique. — Acide sulfhydrique.
Phosphore. — Acide phosphorique. — Hydrogène phosphoré.
Carbone. — Oxyde de carbone. — Acide carbonique.
Acide silicique.

DEUXIÈME ANNÉE.

Métaux. — Propriétés générales. — Alliages.
Sels : propriétés générales ; lois de leur composition. — Lois de Berthollet.
Notions sur les équivalents.
Potassium et sodium. — Potasse. — Soude.
Sel marin. — Soude artificielle. — Azotate de potasse. — Poudre.
Calcium et magnésium. — Chaux ; carbonate, sulfate, phosphate.
Aluminium. — Alumine. — Alun. — Silicates, argiles, poteries et verres, chaux, mortiers, ciments.
Fer, zinc. — Oxydes, sulfures, sulfates, carbonates. — Notions sur la métallurgie du fer (fonte, fer, acier).
Étain, cuivre, plomb. — Oxydes, sulfates et carbonates.
Mercure, argent, or, platine.

TROISIÈME ANNÉE

Notions sommaires sur la composition élémentaire, l'analyse et la synthèse des substances organiques, et sur la classification de ces substances d'après leur fonction chimique.
Carbures d'hydrogène. — Carbures gazeux : acétylène ; gaz oléfiant ; gaz des marais. — Carbures liquides et solides : benzine ; naphtaline ; anthracène ; essence de térébenthine ; pétrole.
Alcools : alcool ordinaire et fermentations (vins, bières, cidres) ; essai des alcools.
Éthers : éther ordinaire.
Glycérine. — Corps gras neutres, savons, bougies stéariques.
Glucose. — Sucre de canne, sucre de lait.
Dextrine. — Amidon et fécules. — Gommes.
Cellulose. — Ligneux. — Application à la fabrication du papier.
Phénol.
Acides : acide acétique, oxalique, lactique. — Acides gras.
Alcalis : alcalis artificiels (aniline). — Notions sur les matières colorantes, la teinture et l'impression sur étoffes.
Alcalis végétaux (morphine, quinine, strychnine).
Amides : urée. — Indigo.
Albumine et matières congénères (caséine, fibrine, gluten).
Gélatine. — Œufs. — Lait. — Sang. — Chair des animaux.
Conservation du bois, des peaux (tannage), des matières alimentaires.

(En deuxième et en troisième année, les élèves seront exercés aux manipulations.)

VIII. — Sciences naturelles et hygiène.

1re année............................ 1 heure par semaine.
2e année............................ 1 heure par semaine.
3e année............................ 1 heure par semaine.

PREMIÈRE ANNÉE

BOTANIQUE.

1° *Description et structure des organes des plantes.*

Cellules. — Fibres. — Vaisseaux, vaisseaux laticifères.
Racines. — Racines ordinaires et racines adventives.
Tige. — Ses caractères dans les dycotylédones, monocotylédones et acotylédones. — Rhyzomes. — Bulbes. — Tubercules.
Feuilles. — Structure, formes. — Feuilles flottantes, submergées. — Transformation des feuilles. — Disposition des feuilles sur les tiges. — Stipules.
Bourgeons. — Généralités sur les marcottes, boutures et greffes.
Fleurs. — Périanthe. — Calice, corolle; étamines, pollen; pistils, ovules; nectaires, nectar.
Fleurs unisexuées, plantes monoïques, dioïques. — Divers modes d'inflorescences. — Bractées, involucres; boutons, préfloraison.

2° *Fonction.*

Nutrition : Fonction chlorophyllienne. — Fixation du carbone. — Absorption. — Transpiration, exhalation.
Fécondation. — Fécondation croisée, hybride.
Germination.

3° *Classification.*

Division des végétaux en trois embranchements : les dicotylédones, les monocotylédones et les acotylédones.
Caractères distinctifs des principales familles de chaque embranchement. Indication des espèces les plus importantes ou les plus remarquables par leur organisation : insister sur les végétaux qui sont utiles et sur ceux qui sont dangereux.

DEUXIÈME ANNÉE

ZOOLOGIE.

1° *Anatomie et physiologie de l'homme.*

Notions sur les principaux éléments anatomiques.
Digestion. — Dents. — Tube digestif; ses fonctions.
Respiration. — Organes. — Phénomènes mécaniques et chimiques. — Larynx; voix.
Circulation. — Sang. — Lymphe. — Chyle. — Cœur. — Artères, veines, capillaires, lymphatiques.
Absorption.

Idée générale des phénomènes d'assimilation.
Sécrétions et excrétions. — Peau. — Reins.
Innervation. — Cellules et fibres nerveuses. — Centre céphalo-rachidien. — Nerfs; nerfs sensibles, nerfs moteurs. — Sens : toucher, goût, odorat, ouïe, vue.
Locomotion. — Squelette, articulations. — Muscles. — Marche, saut, course, natation.

2° *Division des animaux en embranchements.*

Embranchement des vertébrés. — Caractères généraux. (Examen rapide des principaux appareils anatomiques et des fonctions de ces appareils.) — Division en classes.
Embranchement des annelés. — Caractères généraux. — Division en classes.
Embranchement des mollusques. — Caractères généraux. — Division en classes.
Embranchement des radiaires. — Caractères généraux. — Division en groupes naturels.
Protozoaires. — Notions succinctes sur les infusoires.
Prendre comme types, dans les principales classes, les animaux les plus utiles et caractériser l'ordre auquel ils appartiennent.

TROISIEME ANNÉE

GÉOLOGIE.

Généralités sur les principaux phénomènes géologiques de l'époque actuelle.
Utilisation de ces données pour l'explication des phénomènes géologiques anciens.
Origine des terrains ignés et des terrains stratifiés ou sédimentaires. — Terrains métamorphiques.
Montagnes : leurs âges relatifs.
Principales roches ignées. — Filons.
Roches stratifiées ou de sédiment.
Fossiles : leur utilité pour caractériser les terrains.
Division des terrains de sédiment en terrains primaires ou de transition, terrains secondaires, terrains tertiaires, terrains quaternaires. — Leurs caractères distinctifs. — Fossiles caractéristiques.
Prendre comme exemple la constitution géologique du sol dans la contrée.

N. B. — Bien que l'enseignement de la botanique soit placé en première année exclusivement, les élèves de deuxième et de troisième année devront faire, comme ceux de première, de fréquentes herborisations sous la conduite du professeur.

HYGIÈNE (20 leçons d'une heure).

L'eau. — Les diverses eaux potables : eau de source, eau de rivière, eau de puits. L'eau de source seule est pure ; toutes les autres eaux peuvent être contaminées ; mode de contamination.
Des moyens de purifier l'eau potable : filtration, ébullition.
L'air. — De la quantité d'air nécessaire dans les habitations, etc. Dangers de l'air confiné. Renouvellement de l'air, ventilation ; voisinage des marais.
Les aliments. — Falsifications alimentaires principales des aliments solides et liquides ordinaires.
Les viandes dangereuses : parasitisme ou germes infectieux (trichinose, ladrerie, charbon, tuberculose).
Viandes putréfiées, intoxication par la viande du porc, les saucisses, etc.

Les maladies contagieuses. — Qu'est-ce qu'une maladie contagieuse ? Exemple : une maladie type et démonstration simple. Le charbon, expériences de M. Pasteur. Indication rapide des principales maladies contagieuses de l'homme.

Mesures de précaution. Ce que c'est que la désinfection.

Les matières fécales. — Moyens d'évacuation : fosses fixes, étanches, etc. Épandage, préservation des cours d'eau. Les maladies transmises par les matières fécales : fièvre typhoïde, choléra.

La maison salubre. — La maison d'école salubre (application des préceptes précédents). Air, eau, lieux d'aisances, etc.

Les maladies contractées à l'école. — Teigne, gale, exemples de quelques maladies contagieuses. Fièvres éruptives (variole, rougeole, scarlatine).

Vaccination, revaccination. — Mortalité par la variole.

Hygiène de l'enfance. — Nouveau-né. Son alimentation. Préjugés populaires. Le lait. Dangers quand il provient d'une vache tuberculeuse.

De quelques maladies des animaux. — La rage, la morve, la peste bovine, le charbon. Abatage. Enfouissement (loi du 21 juillet 1881 sur la police sanitaire des animaux).

IX. — Langues vivantes.

1re année....................	2 heures par semaine (1).
2e année....................	2 heures par semaine (1).
3e année....................	2 heures par semaine (1).

PREMIÈRE ANNÉE

Observations générales. — Le professeur ne perdra jamais de vue que les langues doivent être enseignées surtout pour être parlées.

Exercices simultanés de lecture, d'écriture et d'orthographe.

Liste de mots, exercices de conversation sur ces mots.

Exercices de mémoire, morceaux en vers très courts et très faciles.

La prononciation sera surveillée avec un soin tout particulier et pratiquée à l'occasion de tous les devoirs.

L'enseignement de la grammaire aura un caractère essentiellement pratique.

Lectures très simples. Explication de ces lectures.

Thèmes grammaticaux.

DEUXIÈME ANNÉE

Même observation générale qu'en première année.

Continuation des mêmes exercices.

Liste de mots et conversation sur ces mots.

Exercices de mémoire. Morceaux simples et courts de poésie et de prose.

Lecture de morceaux choisis, expliqués et repris de vive voix. Conversation sur les textes lus. Continuation de la grammaire. Donner un caractère pratique à cet enseignement.

Petites rédactions sur des sujets simples. Lettres familières.

Lire (pour l'allemand) le *Schatzkästlein* de Hebel, les contes populaires de Grimm ; (pour l'anglais), l'un des *Readers* et les contes de miss Edgeworth.

(1) Une troisième heure, prélevée sur les études, sera consacrée dans chaque année à des exercices de conversation.

TROISIÈME ANNÉE

Même observation générale qu'en première et deuxième année.
Continuation des mêmes exercices.
Exercices oraux et écrits sur les listes de mots.
Exercices de mémoire : morceaux choisis des principaux auteurs. Lectures.
Leçons de calcul en langue étrangère.
Conversations sur la géographie, les voyages, sur les sujets empruntés à la vie commune, au ménage, au travail manuel, à la vie des plantes et des animaux.
Revue de la grammaire.
Rédactions : lettres, petites descriptions, narrations très simples,
Lectures : Schiller : *la Révolte des Pays-Bas* ou *la guerre de Trente ans;* Franklin : *Autobiographie;* — Miss Corner : *Histoire d'Angleterre.*
Chants en langue étrangère dans les trois années.
Extraits de journaux pédagogiques étrangers.

X. — Agriculture.

2ᵉ année..........................	1 heure par semaine.
3ᵉ année..........................	1 heure par semaine.

DEUXIÈME ANNÉE

AGRICULTURE, ZOOTECHNIE ET ÉCONOMIE RURALE.

1° Production végétale. — Étude du sol et des moyens d'en modifier la composition chimique et les propriétés physiques (engrais et amendements; irrigations; drainage; travaux de labour); cultures spéciales (céréales, plantes légumineuses, fourrages, plantes industrielles); assolements.

2° Zootechnie. — Alimentation. — Races chevaline, bovine, ovine, porcine.

3° Économie rurale. Constitution de la propriété foncière, mode et capital d'exploitation. Notions de comptabilité agricole.

TROISIÈME ANNÉE

HORTICULTURE FRUITIÈRE ET POTAGÈRE.

1° Notions générales de culture. — Emplacement, préparation, plantation.
2° Cultures spéciales arborescentes. — Vigne, pêcher, abricotier, cerisier, prunier, poirier, pommier, rosier, etc.
3° De la greffe.
4° Du jardin potager.

Le professeur insistera particulièrement sur les cultures et les variétés intéressant la région.

XI. — Dessin.

1ʳᵉ année..........................	4 heures par semaine.
2ᵉ année..........................	4 heures par semaine.
3ᵉ année..........................	4 heures par semaine.

PREMIÈRE ANNÉE

DESSIN D'IMITATION.

Principes du dessin d'ornement : lignes droites, circonférences, polygones réguliers, rosaces étoilées ; courbes géométriques diverses : ellipses, spirales, etc. ; courbes empruntées au règne végétal : tiges, feuilles, fleurs.

Copie de plâtres représentant des ornements plats d'un faible relief.

Dessin, d'après l'estampe et d'après le relief : 1° d'ornements purement géométriques : moulures, oves, rais de cœur, perles, denticules, etc. ; 2° d'ornements empruntés au règne végétal : feuilles, fleurs, fruits, palmettes, rinceaux, etc.

Notions succinctes sur les ordres d'architecture données au tableau par le maître.

Dessin élémentaire de la tête humaine ; ses parties et ses proportions.

DESSIN GÉOMÉTRIQUE.

Exécution sur le papier, avec l'aide des instruments, des tracés géométriques sur la ligne droite et les circonférences. — Application à des motifs de décoration. — Parquetage. — Carrelage. — Vitraux. — Panneaux. — Plafonds.

Notions de dessin géométral. Relevé, avec cotes, au trait et à une échelle déterminée, de solides géométriques et d'objets simples : assemblages de charpentes et de menuiserie, voussoirs, meubles, etc.

Principes du lavis à teintes plates.

DEUXIÈME ANNÉE

Révision des études faites en première année.

DESSIN D'IMITATION.

Éléments de perspective. — Représentation perspective au trait, puis avec les ombres, de solides géométriques et d'objets usuels.

Dessin d'après des fragments d'architecture : piédestaux, bases et fûts de colonnes, antes, corniches.

Dessin, d'après l'estampe, des différentes parties du corps humain, tête, bras, jambes, pieds, mains, etc. — Notions sur la structure générale et les proportions de ces parties par rapport à l'ensemble.

DESSIN GÉOMÉTRIQUE.

Notions sur la ligne droite et le plan dans l'espace et sur les projections.

Projections de solides géométriques et d'objets simples. — Copie et réduction de plans de bâtiments et de machines ; parties du bâtiment. — Organes de machines. — Notions pratiques sur le lavis. — Teintes conventionnelles.

TROISIÈME ANNÉE

Révision des études faites en seconde année.

DESSIN D'IMITATION.

Dessins ombrés d'après des fragments d'architecture : piédestaux, bases et fûts de colonnes, consoles, chapiteaux simples, vases, etc.

Frises ornées; ensemble et détails des ordres dorique, ionique et corinthien.

Dessin de plantes ornementales, d'animaux et de figures, d'après l'estampe et d'après la bosse.

Dessin de la figure humaine d'après l'estampe et d'après la bosse (détails et ensemble).

DESSIN GÉOMÉTRIQUE.

Dessin de bâtiments et dessin de machines.

Relevé, avec cotes, d'un édifice et des principaux détails de sa construction. — Croquis et mise au net à une échelle déterminée. — Relevé, avec cotes, de machines et de quelques organes convenablement choisis. — Croquis et mise au net à une échelle déterminée.

Copie et réduction de plans et de cartes topographiques.

Exercices de lavis des plans et des cartes.

XII. — Musique vocale et instrumentale (1).

1re année............................ 2 heures par semaine.
2e année............................ 2 heures par semaine.
3e année............................ 2 heures par semaine.

PREMIÈRE ANNÉE

Principes élémentaires de musique. — Prononciation et diction. — Émission vocale. — Respiration. — Classement des voix. — Exercices d'intonation sur la gamme majeure et mineure avec les mesures simples (tons d'*ut*, *sol*, *fa* majeurs et leurs relatifs mineurs).

Dictées faciles. — Exécution de morceaux simples.

Exercices élémentaires de mécanisme sur l'orgue ou le piano.

DEUXIÈME ANNÉE

Continuation des études de mesures et d'intonation.

Lecture et dictées musicales, orales et écrites, dans les tons majeurs et mineurs, avec les clefs de *sol* et de *fa*.

Exécution de morceaux à plusieurs voix.

Continuation des exercices sur l'orgue ou sur le piano.

TROISIÈME ANNÉE

Exécutions chorales.

Étude élémentaire de l'accompagnement et de l'harmonie simple appliqués aux chants scolaires.

---

(1) Musique vocale, deux leçons d'une demi-heure par semaine dans chaque année.

Musique instrumentale, deux leçons d'une demi-heure par semaine chaque année.

L'enseignement du chant et de l'orgue ou du piano est pris sur le temps de l'étude, mais il est plus spécialement donné le jeudi et le dimanche.

Le temps consacré aux exercices et répétitions est pris sur les récréations.

L'enseignement du chant est donné à chaque division isolément. Les élèves des trois divisions seront fréquemment réunis pour former des chœurs. On peut utilement leur adjoindre des élèves de l'école annexe pour l'exécution de chœurs faciles.

Continuation des exercices sur l'orgue ou le piano.
Notions sur l'histoire de la musique et sur les principales œuvres des maîtres.

XIII. — Gymnastique et exercices militaires.

1re année..................... ⎫ 3 heures par semaine dans
2e année..................... ⎬ chaque année, exercices mi-
3e année..................... ⎭ litaires non compris.

PREMIÈRE ANNÉE

GYMNASTIQUE.

Jeux. — Promenades. — Exercices d'ordre (formation des rangs, marches rythmées, ruptures et rassemblements, doublement et dédoublement). — Évolutions à la course cadencée. Courses de vélocité à petite distance. — Mouvements d'ensemble avec et sans instruments portatifs (haltères, barres, massues). — Leçons de boxe française, de bâton et de canne. — Escrime.
Exercices deux à deux avec cordes ou barres. — Exercices de suspension allongée et de suspension fléchie aux échelles (échelle horizontale, échelle inclinée, échelle avec planche dorsale, échelles jumelles). — Perches verticales fixes par paire. — — Poutre horizontale. — Mât vertical. — Planches d'assaut. — Sauts en long, hauteur et profondeur. — Sauts avec appui des mains. — Sauts à la perche. — Exercices de rétablissement. — Natation.

EXERCICES MILITAIRES.

École du soldat sans armes.

Formation de la section.
Alignements.
Marches.
Changements de direction.
École d'intonation.

DEUXIÈME ANNÉE

GYMNASTIQUE.

Jeux demandant plus de force de résistance. — Mêmes exercices corporels qu'en première année, en insistant sur la gymnastique d'application et particulièrement sur les exercices de sauvetage. — Exercices de voltige. — Canotage.

EXERCICES MILITAIRES.

Mécanisme des mouvements en ordre dispersé. — Déploiement. — Marches. — Ralliement. — Rassemblement.
École du soldat avec l'arme.
Tir. — Exercices préparatoires. — Tir à courte portée. — École d'intonation.

TROISIÈME ANNÉE

GYMNASTIQUE.

Perfectionnement des exercices précédents et préparation méthodique à l'enseignement de la gymnastique dans les écoles primaires (1).

EXERCICE MILITAIRES.

École du soldat avec l'arme.
École de section.
École d'intonation.

TIR.

Étude du fusil modèle 1874.
Appréciation des distances.
Tir à courte portée.
Tir à la cible.

N. B. — Pour préparer les élèves-maîtres à l'examen du certificat d'aptitude à l'enseignement de la gymnastique (décret du 18 janvier 1887, art. 108) et comprenant des interrogations sur les sciences qui trouvent directement leur application dans l'étude de la gymnastique, il pourra être organisé dans les écoles normales primaires, avec l'approbation du recteur, un cours spécial, fait soit par le professeur de sciences naturelles, soit par le médecin de l'école. Ce cours ne comprendra pas plus de huit à dix leçons, temps suffisant pour étudier le programme ci-dessous, fixé par l'arrêté du 18 janvier 1887.

Examen du certificat d'aptitude à l'enseignement de la gymnastique.

ÉPREUVES ORALES.

I. Notions sommaires de mécanique applicables à la machine animale. — Notion de l'inertie et de la force. — Pesanteur, centre de gravité, conditions de l'équilibre d'un corps qui repose sur un plan. — Levier.

II. Organes du mouvement chez l'homme : 1° Organes passifs : les os ; forme, structure, composition. — Articulations et membranes synoviales. — 2° Organes actifs : les muscles ; forme, structure, propriétés. — Tendons.

III. Hygiène spéciale. — Les fonctions du corps dans leurs rapports avec la gymnastique. — Digestion, circulation, respiration, fonctions de la peau. — Influence de la gymnastique sur la santé physique et morale. — Nécessité de régler les exercices.

Heures et locaux convenables pour la leçon, suivant la saison et l'état de l'atmosphère. — Vêtements appropriés aux exercices.

Premiers secours à donner en cas d'accidents pendant les exercices, et avant l'arrivée du médecin.

(1) Les élèves-maîtres de troisième année seront exercés, sous le contrôle des professeurs, à donner l'enseignement gymnastique aux élèves de l'école annexe ainsi qu'à leurs condisciples de deuxième et de première année.

Annexe D.

DEUXIÈME PARTIE. — ÉCOLES NORMALES D'INSTITUTRICES.

I. — Psychologie. — Pédagogie. — Morale.

1re année....... 2 heures par semaine pendant toute l'année.
2e année........ 2 heures par semaine pendant toute l'année.
3e année........ 2 heures par semaine pendant toute l'année.

Même programme que pour les écoles normales d'instituteurs.

N. B. — On insistera sur les devoirs particuliers de la mère de famille, de la maîtresse de maison et de l'institutrice.

II. — Langue française.

1re année....................... 5 heures par semaine.
2e année....................... 4 heures par semaine.
3e année....................... 4 heures par semaine.

(Voir le programme des écoles normales d'instituteurs.)

III. — Histoire.

1re année....................... 3 heures par semaine.
2e année....................... 3 heures par semaine.

(Voir le programme des écoles normales d'instituteurs.)

Histoire et instruction civique.

TROISIÈME ANNÉE.

3 heures par semaine, dont 1 pendant un trimestre sera consacrée à l'instruction civique.

(Voir le programme des écoles normales d'instituteurs, en réduisant l'instruction civique aux notions essentielles, et en supprimant le dernier paragraphe relatif à la tenue des registres de l'état civil et aux écritures de la mairie.)

IV. — Géographie.

1re année....................... 1 heure par semaine.
2e année....................... 1 heure par semaine.
3e année....................... 1 heure par semaine.

(Voir le programme des écoles normales d'instituteurs.)

V. — Mathématiques.

1re année....................... 2 heures par semaine.
2e année....................... 2 heures par semaine.
3e année....................... 2 heures par semaine.

PREMIÈRE ANNÉE

ÉLÉMENTS D'ARITHMÉTIQUE.

Opérations sur les nombres entiers.
Caractères de divisibilité par 2, 5, 4, 3, 9.
Fractions ordinaires.
Fractions décimales.
Système métrique.
Notions sur les rapports et les proportions.
Règle de trois, d'intérêt simple et d'escompte, de partages proportionnels. — Problèmes élémentaires sur les mélanges et les alliages. Rentes sur l'État.

DEUXIÈME ET TROISIÈME ANNÉE

Compléments d'arithmétique.
Nombres premiers et nombres premiers entre eux. — Fraction irréductible. — Plus petit dénominateur commun de plusieurs fractions.
Racine carrée.
Éléments de géométrie.
Ligne droite, circonférence ; similitude.
Mesure des surfaces.
Mesure des volumes.
Notions de tenue des livres.

VI. — Physique et chimie.

2ᵉ année.................................. 2 heures par semaine.
3ᵉ année.................................. 2 heures par semaine.

Physique.

DEUXIÈME ANNÉE

Mouvement, inertie, force.
Direction de la pesanteur. — Énoncé des lois de la chute des corps.
Centre de gravité. — Poids. — Balance.
Surface libre des liquides en équilibre.
Pressions exercées par les liquides sur les parois des vases.
Vases communiquants. — Applications.
Presse hydraulique.
Principe d'Archimède. — Poids spécifique des solides et des liquides. — Aréomètres usuels à poids constant.
Propriétés générales des gaz.
Pression atmosphérique. — Baromètre.
Loi de Mariotte.
Machine pneumatique. — Pompes ; siphon.
Aérostats.
Production et propagation du son dans l'air ; écho.

TROISIÈME ANNÉE

CHALEUR.

Dilatation des corps par la chaleur.
Thermomètres à mercure, à alcool.
Température. — Thermomètres à maxima et à minima.
Fusion, solidification.
Vaporisation dans le vide et dans l'air.
Évaporation. — Ébullition. — Distillation.
État hygrométrique de l'air. — Nuages et brouillards, pluie, neige, givre, verglas, rosée et gelée blanche.
Chaleur de fusion. — Mélanges réfrigérants.
Chaleur de vaporisation; froid produit par l'évaporation. — Production de la glace.
Idée des machines à vapeur.
Chauffage des appartements.

OPTIQUE.

Propagation de la lumière. — Ombre et pénombre.
Réflexion. — Propriétés des miroirs plans et sphériques établies expérimentalement.
Réfraction. — Prismes. — Réflexion totale. — Mirage.
Propriétés des lentilles établies expérimentalement.
Décomposition et recomposition de la lumière. — Spectre solaire. — Arc-en-ciel.
Chaleur rayonnante.

ÉLECTRICITÉ.

Production d'électricité par le frottement et par influence.
Principales machines électriques.
Bouteille de Leyde. — Électricité atmosphérique.
Principe de la pile. — Courant électrique.
Éclairage électrique. — Galvanoplastie.

MAGNÉTISME.

Aimants. — Pôles.
Déclinaison et inclinaison de l'aiguille aimantée. — Boussole.
Galvanomètre.
Aimantation par les courants. — Électro-aimant. — Idée générale de la télégraphie électrique.

N. B. — Le professeur s'appliquera à donner à son enseignement un caractère essentiellement expérimental.

Chimie.

DEUXIÈME ANNÉE

Eau : analyse et synthèse. — Hydrogène. — Oxygène.
Air : analyse. — Azote.
Combustion. — Notions générales sur la combinaison chimique. — Chaleur dégagée. — Changements de propriétés.

Principes de la nomenclature et de la notation chimiques.
Acides. — Bases.
Oxydes de l'azote. — Acide azotique.
Ammoniaque.
Lois des combinaisons chimiques en poids et en volumes. — Équivalents.
Chlore. — Acide chlorhydrique. — Eau régale.
Soufre. — Acide sulfureux. — Acide sulfurique. — Acide sulfhydrique.
Phosphore. — Acide phosphorique. — Hydrogène phosphoré.
Carbone. — Oxyde de carbone. — Acide carbonique.
Acide silicique.
Métaux. — Propriétés générales. — Alliages.
Sels : propriétés générales. — Lois de Berthollet.
Potasse. — Soude. — Sel marin, carbonate de soude.
Chaux : carbonate, sulfate, phosphate.
Alumine. — Alun. — Argiles, verres et poteries.
Fer, zinc, étain, cuivre, plomb, mercure, argent, or, platine : propriétés principales et usages.

TROISIÈME ANNÉE

Notions sommaires sur la composition élémentaire, l'analyse et la synthèse des substances organiques, et sur la classification de ces substances d'après leur fonction chimique.
Carbures d'hydrogène : acétylène; gaz oléfiant; gaz des marais; benzine; essence de térébenthine; pétrole.
Alcools : alcool ordinaire et fermentations (vins, bières, cidres).
Éthers : éther ordinaire.
Glycérine. — Corps gras neutres.
Glucose. — Sucre de canne, sucre de lait.
Dextrine. — Amidon et fécules. — Cellulose. — Ligneux.
Acides : acide acétique. — Acides gras.
Alcalis : quinine.
Urée.
Albumine. — Caséine, fibrine, gluten. — Gélatine. — Œufs. — Lait. — Sang. — Chair des animaux.

N. B. — En chimie, comme en physique, le professeur ne perdra pas de vue que son enseignement doit être plus pratique que théorique; il multipliera les expériences et exercera les élèves aux manipulations.

VII. — Sciences naturelles et hygiène.

1re année.............................	1 heure par semaine.
2e année.............................	1 heure par semaine.
3e année.............................	1 heure par semaine.

PREMIÈRE ANNÉE

Botanique. (Voir le programme des écoles normales d'instituteurs.)

DEUXIÈME ANNÉE

Zoologie. (Voir le programme des écoles normales d'instituteurs.)

TROISIÈME ANNÉE

Géologie. (Voir le programme des écoles normales d'instituteurs, sauf la division des terrains.)

N. B. — Bien que l'enseignement de la botanique soit placé en première année exclusivement, les élèves de 2e et 3e années devront faire, comme celles de 1re, de fréquentes herborisations sous la conduite du professeur.

Hygiène. (Voir le programme des écoles normales d'instituteurs.)

VIII. — Économie domestique.

3e année .... 1 heure par semaine.

TROISIÈME ANNÉE
ÉCONOMIE DOMESTIQUE.

Le ménage. — Organisation et entretien de la maison d'habitation. — Entretien du mobilier. — Entretien des étoffes et du linge. — Blanchissage et repassage. — Alimentation. — Qualités nutritives des divers aliments. — Composition hygiénique des repas. — Comptabilité du ménage.

N. B. — Les élèves-maîtresses devront être, autant que possible, associées à la tenue du ménage et à la préparation des repas.

IX. — Langues vivantes.

1re année .... 2 heures par semaine.
2e année .... 2 heures par semaine.
3e année .... 2 heures par semaine.

(Voir les programmes des écoles normales d'instituteurs.)

X. — Travaux de couture.

1re année .... 2 heures par semaine.
2e année .... 2 heures par semaine.
3e année .... 2 heures par semaine.

PREMIÈRE ANNÉE

Travaux de couture destinés à l'entretien et à la création d'un trousseau.
Assemblage et confection de chemises d'homme, de femme et d'enfant, de pantalons, camisoles, jupons, etc., soit à la main, soit à la machine à coudre, soit à la main et à la machine.

DEUXIÈME ANNÉE

Manière de prendre les mesures pour les effets de la lingerie et pour les vêtements.

Tracé et réduction de patrons.
Tracé des patrons les plus usités dans la lingerie.
Tracé et coupe des vêtements.

TROISIÈME ANNÉE

Confection, à la main et à la machine, de jupes, de corsages et de manteaux d'après les types consacrés par l'usage.
Continuation des travaux et exercices de 1re et de 2e année. — Machines à coudre.

XI. — Dessin.

1re année............................	4 heures par semaine.
2e année............................	4 heures par semaine.
3e année............................	4 heures par semaine.

PREMIÈRE ANNÉE

DESSIN D'IMITATION.

Principes du dessin d'ornement : lignes droites, circonférences, polygones réguliers, rosaces étoilées ; courbes géométriques diverses : ellipses, spirales, etc. ; courbes empruntées au règne végétal, tiges, feuilles, fleurs.
Copie de plâtres représentant des ornements plats d'un faible relief.
Dessin, d'après l'estampe et d'après le relief : 1° d'ornements purement géométriques : moulures, oves, rais de cœur, perles, denticules, etc. ; 2° d'ornements empruntés au règne végétal : feuilles, fleurs, fruits, palmettes, rinceaux, etc.
Notions succinctes sur les ordres d'architecture, données au tableau par le maître.
Dessin élémentaire de la tête humaine ; ses parties et ses proportions.

DESSIN GÉOMÉTRIQUE.

Emploi au tableau des instruments pour le tracé des lignes droites et des circonférences : règles, compas, équerre et rapporteur.
Exécution sur le papier, avec l'aide des instruments, des tracés géométriques qui ont été faits d'abord au tableau. — Application à des motifs de décoration. Broderies, dentelles, tapisserie.
Principes du lavis à teintes plates.

DEUXIÈME ANNÉE

Revision des études faites en première année.

DESSIN D'IMITATION.

Éléments de perspective. — Représentation perspective au trait, puis avec les ombres, de solides géométriques et d'objets usuels.
Dessin d'après des fragments d'architecture : piédestaux, bases et fûts de colonne, antes, corniches.
Dessin, d'après l'estampe, de différentes parties du corps humain : tête, bras, jambes, pieds, mains. — Notions sur la structure générale et les proportions de ces parties par rapport à l'ensemble.

DESSIN GÉOMÉTRIQUE.

Notions sur la ligne droite et le plan dans l'espace et sur les projections.
Projection de solides géométriques et d'objets simples. — Modèles de coupe de vêtements. — Notions pratiques sur le lavis.

TROISIÈME ANNÉE

Révision des études faites en seconde année.

DESSIN D'IMITATION.

Dessins ombrés d'après des fragments d'architecture : piédestaux, bases et fûts de colonne, consoles, chapiteaux simples, vases, etc.
Frises ornées; ensemble et détail des ordres dorique, ionique et corinthien.
Dessin de plantes ornementales, d'animaux et de figures, d'après l'estampe et d'après la bosse.
Dessin de la figure humaine, d'après l'estampe et d'après la bosse (détail et ensemble).

DESSIN GÉOMÉTRIQUE.

Copie et réduction de plans et de cartes topographiques.
Exercices de lavis des plans et des cartes.

N. B. — Une heure seulement pourra être attribuée par semaine au dessin géométrique.

XII. — Chant et musique vocale.

1re année	2 heures par semaine.
2e année	2 heures par semaine.
3e année	2 heures par semaine.

(Voir le programme des écoles normales d'instituteurs.)

XIII. — Gymnastique.

1re année	3 heures par semaine.
2e année	3 heures par semaine.
3e année	3 heures par semaine.

Jeux variés. — Promenades. — Danses. — Évolutions avec chant. — Exercices d'ordre (formation des rangs, marches rythmées, ruptures, rassemblements, doublement et dédoublement). — Évolutions à la course cadencée. — Courses de vélocité à petite distance.
Mouvements d'ensemble avec et sans instruments (haltères, barres, massues). — Exercices deux à deux avec cordes ou barres. — Exercices aux échelles (échelle horizontale, échelle inclinée, échelle avec planche dorsale, échelles jumelles).
Perches verticales fixes par paires. — Planche inclinée. — Poutre horizontale. — Sauts divers, à l'exclusion du saut en profondeur. — Exercices d'équilibre. — Natation.

VIII

PROGRAMME

DE L'EXAMEN DU CERTIFICAT D'APTITUDE A L'INSPECTION PRIMAIRE ET A LA DIRECTION DES ÉCOLES NORMALES.

(Annexe I de l'arrêté organique du 18 janvier 1887.)

I. — Pédagogie.

1° L'ÉDUCATION (Principes généraux).

Éducation physique. — Hygiène générale. — Jeux et exercices de l'enfant. — Gymnastique.

Éducation des sens. — Petits exercices d'observation.

Éducation intellectuelle: — Notions sur les facultés intellectuelles. — Leur développement aux divers âges. — Leur culture et leur application aux divers ordres de connaissances. — Rôle de la mémoire, du jugement, du raisonnement, de l'imagination. — La méthode; ses différents procédés; analyse et synthèse; induction et déduction.

Éducation morale. — Volonté. — Liberté de l'homme étudiée dans l'enfant. — Conscience morale; responsabilité; devoirs. — Rapports des devoirs et des droits. — Culture de la sensibilité dans l'enfant. — Modification des caractères et formation des habitudes. — Diversité naturelle des instincts et des caractères.

2° L'ÉCOLE (éducation et instruction en commun).

Écoles. — École maternelle (salle d'asile). — Écoles primaires, élémentaires et supérieures. — Cours complémentaires. — Organisation matérielle. — Locaux et mobiliers; matériel d'enseignement. — Collections. — Bibliothèques.

Organisation pédagogique. — Classement des élèves; programmes; emploi du temps; journal de classe.

Formes de l'enseignement; intuition; enseignement par l'aspect; exposition; interrogations; exercices oraux; devoirs écrits et correction; promenades scolaires.

Étude des procédés particuliers applicables à l'enseignement de chacune des parties du programme.

Examens. — Certificats d'études primaires. — Compositions et concours.

Discipline. — Récompenses; punitions; émulation; sentiment de la dignité chez l'enfant. — Action personnelle du maître et conditions de son autorité; ses rapports avec les élèves et les familles.

3° HISTOIRE DE LA PÉDAGOGIE. — Principaux pédagogues et leurs doctrines. — Analyse des ouvrages les plus importants.

N.-B. — Les lectures et les interrogations à l'examen porteront sur les ouvrages pris dans la liste ci-après :

Rabelais, *Gargantua*, livre I, chap. XIV, XV, XXI, XXIII et XXIV; *Pantagruel*, livre II, chap. V, VI, VII, VIII. — Montaigne, *Essais*, livre I, chap. XXIV, XXV; livre II, chap. VIII, X; livre III, chap. VIII. — Fénelon, *de l'Éducation des filles*. — Locke, *Pensée sur l'éducation*. — Rollin, *Traité des études*, Discours préliminaire, livre V, 1re partie, livres VI et VII, et Appendice sur l'éducation des filles. — Rousseau, *Émile*, les quatre premiers livres. — Condorcet, *Rapport sur l'organisation de l'instruction publique*. — Pestalozzi, *Manuel des mères*. *Comment Gertrude instruit ses enfants*. — Mme Necker de Saussure *l'Éducation progres-*

sive. — Le Père Girard, *de l'Enseignement de la langue maternelle*. — Channing (trad. Laboulaye), *de l'Éducation personnelle*. — Horace Mann (trad. Laboulaye), *de l'Importance de l'Éducation dans une République*. — Guizot, *Méditations et études morales* (2e partie). — Dupanloup, *l'Enfant*. — Herbert Spencer, *de l'Éducation intellectuelle, morale et physique*.

II. — Législation et administration.

LOIS, DÉCRETS, RÈGLEMENTS, PRINCIPALES CIRCULAIRES.

Écoles normales primaires. — Conditions d'établissement, recrutement; programme des études; enseignement; régime intérieur; gestion économique; budget; commission de surveillance.

Écoles primaires. — L'enseignement primaire obligatoire. Gratuité et laïcité de l'enseignement primaire public. Différentes sortes d'écoles publiques; dispositions relatives à la création et à l'entretien des écoles communales; écoles mixtes. Admission des enfants dans les écoles. Construction, aménagement et hygiène des locaux scolaires. Pensionnats annexés aux écoles publiques. Écoles primaires supérieures; bourses nationales. Comptabilité des écoles publiques; comptabilité communale et départementale se rapportant au service de l'instruction primaire; registres scolaires. Établissements d'instruction primaire privés.

Classes enfantines.

Écoles maternelles. — Leurs rapports avec la classe élémentaire; leur histoire; leur réglementation spéciale.

Annexes de l'École. — Bibliothèque populaire des écoles; autres bibliothèques populaires; classes d'adultes et d'apprentis; conférences et cours publics; musées scolaires; caisses des écoles; caisses d'épargne scolaires; ateliers de travail manuel; gymnastique et exercices militaires; bataillons scolaires.

Personnel. — Instituteurs et institutrices titulaires et stagiaires publics; nomination; situation légale; devoirs professionnels; engagement décennal; traitements; pensions de retraite.

Instituteurs privés, directeurs et adjoints.

Associations vouées à l'enseignement; personnes civiles; libéralités faites aux personnes civiles en vue de l'instruction primaire.

Autorités préposées à la surveillance et à la direction de l'enseignement primaire.

Inspecteurs; leurs attributions et leurs rapports avec les autorités, avec le personnel enseignant.

Bibliothèques pédagogiques.

Conférences pédagogiques.

ALGÉRIE

Loi du 30 *octobre* 1886, *titre VI.*
Loi du 19 *juillet* 1889, *chapitre IV.*
Décret du 8 *novembre* 1887.
— 12 *novembre* 1887.
— 9 *décembre* 1887.
9 *août* 1888.

DÉCRET DU 8 NOVEMBRE 1887

SUR L'ORGANISATION DE L'ENSEIGNEMENT PRIMAIRE EN ALGÉRIE.

ARTICLE PREMIER. — La loi du 30 octobre 1886 sur l'organisation de l'enseignement primaire, la loi du 16 juin 1881 sur les titres de capacité, l'article 1er de la loi du 16 juin 1881 sur la gratuité, la loi du 28 mars 1882 et les articles 8, 9 et 10 de la loi du 20 mars 1883 seront appliqués en Algérie, en ce qui concerne les écoles destinées aux Européens, dans les conditions déterminées par les articles ci-après.

ART. 2. — Toute commune de plein exercice ou mixte doit être pourvue au moins d'une école primaire publique.

Les décisions prises par le conseil départemental de l'instruction publique et déterminant le nombre, la nature et le siège des écoles, ou la composition du personnel enseignant dans chacune d'elles, sont soumises à l'approbation du gouverneur général et du ministre de l'instruction publique.

ART. 3. — Lorsque, sur la proposition de l'Inspecteur d'Académie, le préfet reconnaît qu'il est nécessaire de créer une des écoles ou des classes destinées à l'enseignement primaire public, et dont l'établissement donne lieu à une dépense obligatoire pour la commune, il invite le maire à provoquer une délibération du conseil municipal, dans le délai de deux mois, sur la création projetée.

ART. 4. — Si le conseil municipal émet un vote contraire ou ne délibère pas dans le délai imparti, la décision du conseil départemental ne peut être soumise au gouverneur général qu'après avis motivé du préfet et du recteur de l'Académie.

ART. 5. — Lorsque l'école ou la classe à créer n'est pas de celles dont l'établissement donne lieu à une dépense obligatoire, le préfet ne peut saisir le conseil départemental que sur la demande de la commune ou des communes intéressées, et après avis conforme du recteur.

ART. 6. — Lorsque la création d'une école ou d'une classe a été décidée, le conseil municipal est mis en demeure de fournir les locaux nécessaires. Les propositions du conseil municipal sont soumises à l'examen de l'Inspecteur d'Académie et approuvées, s'il y a lieu, par le préfet.

Art. 7. — Si le conseil municipal refuse de fournir un local convenable ou ne présente aucune proposition, le préfet pourvoit d'office à l'installation de l'école.

Les dépenses occasionnées sont inscrites d'office au budget de la commune et, au besoin, précomptées sur la part lui revenant dans l'octroi de mer.

Art. 8. — Les dépenses résultant de la construction, de l'acquisition et de l'aménagement des bâtiments scolaires sont à la charge de la commune, sauf concours de l'État dans les conditions prévues par la loi du 20 juin 1885 et par le décret du 26 mai 1886.

Les dépenses de location de salles de classe seront également à la charge des communes de l'Algérie, à partir du 1er janvier 1888. Toutefois, à titre transitoire, ces dépenses seront, jusqu'au 1er janvier 1890, supportées jusqu'à concurrence de moitié par l'État.

Art. 9. — Le traitement du personnel enseignant, calculé d'après les taux minima fixés par le décret du 27 mai 1878, constitue une dépense obligatoire pour la commune jusqu'à concurrence d'une somme représentant le sixième de l'octroi de mer. Le surplus est à la charge de l'État.

Ce traitement ne peut, dans aucun cas, être inférieur au plus élevé des traitements dont l'instituteur ou l'institutrice aura joui pendant les trois années qui ont précédé la publication du décret du 13 février 1883.

S'ajoutent au traitement et sont, par suite, soumis à la retenue :

1º L'allocation annuelle de 100 francs acquise à tout instituteur ou institutrice d'Algérie, pour la possession de chacun des titres suivants :

Brevet supérieur ;
Certificat d'aptitude au professorat des écoles normales ;
Certificat d'aptitude à l'inspection ;

2º L'indemnité annuelle de 300 francs attribuée aux membres français de l'enseignement primaire public qui possèdent le brevet de langue arabe ou de langue kabyle délivré par l'école des lettres d'Alger.

La possession de la médaille d'argent donne lieu à une indemnité viagère de 100 francs.

Art. 10. — Sont également obligatoires pour les communes, par addition à l'article 14 de la loi du 30 octobre 1886, les dépenses ci-après :

1º Dans le cas où la commune ne fournit pas le logement et le mobilier personnel aux instituteurs et institutrices, une indemnité représentative fixée par le préfet, après avis de l'Inspecteur d'Académie et du conseil municipal ;

2º Les imprimés scolaires nécessaires à l'inscription des élèves et à la constatation des absences ;

3º Les indemnités des maîtresses de couture dans les écoles mixtes dirigées par des instituteurs.

Ces indemnités sont fixées par le préfet, suivant le nombre des élèves inscrites, sur la proposition de l'Inspecteur d'Académie. Elles ne peuvent dépasser 300 francs par an.

Ces dépenses sont acquittées par la commune jusqu'à concurrence des 4 centimes spéciaux de l'instruction publique additionnels à la taxe foncière. Le surplus est à la charge de l'État.

Art. 11. — Les instituteurs et institutrices titulaires ou stagiaires seront payés mensuellement, sur mandats délivrés par le préfet, d'après un état dressé par l'Inspecteur d'Académie.

Le versement sera effectué par le receveur des contributions directes, à titre de cotisations municipales, suivant le mode indiqué à l'article 8 de la loi du 19 juillet 1875.

Art. 12. — Tout instituteur ou institutrice qui aurait fait recevoir dix élèves à l'école normale ou dix indigènes au cours normal, à l'examen des bourses d'enseignement primaire supérieur ou d'enseignement secondaire, pourra obtenir, en dehors des contingents ou conditions réglementaires, soit la mention honorable, soit la récompense honorifique immédiatement supérieure à celle qu'il possède déjà.

Art. 13. — Les délégations cantonales ne sont pas instituées en Algérie.

Les commissions scolaires prévues par l'article 5 de la loi du 28 mars 1882 se composent : du maire ou d'un adjoint délégué par lui ; d'un délégué de l'Inspecteur d'Académie et de membres délégués par le conseil municipal en nombre égal au plus au tiers des membres de ce conseil.

Le jury chargé d'examiner les enfants qui reçoivent l'instruction dans la famille est composé de l'inspecteur primaire ou de son délégué, président, et de deux personnes munies d'un diplôme universitaire ou d'un brevet de capacité, choisies par l'Inspecteur d'Académie. Pour l'examen des filles, une de ces personnes devra être une femme.

Art. 14. — Dans les communes de plein exercice et dans les communes mixtes, l'instruction primaire est obligatoire pour les enfants des deux sexes âgés de six ans révolus à treize ans révolus, quelle que soit la nationalité des parents. Elle peut être donnée, soit dans les établissements d'instruction publics ou privés, soit dans les familles, par le père de famille lui-même ou par toute personne qu'il aura choisie.

Cette obligation ne sera applicable à la population indigène musulmane, même dans les communes de plein exercice, qu'en vertu d'arrêtés spéciaux du gouverneur général.

ART. 15. — Les écoles primaires publiques de tout degré, sauf les écoles mixtes, seront ouvertes aux enfants indigènes d'âge scolaire qui demanderont à y être admis, à la condition que ces enfants aient été vaccinés, s'ils n'ont pas eu la petite vérole, et qu'ils se soumettent aux mêmes règles d'hygiène, de propreté et d'assiduité que les élèves européens.

La liberté de conscience des élèves indigènes est formellement garantie; ils ne peuvent être astreints à aucune pratique incompatible avec leur religion.

Sur la demande des parents, ils seront dispensés par l'Inspecteur d'Académie de l'obligation d'assister à l'école aux jours considérés dans leur religion comme jours fériés.

ART. 16. — Les paragraphes 2 et 3 de l'article 17 de la loi du 28 mars 1882 ne sont pas applicables à l'Algérie.

ART. 17. — Des arrêtés du gouverneur général, rendus sur le rapport du recteur, après avis des conseils départementaux, détermineront chaque année les communes ou les fractions de commune dans lesquelles, par suite de distances, de l'insuffisance des locaux scolaires ou des difficultés de communication, les prescriptions des articles 4 et suivants de la loi du 28 mars 1882 ne pourraient pas être appliquées.

La liste nominative de ces communes ou sections, avec indication du chiffre de la population y afférente, sera jointe au rapport annuel adressé aux Chambres par le ministre, en vertu de l'article 18 de la loi du 28 mars 1882.

ART. 18. — Les titres Ier, II et III du décret du 13 avril 1883, les décrets des 16 février 1883 et 16 octobre 1886 sont rapportés.

ART. 19. — Les ministres de l'instruction publique, des cultes et des beaux-arts et de l'intérieur sont chargés, chacun en ce qui le concerne, de l'exécution du présent décret, qui sera inséré au *Bulletin des lois*, publié au *Journal officiel* et au *Bulletin officiel* de l'Algérie.

DÉCRET DU 12 NOVEMBRE 1887

FIXANT LES DÉLAIS DE LAÏCISATION POUR LES ÉCOLES PUBLIQUES DE L'ALGÉRIE.

Les délais de laïcisation pour les écoles publiques de l'Algérie sont ceux fixés par l'article 38 de la loi du 30 octobre 1886.

DÉCRET DU 9 DÉCEMBRE 1887
PORTANT RÈGLEMENT SUR L'ENSEIGNEMENT PUBLIC ET L'ENSEIGNEMENT PRIVÉ DES INDIGÈNES EN ALGÉRIE.

TITRE PREMIER
De l'enseignement public des indigènes.

ARTICLE PREMIER. — L'enseignement primaire est donné aux indigènes :

1º Dans les écoles primaires publiques de tout degré énumérées à l'article 1er de la loi du 30 octobre 1886, et communes aux enfants de toutes les nationalités, sous les réserves et aux conditions prévues à l'article 14 du décret du 8 novembre 1887 ;

2º Dans les écoles spéciales établies dans les centres de population indigène et qui peuvent être de quatre sortes : *écoles ordinaires*, dirigées par des instituteurs ou institutrices français ; *écoles principales* ou de centre, confiées à des directeurs français ; *écoles préparatoires* ou de section, confiées à des adjoints, adjointes, moniteurs ou monitrices indigènes ; *écoles enfantines* pour les enfants des deux sexes, de quatre à sept ans pour les garçons et de quatre à huit ans pour les filles, dirigées par des institutrices ou monitrices françaises ou indigènes.

En outre, des écoles manuelles d'apprentissage, telles que les définit la loi du 11 décembre 1880, pourront être spécialement ouvertes pour les enfants indigènes.

ART. 2. — Les décisions prises par le Conseil départemental de l'instruction publique et déterminant le nombre, la nature et le siège de ces écoles, ou la composition du personnel enseignant dans chacune d'elles, sont soumises à l'approbation du gouverneur général, après avis motivé du recteur de l'Académie.

Les articles 3 à 8 du décret du 8 novembre 1887, relatifs à la création et à l'installation des écoles publiques, sont applicables aux écoles indigènes.

ART. 3. — Ne peuvent être classées comme écoles principales que les écoles primaires établies dans les centres indigènes importants, éloignés des villages européens, et à condition que le directeur ait à surveiller au moins six classes, en comptant celles des écoles préparatoires et celles de l'école principale.

La qualité d'école principale est conférée par arrêté du gouverneur général, sur l'avis du Conseil départemental et la proposition du recteur de l'Académie.

Les directeurs d'écoles principales sont nommés par le recteur.

Ils doivent remplir les conditions exigées pour être instituteur titulaire, et, en outre :

Être âgés de vingt-cinq ans au moins ;

Avoir résidé deux ans au moins en Algérie ;

Avoir une connaissance suffisante de l'arabe ou du kabyle ;

S'engager à exercer pendant cinq ans au moins dans une école principale.

Le directeur d'école principale recevra un traitement de 3,000 francs avec augmentation annuelle de 100 francs auquel s'ajouteront les allocations accordées aux instituteurs ordinaires.

Il recevra, en outre, un supplément de traitement de 200 francs par an pour chaque école préparatoire qui s'ouvrira sous la conduite d'un de ses élèves.

Il aura droit a un logement et à un jardin.

Il aura droit, en outre, si sa résidence l'exige, au nombre de prestations en nature que l'autorité locale déterminera, pour assurer ses approvisionnements.

Tous les deux ans, à l'époque des vacances, il aura droit, pour lui et sa famille, au transport gratuit jusqu'à un point quelconque de l'Algérie, ou jusqu'à Marseille.

Tout instituteur qui aura dirigé pendant huit ans une école principale pourra, en rentrant dans les écoles ordinaires, être promu à la 1re classe.

Art. 4. — Les instituteurs chargés des écoles ordinaires et habitant en dehors des centres européens recevront une indemnité de résidence de 200 à 600 francs, selon l'importance du poste et la difficulté des approvisionnements ; le taux de cette indemnité sera déterminé, dans chaque cas particulier, par le gouverneur général, sur la proposition du recteur.

Les instituteurs chargés des écoles ordinaires recevront, en outre, une indemnité annuelle de 100 francs par école préparatoire soumise à leur surveillance, et auront droit à tous les avantages réglementaires.

Art. 5. — Les adjoints français des écoles indigènes, ordinaires ou principales, recevront également une indemnité annuelle de résidence de 200 à 600 francs, déterminée par le gouverneur général, sur la proposition du recteur.

Les adjoints indigènes sont soumis aux mêmes conditions de capacité que les adjoints français et reçoivent le même traitement.

Les moniteurs indigènes doivent être pourvus du certificat d'études primaires et âgés de seize ans au moins, pour diriger une classe annexée à une autre école ; de dix-huit ans au moins, pour diriger une école préparatoire ou de section. Ils reçoivent un traitement fixe de 800 francs pouvant s'élever, par augmentations successives de 100 francs tous les deux ans, jusqu'à 1,200 francs.

ALGÉRIE.

ART. 6. — Les dépenses nécessaires pour l'établissement et l'entretien des écoles ci-dessus indiquées sont payées, dans les communes de plein exercice et mixtes, suivant les conditions réglementaires.

ART. 7. — Dans les communes indigènes, le traitement du personnel des écoles sera à la charge de l'État, les autres dépenses à la charge de la commune.

ART. 8. — Dans toute école publique indigène comptant plusieurs classes, les dernières classes pourront, à défaut d'adjoints ou d'adjointes, être confiées, soit aux moniteurs ou monitrices indigènes, soit aux filles, femmes, mères ou sœurs des instituteurs ou institutrices, qui recevront pour ce service une indemnité annuelle de 800 à 1,200 francs par an, si elles sont pourvues du certificat d'études primaires, de 600 francs seulement, si elles sont dépourvues de ce titre. Cette indemnité n'est pas passible de la retenue.

ART. 9. — Les adjoints ou moniteurs indigènes sont nommés par le recteur de l'Académie.

L'adjoint indigène remplissant les conditions réglementaires de stage et de capacité et qui se sera fait naturaliser Français pourra être nommé titulaire.

ART. 10. — Les écoles publiques indigènes sont soumises, en ce qui concerne la surveillance, aux mêmes règles que les écoles primaires européennes, l'administrateur ou le commandant du cercle exerçant, dans les communes mixtes ou indigènes, les prérogatives attribuées aux maires. L'autorité académique est seule chargée de l'inspection des écoles au point de vue de l'enseignement donné.

Des inspecteurs primaires ou des délégués, nommés par le ministre de l'instruction publique, sont spécialement chargés, sous l'autorité du recteur de l'Académie, de cette inspection et de cette surveillance.

ART. 11. — En ce qui concerne le maintien de l'ordre public, les écoles publiques indigènes sont soumises à la surveillance du gouverneur général de l'Algérie, qui peut suspendre les maîtres chargés de ces écoles ou les adjoints qui y sont attachés.

Le maire ou l'adjoint suspendu doit être immédiatement remplacé par le recteur de l'Académie.

ART. 12. — Les indigènes ne seront soumis à l'obligation que dans les communes ou fractions de communes désignées par arrêtés spéciaux du gouverneur général.

L'obligation ne s'appliquera qu'aux garçons d'âge scolaire. L'arrêté du gouverneur général déterminera les dispenses d'assiduité qui pourront être accordées.

L'inscription à la porte de la mairie, prévue par l'article 13 de la loi du 28 mars 1882, sera remplacée, pour les indigènes, par un blâme infligé, après décision de la commission scolaire, par le maire, l'administrateur, le commandant de cercle ou d'annexe. Les autres sanctions prévues par la loi du 28 mars 1882 sont applicables aux indigènes.

Art. 13. — Il sera établi, dans chaque département, des cours normaux destinés à préparer les indigènes aux fonctions de l'enseignement. Ces cours seront annexés aux écoles normales d'instituteurs.

Il pourra être établi également pour les instituteurs et institutrices français des cours normaux destinés à l'étude de l'arabe ou du berbère, des mœurs indigènes, de l'hygiène et des travaux manuels.

Un règlement spécial déterminera la part de la dépense afférente à l'État, aux départements, aux communes.

Art. 14. — Des bourses familiales ou d'entretien de 400 francs pourront être accordées, pour une durée maximum de trois ans, aux élèves indigènes pourvus du certificat d'études primaires, qui resteront attachés à une école publique pour s'y exercer à la pratique de l'enseignement et y compléter leur instruction.

Art. 15. — Les caisses des écoles prévues à l'article 17 de la loi du 28 mars 1882 pourront accorder aux élèves indigènes les plus assidus et les plus méritants des récompenses consistant en fournitures scolaires, livres, vêtements, outils et ustensiles utiles.

Elles pourront aussi allouer des bourses ou primes d'apprentissage mensuelles aux élèves sortant d'une école primaire publique, âgés d'au moins treize ans, et qui seront placés comme apprentis chez un artisan ou chez un cultivateur.

Ces apprentis indigènes subventionnés seront sous le patronage de la caisse des écoles.

TITRE II

De l'enseignement privé des indigènes.

Art. 16. — Les écoles privées musulmanes ou israélites (*Mecid, Zaouias, Midraschim*) sont soumises à la surveillance et à l'inspection des autorités énumérées par la loi du 30 octobre 1886 et notamment à celles des inspecteurs chargés des écoles indigènes.

Cette inspection porte exclusivement sur la moralité, l'hygiène, la salubrité et sur l'exécution des obligations imposées par les articles 17 à 23 ci-après. Elle ne peut porter sur l'enseignement que pour vérifier s'il n'est pas séditieux ou contraire à la Constitution, aux lois, à la morale publique.

Art. 17. — Aucune école privée musulmane ou israélite ne pourra être ouverte avant que le choix du local n'ait été approuvé par le maire, l'administrateur ou le commandant de cercle ou d'annexe.

La fermeture de ces écoles par mesure de police générale pourra être prononcée par le gouverneur général et, en cas d'urgence, par le préfet ou le général commandant la division, sauf approbation ultérieure du gouverneur général.

Art. 18. — Aucun maître musulman ou israélite ne pourra prendre la direction d'une des écoles dont il s'agit sans une autorisation du préfet, en territoire civil, ou du général commandant la division, en territoire militaire.

Cette autorisation ne sera accordée qu'après avis de l'Inspecteur d'Académie et de l'autorité municipale de la commune où l'école doit s'ouvrir, et sur le vu d'un certificat délivré par le maire, l'administrateur ou le commandant du cercle de la dernière résidence du postulant, constatant qu'il est citoyen ou sujet français et de bonnes vie et mœurs. Le postulant devra produire en outre un extrait de son casier judiciaire et l'indication des localités où il a déjà enseigné, ou bien, s'il débute, l'indication des écoles dont il a été l'élève.

Art. 19. — Le maître de chaque école tiendra, en français autant que possible, un registre sur lequel seront inscrits les noms des élèves, la date de leur naissance, l'époque de leur entrée à l'école, le nom et le domicile de leur père.

Art. 20. — Les châtiments corporels sont interdits. Les locaux doivent être aérés et tenus en état de propreté. Les enfants atteints d'une maladie contagieuse doivent être provisoirement éloignés de l'école.

Art. 21. — En cas de faute grave dans l'exercice de ses fonctions, d'inconduite ou d'immoralité, le maître chargé de la direction d'une école privée musulmane ou israélite pourra, sur la proposition de l'Inspecteur d'Académie, ou sur celle de l'autorité municipale, après avis de l'Inspecteur d'Académie, se voir retirer à temps ou à toujours l'autorisation d'enseigner, par le préfet en territoire civil, et par le général commandant la division en territoire militaire.

Art. 22. — Dans toute localité ou section de commune soumise à l'obligation où se trouvera, à une distance ne dépassant pas 3 kilomètres et quarante minutes de marche, une école primaire publique de garçons pourvue de locaux suffisants, les écoles privées musulmanes ou israélites ne pourront recevoir d'enfants de six à douze ans pendant les heures de classe de l'école publique.

Art. 23. — Le présent règlement sur l'enseignement privé sera affiché en français, en arabe ou hébreu-arabe, dans toutes les écoles privées musulmanes ou israélites.

Art. 24. — Sont et demeurent rapportées toutes dispositions contraires au présent décret, et notamment le titre IV du décret du 13 février 1883 et le décret du 1er février 1885.

Art. 25. — Le ministre de l'instruction publique, des cultes et des beaux-arts, le ministre de l'intérieur et le gouverneur général sont chargés, chacun en ce qui le concerne, de l'exécution du présent décret.

DÉCRET DU 9 AOUT 1888

SUR L'ÉTABLISSEMENT DES ÉCOLES NORMALES EN ALGÉRIE.

Les articles 1, 2, 3 et 4 de la loi du 9 août 1877 seront rendus applicables dans les trois départements de l'Algérie à partir de l'année 1888.

NOUVEL APPENDICE

CONTENANT

LA LOI DU 15 JUILLET 1889
SUR LE RECRUTEMENT DE L'ARMÉE
(Extraits)

ET LA LOI DU 19 JUILLET 1889
SUR LES DÉPENSES ORDINAIRES DE L'INSTRUCTION PRIMAIRE PUBLIQUE
ET LES TRAITEMENTS DU PERSONNEL DE CE SERVICE.

LOI DU 15 JUILLET 1889

SUR LE RECRUTEMENT DE L'ARMÉE.

(Extraits.)

Art. 23. — En temps de paix, après un an de présence sous les drapeaux, sont envoyés en congé dans leurs foyers, sur leur demande, jusqu'à la date de leur passage dans la réserve :

1° Les jeunes gens qui contractent l'engagement de servir pendant dix ans dans les fonctions de l'instruction publique, dans les institutions nationales des sourds-muets ou des jeunes aveugles, dépendant du ministère de l'intérieur, et y rempliront effectivement un emploi de professeur, de maître répétiteur ou d'instituteur;

Les instituteurs laïques ainsi que les novices et membres des congrégations religieuses vouées à l'enseignement et reconnues d'utilité publique qui prennent l'engagement de servir pendant dix ans dans les écoles françaises d'Orient et d'Afrique subventionnées par le gouvernement français;

2° Les jeunes gens qui ont obtenu ou qui poursuivent leurs études en vue d'obtenir :

Soit le diplôme de licencié ès lettres, ès sciences, de docteur en droit, de docteur en médecine, de pharmacien de 1re classe, de vétérinaire, ou le titre d'interne des hôpitaux nommé au concours dans une ville où il existe une faculté de médecine; soit le diplôme délivré par l'École des chartes, l'École des langues orientales vivantes et l'École d'administration de la marine;

Soit le diplôme supérieur délivré aux élèves externes par l'École des ponts et chaussées, l'École supérieure des mines, l'École du génie maritime; soit le diplôme supérieur délivré par l'Institut national agronomique, l'école des haras du Pin aux élèves internes; les écoles nationales d'agriculture de Grandjouan, de Grignon et de Montpellier, l'École des mines de Saint-Etienne, les écoles des maîtres ouvriers mineurs d'Alais et de Douai, les écoles nationales des arts et métiers d'Aix, d'Angers et de Châlons, l'École des hautes études commerciales et les Écoles supérieures de commerce reconnues par l'État;

Soit l'un des prix de Rome, soit un prix ou médaille d'État dans les concours annuels de l'École nationale des beaux-arts, du Conservatoire de musique et de l'École nationale des arts décoratifs;

3° Les jeunes gens exerçant les industries d'art qui sont désignés par un jury d'État départemental formé d'ouvriers et de patrons. Le nombre de ces jeunes gens ne pourra en aucun cas dépasser un demi pour cent du contingent à incorporer pour trois ans ;

4° Les jeunes gens admis, à titre d'élèves ecclésiastiques, à continuer leurs études en vue d'exercer le ministère dans l'un des cultes reconnus par l'État.

En cas de mobilisation, les étudiants en médecine et en pharmacie et les élèves ecclésiastiques sont versés dans le service de santé.

Tous les jeunes gens énumérés ci-dessus seront rappelés pendant quatre semaines dans le cours de l'année qui précédera leur passage dans la réserve de l'armée active. Ils suivront ensuite le sort de la classe à laquelle ils appartiennent.

Des règlements d'administration publique détermineront : les conditions dans lesquelles sera contracté l'engagement décennal visé au paragraphe premier ; les justifications à produire par les jeunes gens visés au paragraphes 2° et 4°, soit au moment de leur demande, soit chaque année pendant la durée de leurs études ; la nomenclature des industries d'art qui donneront lieu à la dispense prévue au paragraphe 3°, le mode de répartition de ces dispenses entre les départements, le mode de constitution du jury d'État pour les ouvriers d'art, ainsi que les justifications annuelles d'aptitude, de travail et d'exercice régulier de leur profession, que les jeunes gens dispensés sur la proposition du jury devront fournir jusqu'à l'âge de vingt-six ans.

Les mêmes règlements fixeront le nombre des diplômes supérieurs à délivrer annuellement, en vue de la dispense du service militaire pour chacune des écoles énumérées au troisième alinéa du paragraphe 2°, et définiront ceux de ces diplômes qui ne sont pas définis par la loi ; ils fixeront également le nombre des prix et des médailles visés au quatrième alinéa du même paragraphe.

Art. 24. — Les jeunes gens visés au paragraphe premier de l'article précédent qui, dans l'année qui suivra leur année de service, n'auraient pas obtenu un emploi de professeur, de maître répétiteur ou d'instituteur, ou qui cesseraient de le remplir avant l'expiration du délai fixé ;

Ceux qui n'auraient pas obtenu avant l'âge de vingt-six ans les diplômes ou les prix spécifiés aux alinéas du paragraphe 2° ;

Les jeunes gens visés au paragraphe 3° qui ne fourniraient pas les justifications professionnelles prescrites ;

Les élèves ecclésiastiques mentionnés au paragraphe 4°, qui, à l'âge de vingt-six ans, ne seraient pas pourvus d'un emploi de ministre de l'un des cultes reconnus par l'État ;

Les jeunes gens visés par les articles 21, 22 et 23 qui n'auraient pas satisfait, dans le cours de leur année de service, aux conditions de conduite et d'instruction militaire déterminées par le ministre de la guerre;

Ceux qui ne poursuivraient pas régulièrement les études en vue desquelles la dispense a été accordée;

Seront tenus d'accomplir les deux années de service dont ils avaient été dispensés.

Art. 25. — Quand les causes de dispenses prévues aux articles 21, 22 et 23 viennent à cesser, les jeunes gens qui avaient obtenu ces dispenses sont soumis à toutes les obligations de la classe à laquelle ils appartiennent.

Ils peuvent se marier sans autorisation.

LOI DU 19 JUILLET 1889

SUR LES DÉPENSES ORDINAIRES DE L'INSTRUCTION PRIMAIRE PUBLIQUE ET LES TRAITEMENTS DU PERSONNEL DE CE SERVICE.

CHAPITRE Ier

DÉPENSES ORDINAIRES DE L'ENSEIGNEMENT PUBLIC.

Article premier. — Les dépenses ordinaires de l'enseignement primaire public sont à la charge de l'État, des départements et des communes, selon les règles édictées par la présente loi.

Art. 2. — Sont à la charge de l'État :

1° Les traitements du personnel des écoles primaires élémentaires et des écoles maternelles créées conformément aux articles 13 et 15 de la loi organique du 30 octobre 1886;

2° Les traitements du personnel des écoles primaires supérieures et des écoles manuelles d'apprentissage créées conformément aux articles 13 et 28 de la loi organique;

3° Les suppléments de traitement prévus aux articles 8 et 9;

4° Les traitements du personnel des écoles normales;

5° Les traitements du personnel de l'administration et de l'inspection;

6° Les frais de tournées et de déplacement des fonctionnaires de l'inspection;

7° Les frais d'entretien des élèves dans les écoles normales et, en général, les dépenses de ces écoles non prévues à l'article suivant;

8° L'allocation afférente à la médaille d'argent prévue à l'article 45 de la présente loi.

Art. 3. — Sont à la charge des départements :

1° L'indemnité prévue à l'article 23 ;

2° L'entretien et, s'il y a lieu, la location des bâtiments des écoles normales ;

3° L'entretien et le renouvellement du mobilier de ces écoles et du matériel d'enseignement ;

4° Le loyer et l'entretien du local et du mobilier destinés au service départemental de l'instruction publique ;

5° Les frais de bureau de l'inspecteur d'académie ;

6° Les imprimés à l'usage des délégations cantonales et de l'administration académique ;

7° Les allocations aux chefs d'atelier, contre-maîtres et ouvriers chargés par les départements de l'enseignement agricole, commercial ou industriel dans les écoles primaires de tout ordre et dans les écoles régies par la loi du 11 décembre 1880.

Art. 4. — Sont à la charge des communes :

1° L'indemnité de résidence prévue à l'article 12 ;

2° L'entretien et, s'il y a lieu, la location des bâtiments des écoles primaires ; le logement des maîtres ou les indemnités représentatives ;

3° Les frais de chauffage et d'éclairage des classes dans les écoles primaires ;

4° La rémunération des gens de service dans les écoles maternelles publiques, et, si le conseil municipal décide qu'il y a lieu, dans les autres écoles primaires publiques ;

5° L'acquisition, l'entretien et le renouvellement du mobilier scolaire et du matériel d'enseignement ;

6° Les registres et imprimés à l'usage des écoles ;

7° Les allocations aux chefs d'atelier, contre-maîtres et ouvriers chargés par les communes de l'enseignement agricole, commercial ou industriel dans les écoles primaires de tout ordre et dans les écoles régies par la loi du 11 décembre 1880.

Art. 5. — Il ne pourra être créé aucun établissement d'enseignement primaire supérieur, école ou cours complémentaire, ni aucun poste dans les écoles primaires élémentaires ou maternelles, si un crédit spécial n'a été préalablement inscrit à cet effet dans la loi de finances.

Les écoles primaires supérieures et les cours complémentaires cesseront d'être entretenus par l'État si l'effectif de l'école primaire supérieure pendant trois années consécutives s'est abaissé au-dessous de quinze élèves par année d'études, et celui du cours complémentaire au-dessous de douze élèves par année d'études.

L'approbation ministérielle requise par l'article 13 de la loi organique ne sera donnée pour les écoles primaires supérieures et pour les cours complémentaires que si la commune s'est engagée à inscrire pour cinq ans au moins les dépenses qui lui incombent, pour ces deux établissements, au nombre des dépenses obligatoires.

CHAPITRE II
CLASSEMENT ET TRAITEMENTS DU PERSONNEL.

Art. 6. — Les instituteurs et institutrices sont répartis en stagiaires et titulaires.

Les stagiaires forment un effectif de 20 p. 100.

Les titulaires se divisent en cinq classes, dont les effectifs numériques sont les suivants :

5e classe, 35 p. 100 de l'effectif total;
4e classe, 25 p. 100 de l'effectif total;
3e classe, 15 p. 100 de l'effectif total;
1re et 2e classes, 5 p. 100 de l'effectif total.

Ces classes sont attachées à la personne et peuvent être attribuées sans déplacement.

Art. 7. — Le traitement des instituteurs et institutrices de chaque classe est fixé ainsi qu'il suit :

Instituteurs.		Institutrices.	
5e classe	1,000	5e classe	1,000
4e —	1,200	4e —	1,200
3e —	1,500	3e —	1,400
2e —	1,800	2e —	1,500
1re —	2,000	1re —	1,600

Art. 8. — Les titulaires chargés de la direction d'une école comprenant plus de deux classes reçoivent à ce titre un supplément de 200 fr. Ce supplément est porté à 400 fr. si l'école comprend plus de quatre classes.

Art. 9. — Dans les écoles qui comprennent une classe d'enseignement primaire supérieur, dite cours complémentaire, le maître chargé de ce cours reçoit un supplément de traitement de 200 fr.

Art. 10. — Indépendamment du traitement fixé aux articles précédents, les instituteurs et les institutrices titulaires ont droit :

1° Au logement ou à l'indemnité représentative fixée par arrêtés préfectoraux;

2° A une indemnité de résidence dans les cas prévus à l'article 12.

L'indemnité de résidence n'est pas soumise à retenue, sauf l'exception prévue aux dispositions transitoires de l'article 32, paragraphe 2.

Art. 11. — Les instituteurs et institutrices stagiaires reçoivent un traitement de 800 francs et l'indemnité de résidence dans les conditions déterminées à l'article 12.

Ils ont droit au logement ou à l'indemnité représentative.

Ils forment une classe unique.

Art. 12. — L'indemnité de résidence est fixée, pour les maîtres désignés aux articles 8, 9, 14 et 15, à :

100 fr. dans les localités dont la population agglomérée est de 1,000 à 3,000 hab.
200 fr. de.................. 3,001 à 9,000 —
300 fr. de.................. 9,001 à 12,000 —
400 fr. de.................. 12,001 à 18,000 —
500 fr. de.................. 18,001 à 35,000 —
600 fr. de.................. 35,001 à 60,000 —
700 fr. de.................. 60,001 à 100,000 —
800 fr. de.................. 100,000 h. et au-dessus ;
2,000 fr. dans la ville de Paris.

Elle est de moitié des chiffres ci-dessus pour tous les autres instituteurs et institutrices titulaires, et du quart pour les stagiaires établis dans les localités ci-dessus énumérées.

Les communes chefs-lieux de canton ayant moins de 1,000 habitants de population agglomérée sont assimilées, quant à l'indemnité de résidence, aux localités de 1,000 à 3,000 habitants.

Dans les villes de plus de 100,000 âmes et dans les communes du département de la Seine comprises dans les catégories ci-dessus, le taux de cette indemnité sera élevé, s'il y a lieu, pour parfaire, avec le traitement légal nouveau, tant pour les instituteurs et les institutrices en exercice que pour leurs successeurs, le chiffre des émoluments régulièrement soumis à retenues tel qu'il résulte de la moyenne des trois années antérieures à l'exercice 1889. Dans aucun cas, la part contributive de l'État n'excédera le produit des 4 centimes.

Un règlement d'administration publique dressera, d'après les bases ci-dessus indiquées pour chacune de ces communes, et pour les diverses catégories du personnel, le tableau des indemnités de résidence.

Les maîtres titulaires ou stagiaires des écoles de section établies hors du chef-lieu de la commune profiteront de l'indemnité de résidence si la section rentre, par sa population agglomérée, dans une des catégories établies par le premier paragraphe de l'article.

Art. 13. — Les directeurs, directrices, instituteurs adjoints, institutrices adjointes des écoles primaires supérieures; les directeurs, directrices et professeurs d'écoles normales; les économes de ces dernières écoles et les inspecteurs primaires sont répartis en cinq classes dans les proportions suivantes :

5e classe, 30 p. 100 de l'effectif total.
4e — 25 p. 100 —
3e — 20 p. 100 —
2e — 15 p. 100 —
1re — 10 p. 100 —

Ces classes sont attachées à la personne et peuvent être attribuées sans déplacement.

ART. 14. — Le traitement des directeurs et directrices d'écoles primaires supérieures est fixé ainsi qu'il suit :

5e classe	1,800
4e —	2,000
3e —	2,200
2e —	2,500
1re —	2,800

Ils reçoivent, en outre, l'indemnité de résidence prévue à l'article 12.

Ils ont droit au logement ou à l'indemnité représentative.

ART. 15. — Le traitement des instituteurs adjoints et des institutrices adjointes des écoles primaires supérieures est fixé ainsi qu'il suit :

5e classe	1,100
4e —	1,300
3e —	1,600
2e —	1,900
1re —	2,100

Ils reçoivent, en outre, l'indemnité de résidence prévue à l'article 12.

Ils ont droit au logement ou à l'indemnité représentative.

Les maîtres auxiliaires chargés d'enseignements accessoires dans les écoles primaires supérieures, dans les conditions prévues par les articles 20 et 28 de la loi du 30 octobre 1886, reçoivent une allocation calculée sur le pied de 50 à 100 fr. par an pour chaque heure d'enseignement par semaine. Cette allocation n'est pas soumise à retenue.

ART. 16. — Dans les écoles nationales d'enseignement primaire supérieur et professionnel, les traitements de chaque classe de fonctionnaires seront de 500 fr. supérieurs à ceux des écoles normales d'instituteurs.

Art. 17. — Le traitement des directeurs et directrices d'écoles normales est fixé ainsi qu'il suit :

Directeurs.		Directrices.	
5ᵉ classe	3,500	5ᵉ classe	3,000
4ᵉ —	4,000	4ᵉ —	3,500
3ᵉ —	4,500	3ᵉ —	4,000
2ᵉ —	5,000	2ᵉ —	4,500
1ʳᵉ —	5,500	1ʳᵉ —	5,000

A Paris, ce traitement sera, pour le directeur, de 7,000 à 10,000 fr.; pour la directrice, de 6,000 à 9,000 francs.

Art. 18. — Le traitement des professeurs d'écoles normales est fixé ainsi qu'il suit :

Hommes.		Femmes.	
5ᵉ classe	2,400	5ᵉ classe	2,200
4ᵉ —	2,600	4ᵉ —	2,400
3ᵉ —	2,800	3ᵉ —	2,600
2ᵉ —	3,100	2ᵉ —	2,800
1ʳᵉ —	3,400	1ʳᵉ —	3,000

Les maîtres et maîtresses non pourvus du certificat d'aptitude au professorat et délégués à titre provisoire recevront un traitement unique de 2,000 francs dans les écoles normales d'instituteurs et de 1,800 fr. dans les écoles normales d'institutrices.

Tous les traitements ci-dessus sont diminués de 400 fr. pour les maîtres et maîtresses logés et nourris dans l'établissement.

Art. 19. — Le mode et le taux de rénumération des professeurs, maîtres de conférences, économes, répétiteurs et répétitrices dans les écoles normales supérieures d'enseignement primaire seront fixés par un règlement d'administration publique, qui déterminera le cas où cette rénumération donnera lieu à une retenue pour la retraite.

Art. 20. — Les directeurs et directrices, instituteurs adjoints et institutrices adjointes des écoles primaires supérieures, pourvus du certificat d'aptitude au professorat dans les écoles normales, recevront une indemnité personnelle de 500 fr. soumise à retenue.

Art. 21. — Dans les écoles normales dont l'effectif ne dépasse pas 60 élèves et dans celles qui n'ont que des élèves externes, les fonctions d'économe sont confiées à un des maîtres de l'école, qui conserve son traitement avec une allocation supplémentaire de 500 fr.

Dans les écoles normales comptant plus de 60 élèves, les économes ne seront chargés d'aucun enseignement, sauf l'écriture et la tenue des livres. Leur traitement est fixé ainsi qu'il suit :

5ᵉ classe..	1,800
4ᵉ —	2,000
3ᵉ —	2,200
2ᵉ —	2,500
1ʳᵉ —	2,800

Ils ont droit, en outre, au logement.

ART. 22. — Le traitement des inspecteurs primaires est fixé ainsi qu'il suit :

5ᵉ classe..	3,000
4ᵉ —	3,500
3ᵉ —	4,000
2ᵉ —	4,500
1ʳᵉ —	5,000

Dans le département de la Seine, les traitements seront de 6,000, 6,500, 7,000, 7,500, 8,000 fr.

Des inspectrices primaires pourront être nommées aux mêmes conditions et dans les mêmes formes que les inspecteurs.

ART. 23. — Indépendamment du traitement qui leur est attribué par l'article précédent, les inspecteurs primaires ont droit à une indemnité dite départementale, qui ne pourra être inférieure à 200 fr.

ART. 24. — L'avancement a lieu par classe, au fur et à mesure des vacances dans chacune des classes.

L'avancement se fait dans chaque département pour le personnel mentionné aux articles 7, 8, 9, 11 et 15.

Il se fait sur l'ensemble des fonctionnaires exclusivement au choix, pour le personnel prévu aux articles 14, 16, 17, 18, 21 et 22.

Les instituteurs et institutrices de 5ᵉ et 4ᵉ classes ne peuvent être promus à la classe supérieure qu'après cinq ans d'exercice dans la classe à laquelle ils appartiennent.

Ne peuvent être promus à la 2ᵉ et à la 1ʳᵉ classe que les maîtres pourvus du brevet supérieur et ayant passé trois années au moins dans la classe immédiatement inférieure.

ART. 25. — Les suppléments communaux actuellement accordés pour études surveillées pourront se confondre avec le montant de l'indemnité de résidence.

CHAPITRE III

DES VOIES ET MOYENS.

Art. 26. — Il est pourvu aux dépenses incombant à l'État, en vertu de l'article 2, au moyen des crédits annuels inscrits au budget du ministère de l'instruction publique.

Il est pourvu aux dépenses incombant aux départements et aux communes au moyen de crédits ouverts annuellement à leurs budgets, à titre de dépenses obligatoires, dans les conditions prévues par les paragraphes 1 et 2 de l'article 61 de la loi du 10 août 1871 et par l'article 149 de la loi du 5 avril 1884.

Art. 27. — A partir du 1er janvier 1890, il sera perçu 8 centimes additionnels généraux portant sur les quatre contributions directes et dont le produit sera inscrit au budget de l'État.

A partir de la même date, il sera perçu, en addition au principal des quatre contributions directes, 12 centièmes de centime, représentant les frais de perception des 4 centimes antérieurement perçus au profit des communes.

Le produit des 8 centimes 12 centièmes, prévus aux paragraphes précédents, supportera les centimes spéciaux, pour fonds de dégrèvement et de non-valeurs, suivant les taux afférents à chaque contribution.

Art. 28. — Les quatre centimes communaux et les 4 centimes départementaux affectés aux dépenses obligatoires de l'enseignement primaire par les lois des 10 avril 1867, 19 juillet 1875 et 16 juin 1881 sont supprimés.

Est également supprimé le prélèvement du cinquième institué par la loi du 16 juin 1881.

CHAPITRE IV

DISPOSITIONS SPÉCIALES A L'ALGÉRIE.

Art. 29. — Sont à la charge de l'État dans les territoires civils de l'Algérie :

Le supplément pour services hors d'Europe, prévu par l'article 10 de la loi du 9 juin 1853 et par l'article 22 du règlement d'administration publique du 9 novembre suivant;

La prime pour connaissance des langues arabe et kabyle.

Art. 30. — Il sera prélevé au profit du budget de l'État, à partir du 1er janvier 1890, un sixième du produit de l'octroi de mer de l'Algérie.

Art. 31. — Les traitements des instituteurs et institutrices d'Algérie sont fixés comme suit :

	Instituteurs.	Institutrices.
Stagiaires	900	900
5ᵉ classe	1,200	1,200
4ᵉ —	1,400	1,300
3ᵉ —	1,500	1,400
2ᵉ —	1,800	1,500
1ʳᵉ —	2,000	1,600

Plus le quart colonial prévu à l'article 29.

Tous les autres articles de la présente loi sont applicables à l'Algérie.

CHAPITRE V

DISPOSITIONS TRANSITOIRES.

Art. 32. — Si le total des allocations attribuées en vertu de la présente loi à l'instituteur ou à l'institutrice actuellement en fonction, tant comme traitement et supplément de traitement que comme indemnité de résidence, est inférieur au traitement garanti dont ils jouissent (en dehors des suppléments accordés par les communes à titre facultatif depuis la loi du 16 juin 1881), la différence est à la charge de l'État.

Le traitement garanti par la disposition qui précède continuera à subir la retenue et entrera en compte pour la liquidation de la pension.

Art. 33. — Les instituteurs dont les traitements seraient inférieurs à 1,200 francs, au cas où, pendant cinq années, ils n'auraient pas reçu ou ne recevraient pas d'avancement, bénéficieront, à l'expiration de la cinquième année, d'une augmentation de 100 fr. jusqu'à ce qu'ils aient atteint le traitement de 1,200 francs.

Art. 34. — La répartition, dans les nouvelles classes créées par la présente loi, des maîtres et maîtresses actuellement en fonctions, sera effectuée d'après le montant incombant à l'État du traitement garanti à chacun d'eux, en vertu de l'article 32 ci-dessus, déduction faite des suppléments prévus aux articles 8, 9 et 29.

Les maîtres et les maîtresses seront placés dans la classe dont le traitement correspond à leur traitement calculé comme il est dit ci-dessus ; si ce traitement ne coïncide pas avec un de ceux qui sont prévus à l'article 7, ils seront placés dans la classe dont le traitement est immédiatement inférieur.

Toutefois, aucun instituteur ou institutrice titulaire, s'il ne compte pas le nombre d'années de services indiqué ci-dessous, ne pourra prendre rang dans une des classes suivantes :

Pour la 4ᵉ classe...................... 5 ans.
Pour la 3ᵉ   —   .... 10 —
Pour la 2ᵉ   —   .... 15 —
Pour la 1ʳᵉ —   .... 20 —

Les adjoints et adjointes actuellement en exercice et comptant plus de cinq années de services dans l'enseignement public seront réputés avoir achevé le stage et seront dispensés de la production du certificat d'aptitude pédagogique exigé par la loi du 30 octobre 1886 ; ils prendront rang dans la classe nouvelle à laquelle ils appartiendront par application du présent article, défalcation faite des cinq années comptées comme stage.

Art. 35. — Par dérogation au dernier paragraphe de l'article 24, pourront être promus à la 2ᵉ et à la 1ʳᵉ classe tous les maîtres actuellement en fonctions qui ne seront pas pourvus du brevet supérieur.

Art. 36. — Une 6ᵉ classe provisoire comprendra les titulaires dont les traitements seraient inférieurs à celui de la 5ᵉ classe.

Outre la classe permanente prévue à l'article 11, une seconde classe provisoire de stagiaires comprendra ceux dont les traitements sont inférieurs au taux prévu par la présente loi.

Art. 37. — Des augmentations de traitement de 50 et de 100 francs sont accordées, dans la mesure des crédits disponibles, aux maîtres et maîtresses placés dans la 6ᵉ classe provisoire des titulaires et dans la 2ᵉ classe provisoire de stagiaires, jusqu'à ce qu'ils aient été pourvus des traitements afférents aux classes définitives.

Art. 38. — Il ne pourra être pourvu, par voie d'avancement, qu'à une vacance sur deux dans les 1ʳᵉ, 2ᵉ et 3ᵉ classes, jusqu'à ce que le personnel placé dans les classes provisoires ait pu être pourvu du traitement des classes définitives.

Art. 39. — Tant qu'il existera des maîtres ou maîtresses placés dans la 6ᵉ classe provisoire par application de l'article 36, les institutrices débuteront, après leur stage, au traitement de 900 fr. et seront placées dans cette classe provisoire.

Art. 40. — Il sera formé dans chaque département, pour chaque classe d'instituteurs et d'institutrices titulaires et stagiaires, un tableau d'avancement où ils prendront rang entre eux par ordre d'ancienneté.

Art. 41. — Le classement et la formation du tableau seront effectués par une commission spéciale, composée de l'inspecteur d'académie, président; des inspecteurs primaires, du directeur et de la directrice d'école normale, et de deux délégués du Conseil départemental élus par ce Conseil.

La même commission établira le classement et le tableau des instituteurs adjoints et des institutrices adjointes des écoles primaires supérieures.

Elle leur appliquera les dispositions des paragraphes 1 et 2 des articles 32 et 34.

Art. 42. — Par dérogation aux dispositions de l'article 24, il ne sera exigé aucune condition d'ancienneté de classe pour l'avancement, tant au choix qu'à l'ancienneté, des instituteurs et institutrices qui :

Ayant plus de dix ans de services, seraient placés dans la 5e classe;

Ayant plus de quinze ans, seraient placés dans la 4e;

Ayant plus de 20 ans, seraient placés dans la 3e;

Ayant plus de 25 ans, seraient placés dans la 2e;

Art. 43. — Les dispositions des articles 32 et 34, paragraphes 1 et 2, sont applicables au personnel de l'instruction primaire mentionné aux articles 14, 17, 18, 21 et 22 de la présente loi.

Le classement et la formation du tableau seront effectués par une commission composée : du directeur de l'enseignement primaire, président; des inspecteurs généraux de l'enseignement primaire et de deux délégués du Conseil supérieur de l'instruction publique élus par ce Conseil.

Art. 44. — Par dérogation au paragraphe 2 de l'article 4 de la présente loi, des subventions pourront être accordées par l'État, pour loyer de maison d'école, aux communes dont le centime n'excède pas 30 francs, dans les limites du crédit ouvert à cet effet chaque année au budget, pendant une période de cinq années.

CHAPITRE VI

DISPOSITIONS DIVERSES.

Art. 45. — Les instituteurs et institutrices des écoles primaires élémentaires et maternelles qui auront obtenu la médaille d'argent recevront une allocation annuelle et viagère, non soumise à retenue, de 100 francs.

Cette allocation sera caduque en cas de révocation ou de démission, à moins que la démission ne soit fondée sur des raisons de santé reconnues valables par le Conseil départemental.

Les médailles d'argent ne pourront être accordées que sur la proposition de la commission instituée à l'article 41 et dans la limite du crédit spécial qui sera ouvert à cet effet au budget du ministère de l'instruction publique.

Les autres conditions auxquelles sera subordonnée la concession desdites médailles seront déterminées par des arrêtés ministériels rendus après avis du Conseil supérieur de l'instruction publique.

Art. 46. — Dans les écoles mixtes provisoirement dirigées par des instituteurs, conformément à l'article 6, paragraphe 3, de la loi du 30 octobre 1886, il sera alloué aux maîtresses chargées de l'enseignement de la couture une indemnité payée sur les fonds d'État.

Cette indemnité n'est pas soumise à retenue.

Art. 47. — Les écoles normales primaires constitueront des établissements publics.

Toutefois, les Conseils généraux donneront leur avis sur les budgets et les comptes de ces établissements.

Il est institué auprès de chaque école normale un Conseil d'administration nommé pour trois ans. Ce conseil est composé : de l'inspecteur d'académie, président; de quatre membres désignés par le recteur, et de deux conseillers généraux élus par leurs collègues.

Art. 48. — Il est statué par des règlements d'administration publique, rendus après avis du Conseil supérieur de l'instruction publique, et, en outre, s'il s'agit de l'enseignement agricole, après avis du Conseil supérieur de l'agriculture, et, s'il s'agit de l'enseignement industriel et commercial, après avis du Conseil supérieur de l'enseignement technique :

1º Sur le nombre et la nature des objets composant le matériel obligatoire d'enseignement dans chaque catégorie d'écoles, et sur les conditions dans lesquelles ce matériel sera mis à la disposition des maîtres et des élèves;

2º Sur les conditions dans lesquelles les Conseils municipaux pourront procurer, soit aux élèves indigents, soit à tous les élèves des écoles publiques, la fourniture gratuite de livres de classe, choisis conformément aux règlements arrêtés par le Conseil supérieur;

3º Sur le nombre et la nature des registres et imprimés à l'usage des écoles, prévus par l'article 4, paragraphe 6;

4º Sur les règles et conditions d'avancement qui ne sont pas prévues à l'article 24;

5º Sur les conditions dans lesquelles les directeurs et directrices d'écoles de plus de cinq classes pourront être dispensés de tenir une classe;

6º Sur les conditions de nomination et d'exercice des instituteurs suppléants, chargés de remplacements provisoires, en cas de maladie, de suspension ou de congé régulier des titulaires;

7° Sur le mode de payement des indemnités de résidence à la charge des communes ;

8° Sur un mode spécial de classement et d'avancement des instituteurs et institutrices de Paris en rapport avec les ressources affectées par le Conseil municipal de cette ville aux traitements du personnel enseignant de ses écoles ;

9° Sur les conditions spéciales d'organisation et de fixation des traitements du personnel des écoles primaires supérieures et des écoles professionnelles de la ville de Paris, ainsi que des écoles normales de la Seine ;

10° Sur le taux des primes pour connaissance des langues arabe ou kabyle ; sur le taux des indemnités de résidence dans les territoires civils de l'Algérie ;

11° Sur les allocations et indemnités diverses des maîtres exerçant dans les territoires de commandement de l'Algérie ;

12° Sur les règles d'administration et de comptabilité des écoles normales primaires, et notamment sur le régime des écoles annexes ;

13° Sur le nombre des heures de service exigées du personnel (professeurs, maîtres adjoints, délégués, directeurs d'écoles annexes, maîtres auxiliaires, économes, etc.) dans les écoles normales, les écoles nationales professionnelles, et les écoles primaires supérieures ; sur le mode de rétribution des heures de service supplémentaires ;

14° Sur le taux et les conditions d'obtention des indemnités pour maîtresses de couture prévues à l'article 46 ;

15° Sur le taux des indemnités représentatives de logement prévues à l'article 4, paragraphe 2, pour le personnel enseignant des écoles primaires de tout ordre ;

16° Sur les prestations en nature à concéder au personnel des écoles normales primaires et des écoles primaires supérieures ;

17° Sur la fixation des taux et des conditions de payement des dépenses relatives aux commissions d'examen des différents titres de capacité de l'enseignement primaire ;

18° Sur les conditions dans lesquelles les écoles primaires supérieures ou les cours complémentaires donnant l'enseignement industriel ou commercial devront, pour être entretenus par l'État, aux termes de la présente loi, être placés sous le régime de la loi du 11 décembre 1880 et du règlement d'administration publique du 17 mars 1888 ;

19° Sur le régime analogue à celui du paragraphe précédent qui devra être appliqué aux écoles et aux cours donnant l'enseignement agricole ;

20° Sur les conditions dans lesquelles une indemnité annuelle non soumise à retenue sera attribuée aux fonctionnaires pourvus du certificat d'aptitude au professorat des écoles normales et des écoles primaires supérieures qui, après avoir fait un stage de deux ans au moins, soit dans une des écoles nationales d'arts et métiers, soit dans une école supérieure de commerce, soit dans d'autres établissements d'enseignement technique à déterminer par un décret, seraient chargés, dans les écoles primaires supérieures ou dans les cours complémentaires de l'enseignement industriel ou commercial, par arrêté du Ministre de l'instruction publique, pris sur l'avis conforme du Ministre du commerce et de l'industrie.

Art. 49. — Le nouveau classement des instituteurs et des institutrices par application de la présente loi aura son effet à partir du 1er janvier 1889.

Art. 50. — En vue des promotions annuelles des instituteurs et institutrices, l'inspecteur d'académie préparera chaque année, sur le rapport des inspecteurs primaires, des listes de présentation qui seront arrêtées par le Conseil départemental.

Sur le vu de ces listes, le ministre fixera le nombre des promotions à accorder à chaque département dans la mesure des crédits disponibles.

Ces listes de présentation seront dressées à l'époque de la rentrée des classes, et toutes les promotions partiront du 1er janvier suivant.

Aucune promotion ne pourra avoir lieu à une autre date.

Art. 51. — Jusqu'à complète application de la loi du 30 octobre 1886, les instituteurs et institutrices congréganistes actuellement en exercice dans les écoles publiques continueront à recevoir les traitements dont ils seront en possession à la date de la promulgation de la présente loi.

Art. 52. — Les classes provisoires mentionnées à l'article 36 cesseront d'exister et les instituteurs et institutrices seront répartis entre les classes permanentes, suivant les proportions déterminées à l'article 6, dans un délai qui ne pourra excéder huit années à partir de la promulgation de la présente loi.

Art. 53. — La disposition finale du paragraphe 4 de l'article 12 sera appliquée immédiatement après la promulgation de la loi aux cinq villes qui jusqu'ici n'ont pas joui de l'exonération du prélèvement du cinquième. Elle sera appliquée progressivement, dans le délai de huit années, aux autres communes de plus de 100,000 âmes visées dans ledit paragraphe.

Le règlement d'administration publique prévu à l'article 12 déterminera :

1º Pour les villes de plus de 100,000 âmes et pour chacune des huit années, le chiffre de la réduction à opérer sur la dernière subvention annuelle qu'elles auront reçue de l'État pour les traitements des instituteurs et des institutrices ;

2° Pour les communes du département de la Seine, le chiffre de la subvention additionnelle qu'elles continueront à recevoir de l'État et qui ne pourra être supérieure au montant du traitement légal nouveau.

Art. 54. — Sont et demeurent abrogés :
La loi du 19 juillet 1875 ;
Les articles 3 et 4 de la loi du 9 août 1879 ;
Les articles 2 à 6 de la loi du 16 juin 1881 sur la gratuité ;
Le deuxième paragraphe de l'article 17 de la loi du 28 mars 1882 ;
Et, en général, toutes les dispositions contraires à celles de la présente loi.

FIN.

TABLE DES MATIÈRES

Avertissement VII
Avant-propos IX

PREMIÈRE PARTIE

De l'obligation de l'instruction primaire 3
  CHAPITRE Ier. — Du principe de l'obligation 3
    § 1er. — Considérations générales 3
    § 2. — Aperçu historique 8
    § 3. — Aperçu sur la règle de l'obligation dans les principales législations étrangères 11
  CHAPITRE II. — A qui s'applique la règle de l'obligation 16
    § 1er. — Des enfants étrangers 17
    § 2. — Des exceptions à la règle de l'obligation 23
  CHAPITRE III. — Matières de l'enseignement primaire 29
    § 1er. — Du caractère obligatoire du programme 30
    § 2. — De l'étendue du programme 32
  CHAPITRE IV. — Du choix laissé au père de famille 33
    De l'exercice du droit d'option. Déclarations à faire 34
  CHAPITRE V. — Du contrôle de l'instruction obligatoire 45
    Première section. — *Du contrôle de l'instruction dans la famille* 46
    Deuxième section. — *Du contrôle de l'instruction à l'école* 59
      § 1er. — Prescriptions ayant pour but d'assurer la fréquentation de l'école 60
        1º Obligations des maires 60
        2º Obligations des parents 61
        3º Obligations des directeurs d'école 63
        4º Des Commissions scolaires 66
      § 2. — Sanctions de l'obligation de la fréquentation scolaire 86

Première sanction. — AVERTISSEMENT................................ 87
Deuxième sanction. — AFFICHAGE................................... 89
Troisième sanction. — DES PEINES DE SIMPLE POLICE.............. 94
VOIES DE RECOURS.. 97

DEUXIÈME PARTIE

Dispositions communes aux écoles publiques et aux écoles privées... 100

CHAPITRE Ier. — DES DIVERS ORDRES D'ÉTABLISSEMENTS D'ENSEIGNEMENT PRIMAIRE... 100
  I. *Écoles maternelles et classes enfantines*..................... 101
  II. *Écoles primaires élémentaires*................................ 102
  III. *Écoles primaires supérieures et cours complémentaires*...... 103
  IV. *Écoles manuelles d'apprentissage*............................. 104
  V. *Cours d'adultes*... 105
  Établissements publics et établissements privés................. 106

CHAPITRE II. — DES CONDITIONS GÉNÉRALES POUR ENSEIGNER DANS LES ÉCOLES PRIMAIRES... 108
  § 1er. — Conditions de nationalité, d'âge et de sexe............. 108
  § 2. — Conditions de capacité et de diplômes..................... 113

CHAPITRE III. — DES AUTORITÉS PRÉPOSÉES A L'ENSEIGNEMENT PRIMAIRE... 115
PREMIÈRE SECTION. — *De l'inspection*.............................. 115
  I. Des autorités chargées de l'inspection......................... 115
  II. Du mode de l'inspection....................................... 121

DEUXIÈME SECTION. — *Du Conseil départemental*..................... 124
  § 1er. — Composition du Conseil départemental.................... 124
  § 2. — Attributions du Conseil départemental..................... 130

TROISIÈME PARTIE

Organisation de l'enseignement public............................. 139

CHAPITRE Ier. — LAÏCITÉ ET NEUTRALITÉ.............................. 141
  § 1er. — Laïcité de l'école...................................... 144
  § 2. — Laïcité des programmes................................... 146
  § 3. — Laïcité du personnel..................................... 154
  § 4. — Des dons et legs faits aux communes pour les écoles confessionnelles.. 160

CHAPITRE II. — DE LA GRATUITÉ..................................... 166
  § 1er. — Du principe de la gratuité.............................. 166
  § 2. — Dispositions financières pour l'application de la gratuité.. 171
  § 3. — Dépenses de l'instruction primaire obligatoires pour les communes.. 175
  § 4. — Caisses des écoles....................................... 180
  § 5. — Bourses de l'enseignement primaire....................... 183

TABLE DES MATIÈRES. 653

CHAPITRE III. — DE L'ÉTABLISSEMENT DES ÉCOLES PRIMAIRES PUBLIQUES..... 186
CHAPITRE IV. — DE LA CONSTRUCTION DES MAISONS D'ÉCOLE............... 195
CHAPITRE V. — DU PERSONNEL ENSEIGNANT............................... 204
   § 1er. — Des titres de capacité de l'enseignement primaire.......... 204
   § 2. — Du classement des instituteurs................................ 206
   § 3. — Du mode de nomination des instituteurs...................... 208
   § 4. — Des peines disciplinaires et des récompenses................ 213
   PREMIÈRE SECTION. — Des peines disciplinaires....................... 213
   DEUXIÈME SECTION. — Des récompenses honorifiques................... 218
   § 5. — Professions et fonctions interdites aux instituteurs.......... 219
   § 6. — De la dispense du service militaire et de l'engagement décennal. 220
CHAPITRE VI. — DES ÉCOLES NORMALES................................... 228
   I. *Des écoles normales primaires d'instituteurs et d'institutrices*..... 228
   II. *Écoles normales supérieures d'instituteurs et d'institutrices*...... 233
   § 1er. — École de Fontenay-aux-Roses............................... 234
   § 2. — École de Saint-Cloud....................................... 235
   École Pape-Carpantier.. 237

QUATRIÈME PARTIE

De l'enseignement privé.. 238
   § 1er. — De la liberté des méthodes et des programmes.............. 238
   § 2. — Du classement des écoles privées............................ 239
   § 3. — Des conditions d'ouverture des écoles privées................ 241
   § 4. — Des pénalités applicables aux membres de l'enseignement
   privé... 246

APPENDICES

I. DES TRAITEMENTS ET DES PENSIONS DE RETRAITE DES MEMBRES DE L'ENSEIGNEMENT PRIMAIRE PUBLIC.. 254
II. FRANCHISES POSTALES ET VOYAGES A DEMI-TARIF....................... 263
III. MUSÉE PÉDAGOGIQUE.. 268
IV. RENSEIGNEMENTS STATISTIQUES....................................... 270

LOIS

Loi du 19 mai 1874, — sur le travail des enfants et des filles mineures employés dans l'industrie (*Extraits*)....................................... 278
Loi du 19 juillet 1875, — sur les traitements des instituteurs et des institutrices primaires.. 278
   (*Voir la nouvelle loi du 19 juillet 1889*).
Loi du 17 août 1876, — sur la retraite des divers fonctionnaires de l'enseignement primaire.. 279
Loi du 15 juin 1879, — sur l'enseignement départemental et communal de l'agriculture... 280
Loi du 9 avril 1879, — sur l'établissement des écoles normales primaires.. 282
Loi du 24 janvier 1880, — sur l'enseignement obligatoire de la gymnastique... 283

TABLE DES MATIÈRES.

Loi du 27 février 1880, — sur le Conseil supérieur de l'instruction publique. 283
Loi du 11 décembre 1880, — sur les écoles manuelles d'apprentissage.... 287
Loi du 16 juin 1881, — sur la gratuité de l'enseignement primaire......... 288
Loi du 16 juin 1881, — sur les titres de capacité de l'enseignement primaire. 289
Loi du 28 mars 1882, — sur l'obligation de l'enseignement primaire..... 291
(Convention sur l'obligation de la fréquentation scolaire conclue entre la France
et la Suisse le 14 décembre 1887, et approuvée par la loi du 14 juin 1888)....... 295
Loi du 20 mars 1883, — sur l'obligation de construire des maisons d'école
(*Extraits*).. 296
Loi du 20 juin 1885, — sur les subventions de l'État pour la construction des
maisons d'école... 297
Loi du 30 octobre 1886, — sur l'organisation de l'enseignement primaire.. 301

 TITRE Ier. — DISPOSITIONS GÉNÉRALES.................................. 301
  CHAPITRE Ier. — *Des établissements d'enseignement primaire*......... 301
  CHAPITRE II. — *De l'inspection*.. 303
 TITRE II. — DE L'ENSEIGNEMENT PUBLIC.................................... 304
  CHAPITRE Ier. — *De l'établissement des écoles publiques*............. 304
  CHAPITRE II. — *Du personnel enseignant, — Conditions requises*...... 305
  CHAPITRE III. — *Nomination du personnel enseignant. — Peines disciplinaires. — Récompenses*.. 307
 TITRE III. — DE L'ENSEIGNEMENT PRIVÉ.................................... 309
 TITRE IV. — DES CONSEILS DE L'ENSEIGNEMENT PRIMAIRE................. 312
  CHAPITRE Ier. — DU CONSEIL DÉPARTEMENTAL........................ 312
  CHAPITRE II. — DES COMMISSIONS SCOLAIRES......................... 314
 TITRE V. — DISPOSITIONS TRANSITOIRES................................... 316
 TITRE VI. — DISPOSITIONS SPÉCIALES A L'ALGÉRIE ET AUX COLONIES....... 317

Loi du 14 juin 1888, portant approbation de la convention scolaire entre la France
et la Suisse. Voir p. 295.
Loi du 15 juillet 1889, — sur le recrutement de l'armée (*Extraits*)......... 633
Loi du 19 juillet 1889, — sur les dépenses ordinaires de l'instruction publique et les traitements du personnel...................................... 635

DÉCRETS

Décret du 17 mars 1880, — sur l'élection des membres du Conseil supérieur
(*Extraits*)... 321
Décret du 11 mai 1880, — sur le règlement intérieur du Conseil supérieur.. 323
Décret du 30 juillet 1881, — sur le classement des fonctionnaires des écoles
normales primaires... 324
(*Voir la loi du 19 juillet 1889*)... 635
Décret du 10 octobre 1881, — sur le traitement des directrices des écoles maternelles.. 326
Décret du 29 juillet 1882, — sur l'administration et la comptabilité des
écoles normales primaires... 327
Décret du 23 décembre 1882, — sur le certificat d'études primaires supérieures.. 340
Décret du 24 décembre 1885, — sur les décorations universitaires......... 340
Décret du 15 février 1886, — sur les subventions de l'État pour construction
des maisons d'école.. 342
Décret du 12 novembre 1886, — sur les élections au Conseil départemental.. 345

TABLE DES MATIÈRES.

Décret du 4 décembre 1886, — sur la procédure devant le Conseil départemental.	348
Décret organique du 18 janvier 1887, — sur l'enseignement primaire	350
TITRE Iᵉʳ. — DE L'ENSEIGNEMENT PUBLIC	350
CHAPITRE Iᵉʳ. — *Écoles maternelles et classes enfantines*	351
CHAPITRE II. — *Écoles primaires élémentaires*	352
Section Iʳᵉ. — De l'établissement des écoles; des locaux et du matériel scolaire	352
Section II. — Du personnel	353
Section III. — De l'enseignement	354
CHAPITRE III. — *Écoles primaires supérieures et cours complémentaires.*	355
Section Iʳᵉ. — De l'organisation	355
Section II. — Des comités de patronage	357
Section III. — Des bourses	357
CHAPITRE IV. — *Écoles manuelles d'apprentissage*	359
CHAPITRE V. — *Écoles normales primaires*	359
Section Iʳᵉ. — De l'organisation	359
Section II. — Du personnel administratif et enseignant	360
Section III. — Des élèves-maîtres	361
Section IV. — De l'enseignement	363
Section V. — Du régime intérieur et de la discipline	364
Section VI. — Du Conseil d'administration	365
CHAPITRE VI. — *Écoles normales primaires supérieures*	365
CHAPITRE VII. — *Classes d'adultes ou d'apprentis*	366
TITRE II. — DES TITRES DE CAPACITÉ	367
CHAPITRE Iᵉʳ. — *Différents titres de capacité*	367
CHAPITRE II. — *Des conditions à remplir par les candidats*	368
CHAPITRE III. — *Des sessions d'examen*	370
TITRE III. — DES AUTORITÉS PRÉPOSÉES A L'ENSEIGNEMENT. — DES CONSEILS DE L'ENSEIGNEMENT PRIMAIRE	372
CHAPITRE Iᵉʳ. — De l'inspection	372
Section Iʳᵉ. — Inspecteurs généraux	372
Section II. — Inspecteurs de l'enseignement primaire	372
Section III. — Inspectrices générales et inspectrices départementales des écoles maternelles	373
Section IV. — Des autres autorités chargées de l'inspection et de la surveillance des écoles	374
Dispositions générales	375
CHAPITRE II. — *Conseils départementaux*	375
CHAPITRE III. — *Commissions scolaires*	376
TITRE IV. — DE L'ENSEIGNEMENT PRIVÉ	377
CHAPITRE Iᵉʳ. — *Conditions d'ouverture des écoles privées*	377
CHAPITRE II. — *Des pensionnats primaires privés*	377
CHAPITRE III. — *Des conditions de l'exercice de l'enseignement dans les écoles privées. — Situation des étrangers*	381
TITRE V. — DISPOSITIONS TRANSITOIRES	382
Décret du 12 mars 1887, — sur les droits à consigner par les candidats aux brevets de capacité	384

Décret du 7 avril 1887, — sur la création et l'installation des écoles primaires publiques 385
Décret du 27 décembre 1887, — relatif au professorat dans les écoles normales 395
Décret du 4 février 1888, — relatif aux écoles facultatives pour les communes 190
Décret du 17 mars 1888, — portant règlement des écoles manuelles d'apprentissage 396
Décret du 27 mai 1888, — relatif au classement des écoles primaires publiques 401
Décret du 28 juillet 1888, — sur les programmes des écoles professionnelles. 403

ARRÊTÉS

Arrêté du 5 juin 1880, — sur les conférences pédagogiques cantonales 411
Arrêté du 21 juillet 1884, — sur le traitement des instituteurs 412
(Voir la nouvelle loi du 19 juillet 1889).
Arrêté organique du 18 janvier 1887 (avec les dispositions additionnelles jusqu'à juillet 1889) 413

  TITRE Ier. — DE L'ENSEIGNEMENT PUBLIC 413

    CHAPITRE Ier. — *Écoles maternelles et classes enfantines* 413
    CHAPITRE II. — *Écoles primaires élémentaires* 414
    CHAPITRE III. — *Écoles primaires supérieures et cours complémentaires.* 418

      Section Ire. — Organisation 418
      Section II. — Des comités de patronage 419
      Section III. — Des bourses 420

    CHAPITRE IV. — *Écoles normales primaires* 426

      Section Ire. — Organisation 426
      Section II. — Du personnel administratif et enseignant 426
      Section III. — Des élèves-maîtres 430
      Section IV. — De l'enseignement 433
      Section V. — Du régime intérieur et de la discipline 434

    CHAPITRE V. — *Écoles normales primaires supérieures* 435
    CHAPITRE VI. — *Récompenses honorifiques* 438

  TITRE II. — DES TITRES DE CAPACITÉ 439

    CHAPITRE Ier. — *Des brevets de capacité* 439

      Section Ire. — Des sessions d'examen 439
      Section II. — De l'inscription des candidats 440
      Section III. — De l'examen du brevet élémentaire 441
      Section IV. — De l'examen du brevet supérieur 442

    CHAPITRE II. — *De l'examen du certificat d'aptitude pédagogique* 444
    CHAPITRE III. — *De l'examen du certificat d'aptitude au professorat dans les écoles normales et dans les écoles primaires supérieures* 446
    CHAPITRE IV. — *De l'examen du certificat d'aptitude à l'inspection des écoles primaires et à la direction des écoles normales* 448
    CHAPITRE V. — *De l'examen du certificat d'aptitude à l'inspection des écoles maternelles* 449

Chapitre VI. — *De l'examen du certificat d'aptitude à l'enseignement des langues vivantes*... 450
Chapitre VII. — *De l'examen du certificat d'aptitude à l'enseignement du travail manuel*.. 451
Chapitre VIII. — *De l'examen du certificat d'aptitude à l'enseignement du dessin*... 453
Chapitre IX. — *De l'examen du certificat d'aptitude à l'enseignement du chant*... 454
Chapitre X. — *De l'examen du certificat d'aptitude à l'enseignement de la gymnastique*.. 455
Chapitre XI. — *De l'examen du certificat d'aptitude à l'enseignement élémentaire des travaux de couture*................................... 456
Chapitre XII. — *De l'examen du certificat d'aptitude à l'enseignement des exercices militaires*.. 457

TITRE III. — Des autorités préposées a l'enseignement............... 457
    Inspecteurs généraux. — Inspecteurs primaires. — Inspectrices des écoles maternelles.. 457
TITRE IV. — Examens de certificats d'études....................... 460
    Chapitre I. — *Examen du certificat d'études primaires supérieures*.... 460
    Chapitre II. — *Examen du certificat d'études primaires élémentaires*... 461
    Chapitre III. — *Examens prescrits pour les enfants qui reçoivent l'instruction dans la famille*... 464

CIRCULAIRES

Circulaire du 24 juillet 1875, — relative aux instituteurs secrétaires de mairies.. 469
Circulaire du 17 avril 1882, — sur l'application des lois scolaires aux orphelinats, asiles, ouvroirs, etc... 470
Circulaire du 7 septembre 1882, — sur les formalités relatives à la déclaration des parents en ce qui concerne le mode d'instruction de leurs enfants. 472
Circulaire du 2 novembre 1882, — relative aux emblèmes religieux dans les écoles... 478
Circulaire aux instituteurs du 17 novembre 1883, — sur l'enseignement de la morale dans les écoles primaires.. 480
Circulaire du 18 février 1886, — sur la construction des maisons d'école.. 487
Circulaire du 2 avril 1886, — relative aux subventions de l'État pour la construction des maisons d'école...................................... 488
Circulaire du 3 décembre 1886, — sur la substitution du personnel laïque au personnel congréganiste dans les écoles primaires publiques............ 490
Circulaire du 24 mars 1887, — Sur les délégations cantonales............ 494
Circulaire de 16 novembre 1887, — relative aux écoles publiques de filles, aux écoles maternelles et aux classes enfantines............................ 499
Circulaire du 8 février 1888, — sur les écoles publiques facultatives........ 503
Circulaire du 27 mai 1888, — sur la classification des écoles publiques, et l'application du décret du même jour................................... 509
Circulaire du 30 juin 1888, — sur les écoles manuelles d'apprentissage et les écoles supérieures professionnelles...................................... 518
Circulaire du 31 mai 1889, — concernant la procédure à suivre en matière d'opposition devant les conseils départementaux........................ 523

TABLE DES MATIÈRES.

RÈGLEMENTS SCOLAIRES ET PROGRAMMES

I. *Règlement scolaire modèle*, pour servir à la rédaction des règlements départementaux relatifs à la tenue des écoles maternelles publiques........ 527

II. *Règlement scolaire modèle*, pour servir à la rédaction des règlements départementaux relatifs aux écoles primaires élémentaires publiques....... 531

III. *Règlement scolaire modèle*, pour servir à la rédaction des règlements départementaux des écoles primaires supérieures publiques............. 535

IV. Programmes des écoles maternelles................................... 537

V. Programmes d'enseignement des écoles primaires élémentaires......... 547

VI. Programmes d'enseignement des écoles primaires supérieures et des cours complémentaires.. 572

VII. Programmes des écoles normales primaires........................... 587

VIII. Programme de l'examen du certificat d'aptitude à l'inspection primaire et à la direction des écoles normales................................ 616

Législation scolaire de l'Algérie.. 621

Nouvel appendice, contenant la loi du 15 juillet 1889 sur le recrutement de l'armée (Extrait), — et la loi du 19 juillet 1889 sur les dépenses ordinaires de l'instruction primaire publique, sur les traitements du personnel de ce service.. 633

FIN DE LA TABLE DES MATIÈRES.

9838-87. — CORBEIL. Imprimerie CRÉTÉ.

www.ingramcontent.com/pod-product-compliance
Lightning Source LLC
Chambersburg PA
CBHW052335230426
43664CB00041B/1428